Diogenes Taschenbuch 22749

Meister-erzählungen aus Amerika

Geschichten von Edgar Allan Poe bis John Irving

Herausgegeben von Gerd Haffmans

Diogenes

Dieser Band wurde erstmals 1976 unter dem Titel
›Das Diogenes Lesebuch amerikanischer Erzähler‹
veröffentlicht und versammelt Geschichten
amerikanischer Erzähler, die im Diogenes Verlag
erschienen sind
Nachweise im Anhang
Mitarbeit von Claudia Schmölders
Umschlagillustration:
Hyppolite Sebron, ›Giant Steamboats at
the Levee in New Orleans‹, 1853
(Ausschnitt)

80/95/36/1
ISBN 3 257 22749 3

Inhalt

Edgar A. Poe

Warum man Geschichten schreibt

Die Erzählung in ihrer reinen Ausprägung bietet ja nach unserer Meinung gewißlich das schönste Betätigungsfeld, welches dem hochfliegenden Talente im Bereiche der reinen Prosa eröffnet werden kann. Fragte man uns, auf welchem Gebiete der Litteratur ein erhabner Genius seine Fähigkeiten aufs Trefflichste zur Anwendung bringen könne, so würden wir nicht zögern zu sagen, dies könne einzig der Fall sein in einer Reim-Dichtung, deren Lectüre freilich nicht länger denn eine Stunde dauern dürfte. Nur auf so beschränktem Raume nämlich kann die wahre Poesie ihr Höchstes geben. Wir brauchen in diesem Zusammenhange blos darauf hinzuweisen, daß in nahezu sämmtlichen Bereichen dichterischen Schaffens die Einheitlichkeit des Effectes oder des Eindrucks von höchster Bedeutung ist. Und es liegt auf der Hand, daß solche Einheitlichkeit nimmermehr durchgehalten werden kann in Werken, welche nicht in *einem* Zuge zu Ende gelesen werden können. Zum Wesen jeder Prosa gehört's ja, daß wir deren Lectüre viel länger fortzusetzen vermögen als wir dies – irgend einen Gewinn vorausgesetzt – bei einer Vers-Dichtung imstande sind. Diese letztere, im Falle sie die Ansprüche des poetischen Sentiments wahrhaft erfüllt, stimmt die Saiten unsrer Seele dermaßen hoch, daß wir solche Spannung nur kurze Zeit ertragen. Jegliche hochgradige Erregung kann ja blos von begrenzter Dauer sein, und so ist ein langes Gedicht schon von vornherein ein Widerspruch in sich selbst. Auch können ja ohne Geschlossenheit des Eindruckes die nachhaltigeren Wirkungen einer Dichtung gar nicht erst zustande kommen. Alle Vers-Epik ist der Abkömmling eines noch nicht perfectionirten Kunst-Empfindens und hat sich überlebt. Hingegen mag ein *allzu* kurzes Gedicht durchaus geeignet sein, einen lebhaften, doch nimmermehr, einen intensiven oder anhaltenden Eindruck in uns hervorzurufen. Ohne ein gewisses Maß an Continuität der Bemühung – ohne eine gewisse Dauer oder Wiederholung der auf das poetische Ziel gerichteten Mittel – wird uns die Seele niemals bis zum Grunde aufgewühlt werden. Auch fürs Gedicht gilt, daß nur der *stete* Tropfen den Stein höhlt. De Béranger hat die glänzendsten Dinge hervorgebracht – Dinge, die den Geist bestechen und erregen. Allein, es gebricht ihnen, wie allen nicht massiven Gebilden, an dem nötigen Kraft-Momente, und so vermögen sie nicht, unser poetisches Gefühl zu befriedigen. Funkelnd und aufregend sind sie, doch da's ihnen an jeglicher Continuität gebricht, rufen sie keinen tieferen Eindruck in uns hervor. Extreme Kürze ist stets in Gefahr, zum Epigrammatischen zu entarten – eine noch weniger verzeihliche Sünde jedoch ist die extreme Länge. *In medio tutissimus ibis.*

Verlangte man aber von uns die Namhaftmachung jener Litteratur-Gattung, welche nächst dem beschriebenen Gedicht am ehesten dem hochfliegenden Genius entspricht, will sagen, ihm den günstigsten Spielraum zur Entfaltung seiner Möglichkeiten gewährt, so würden wir ohne zu zögern die Prosa-Erzählung nennen. Was wir meinen, sind Prosa-Stücke, deren Lectüre das Zeitmaß einer halben Stunde nicht unterschreitet, dasjenige von zwei Stunden aber nicht übersteigt. Der übliche Roman ist um seiner Länge willen nicht zu empfehlen, und zwar aus den im Wesentlichen schon dargelegten Gründen. Da er nicht in einem Zuge gelesen werden kann, entbehrt er schon von sich aus jener immensen Kraft, welche sich aus der *Ganzheit* einer Wirkung herleitet. Alltags-Dinge schieben sich in den Lese-Pausen ein und modificiren, annulliren oder bekämpfen mehr oder weniger die Eindrücke, welche das Buch uns vermitteln will. An sich würd' ja schon ein simples Aussetzen in der Lectüre hinreichen, die ächte Geschlossenheit unsres Eindruckes zu zerstören. Demgegenüber ist's dem Autor in der kurzen Erzählung möglich gemacht, alle seine Intentionen zu realisiren, von welcher Art immer sie sein mögen. Während solcher Lese-Stunden wird die Seele des Lesers beständig vom Autor controllirt, und keinerlei äußere oder sonstige, nicht zum Gegenstand gehörende Einflüsse machen sich geltend – weder aus Ermüdung noch als Folge irgendwelcher Unterbrechung.

Nehmen wir an, ein erfahrener litterarischer Künstler hat eine Erzählung entworfen. Ist er weise, so hat er seine Gedanken nicht von vornherein auf die einzelnen Begebnisse zugeschnitten, sondern wird, nachdem er durch reifliche Ueberlegung erkannt hat, auf welchen besondern *Effect* er's anlegen muß, jene Geschehnisse erfinden, die der Erzielung des ihm vorschwebenden Effectes am besten dienlich sein mögen. Zielt jedoch nicht schon der allererste Satz seiner Geschichte auf die Hervorrufung solcher Wirkung, so ist damit solch erster Schritt ein vergeblicher gewesen. Im Zuge der gesammten Composition sollte ja kein Wort niedergeschrieben werden, dessen directe oder auch indirecte Tendenz nicht auf das vorbestimmte Ziel gerichtet wäre. Nur auf solche Weise, mit dermaßen großer Behutsamkeit und Erfahrung, wird schließlich in Demjenigen, der mit artverwandter Kunst zu lesen weiß, ein Bild hervorgerufen, das ihn mit vollster Befriedigung erfüllt. Die Grund-Idee der Erzählung ist ja dann durch Nichts gestört und ihm deshalb makellos übermittelt worden. Zu solchem Ende aber kann's der Roman nimmermehr bringen. Für ihn gilt das Gleiche wie fürs Gedicht, nämlich, daß unzulässige Kürze tadelnswert ist. Noch mehr auf der Hut zu sein gilt's freilich vor unzulässiger Länge.

Wir haben gesagt, die Erzählung sei in gewisser Hinsicht sogar dem Gedicht überlegen. Wie's nun einmal ist, bedeutet der *Rhythmus* der letzteren zwar eine wesentliche Hülfe bei der Entfaltung von des Dichters höchster Idee – der Idee des Schönen –, doch bildet die Künstlichkeit solch rhythmischen Zwanges eine unvermeidbare Schranke, sobald's die Entwicklung jener Gedankengänge und Ausdrucksformen gilt, welche in der *Wahrhaftigkeit* wurzeln. Nun kann aber die Wahrhaftigkeit recht häufig und in ganz bedeutendem Grade der Endzweck einer Geschichte sein. Einige der besten Erzählungen beruhen ja einzig und allein auf der reinen Schlußfolgerung. Dergestalt bietet also diese litterarische Gattung dem Geiste zwar kein so erhabnes Betätigungsfeld wie das reine Gedicht, doch immerhin ein weitaus geräumigeres, und ihre Hervorbringungen sind zwar niemals so reich, doch unendlich vielfältiger und für die große Masse der Leser auch leichter faßbar. In aller Kürze sei hier blos gesagt, daß der Verfasser einer Prosa-Erzählung in seinem Thema eine Unzahl von Gedanken und Ausdruckswerten in vielfältiger Modification unterzubringen vermag (logisch folgernde zum Beispiel, oder auch sarcastische und humoristische), welche der Natur des Gedichtes nicht nur zuwiderlaufen, sondern sich geradezu verbieten im Hinblick auf eines seiner sonderlichsten und unabdingbaren Attribute. Was wir meinen ist – wie denn anders – der Rhythmus. Doch sei hier *par parenthèse* angemerkt, daß ein Autor, sobald er's darauf anlegt, der reinen Schönheit mit Hülfe der Prosa beizukommen, gegen viele Hemmnisse anzukämpfen hat: die Schönheit nämlich fügt sich dem Gedichte bei Weitem leichter. Anders freilich verhält sich's mit dem Schrecken, dem Leiden, dem Entsetzen und noch einer Vielzahl ähnlicher Dinge. Gerade hier aber zeigt sich, welches Vorurteil hinter den vielen abschätzigen Kritiken steckt, die gegen jene auf den Effect bedachten Erzählungen verfaßt worden sind, von denen wir so viele gute in den älteren Blackwood-Heften vorgefunden. Die erzielten Wirkungen sind dort zustandegebracht im Zuge eines wohlbegründeten Handlungs-Ablaufes und erregen eine nicht minder wohlbegründete, wenngleich bisweilen übertriebene Anteilnahme. Sie haben denn auch jedem geistvollen Menschen recht sehr zugesagt – wiewohl genug Leute sich gefunden, die dergleichen dennoch und ohne jeden zureichenden Grund verurteilten. Der ächte Kritiker freilich wird blos danach fragen, inwieweit das vorgefaßte Ziel durch die bestgeeigneten Mittel im höchstmöglichen Grade verwirklicht worden ist.

(Deutsch von Friedrich Polakovics)

Ring Lardner

Wie man Geschichten schreibt

Ein Blick in die Anzeigenspalten unserer führenden Zeitschriften zeigt, daß es in diesem Lande vielleicht an einigem mangelt, aber bestimmt nicht an Fernschulen, die einem die Kunst des Geschichtenschreibens beibringen wollen. Die wohl bekannteste dieser Schulen brüstet sich, einer ihrer Schüler hätte glatte 5000 Dollar eingestrichen, indem er Geschichten nach dem dort gelehrten System schrieb; allerdings wird nicht mitgeteilt, ob diese Summe in einem Jahr oder in fünfzig abgesahnt wurde.

Wie dem auch sei, wenn man die Seiten der besten Magazine durchstöbert, findet man sie nicht gerade gespickt mit erstklassigen Geschichten von aufstrebenden jungen Männern oder Mädchen, die ihren Dietrich zu dieser schönen Kunst an so einem Geschichten-Schreib-College erworben hätten. In Wirklichkeit sind die Schreiber von Kurzprosa, die heutzutage Erfolg haben, überhaupt in keinem College gewesen, oder wenn, dann haben sie Klavierstimmen oder Friseur studiert. Mit dem, was ich das literarische Glücksspiel nenne, wären sie genauso weit gekommen, wenn sie diese vier Jahre zuhause geblieben wären und Muttern geholfen hätten, die leeren Flaschen zurücktragen.

Tatsache ist doch, daß man bis heute keine funktionierende Schule, weder eine allgemeine noch eine Fachschule für Geschichtenschreiber findet, die aus einem geborenen Drogisten einen Autor machen könnte.

Trotzdem, ein paar tiefsichtigere Zeitgenossen haben gemeint, daß besagte junge Männer und Mädchen, die lebenslänglich schreiben möchten, vielleicht davon profitieren könnten, wenn eine Persönlichkeit wie ich ihnen ein paar diesbezügliche Tips geben würde: zur Technik der Kurzgeschichte, wie man sie anlegt und schreibt, wann und wo man den Liebesknoten schürzt, wo der Höhepunkt sein soll und schließlich, wie man das fertige Produkt vermarktet, ohne einen schlechten Geschmack im Mund zurückzubehalten.

Also, um solche Tips auszuteilen, ist es wohl die beste Methode, wenn ich mein eigenes Vorgehen zu beschreiben versuche, von meiner Inspiration angefangen bis zu dem Zeitpunkt, wo ich mit dem Manuskript hausieren gehe – oder es in den Papierkorb werfe.

Als erstes versuche ich gewöhnlich einen packenden Titel zu finden; sowas wie ›Basil Hargraves Wurmmittel‹ zum Beispiel oder ›Spaß im Krematorium‹. Dann setze ich mich an ein Pult oder irgendeinen flachen Tisch, breite drei oder vier Blatt Papier und ebenso viele verschiedene Buntstifte vor mir aus und mustere sie mit schräggelegtem Kopf ein paar Augenblicke, ehe ich meine Wahl treffe.

Wie beginnen? – oder, wie wir Profis sagen, »wie den richtigen Ansatz finden?« – ist die nächste Frage. Zugegeben, das »Wie« des Ansatzes (»L'approchement«) ist selbst bei den erstklassigen Geschichtenschreibern ganz verschieden. Blasco Ibañez zum Beispiel beginnt seine Geschichten gewöhnlich mit einem spanischen Wort, Jack Dempsey mit einem »Ich« und Charley Peterson mit zwei einfachen Ist-Sätzen über seine Hauptpersonen, wic etwa »Hazel Gooftree war gerade mah-jongg geworden. Sie fühlte sich matt.«

Ich persönlich habe festgestellt, daß die Leserschaft kurze Dialoge jeder andern Art Schreibe vorzieht, und deshalb sehe ich immer zu, daß meine Geschichten mit zwei oder drei Zeilen Unterhaltung zwischen jenen Personen (ich nenne sie meine Marionetten) anfangen, die eine wichtige Rolle zu spielen haben. Dabei habe ich oft gefunden, daß meine Handlung durch irgendeine Äußerung, durch Worte, die ich ihr oder ihm vielleicht unbewußt in den Mund gelegt habe, in tiefere Gewässer gesteuert wurde, als ich vorhatte, und daß sich der ganze Sinn meiner Geschichte zum Besseren hin veränderte.

Um das zu illustrieren, wollen wir mal annehmen, ich hätte folgende Handlung angelegt: Zwei Mädchen, Dorothy Abbott und Edith Quaver, verbringen die heiße Jahreszeit in einem berühmten Badeort. Der Prince of Wales besucht diesen Badeort, fährt aber mit dem nächsten Zug wieder ab. Ein oder zwei Tage später wird ein Mexikaner dorthin verschlagen, er sucht eine Unterkunft, kann aber partout kein Zimmer ohne Bad finden. Die beiden Mädchen begegnen ihm an der öffentlichen Tankstelle und bitten ihn um ein Autogramm fürs Poesie-Album. Zu ihrer Verblüffung stößt er einen schrecklichen Fluch aus, spuckt ungefähr in ihre Richtung und verläßt die Stadt in größter Eile. Erst etliche Jahre später erfahren die beiden Mädchen, daß er ein berüchtigter Fälscher ist, und jetzt wird ihnen klar, wieviel Glück sie eigentlich gehabt haben.

Nehmen wir also an, dies wäre die ursprüngliche Handlung. Dann wollen wir aufs Geratewohl anfangen, einen Dialog zu schreiben, und sehen, wo uns das hinführt:

»Wo warst du denn?« fragte Edith Quaver.

»Beim Tierausstopfer«, antwortete Dorothy Abbott.

Die beiden Mädchen verbrachten die heiße Jahreszeit in einem berühmten Seebad. Sie waren gerade schwimmen gewesen und nun damit beschäftigt, Zahnseide zu sortieren.

»Dieses Kaff hängt mir langsam zum Hals raus«, fuhr Miss Quaver fort.

»Ganz meinerseits«, erklärte Miss Abbott und schleuderte einen Kürbis nach einem vorbeigehenden Tapezierer.

In diesem Augenblick klopfte es an die Tür, und die Stimme des Zimmermädchens verkündete, daß die beiden unten erwartet würden. Die zwei Mädchen gingen nach unten und betraten das Musikzimmer. Garnett Whaledriver saß am Flügel, und die Mädchen gingen auf Zehenspitzen an ihm vorbei zur Hotelhalle.

Der nordische Riese, der ihre Anwesenheit nicht bemerkte, ließ seine Finger unheimliche, phantastische Mollakkorde anschlagen, ehe sie unbewußt in die ersten Töne von Chopins 121. Fuge für Kesselpauke glitten.

Aus diesem Anfang könnte ein geschickter Schriftsteller so gut wie alles machen; aber ich würde doch dazu neigen, diese drei Protagonisten fallenzulassen und mich mit dem Leben eines Maultiers am Grand Canyon zu befassen. Das Maultier beobachtet die Züge, die von Osten einfahren, und es beobachtet die Züge, die von Westen einfahren, und es fragt sich, wer es wohl reiten wird. Doch das erfährt es nie.

Die Liebesgeschichte und der Höhepunkt kämen dann, wenn ein Mann und eine Dame, beide einander fremd, in dem Zug, der nach Osten zurückfährt, ins Gespräch kommen.

»Na«, meinte Mrs. Croot, denn um diese handelt es sich, »wie finden Sie den Canyon?«

»Ziemlich große Höhle«, antwortete ihr Begleiter.

»Was für 'ne ulkige Bezeichnung!« erwiderte Mrs. Croot. »Und jetzt spielen Sie mir was vor!«

Wortlos setzte sich Warren auf den Klavierstuhl und ließ seine Finger zunächst unheimliche, phantastische Akkorde auf den schwarzen Tasten anschlagen. Plötzlich aber und scheinbar ohne es zu wollen, war er mitten im zweiten Satz von Chopins Zwölfter Sonate für Flöte und Spucknapf. Mrs. Croot wurde schwach.

Obiges dürfte angehenden Schriftstellern eine Vorstellung davon geben, daß eine scheinbar so triviale Sache wie so ein bißchen Dialog eine ganze Handlung auf den Kopf stellen und den Autor weit von der Bahn, die er eingeschlagen, abbringen kann. Stil und Technik können hier auch als Vorlage für Anfänger dienen. Ich will meine Leser nicht beleidigen und mit dem offensichtlichen Schluß dieser Geschichte langweilen. Diese simple Aufgabe können sie ganz allein lösen, und außerdem ist es eine gute Übung für sie.

Soviel über das Entwerfen und Schreiben. Jetzt zum Verkauf des vollendeten Werkes. Viele junge Schreiber machen den Fehler, daß sie ein frankiertes Kuvert mit Rückadresse beilegen, das in der Größe genau zum Manuskript paßt. Das ist einfach eine zu große Versuchung für den Redakteur.

Nach meiner persönlichen Erfahrung ist es ein guter Trick, wenn man nicht mal den eigenen Namen auf die Geschichte schreibt; und wenn ich den Umschlag mit dem Manuskript darin zugeklebt, frankiert und adressiert habe, fahre ich damit in einen Ort, wo ich garnicht wohne, und werfe ihn dort in den Briefkasten. Der Redakteur hat nicht die geringste Ahnung, wer die Geschichte geschrieben hat – wem soll er sie also zurückschicken? Er sitzt in der Zwickmühle.

Zum Schluß möchte ich noch meine Schüler davor warnen, ihre Geschichten – oder wie wir Profis das nennen, ihr ›gesponnenes Garn‹ – auf schon beschriebenes Papier zu schreiben. Und auch niemals auf eine Postkarte! Und sie niemals telegraphisch durchgeben (morsen)!

Geschichten wie die folgenden werden Ihnen vielleicht schlecht und recht veranschaulichen, worauf ich hinauswollte.

(Deutsch von W. E. Richartz und Peter Naujack)

Washington Irving
Rip van Winkle

Aus dem handschriftlichen Nachlasse Diedrich Knickerbockers

Die nachfolgende Erzählung fand sich unter den Papieren des verstorbenen Diedrich Knickerbocker, eines alten Herrn in New York, welcher sich für die holländische Geschichte der Provinz und die Sitten der Nachkommen ihrer ersten Ansiedler lebhaft interessiert hat. Seine historischen Forschungen wurden indes weniger in Büchern als unter den Menschen angestellt; denn die erstern gewähren für Themen, wie sie ihm am Herzen lagen, eine beklagenswert geringe Ausbeute, wohingegen er die alten Bürger und noch mehr deren Frauen reich an jener Sagenkunde fand, welche für die echte Geschichte so unschätzbar ist. Sooft er daher einer echt holländischen Familie in ihrem behaglichen Farmhaus mit niedrigem Dach, überschattet von weitgestreckten Sykomorenzweigen, begegnete, betrachtete er sie wie ein mit Klammern versehenes Bändchen aus den ersten Jahrhunderten der Druckerkunst und studierte es mit dem Eifer eines Bücherwurms.

Das Ergebnis all dieser Forschungen war eine Geschichte der Provinz während der Regierung der holländischen Statthalter, die er vor einer Reihe von Jahren veröffentlichte. Es sind verschiedene Meinungen über den literarischen Wert seines Werkes lautgeworden, und dasselbe ist, offen gestanden, um kein Haar besser, als es sein sollte. Sein Hauptverdienst ist seine gewissenhafte Genauigkeit, die allerdings beim ersten Erscheinen etwas in Zweifel gezogen ward, seitdem aber vollständig anerkannt worden ist; gegenwärtig ist das Werk in alle historischen Sammlungen als ein Buch von unbestreitbarer Autorität aufgenommen.

Der alte Herr starb kurz nach der Herausgabe seines Werkes, und nun, da er tot und hingegangen ist, kann es seinem Gedächtnis wenig Nachteil bringen, wenn man sagt, daß er seine Zeit in wichtigern Arbeiten weit besser angewendet hätte. Aber er wollte nun einmal sein eigenes Steckenpferd reiten, und wenn dasselbe bisweilen auch den Staub ein wenig in die Augen seines Nachbarn warf und die gute Laune einiger Freunde störte, für welche er die aufrichtigste Achtung und Zuneigung hegte, so gedenkt man seiner Irrtümer und Torheiten doch ›mehr in Betrübnis denn im Zorn‹, und man beginnt zu ahnen, daß er nie Beleidigung oder Kränkung beabsichtigte. In welcher Weise indes auch sein Andenken von Kritikern gewürdigt werden mag, immer bleibt es noch vielen Leuten wert, deren gute Meinung wohl zu schätzen ist; insbesondere gilt dies von gewissen Kuchenbäckern, welche so weit gegangen sind, sein Bild ihren Neujahrskuchen aufzupressen, und ihm dadurch eine Aussicht auf Unsterblichkeit eröffnet haben, die kaum geringer ist als jene, welche durch das Gepräge auf einer Waterloomedaille oder einem Farthing der Königin Anna erlangt werden kann.

Bei Wodan, Gott der Sachsen,
Nach welchem Mittwoch Wodanstag genannt ist,
Die Wahrheit ist's, woran ich halten will
Bis zu dem Tag, da ich mich niederlege
In meine Gruft – – CARTWRIGHT

Wer jemals den Hudson hinaufgereist ist, wird sich der Catskillberge erinnern. Sie sind ein losgetrennter Zweig der großen Appalachenfamilie, und man erblickt sie in westlicher Richtung vom Flusse, wo sie zu einer stattlichen Höhe emporschwellen und das umgebende Land beherrschen. Jeder Wechsel der Jahreszeit, jeder Wechsel des Wetters, ja jede Stunde des Tages bringt auch einen Wechsel in den magischen Farben und Gestalten dieser Berge hervor, welche von allen guten Hausfrauen nah und fern als untrügliche Barometer betrachtet werden. Ist das Wetter schön und beständig, so sind sie in Blau und Purpur gekleidet und zeichnen ihre kühnen Umrisse an dem klaren Abendhimmel ab; bisweilen jedoch, während der Rest der Landschaft wolkenlos ist, sammeln sie eine Kappe grauer Dünste um ihre Gipfel, welche dann in den letzten Strahlen der sinkenden Sonne glühen und schimmern wie von einer Glorie gekrönt.

Am Fuße dieser feenhaften Berge kann der Reisende die leichte Rauchwolke unterscheiden, die sich von einem Dorfe emporkräuselt, dessen rote Dächer gerade an der Stelle, wo die blauen

Tinten des Hochlands sich in dem frischen Grün der nähern Landschaft verlieren, durch die Bäume leuchten. Es ist ein kleines Dorf von hohem Alter, denn es wurde von einigen der holländischen Ansiedler in den ersten Zeiten der Provinz gegründet, und zwar gleich im Beginn der Regierung des guten Peter Stuyvesant (Friede seiner Asche!). Vor wenigen Jahren noch standen einige Häuser der ursprünglichen Ansiedler, erbaut aus kleinen gelben Ziegeln, die man aus Holland gebracht hatte, und versehen mit Gitterfenstern und spitzen Giebeln, über denen sich Wetterhähne drehten.

In diesem Dorfe, und zwar in einem der erwähnten Häuser, welches – um streng der Wahrheit gemäß zu schildern – von der Zeit und vom Wetter außerordentlich mitgenommen worden war, lebte vor vielen Jahren, als das Land noch eine Provinz Großbritanniens war, eine schlichte gutmütige Haut namens Rip van Winkle. Er war ein Nachkomme der van Winkles, die eine so stattliche Rolle in den ritterlichen Tagen Peter Stuyvesants spielten und ihn zur Belagerung des Forts Christina begleiteten. Er hatte indes nur wenig von dem kriegerischen Charakter seiner Vorfahren geerbt. Ich habe bemerkt, daß er ein schlichter, gutmütiger Mann war; überdies war er aber auch ein freundlicher Nachbar und ein gehorsamer, wohlregierter Ehemann. Vielleicht war's gerade der letztere Umstand, dem er die Gemütssanftheit verdankte, wodurch er sich so allgemein beliebt machte; denn auswärts sind gewöhnlich diejenigen Männer am umgänglichsten und willfährigsten, welche unter der Disziplin eines Hausdrachens stehen. Ihre Gemüter werden ohne Zweifel im glühenden Ofen häuslicher Plage gefällig und nachgiebig gemacht, und alle Predigten in der Welt lehren die Tugenden der Geduld und der Ausdauer im Leiden nicht so gründlich als eine Gardinenpredigt. Ein zänkisches Weib kann daher in mancher Hinsicht schon für einen leidlichen Segen gelten, und wenn dem so ist, dann war Rip van Winkle dreifach gesegnet.

Gewiß ist, daß er bei allen guten Frauen des Dorfes sehr in Gunst stand, welche, nach der Gewohnheit des sanften Geschlechts, bei allen Familienzwisten seine Partei nahmen und nie verfehlten, alle Schuld auf Frau van Winkle zu wälzen, wenn sie in ihren abendlichen Plauderstunden diese Dinge besprachen. Auch die Kinder des Dorfes jauchzten vor Freude, sowie er sich nur näherte. Er wohnte ihren Spielen bei, verfertigte ihre Spielsachen, lehrte sie Papierdrachen steigen lassen und Schnellkugeln werfen und erzählte ihnen lange Geschichten von Geistern, Hexen und Indianern. Sooft er durchs Dorf schlenderte, war er stets von einer Schar von Kindern umringt, die an seinen Rockschößen hingen, auf seinen Rücken kletterten und ungestraft tausend Possen mit ihm spielten; und in der ganzen Nachbarschaft war kein Hund, der ihn angebellt hätte.

Der Hauptfehler in Rips ganzem Wesen war eine unüberwindliche Abneigung gegen alle Arten einträglicher Arbeit. Diese Abneigung konnte ihren Grund nicht in einem Mangel an Fleiß oder Ausdauer haben, denn er vermochte mit einer Angelrute, so lang und schwer wie eine Tatarenlanze, auf einem feuchten Felsen zu sitzen und den ganzen Tag ohne Murren zu angeln, selbst wenn ihn kein einziger Anbiß ermutigte. Stundenlang konnte er eine Vogelflinte auf der Schulter tragen und sich bergauf, bergab durch Wald und Sumpf arbeiten, um etliche Eichhörnchen oder wilde Tauben zu schießen. Auch bei der schwersten Arbeit versagte er seinen Beistand nie einem Nachbar, und in allen ländlichen Lustbarkeiten, beim Aushülsen des Maises oder beim Bauen steinerner Einfriedungen, war er stets einer der ersten; auch die Weiber des Dorfes benutzten ihn, um ihre Botschaften auszurichten oder allerhand kleine Geschäfte für sie zu besorgen, wozu sich ihre minder gefälligen Gatten nicht hergeben mochten. Mit einem Worte, Rip war bereit, jedermanns Geschäft zu besorgen, nur nicht sein eigenes; häusliche Obliegenheiten zu erfüllen, seine Farm in Ordnung zu halten, das fand er unmöglich.

Er erklärte in der Tat, es helfe nichts, auf seiner Farm zu arbeiten; es wäre das verwünschteste Stückchen Boden im ganzen Lande; alles ginge schlecht darauf vonstatten und würde schlecht gehen, was er auch tun möchte. Seine Einfriedungen fielen beständig auseinander; seine Kuh verlief sich oder ging unter den Kohl; Unkraut wuchs auf seinem Felde sicherlich geschwinder denn irgendwas andres; der Regen fiel, wie absichtlich, stets in dem Augenblicke, wenn er aus dem Hause getreten war, um an die Arbeit zu gehen; und war sein Erbgut auch unter seiner Verwaltung, ein Acker nach dem andern, hinweggeschwunden, bis wenig mehr geblieben war als ein Stückchen Mais und Kartoffeln, so war doch keine Farm in der ganzen Gegend in so schlechtem Zustande.

Auch seine Kinder waren so zerlumpt und wild, als ob sie niemand angehörten. Sein Sohn Rip, ein zu seinem eigenen Ebenbilde erzeugter kleiner Schelm, verhieß zugleich mit den alten Kleidern des Vaters dessen Gewohnheiten zu erben. Gewöhnlich sah man ihn gleich einem Füllen seiner Mutter auf den Fersen nachtraben, bekleidet mit einem Paar abgelegter Pluderhosen seines Vaters, die er mühselig genug mit einer Hand emporhalten mußte, wie es eine Dame bei schlechtem Wetter mit ihrem Kleide zu tun pflegt.

Rip van Winkle war indes einer jener glücklichen Sterblichen von harmlosem, geschmeidigem Temperament, welche die Welt von der besten Seite betrachten, Schwarzbrot oder Weißbrot essen, welches von beiden gerade am bequemsten zu erlangen ist, und lieber bei einem Pfennig darben als für ein Pfund arbeiten. Wäre er sich selbst überlassen geblieben, so würde er sein Leben seelenvergnügt hinweggeträllert haben; aber sein Weib lag ihm beständig in den Ohren mit seinem Müßiggange, seinem Leichtsinne und dem Verderben, das er auf seine Familie brächte. Morgens, mittags und nachts war ihre Zunge beständig in Bewegung, und alles, was er sprach oder tat, entfesselte sicherlich stets einen Strom hausmütterlicher Beredsamkeit. Rip hatte nur eine Art der Erwiderung auf alle derartigen Vorlesungen, und sie war ihm durch langen Gebrauch zu einer Gewohnheit geworden. Er zog die Schultern in die Höhe, schüttelte den Kopf, schlug die Augen empor und sagte kein Wort. Dadurch reizte er sein Weib jedoch stets zu einem neuen Losbruch, so daß er gern seine Streitkräfte zurückzog und sich nach der Außenseite des Hauses begab – allerdings die einzige Seite, welche einem Pantoffelhelden gehört.

Rips einziger Anhänger im Hause war sein Hund Wolf, der ebensosehr unterm Pantoffel stand wie sein Herr, denn Frau van Winkle betrachtete sie als Genossen im Müßiggange und sah besonders mit scheelem Blick auf Wolf als die Ursache des häufigen Umherschlenderns seines Herrn. Er war allerdings in allem, was man bei einem rechtschaffenen Hunde erwarten darf, ein so tüchtiges und mutiges Tier, als nur je eins die Wälder durchschwärmte; aber welcher Mut vermag dem nie endenden und alles überwältigenden Schrecken einer Weiberzunge zu widerstehen? Sowie Wolf das Haus betrat, ließ er den Mut sinken, der Schwanz senkte sich zu Boden oder krümmte sich zwischen die

Hinterbeine, und er schlich mit der Miene eines Verbrechers umher, während er manchen Seitenblick auf Frau van Winkle warf, um bei der geringsten Bewegung eines Besenstiels oder Löffels mit stürmischer Hast zur Türe zu fliehen.

Schlechter und schlechter wurden die Zeiten für Rip van Winkle, während die Jahre des Ehestandes dahinrollten; ein herbes Gemüt wird mit den Jahren nie milder, und eine scharfe Zunge ist das einzige schneidende Werkzeug, welches durch beständigen Gebrauch schärfer wird. Eine lange Zeit hindurch suchte er sich, wenn er daheim vertrieben ward, durch den Besuch einer Art permanenten Clubs der Weisen, Philosophen und anderer müßiger Personen des Dorfes zu trösten, welcher seine Sitzungen auf einer Bank vor einem kleinen Wirtshause hielt, das als Schild ein sehr rotes Porträt Seiner Majestät König Georges III. führte. Da pflegten sie im Schatten eines langen, träge schleichenden Sommertags zu sitzen, sorglos über Dorfneuigkeiten zu schwatzen oder endlose schläferige Geschichten um ein Nichts zu erzählen. Es wäre jedoch das Geld eines Staatsmanns wert gewesen, die tiefen Erörterungen zu hören, die bisweilen stattfanden, wenn zufällig durch einen Reisenden ein altes Zeitungsblatt in ihre Hände fiel. Wie feierlich lauschten sie auf den Inhalt, würdig vorgetragen durch Derrick van Bummel, den Schulmeister, ein gewandtes, gelehrtes Männchen, das sich auch durch das gigantischste Wort im Lexikon nicht schrecken ließ; und wie weise ratschlagten sie über Staatsereignisse, einige Monate nachdem dieselben stattgefunden hatten!

Vollständig kontrolliert wurden die Meinungen dieser Junta durch Nicholas Vedder, einen Patriarchen des Dorfes und Wirt des Hauses, an dessen Tür er seinen Sitz von Morgen bis Nacht einnahm, indem er sich eben nur weit genug bewegte, um die Sonne zu meiden und sich im Schatten eines großen Baumes zu halten, so daß die Nachbarn nach seinen Bewegungen die Stunde ebenso genau als nach einem Sonnenzeiger angeben konnten. Allerdings hörte man ihn selten sprechen, unablässig jedoch rauchte er seine Pfeife. Seine Anhänger (denn jeder große Mann hat seine Anhänger) verstanden ihn gleichwohl vollkommen und wußten seine Meinungen herauszufinden. Wenn ihm irgend etwas Gelesenes oder Erzähltes mißfiel, so sah man ihn seine Pfeife heftig rauchen und kurze, zahlreiche und zornige Wolken entsenden; war er aber vergnügt, so zog er den Rauch langsam und ruhig ein und ließ ihn in leichten, anmutigen Wölkchen entschweben; bisweilen nahm er die Pfeife aus dem Munde, ließ sich den duftigen Rauch um die Nase kräuseln und nickte zum Zeichen vollkommener Beistimmung mit dem Kopfe.

Auch aus dieser starken Veste wurde der unglückliche Rip endlich durch sein zänkisches Weib vertrieben, welches gelegentlich wie ein Wetter auf die ruhige Versammlung einstürmte und alle Mitglieder mit Schmähungen überhäufte; auch der ehrwürdige Mann, Nicholas Vedder selbst, wurde von der kühnen Zunge dieses fürchterlichen Mannweibes nicht geschont, welches ihn geradezu beschuldigte, ihren Mann im Müßiggange zu bestärken.

Der arme Rip war am Ende fast zur Verzweiflung gebracht, und die einzige Ausflucht, um den Arbeiten der Farm und dem Toben seines Weibes zu entgehen, war, die Flinte in die Hand zu nehmen und hinaus in die Wälder zu streifen. Hier setzte er sich bisweilen an den Fuß eines Baumes und teilte den Inhalt seiner Tasche mit Wolf, mit welchem er, als einem Leidensgenossen in der Verfolgung, sympathisierte. »Armer Wolf«, sagte er dann wohl, »deine Gebieterin läßt dich ein Hundeleben führen; aber laß gut sein, mein Alter; solange ich lebe, soll dir's nie am Beistand eines Freundes fehlen!« Wolf wedelte alsdann mit dem Schwanze, blickte mit ausdrucksvoller Miene seinem Herrn ins Gesicht, und wenn Hunde Mitleid empfinden können, so glaube ich wirklich, daß er dieses Gefühl von ganzem Herzen erwiderte.

Auf einer langen Streiferei solcher Art, an einem schönen Herbsttage, war Rip absichtslos zu einem der höchsten Teile der Catskillberge hinaufgeklettert. Er war mit seiner Lieblingsjagd, dem Eichhörnchenschießen, beschäftigt, und die stillen Einöden hatten den Knall seiner Flinte vielfach widerhallen lassen. Keuchend und ermüdet warf er sich spät am Nachmittag auf einem grünen, mit Bergkräutern bedeckten Hügel nieder, welcher die Kante eines steilen Abhangs krönte. Durch eine Öffnung zwischen den Bäumen konnte er das reiche Waldland der Gegend unten meilenweit übersehen. In der Ferne erblickte er den stattlichen Hudson, welcher weit, weit unter ihm in seinem schweigenden, aber majestätischen Laufe hinglitt, etwa eine purpurne Wolke widerspiegelte oder das Segel eines stilliegenden Bootes zeigte, das hier und dort auf seiner gläsernen Fläche ruhte, und sich zuletzt in dem blauen Hochlande verlor.

Auf der andern Seite sah er hinab in eine tiefe Bergschlucht, wild, einsam, zerrissen, am Boden mit Bruchstücken der überhängenden Klippen angefüllt und nur dürftig durch den Widerschein der sinkenden Sonne beleuchtet. Sinnend lag Rip eine Zeitlang auf dieser Stelle; der Abend rückte allmählich vor; die Berge begannen ihren langen blauen Schatten über die Täler zu werfen; er sah, daß es längst finster sein würde, bevor er das Dorf erreichen könnte, und er hauchte einen schweren Seufzer aus, wenn er daran dachte, wie er den Zornausbrüchen der Frau van Winkle begegnen sollte.

Als er im Begriff war hinabzusteigen, hörte er in der Ferne den Ruf einer Stimme: »Rip van Winkle! Rip van Winkle!« Er blickte umher, konnte jedoch nichts sehen, außer einer Krähe, die einsam über den Berg hinflog. Er meinte, seine Einbildungskraft müßte ihn getäuscht haben, und schickte sich bereits wieder zum Hinabsteigen an, als er den nämlichen Ruf durch die stille Abendluft schallen hörte: »Rip van Winkle! Rip van Winkle!« Zu gleicher Zeit sträubte Wolf sein Rückenhaar, ließ ein leichtes Knurren hören, schlich an seines Herrn Seite und blickte scheu in die Schlucht hinab. Rip fühlte sich jetzt von einer unerklärlichen Bangigkeit beschlichen; besorgt blickte er in der nämlichen Richtung hinunter und gewahrte eine seltsame Gestalt, die sich langsam die Felsen heraufarbeitete und sich unter der Last eines Gegenstandes beugte, den sie auf dem Rücken trug. Er war überrascht, an diesem einsamen und unbesuchten Orte ein menschliches Wesen zu sehen; doch in der Voraussetzung, es sei jemand aus der Gegend, der seiner Hilfe bedürfe, eilte er hinab, um dieselbe zu gewähren.

Als er näher kam, ward er noch mehr überrascht durch das sonderbare Äußere des Fremden. Er war ein kurzer, breitgebauter alter Bursche mit dickem, buschigem Haar und ins Graue spielendem Barte. Seine Bekleidung war nach der altertümlichen holländischen Mode: ein um die Taille festgeschnalltes Tuchwams; verschiedene Paar Hosen, das äußere von großer Weite, verziert mit Knopfreihen längs den Seiten hinab und mit Büscheln an den Knien. Auf seiner Schulter trug er ein tüchtiges Fäßchen, welches Getränke zu enthalten schien, und er gab Rip Zeichen, sich zu nähern und ihm die Last tragen zu helfen. Obwohl ziemlich scheu und mißtrauisch gegen diese neue Bekanntschaft, zeigte sich Rip doch mit seiner gewöhnlichen

Munterkeit bereitwillig. Gegenseitig einander unterstützend, kletterten sie eine enge Kluft empor, welche das trockene Bett eines Bergstromes zu sein schien. Während sie so stiegen, hörte Rip dann und wann lange rollende Töne, gleich fernem Donner, die aus einer tiefen Schlucht oder vielmehr Spalte zwischen hohen Felsen, gegen welche ihr rauher Pfad hinführte, hervorzudringen schienen. Er blieb einen Augenblick stehen; aber in der Meinung, es sei das Grollen eines jener oft auf Berghöhen stattfindenden vorübergehenden Gewitterschauer, schritt er weiter. Durch die Schlucht vorwärtsschreitend, gelangten sie in eine Höhlung, die, einem kleinen Amphitheater gleichend, von senkrechten Abhängen umgeben war, über deren Ränder überhängende Bäume ihre Äste streckten, so daß man von dem blauen Himmel und der schimmernden Abendwolke nur einzelne Blicke gewinnen konnte. Die ganze Zeit über hatten Rip und sein Gefährte sich schweigend vorwärts gearbeitet, denn der erstere verwunderte sich höchlich und sann, wozu man ein Branntweinfäßchen auf diesen wilden Berg tragen könnte; doch war etwas Seltsames und Unbegreifliches im Wesen des Unbekannten, was Furcht einflößte und keine Vertraulichkeit gestattete.

Als man das Amphitheater betrat, zeigten sich neue Gegenstände des Staunens. Auf einer ebenen Stelle in der Mitte war eine Gesellschaft seltsam aussehender Personen beim Kegelspiel. Sie waren nach einer auffälligen fremden Mode gekleidet; einige trugen kurze Wämser, andere Jacken, mit langen Messern in ihren Gürteln, und die meisten hatten ungeheure Hosen, ähnlich denen des Führers. Auch ihre Gesichter waren eigentümlich: einer hatte einen großen Kopf, breites Gesicht und kleine Schweinsaugen; das Gesicht eines zweiten schien ganz aus Nase zu bestehen und war von einem weißen, zuckerhutförmigen Hute überragt, den eine kleine rote Hahnfeder schmückte. Alle hatten Bärte von verschiedenen Formen und Farben. Einer der Männer schien der Häuptling zu sein. Er war ein großer alter Herr mit wettergebräuntem Gesicht; er trug ein betreßtes Wams, breiten Gürtel und Hirschfänger, Hut mit hoher Krempe und Feder, rote Strümpfe und Schuhe mit hohen Absätzen und Rosetten. Die ganze Gruppe erinnerte Rip an die Figuren in einem alten niederländischen Gemälde, das sich im Wohnzimmer Herrn van Schaicks, des Dorfpfarrers, befand und zur Zeit der Ansiedelung von Holland herübergebracht worden war.

Besonders wunderlich kam es Rip vor, daß diese Leute, obwohl sie augenscheinlich einem Vergnügen oblagen, doch die ernsthaftesten Gesichter machten, das geheimnisvollste Schweigen beobachteten und überhaupt die melancholischste Lustpartie bildeten, die er jemals gesehen hatte. Nichts unterbrach die Stille der Szene, außer das Geräusch der Kugeln, welche, sooft sie rollten, längs den Bergen wie polternde Donnerschläge widerhallten.

Als Rip und sein Gefährte sich ihnen näherten, ließen sie plötzlich von ihrem Spiele ab und starrten ihn mit so stierem bildsäulenartigem Blicke und so seltsamen, abenteuerlichen, glanzlosen Gesichtern an, daß sich ihm das Herz im Leibe wandte und seine Knie schlotterten. Sein Gefährte leerte nun den Inhalt des Fäßchens in große Flaschen und bedeutete ihm durch Zeichen, der Gesellschaft aufzuwarten. Er gehorchte mit Furcht und Zittern; sie schlürften das Getränk in tiefem Schweigen und kehrten dann zu ihrem Spiele zurück.

Nach und nach legte sich Rips Scheu und Furcht. Er wagte sogar, wenn kein Auge auf ihn gerichtet war, das Getränk zu kosten, dessen Geschmack ihn an den trefflichsten Wacholderbranntwein gemahnte. Er war von Natur eine durstige Seele und fühlte sich bald zu einem neuen Zuge versucht. Ein Schluck reizte jedesmal zu einem neuen, und er wiederholte seine Besuche zur Flasche so oft, daß seine Sinne endlich überwältigt wurden; seine Augen umnebelten sich, sein Haupt neigte sich allmählich, und er fiel in einen tiefen Schlaf.

Beim Erwachen fand er sich auf dem grünen Hügel, von wo aus er den alten Mann in der Talschlucht zuerst erblickt hatte. Er rieb sich die Augen – es war ein schöner sonniger Morgen. Die Vögel hüpften und zwitscherten in den Büschen, und der Adler kreiste hoch oben und badete die Brust in dem reinen Gebirgswinde. ›Sicherlich‹, dachte Rip, ›habe ich nicht die ganze Nacht hier geschlafen.‹ Er besann sich auf alles, was vor seinem Einschlafen geschehen war. Er gedachte des fremden Mannes mit dem Branntweinfäßchen, der Bergschlucht, des wilden Ruheplatzes zwischen den Felsen, der traurigen Kegelgesellschaft, der Flasche – ›Oh! diese Flasche! diese verwünschte Flasche!‹ dachte Rip, ›was werde ich bei der Frau van Winkle zu meiner Entschuldigung vorbringen!‹

Er sah nach seiner Flinte um, aber anstatt der saubern, wohlgehaltenen Vogelflinte fand er ein altes Schießgewehr neben sich, mit verrostetem Laufe, wackeligem Schlosse und wurmstichigem Schafte. Er argwöhnte nun, die finsteren Kumpane des Berges möchten ihm einen Possen gespielt und ihn mit Branntwein eingeschläfert haben, um ihn seiner Flinte zu berauben. Auch Wolf war verschwunden, aber der konnte einem Eichhörnchen oder einem Rebhuhn nachgesprungen sein. Er pfiff nach ihm und rief seinen Namen, doch alles war vergebens; das Echo wiederholte sein Pfeifen und Rufen, aber kein Hund ließ sich sehen.

Er entschloß sich, den Schauplatz des Spieles vom letzten Abend wieder zu besuchen und, wenn er einen von der Gesellschaft traf, Hund und Flinte zu verlangen. Als er sich erhob, um zu gehen, fand er sich steif in den Gelenken, und die gewohnte Behendigkeit mangelte ihm. ›Diese Gebirgsbetten sind mir nicht zuträglich‹, dachte Rip, ›und wenn mich dieser Spaß durch einen Anfall von Rheumatismus ins Haus bannen sollte, so würde ich eine gesegnete Zeit bei Frau van Winkle erleben.‹ Mit einiger Schwierigkeit gelangte er in die Schlucht hinab; er fand das Bett des Bergstroms, in welchem er mit seinem Gefährten am vorigen Abend hinaufgestiegen war; zu seinem Staunen schäumte aber jetzt wirklich ein Sturzbach darin herab, der von Fels zu Fels sprang und das Tal mit seinem lauten Geplätscher erfüllte. Er säumte jedoch nicht, an der Seite hinaufzuklettern, indem er sich mühselig Bahn machte durch Dickichte von Birken-, Sassefraß- und Haselbüschen und bisweilen durch die wilden Weinreben aufgehalten oder verwickelt ward, die ihre Sprossen und Zweige von Baum zu Baum schlangen und seinen Pfad mit einer Art von Netzwerk bedeckten.

Endlich erreichte er die Stelle, wo sich dies Strombett durch die Klippen nach dem Amphitheater geöffnet hatte; aber es war keine Spur einer solchen Öffnung mehr vorhanden. Die Felsen zeigten nur eine hohe, undurchdringliche Wand, über welche der Strom wie ein aus leichtem Schaume gewebter Überzug herniederfiel, um von einem breiten, tiefen Becken aufgefangen zu werden, welches vom Schatten des umgebenden Waldes schwarz erschien. Hier sah sich denn der arme Rip genötigt, haltzumachen. Er rief und pfiff aufs neue nach seinem Hunde; nur das Krächzen einer Schar müßiger Krähen antwortete ihm, die hoch oben um einen Baum schwärmten, welcher sich über einen sonnigen Abhang beugte; aus ihrer sichern Höhe schienen sie mit Spott auf die Bedrängnis des armen Mannes herabzublicken. Was war zu tun? Der Morgen entschwand, und Rip, der ohne Frühstück war, fühlte sich ausgehungert. Es schmerzte ihn, Hund und Flinte aufgeben zu müssen; er fürchtete die Begegnung seines Weibes; aber er konnte denn doch nicht auf dem Gebirge verhungern. Er schüttelte den Kopf, legte das rostige Gewehr über die Schulter und lenkte, mit einem Herzen voll Unruhe und Besorgnis, seine Schritte heimwärts.

Als er sich dem Dorfe näherte, begegnete er einer Anzahl Leute, von denen er keinen kannte; dies überraschte ihn einigermaßen, denn er hatte gemeint, mit jedermann rings in der Gegend bekannt zu sein. Auch ihre Tracht unterschied sich von derjenigen, an welche er gewöhnt war. Sie starrten ihn gleichfalls alle mit Zeichen des Staunens an, und jedesmal, wenn sie den Blick auf ihn richteten, griffen sie an ihr Kinn. Die beständige Wiederkehr dieser Gebärde veranlaßte Rip, unwillkürlich das nämliche zu tun, und zu seinem Staunen fand er, daß sein Bart einen Fuß lang gewachsen war!

Er hatte nun das Innere des Dorfes betreten. Eine Schar fremder Kinder rannte hinter ihm drein, zischte ihn aus und wies auf seinen grauen Bart. Auch die Hunde, in deren keinem er einen alten Bekannten wiederzufinden vermochte, bellten ihn an, während er vorüberging. Das Dorf selbst war verändert, es war größer und volkreicher. Da standen Häuserreihen, die er nie zuvor gesehen hatte, und die ihm wohlbekannten Behausungen waren verschwunden. Fremde Namen waren über den Türen, fremde Gesichter an den Fenstern – alles war fremd. Er fing nun an, Unheil zu ahnen; er begann zu fürchten, daß beide, er und die Welt ringsum, behext wären. Sicherlich war das doch sein Heimatdorf, welches er erst am Tage zuvor verlassen hatte? Dort standen die Catskillberge; dort in der Ferne floß der silberne Hudson; jeder Hügel und jedes Tal zeigte sich genauso, wie es stets gewesen – Rip war ganz und gar verdutzt. ›Die Flasche gestern abend‹, dachte er, ›hat meinen armen Kopf recht arg verwirrt!‹

Mit einiger Schwierigkeit fand er den Weg zu seinem eigenen Hause, welchem er sich mit stummer Bangigkeit näherte, denn jeden Augenblick erwartete er, die schrille Stimme der Frau van Winkle zu vernehmen. Er fand das Haus verfallen – das Dach eingesunken, die Fenster zerbrochen und die Türen aus den Angeln. Ein halbverhungerter Hund, der Wolf ähnlich sah, schlich dabei herum. Rip rief ihn beim Namen, aber die Bestie knurrte, wies die Zähne und ging vorüber. Das war freilich ein unfreundliches Benehmen.

»Mein eigener Hund«, seufzte der arme Rip, »hat mich vergessen!«

Er betrat das Haus, welches, die Wahrheit zu gestehen, von Frau van Winkle stets in sauberer Ordnung gehalten worden war. Es war leer, verlassen und offenbar aufgegeben. Diese Verödung ließ ihn all seine ehelichen Befürchtungen vergessen, er rief laut nach seiner Frau und den Kindern – die vereinsamten Gemächer hallten einen Augenblick von seiner Stimme, und dann war alles wieder still.

Nun eilte er hinweg und schritt hastig nach seinem alten Zufluchtsorte, der Dorfschenke – aber sie war verschwunden. An ihrer Stelle stand ein verschrobenes hölzernes Gebäude mit großen, weiten Fenstern, deren einige zerbrochen und mit alten Hüten und Unterröcken ausgebessert waren; über der Türe las man: ›Unions-Hotel von Jonathan Thuwenig‹. Statt des großen Baumes, der das stille kleine holländische Wirtshaus von ehemals zu beschatten pflegte, war nun ein hoher, kahler Pfahl aufgerichtet, dessen Spitze etwas trug, das wie eine rote Nachtmütze aussah; und eine Fahne flatterte daran, die eine wunderliche Versammlung von Sternen und Streifen sehen ließ. Alles dies war seltsam und unbegreiflich. Auf dem Schild erkannte er jedoch das rote Gesicht des Königs George wieder, unter welchem er so manche friedliche Pfeife geraucht hatte; aber auch dieses war eigentümlich metamorphosiert. Der rote Rock war gegen einen blauen vertauscht, in der Hand befand sich statt eines Zepters ein Degen, den Kopf zierte ein aufgekrempter Hut, und unter dem Bilde stand mit großen Buchstaben: ›General Washington‹.

Wie gewöhnlich befanden sich vor der Türe eine Menge Leute, aber Rip sah keinen Bekannten darunter. Selbst der Charakter des Volks erschien verändert. Es herrschte ein geschäftiger, beweglicher, streitlustiger Ton unter ihnen, anstatt der gewohnten phlegmatischen und schläfrigen Ruhe. Umsonst suchte sein Blick den weisen Nicholas Vedder mit seinem breiten Gesicht, dem Doppelkinne und der schönen langen Pfeife, diesen Würdigen, welcher Tabakswolken statt müßiger Reden von sich gab; auch fehlte van Bummel, der Schulmeister, welcher den Inhalt einer alten Zeitung zum besten zu geben pflegte. An der Stelle dieser Männer hielt ein hagerer Mensch von galligem Aussehen heftige Reden über Bürgerrechte, Wahlen, Kongreßmitglieder, Freiheit, Bunkershill, Helden von Sechsundsiebzig und verschiedenes andere, was für den verwirrten van Winkle durchaus babylonisches Kauderwelsch war.

Die Erscheinung Winkles mit seinem langen grauen Barte, seiner rostigen Vogelflinte, seiner wunderlichen Tracht und der Armee von Weibern und Kindern, die sich hinter ihm gesammelt hatte, erregte bald die Aufmerksamkeit der Wirtshauspolitiker. Sie drängten sich um ihn her und betrachteten ihn von Kopf bis zu den Füßen mit großer Neugier. Der Redner machte sich an ihn heran, zog ihn etwas beiseite und fragte, welcher Seite er seine Stimme gebe. Rip blickte wie versteinert, ohne die Frage zu begreifen. Ein anderer kleiner, aber sehr beweglicher Mann faßte ihn beim Arm, hob sich auf die Zehen und fragte ihn leise ins Ohr, ob er Föderalist oder Demokrat sei. Diese Frage verstand Rip ebensowenig; aber ein alter Herr voll Gewicht und Selbstbewußtsein, mit scharf aufgekremptem Hute, machte sich jetzt Bahn durch die Menge, indem er sie mit den Ellbogen rechts und links drängte, und pflanzte sich vor Rip auf. Einen Arm in die Seite gestemmt, den andern auf seinem Stocke ruhen lassend, fragte er, während seine stechenden Augen und sein scharfer Hut den Angeredeten gleichsam durchbohrten, in strengem Tone, was ihn mit einer Flinte auf der Schulter und einem Volkshaufen hinter sich her zu der Wahlversammlung brächte und ob er die Absicht hätte, einen Aufruhr im Dorfe anzustiften. – »Ach, meine Herren!« rief Rip, einigermaßen erschrocken, »ich bin ein armer, ruhiger Mann, aus dem Orte gebürtig und ein treuer Untertan des Königs, Gott segne ihn!«

Hier brachen die Umstehenden in ein allgemeines Geschrei aus: »Ein Tory! ein Tory! ein Spion! ein Refugié! Nieder mit ihm! Weg mit ihm!« Es wurde dem selbstbewußten, gewichtigen Manne mit dem gekrempten Hute sehr schwer, die Ordnung wiederherzustellen; aber nachdem er eine zehnfache Strenge in seine Miene gelegt, fragte er den unbekannten Schuldigen aufs neue, weshalb er hierher käme und wen er suche. Der arme Mann versicherte demütig, daß er nichts Übles beabsichtige, sondern nur käme, um einige seiner Nachbarn aufzusuchen, die sich bei der Schenke aufzuhalten pflegten.

»Gut; wer sind sie? – Nennt ihre Namen!«

Rip bedachte sich einen Augenblick und fragte dann: »Wo ist Nicholas Vedder?«

Es trat eine Pause des Schweigens ein, bis endlich ein alter Mann mit dünner, quiekender Stimme erwiderte: »Nicholas Vedder? Ei, der ist tot und hin seit achtzehn Jahren! Auf dem Kirchhofe war ein hölzerner Grabstein, der seine ganze Geschichte berichtete, aber der ist nun auch verfault und verschwunden.«

»Wo ist Brom Dutcher?«

»Oh, er zog mit der Armee fort im Anfange des Kriegs; einige sagen, er sei bei der Erstürmung von Stoney Point getötet worden; andere sagen, er sei in einem Sturme am Fuße von Anthony's Nose ertrunken. Ich weiß es nicht. Er ist nie wieder zurückgekommen.«

»Wo ist van Bummel, der Schulmeister?«

»Auch er ging in den Krieg, war ein großer Milizgeneral und ist jetzt im Kongreß.«

Rips Herz ward von Wehmut erfüllt, als er von diesen traurigen Veränderungen in seiner Heimat und unter seinen Freunden vernahm und sich so allein in der Welt fand. Überdies verwirrte ihn jede Antwort nur noch mehr, weil sie von so ungeheuren Zeiträumen und von Dingen sprach, die er nicht zu begreifen vermochte: Krieg – Kongreß – Stoney Point – er wagte nicht zu fragen, sondern rief in Verzweiflung aus: »Kennt denn niemand hier Rip van Winkle?«

»Oh, Rip van Winkle!« riefen zwei oder drei; »oh, freilich! das dort ist Rip van Winkle, der an dem Baume lehnt.«

Rip sah hin und erblickte ein genaues Ebenbild seiner selbst, wie er auf den Berg gegangen war; offenbar ebenso träge und jedenfalls ebenso zerlumpt.

Der arme Schelm war nun vollständig verdutzt. Er bezweifelte seine eigene Identität und ob er Rip oder ein anderer Mann wäre. Während er so ganz verstört und verwirrt war, fragte ihn der Mann im aufgekrempten Hute, wer er wäre und wie er hieße.

»Gott weiß es«, rief er, denn er war mit seinem Witze zu Ende; »ich bin nicht ich selber – ich bin jemand anders – der dort bin ich – nein – der ist jemand anders, der in meine Hülle gekrochen ist – ich war gestern abend ich selber, aber ich schlief auf dem Berge ein, und sie haben meine Flinte vertauscht und alles vertauscht, und ich bin vertauscht und kann nicht sagen, wie ich heiße und wer ich bin!«

Die Umstehenden begannen nun einander anzusehen, bedeutsam zu winken und zu nicken und mit dem Finger auf ihre Stirn zu deuten. Auch ward geflüstert, man müßte die Flinte in Verwahrung nehmen und den alten Kerl verhindern, Unheil anzurichten; bei dieser bloßen Andeutung zog sich der gewichtige Mann im aufgekrempten Hute mit einiger Hast zurück. In diesem kritischen Augenblicke drängte sich ein munteres hübsches Weib durch die Menge heran, um den graubärtigen Mann zu sehen. Sie hatte ein derbes Kind auf dem Arme, welches, durch seinen Anblick erschreckt, zu schreien begann. »Still, Rip«, rief sie, »still, du Närrchen; der alte Mann wird dir nichts tun.« Der Name des Kindes, das Aussehen der Mutter, der Ton ihrer Stimme, alles erweckte eine Reihe von Erinnerungen in seiner Seele. »Wie heißt Ihr, gute Frau?« fragte er.

»Judith Gardenier.«

»Und Eures Vaters Name?«

»Ach, der arme Mann, sein Name war Rip van Winkle; zwanzig Jahre sind's, daß er mit seiner Flinte von Hause wegging, und nie hat man wieder von ihm gehört – sein Hund kam ohne ihn heim; aber ob er sich selber erschossen hat oder von den Indianern weggeführt worden ist, kann niemand sagen. Ich war damals nur ein kleines Mädchen.«

Rip hatte nur noch eine Frage übrig; aber er tat sie mit schüchterner Stimme: »Wo ist Eure Mutter?«

»Ach, sie ist auch gestorben; es ist noch nicht lange her; es sprang ihr ein Blutgefäß, als sie über einen neuenglischen Hausierkrämer in Zorn geriet.«

In dieser Kunde war wenigstens ein Tropfen lindernden Balsams. Der ehrliche Mann vermochte sich nicht länger zu halten. Er umfing Tochter und Kind mit seinen Armen. »Ich bin euer Vater!« rief er; »einst der junge Rip van Winkle – der alte Rip van Winkle nun! – Kennt denn niemand den armen Rip van Winkle?«

Alle standen in Staunen versunken, bis ein altes Weib, aus der Menge hervorwankend, ihre Hand vor die Stirn hielt, darunter hervor ihm einen Augenblick ins Gesicht schaute und dann rief: »Ei, jawohl! es ist Rip van Winkle – er ist es selber! Willkommen wieder zu Hause, alter Nachbar! Ei, wo seid Ihr denn diese zwanzig langen Jahre gewesen?«

Rips Geschichte war bald erzählt, denn die ganzen zwanzig Jahre waren für ihn nur eine einzige Nacht gewesen. Die Nachbarn staunten, als sie alles hörten; manche warfen einander Blicke zu und drückten in ihren Mienen Unglauben und Zweifel aus; der gewichtige Mann mit dem aufgekrempten Hute, welcher, sobald der Alarm vorüber, wieder ins Feld gerückt war, zog die Winkel seines Mundes nieder und schüttelte den Kopf – darauf fand ein allgemeines Kopfschütteln in der ganzen Versammlung statt.

Man beschloß indes, die Meinung des alten Peter Vanderdonk zu vernehmen, den man langsam auf der Straße herankommen sah. Er war ein Nachkomme des gleichnamigen Historikers, welcher einen der frühesten Berichte über die Provinz geschrieben hat. Peter war der älteste Bewohner des Dorfes und wohlbewandert in allen wunderbaren Ereignissen und Traditionen der Gegend. Er erinnerte sich Rips sogleich und bestätigte seine Geschichte in der befriedigendsten Weise. Er versicherte der Gesellschaft, es sei eine von seinem Vorfahren, dem Historiker, berichtete Tatsache, daß auf den Catskillbergen stets seltsame Wesen gehaust hätten; es wäre ausgemacht, daß der große Hendrick Hudson, der erste Entdecker des Flusses und Landes, alle zwanzig Jahre dort mit seiner Mannschaft vom Halbmond eine Art Totenfeier halte und auf diese Weise die Schauplätze seines Unternehmens wieder besuchen und ein wachsames Auge auf den Fluß und die große nach seinem Namen benannte Stadt haben dürfte. Sein Vater hätte sie einst in ihrer alten holländischen Tracht in einer Höhlung des Berges Kegel schieben sehen, und er selber hätte an einem Sommernachmittag das Rollen ihrer Kugeln gleich einem fernen Donner vernommen.

Um es kurz zu machen, die Gesellschaft ließ den Gegenstand ruhen und kehrte zu den wichtigern Angelegenheiten der Wahl zurück. Rips Tochter nahm den Vater mit nach Hause, um ihn bei sich zu behalten; sie besaß ein hübsches, wohleingerichtetes Haus, und ihr Mann war ein kräftiger, aufgeräumter Farmer, in welchem Rip einen der kleinen Buben wiedererkannte, die sich ihm auf den Rücken zu hängen pflegten. Was Rips Sohn und Erben betraf, sein Ebenbild, den man am Baume lehnen sah, so war dessen Beruf, auf der Farm zu arbeiten; er gab jedoch eine angeerbte Neigung kund, sich eher um alles andere als um sein Geschäft zu bekümmern.

Rip nahm nun seine alten Gänge und Gewohnheiten wieder auf; er machte bald wieder so manchen seiner alten Bekannten ausfindig, die freilich alle im Laufe der Zeit keineswegs zum Bessern verändert waren; deshalb zog er es vor, unter der nachwachsenden Generation Freunde zu suchen, bei denen er bald in große Gunst kam.

Da er daheim nichts zu tun hatte und zu dem glücklichen Alter gelangt war, wo sich ein Mann ungestraft dem Nichtstun widmen darf, so nahm er seinen Platz wiederum auf der Bank vor der Wirtshaustür ein und ward als einer der Dorfpatriarchen und als lebendige Chronik der alten Zeiten ›vor dem Kriege‹ verehrt. Es währte einige Zeit, bevor er sich in den regelmäßigen Gang der Unterhaltung finden und die seltsamen Ereignisse begreifen konnte, die während seines Schlafes stattgefunden hatten, wie zum Beispiel, daß ein Revolutionskrieg stattgefunden hatte, daß das Land das Joch Altenglands abgeworfen hatte und daß er, anstatt ein Untertan Seiner Majestät König Georges III. zu sein, nunmehr ein freier Bürger der Vereinigten Staaten war. Rip war allerdings kein Politiker; die Veränderungen der Staaten und Reiche machten nur geringen Eindruck auf ihn; aber es gab eine Gattung des Despotismus, worunter er lange geseufzt hatte, nämlich – die Pantoffelherrschaft. Glücklich genug, daß die zu Ende war! Sein Nacken war vom Ehejoch erlöst, und er konnte aus- und eingehen, wenn's ihm gefiel, ohne die Tyrannei der Frau van Winkle zu fürchten. Sooft jedoch ihr Name genannt wurde, schüttelte er den Kopf, zuckte mit den Achseln und warf die Augen empor; was entweder für einen Ausdruck der Ergebung in sein Schicksal oder der Freude über seine Erlösung gelten konnte.

Er pflegte seine Geschichte jedem Fremden zu erzählen, der in Herrn Thuwenigs Hotel kam. Anfangs bemerkte man, daß er jedesmal beim Erzählen in einigen Punkten variierte, was ohne Zweifel daher kam, daß er erst unlängst aufgewacht war. Endlich gestaltete sich die Geschichte genau so, wie ich sie erzählt habe, und es gab in der Gegend weder Mann, Frau noch Kind, die sie nicht auswendig gewußt hätten. Einige erlaubten sich stets, die Wahrheit der Sache zu bezweifeln, und behaupteten, Rip hätte seinen Verstand verloren gehabt und wäre über diesen *einen* Punkt nie recht klar geworden. Die alten holländischen Einwohner aber schenkten ihm fast allgemein vollen Glauben.

Noch bis auf diesen Tag sagen sie stets, wenn sie einen Gewittersturm an einem Sommernachmittag um den Catskill hören, daß Hendrick Hudson mit seiner Mannschaft beim Kegelspiel sei, und alle unter dem Pantoffel stehenden Männer der Gegend wünschen sich stets, wenn ihnen das Leben einmal recht sauer gemacht wird, einen ruhespendenden Zug aus Rip van Winkles Flasche.

Bemerkung

Man könnte vielleicht meinen, Herrn Knickerbocker sei die Idee zu der vorstehenden Erzählung durch eine kleine deutsche Volkssage in betreff des Kaisers Friedrich Rotbart und des Kyffhäuserbergs geliefert worden; folgende Note jedoch, die er der Erzählung beigefügt hatte, zeigt, daß es sich um eine mit seiner gewohnten Treue erzählte unbedingte Tatsache handelt:

»Die Geschichte Rip van Winkles mag vielleicht vielen unglaublich erscheinen, ich aber schenke ihr trotzdem vollen Glauben, denn ich weiß, daß die Gegend der alten holländischen Niederlassungen sehr reich an wunderbaren Ereignissen und Erscheinungen gewesen ist. Ich habe auch wirklich in den Dörfern längs des Hudson viele noch seltsamere Geschichten als die obige erzählen gehört, und dieselben waren alle zu wohl beglaubigt, um einem Zweifel zu unterliegen. Zudem habe ich auch mit Rip van Winkle selbst gesprochen, welcher, als ich ihn das letzte Mal sah, ein sehr ehrwürdiger alter Mann und so vollkommen vernünftig und klar in betreff jedes andern Punktes war, daß wohl keine gewissenhafte Person umhin konnte, ihm auch in der hier berührten Angelegenheit Glauben zu schenken; ja ich habe sogar ein Zertifikat darüber gesehen, welches ein Dorfrichter ausgestellt und eigenhändig mit einem Kreuz unterschrieben hatte. Es ist daher unmöglich, an der Geschichte zu zweifeln. *D. K.*«

(Nach einer anonymen Übersetzung aus dem Jahre 1856)

Nathaniel Hawthorne
Wakefield

In irgendeiner alten Zeitung oder Illustrierten habe ich einmal eine – angeblich wahre – Geschichte von einem Mann gelesen – wir wollen ihn Wakefield nennen –, der für lange Zeit aus dem Gesichtskreis seiner Frau verschwand. Ein solcher Vorgang, mit dürren Worten konstatiert, ist nicht sehr ungewöhnlich, auch kann er – ohne genauere Betrachtung der Umstände – nicht einfach als ungehörig oder unvernünftig abgeurteilt werden. Jedoch ist dies, wenn auch sicher nicht der schwerwiegendste, so doch vielleicht der seltsamste Fall von ehelicher Untreue, den wir kennen; außerdem ist es eine der merkwürdigsten Grillen, die man wohl im Register der menschlichen Absonderlichkeiten findet. Das Ehepaar lebte in London. Der Mann, der vorgeblich eine Reise angetreten hatte, bezog eine Wohnung in der seinem Hause benachbarten Straße und lebte dort, ohne daß seine Frau oder Freunde es merkten, und ohne auch nur den Schatten eines Grundes für solche Selbstverbannung zu haben, mehr als zwanzig Jahre lang. Während dieser Zeit beobachtete er jeden Tag sein Haus, häufig auch die verlassene Mrs. Wakefield. Und nach dieser langen Unterbrechung seiner ehelichen Beziehung – als sein Tod schon mit Gewißheit angenommen, sein Vermögen geordnet, sein Name schon aus dem Gedächtnis entschwunden war, und seine Frau seit langer, langer Zeit sich mit ihrem herbstlichen Witwenstand abgefunden hatte – trat er eines Abends ruhig wie nach eintägiger Abwesenheit durch die Haustür, und blieb ein liebender Ehemann bis hin zum Tod.

Ich erinnere mich nur noch an diesen groben Umriß. Aber der Vorfall, der beispiellos ist, von reinster Originalität, und vielleicht nie wiederholbar, wird vermutlich allgemein Sympathie finden. Jeder, jeder einzelne von uns, weiß, daß er keine solche Narrheit begehen würde, und doch hat man so ein Gefühl, als ob jemand anders es könnte. Zumindest mir ist die Geschichte oft durch den Kopf gegangen, hat mich immer neu verwundert, doch ich hatte das Gefühl, daß sie wahr sein müsse, und ich hatte eine Vorstellung vom Charakter ihres Helden. Immer, wenn ein Gegenstand den Geist so nachdrücklich beschäftigt, lohnt es sich, ihm nachzugehen. Wenn der Leser möchte, kann er selbst darüber nachgrübeln; wenn er es aber vorzieht, zusammen mit *mir* die zwanzig Jahre von Wakefields Ungebundenheit zu durchstreifen, so sei er mir willkommen; ich vertraue darauf, daß es hier einen alles durchwaltenden Sinn und eine Moral geben wird, auch wenn wir sie vielleicht nicht säuberlich verpackt und konzentriert in einem letzten Satz finden werden. Ein Gedanke hat stets seine Wirkung, und jeder außerordentliche Vorgang seine Moral.

Was für ein Mensch war Wakefield? Wir haben jede Freiheit, uns eine Vorstellung zu machen, und ihr seinen Namen zu geben. Er stand nun in der Mitte seines Lebens; seine ehelichen Gefühle, die nie heftig waren, hatten sich zu nüchternen, gewohnheitsmäßigen Empfindungen beruhigt; von allen Ehegatten würde er wahrscheinlich der beständigste sein, denn eine gewisse Trägheit bewahrte seinem Herzen den Frieden, wo es auch immer weilte. Er hatte einen brauchbaren, aber keinen lebhaften Verstand; sein Geist beschäftigte sich mit langen und trägen Grübeleien, die keinen Endzweck anstrebten, oder nicht die Kraft hatten, ihn zu erreichen; selten dachte er energisch genug, um Ausdruck im Wort zu finden. Phantasie oder Bildkraft im eigentlichen Sinne gehörten nicht zu Wakefields Gaben. Mit einem kühlen, aber unverdorbenen und auch nicht treulosen Herzen, einem Geist, in dem niemals aufrührerische Gedanken fieberten, und der auch nicht durch Originalität verwirrt wurde – wer hätte vorausgesehen, daß unser Freund einmal auf einen der ersten Plätze für Exzentriker der Tat Anspruch erheben könnte? Wenn man seine Bekannten gefragt hätte, welcher Mensch in London ganz sicher *nichts* für das Heute vollbrächte, das morgen denkwürdig wäre, so hätten sie an Wakefield gedacht. Nur die Frau an seiner Brust hätte vielleicht gezögert. Obgleich sie seinen Charakter nicht analysierte, hatte sie doch etwas von der stillen Selbstsucht bemerkt, die sich in seinem trägen Geist festgesetzt hatte – eine besondere Art Eitelkeit, die sein bedenklichster Charakterzug war –, und einen Hang zur List ohne weitere konkrete Folgen, als daß er kleine Geheimnisse bewahrte, die kaum der Enthüllung wert waren – und schließlich etwas, was sie die kleine Verrücktheit nannte, die manchmal in dem guten Mann erschien. Diese letztere Eigenschaft ist nicht zu beschreiben, und vielleicht gibt es sie gar nicht.

Stellen wir uns jetzt vor, wie Wakefield sich von seiner Frau verabschiedet. Es ist das Zwielicht eines Oktoberabends. Seine Ausstattung besteht aus einem stumpf-grauen Übermantel, einem Hut mit Wachstuch-Überzug, Schnürschuhen, in einer Hand hält er einen Regenschirm und eine kleine Reisetasche in der anderen. Er hat Mrs. Wakefield mitgeteilt, daß er die Abend-Postkutsche nehmen wird, die aufs Land fährt. Sie würde sich wohl kaum nach der Dauer seiner Reise, oder nach ihrem Zweck, oder auch nach der wahrscheinlichen Zeit der Rückkunft erkundigen; vielmehr wirft sie ihm, nachsichtig gegen seinen harmlosen Hang zur Geheimniskrämerei, nur einen fragenden Blick zu. Er sagt ihr, sie solle ihn nicht unbedingt mit der nächsten Kutsche zurückerwarten, sich auch nicht beunruhigen, falls er drei oder vier Tage fortbliebe; sie könne aber auf jeden Fall am Freitag zum Abendessen mit ihm rechnen. Wakefield selbst hat – wohlgemerkt – keine Ahnung von dem, was ihm bevorsteht. Er streckt die Hand aus; sie reicht ihm die ihre, sie erwidert seinen Abschiedskuß wie nach einem zehnjährigen Eheleben üblich; und nun bricht Mr. Wakefield auf, ein Mann mittleren Alters, fast schon entschlossen, seine gute Frau durch ein einwöchiges Fernbleiben in Unruhe zu stürzen. Nachdem die Tür hinter ihm zugefallen ist, bemerkt sie, daß ein Luftzug sie wieder etwas geöffnet hat, und durch den Türschlitz sieht sie das Gesicht ihres Gatten, das zu ihr hinlächelt, und dann im Augenblick verschwunden ist. Für dieses Mal schiebt sie den kleinen Vorgang ohne einen Gedanken beiseite. Aber lange danach, als sie mehr Jahre als Witwe denn als Ehefrau verlebt hat, kehrt ihr dieses Lächeln wieder und zuckt über alle ihre Gedächtnisbilder von Wakefields Antlitz. Während ihrer vielen Grübeleien umgibt sie das ursprüngliche Lächeln mit einer Vielzahl von Phantasien, die es fremdartig und schrecklich erscheinen lassen; so stellt sie sich ihn zum Beispiel in einem Sarg vor, wobei dieser letzte Ausdruck wie gefroren auf seinen blassen Zügen liegt; oder sie träumt, er sei im Himmel, und noch immer trägt sein Geistergesicht dieses stille und listige Lächeln. Und obgleich alle anderen ihn als Toten aufgegeben haben, zweifelt sie manchmal – gerade wegen dieses Lächelns –, ob sie wirklich Witwe sei.

Aber wir haben uns um den Gatten zu kümmern. Wir müssen ihm nacheilen, unten auf der Straße, bevor er seine Individualität verliert und mit der großen Masse des Londoner Lebens verschmilzt. Dann würden wir vergebens nach ihm suchen. Bleiben wir ihm also deshalb auf den Fersen, bis wir ihn, nach einigen unnötigen Haken und Täuschungen, vor dem Kamin einer kleinen Wohnung bequem eingerichtet sehen, wie es vorhin dargestellt wurde. Er befindet sich in der Straße, die der seinen benachbart ist, und am Ende seiner Reise. Er kann sich kaum auf das glückliche Geschick verlassen, daß er bis hierher unbeobachtet geblieben ist – er besinnt sich darauf, daß er einmal durch ein Gedränge im hellsten Kegel einer Laterne aufgehalten wurde, dann wieder, daß Fußtritte seinen eigenen zu folgen schienen, die sich von dem vielfachen Getrappel ringsum abzuheben schienen; und dann hörte er von ferne eine Stimme rufen und bildete sich ein, sie riefe seinen Namen. Bestimmt hatten ihn ein paar Wichtigtuer beobachtet und die ganze Geschichte seiner Frau erzählt. Armer Wakefield! Wie wenig weißt du über deine Unbedeutendheit in dieser großen Welt! Kein sterbliches Auge – außer meinem – ist dir gefolgt . . . Steige still ins Bett, törichter Mensch; und dann, am anderen Morgen, wenn du klug sein willst, verfüge dich wieder nach Hause zur guten Mrs. Wakefield, und erzähle ihr die Wahrheit. Halte dich niemals, auch nicht für eine kurze Woche, von ihrem keuschen Busen fern. Sollte sie dich einen einzigen Augenblick lang für tot halten, oder für vermißt, oder auf Dauer von ihr getrennt, so würdest du mit großem Kummer eine bleibende Veränderung an deinem treuen Weibe wahrnehmen können. Es ist gefährlich, in einer menschlichen Beziehung eine Kluft aufzureißen; nicht, daß sie weit ist und gähnend, ist daran gefährlich – sondern daß sie sich so rasch wieder schließt!

Fast bereut Wakefield schon seinen Streich oder wie man es sonst nennen soll; er legt sich beizeiten nieder, fährt aus einem ersten Schlummer auf und streckt seine Arme in die weite und einsame Leere des ungewohnten Bettes. »Nein«, denkt er und zieht die Bettdecke dichter über sich – »eine zweite Nacht schlafe ich nicht allein.«

Am Morgen erhebt er sich früher als gewöhnlich und fängt an zu überlegen, was er denn wirklich vorhat. So locker und schweifend ist seine Art zu denken, daß er diesen einzigartigen Schritt zwar in bewußter Absicht getan hat, jedoch ohne die Fähigkeit, ihn vor seinem inneren Auge genügend scharf zu umreißen. Die Undeutlichkeit des Plans und die krampfhafte

Anstrengung, mit der er sich in die Ausführung stürzt, sind gleichermaßen typisch für einen willensschwachen Menschen. Wakefield prüft jedoch seine Gedanken, so sorgfältig er kann, und entdeckt, daß er gerne wüßte, wie zu Hause das Leben weitergeht – wie beispielsweise seine Frau mit ihrem Witwenstand von einer Woche fertig würde; ferner, ein wenig, wie der kleine Umkreis von Leben und Umständen, deren Zentrum er ist, durch seine Entfernung beeinflußt wird. Fast am Grunde der Affäre findet sich also eine morbide Eitelkeit. Wie aber soll er seine Absicht verwirklichen? Gewiß nicht, indem er in seinem bequemen Zimmer bleibt, wo er, obgleich wachend und schlafend, nur sein eigener Nachbar, tatsächlich aber in der Fremde ist, als ob die Postkutsche ihn die ganze Nacht über fortgetragen hätte. Wenn er jedoch wieder auftauchte, wäre das ganze Projekt erledigt. Während sein armer Kopf sich wegen dieses Zwiespalts hoffnungslos verwirrt, begibt er sich schließlich hinaus, beschließt halbherzig, die Straße an einem Ende zu überqueren und einen hastigen Blick in Richtung auf sein verlassenes Heim zu riskieren. Die Gewohnheit – denn er ist ein Mann der Gewohnheit – faßt ihn bei der Hand und führt ihn, vollkommen unbewußt, an seine eigene Tür, wo er, genau im entscheidenden Augenblick, durch sein Fußscharren auf der Schwelle aufgeweckt wird. Wakefield! Wo gehst du hin!

In diesem Augenblick entschied sich sein Schicksal. Ohne eine Ahnung, zu welchem Verhängnis sein erster Schritt zurück ihn verdammt, eilt er fort, atemlos von einer nie gefühlten Erregung, und wagt an der entfernten Ecke kaum, den Kopf umzuwenden. Ist's möglich, daß niemand ihn bemerkt hat? Wird nicht der ganze Haushalt – die ehrbare Mrs. Wakefield, das schlaue Dienstmädchen, der schmutzige kleine Laufjunge – einen Höllenlärm und Geschrei durch die Londoner Straßen anstimmen, wenn sie ihren flüchtigen Herrn und Meister verfolgen? Durch ein Wunder entkommen! Er nimmt seinen Mut zusammen, hält an und blickt zurück, ist aber durch ein Gefühl der Veränderung an dem vertrauten Gebäude verwirrt, wie es uns allen vorkommt, wenn wir irgendeinen Berg oder See oder ein Kunstwerk wiedersehen, dem wir vor langer Zeit nahestanden. Normalerweise wird dieser unbeschreibliche Eindruck durch den Kontrast zwischen unserer unvollkommenen Erinnerung und der Wirklichkeit verursacht. In Wakefields Innerem aber hat die

Zauberkraft einer einzigen Nacht dies zustandegebracht, denn während dieser Zeit hat sich eine große moralische Wandlung ereignet. Aber das ist ihm selbst ein Geheimnis. Bevor er den Ort verläßt, wird er für einen fernen und sehr kurzen Moment seiner Frau ansichtig, die hinter einem der vorderen Fenster vorbeigeht, das Gesicht zum Ende der Straße hingewendet. Unser einfältiger Schlaukopf macht kehrt und wird von der Idee verfolgt, daß ihr Auge unter Tausenden solcher sterblicher Atome ihn entdeckt haben müßte. Doch fest und glücklich ist sein Herz, wenn auch sein Hirn ein wenig schwindlig, als er sich am Kaminfeuer seiner Wohnstatt wiederfindet.

So viel zum Beginn dieses langen, sonderbaren Scherzes. Nachdem die ganze Sache einmal in Gang und das träge Temperament des Mannes auf Trab gekommen ist, entwickelt sich alles mit natürlicher Konsequenz. Wir können uns ihn vorstellen, wie er tief grübelt, und wie er dann eine neue Perücke kauft, mit rötlichem Haar, und aus dem Trödelsack eines Juden diverse Kleidungsstücke auswählt – etwas ganz anderes als seinen gewohnten braunen Anzug.

Es ist gelungen. Wakefield ist ein anderer Mensch. Nachdem die neue Situation einmal festgelegt ist, wäre eine Bewegung zurück zur alten fast ebenso schwierig wie der Schritt, der ihn in diese unvergleichliche Lage gebracht hat. Außerdem hält ihn schon eine trotzige Stimme dabei fest, die gelegentlich an seinem Wesen zutage tritt; sie kommt ihm jetzt, zu dieser Zeit, wenn er sich vorstellt, welch ein ungehöriges Gefühl er womöglich in der Brust von Mrs. Wakefield verursacht hat. Er wird nicht zurückkehren, bis sie sich fast zu Tode geängstigt hat.

Also gut, zwei- oder dreimal kommt sie ihm ins Blickfeld, jedesmal mit schwererem Schritt, blasserer Wange und sorgenvollerer Stirn; dann, in der dritten Woche seines Nicht-Erscheinens, bemerkt er, wie ein Sendbote des Unheils in Gestalt eines Apothekers sein Haus betritt. Am Tag darauf ist der Türklopfer (zur Schonung der Kranken) umwickelt. Gegen Einbruch der Nacht kommt der Wagen eines Arztes und entläßt seine würdige, mit einer Riesenperücke versehene Last an Wakefields Tür, wo er, nach einem Besuch von einer Viertelstunde, wieder auftaucht – vielleicht als Vorbote eines Begräbnisses. Die arme Frau! Wird sie sterben? Zu diesem Zeitpunkt regt sich in Wakefield so etwas wie die Kraft eines Gefühls, doch noch immer hält er sich von ihrem Krankenbett fern, wobei er sein Gewissen damit beruhigt, daß sie in so einer Leidenszeit nicht aufgeregt werden dürfe. Wenn noch anderes ihn zurückhält, so weiß er nichts davon. Im Laufe einiger Wochen erholt sie sich langsam; die Krise ist vorbei; vielleicht ist ihr Herz traurig, aber es ist ruhig; und ob er nun früher oder später zurückkehrt, nie wieder wird es nach ihm fiebern. Solche Bilder dringen schattenhaft durch den Dunst von Wakefields Geist und machen ihm auf undeutliche Weise bewußt, daß eine fast unüberwindliche Kluft seine Mietswohnung von seinem früheren Hause trennt. Manchmal sagt er: »Es ist ja nur in der Nebenstraße!« – Narr! – Es ist eine andere Welt! – Bis dahin hat er seine Rückkehr immer von einem Tag auf den anderen aufgeschoben; von nun an legt er sich nicht mehr auf eine genaue Zeit fest. Morgen nicht – vielleicht nächste Woche – ziemlich bald. Der arme Mann! Fast ebenso leicht könnten die Toten ihre irdischen Heimstätten wieder aufsuchen, wie Wakefield die seine aus seiner selbstverhängten Verbannung.

Ich wünschte, ich könnte ein ganzes Buch schreiben statt nur einen Artikel von einem Dutzend Seiten. Ich könnte dann darlegen, wie eine Macht, von uns unkontrollierbar, mit kräftiger Hand jede unserer Taten lenkt und ihre Folgen zu einem eisernen Gewebe von Notwendigkeit verstrickt. Wakefield ist durch Zauberkraft gebannt. Wir müssen ihn so etwa für zehn Jahre um sein Haus herumstreichen lassen, seiner Frau durchaus treu, mit den Gefühlen, zu denen sein Herz fähig ist, während umgekehrt sein Bild langsam in dem ihren verblaßt. Man muß festhalten, daß er seit langem kein Bewußtsein mehr davon hat, daß sein Verhalten einzigartig ist.

Und nun die folgende Szene: mitten im Getümmel einer Londoner Straße erkennen wir einen Mann, von nun ältlichem Ausdruck, mit wenigen Besonderheiten, die einen nachlässigen Beobachter aufmerken lassen könnten; und dennoch, für jemanden, der zu lesen versteht, zeigt seine ganze Gestalt die Handschrift eines nicht gewöhnlichen Schicksals. Er ist mager; seine niedrige und enge Stirn ist tief gefurcht; seine Augen, klein und glanzlos, gleiten manchmal sorgenvoll umher, doch öfter scheinen sie nach innen zu blicken. Er hat den Kopf gebeugt und bewegt sich mit einem unbeschreiblich eingezogenen Gang, so als wolle er seine Vorderseite der Welt nicht offen darbieten. Schau ihm zu –

lange genug, um zu erkennen, was wir beschrieben haben –, und du wirst zugeben, daß die Umstände, die oft aus der normalen Dutzendware der Natur bemerkenswerte Menschen machen, hier einen solchen hervorbrachten. Lassen wir ihn nun auf dem Bürgersteig weiterschleichen, und werfen wir einen Blick in die Gegenrichtung, wo eine stattliche Frau, schon ziemlich weit auf dem absteigenden Ast des Lebens, in der Hand ein Gebetbuch, auf die Kirche dort hinten zustrebt. Sie hat den sanften Ausdruck von gesetztem Witwentum. Ihr Kummer ist entweder abgestorben oder ihrem Herzen so wesentlich geworden, daß er nur schlecht gegen Freude eingetauscht werden könnte. Gerade als der magere Mann und die wohlversehene Frau aneinander vorbeigehen, erscheint auf dem Wege ein geringes Hindernis und bringt die beiden Gestalten unmittelbar in Tuchfühlung. Ihre Hände berühren sich; der Druck der Menge schiebt ihren Busen an seine Schulter; so stehen sie, Angesicht gegen Angesicht, und starren einander in die Augen. So trifft Wakefield, nach zehnjähriger Trennung, auf seine Frau.

Der Druck der Menge läßt nach, und sie werden von ihr weitergetragen. Die nüchterne Witwe nimmt wieder ihre frühere Gangart auf und schreitet weiter zur Kirche hin; doch hält sie am Eingang ein wenig inne und wirft einen verwirrten Blick die Straße hinauf. Dann aber tritt sie ein, öffnet im Gehen ihr Gebetbuch. Und der Mann? Mit so wilder Miene, daß das emsige und selbstsüchtige London anhält, um ihm nachzublicken, stürzt er in seine Wohnung, verriegelt die Tür und wirft sich aufs Bett. Verborgene Gefühle von Jahren brechen hervor, reißen seinen schwachen Geist für einen kurzen Moment zusammen; mit einem Male wird die elende Fremdheit seines Lebens ihm offenbar; und voller Leidenschaft ruft er aus: »Wakefield! Wakefield! Du bist wahnsinnig.«

Vielleicht war er es. Die Besonderheit seiner Lage mußte ihn so verformt haben, daß er, gemessen an seinen Zeitgenossen und dem allgemeinen Lebensgeschäft, nicht recht bei Sinnen genannt werden konnte. Er hatte es zustande gebracht, oder vielmehr es war ihm passiert, sich von der Welt zu trennen, zu verschwinden, seinen Platz und die Vorrechte unter den Lebenden aufzugeben, ohne doch unter den Toten aufgenommen zu sein. Das Leben eines Einsiedlers ist hiermit nicht vergleichbar. Er lebte seit langem mitten in der Geschäftigkeit der Stadt; doch die

Menge glitt vorbei und bemerkte ihn nicht; bildlich gesprochen war er immer bei seiner Frau und an seinem Herd, und doch sollte er weder die Wärme des letzteren noch das Gefühl der ersteren spüren. Es war Wakefields beispielsloses Geschick, das ursprüngliche Maß menschlichen Mitgefühls zu empfangen, weiterhin von menschlichen Interessen eingeschlossen zu sein, während er selbst den umgekehrten Einfluß nicht mehr ausüben konnte. Es wäre wohl eine recht merkwürdige Betrachtung, der Wirkung dieser Umstände auf sein Herz und seinen Verstand – sei es getrennt, sei es in beiden zusammen – nachzuspüren. Doch obgleich er sich so verändert hatte, wurde er sich dessen doch selten bewußt und schien sich selbst der gleiche Mensch wie immer; die Wahrheit konnte wohl aufblitzen, jedoch immer nur für den Augenblick; und noch immer sagte er dann: »Bald kehre ich zurück!« – ohne sich klar zu werden, daß er dies schon seit zwanzig Jahren sagte.

Ich stelle mir auch vor, daß ihm rückschauend diese zwanzig Jahre wohl kaum länger zu dauern schienen als die eine Woche, auf die Wakefield seine Abwesenheit zuerst begrenzt hatte. Er betrachtete wohl die ganze Angelegenheit lediglich als ein Zwischenspiel im eigentlichen Geschäft seines Lebens. Wenn er es, nach einer weiteren kleinen Zeitspanne, für angebracht hielt, sein Wohnzimmer wieder zu betreten, würde seine Frau vor Freude in die Hände klatschen, wenn sie den ältlichen Mr. Wakefield bemerkte. Meinte er. Jedoch, welch ein Irrtum war das! Würde die Zeit bis zum Ende unserer liebsten Selbsttäuschungen stillstehen, so wären wir alle noch am jüngsten Tag junge Männer!

Eines Abends, im zwanzigsten Jahr nach seinem Verschwinden, unternimmt Wakefield seinen gewohnten Gang in der Gegend der Behausung, die er noch immer die seine nennt. Es ist eine windige Herbstnacht, mit häufigen Regenschauern, die auf das Pflaster klatschen und, bevor man noch seinen Schirm aufspannen kann, schon wieder vorüber sind. Als er nahe am Haus anhält, entdeckt Wakefield durch die Wohnzimmerfenster im zweiten Stock die rote Glut, das Schimmern und gelegentliche Funkensprühen eines gemütlichen Feuers. An der Decke erscheint der groteske Schatten der guten Mrs. Wakefield. Die Haube, die Nase, das Kinn und ihr rundlicher Leib ergeben eine wundervolle Karikatur, die überdies, durch den aufflackernden und nachlassenden Feuerschein, einen Tanz vollführt – fast zu heiter für den Schatten einer ältlichen Witwe. In diesem Augenblick geht zufällig wieder ein Regenschauer nieder, und wird durch eine ungestüme Windbö direkt gegen Wakefields Gesicht und Brust geblasen. Die herbstliche Kühle geht ihm durch und durch. Soll er hier nun durchnäßt und zitternd stehen, wenn sein eigenes Haus ein gutes Feuer zu seiner Erwärmung bereithält, und seine eigene Frau eilen wird, ihm einen Hausmantel und frisches Unterzeug zu holen, welche sie zweifellos im Schrank ihrer Schlafkammer sorgfältig aufbewahrt hat? Nein! So ein Narr ist Wakefield nicht! Er steigt die Treppe hinauf – schwerfällig – die zwanzig Jahre, seitdem er da herunterstieg, haben seine Beine steif gemacht, aber er merkt es nicht. Warte, Wakefield! Willst in das einzige Heim eintreten, das dir noch bleibt? Dann steige in dein Grab! Die Tür öffnet sich. Als er hineintritt, trifft unser letzter Blick auf sein Gesicht, und wir bemerken dasselbe listige Lächeln, welches damals den kleinen Streich einleitete – jenen Streich, den er so lange gespielt hat – auf Kosten seiner Frau. Welch gnadenloser Prüfung hat er diese arme Frau unterworfen! Nun wohl; wünschen wir Wakefield eine gute Nachtruhe.

Dieser glückliche Ausgang – nehmen wir an, es war einer – konnte nur in einem unbedachten Augenblick kommen. Wir werden unserm Freund nicht über die Schwelle folgen. Er hat uns genug Stoff zum Nachdenken gelassen, ein Teil davon könnte eine kleine Weisheit zum Schluß abgeben und ein Gleichnis: Mitten in der scheinbaren Verwirrung unserer geheimnisvollen Welt sind die Einzelnen so präzis in ein System gesetzt, sind die Systeme so genau aufeinander und auf ein Ganzes bezogen, daß sich der Mensch durch nur einen winzigen Schritt zur Seite der furchtbaren Gefahr aussetzt, seinen Platz für alle Zeiten zu verlieren. Er könnte wie Wakefield so etwas werden wie ein Ausgestoßner des Universums.

(Deutsch von W. E. Richartz)

Edgar A. Poe
Der Mann der Menge

Ce grand malheur, de ne pouvoir être seul.
La Bruyère

Es war nicht schlecht, dies ›*Es läßt sich nicht lesen*‹, was man von einem gewissen deutschen Buche sagte. Es gibt Geheimnisse, die nicht gestatten, daß man sie ausspricht. Menschen sterben nachts in Betten, pressen die Hände gespenstischer Beichtväter, blicken ihnen Erbarmen suchend ins Auge – sterben mit verzweifelndem Herzen und gekrampfter Kehle, denn die entsetzlichen Geheimnisse, die *nicht dulden*, daß man sie enthüllt, erdrücken sie. Ach, hie und da nimmt das Gewissen der Menschen eine Last auf, die so entsetzlich ist in ihrer Schwere, daß sie nicht früher abgeworfen werden kann als im Grabe. Und so wird das innerste Wesen des Verbrechens nicht offenbart.

Vor nicht allzu langer Zeit saß ich in der Abenddämmerung an einem großen Bogenfenster des D . . . schen Kaffeehauses in London. Ich war einige Monate krank gewesen, nun aber auf dem Wege der Besserung, und je mehr meine Kräfte zurückkehrten, desto glücklicher wurde meine Stimmung, die man als das Gegenteil von Langeweile bezeichnen muß; es war ein Zustand voll inneren Aufmerkens, voll heftiger Begier nach Neuem, es war mir gewissermaßen, als blicke mein geistiges Auge zum erstenmal frei und unverschleiert – das ἀχλὺς ἣ πρὶν ἐπῆεν –, und der angespannte Intellekt überragt dann so sehr seinen gewöhnlichen Zustand, wie der feurige und doch aufrichtige Verstand eines Leibnitz die tolle und haltlose Beredsamkeit eines Gorgias. Nur zu atmen war schon Freude, und selbst aus den Quellen des Schmerzes wußte ich Genuß zu schöpfen. Ich nahm an allem ein stilles, doch eindringliches Interesse. Eine Zigarre im Mund und eine Zeitung auf den Knien, hatte ich mich den Nachmittag über damit unterhalten, in die Zeitung zu blicken oder die anderen Gäste zu beobachten oder durch die rauchgetrübten Scheiben auf die Straße zu schauen.

Diese Straße, eine der Hauptverkehrsadern der Stadt, war schon den ganzen Tag über sehr belebt gewesen; aber mit zunehmender Dämmerung wuchs die Menge der Passanten noch von Minute zu Minute, und als die Laternen angezündet wurden, wogte unaufhörlich nach beiden Richtungen ein dichter Menschenstrom vorüber. Noch nie vorher hatte ich mich zu dieser Tageszeit in einer ähnlichen Lage befunden, und das stürmende Menschenheer da draußen gab mir seltsam neue, berauschende Gefühle. Bald kümmerte ich mich gar nicht mehr um das, was drinnen vorging, sondern vertiefte mich ganz in die Betrachtung des Straßengewoges.

Meine Beobachtungen waren zunächst ganz allgemeiner Art. Ich sah die Passanten nur als Gruppen und stellte mir ihre Beziehungen zueinander vor. Bald jedoch ging ich zu Einzelheiten über und prüfte mit eingehendem Interesse die zahllosen Verschiedenheiten in Gestalt, Kleidung, Haltung und Mienenspiel.

Die meisten der Vorübergehenden hatten ein zufriedenes Aussehen, wie Geschäftsleute, und schienen nur daran zu denken, sich einen Weg durchs Gedränge zu bahnen. Ihre Brauen waren gerunzelt, und ihre Augen blickten lebhaft umher. Wurden sie von anderen gestoßen, so zeigten sie keine Ungeduld, sondern brachten ihren Anzug wieder in Ordnung und eilten weiter. Andere – und auch sie waren sehr zahlreich – hatten hastige Bewegungen und gerötete Gesichter; sie gestikulierten und sprachen mit sich selbst, als fühlten sie sich inmitten des Getriebes in größter Einsamkeit. Wurden sie am Weitergehen gehindert, so hielten sie plötzlich mit Murmeln inne, verdoppelten aber ihre Gestikulationen und ließen mit abwesendem und müdem Lächeln die Nachdrängenden vorüber. Wenn einer gegen sie anrannte, so verneigten sie sich viele Male und schienen von Verlegenheit überwältigt. Außer dem Ebenerwähnten hatten diese beiden großen Gruppen nichts Bemerkenswertes. Ihre Kleidung entsprach der, die man nicht ohne Ironie die ›anständige‹ genannt hat. Es waren unzweifelhaft Adelige, Kaufleute, Anwälte, Börsenleute – Patrizier und Allerweltsleute –, müßige und tätige Menschen, die ihre eigenen Wege gingen und selbständig Geschäfte machten. Sie nahmen meine Aufmerksamkeit nicht weiter in Anspruch.

Die Klasse der Angestellten war leicht zu überblicken, und ich konnte sie in zwei Gruppen einteilen. Da waren die jüngeren Leute von schnell emporgeblühten, aber unsicheren Geschäftshäusern, junge Männer mit enganliegenden Röcken, glänzenden Schuhen, pomadisiertem Haar und hochnäsigem Ausdruck. Abgesehen von einer gewissen Diensteifrigkeit, die sie nicht verleugnen konnten und die man füglich die ›Schreiberseele‹ nennen könnte, erschienen mir diese Leute als die vollkommene Nachahmung dessen, was vor zwölf bis achtzehn Monaten ›bon ton‹ gewesen war. Sie hatten die abgelegten Manieren der ersten Gesellschaftskreise, und das, glaube ich, ist am bezeichnendsten für diese Gruppe.

Die Gruppe der höheren Angestellten solider Firmen war ebensowenig zu verkennen. Man erkannte sie an ihren schwarzen oder braunen Röcken und Beinkleidern, die stets bequem saßen, an ihren weißen Westen und Krawatten, den breiten derben Schuhen und groben Strümpfen oder Gamaschen. Sie hatten alle schon einen Ansatz von Glatze, und ihr rechtes Ohr, das schon so viele Jahre die Feder getragen, hatte die komische Gewohnheit, weit abzustehen. Ich bemerkte, daß sie stets mit beiden Händen an ihren Hüten rückten und Uhren trugen, die an kurzen goldenen Ketten von plumper altmodischer Form hingen. Sie hatten ein etwas gekünstelt ehrbares Auftreten, wenn Ehrbarkeit überhaupt gekünstelt sein kann.

Ferner gab es viele entschlossen und kühn aussehende Gestalten, die ich mühelos als zur Zunft der Taschendiebe gehörig erkannte, von der alle Großstädte heimgesucht werden. Ich beobachtete diese Herren sehr genau und konnte mir kaum vorstellen, wie sie von wirklich vornehmen Leuten jemals für ihresgleichen gehalten werden könnten. Die Weite ihrer Manschetten und ein gewisser übertriebener Freimut mußte sie sogleich verraten.

Die Spieler, von denen ich nicht wenige entdeckte, waren noch leichter herauszufinden. Sie trugen die verschiedenste Kleidung, von der des tollkühnen Taschenspielers mit Samtweste, phantastischem Halstuch, goldenen Ketten und Filigranknöpfen bis zu der des sorgfältig gekleideten Geistlichen, denn gerade dies Gewand erregt am wenigsten Verdacht. Sie alle zeichneten sich durch eine gewisse dunkle Gesichtsfarbe, ein mattes Auge und bleiche zusammengekniffene Lippen aus. Und noch zwei andere Merkmale waren es, an denen ich sie erkennen konnte; sie sprachen stets in gesucht leisem Ton und hielten den Daumen rechtwinklig zur Hand weit abgestreckt. Oft sah ich in Gesellschaft dieser Gauner eine Klasse von Leuten mit etwas anderem Gebaren, die aber dennoch Vögel derselben Gattung waren. Man könnte sie die Herren nennen, die von ihren Witzen leben. Sie scheinen in zwei Bataillonen auf Beute auszuziehen: als Stutzer und als Militärs. Die Hauptkennzeichen der ersten Art sind langes Haar und Lächeln, die der zweiten schnürenbesetzte Röcke und Stirnrunzeln.

Weiter herabsteigend auf der Stufenleiter der menschlichen Gesellschaft, fand ich dunklere und schwierigere Aufgaben zum Analysieren. Ich sah jüdische Hausierer mit Falkenaugen, die aus Gesichtern blitzten, in denen alles andere nur das Gepräge kriechender Demut trug; freche gewerbsmäßige Bettler, die mit schalen Blicken jene Genossen besseren Schlages musterten, die nur Verzweiflung, Mitleid heischend, in die Nacht getrieben: gebrechliche, gespenstisch dürre Gestalten, auf die der Tod schon seine schwere Hand gelegt, die kraftlos daherschwankten und jedermann flehend ins Antlitz blickten, als suchten sie einen Trost, eine verlorene Hoffnung; bescheidene junge Mädchen, die von langer Arbeit in ihr freudloses Heim zurückkehrten und eher mit tränenvollem Blick als mit Entrüstung den frechen Augen der Wüstlinge auswichen, mit denen im Gedränge selbst eine Berührung nicht zu vermeiden war; Dirnen aller Art und jeden Alters: die unvergleichliche Schönheit in der Blüte ihrer Weiblichkeit, die an die Statue erinnert, von der Lukian berichtet, daß sie außen aus köstlichem parischem Marmor, innen aber mit Kot gefüllt war – das ekelhafte, ganz verkommene Weib in Lumpen – die runzlige, juwelengeschmückte, mit Schminke überkleisterte alte Vettel, die eine letzte Anstrengung macht, jugendlich zu erscheinen – das unentwickelte zarte Kind, das aber, durch lange Gewöhnung in allen Künsten der Koketterie erfahren, vor Ehrgeiz brennt, den älteren Schwestern im Laster gleichzukommen; Trunkenbolde, zahllos und nicht zu beschreiben; manche in Flicken und Lumpen, mit verglasten Augen und blödem Schwatzen dahertaumelnd – manche in ganzen, wenngleich schmierigen Kleidern, mit unsicher schwankendem Schritt, dicken sinnlichen Lippen und dreist blickenden, rot gedunsenen Gesichtern – andere, deren Anzügen man ansah, daß sie aus gutem Stoff und selbst jetzt noch gebürstet waren, Leute, deren Schritt übertrieben fest und elastisch, deren Antlitz jedoch erschreckend bleich war, deren rote Augen abstoßend wild blickten, und die, wie sie da durch die Menge schoben, mit zitternden Fingern nach allem tasteten, was in ihren Bereich kam.

Je mehr die Nacht hereinbrach, desto mehr steigerte sich auch mein Interesse an der Szene, denn nicht nur änderte sich der allgemeine Charakter der Dinge (die milden Züge verschwanden im gleichen Maße, in dem sich der bessere Teil der Leute zurückzog, und die rohen Elemente drängten sich kühner hervor, je mehr die späte Stunde alle Gemeinheit aus ihren Höhlen lockte), sondern es hatten jetzt auch die Strahlen der Gaslaternen, die zuerst im Kampf mit dem sterbenden Tageslicht nur schwach gewesen, die Herrschaft erlangt und warfen über alles ein flackerndes, glänzendes Licht. Alles war dunkel und dennoch strahlend – gleich jenem Ebenholz, mit dem man den Stil Tertullians verglichen hat.

Die seltsamen Lichtwirkungen fesselten meine Blicke an einzelne Gesichter; und obgleich die Schnelligkeit, mit der die Menge da draußen in Licht und wieder in Schatten trat, mich verhinderte, mehr als *einen* Blick auf jedes Antlitz zu werfen, so schien es doch, als ob ich infolge meiner besonderen Geistesverfassung imstande sei, in einem Augenblick die Geschichte langer Jahre zu lesen.

Die Stirn an den Scheiben, war ich solcherart beschäftigt, die Menge zu studieren, als plötzlich ein Gesicht auftauchte (das eines hinfälligen alten Mannes von etwa fünfundsechzig oder siebzig Jahren) – ein Gesicht, das mich sofort in Bann hielt und mit der unerhörten Eigenart seines Ausdrucks meine ganze Aufmerksamkeit in Anspruch nahm. Nie vorher hatte ich etwas gesehen, das so sonderbar gewesen wäre wie dieser Gesichtsausdruck. Mein erster Gedanke bei seinem Anblick war, wie ich mich gut erinnere, der, daß Retzsch, hätte er es gesehen, ihm unbedingt vor allen anderen Modellen zu seiner Verkörperung des Satans den Vorzug gegeben haben würde. Als ich während der kurzen Zeit, da ich den Alten das erstemal sah, mir schnell über den Eindruck, den er auf mich machte, Rechenschaft zu geben suchte, tauchten vor meinem geistigen Auge die wirren und widersprechenden Vorstellungen auf von unendlicher Geisteskraft, Vorsicht, Dürftigkeit, Geiz, Kälte, Bosheit, Blutdurst, von Frohlocken, Heiterkeit, wildestem Entsetzen und tiefer, unendlicher Verzweiflung. Ich fühlte mich seltsam aufgeregt, angezogen und in Bann gehalten. ›Welch eigenartige Geschichte‹, sagte ich zu mir selbst, ›ist diesem Busen eingegraben!‹ Dann befiel mich ein heftiges Verlangen, den Mann im Auge zu behalten, mehr von ihm zu erfahren. Eilig zog ich meinen Mantel an, nahm Hut und Stock und eilte auf die Straße, wo ich mir in der Richtung, die ich ihn nehmen gesehen hatte, durch die Menge einen Weg bahnte; denn er war schon verschwunden. Mit einiger Mühe gelang es mir, ihn wieder in Sicht zu bekommen; ich näherte mich ihm und folgte ihm dicht, doch vorsichtig, um nicht seine Aufmerksamkeit zu erregen.

Ich hatte jetzt gute Gelegenheit, ihn eingehend zu mustern. Er war von kleiner Gestalt, sehr mager und ersichtlich sehr hinfällig. Seine Kleidung war im großen und ganzen schmierig und zerlumpt; doch als er hie und da ins helle Licht einer Laterne trat, gewahrte ich, daß seine Wäsche, wenn auch schmutzig, so doch von feinstem Gewebe war; und wenn mein Auge mich nicht täuschte, so erspähte ich durch einen Riß in seinem festzugeknöpften und offenbar aus zweiter Hand erstandenen Regenmantel den Schimmer sowohl eines Diamanten als eines Dolches. Diese Beobachtungen erhöhten meine Neugier, und ich beschloß, dem Fremden zu folgen, wohin er auch gehen mochte.

Es war jetzt tiefe Nacht, und ein dichter, feuchter Nebel lagerte über der Stadt, der bald in andauernden heftigen Regen überging. Dieser Witterungswechsel hatte auf die Menge eine große Wirkung: ein wildes Hasten setzte ein, und eine Welt von Regenschirmen wogte darüber hin. Das Drängen, das Stoßen und das Summen verstärkte sich um das Zehnfache. Ich für mein Teil machte mir nicht viel aus dem Regen – obgleich das noch nicht ganz überstandene Fieber in mir der feuchten Kühle gar zu bedenklich entgegenlechzte. Ich band mir ein Taschentuch um den Mund und schritt weiter. Eine halbe Stunde lang bahnte der Mann sich mühsam seinen Weg durch die belebte Straße; und hier ging ich dicht an seiner Seite, aus Furcht, ihn aus den Augen zu verlieren. Da er nie den Kopf wandte, um zurückzuschauen, bemerkte er mich nicht. Endlich bog er in eine Querstraße ein; auch dort war das Gedränge sehr stark, immerhin aber bei weitem nicht so wie in der soeben von uns verlassenen Hauptstraße. Jetzt änderte er sein Benehmen. Er ging langsamer und planloser als vorher – er zögerte. Er kreuzte wiederholt und ohne sichtlichen Grund die Straße, und das Gedränge war noch so groß, daß ich bei jeder solchen Gelegenheit ihm dicht auf den

Fersen bleiben mußte. Die Straße war lang und schmal, und er verfolgte sie wohl eine Stunde lang; in dieser Zeit hatte die Zahl der Passanten abgenommen – bis etwa zu der Menge, wie man sie mittags auf dem Broadway nahe beim Park antrifft. So groß ist der Unterschied zwischen der Einwohnerzahl von London und der der belebtesten Stadt Amerikas. Eine weitere Wendung brachte uns auf einen glänzend erleuchteten, von Leben übersprudelnden Platz. Der Fremde nahm sein altes Gebaren wieder an. Er ließ das Kinn auf die Brust sinken, während seine Augen unter den gerunzelten Brauen gegen alle, die ihm in den Weg kamen, Blitze schossen. Er verfolgte seinen Weg ruhig und mit Ausdauer. Ich war indessen nicht wenig erstaunt, als er, nachdem er die Runde um den Platz beendet, kehrtmachte und seine Schritte wieder zurücklenkte. Noch mehr erstaunte ich darüber, daß er diese Runde mehrmals wiederholte – wobei er mich einmal bei einer plötzlichen Wendung fast entdeckte.

Mit dieser Leibesübung brachte er eine weitere Stunde zu, gegen deren Schluß uns weit weniger Passanten begegneten als vorher. Es regnete in Strömen; die Luft wurde kalt, und die Menschen zogen sich in ihre Behausungen zurück. Mit einer Gebärde der Ungeduld wandte sich der Wanderer einer verhältnismäßig öden Seitenstraße zu. Diese lief er wohl eine Viertelstunde lang mit einer Eilfertigkeit hinunter, wie ich sie bei einem so bejahrten Manne nicht vermutet hätte und die es mir schwermachte, ihm zu folgen. In wenigen Minuten hatten wir einen großen und sehr besuchten Bazar erreicht, mit dessen Lokalitäten der Fremde wohlvertraut zu sein schien, und wo er wieder wie vorher im Gedränge sich planlos zwischen der Schar von Käufern und Verkäufern hindurchschob.

Während der etwa anderthalb Stunden, die wir hier zubrachten, bedurfte es meinerseits der größten Vorsicht, um mich in seiner Nähe zu halten, ohne seine Aufmerksamkeit zu erregen. Glücklicherweise trug ich ein Paar Gummischuhe und konnte mich daher lautlos vorwärtsbewegen. Er gewahrte nicht einen Augenblick, daß ich ihn beobachtete. Er ging von Laden zu Laden, trat in jeden hinein, sprach kein Wort und besah sich alles mit irren, ausdruckslosen Blicken. Ich war jetzt über sein Benehmen aufs höchste verblüfft und nahm mir fest vor, nicht eher von ihm zu weichen, bis ich einigermaßen über ihn Bescheid wußte.

Eine laut tönende Uhr schlug elf, und die Menge verließ eilig den Bazar. Ein Ladenbesitzer, der einen Schalter einhängte, stieß den Alten an, und im selben Augenblick sah ich ihn zusammenschauern. Er eilte in die Straße, sah sich einen Augenblick ängstlich um und lief dann mit unglaublicher Geschwindigkeit durch viele krumme menschenleere Gassen, bis wir von neuem in der großen Verkehrsader auftauchten, von der wir ausgegangen waren – der Straße des D . . . schen Kaffeehauses. Sie bot indessen nicht mehr denselben Anblick. Sie erstrahlte noch immer im Licht der Gaslaternen, aber der Regen fiel heftig, und es waren nur wenige Leute zu sehen. Der Fremde erbleichte. Er machte mürrisch einige Schritte auf der vordem so belebten Straße, schlug dann mit einem schweren Seufzer die Richtung nach dem Flusse ein, und durch eine Menge verschiedener Straßen hindurchhastend, kam er schließlich bei einem der Haupttheater heraus. Es war kurz vor Toresschluß, und die Besucher strömten aus den Pforten. Ich sah, wie der alte Mann tief Atem holte, als er sich in die Menge stürzte, ich sah aber auch, daß die tiefe Pein in seinen Zügen etwas nachgelassen hatte. Sein Kopf sank wieder auf die Brust; er machte wieder denselben Eindruck wie zu Anfang. Ich bemerkte, daß er jetzt die Richtung nahm, welche die größere Anzahl der Theaterbesucher eingeschlagen – im ganzen aber gab ich es nun auf, hinter sein wunderliches Tun zu kommen.

Während er so seinen Weg fortsetzte, zerstreuten sich die Leute allmählich, und seine alte Unrast befiel ihn von neuem. Eine Zeitlang folgte er einer Gesellschaft von etwa zehn bis zwölf Nachtschwärmern; doch um einen nach dem andern verringerte sich diese Zahl, bis schließlich nur noch drei in einer engen und düsteren menschenleeren Gasse zurückblieben. Der Fremde hielt inne und schien für einen Augenblick in Gedanken versunken; dann eilte er mit allen Anzeichen innerer Aufregung einen Weg hinunter, der uns an die äußerste Grenze der Stadt führte, in weit andere Gegenden, als wir bisher durchquert hatten. Es war das geräuschvollste Viertel Londons, wo alles den Eindruck erbärmlichster Armut und verzweifelten Verbrechertums machte. Beim düsteren Licht einer vereinzelten Laterne sah man hohe, alte, wurmstichige Holzbauten, die in so verschiedenen und wunderlichen Stellungen dem Einsturz entgegensanken, daß die Gäßchen zwischen ihnen kaum noch angedeutet waren. Die Pflastersteine lagen, von üppig wucherndem Gras aus ihren Betten gehoben, lose umher. Ekelhafter Unrat verweste in den verstopften Gossen. Die ganze Atmosphäre war getränkt von Gram und Elend. Doch vernahmen wir, als wir so weiter gingen, allmählich wieder menschliche Laute, und schließlich sah man ganze Banden des verworfensten Londoner Pöbels hin und her taumeln. Des alten Mannes Lebensgeister flammten wieder auf wie eine Lampe vorm Verlöschen. Noch einmal strebte er elastischen Schrittes vorwärts. Als wir plötzlich um eine Ecke bogen, drang eine Flut von Licht auf uns ein, und wir standen vor einem der riesigen Vorstadttempel der Unmäßigkeit, einem Palast des Branntweinteufels.

Es war jetzt fast Tagesanbruch; doch eine stattliche Anzahl elender Trunkenbolde drängte im protzigen Eingang hin und her. Mit einem leisen Freudenschrei erzwang der Alte sich den Zutritt, nahm sofort sein ursprüngliches Wesen wieder an und schritt ohne ersichtliches Ziel inmitten der Menge umher. Er war jedoch noch nicht lange beschäftigt, als ein Drängen nach den Türen verriet, daß der Wirt sich anschickte, sie für die Nacht zu schließen. Es war mehr als Verzweiflung, was ich jetzt auf dem Antlitz des seltsamen Wesens geschrieben sah, dessen Beobachtung ich mich so ausdauernd gewidmet hatte. Aber er hielt in seinem Lauf nicht inne, sondern lenkte mit wahnsinniger Hartnäckigkeit seine Schritte wieder dem Herzen des mächtigen London zu. Rastlos und eilig floh er dahin, während ich ihm in höchster Verblüffung folgte, fest entschlossen, nicht von diesem Studium zu lassen, für das ich jetzt ein verzehrendes Interesse fühlte.

Die Sonne ging auf, während wir weiterschritten, und als wir wiederum jenen belebtesten Teil der volkreichen Stadt, die Straße des D... schen Kaffeehauses erreicht hatten, bot diese ein Bild von Hast und Emsigkeit, das hinter dem vom Vorabend kaum zurückstand. Und hier, inmitten des von Minute zu Minute zunehmenden Gewirrs, setzte ich standhaft die Verfolgung des Fremden fort. Er aber ging wie immer hin und zurück und verließ während des ganzen Tages nicht das Getümmel jener Straße. Und als die Schatten des zweiten Abends niedersanken, ward ich todmüde und stellte mich dem Wanderer kühn in den Weg und blickte ihm fest ins Antlitz. Er bemerkte mich nicht. Er nahm seinen traurigen Gang wieder auf, indes ich, von der Verfolgung abstehend, in Gedanken versunken zurückblieb. »Dieser alte Mann«, sagte ich schließlich, »ist das Urbild und der Dämon des Triebes zum Verbrechen. Er kann nicht allein sein. *Er ist der Mann der Menge.* Es wäre vergeblich, ihm zu folgen, denn ich werde weder ihn noch sein Tun tiefer durchschauen. Das schlechteste Herz der Welt ist ein umfangreicheres Buch als der ›Hortulus Animae‹, und vielleicht ist es nur eine der großen Gnadengaben Gottes, dies: *›Es läßt sich nicht lesen.‹*«

(Deutsch von Gisela Etzel)

Herman Melville
Bartleby

Ich bin ein ziemlich bejahrter Mann. In den letzten dreißig Jahren hat mich die Art meiner beruflichen Tätigkeit in besonders nahe Berührung mit einer, wie mir scheint, recht interessanten und einigermaßen eigenartigen Klasse von Menschen gebracht, über die jedoch bisher, soviel ich weiß, noch nie geschrieben wurde: ich meine die Aktenkopisten und Anwaltsschreiber. Ich habe sehr viele von ihnen kennengelernt, beruflich und privat, und wenn ich wollte, könnte ich mancherlei Geschichten erzählen, über die gutmütige Männer vielleicht lächeln und gefühlvolle Seelen Tränen vergießen würden. Aber ich verzichte auf die Lebensgeschichte aller andern Schreiber zugunsten einiger Wochen aus dem Leben Bartlebys, der ein Schreiber war und der seltsamste, den ich je sah oder von dem ich je vernahm. Während es sich mit anderen Aktenkopisten so verhält, daß ich ihr ganzes Leben schildern könnte, ist bei Bartleby nichts dergleichen möglich. Ich glaube, für eine vollständige und erschöpfende Lebensbeschreibung dieses Mannes fehlt es an Unterlagen. Für die Literatur ist das ein unersetzlicher Verlust. Bartleby gehört zu jenen Menschen, über die man nur aus den eigentlichen Quellen etwas Sicheres erfahren kann, und die sind in seinem Falle dürftig. Was meine eigenen verwunderten Augen an Bartleby beobachteten, ist alles, was ich über ihn weiß, allerdings mit Ausnahme eines einzigen ungenauen Berichts, von dem später noch die Rede sein wird.

Ehe ich den Schreiber vorstelle, wie er zuerst vor mir erschien, ist es zweckmäßig, daß ich einiges über mich selbst, meine Angestellten, meine Tätigkeit, meine Kanzlei und die allgemeine Umgebung sage; denn eine solche Schilderung ist unerläßlich, damit man die Hauptperson, die hier dargestellt werden soll, hinreichend versteht. Zunächst dies: ich bin ein Mann, der von Jugend auf zutiefst von der Überzeugung durchdrungen war, daß die gemächlichste Lebensführung die beste ist. Obwohl ich einem Beruf angehöre, der durch Tatkraft und manchmal bis zur Unrast gesteigerte Unermüdlichkeit sprichwörtlich wurde, habe ich es doch nie geduldet, daß etwas dergleichen in meinen Frieden eindrang. Ich gehöre zu jenen von Ehrgeiz freien Juristen, die niemals Ansprachen an Geschworene halten oder sonstwie den Beifall der Öffentlichkeit erhaschen wollen, sondern die in der kühlen Stille einer behaglichen Zufluchtsstätte in aller Behaglichkeit die Papiere und Pfandbriefe und Besitzurkunden reicher Leute verwalten. Alle, die mich kennen, halten mich für einen überaus zuverlässigen Menschen. Der verewigte John Jacob Astor, eine Persönlichkeit, die bestimmt nicht zu poetischem Überschwang neigte, erklärte, ohne zu zaudern, meine hervorragendste Eigenschaft sei weise Vorsicht, die nächstbeste sei mein planmäßiges Vorgehen.

Ich sage es nicht aus Eitelkeit, sondern berichte es nur als Tatsache, daß der verblichene John Jacob Astor sich meine Dienste zunutze machte – ein Name, den ich, es sei zugegeben, gerne wiederhole, denn es haftet ihm ein voller und wohltönender Klang an, wie pures Gold. Ich will gerne hinzufügen, daß ich für die gute Meinung des verewigten John Jacob Astor nicht unempfänglich war.

Eine Weile vor dem Zeitpunkt, an dem diese kleine Geschichte beginnt, hatten meine Geschäfte sehr zugenommen. Mir war ein gutes, altes, jetzt im Staate New York ausgelöschtes Amt übertragen worden: das eines Beisitzers im Kanzleigericht. Es war kein besonders anstrengendes Amt, doch erfreulich gewinnbringend. Ich verliere selten die Beherrschung, noch viel seltener gerate ich in gefährliche Entrüstung über Unrecht oder Unbill und Kränkungen; doch gestatte man mir, jetzt einmal heftig zu werden und zu erklären, daß ich die jähe und gewaltsame Abschaffung des Beisitzeramtes am Kanzleigericht durch die neue Verfassung für einen ... übereilten Schritt halte; ich hatte nämlich auf einen lebenslänglichen Genuß der Einkünfte gerechnet, erhielt sie aber nur wenige Jahre. Doch das nebenbei.

Meine Kanzlei lag im zweiten Stock des Hauses Nummer ... in der Wall Street. Auf der einen Seite blickte sie auf die weiße Mauer eines geräumigen Lichtschachtes, der sich vom Erdgeschoß bis zum Dach des Hauses erstreckte.

Eine solche Aussicht mag man für besonders langweilig halten, da ihr alles fehlte, was die Landschaftsmaler ›Leben‹ nennen. Doch wenn dem so war, dann bot die Aussicht auf der andern Seite meiner Kanzlei zumindest einen Gegensatz, wenn auch nicht mehr. In jener Richtung gingen meine Fenster nämlich auf eine himmelhohe Backsteinmauer hinaus, die infolge von Alter und andauerndem Schatten geschwärzt war, und es war kein Fernglas erforderlich, um etwa verborgene Schönheiten auf besagter Mauer zu entdecken, denn zu Nutz und Frommen aller kurzsichtigen Betrachter erhob sie sich keine zehn Fuß vor meinen Fensterscheiben. Da die uns umgebenden Gebäude sehr hoch waren und da meine Räume im zweiten Stock lagen, glich der Zwischenraum zwischen der schwarzen Wand und der meinen recht auffallend einem riesigen viereckigen Brunnenschacht.

In der Zeit, die dem Erscheinen Bartlebys unmittelbar voranging, beschäftigte ich in meiner Kanzlei zwei Kopisten und, als Lehrling, einen vielversprechenden jungen Burschen. Der erste hieß Turkey oder Truthahn, der zweite Nippers oder Kneifzange, der dritte Ginger Nut oder Pfeffernuß. Es mag scheinen, daß dies Namen sind, wie man sie kaum in einem Adreßbuch findet. Eigentlich waren es denn auch Spitznamen, die sich meine drei Angestellten füreinander ausgedacht hatten, und jeder fand, daß sie das Äußere oder den Charakter des Betreffenden gut kennzeichneten. Turkey war ein untersetzter, dicker Engländer und etwa ebenso alt wie ich, das heißt an die sechzig. Am Vormittag zeigte sein Gesicht ein prächtig blühendes Rot, doch nach zwölf Uhr mittags, seiner Essenszeit, glühte es wie ein Kaminrost voller Kohlen in den Weihnachtsfeiertagen; und so glühte es, wenn auch mit allmählichem Erblassen, bis etwa gegen sechs Uhr nachmittags; danach entschwand meinen Blicken der Träger des Gesichts, das, wie mir schien, seine schönste Glut mit dem Mittagsstand der Sonne erreichte, gleichzeitig mit ihr sank und am folgenden Tag wieder aufging und den Höhepunkt erklomm und unterging: immer mit der gleichen Regelmäßigkeit wie sie und in unverminderter Pracht. Ich habe mancherlei seltsame Zufälle im Laufe meines Daseins beobachtet, und folgende Tatsache ist nun wirklich bemerkenswert: genau in dem Augenblick, wenn Turkeys rotglühendes Gesicht die stärksten Strahlen ausschickte, genau dann, in diesem kritischen Augenblick, begann auch tagtäglich die Zeit, während der mir seine berufliche Tüchtigkeit für den Rest der vierundzwanzig Stunden ernstlich beeinträchtigt schien. Nicht etwa, daß er dann völlig träge oder jeder Beschäftigung abhold war, bei weitem nicht! Unangenehm war gerade, daß er nun dazu neigte, viel zu tatendurstig zu sein. Er war von einem seltsam hitzigen, aufgeregten und flüchtigunsorgfältigen Eifer. Schon beim Eintauchen der Feder ins Tintenfaß war er unvorsichtig. Alle Tintenflecke auf meinen Akten stammten aus der Zeit nach zwölf Uhr mittags. Ja, nachmittags war er nicht nur unsorgfältig und auf betrübliche Art der Erzeugung von Tintenflecken zugtean, sondern an manchen Tagen ging er sogar noch weiter und war ziemlich laut. In solchem Falle flammte sein Gesicht in noch satterem Rot, als hätte man Pechkohle auf Anthrazit gehäuft. Er machte unliebsamen Lärm mit seinem Stuhl, verschüttete Sand aus der Streusandbüchse, zerschnitzelte in seiner Ungeduld die Gänsefedern beim Zurechtschneiden und warf sie in jähem Ärger auf den Fußboden, oder er stand auf und lehnte sich über den Tisch, wobei er seine Dokumente ganz liederlich durcheinanderbrachte, was einem bejahrten Manne wie ihm recht übel anstand. Trotzdem war er mir auf mancherlei Art höchst wertvoll, und in den Stunden vor zwölf Uhr mittags war er überdies der schnellste und zuverlässigste Mensch und erledigte eine große Menge Arbeiten so glänzend, daß es ihm so leicht keiner gleichtat; aus diesem Grunde war ich willens, seine Verschrobenheiten zu übersehen, obwohl ich ihm allerdings gelegentlich einen Verweis erteilen mußte. Ich tat es jedoch sehr behutsam, weil er, der am Vormittag der höflichste, nein, der gutmütigste und ehrerbietigste Untergebene war, am Nachmittag dazu neigte, mit seiner Zunge etwas vorlaut oder, offen gesagt, ungebührlich zu werden, besonders wenn er gereizt wurde. Weil ich nun seine vormittäglichen Dienste so schätzte und entschlossen war, nicht auf sie zu verzichten, während andrerseits sein hitziges Benehmen am Nachmittag mir auf die Nerven fiel, und weil ich ein friedliebender Mensch bin und durch meine Ermahnungen keine unziemlichen Erwiderungen heraufbeschwören wollte, faßte ich mir eines Samstagmittags ein Herz (an den Samstagen war es immer besonders schlimm) und wies ihn darauf hin, daß es vielleicht jetzt, da er älter würde, für ihn besser wäre, wenn er seine Arbeitszeit verringerte: kurz gesagt, er brauche nach zwölf Uhr nicht mehr in meine Kanzlei zu kommen, sondern nach eingenommenem Mittagessen tue er am besten, in seine Wohnung zurückzukehren und sich bis zur Teestunde auszuruhen. Aber nein, er bestand auf seinen nachmittäglichen Pflichten. Er steigerte sich in eine unerträgliche Hitze hinein, als er mir – er fuchtelte am anderen Ende meines Zimmers mit einem langen Lineal herum – mit Rednergebärde versicherte: wenn seine Dienste am Vormittag nützlich seien, wie unentbehrlich müßten sie da erst am Nachmittag sein!

»Denn mit allem gebührenden Respekt, Sir«, sagte Turkey bei dieser Gelegenheit, »ich halte mich nämlich für Ihre rechte Hand. Morgens ordne ich meine Streitkräfte nur und stelle sie auf; am Nachmittag jedoch trete ich an ihre Spitze und greife den Feind mutig an – so –« und er machte einen heftigen Ausfall mit dem Lineal.

»Aber die Tintenflecke!« gab ich ihm vorsichtig zu verstehen.

»Stimmt, Sir. Aber mit allem gebührenden Respekt, Sir: betrachten Sie dieses Haar! Ich werde alt. Einen Klecks oder auch zwei an warmen Nachmittagen sollten Sie, Sir, einem Mann mit grauem Haar gewißlich nicht zur Last legen. Alter ist, selbst wenn es eine Seite mit Tinte befleckt, noch immer ehrwürdig. Mit allem gebührenden Respekt, Sir: wir werden *beide* alt!«

Diesem Hinweis auf ein gemeinsames Erleben konnte ich nur schwer widerstehen. Jedenfalls sah ich eins: *gehen* würde er nie. Also entschloß ich mich, ihn zu behalten, nahm mir jedoch vor, darauf zu achten, daß er nachmittags meine weniger wichtigen Dokumente in die Hände bekam.

Nippers, der zweite in meiner Kanzlei, war ein bleicher, backenbärtiger und, im großen und ganzen genommen, recht seeräuberhaft aussehender junger Mann von etwa fünfundzwanzig Jahren. Ich hielt ihn von jeher für das Opfer zweier Übel, nämlich seines Ehrgeizes und seiner Verdauungsbeschwerden. Der Ehrgeiz verriet sich durch eine gewisse Ungeduld gegenüber seinen Pflichten als einfacher Kopist, so daß er rein juristische Arbeiten, wie etwa die Erstabfassung von rechtsgültigen Dokumenten, ganz eigenmächtig selber vornahm. Die Verdauungsbeschwerden schienen sich in gelegentlicher nervöser Launenhaftigkeit und giftiger Reizbarkeit kundzutun, so daß er hörbar mit den Zähnen knirschte, wenn ihm beim Kopieren Fehler unterlaufen waren oder in der Hitze des Gefechts unnötigerweise Flüche wenn auch nicht deutlich äußerte, so doch zwischen den Zähnen hervorstieß; vor allem aber war er ständig über die Höhe des Pultes unzufrieden, an dem er arbeitete. Obwohl Nippers sehr erfinderischen und praktischen Geistes war, gelang es ihm doch nie, sein Arbeitspult wunschgemäß herzurichten. Er steckte Holzsplitter, Klötze verschiedener Art und Pappstückchen unter die Beine; schließlich gelangte er dahin, eine besonders fein abgestimmte Pulthöhe auszutüfteln, indem er zuallerletzt noch gefaltetes Löschpapier darunterschob. Doch keine Erfindung befriedigte ihn. Wenn er, um seinen Rücken auszuruhen, den Pultdeckel in scharfem Winkel zu seinem Kinn empordrehte und schrieb, als benütze er das steile Dach eines holländischen Hauses als Pult, dann wurde dadurch, wie er behauptete, der Blutkreislauf in den Armen behindert. Wenn er die Platte hingegen bis zur Höhe seines Gürtels niederließ und sich beim Schreiben darüberbeugte, dann bekam er starke Rückenschmerzen. Kurzum, es verhielt sich einfach so, daß Nippers nicht wußte, was er wollte. Oder, wenn er etwas wollte, so war's dies, das Pult eines Kopisten endgültig loszuwerden. Sein ungesunder Ehrgeiz äußerte sich darin, daß er mit Vorliebe Besuch von gewissen zweifelhaft aussehenden Subjekten in schäbiger Kleidung empfing, die er seine Klienten nannte. Ich gewahrte denn auch, daß er sich zeitweise nicht nur erheblich mit der Politik seines Wahlkreises beschäftigte, sondern sich manchmal im Gerichtsgebäude mit Geschäftchen versuchte und an der Treppe des Stadtgefängnisses nicht unbekannt war. Ich habe jedoch allen Grund, zu glauben, daß ein Individuum, das ihn in der Kanzlei aufsuchte und das er mit großartiger Miene als Klienten bezeichnete, einfach ein Gläubiger – und das angebliche Dokument nur eine Rechnung war. Indessen war mir Nippers, genau wie sein Landsmann Turkey, trotz aller Fehler und der Unannehmlichkeiten, die er mir bereitete, auch sehr nützlich: er schrieb eine saubere und gewandte Handschrift, und wenn es ihm genehm war, ließ er es nicht an feinem Betragen fehlen. Außerdem kleidete er sich stets sorgfältig, was wiederum ein gutes Licht auf meine Kanzlei warf. Was dagegen Turkey betraf, so mußte ich mich ständig sorgen, ob er mir nicht zur Schande gereichte. Seine Anzüge sahen oft speckig aus und rochen nach Speisewirtschaften. Im Sommer schlotterten ihm die Beinkleider ausgebeult um die Beine. Seine Röcke waren widerwärtig, und den Hut mochte man gar nicht anfassen. Aber während mir sein Hut gleichgültig war, da ihn als Engländer angeborene Höflichkeit und Rücksichtnahme stets bewogen, den Hut zu ziehen, sowie er das Zimmer betrat, war es mit seinem Rock denn doch eine andere Sache. Betreffs seiner Röcke machte ich ihm Vorhaltungen, aber ohne Erfolg. In Wahrheit stand es vermutlich so, daß ein Mann mit so kleinem Einkommen nicht gleichzeitig mit einer prächtigen Gesichtsfarbe und einem prächtigen Rock prunken konnte. Wie Nippers einmal bemerkte, ging Turkeys Geld größtenteils für ›rote Tinte‹ drauf. Eines Wintertags schenkte ich Turkey einen äußerst anständigen Rock aus meinem eigenen Besitz: einen mit Steppfutter versehenen grauen Rock, der herrlich wärmte und vom Kinn bis zum Knie zugeknöpft werden konnte. Ich dachte, Turkey würde diese Wohltat schätzen und den nachmittäglichen Übereifer und das Getöse etwas abstellen. Aber nein: ich glaube ernstlich, es wirkte verhängnisvoll, daß er sich in einen so daunenweichen und bettdeckenwarmen Rock einknöpfen konnte – etwa so, wie allzuviel Hafer den Pferden nicht bekommt. Und genauso, wie man von einem launischen Gaul zu sagen pflegt, daß ihn der Hafer sticht, hätte man von Turkey sagen können, daß ihn der Rock steche. Er machte ihn dreist. Turkey war ein Mann, dem Wohlergehen nicht gut bekam.

Während ich nun gegenüber Turkeys ungezügelten Gewohnheiten meine stillen Vermutungen hegte, war ich, was Nippers betraf, durchaus überzeugt, daß er, einerlei, was für Fehler er haben mochte, wenigstens im Trinken ein mäßiger Mensch war. Jedoch war wohl die Natur sein Mundschenk, indem sie ihm schon bei der Geburt einen derartig reizbaren Branntweincharakter verlieh, daß jede weitere Getränkezufuhr unnötig wurde.

Wenn ich bedenke, wie Nippers manchmal in meiner Kanzlei in der friedlichsten Stille ungeduldig von seinem Stuhl aufsprang, sich über die Schreibplatte beugte, mit weitgeöffneten Armen das ganze Pult packte, es ungestüm rüttelte und unter grimmigem Drücken und Mahlen wieder auf den Fußboden stieß, als sei das Pult ein verstockter Testamentsvollstrecker, der ihm Schwierigkeiten und Verdruß bereiten wollte, so ist es mir ganz klar, daß bei Nippers Branntwein vollkommen überflüssig war.

Es war ein Glück, daß sich bei Nippers die Reizbarkeit und die anschließende Unruhe wegen der besonderen Ursache, der Verdauungsbeschwerden, hauptsächlich vormittags bemerkbar machten, während er nachmittags verhältnismäßig sanftmütig war. Weil nun Turkeys Anwandlungen immer erst gegen zwölf Uhr mittags begannen, brauchte ich mich daher niemals gleichzeitig mit den Verrücktheiten beider zu befassen. Ihre Anfälle lösten einander ab wie Wachtposten. Wenn sie bei Nippers aufmarschierten, war Turkey frei – und umgekehrt. Es war, unter den gegebenen Umständen, eine gute und natürliche Anordnung.

Ginger Nut, der dritte meiner Angestellten, war ein junger Bursche von etwa zwölf Jahren. Sein Vater war Fuhrmann; er hoffte, den Sohn vor seinem Tode bei Gericht anstatt in der Fuhrhalterei zu sehen. Deshalb schickte er ihn gegen ein Entgelt von einem Dollar die Woche als Rechtsstudenten, Laufjungen und Putzfrau in meine Kanzlei. Er hatte sein eigenes kleines Schreibpult, doch benutzte er es nicht oft. Das Schubfach enthielt, wie es sich bei einer Inspektion herausstellte, eine große Ansammlung von Schalen mannigfaltiger Nüsse. Diesem schlauen Jüngling schien tatsächlich die ganze edle Wissenschaft vom Recht in einer Nußschale beschlossen. Nicht die unwesentlichste von Ginger Nuts Aufgaben, der er auch mit aller Bereitwilligkeit nachkam, war das Amt, Kuchen und Äpfel für Turkey und Nippers zu beschaffen. Das Kopieren von Akten ist, wie das Sprichwort sagt, eine trockene, halsausdörrende Beschäftigung, und meine beiden Schreiber liebten es, sich den Mund öfters mit jenen Äpfeln zu erfrischen, die man Spitzenberger nennt und die in den zahlreichen Buden beim Zollgebäude und beim Postamt zu haben sind. Außerdem ließen sie sich von Ginger Nut sehr oft jene bewußten Küchlein holen – eine kleine, flache, runde, scharfgewürzte Sorte –, nach denen sie ihn benannt hatten. An kalten Vormittagen, wenn das Geschäft flau ging, pflegte Turkey Dutzende von diesen Kuchen zu vertilgen, als ob es nur Oblaten wären – übrigens kosteten sechs oder acht Stück nur einen Penny – und das Kratzen seines Gänsekiels wurde vom Zermalmen der knusprigen Eßreste in seinem Mund begleitet. Die übereilteste aller hitzigen Nachmittagssünden und ungestümen Tollkühnheiten beging Turkey, als er einmal eine Pfeffernuß mit der Zunge anfeuchtete und anstatt eines Siegels unter einen Schuldbrief klebte. Damals fehlte nicht viel und ich hätte ihn entlassen. Doch besänftigte er mich, indem er eine orientalisch tiefe Verneigung machte und dazu sagte: »Mit Verlaub, Sir, es war großzügig von mir, Sie auf meine Kosten mit Kanzleibedarf zu versorgen!«

Nun hatte meine eigentliche Arbeit – das Grundstücknotariat, das Klären von Rechtsansprüchen und das Aufsetzen von verzwickten Dokumenten aller Art – durch die Übertragung des Beisitzeramtes erheblich zugenommen. Jetzt gab es für Aktenkopisten reichlich Arbeit. Ich mußte nicht nur die schon bei mir beschäftigten Angestellten zur Eile antreiben, sondern brauchte auch noch zusätzliche Hilfe.

Als Antwort auf meine Anzeige stand eines Morgens ein junger Mensch unbeweglich auf der Schwelle zu meiner Kanzlei – die Tür war nämlich offen, da es Sommer war. Ich sehe die Gestalt jetzt noch vor mir – farblos sauber, mitleiderregend anständig, rettungslos vereinsamt! Es war Bartleby.

Nach ein paar Worten, die sich auf seine Fähigkeiten bezogen, stellte ich ihn an und war froh, in meinem Kopistenstab einen so offensichtlich ruhigen Mann zu haben: ich glaubte, er würde einen wohltuenden Einfluß auf das hitzige Temperament Turkeys und das Ungestüm Nippers' haben.

Ich hätte schon früher erwähnen sollen, daß eine Flügeltür aus Milchglasscheiben meine Kanzleiräume in zwei Hälften teilte; die eine war für meine Schreiber bestimmt, die andere für mich. Je nach Stimmung öffnete ich die Flügeltür oder ließ sie geschlossen. Ich nahm mir vor, Bartleby einen Platz an dieser Flügeltür anzuweisen, aber in meiner Zimmerhälfte, damit ich diesen ruhigen Mann bequem in Rufweite hatte, falls irgendwelche Kleinigkeiten zu erledigen waren. Ich ließ sein Pult dicht vor einem kleinen Seitenfenster aufstellen, einem Fenster, das ursprünglich einen schrägen Ausblick auf schmutzige Hinterhöfe und Backsteinmauern gewährt hatte, das aber wegen der später errichteten Gebäude jetzt überhaupt keinen Ausblick mehr bot, sondern nur noch etwas Licht spendete. Drei Fuß vor den Scheiben stieg eine Brandmauer auf, und das Licht fiel zwischen himmelragenden Häusern von hoch oben wie aus der sehr kleinen Öffnung einer Domkuppel nieder. Um die Unterbringung Bartlebys noch befriedigender zu gestalten, besorgte ich einen hohen grünen Wandschirm, der den neuen Kopisten vollständig meinen Blicken entzog, obwohl er für meine Stimme erreichbar blieb. Und so waren gewissermaßen Abgesondertheit und Geselligkeit unter einen Hut gebracht.

Zuerst erledigte Bartleby eine erstaunliche Menge Schreibarbeit. Als sei er geradezu ausgehungert nach Material zum Kopieren, fraß er sich an meinen Akten voll. Zum Verdauen ließ er sich keine Zeit. Er arbeitete in Tag- und Nachtschicht, denn er kopierte bei Sonnenschein und Kerzenschimmer. Ich hätte ja hocherfreut über seinen Fleiß sein können, wäre es ein freudiger

Fleiß gewesen. Doch er schrieb stumm, bleich und mechanisch weiter – endlos weiter.

Es gehört natürlich unbedingt zur Arbeit eines Kopisten, die Genauigkeit seiner Abschrift Wort für Wort genau nachzuprüfen. Wo zwei oder mehr Schreiber in einer Kanzlei sind, helfen sie sich gegenseitig bei dieser Nachprüfung; der eine liest die Abschrift vor, der andere hält das Original in der Hand. Es ist eine sehr langweilige, ermüdende und geisttötende Arbeit. Ich kann mir gut vorstellen, daß sie für gewisse lebhafte Naturen durchaus unerträglich ist. Zum Beispiel kann ich nicht glauben, daß ein Feuergeist und Dichter wie Byron sich mit Bartleby zusammen hingesetzt hätte, um eine Rechtsurkunde von, sagen wir, fünfhundert Seiten zu vergleichen, die mit engen und schnörkelhaften Schriftzügen bedeckt sind.

Ich hatte es mir angewöhnt, hin und wieder, wenn eine Sache besonders eilig war, ein kurzes Aktenstück selbst zu vergleichen; zu diesem Behufe rief ich dann Turkey oder Nippers zu mir. Als ich Bartleby für mich so leicht erreichbar hinter dem Wandschirm unterbrachte, hatte ich es einesteils auch deshalb getan, um mich bei derlei geringfügigen Arbeiten seiner Hilfe zu bedienen. Es war, glaube ich, drei Tage seit seinem Eintritt bei mir, und ehe sich eine Notwendigkeit ergeben hatte, seine eigenen Abschriften nachzuprüfen, daß ich ihn unvermittelt zu mir rief, da ich eine kleine Sache, die ich in Arbeit hatte, schnell beenden wollte. Weil ich in Eile war und natürlich erwartete, daß er meinem Ruf sofort Folge leisten würde, saß ich vor meinem Pult, den Kopf über das Originalschriftstück gebeugt und die rechte Hand mit der Abschrift etwas nervös ausgestreckt, damit Bartleby, sowie er aus seinem Winkel hervorkam, sie ergreifen und ohne die geringste Verzögerung mit dem Vergleichen beginnen konnte.

In dieser Haltung saß ich also, während ich ihn herbeirief und schnell erklärte, was er tun solle: nämlich mit mir zusammen ein kurzes Aktenstück vergleichen. Man stelle sich meine Überraschung, nein, meine Bestürzung vor, als Bartleby, ohne aus seiner Abgeschiedenheit hervorzukommen, mit eigentümlich sanfter und doch entschiedener Stimme erklärte: »Ich möchte lieber nicht.«

Ich saß eine Weile vollkommen stumm da und suchte meine betäubten Gedanken zu sammeln. Sogleich kam es mir in den

Sinn, daß mein Gehör mich getäuscht haben müsse oder Bartleby habe mich falsch verstanden. Ich wiederholte meine Aufforderung so deutlich, wie ich nur irgend konnte; aber genauso deutlich kam die gleiche Antwort wie vorher: »Ich möchte lieber nicht.«

»Sie möchten nicht?« wiederholte ich, stand sehr erregt auf und durchquerte das Zimmer mit ein paar langen Schritten. »Was soll das bedeuten? Sind Sie von Gott verlassen? Sie sollen mir helfen, das Schriftstück zu vergleichen – da, nehmen Sie es!« Und ich stieß es ihm fast ins Gesicht.

»Ich möchte lieber nicht«, sagte er.

Ich blickte ihn scharf an. Seine Gesichtszüge waren hager und gefaßt, die grauen Augen verschleiert und ruhig. Auch nicht die leiseste Erregtheit durchzitterte ihn. Wenn in seinem Verhalten auch nur die geringste Spur von Unsicherheit, Ärger, Ungeduld oder Unverschämtheit gelegen hätte, mit andern Worten, wäre etwas im landläufigen Sinne Menschliches an ihm gewesen, würde ich ihn bestimmt voller Zorn aus meiner Kanzlei entlassen haben. Doch wie die Dinge hier lagen, hätte es mir ebensogut in den Sinn kommen können, meiner bleichen Cicero-Gipsbüste die Tür zu weisen. Ich stand und starrte ihn eine Weile an, während er seine eigene Schreiberei aufnahm; und dann setzte ich mich wieder an mein Pult. Das ist sehr seltsam, dachte ich. Was tut man da am besten? Die Arbeit drängte. Ich beschloß, eine Weile nicht an die Sache zu denken und ihr eine spätere Mußestunde einzuräumen. Daher rief ich Nippers aus dem andern Zimmer herbei, und das Dokument wurde rasch geprüft.

Ein paar Tage danach beendete Bartleby die Abschrift von vier längeren Dokumenten, der vierfachen Ausfertigung von Zeugenaussagen, die eine Woche lang in meiner Anwesenheit vor dem Hohen Kanzleigericht aufgenommen worden waren. Es wurde nun notwendig, sie zu vergleichen. Da es sich um ein wichtiges Gerichtsverfahren handelte, war größte Genauigkeit geboten. Als ich alles vorbereitet hatte, rief ich Turkey, Nippers und Ginger Nut aus dem anderen Zimmer, denn meine vier Schreiber sollten die vier Kopien zur Hand nehmen, während ich aus dem Original vorlesen wollte. Folglich nahmen Turkey, Nippers und Ginger Nut in einer Reihe Platz, jeder sein Schriftstück in der Hand, und dann rief ich Bartleby, damit er sich für diese wichtige Arbeit den andern zugeselle. »Bartleby! Ich warte!«

Ich hörte, wie die Beine seines Stuhles langsam über den unbelegten Holzfußboden scharrten, und dann stand er im Eingang zu seiner Einsiedelei.

»Was steht zu Diensten?« fragte er sanft.

»Die Abschriften! Die Abschriften!« rief ich hastig. »Wir wollen sie vergleichen! Hier ...« Und damit hielt ich ihm die vierte Kopie hin.

»Ich möchte lieber nicht«, sagte er und verschwand sachte hinter dem Wandschirm.

Bei jedem andern Menschen wäre ich daraufhin in einen furchtbaren Zorn ausgebrochen, hätte auf jedes weitere Wort verzichtet und ihn schmählich hinausgeworfen. Doch Bartleby hatte etwas an sich, das mich nicht nur eigentümlich entwaffnete, sondern auch auf wundersame Art rührte und aus der Fassung brachte. Ich begann mit ihm zu verhandeln.

»Es sind Ihre Kopien, die wir hier vergleichen wollen. Das bedeutet eine Ihnen abgenommene Arbeit, denn mit dem einmaligen Vergleichen sind dann Ihre vier Abschriften geprüft. Es ist allgemein so üblich. Jeder Kopist ist verpflichtet, beim Vergleichen seiner Abschriften behilflich zu sein. Stimmt das etwa nicht? Wollen Sie nicht sprechen? Antworten Sie!«

Während ich mit ihm sprach, schien es mir, daß er jede meiner Behauptungen sorgsam überdachte, den Sinn erfaßte und gegen die unwiderlegliche Schlußfolgerung nichts einzuwenden hatte; doch gleichzeitig zwang ihn eine gewichtigere Überlegung, mir so zu antworten, wie er es tat.

»Sie sind also entschlossen, meiner Aufforderung nicht nachzukommen – einer Aufforderung, die dem allgemeinen Brauch und dem gesunden Menschenverstand entspricht?«

Er gab mir kurz zu verstehen, daß ich in diesem Punkte richtig gefolgert hätte. Ja, sein Entschluß sei unwiderruflich.

Es geschieht nicht selten, daß der Mensch, wenn ihm auf unvorhergesehene und durchaus nicht einleuchtende Art entgegengetreten wird, an seiner eigenen, simpelsten Überzeugung zu zweifeln beginnt. Er beginnt dann etwa dumpf zu argwöhnen, daß, so wunderlich es auch scheinen mag, alles Recht und alle Vernunft auf seiten des Gegners seien. Daher wendet er sich, wenn unbeteiligte Dritte anwesend sind, an diese, um bei ihnen Unterstützung für sein eigenes, unsicher gewordenes Denken zu suchen.

»Turkey«, fragte ich, »was sagen Sie dazu? Habe ich nicht recht?«

»Mit allem gebührenden Respekt, Sir«, sagte Turkey in seinem mildesten Tonfall, »ich glaube, Sie haben recht.«

»Nippers«, fragte ich, »wie denken *Sie* darüber?«

»Ich würde ihn zum Tempel hinauswerfen!«

(Der Leser, der auf Feinheiten achtet, wird hier bemerken, daß Turkeys Antwort sich, da es früh am Morgen war, in höfliche und gedämpfte Ausdrücke kleidete, während Nippers' Erwiderung unfreundlich war. Oder, um einen früheren Vergleich zu wiederholen: bei Nippers stand die schlechte Laune auf Posten, bei Turkey hatte sie Ablösung.)

»Ginger Nut«, fragte ich, da ich auch die geringfügigste Stimme für mich gewinnen wollte, »was meinst *du* dazu?«

»Ich finde, er ist ein bißchen übergeschnappt, Sir«, erwiderte Ginger Nut grinsend.

»Da haben Sie's gehört, was die andern denken«, sagte ich und wandte mich dabei an den Wandschirm, »kommen Sie jetzt hervor und tun Sie Ihre Pflicht!«

Aber er würdigte mich keiner Antwort. Einen Augenblick sann ich, peinlich verlegen, nach. Doch wiederum drängte die Arbeit. Ich beschloß abermals, die Erwägung dieser schwierigen Frage auf eine zukünftige Mußestunde zu verschieben. Mit einiger Mühe brachten wir es fertig, die Papiere ohne Bartleby zu prüfen, obwohl Turkey nach jeweils ein, zwei Seiten gehorsamst seine Meinung kundtat, unser Vorgehen weiche vom Üblichen ab, während Nippers in galliger Gereiztheit auf seinem Stuhl zappelte und zwischen zusammengebissenen Zähnen hin und wieder Verwünschungen hervorzischte, die gegen den störrischen Esel hinter dem Wandschirm gerichtet waren. Und was ihn, Nippers, anging, so wäre es das erste und letzte Mal, daß er unentgeltlich die Arbeit eines anderen leiste.

Bartleby saß unterdessen in seiner Einsiedelei und vergaß über seiner eigenen Arbeit alles andre.

Einige Tage vergingen, und der neue Kopist war mit einer umfangreichen Arbeit beschäftigt. Sein abermaliges seltsames Betragen veranlaßte mich, seine Lebensweise etwas genauer ins Auge zu fassen. Ich beobachtete, daß er nie zum Essen fortging, ja, daß er überhaupt nie fortging. Bisher hatte er sich, soweit ich es selbst feststellen konnte, noch nie aus der Kanzlei entfernt. In seinem Winkel war er wie eine ewige Schildwache. Jedoch bemerkte ich, daß sich Ginger Nut gegen elf Uhr morgens der Öffnung von Bartlebys Wandschirm näherte, als sei er durch einen stummen Wink, den ich von meinem Platz aus nicht sehen konnte, herangeholt worden. Der junge Bursche verließ dann, mit ein paar Münzen klimpernd, die Kanzlei und kehrte mit einer Handvoll Pfeffernüsse zurück, die er in der Einsiedelei abgab und dabei zwei für seine Mühe erhielt.

Er ernährt sich also von Pfeffernüssen, dachte ich; niemals nimmt er ein Mittagessen zu sich oder was man so darunter versteht; er muß daher Vegetarier sein; aber nein, Gemüse ißt er ja niemals, er ißt nichts als Pfeffernüsse. Nun lief meine Phantasie mit mir davon und erwog die Folgen einer einzig aus Pfeffernüssen bestehenden Ernährung auf die menschliche Konstitution. Pfeffernüsse verdanken ihren Namen der Tatsache, daß sie als eine ihrer besonderen Zutaten – und zwar die entscheidende, Geschmack verleihende – ›Pfeffer‹ enthalten. Was war nun dieser ›Pfeffer‹? Jedenfalls ein hitziges, scharfes Gewürz. War Bartleby hitzig und scharf? Ganz und gar nicht. ›Pfeffer‹ hatte also keine Einwirkung auf ihn, was wohl (»Ich möchte lieber nicht!«) in seinem Sinne war.

Nichts vermag einen ernsthaften Menschen so zu erbittern wie passiver Widerstand. Wenn der Mensch, dem solchermaßen Widerstand geleistet wird, von nicht unmenschlicher Sinnesart ist, und wenn der Widerspenstige in seiner Passivität vollkommen harmlos ist, so wird sich jener in seinen besseren Stunden bemühen, mittels seiner Einbildungskraft mitleidsvoll zu deuten, was zu enträtseln seiner Urteilskraft nicht gelang. Und so war's, wie ich mich meistens zu Bartleby und seiner ganzen Art verhielt. Der arme Mensch, dachte ich, meint es ja nicht böse; es ist klar, daß er mich nicht beleidigen will; sein Äußeres beweist mir zur Genüge, daß seine Verschrobenheiten unfreiwillig sind. Er ist mir nützlich. Ich kann mit ihm auskommen. Wenn ich ihn entlasse, so besteht die Gefahr, daß er an einen weniger nachsichtigen Arbeitgeber gerät, und dann wird er grob behandelt und vielleicht fortgejagt, um elend zu verhungern. O ja, hier konnte ich mir billig ein angenehmes Gefühl von Zufriedenheit mit dem eigenen Ich verschaffen. Bartleby freundschaftlich behandeln, ihm in seiner seltsamen Eigenwilligkeit entgegenkommen, das würde mich wenig oder nichts kosten, wohingegen ich in meiner Seele einen Schatz aufhäufte, der sich zu guter Letzt als süßer Gewissenstrost erweisen würde. – Jedoch herrschte diese Stimmung nicht ständig bei mir vor. Manchmal reizte mich Bartlebys Passivität. Dann drängte mich etwas, ihm in einer neuen Begegnung gegenüberzutreten und einen Zornesfunken zu entlocken, der meinem eigenen Zustand entsprach. Doch hätte ich, weiß Gott, ebensogut versuchen können, mit meinen Handknöcheln aus einem Stück Windsor-Seife Feuer zu schlagen. Eines Tages aber überwältigte mich die böse Lust, und daraus ergab sich folgender kleiner Auftritt.

»Bartleby«, sagte ich, »wenn Sie alle Abschriften erledigt haben, will ich sie mit Ihnen vergleichen.«

»Ich möchte lieber nicht.«

»Was soll das? Sie wollen doch wohl nicht bei Ihrer verrückten Dickköpfigkeit beharren?«

Keine Antwort.

Da riß ich die Flügeltüre auf, um mich an Turkey und Nippers zu wenden, und rief laut:

»Bartleby weigert sich schon wieder, die Abschriften zu vergleichen. Was sagen Sie dazu, Turkey?«

Man bedenke, daß es Nachmittag war. Turkey saß da und glühte wie ein Kupferkessel; sein kahler Schädel dampfte, und die Hände huschten in den tintenbekleckten Papieren umher.

»Was ich dazu sage?« brüllte Turkey. »Ich sage, daß ich gleich hinter den Wandschirm gehen und ihm eins überziehen werde.«

Damit erhob sich Turkey und brachte die Arme in Boxerstellung. Er rannte los, um seine Drohung auszuführen, doch hielt ich ihn zurück, entsetzt, daß ich seine nachmittägliche Streitlust so unbedacht geschürt hatte.

»Setzen Sie sich, Turkey«, bat ich, »und hören wir, was Nippers zu sagen hat! Wie denken Sie darüber, Nippers? Wäre ich nicht berechtigt, Bartleby umgehend zu entlassen?«

»Mit Verlaub, Sir, darüber haben nur Sie zu entscheiden. Ich halte sein Betragen für ganz ungewöhnlich und sogar ungerecht, weil es ja auch Turkey und mich betrifft. Aber vielleicht ist es nur eine vorübergehende Laune.«

»Ach«, rief ich, »da haben Sie ja Ihre Meinung merkwürdig geändert! Jetzt urteilen Sie so milde über ihn!«

»Das kommt vom Bier!« schrie Turkey. »Bier stimmt den

Menschen milde. Nippers und ich haben heute mittag zusammen gegessen. Sie sehen ja, wie milde *ich* gesinnt bin. Darf ich ihn jetzt verprügeln?«

»Vermutlich meinen Sie Bartleby? Nein, nicht heute, Turkey«, erwiderte ich. »Bitte, lassen Sie die Fäuste weg!«

Ich schloß die Flügeltür und wandte mich wieder an Bartleby. Ich spürte noch heftiger als vorher die böse Lust, die mich lockte, eine Entscheidung zu erzwingen. Ich brannte darauf, daß man sich mir abermals widersetzte. Ich erinnerte mich, daß Bartleby niemals die Kanzlei verließ.

»Bartleby«, sagte ich, »Ginger Nut ist nicht da. Wollen Sie bitte eben zum Postamt gehen und sehen, ob etwas für mich da ist?« (Es war ein Weg von nur drei Minuten Dauer.)

»Ich möchte lieber nicht.«

»Sie *wollen* nicht?«

»Ich *möchte* nicht.«

Ich schwankte an mein Pult zurück und versank in tiefes Grübeln. Blinde Erbitterung überfiel mich wieder. Wie konnte ich es bewerkstelligen, mir von diesem mageren armseligen Wicht, meinem bezahlten Angestellten, keine weitere schimpfliche Abfuhr zu holen? Was sonst noch würde er mir mit Sicherheit abschlagen, sei es auch der sinnvollste Auftrag?

»Bartleby!«

Keine Antwort.

»Bartleby!« Diesmal mit lauterer Stimme.

Keine Antwort.

»Bartleby!« brüllte ich.

Genau wie ein Gespenst, das den Gesetzen magischer Beschwörung folgt, erschien er beim dritten Anruf im Eingang zu seiner Einsiedelei.

»Gehen Sie ins andere Zimmer und bitten Sie Nippers, zu mir zu kommen!«

»Ich möchte lieber nicht«, sagte er ehrerbietig und leise und zog sich schnell zurück.

»Schon recht, Bartleby«, erwiderte ich in ruhigem Tonfall, der gleichzeitig gelassen und streng und beherrscht klang und meinen unabänderlichen Entschluß einer sehr nahen, schrecklichen Vergeltung andeutete. Im Augenblick war ich auch halb dazu entschlossen. Da aber schon die Stunde für das Abendessen herannahte, hielt ich es dann doch für das beste, meinen Hut aufzusetzen und für den Rest des Tages nach Hause zu gehen, wenn auch ratlos und niedergeschlagen.

Soll ich es gestehen, wie die ganze Sache endete? Bald war es vollendete Tatsache: ein blasser junger Kopist namens Bartleby hatte in meiner Kanzlei ein Pult; er fertigte zum üblichen Satz von vier Cents für die Folioseite – einhundert Wörter – Abschriften für mich an; er war ein für allemal von der Pflicht befreit, die von ihm geleistete Arbeit nachzuprüfen, da diese Aufgabe Turkey und Nippers anvertraut wurde, zweifellos in Anerkennung ihres größeren Scharfsinns; überdies sollte besagter Bartleby nie und unter keinen Umständen auch nur um den geringfügigsten Botengang gebeten werden; bat man ihn aber doch einmal, etwas Derartiges zu übernehmen, so verstand es sich von selbst, daß er ›ich möchte lieber nicht‹ sagte, mit anderen Worten, daß er es klipp und klar ablehnte.

Im Laufe der Zeit wurde ich bedeutend versöhnlicher gegen Bartleby gestimmt. Seine Stetigkeit, seine stets unverminderte Aufmerksamkeit, sein unaufhörlicher Fleiß (der nur nachließ, wenn er, hinter seinem Schirm stehend, in eine Träumerei versank), seine überaus stille Art und sein unter allen Umständen gleichbleibendes Benehmen machten ihn zu einer wertvollen Erwerbung. Und eins war besonders hervorstechend: er war immer da, der erste am Morgen, den ganzen Tag hindurch, und abends der letzte. Ich setzte ein eigentümliches Vertrauen in seine Ehrlichkeit. Meine wertvollsten Dokumente hielt ich in seinen Händen für völlig sicher. Manchmal konnte ich es zwar beim besten Willen nicht verhindern, daß mich seinetwegen plötzlich ein jäher Wutanfall packte. Denn es war äußerst schwierig, sich all die Zeit an die seltsamen Eigentümlichkeiten, Vorrechte und nie dagewesenen Freiheiten zu erinnern, die, von Bartlebys Seite aus, stillschweigende Bedingung waren, damit er in meiner Kanzlei blieb. Hin und wieder und nur im Eifer, eine dringliche Sache schnell zu erledigen, konnte ich Bartleby wohl aus Versehen und mit kurzer, hastiger Stimme darum bitten, seine Finger beispielsweise auf die erste Schlinge einer roten Schnur zu drücken, mit der ich Aktenstücke bündeln wollte. Natürlich ertönte unweigerlich hinter dem Schirm die übliche Antwort: »Ich möchte lieber nicht.« Wie hätte sich da ein menschliches Wesen, behaftet mit den allgemeinen Unzulänglichkeiten unsrer Menschennatur, wohl einer bitteren Klage über soviel Eigensinn und Unvernunft enthalten können? Indessen trug jede weitere abschlägige Antwort, die ich erhielt, dazu bei, die Wiederholung derartiger Unüberlegtheiten meinerseits tatsächlich zu verringern.

Hier möchte ich einfügen, daß ich, wie übrigens die meisten Anwälte, die ihre Kanzleien in überfüllten Bürohäusern hatten, mehrere Schlüssel zu meiner Tür besaß. Den einen hatte eine Frau, die im Dachstock wohnte und in meinen Räumlichkeiten einmal täglich fegte und abstaubte und einmal wöchentlich den Fußboden scheuerte. Einen zweiten Schlüssel hatte der Zweckmäßigkeit wegen Turkey in Verwahrung. Den dritten trug ich manchmal bei mir. Wer den vierten hatte, wußte ich nicht.

Eines Sonntagmorgens nun ging ich zufällig zur Trinity Church, um einen berühmten Prediger zu hören, und da ich etwas zu früh gekommen war, beschloß ich, mich noch ein Weilchen in meine Kanzlei zu begeben. Glücklicherweise trug ich meinen Schlüssel bei mir; doch als ich ihn ins Schloß stecken wollte, spürte ich einen Widerstand, weil von der Innenseite etwas hineingesteckt worden war. Vor Überraschung entfuhr mir ein Ausruf, worauf zu meiner Bestürzung drinnen ein Schlüssel herumgedreht wurde. Durch den Türspalt schoß mir ein mageres Gesicht entgegen, und wie ein Spuk erschien Bartleby in Hemdsärmeln und auch sonst in merkwürdig zerlumpter Morgengewandung und sagte ruhig, daß er sehr bedaure, doch sei er gerade dringend beschäftigt, und mich jetzt einlassen ›möchte er lieber nicht‹. Er riet mir kurz, es sei vielleicht besser, wenn ich zwei-, dreimal um den Häuserblock liefe; bis dahin würde er wahrscheinlich fertig sein.

Das völlig unerwartete Erscheinen Bartlebys, der an einem Sonntagmorgen in meiner Anwaltskanzlei steckte, und seine vornehme, leichenblasse Nonchalance, die dennoch voller Bestimmtheit und Selbstbewußtsein war, übten eine so eigentümliche Wirkung auf mich aus, daß ich mich alsogleich von meiner eigenen Türe fortschlich und tat, was er wünschte, jedoch nicht ohne einige schmerzhafte Stiche ohnmächtiger Auflehnung gegen die sanftmütige Unverschämtheit meines verrückten Kopisten. Es war wohl auch vor allem seine wunderliche Sanftmut, die mich nicht nur entwaffnete, sondern sozusagen aller männlichen Haltung beraubte. Denn ich kann es nicht anders als unmännlich bezeichnen, wenn jemand es ruhig hinnimmt, sich von seinem bezahlten Angestellten Vorschriften machen und sich von der eigenen Türe fortschicken zu lassen. Überdies war mir sehr unbehaglich zumute, weil ich nicht wußte, was Bartleby wohl an einem Sonntagmorgen, in Hemdsärmeln und auch sonst höchst mangelhaft bekleidet, in meinen Kanzleiräumen tun mochte. War etwas Ungehöriges im Gange? Nein, das kam überhaupt nicht in Frage. Nicht einen Augenblick konnte man sich vorstellen, daß Bartleby ein unsittlicher Mensch sei. Aber was tat er dann in der Kanzlei? Kopierte er Schriftstücke? Nein und abermals nein: wie verschroben er auch sein mochte, Bartleby gab sehr viel auf ein geziemendes Benehmen. Er wäre der letzte, sich in einem an Nacktheit grenzenden Zustand an sein Pult zu setzen. Außerdem war es Sonntag; und es war etwas an Bartleby, das selbst die bloße Vermutung zurückwies, er könne durch eine weltliche Beschäftigung den Feiertag um seine Rechte schmälern.

Trotz alledem wurde ich nicht ruhiger, und schließlich kehrte ich, von neugieriger Unrast getrieben, an meine Türe zurück. Der Schlüssel glitt ins Schloß, ohne auf Widerstand zu stoßen, und ich trat ein. Bartleby war nicht zu sehen. Ich blickte mich besorgt um und spähte auch hinter seinen Wandschirm, doch war es ganz klar, daß er fortgegangen war. Nachdem ich das Zimmer etwas näher untersucht hatte, kam ich auf den Verdacht, daß Bartleby seit längerer Zeit in meiner Kanzlei gegessen, sich angekleidet und geschlafen haben mußte, und obendrein ohne Teller, Spiegel oder Bett. Der Polstersitz eines wackligen alten Sofas in der Ecke zeigte den schwachen Abdruck eines schmalen, lang ausgestreckten Körpers. Unter seinem Pult fand ich eine zusammengerollte Wolldecke, unter dem leeren Ofenrost eine Dose Schuhwichse und eine Bürste, auf einem Stuhl ein Waschbecken mit Seife und ein zerschlissenes Handtuch; in einer Zeitung waren ein paar Krumen von Pfeffernüssen und ein Bröckchen Käse. Ja, dachte ich, es ist erwiesen, Bartleby hat sich hier häuslich niedergelassen und für sich allein ein Junggesellenheim eingerichtet. Sofort überfiel mich der Gedanke: was für eine jämmerliche Freudlosigkeit und Einsamkeit offenbart sich hier! Er ist furchtbar arm, aber wie entsetzlich ist erst seine Verlassenheit! Man stelle es sich vor: sonntags ist die Wall Street so verlassen wie arabische Ruinen, und jeden Abend eines jeden Tages liegt sie menschenleer da. Auch das Gebäude hier, das an den

Wochentagen vor Leben und Geschäftigkeit summt, hallt bei Anbruch der Nacht von gähnender Leere wider und ist den ganzen Sonntag hindurch wie ausgestorben. Und hier schlägt Bartleby sein Heim auf, als einziger Zeuge einer noch eben von Leben wimmelnden Einöde – ein Marius, verwandelt zwar und schuldlos, der in den Ruinen Karthagos seiner Trübsal nachhängt.

Zum erstenmal in meinem Dasein packte mich ein Gefühl überwältigender, qualvoller Schwermut. Bisher war mir nie etwas anderes als eine nicht einmal unangenehme Trauer widerfahren. Jetzt zog mich die Verbundenheit mit allen Menschen unwiderstehlich ins Düster. Eine brüderliche Schwermut: denn Bartleby und ich, waren wir nicht beide Kinder Adams? Ich dachte an die schimmernde Seide, die strahlenden Gesichter, die ich an jenem Sonntag in vollem Glanze, schwanengleich, einen Broadway genannten Mississippi hinabsegeln sah; und ich verglich sie mit dem bleichen Schreiber und dachte bei mir: ach, die Glücklichen lieben das Licht, daher glauben wir, die Welt sei heiter; das Elend dagegen versteckt sich in Abgeschiedenheit, und daher glauben wir, es sei nicht vorhanden. Diese trüben Grübeleien – gewiß Hirngespinste eines kranken und törichten Hirns – führten zu anderen, greifbareren Vorstellungen, die sich um Bartlebys Verschrobenheiten drehten. Eine Ahnung kam mir, als harrten meiner noch seltsame Entdeckungen. So erschien mir der Leichnam des Schreibers zur Schau gestellt unter teilnahmslosen Fremden und eingehüllt in frostige Bahrtücher.

Plötzlich zog Bartlebys Pult meine Aufmerksamkeit an; der Schlüssel steckte, deutlich sichtbar, im Schloß.

Ich habe nichts Böses im Sinn, ich will keine herzlose Neugierde befriedigen, dachte ich; außerdem gehört mir das Pult und ebenso der Inhalt, deshalb will ich mich erkühnen, hineinzuschauen. Alles lag ordentlich an seinem Platze; die Papiere waren sorgfältig übereinandergeschichtet. Das Pult hatte tiefe, schmale Brieffächer; ich entfernte die Aktenmappen und tastete bis nach hinten. Sogleich fand ich etwas und zog es heraus. Es war ein altes buntes Taschentuch, zusammengeknotet und schwer. Ich öffnete es und sah, daß es seine Sparkasse darstellte.

Jetzt fielen mir all die stummen Geheimnisse ein, die ich an dem Mann bemerkt hatte. Ich erinnerte mich, daß er nur sprach, wenn er angeredet wurde; daß ich ihn nie hatte lesen sehen, nein, nicht einmal eine Zeitung, obwohl er zuweilen Muße genug hatte; daß er manchmal lange vor dem trüben Fensterchen hinter seinem Wandschirm stand und auf die düstere Brandmauer starrte; ich war ganz überzeugt, daß er niemals eine Speisehalle oder eine Wirtschaft aufsuchte, und sein blasses Gesicht verriet deutlich, daß er nie Bier trank wie Turkey, nicht einmal Tee oder Kaffee wie andere Menschen; daß er, soweit ich es beobachten konnte, überhaupt nie fortging; daß er nie einen Spaziergang machte, wenn nicht eben jetzt; daß er es abgelehnt hatte, mir zu sagen, woher er kam oder ob er Verwandte habe, und daß er, obschon so ausgemergelt und bleich, nie über schlechte Gesundheit klagte. Und ganz besonders dachte ich an einen gewissen, ihm selbst vielleicht unbewußten Ausdruck von – wie nenn' ich's nur? – von blassem Hochmut oder eher einer überlegenen Zurückhaltung, die mich tatsächlich so eingeschüchtert hatte, daß ich mich seinen Verschrobenheiten widerstandslos fügte und mich scheute, ihn um die kleinste Kleinigkeit zu bitten, selbst wenn ich aus der lange anhaltenden Reglosigkeit hinter dem Wandschirm darauf schließen konnte, daß er in eine seiner Mauerträumereien versunken war.

Über all das sann ich nach und hielt es neben die soeben entdeckte Tatsache, daß er meine Kanzlei zu seinem ständigen Wohnsitz und Heim gemacht hatte; auch seine krankhafte Schwermut vergaß ich nicht, und bei alledem geriet ich allmählich in eine sachliche Stimmung. Zuerst hatte ich nichts als Schwermut und aufrichtiges Mitleid empfunden; doch im gleichen Maße, wie Bartlebys Verlassenheit in meiner Vorstellung größer und größer wurde, ging die Schwermut in Furcht, ging das Mitleid in Widerwillen über. Es ist so wahr – und so erschreckend wahr –, daß das Unglück andrer bis zu einem gewissen Punkt unsre edelsten Regungen auf den Plan ruft; über diesen Punkt hinaus geht es jedoch in manchen besonderen Fällen nicht. Wer behaupten wollte, dies liege stets in der angeborenen Selbstsucht des Menschenherzens begründet, der ist im Irrtum. Vielmehr beruht es auf einer gewissen Aussichtslosigkeit, ein übergroßes und wesensbedingtes Leid heilen zu können. Zarter besaitete Naturen empfinden Mitleid nicht selten wie eigenen Schmerz. Und wenn man dann schließlich erkennt, daß solch Mitleid keine wirksame Hilfe bringen kann, dann befiehlt die Vernunft der Seele, das Mitleid aufzugeben. Was ich an jenem

Vormittag sah, überzeugte mich, daß mein Schreiber das Opfer einer angeborenen und unheilbaren Störung war. Seinem Körper konnte ich Wohltaten angedeihen lassen; aber er litt ja nicht körperlich: seine Seele war es, die litt, und zu seiner Seele hatte ich keinen Zugang.

Ich führte an jenem Vormittag meine Absicht, in die Trinity Church zu gehen, nicht aus. Das Gesehene hatte mich für den Augenblick untauglich zum Kirchenbesuch gemacht. Ich kehrte nach Hause zurück und dachte nach, was mit Bartleby geschehen solle. Schließlich gelangte ich zu folgender Entscheidung: ich wollte ihm am nächsten Morgen mit ruhiger Stimme Fragen stellen, die seine Vergangenheit betrafen, und wenn er sich weigerte, sie offen und ohne Rückhalt zu beantworten (›ich möchte lieber nicht‹, würde er wohl sagen), dann wollte ich ihm – außer der Summe, die ich ihm noch an Lohn schuldete – eine Zwanzig-Dollar-Note geben und ihm erklären, daß ich seiner Dienste nicht länger bedürfe; daß ich mich aber glücklich schätzen würde, wenn ich ihm irgendwie helfen könne; und vor allem, falls er in seine Heimat zurückkehren wolle, einerlei, wo das sein mochte, würde ich ihm gerne beistehen, die Reisekosten zu bestreiten. Und wenn er etwa in seiner Heimat einmal Hilfe brauche, so würde ich bestimmt auf seinen Brief eingehen.

Der nächste Morgen kam.

»Bartleby«, rief ich sanft zum Wandschirm hinüber.

Keine Antwort.

»Bartleby«, sagte ich in noch sanfterem Ton, »kommen Sie her! Ich will nichts von Ihnen verlangen, was sie lieber nicht tun möchten – ich möchte nur mit Ihnen sprechen.«

Daraufhin tauchte er lautlos auf.

»Wollen Sie mir bitte sagen, wo sie geboren sind, Bartleby?« fragte ich.

»Ich möchte lieber nicht.«

»Würden Sie mir überhaupt irgend etwas über sich erzählen?«

»Ich möchte lieber nicht.«

»Aber was für einen stichhaltigen Grund können Sie haben, mir nicht zu antworten? Ich meine es gut!«

Er sah mich nicht an, während ich sprach, sondern hielt den Blick auf meine Cicero-Büste geheftet, die sich, so wie ich damals saß, genau hinter mir befand, etwa sechs Zoll über meinem Kopf.

»Wie lautet Ihre Antwort, Bartleby?« fragte ich, nachdem ich beträchtlich lange auf eine Erwiderung gewartet hatte. Während dieser Zeit war sein Gesicht unbeweglich geblieben, nur um den bleichen, zusammengekniffenen Mund war das denkbar leiseste Zittern wahrzunehmen.

»Im Augenblick möchte ich lieber keine Antwort geben«, sagte er und zog sich in seine Einsiedelei zurück.

Es war vielleicht, ich gesteh's, eine Schwäche von mir, doch erbitterte mich sein Verhalten in diesem Wortwechsel. Es schien mir nicht nur, als lauere eine gewisse gelassene Nichtachtung hinter seinen Worten, sondern seine Verschrobenheit kam mir in Anbetracht der unleugbar guten Behandlung und der Nachsicht, die ich ihm hatte widerfahren lassen, als undankbar vor.

Wieder zerbrach ich mir den Kopf, was ich tun solle. Sosehr sein Benehmen mich kränkte und so fest ich auch beim Betreten der Kanzlei entschlossen war, ihn zu entlassen, spürte ich trotzdem eine seltsam abergläubische Regung im Herzen, die mir verbot, mein Vorhaben auszuführen, und die es schändlich nannte, wenn ich zu diesem einsamsten aller Menschen auch nur ein böses Wort sagen würde. Schließlich nahm ich meinen Stuhl, setzte mich ganz zutraulich hinter seinen Wandschirm und sagte: »Gut, Bartleby, reden wir also nicht über Ihre Vergangenheit; aber ich möchte Sie herzlich und freundschaftlich bitten, sich, soweit möglich, den Bräuchen in meiner Kanzlei anzupassen. Sagen wir einmal, daß Sie mir morgen oder übermorgen helfen würden, Abschriften zu vergleichen, oder einfach, daß Sie in ein, zwei Tagen anfangen wollen, etwas vernünftig zu sein? Abgemacht, Bartleby?«

»Einstweilen möchte ich lieber nicht etwas vernünftig sein«, kam die leichenhaft gelassene Antwort.

Gerade in dem Augenblick ging die Flügeltür auf, und Nippers trat ein. Er schien die Folgen einer besonders schlechten Nacht zu spüren, die eine schwerere Magenstörung als üblich verursacht hatte. Bartlebys letzte Worte hatte er noch erhascht.

»Er möchte lieber nicht, he?« knirschte Nippers zwischen den Zähnen hervor. »Ich an Ihrer Stelle, Sir«, wandte er sich an mich, »ich würde ihm mal was geben, was er *lieber möchte*; ich würde ihm das *Lieber-Mögen* beibringen, dem störrischen Maulesel! Bitte, Sir, was ist's, das er *lieber nicht möchte*?«

Bartleby rührte sich nicht.

»Mr. Nippers«, sagte ich, »ich möchte lieber, daß Sie sich jetzt zurückziehen!«

Letzthin hatte ich es mir selber angewöhnt, bei allen nicht einmal ganz passenden Gelegenheiten den Ausdruck vom ›Lieber-Mögen‹ anzuwenden. Und ich zitterte bei dem Gedanken, der Umgang mit meinem Schreiber könne womöglich mein Denken schon ernstlich beeinflußt haben. Und was für weitere schwerwiegende Wunderlichkeiten mochten noch folgen? Diese Befürchtung hatte ebenfalls eine Rolle gespielt, als ich mich zu raschen Maßnahmen entschloß.

Als Nippers sich mit sehr unzufriedenem und verdrießlichem Gesicht zurückzog, meldete sich – sanft und ehrerbietig – Turkey zum Wort.

»Mit allem gebührenden Respekt, Sir«, sagte er, »gestern dachte ich über Bartleby nach, und ich dachte, ob er nicht lieber jeden Tag ein gutes Glas Bier trinken möchte. Es würde ihm sehr gut tun und ihn in die Lage versetzen, uns beim Vergleichen der Abschriften zu helfen.«

»Sie haben sich also den Ausdruck auch schon angewöhnt«, erwiderte ich leicht erregt.

»Mit allem gebührenden Respekt, Sir – welchen Ausdruck?« fragte Turkey und schob sich ehrerbietig in die Enge hinter dem Wandschirm, so daß ich gegen Bartleby gedrängt wurde. »Welchen Ausdruck, Sir?«

Bartleby, als sei er gekränkt, weil man ihm in seiner Abgeschiedenheit zu nahe trat, sagte: »Ich möchte lieber allein sein!«

»Da haben Sie's ja, Turkey!« rief ich, *»das ist es!«*

»Ach so – *möchte lieber*? Ja, ein eigentümlicher Ausdruck. Ich benutze ihn niemals. Jedoch, Sir, wie ich schon sagte, wenn er lieber . . .«

»Turkey«, unterbrach ich ihn, »ziehen Sie sich bitte zurück!«

»Ja gewiß, Sir, wenn Sie es lieber mögen.«

Als er die Flügeltüre öffnete, um sich zurückzuziehen, warf Nippers von seinem Schreibpult aus einen Blick auf mich und fragte, ob ich ein bestimmtes Schriftstück lieber auf blaues oder auf weißes Papier kopiert haben möchte. Er benutzte den Ausdruck ›lieber mögen‹ ohne die leiseste hämische Betonung. Es war klar, daß er auch ihm unwillkürlich über die Lippen glitt. Insgeheim dachte ich: natürlich muß ich mich eines leicht gestörten Menschen entledigen, der mir und meinen Angestellten bereits in gewissem Grade die Zunge, wenn nicht gar den Kopf verdreht hat. Doch hielt ich es für klüger, die Entlassung nicht sofort auszusprechen.

Am folgenden Tage fiel mir auf, daß Bartleby nicht arbeitete, sondern nur am Fensterchen stand und in seine Mauerträumerei versunken war. Als ich ihn fragte, weshalb er nicht schreibe, erklärte er mir, daß er beschlossen habe, nicht mehr zu schreiben.

»Wie? Was soll das heißen?« rief ich. »Sie wollen nicht mehr schreiben?«

»Nein.«

»Und weshalb nicht?«

»Sehen Sie den Grund nicht selbst?« fragte er gleichgültig.

Ich blickte genauer hin und bemerkte, daß seine Augen matt und glasig aussahen. Sofort kam es mir in den Sinn, daß durch den beispiellosen Fleiß, mit dem er während der ersten Wochen seiner Tätigkeit bei mir an dem trüben Fensterchen Abschriften gemacht hatte, seine Sehkraft vielleicht vorübergehend geschädigt worden war.

Ich war erschüttert. Ich sagte ein paar Worte, die meine Anteilnahme ausdrückten. Ich gab ihm recht, daß es gewiß vernünftig sei, eine Zeitlang nicht mehr zu schreiben, und riet ihm, diese Gelegenheit zu Spaziergängen im Freien auszunützen. Er tat es jedoch nicht.

Als ein paar Tage später meine anderen Schreiber nicht da waren und ich ein paar dringende Briefe zur Post geben mußte, glaubte ich, daß Bartleby, der ja überhaupt nichts zu tun hatte, bestimmt weniger störrisch als sonst sein und mir die Briefe zum Postamt bringen würde. Aber er lehnte es rundweg ab. Daher ging ich selbst, so schlecht es mir paßte.

Weitere Tage verstrichen. Ich wußte nicht, ob Bartlebys Augen sich gebessert hatten. Allem Anschein nach glaubte ich, es könne wohl der Fall sein. Doch als ich ihn danach fragte, würdigte er mich keiner Antwort. Jedenfalls wollte er nicht schreiben. Schließlich teilte er mir auf meine dringende Anfrage hin mit, er habe das Kopieren ein für allemal aufgegeben.

»Wie?« rief ich. »Wenn Ihre Augen nun ganz ausheilen – besser als vorher werden –, würden Sie dann nicht kopieren?«

»Ich habe das Kopieren aufgegeben«, erwiderte er und verzog sich hinter den Wandschirm.

Er blieb wie ein unverrückbares Möbel in meiner Kanzlei –

oder nein, er war, falls möglich, noch mehr als sonst zu einem unverrückbaren Möbel geworden. Was war da zu machen? In der Kanzlei wollte er nichts tun; weshalb sollte er also bleiben? Klipp und klar gesagt, er hing jetzt an mir wie ein Mühlstein, der als Halsband nicht nur untauglich war, sondern auch schmerzhaft drückte. Trotzdem tat er mir leid. Hätte er mir nur einen einzigen Verwandten oder Freund genannt, so hätte ich umgehend geschrieben und dringend gebeten, den armen Burschen abzuholen und ihm eine geeignete Unterkunft zu geben. Doch schien er allein, völlig allein im ganzen Weltall. Ein Trümmerstück im Atlantik – auf hoher See. Endlich trugen zwingende, mit meinem Beruf verknüpfte Umstände den Sieg über alle anderen Erwägungen davon. So schonend ich nur konnte, teilte ich Bartleby mit, daß er in sechs Tagen unwiderruflich meine Kanzlei verlassen müsse. Ich ermahnte ihn, sich in der Zwischenzeit umzusehen und sich etwas anderes zu verschaffen. Ich erbot mich, ihm bei dieser Aufgabe zu helfen, sobald er selbst nur den ersten Schritt mache, hier auszuziehen. »Und wenn Sie sich endgültig von mir getrennt haben, Bartleby«, fügte ich hinzu, »dann werde ich dafür sorgen, daß Sie nicht gänzlich mittellos dastehen. Also heute in sechs Tagen, denken Sie daran!«

Nach Ablauf dieser Zeitspanne blickte ich hinter den Wandschirm, und sieh an! Bartleby war da.

Ich knöpfte meinen Rock zu, wappnete mich, trat langsam auf ihn zu, legte die Hand auf die Schulter und sagte: »Jetzt ist es soweit: Sie müssen meine Kanzlei verlassen. Es tut mir sehr leid für Sie. Hier ist Geld! Und jetzt müssen Sie gehen.«

»Ich möchte lieber nicht«, erwiderte er und hatte mir noch immer den Rücken zugewandt.

»Sie müssen!«

Er blieb stumm.

Ich setzte nun aber ein unbegrenztes Vertrauen in die Rechtschaffenheit dieses Mannes. Er hatte mir häufig Sechspence- und Shillingstücke wiedergegeben, die aus Unachtsamkeit auf den Fußboden gefallen waren, denn ich neige dazu, mit derlei Kleinigkeiten recht sorglos umzugehen. Was jetzt folgte, wird daher nicht ungewöhnlich erscheinen.

»Bartleby«, sagte ich, »Sie haben zwölf Dollar von mir zu bekommen; hier sind zweiunddreißig Dollar – die zwanzig Dollar gebe ich Ihnen als Geschenk – nehmen Sie sie bitte an!« Und ich hielt ihm die Scheine hin.

Doch er rührte sich nicht.

»Also lasse ich das Geld hier!« Ich legte es unter einen Briefbeschwerer auf seinem Pult. Dann nahm ich Hut und Stock, ging auf die Türe zu, drehte mich um und sagte ruhig: »Wenn Sie Ihre Sachen aus der Kanzlei fortgeschafft haben, Bartleby, müssen Sie natürlich die Tür abschließen, weil außer Ihnen schon alle weg sind, und, bitte, legen Sie Ihren Schlüssel dann unter die Türmatte, damit ich ihn morgen früh dort vorfinde. Da ich Sie nicht wiedersehen werde, verabschiede ich mich jetzt von Ihnen; wenn ich Ihnen späterhin, an Ihrem neuen Wohnort, irgendwie behilflich sein kann, so zaudern Sie nicht, mich brieflich darüber zu unterrichten. Leben Sie wohl, Bartleby! Ich wünsche Ihnen alles Gute!«

Doch er antwortete mit keinem Wort. Wie die letzte Säule eines in Trümmern liegenden Tempels stand er stumm und einsam in der Mitte des leeren Zimmers.

Während ich in nachdenklicher Stimmung heimwärts ging, gewann meine Eitelkeit die Oberhand über mein Mitleid. Ich konnte es nicht unterlassen, mich vor mir selbst zu brüsten, wie meisterhaft ich mich Bartlebys entledigt hatte. Meisterhaft nannte ich es, und so mußte es auch jedem Unbeteiligten erscheinen. Mein Vorgehen schien mir deshalb so ideal, weil es sich in aller Ruhe abgespielt hatte. Es hatte weder unfeines Schimpfen noch Auftrumpfen gegeben, kein zorniges Drohen und kein wütendes Herumrennen mit dem heftig hevorgepolterten Befehl, Bartleby solle sich mit seinem Bettelkram zum Teufel scheren. Nichts dergleichen. Ich hatte Bartelby nicht mit lauter Stimme aufgefordert, sich davonzumachen – wie es ein kleiner Geist vielleicht getan haben würde –, sondern ich setze es als selbstverständlich voraus, daß er gehen müsse, und auf diese Voraussetzung baute ich alles auf, was ich zu sagen hatte. Je mehr ich über mein Vorgehen nachdachte, um so mehr begeisterte es mich. Trotzdem plagten mich beim Erwachen am nächsten Morgen Zweifel: während des Schlafens hatten sich wohl die Dünste meiner Eitelkeit verflüchtigt. Man hat ja gleich nach dem Erwachen seine nüchternste und weiseste Stunde. Mein Vorgehen erschien mir so klug wie je – aber nur in der Theorie. Wie es sich in der Praxis bewähren würde – das war die Frage! Es war bestimmt ein großartiger Einfall, Bartlebys Fortgehen als vollzogene Tatsache vorauszusetzen; doch ging die Voraussetzung ja nur von mir und nicht von Bartleby aus. Es handelte sich nicht darum, ob ich es als selbstverständlich voraussetzte, daß er die Kanzlei verließ, sondern ob er es tat oder ›lieber nicht‹ tun wollte. Bei ihm gaben nicht Voraussetzungen den Ausschlag, sondern das ›Lieber-Mögen‹.

Nach dem Frühstück, auf dem Wege in die Stadt, bedachte ich das Für und Wider eines möglichen Erfolges. Eben noch war ich überzeugt, mein Vorgehen würde sich als kläglicher Fehlschlag erweisen und Bartleby würde wie gewohnt in Fleisch und Blut in meiner Kanzlei sitzen; im nächsten Augenblick erschien es mir sicher, daß ich seinen Stuhl leer vorfinden würde. Und so schwankte ich zwischen Zweifeln hin und her. An der Ecke des Broadway und der Canal Street sah ich eine Gruppe ziemlich aufgeregter Menschen, die in ernstem Gespräch standen.

»Ich wette, daß er's nicht tut«, sagte eine Stimme, als ich vorbeiging.

»Daß er nicht geht? – Abgemacht!« sagte ich. »Her mit dem Einsatz!«

Unwillkürlich steckte ich die Hand in die Tasche, um dagegenzusetzen, als mir einfiel, daß ja Wahltag war. Die Worte, die ich aufgefangen hatte, bezogen sich nicht auf Bartleby, sondern auf den Erfolg oder Nichterfolg eines Kandidaten für das Bürgermeisteramt. So versunken war ich gewesen, daß ich mir einbilden konnte, der ganze Broadway nehme an meiner Aufregung teil und stritte sich über die gleiche Frage. Ich ging weiter und war sehr froh, daß meine Zerstreutheit im Straßenlärm nicht aufgefallen war.

Ich war, wie ich es mir vorgenommen hatte, früher als sonst an der Tür meiner Kanzlei. Einen Augenblick lauschte ich. Alles war still. Er mußte fort sein. Ich drückte auf die Klinke. Die Tür war zugesperrt. Ja, mein Vorgehen hatte fabelhaft gewirkt; er schien tatsächlich fort zu sein. Trotzdem mischte sich eine gewisse Trauer in meine Begeisterung: fast war es mir leid um meinen glänzenden Erfolg. Ich tastete unter der Türmatte nach dem Schlüssel, den Bartleby dort für mich hatte hinterlegen sollen, wobei mein Knie zufällig gegen die Türfüllung stieß, was sich wie ein Anklopfen anhörte. Als Antwort drang von drinnen eine Stimme zu mir heraus: »Noch nicht. Ich bin beschäftigt.«

Es war Bartleby.

Ich war wie vom Donner gerührt. Einen Augenblick stand ich wie der Mann da, der vor langer Zeit mit der Pfeife im Mund an einem wolkenlosen Nachmittag in Virginien vom Blitz erschlagen wurde; an seinem eigenen offenen Fenster wurde er getroffen und blieb so, in den verträumten Nachmittag hinausgelehnt, stehen, bis jemand kam und ihn anfaßte; da fiel er um.

»Nicht fort!« murmelte ich schließlich. Doch wiederum gehorchte ich jener seltsamen Gewalt, die der rätselhafte Schreiber auf mich ausübte und von der ich mich trotz allen Sträubens nicht völlig befreien konnte; langsam ging ich die Treppe hinunter und auf die Straße hinaus, und während ich ums Viertel schlenderte, überlegte ich, was ich in dieser unerhört mißlichen Lage noch unternehmen solle. Den Mann buchstäblich zur Tür hinauswerfen? Das konnte ich nicht. Ihn mit Schimpfworten davonjagen? Das würde nichts nützen. Die Polizei zu Hilfe rufen? Das war ein unangenehmer Gedanke. Und doch – einfach mit ansehen, daß er sich seines morbiden Triumphs über mich erfreute – auch das war mir nicht möglich. Was sollte ich also tun? Oder, wenn sonst gar nichts getan werden konnte, gab es vielleicht noch eine andere Tatsache, die ich als selbstverständlich voraussetzen konnte? Ja: wie ich zuerst vorausschauend annahm, daß Bartleby ausziehen würde, so konnte ich jetzt rückblickend annehmen, daß er ausgezogen sei. Ich konnte, wenn ich diese Idee folgerichtig in die Tat umsetzte, in aller Eile meine Kanzlei betreten, dann so tun, als sähe ich Bartleby nicht, und so dicht an ihm vorbeistreifen, als wäre er Luft. Ein solches Vorgehen würde ganz eindeutig ein vorzüglicher Gegenhieb sein. Es war kaum möglich, daß Bartleby einer solchen Nutzanwendung der Lehre von den Voraussetzungen würde standhalten können. Aber bei nochmaligem Durchdenken des Plans erschien mir der Erfolg doch wieder zweifelhaft. Ich beschloß, den Fall noch einmal mit ihm durchzusprechen.

»Bartleby«, sagte ich mit ruhiger Strenge, als ich die Kanzlei betrat, »ich bin ernstlich verstimmt. Ich bin peinlich berührt, Bartleby. Ich hatte Sie anders eingeschätzt. Ich hatte Sie für einen gebildeten Menschen gehalten, bei dem in einer heiklen Lage der leiseste Wink genügen würde – gewissermaßen schon eine stillschweigende Voraussetzung. Doch wie es scheint, habe ich mich getäuscht. Nein, so etwas!« rief ich und war aufrichtig überrascht, »Sie haben ja noch nicht einmal das Geld angerührt!« Ich wies auf die Scheine, die noch dort lagen, wo ich sie am Abend vorher hingelegt hatte.

Er antwortete nicht.

»Wollen Sie jetzt ausziehen oder nicht?« fragte ich in einer plötzlichen Aufwallung und trat dicht vor ihn hin.

»Ich möchte lieber *nicht* ausziehen«, erwiderte er mit sanfter Betonung des ›nicht‹.

»Wo in aller Welt nehmen Sie das Recht her, hierzubleiben? Zahlen Sie Miete? Zahlen Sie meine Steuern? Oder gehört Ihnen das Gebäude?«

Er antwortete nicht.

»Sind Sie bereit, mit Abschreiben fortzufahren? Geht es Ihren Augen besser? Könnten Sie heute morgen ein kleines Aktenstück für mich abschreiben? Oder mir helfen, ein paar Zeilen zu vergleichen? Oder schnell zum Postamt gehen? Mit einem Wort: wollen Sie überhaupt etwas tun, um Ihrer Weigerung, die Kanzlei zu verlassen, ein Mäntelchen umzuhängen?«

Er zog sich stumm in seine Einsiedelei zurück.

Ich war jetzt in einem solchen Zustand nervöser Gereiztheit, daß ich es für klüger hielt, einstweilen von weiteren Vorhaltungen abzusehen. Ich erinnerte mich an das Drama, das sich zwischen dem unglücklichen Adams und dem noch unglücklicheren Colt in dessen menschenleerer Kanzlei abgespielt hatte, und wie der arme Colt, den Adams furchtbar erzürnt hatte und der sich unvorsichtigerweise sinnlos aufregte, so unversehens zu der raschen Tat getrieben wurde – einer Tat, die gewiß kein Mensch tiefer beklagte als der Täter selbst. Wenn ich über diese Sache manchmal nachsann, kam es mir stets in den Sinn, daß es nicht so hätte enden können, wenn der Streit auf offener Straße oder in einer Privatwohnung zum Austrag gekommen wäre. Aber der Umstand, daß beide im Oberstock eines Bürogebäudes waren, das der Weihe menschlicher Wärme und Beziehung gänzlich ermangelt, und in einer menschenleeren Kanzlei, in einem Raum ohne Teppiche und sicherlich mit verstaubtem und schäbigem Mobiliar – dieser Umstand muß es gewesen sein, der sehr dazu beitrug, die Gereiztheit und Erbitterung des unseligen Colt noch zu steigern.

Als sich nun der alte Adam grollend in mir regte und mich gegen Bartleby aufbringen wollte, packte ich ihn und besiegte ihn. Wie das? Nun, einfach indem ich mich an das göttliche Gebot hielt: ›Ein neues Gesetz gebe ich euch, daß ihr euch lieben sollt untereinander‹. Ja, das war's, was mich gerettet hat. Abgesehen von höheren Erwägungen, erweist sich die Barmherzigkeit oft als sehr weiser und vorsichtiger Grundsatz und auch als mächtiger Schutz für den, der sie übt. Die Menschen begehen Morde aus Zorn, aus Eifersucht, aus Haß, aus Selbstsucht und aus geistigem Hochmut; doch noch niemals hörte ich, daß jemand aus gütiger Barmherzigkeit einen teuflischen Mord beging. Daher sollte, wenn kein besserer Beweggrund aufgebracht werden kann, einfach der Eigennutz alle Menschen, besonders die Hitzköpfe, zur Barmherzigkeit und Menschenliebe bewegen. Jedenfalls bemühte ich mich, Haßgefühle gegen den Schreiber zu unterdrücken, indem ich mir seine Haltung wohlwollend klarmachte: Der arme Mensch! Der arme Mensch! dachte ich. Er meint es nicht böse. Und überdies hat er harte Zeiten hinter sich, deshalb muß man Nachsicht mit ihm haben.

Ich bemühte mich außerdem, mich durch Beschäftigung abzulenken und gleichzeitig meine Niedergeschlagenheit zu beschwichtigen. Ich versuchte mir auszumalen, wie Bartleby im Laufe des Vormittags zu einer Zeit, die ihm gut passen mochte, und aus eigenem freiem Willen aus der Einsiedelei auftauchen und entschlossenen Schrittes auf die Tür zugehen würde. Aber nein. Es wurde halb eins. Turkeys Gesicht begann zu glühen; er warf sein Tintenfaß um und war auch sonst laut; Nippers besänftigte sich und wurde ruhig und höflich; Ginger Nut kaute an seinem Mittagsapfel; und Bartleby blieb vor seinem Fensterchen stehen, in eine seiner tiefsten Mauerträumereien versunken. Ob man's mir glauben wird? Soll ich es zugeben? An jenem Nachmittag verließ ich die Kanzlei, ohne ihm auch nur ein einziges Wort gesagt zu haben.

Wieder verstrichen ein paar Tage, und in müßigen Augenblicken schaute ich dann und wann ein wenig in zwei Bücher: *Über den Willen* von Edwards, und *Über die Notwendigkeit* von Priestley. Unter den obwaltenden Umständen waren diese Bücher von heilsamem Einfluß. Allmählich und unmerklich überzeugten sie mich, daß all meine den Schreiber betreffenden Schwierigkeiten seit ewigen Zeiten vorherbestimmt waren und daß eine allwissende Vorsehung in irgendeiner geheimnisvollen Absicht, die zu ergründen einem armen Sterblichen wie mir versagt war, Bartleby in meiner Kanzlei einquartiert hatte. Ja, Bartleby, bleibe du hinter deinem Wandschirm, dachte ich; ich will dich nicht länger verfolgen; du bist so harmlos und lautlos wie die alten Stühle in meiner Kanzlei; denn wirklich, ich fühle mich nie so zu Hause, als wenn ich weiß, daß du hier bist. Endlich sehe ich's ein, endlich begreife ich es; ich bin zum vorbestimmten Zweck meines Daseins vorgedrungen. Ich bin zufrieden. Andere haben vielleicht erhabenere Rollen zu spielen; doch meine Sendung in der Welt ist es, dich, Bartleby, mit Kanzleiraum zu versorgen, solange es dir paßt, bei mir zu bleiben.

Diese weise und segensvolle Stimmung hätte, so glaube ich, bei mir angehalten, wären nicht die unerbetenen und lieblosen Äußerungen gewesen, mit denen mich meine Berufskollegen beim Besuch in meiner Kanzlei bedachten. Doch so geschieht es ja oft, daß die ständige Reibung mit kleinen Seelen zu guter Letzt die besten Vorsätze der Großherzigen verschleißt. Zwar war es, bei Lichte besehen, nicht verwunderlich, wenn Besucher beim Betreten meiner Kanzlei erschraken, sobald sie den unberechenbaren Bartleby erblickten, und dadurch in Versuchung gerieten, bösartige Bemerkungen über ihn fallenzulassen. Zuweilen versuchte wohl ein Anwalt, der gerade geschäftlich mit mir zu tun hatte, in meine Kanzlei kam und niemand als den Schreiber vorfand, von ihm genaue Angaben über meinen Aufenthalt zu erlangen; doch ohne das müßige Gerede des Besuchers irgendwie zu beachten, blieb Bartleby unbeweglich mitten im Zimmer stehen. Dann mußte der Anwalt, nachdem er ihn eine Zeitlang in dieser Stellung betrachtet hatte, einfach wieder fortgehen und war nicht klüger als vorher.

Ebenso war es, wenn eine Verhandlung bei mir stattfand, mein Zimmer voller Zeugen und Rechtsanwälte war und das Geschäftliche drängte: da geschah es wohl, daß einer der anwesenden, stark in Anspruch genommenen Herren, der Bartleby untätig herumstehen sah, ihn kurzweg bat, zu seiner (des Rechtsanwalts) Kanzlei hinüberzuspringen und ihm einige Akten zu holen. Dann schlug es Bartleby gelassen ab und blieb trotzdem so untätig wie zuvor. Der Anwalt starrte ihn daraufhin sprachlos an und wandte sich an mich. Aber was konnte ich dazu sagen? Schließlich gab man mir zu verstehen, daß überall im Kreise meiner Berufskollegen verwundert über das seltsame Geschöpf gemunkelt wurde, das ich mir da in meiner Kanzlei hielt. Mir war es äußerst unangenehm. Und dann stieg mir der Gedanke auf, Bartleby könne möglicherweise zu den Langlebigen gehören und bis ans Ende seiner Tage fortfahren, meine Räume zu bewohnen und meine Autorität nicht anzuerkennen, meine Besucher zu erschrecken, mein berufliches Ansehen zu schädigen, meine Kanzlei mit seiner Schwermut zu verdüstern, bis ans Ende Leib und Seele mit seinen Ersparnissen zusammenzuhalten (denn er gab bestimmt nur fünf Cents täglich aus) und mich endlich noch zu überleben und auf Grund einer ununterbrochenen Anwesenheit Anspruch auf meine Kanzlei zu erheben. All diese düsteren Vorahnungen lasteten immer schwerer auf mir, und meine Freunde bedrängten mich unaufhörlich mit ihren harten Bemerkungen über die gespenstische Erscheinung in meiner Kanzlei, so daß sich schließlich ein großer Umschwung in mir vollzog. Ich nahm mir vor, all meine Kräfte zu sammeln und mich für immer von diesem unerträglichen Alpdruck zu befreien.

Ehe ich mir jedoch einen verwickelten Plan ausdachte, der mich zum Ziele führen sollte, legte ich Bartleby erst einmal nahe, sein endgültiger Aufbruch sei ein Gebot der Schicklichkeit. Mit ruhiger und ernster Stimme empfahl ich diesen Gedanken seiner sorgfältigen und reiflichen Erwägung. Nachdem er jedoch drei Tage gebraucht hatte, um darüber nachzudenken, teilte er mir mit, daß sein ursprünglicher Entschluß der gleiche geblieben sei, kurzum, daß er ›lieber bei mir bleiben möchte‹.

Was soll ich tun? fragte ich mich und knöpfte meinen Rock bis zum obersten Knopf zu. Was soll ich tun? Was müßte ich tun? Was empfiehlt mir mein Gewissen, mit diesem Menschen zu tun – oder vielmehr mit diesem Gespenst zu tun? Loswerden muß ich ihn; gehen soll er. Aber wie? Du wirst doch nicht Bartleby, diesen armen, blassen, duldenden Sterblichen – du wirst doch nicht ein so hilfloses Geschöpf von deiner Türe weisen? Du wirst dich doch nicht mit solcher Grausamkeit beflecken? Nein, das will ich und das kann ich nicht tun. Eher würde ich ihn hier leben und sterben lassen und seine sterblichen Überreste in die Wand einmauern. Was also willst du tun? Trotz all deiner Überredungskünste rührt er sich nicht vom Fleck. Bestechungsgelder läßt er unter deinem Briefbeschwerer auf deinem Schreibtisch liegen – mit einem Wort: es ist ganz klar, daß er sich lieber an dich klammern möchte.

Dann muß also etwas Einschneidendes, etwas Ungewöhnliches

unternommen werden! Wie? Du willst ihn doch nicht etwa durch einen Schutzmann beim Kragen nehmen lassen und ihn, den Bleichen, Unschuldigen, dem Gefängnis überantworten? Und unter welcher Begründung könntest du etwas Derartiges überhaupt veranlassen? Weil er ein Herumtreiber ist? Was? Er ein Herumtreiber und Vagabund, er, der sich weigert, von der Stelle zu gehen? Weil er also *kein* Herumtreiber ist, möchtest du ihn als Herumtreiber hinstellen? Das ist zu widersinnig. ›Keine nachweisbaren Subsistenzmittel‹ – da habe ich ihn! Wiederum falsch, denn offensichtlich vermag er sich selbst zu ernähren, und damit beweist er unwiderleglich, daß er tatsächlich die Mittel besitzt. Und das wäre alles. Da er mich nicht verlassen will, muß ich ihn verlassen. Ich will mir andere Kanzleiräume suchen; ich will umziehen und ihm förmlich erklären, daß ich ihn wegen Hausfriedensbruches verklagen werde, sollte ich ihn jemals in meinen neuen Räumen antreffen.

Dementsprechend wandte ich mich am folgenden Tag an ihn: »Mir liegen diese Räume zu weit vom Gerichtsgebäude entfernt, außerdem ist die Luft hier zu schlecht. Kurzum, ich werde nächste Woche umziehen und benötige Ihre Dienste nicht mehr. Ich sage es Ihnen schon heute, damit Sie sich eine andere Stellung suchen können.«

Am festgesetzten Tage bestellte ich mir Wagen und Packer und ging in meine Kanzlei; da ich nur wenig Möbel habe, war alles innerhalb von wenigen Stunden umgeräumt. Die ganze Zeit über blieb Bartleby hinter dem Wandschirm stehen, der auf meinen Wunsch hin als letztes entfernt werden sollte. Er wurde abgerückt und wie eine riesige Aktenmappe zusammengeklappt, Bartleby aber blieb zurück – der unbewegliche Bewohner eines kahlen Zimmers. Ich stand noch einen Augenblick in der Tür und sah ihn an, während eine innere Stimme mich tadelte.

Ich trat wieder ins Zimmer, die Hand in der Tasche – und das Herz, ja, das Herz auf der Zunge.

»Leben Sie wohl, Bartleby! Ich gehe jetzt. Leben Sie wohl, und möge Gott Ihnen beistehen! Da, nehmen Sie!« Ich ließ etwas in seine Hand gleiten, doch es fiel zu Boden. Und dann – so seltsam es klingen mag – dann riß ich mich mühsam von dem Menschen los, dessen ich mich mit allen Mitteln hatte entledigen wollen.

Als ich mich in meinen neuen Räumlichkeiten eingerichtet

hatte, hielt ich ein paar Tage lang die Tür verschlossen, und bei jedem Schritt im Treppenhaus draußen fuhr ich zusammen. Wenn ich, selbst nach der kürzesten Abwesenheit, in meine Kanzlei zurückkehrte, blieb ich ein Weilchen vor der Schwelle stehen und lauschte aufmerksam, ehe ich den Schlüssel ins Schloß steckte. Doch meine Befürchtungen waren überflüssig. Bartleby kam nicht in meine Nähe.

Ich glaubte schon, daß alles gut ginge, als mich ein verstört aussehender Fremder aufsuchte und sich erkundigte, ob ich bis vor kurzem Mieter der Räume Wall Street Nr. . . . gewesen sei.

Voll schlimmer Vorahnungen bejahte ich es.

»Dann, Sir«, sagte der Fremde, der sich als Anwalt vorgestellt hatte, »sind Sie verantwortlich für den Mann, den Sie dort zurückgelassen haben! Er weigert sich, Schreibarbeiten zu übernehmen, er weigert sich überhaupt, etwas zu tun, sondern sagt, ›er möchte es lieber nicht‹, und er weigert sich auch, auszuziehen.«

»Ich bedaure sehr, Sir«, sagte ich mit gespielter Ruhe, aber zitternd vor innerer Unruhe, »der Mann, von dem Sie sprechen, steht in keinem Dienstverhältnis zu mir. Da er weder mein Verwandter noch ein Angestellter ist, können Sie mich nicht für ihn verantwortlich machen!«

»Um Himmels willen, wer ist er denn?«

»Darüber kann ich Ihnen auch nichts sagen. Ich weiß nichts über ihn. Früher hatte ich ihn als Kopisten beschäftigt, doch seit längerer Zeit hat er nicht mehr für mich gearbeitet.«

»Dann werde ich ihn mir vom Halse schaffen. Guten Morgen, Sir!«

Mehrere Tage vergingen, und ich hörte nichts weiter; und obwohl mich öfters das Erbarmen drängte, die alten Räume zu besuchen und den armen Bartleby zu sprechen, so hielt mich doch eine Art Scheu, wovor, weiß ich nicht, davon ab.

Nun ist inzwischen wohl alles erledigt, dachte ich schließlich, als wieder eine Woche vergangen und keine weitere Nachricht zu mir gedrungen war. Als ich indessen am nächsten Tage in meine Kanzlei wollte, fand ich vor der Tür mehrere Leute, die äußerst erregt auf mich gewartet hatten.

»Da ist er ja! Da kommt er!« rief der mir am nächsten Stehende, in dem ich den Anwalt erkannte, der mich neulich besucht hatte.

»Sie müssen ihn abholen, Sir, und zwar sofort«, schrie ein wohlbeleibter Mann und kam auf mich zu. Ich erkannte in ihm meinen ehemaligen Hauswirt von Nr. ... in der Wall Street. »Diese Herren hier, meine Mieter, können den Zustand nicht länger ertragen. Mr. B.« (er deutete auf den Anwalt) »hat ihn aus seiner Kanzlei gejagt, und nun macht er das ganze Gebäude unsicher; tags sitzt er auf dem Treppengeländer, und nachts schläft er im Hauseingang. Alle regen sich darüber auf; die Klienten wollen nicht mehr in die Kanzleien gehen; man befürchtet, daß es zu Ausschreitungen kommen könnte; Sie müssen etwas unternehmen, und zwar auf der Stelle!«

Ich wich zurück, so betäubt war ich von diesem Redeschwall, und am liebsten hätte ich mich in meine neue Kanzlei eingeschlossen. Vergeblich betonte ich, daß Bartleby mich nichts anginge, mich ebensowenig wie andre Leute. Doch alles umsonst! Ich hatte als letzter mit ihm zu tun gehabt, und nun wurde mir diese gräßliche Verantwortung aufgeladen.

Da ich befürchten mußte, in der Zeitung bloßgestellt zu werden (wie es einer der Anwesenden schon unter versteckten Drohungen andeutete), überlegte ich mir die Sache und sagte schließlich, wenn der Anwalt mir am Nachmittag eine vertrauliche Unterredung mit dem Schreiber in seinem (des Anwalts) Zimmer vermitteln könne, dann würde ich mich nach besten Kräften bemühen, sie von der Plage, über die sie Klage führten, zu befreien.

Als ich die Treppe zu meiner ehemaligen Kanzlei emporstieg, saß Bartleby dort schweigend auf dem Geländer des Treppenabsatzes.

»Was machen Sie hier, Bartleby?« fragte ich.

»Ich sitze auf dem Geländer«, erwiderte er sanft. Ich bat ihn in das Zimmer des Anwalts, der uns dann allein ließ.

»Bartleby«, sagte ich, »sind Sie sich dessen bewußt, daß Sie mir viel Ärger verursachen, weil Sie durchaus im Treppenhaus bleiben wollen, obwohl ich Sie doch entlassen habe?«

Keine Antwort.

»Sie haben jetzt die Wahl: entweder Sie unternehmen etwas, oder man wird etwas gegen Sie unternehmen müssen. Was für eine Beschäftigung wünschen Sie sich? Möchten Sie wieder eine Stelle als Kopist bei irgend jemand annehmen?«

»Nein, ich möchte mich lieber nicht verändern.«

»Möchten Sie einen Posten als Verkäufer in einem Schnittwarenladen?«

»Dort würde ich mich zu eingesperrt fühlen. Nein, ich möchte lieber nicht Verkäufer werden; doch bin ich nicht wählerisch.«

»Dort fühlen Sie sich eingesperrt?« rief ich. »Aber Sie sperren sich ja selbst dauernd ein!«

»Ich möchte lieber keine Stelle als Verkäufer annehmen«, wiederholte er, als wolle er diese kleine Frage ein für allemal klären.

»Wie würde Ihnen die Arbeit als Barmann gefallen? Das würde Ihre Augen nicht überanstrengen.«

»Das würde mir durchaus nicht gefallen. Aber, wie ich schon sagte, ich bin nicht wählerisch.«

Seine ungewohnte Beredsamkeit machte mir Mut. Ich ging von neuem zum Angriff über.

»Würden Sie denn lieber im Lande umherreisen und Aufträge für die Geschäftsleute einsammeln? Das wäre Ihrer Gesundheit dienlich!«

»Nein, ich möchte lieber etwas anderes tun.«

»Wie wäre es denn, wenn Sie als Reisebegleiter und Gesellschafter mit einem jungen Herrn nach Europa führen? Würde Ihnen das nicht zusagen?«

»Ganz und gar nicht. Mir scheint, daß so etwas kein fester Posten ist. Ich möchte lieber seßhaft sein. Aber ich bin nicht wählerisch.«

»Seßhaft? Meinetwegen, dann sollen Sie seßhaft sein!« rief ich. Zum erstenmal während meiner nervenaufreibenden Bekanntschaft mit ihm hatte ich alle Geduld verloren und geriet in heftigen Zorn.

»Wenn Sie nicht bis zum Abend das Haus hier verlassen haben, dann sehe ich mich gezwungen, ja, dann bin ich bestimmt gezwungen, selbst – selbst – das Haus zu verlassen«, schloß ich etwas unlogisch, da ich nicht wußte, mit was für einer Drohung ich seine Starrheit erschüttern konnte. Ich verzweifelte an jedem weiteren Versuch und wollte ihn schon überstürzt verlassen, als mir ein letzter Einfall kam – über den ich aber doch schon hin und wieder nachgedacht hatte.

»Bartleby«, sagte ich mit dem freundlichsten Tonfall, der mir gelingen wollte, »möchten Sie mit mir kommen – ich meine nicht in die Kanzlei, sondern in meine Wohnung, und dort bleiben, bis wir uns in aller Ruhe über eine Ihnen passende Lösung geeinigt haben? Kommen Sie, wir wollen gehen, jetzt gleich!«

»Nein, ich möchte mich im Augenblick lieber überhaupt nicht verändern.«

Ich erwiderte nichts. In jäher und hastiger Flucht, die mich vor jeder unliebsamen Begegnung bewahrte, stürzte ich aus dem Haus, rannte die Wall Street bis zum Broadway hinauf, sprang auf den ersten besten Omnibus und entzog mich so jeder weiteren Verfolgung. Sobald ich zur Ruhe kam, wurde es mir klar, daß ich jetzt alles getan hatte, was möglich war, sowohl gegenüber den Forderungen des Hausbesitzers und seiner Mieter wie auch gegenüber meinem eigenen Wunsch und Pflichtgefühl, Bartleby zu helfen und ihn vor roher Verfolgung zu schützen. Ich bemühte mich nun, beruhigt und leichten Herzens zu sein, und mein Gewissen half mir dabei, wenn auch nicht mit solchem Erfolg, wie ich es mir gewünscht hätte. Meine Angst, der aufgebrachte Hausbesitzer und seine erbitterten Mieter könnten mich verfolgen, war so groß, daß ich Nippers für einige Tage mit meinen Geschäften betraute und in meiner Kutsche im Norden der Stadt und den Vororten umherfuhr; ich fuhr nach Jersey City und Hoboken und machte Stippvisiten in Manhattanville und Astoria. Eigentlich wohnte ich in diesen Tagen in meiner Kutsche.

Als ich meine Kanzlei wieder betrat, lag – siehe da! – ein Briefchen des Hausbesitzers auf meinem Schreibtisch. Ich öffnete es mit zitternden Händen. Er teilte mir mit, daß er die Polizei geholt und Bartleby als Herumtreiber dem Stadtgefängnis (in New York ›die Gräber‹ genannt) überliefert habe. Da ich mehr über Bartleby wisse als irgendwer sonst, bat er mich, dort hinzugehen und die Tatsachen zu Protokoll zu geben. Diese Mitteilung weckte zwiespältige Gefühle in mir; zuerst war ich empört, zu guter Letzt war ich beinahe einverstanden. Der Hauswirt, in seiner tatkräftigen, entschlossenen Art, hatte ein Verfahren gewählt, zu dem ich mich, glaube ich, nicht selbst entschieden hätte – doch schien es mir unter so eigentümlichen Umständen und als letzter Ausweg das einzig mögliche Vorgehen zu sein.

Wie ich später hörte, hatte der arme Schreiber, als man ihm sagte, er müsse ins Stadtgefängnis gebracht werden, nicht den geringsten Widerstand geleistet, sondern sich auf seine unbewegliche Art bleich und stumm gefügt.

Ein paar mitleidige oder neugierige Passanten gesellten sich zu der Gruppe; und so wand sich der schweigsame Zug, voran einer der Polizisten Arm in Arm mit Bartleby, durch all den Lärm und die Hitze und die frohe mittägliche Betriebsamkeit enger Straßen.

Am gleichen Tage, an dem ich die Nachricht erhalten hatte, begab ich mich zu den ›Gräbern‹ oder, geziemender ausgedrückt, zum Gerichtsgebäude. Ich suchte den zuständigen Beamten auf, erklärte ihm den Zweck meines Besuches und erfuhr, das von mir beschriebene Individuum befinde sich tatsächlich dort. Daraufhin versicherte ich dem Beamten, daß Bartleby ein durchaus achtbarer und sehr bemitleidenswerter Mensch, aber eben unvorstellbar überspannt sei. Ich berichtete alles, was ich wußte, und schloß mit dem Vorschlag, ihm eine möglichst milde Haft angedeihen zu lassen, bis eine weniger harte Regelung gefunden sei – obwohl ich mir nicht recht denken konnte, was für eine. Wenn man sich für nichts Besseres entscheiden könne, dann müsse er eben im Armenhaus untergebracht werden. Dann bat ich um eine Unterredung mit Bartleby.

Da man ihm nichts Ehrenrühriges vorzuwerfen hatte und da er in jeder Beziehung ruhig und harmlos war, durfte er ungehindert überall im Gefängnis und besonders in den von Mauern umgebenen, grasbewachsenen Höfen herumgehen. Und dort fand ich ihn denn auch, wie er ganz allein im stillsten Hof stand, sein Gesicht einer hohen Mauer zugewandt, während – so bildete ich es mir ein – ringsumher aus den schmalen Fensterschlitzen der Zellen die Augen von Mördern und Dieben nach ihm spähten.

»Bartleby!«

»Ich kenne Sie«, sagte er, ohne sich umzudrehen, »und ich möchte nicht mit Ihnen sprechen.«

»Ich war es ja gar nicht, der Sie hergebracht hat, Bartleby«, sagte ich und war wegen der unausgesprochenen Verdächtigung schmerzlich berührt. »Übrigens ist dies hier für Sie ein nicht gar so übler Aufenthalt. Durch Ihr Hiersein fällt kein Makel auf Sie selbst. Denn sehen Sie doch, es ist nicht so trostlos, wie man glauben könnte. Schauen Sie, dort oben ist der Himmel, und hier unten wächst grünes Gras.«

»Ich weiß, wo ich bin«, gab er zur Antwort, und weiter nichts. Daher verließ ich ihn.

Als ich wieder in den Korridor trat, sprach mich ein breiter, fleischiger Mann an, der eine Schürze umgebunden trug; er deutete mit dem Daumen über die Schulter und fragte: »Ist das Ihr Freund?«

»Ja.«

»Will wohl verhungern? Wenn er's will, soll er von nichts anderem als der Gefängnisration leben – dann schafft er's schnell.«

»Wer sind Sie?« fragte ich und wußte nicht, was ich in einer solchen Umgebung von einem so wenig amtlich redenden Menschen halten sollte.

»Ich bin der Proviantmann. Ich erhalte von Herren, die hier Freunde sitzen haben, etwas Geld, damit ich ihnen gutes Essen zutrage.«

»Stimmt das?« fragte ich den Zellenwärter.

Er erwiderte, daß es stimme.

»Gut«, sagte ich und steckte dem Proviantmann (wie er genannt wurde), einige Silberstücke in die Hand, »ich möchte, daß Sie sich meines Freundes dort hinten besonders annehmen. Geben Sie ihm das beste Essen, das Sie auftreiben können. Und behandeln Sie ihn so höflich wie nur möglich!«

»Würden Sie mich bitte vorstellen?« fragte der Proviantmann und blickte mich voller Ungeduld an, weil er mir eine Probe seiner guten Manieren geben wollte.

Da ich fand, es könne sich für den Schreiber als dienlich erweisen, willigte ich ein; ich fragte den Proviantmann nach seinem Namen und ging mit ihm zu Bartleby.

»Bartleby, hier kommt ein Freund, der Ihnen sehr nützlich sein kann!«

»Ihr Diener, Sir, Ihr Diener«, sagte der Proviantmann und machte, mit den Händen hinter der Schürze, einen tiefen Bückling. »Hoffe, daß es Ihnen hier gefällt, Sir: nette Anlagen, kühle Zimmer; hoffentlich bleiben Sie ein Weilchen bei uns; ich werd's Ihnen behaglich machen. Was wünschen Sie heute als Mittagessen zu speisen?«

»Ich möchte heute lieber nicht zu Mittag essen«, sagte Bartleby und wandte sich ab. »Es würde mir nicht bekommen. Ich bin nicht an Mittagessen gewöhnt.« Und damit zog er sich auf die andere Seite des Hofes zurück und stellte sich mit dem Gesicht zur fensterlosen Brandmauer auf.

»*Was* sagt er?« fragte der Proviantmann und stierte mich verwundert an. »Ist ein bißchen wunderlich, was?«

»Ich glaube, er ist etwas verstört«, sagte ich traurig.

»Verstört? So, so, verstört ist er. Nein, so was, ich hätt' gewettet, daß Ihr Freund ein Fälscher ist: die sehen immer so blaß und vornehm aus, die Fälscher. Tun mir immer leid, Sir, kann's nicht ändern, sie tun mir leid. Haben Sie Monroe Edwards gekannt?« fragte er rührselig und wartete. Dann legte er mir die Hand auf die Schulter und seufzte kläglich: »Der ist in Sing-Sing an der Schwindsucht gestorben. So, den Monroe kennen Sie also nicht?«

»Nein, Fälscher zählen nicht zu meinen Bekannten. Doch jetzt kann ich mich nicht länger aufhalten. Kümmern Sie sich um meinen Freund. Es soll Ihr Schaden nicht sein. Ich komme bald wieder.«

Ein paar Tage darauf konnte ich mir nochmals Einlaß ins Gefängnis verschaffen und ging auf der Suche nach Bartleby die Korridore entlang, fand ihn jedoch nicht.

»Ich sah ihn vor nicht langer Zeit aus seiner Zelle kommen«, sagte ein Schließer, »vielleicht geht er jetzt in den Höfen spazieren.«

Also wandte ich mich nach draußen.

»Suchen Sie den stummen Mann?« fragte mich im Vorbeigehen ein anderer Schließer. »Da liegt er im Hof und schläft. Vor kaum zwanzig Minuten hab ich gesehen, wie er sich hinlegte.«

Der Hof war totenstill. Die gewöhnlichen Gefangenen durften ihn nicht betreten. Die Umfassungsmauern waren erschreckend dick und hielten jeden Laut von draußen ab. Das ägyptisch-wuchtige Mauerwerk wirkte düster und bedrückte mich. Doch zu Füßen wuchs ein weicher, ebenfalls eingekerkerter Rasen. Es war wie im Innern der ewigen Pyramiden und als sei durch seltsamen Zauber in den Mauerspalten Grassamen hervorgesprossen, den Vögel verstreut hatten.

Am Fuße der Mauer, merkwürdig zusammengekauert und mit hochgezogenen Knien auf der Seite liegend, so daß sein Kopf die kalten Steine berührte, erblickte ich den abgezehrten Bartleby. Doch er rührte sich nicht. Ich wartete ein Weilchen, trat dann nahe an ihn heran und beugte mich über ihn; ich sah, daß seine trüben Augen geöffnet waren; sonst aber schien es, als liege er in tiefem Schlaf. Irgendwie drängte es mich, ihn anzurühren. Ich faßte nach seiner Hand, und ein Schauder kroch mir den Arm hinauf und über den Rücken bis zu den Füßen hinab.

Das runde Gesicht des Proviantmannes sah forschend zu mir hinunter. »Sein Mittagessen ist bereit. Will er heute auch wieder nichts essen? Oder lebt er ohne Essen?«

»Lebt ohne Essen«, sagte ich und schloß die Augen.

»Ah – er schläft wohl, was?«

»Mit Königen und Würdenträgern«, sagte ich leise.

Vielleicht mag es unnötig erscheinen, mit der Erzählung fortzufahren. Was von der Beerdigung des armen Bartleby an kärglichen Einzelheiten zu berichten wäre, kann die Phantasie mühelos selbst nachtragen. Bevor ich mich jedoch vom Leser verabschiede, möchte ich noch sagen: falls diese kleine Geschichte ihn so gefesselt hat, um seine Neugier zu erwecken, wer Bartleby war und was für ein Leben er führte, ehe der Erzähler ihn kennenlernte, dann kann ich nur versichern, daß ich seine Wißbegierde durchaus teile, doch völlig außerstande bin, sie zu befriedigen. Allerdings weiß ich nicht recht, ob ich eine kleine Einzelheit anführen soll, die mir ein paar Monate nach dem Tode des Schreibers gerüchtweise zu Ohren kam. Auf welche Tatsachen sie sich stützte, konnte ich nicht herausfinden; daher kann ich jetzt auch nicht sagen, wieviel Wahres daran ist. Weil aber diese ungenaue Nachricht, so traurig sie war, meine Phantasie anregte, mag sie auf andere ebenso wirken, und deshalb will ich sie kurz erwähnen. Sie besagte, daß Bartleby ein untergeordneter Angestellter in der ›Abteilung für tote Briefe‹ im Postamt Washington gewesen sei und diese Stelle durch einen Wechsel in der Verwaltung verloren habe. Wenn ich über dieses Gerücht nachsinne, so vermag ich die Empfindungen, die mich dabei überfallen, fast nicht auszudrücken. ›Tote Briefe!‹ Klingt es nicht wie ›Tote Menschen?‹ Stellen wir uns einen Mann vor, der infolge von Veranlagung und Mißgeschick schon einer fahlen Hoffnungslosigkeit zuneigt – welche Beschäftigung wäre wohl geeigneter, ihn darin noch zu bestärken, als das tägliche Hantieren und Sichten unbestellbarer Briefe für ein Ende in den Flammen? Denn ganze Wagenladungen voll werden alljährlich verbrannt. Manchmal nimmt ein blasser Angestellter aus dem zusammengefalteten Papier wohl einen Ring – der Finger, für den er bestimmt war, modert vielleicht längst im Grabe; oder eine Banknote, aus

Hilfsbereitschaft eiligst fortgesandt – doch der, dem sie zu Hilfe kommen sollte, ist jenseits allen Hungers; oder er liest von Verzeihung für solche, die verzweifelt starben, von Hoffnung für andere, die ohne Hoffnung starben, von froher Botschaft für alle, die unter der Bürde ungelinderten Unglücks zusammenbrachen und starben. Mit Leben befrachtet, eilten diese Briefe in den Tod.

O Bartleby! O Menschenlos!

(Deutsch von Elisabeth Schnack)

Mark Twain
Journalismus in Tennessee

Der Redakteur der ›*Lawine*‹ in Memphis zündet auf folgende Weise einem Korrespondenten heim, der ihn als Radikalen hingestellt hatte: »Als er sein erstes Wort schrieb, als er seine i mit Pünktchen, seine t mit Querstrichen versah und einen Punkt hinknallte, wußte er, daß er einen Satz zusammenbraute, der von Nichtswürdigkeit gesättigt war und vor Verlogenheit zum Himmel stank.« *Exchange*

Mein Arzt sagte mir, das südliche Klima würde meiner Gesundheit bekommen, und so ging ich hinunter nach Tennessee und erhielt dort eine Stelle als Hilfsredakteur am Kreisblatt von Johnson County, der *Morgenglorie und Kriegsschrei.* Als ich mein Amt antrat, fand ich den Chefredakteur im Büro sitzend, den dreibeinigen Stuhl zurückgekippt und seine Füße auf einem fichtenen Tisch. Es befand sich noch ein zweiter Stuhl aus Fichtenholz in dem Zimmer und noch ein anderer amputierter Stuhl, und beide waren halb vergraben unter Zeitungen und Papierfetzen und Bogen von Manuskripten. Auch ein hölzerner Sandkasten war vorhanden, gefüllt mit Zigarrenstummeln und Kautabakresten, sowie ein Ofen, dessen Tür nur noch an der obern Angel hing.

Der Chefredakteur hatte einen langschwänzigen schwarzen Schwalbenfrack und weißleinene Hosen an. Seine Stiefel waren klein und tadellos gewichst. Er trug ein Faltenhemd, einen großen Siegelring, einen altmodischen Stehkragen und ein buntes Halstuch mit herabhängenden Zipfeln. Datum dieses Kostüms etwa 1848. Er rauchte eine Zigarre, war bemüht, über ein Wort nachzudenken, und hatte, als er sich mit den Händen durch die Haare gefahren war, seine Locken in Unordnung gebracht. Er warf furchtbare Blicke um sich, woraus ich schloß, daß er einen besonders knotigen Leitartikel zusammenbraute. Er hieß mich die Austauschzeitungen hervorzunehmen, sie ›abzurahmen‹ und das Interessanteste daraus in einem Artikel über den ›Geist der Presse in Tennessee‹ zusammenzufassen.

Ich schrieb was folgt:

Der Geist der Presse in Tennessee

Die Redaktion des Halbwöchentlichen Erdbebens *scheint hinsichtlich der Eisenbahn nach Ballyhack das Opfer eines Mißverständnisses zu sein. Die Gesellschaft hat durchaus nicht die Absicht, Buzzardville links liegenzulassen. Im Gegenteil, sie betrachtet diesen Ort als eine der wichtigsten Stationen an der Strecke und hat daher keinerlei Grund, ihn zu ignorieren. Die Herren Kollegen vom* Erdbeben *werden sich zweifellos ein Vergnügen daraus machen, ihren Irrtum zu berichtigen.*

John W. Blossom, Esq., der gewandte Redakteur des Donnerkeil und Schlachtruf der Freiheit *von Higginsville, ist gestern in unserer Stadt angekommen. Er ist im Hotel van Buren abgestiegen.*

Wie wir erfahren, nimmt unser Kollege vom Morgengeheul *in Mud Springs irrtümlicherweise an, die Wahl van Werters sei keine feststehende Tatsache; doch ehe unser Hinweis ihn erreicht, wird er seinen Mißgriff ohne Zweifel selbst entdeckt haben. Offenbar ist er durch unvollständige Wahlziffern irregeleitet worden.*

Mit Vergnügen vernehmen wir, daß die Stadtverwaltung von Blathersville sich bemüht, mit einigen New Yorker Herren einen Vertrag abzuschließen, zwecks Belegung ihrer ziemlich schwer passierbaren Straßen mit dem Nicholson'schen Pflaster. Das Tägliche Hurra *setzt sich mit viel Geschick für die Neuerung ein und äußert seine Zuversicht auf schließlichen Erfolg.*

Mit Bedauern hören wir, daß Oberst Bascom, Chefredakteur des Verhallenden Freiheitsrufes, *vor einigen Tagen auf der Straße stürzte und sich das Bein brach. Er litt in letzter Zeit an großer Schwäche, welche durch Überanstrengung und Kummer über Krankheitsfälle in seiner Familie hervorgerufen war, und man vernimmt, daß er infolge seiner Gewohnheit, zuviel in der Sonne zu spazieren, in Ohnmacht fiel.*

Ich reichte das Manuskript dem Chefredakteur zur Annahme, Änderung oder Vernichtung. Er warf einen Blick darauf. Sein Gesicht verfinsterte sich. Seine Augen flogen über die Seiten, und seine Züge wurden unheilverkündend. Es war leicht zu sehen, daß etwas verkehrt war. Dann sprang er auf und rief:

»Blitz und Donner! Glauben Sie denn, daß es mir einfallen

könnte, von diesem Vieh in diesem Tone zu sprechen? Glauben Sie denn, daß meine Abonnenten solch schales Gebräu fressen werden? Geben Sie mir die Feder her!«

Niemals sah ich eine Feder so boshaft hinkritzeln und ausstreichen und so erbarmungslos durch die Verba und Adjektiva eines andern hindurchpflügen. Während er mitten in seiner Arbeit war, schoß jemand durch das offene Fenster auf ihn und entstellte die Symmetrie meines rechten Ohres.

»Ah«, sagte er, »das ist der Halunke Smith vom *Moralischen Vulkan* – der war schon gestern fällig!«

Und damit riß er einen Matrosenrevolver aus seinem Gürtel und feuerte. Smith fiel hin, in den Oberschenkel getroffen. Dadurch verfehlte er, der gerade zum zweiten Male feuerte, sein Ziel und machte mit seinem zweiten Schuß einen Unschuldigen zum Krüppel. Der Unschuldige war ich. Es handelte sich nur um einen Finger.

Dann fuhr der Chefredakteur mit Ausstreichen und Dazwischenschreiben fort. Gerade als er damit fertig war, kam eine Handgranate durch das Ofenrohr herunter, und die Explosion riß den Ofen in tausend Stücke. Doch richtete sie weiter keinen Schaden an, als daß ein verirrter Splitter mir ein paar Zähne ausschlug.

»Dieser Ofen ist futsch«, sagte der Chefredakteur.

»Das glaube ich auch«, sagte ich.

»Na, was tut's – bei dem Wetter brauchen wir ihn nicht. Ich weiß, wer's war. Werd ihn schon kriegen. So, das hier ist der Stil, in welchem solches Zeug geschrieben werden muß.«

Ich nahm das Manuskript. Es war von Strichen und Einschiebseln so entstellt, daß seine eigene Mutter, wenn es eine gehabt hätte, es nicht wiedererkannt haben würde. Es lautete jetzt wie folgt:

Der Geist der Presse in Tennessee

Die hartgesottenen Lügner vom Halbwöchentlichen Erdbeben *gehen offensichtlich darauf aus, einem edlen und ritterlichen Volke wieder einmal eine ihrer abscheulichen und brutalen Lügen hinsichtlich jener glorreichsten Idee des neunzehnten Jahrhunderts, der Eisenbahn nach Ballyhack, aufzutischen. Der*

Einfall, Buzzardville sollte links liegenbleiben, entsprang ihrem eigenen ekelhaften Gehirn – oder vielmehr jenem Bodensatz, den sie als Gehirn betrachten. Sie täten besser, diese Lüge zu verschlucken, wenn sie ihren verseuchten Reptilienkadavern die Durchpeitschung ersparen wollen, die sie so reichlich verdienen.

Der Esel Blossom vom Donnerkeil und Schlachtruf der Freiheit *von Higginsville treibt sich hier wieder herum und schmarotzt im ›van Buren‹.*

Wie wir erfahren, verbreitet der besoffene Lump vom Morgengeheul *aus Mud Springs mit seiner üblichen Neigung zum Lügen die Nachricht, van Werter sei nicht gewählt. Die vom Himmel kommende Mission der Zeitungen besteht darin, den Samen der Wahrheit zu streuen, den Irrtum auszurotten; zu erziehen, zu veredeln, den Ton der öffentlichen Moral und Sitte zu heben, die gesamte Menschheit feiner, tugendhafter, mildtätiger und in jeder Weise besser, frömmer und glücklicher zu machen; und dennoch würdigt dieser elende Schuft sein erhabenes Amt hartnäckig herab zur Verbreitung von Lügen, Verleumdungen, Beschimpfungen und gemeinen Schmähungen.*

Blathersville braucht gepflasterte Straßen – ein Gefängnis und ein Armenhaus braucht es noch dringender. Welche Idee, die einzige Straße eines so kümmerlichen Nestes zu pflastern, dessen sämtliche Sehenswürdigkeiten zwei Schnapsbrennereien, eine Schmiede und ein Senfpflaster von Zeitungsblättchen wie das Tägliche Hurra *bilden! Buckner, das kriechende Insekt, welches das* Hurra *redigiert, schreit in dieser Sache wie ein Esel mit der ihm eigenen Blödheit allerlei Unsinn in die Welt und bildet sich ein, er verzapfe große Weisheiten.*

»Nun, so wird bei uns geschrieben – gepfeffert und von der Leber weg! Von Eurem Milchbrei-Journalismus wird einem ja schlecht.«

In diesem Augenblick kam ein Ziegelstein durch das Fenster geflogen, zertrümmerte unter großem Lärm eine Scheibe und gab mir einen ziemlichen Schlag in den Rücken.

Ich ging aus der Schußlinie – ich merkte langsam, daß ich im Wege war.

Der Chef sagte:

»Das war vermutlich der Colonel. Ich warte schon seit zwei Tagen auf ihn. Er wird gleich hier sein.«

Er hatte recht. Einen Augenblick später erschien der Colonel in der Tür, einen Dragonerrevolver in der Hand. Er sagte:

»Sir, habe ich die Ehre, mit der Memme zu reden, welche dieses schäbige Käseblatt herausbringt?«

»Die Ehre haben Sie. Nehmen Sie Platz, Sir. Aber gehen Sie vorsichtig mit dem Stuhl um, er hat nur drei Beine. Ich glaube, ich habe die Ehre, mit dem stinkenden Lügner Colonel Blatherskite Tecumseh zu sprechen?«

»Richtig, Sir. Ich habe mit Ihnen ein Hühnchen zu rupfen. Wenn Sie Zeit haben, wollen wir damit beginnen.«

»Ich habe einen Artikel über den ›Ermutigenden Fortschritt der moralischen und intellektuellen Entwicklung in Amerika‹ zu beenden, aber das eilt nicht. Beginnen Sie.«

Beide Pistolen krachten im selben Augenblick los. Der Chef verlor eine Locke von seinen Haaren, und die Kugel des Colonels beendete ihre Laufbahn in dem fleischigen Teile meines Schenkels. Dem Colonel wurde die linke Schulter ein wenig gestutzt. Sie feuerten noch einmal. Beide fehlten diesmal ihren Mann, aber ich bekam mein Teil, nämlich einen Schuß in den Arm.

Bei der dritten Salve wurden beide Herren leicht verwundet, während ich einen Streifschuß am Knöchel erhielt. Ich sagte darauf, daß ich es für ratsam hielte, hinauszugehen, um ein wenig frische Luft zu schnappen, da dies eine Privatunterredung sei und ich aus Zartgefühl Bedenken trage, mich noch länger daran zu beteiligen. Aber beide Herren ersuchten mich, ruhig sitzen zu bleiben, und versicherten mir, daß ich ihnen durchaus nicht im Wege wäre. Ich war anderer Meinung.

Während sie ihre Waffen wieder luden, unterhielten sie sich eine Weile über die Wahlen und die Ernte, und ich ging ans Verbinden meiner Wunden. Aber bald wurde das Feuer mit großer Lebhaftigkeit von neuem eröffnet, und jeder Schuß traf – doch muß ich dazu bemerken, daß fünf von den sechs Schüssen auf mein Teil fielen. Durch den sechsten wurde der Colonel tödlich verwundet; mit feinem Humor äußerte er, daß er sich jetzt leider empfehlen müsse, da er in der Stadt noch etwas zu erledigen hätte. Dann erkundigte er sich nach der Adresse des Leichenbestatters und verabschiedete sich.

Der Chef wandte sich nach mir um und sagte:

»Ich erwarte zum Dinner Gäste und muß mich fertigmachen.

Ich wäre Ihnen sehr verbunden, wenn Sie die Abzüge lesen und die Kunden bedienen wollten.«

Bei dem Gedanken, solche Kunden bedienen zu müssen, fuhr ich ein wenig zusammen, aber die Kanonade, die mir noch in den Ohren tönte, hatte mich zu sehr verwirrt, als daß ich an eine Erwiderung hätte denken können. Er fuhr fort:

»Jones wird um drei hier sein – peitschen Sie ihn durch. Gillespie wird vielleicht etwas früher vorsprechen – werfen Sie ihn zum Fenster hinaus. Ferguson wird etwa um vier kommen – blasen Sie ihm das Licht aus. Ich glaube, das ist für heute alles. Wenn Sie etwas Zeit übrig haben, schreiben Sie einen gesalzenen Artikel über die Polizei – geben Sie dem Oberinspektor einige Pillen zu schlucken. Die Peitschen liegen unter dem Tisch, die Schießeisen in der Schublade – Munition dort im Winkel – Leinwand und Bandagen da oben in den Fächern. Falls Ihnen etwas Menschliches passiert, gehen Sie hinunter zu Lancet, dem Chirurgen. Er annonciert in unserer Zeitung – wir gleichen unsere Rechnungen miteinander aus.«

Fort war er. Ich schauderte. Nach Verlauf von drei Stunden hatte ich so furchtbare Gefahren bestanden, daß mein Seelenfrieden und alle Lebensfreude verschwunden waren. Gillespie hatte vorgesprochen und mich zum Fenster hinausgeworfen. Jones stellte sich pünktlich ein, und als ich mich daranmachen wollte, ihn durchzupeitschen, nahm er mir dieses Geschäft ab. Bei einem Zusammenstoß mit einem Fremden, der nicht auf dem Programm stand, verlor ich meinen Skalp. Ein anderer Fremder, namens Thompson, ließ mich als Wrack, als Ruine von chaotischen Lumpen zurück. Als ich schließlich in einer Ecke furchtbar in der Klemme saß und von einem wütenden Haufen Redakteuren, Räubern, Politikern und Halunken belagert wurde, die rasten und fluchten und mir ihre Waffen um den Kopf schwangen, bis die Luft von zuckenden Stahlblitzen flimmerte, und ich mich gerade entschloß, meinen Rücktritt als Redakteur zu Papier zu bringen, erschien plötzlich der Chef und mit ihm ein Schwarm unternehmungslustiger und begeisterter Freunde. Darauf folgte ein wildes Getümmel und Gemetzel, ein Auftritt, wie ihn keine menschliche Feder, und wäre sie aus härtestem Stahl, beschreiben kann. Leute wurden niedergeschossen, erstochen, zerstückelt, in die Luft gesprengt und zum Fenster hinausgeworfen. Es entstand ein kurzer Wirbelwind grimmiger Gotteslästerung, durch den ein wirrer und wahnsinniger Kriegstanz hindurchflackerte, und dann war alles vorbei. Nach fünf Minuten herrschte wieder vollkommene Ruhe, und der bluttriefende Chef und ich betrachteten die blutigen Trümmer, mit denen der Boden um uns herum besät war. Er sagte:

»Sie werden Ihren Posten liebgewinnen, wenn Sie sich erst an solche Dinge gewöhnt haben.«

Ich sagte:

»Ich muß sehr um Entschuldigung bitten; ich glaube, vielleicht würde es mir nach einiger Zeit gelingen, nach Ihrem Geschmack zu schreiben; ja, ich glaube zuversichtlich, daß ich's könnte, sobald ich einige Praxis gehabt und die Sprache gelernt hätte. Aber, offen gestanden, diese Art energischen Ausdrucks hat ihre Unbequemlichkeiten, und man ist Unterbrechungen ausgesetzt. Sie sehen das selbst. Eine kräftige Schreibart ist ohne Zweifel geeignet, das Publikum zu erheben, aber ich möchte nicht soviel Aufmerksamkeit auf mich lenken, als dieselbe hervorruft. Ich kann nicht mit der notwendigen Ruhe und Fassung schreiben, wenn ich so oft unterbrochen werde wie heute. Die Stelle hier an der Zeitung gefällt mir gar nicht übel, aber es will mir nicht gefallen, daß ich allein gelassen werde, um die Kunden zu bedienen. Die Erlebnisse dabei sind, ich gebe es zu, in ihrer Art nicht bloß neu, sondern auch in gewisser Weise unterhaltend, doch sind sie nicht gerecht verteilt. Ein Herr schießt durch das Fenster auf Sie und macht *mich* zum Krüppel; eine Bombe kommt durch das Ofenrohr herunter, um Ihnen eine Freude zu machen, und schleudert *mir* die Ofentür an den Hals; einer Ihrer Freunde schneit herein, um mit Ihnen Komplimente zu wechseln, und betupft *mich* solange mit Kugellöchern, bis meine Haut meine Grundsätze nicht mehr halten kann; Sie gehen zu Ihrem Dinner, und Jones kommt mit seiner Peitsche; Gillespie wirft mich zum Fenster hinaus, Thompson reißt mir sämtliche Kleider vom Leibe, und ein mir ganz fremder Herr nimmt mir den Skalp mit der ungenierten Offenherzigkeit eines alten Bekannten weg; und in weniger als fünf Minuten erscheinen sämtliche Strolche des Landes in ihrer Kriegsbemalung und machen sich daran, den Rest meines Körpers mit ihren Tomahawks auf den Tod zu erschrecken. Alles in allem genommen, habe ich nie in meinem ganzen Leben so lebhafte Augenblicke durchgemacht wie heute.

Nein: Sie gefallen mir, und Ihre ruhige, gelassene Art, den Kunden die Dinge auseinanderzusetzen, gefällt mir auch; aber sehen Sie, ich bin nicht daran gewöhnt. Das Herz des Südländers ist zu leidenschaftlich, und die Gastfreundschaft des Südländers ist zu verschwenderisch für einen Fremden. Die Abschnitte, die ich heute geschrieben und in deren kalte Sätze Ihre Meisterhand den glühenden Geist der Presse von Tennessee hineingegossen hat, werden ein zweites Nest von Hornissen aufrühren. Jene ganze Bande von Redakteuren wird kommen – und sie wird obendrein ganz ausgehungert kommen und jemanden zum Frühstück verlangen. Ich werde Ihnen Lebewohl sagen müssen. Ich lehne es ab, bei diesen Festlichkeiten zugegen zu sein. Ich kam meiner Gesundheit wegen nach dem Süden; aus demselben Anlaß werde ich zurückkehren, und zwar sofort. Die journalistische Tätigkeit in Tennessee ist zu aufregend für mich.«

Worauf wir unter gegenseitigem Bedauern voneinander Abschied nahmen und ich im Spital ein Zimmer bezog.

(Deutsch von Marie-Louise Bischof und Ruth Binde)

Bret Harte
Das Glück von Roaring Camp

Ganz Roaring Camp war in Bewegung. Eine Schießerei konnte nicht die Ursache sein, denn das wäre um 1850 kein Grund gewesen, die ganze Siedlung zusammenzutrommeln. Nicht nur Gräben und Claims waren verlassen, auch die Spieler aus ›Tuttle's Laden‹ waren rausgelaufen, was sie noch nicht einmal an jenem Tage getan hatten, als French Pete und Knaka Joe sich gegenseitig über die Theke im Vorraum hinweg zu Tode geschossen hatten. Jetzt hatte sich die ganze Siedlung eingefunden, am äußersten Ende der Lichtung vor einer primitiven Holzhütte. Es wurde nur geflüstert, aber ein Name fiel immer wieder: Cherokee Sal.

Am besten, so wenig wie möglich über sie sagen. Sie war eine derbe und – anders kann man es nicht nennen – verkommene Person. Andererseits war sie zu jener Zeit das einzige weibliche Wesen überhaupt in Roaring Camp. Sie befand sich in allerhöchster Not und hätte jetzt den Beistand des weiblichen Geschlechts am nötigsten gebraucht. Heruntergekommen, im Stich gelassen, erlitt sie in schrecklicher Einsamkeit ein Martyrium, welches man sonst selbst inmitten verständnisvoller Weiblichkeit schon schwer genug übersteht.

Sie erlebte die totale Einsamkeit, die schon als Strafe für den Sündenfall so furchtbar gewesen sein muß. Sie wurde jetzt für ihre Sünden bestraft, indem statt sehnlichst erwünschter weiblicher Wärme und Verständnis eine bloß männliche Umgebung verächtlich auf sie herabsah. Dennoch schienen einige Männer berührt zu sein. Sandy Tipton versank derart in Mitgefühl für Sal, daß er für Augenblicke die in den Ärmel geschummelten Spielkarten, ein As und zwei Buben, vergaß.

Das war aber auch ein ungewöhnliches Ereignis. So manch einer war schon aus dem Lager geschieden, unwiderruflich, auf ewig. Todesfälle waren in Roaring Camp etwas Alltägliches. Aber eine Geburt, ein Leben, das hier begonnen wurde, das war eine neue Erfahrung.

Deshalb diese Aufregung.

»Du gehst rein, Stumpy«, sagte Kentuck, ein angesehener Einwohner, zu einem der Wartenden. »Geh rein und guck, was du helfen kannst; kennst dich ja aus in diesen Dingen.«

Die Wahl war nicht schlecht. Denn Stumpy muß wohl mal das Oberhaupt von zwei Familien gewesen sein, eine Tatsache, die ihn nach Roaring Camp, der Zuflucht für Verfolgte, verschlagen hatte. Die Umstehenden stimmten zu, und Stumpy war gerissen genug, sich der Mehrheit zu beugen. Die Tür schloß sich hinter dem so plötzlich zum Arzt und zur Hebamme in einer Person gewordenen, alle anderen ließen sich draußen nieder, rauchten Pfeife und warteten ab.

Unter den etwa hundert Männern befanden sich ein oder zwei gesuchte Verbrecher und noch einige Kriminelle, verwegen waren sie aber alle. Man sah ihnen ihre Vergangenheit und ihre Charaktere äußerlich nicht an. Der größte Halunke hatte ein raffaelisches Gesicht unter seiner blonden Haarfülle. Der Spieler Oakhurst erinnerte in seiner Melancholie und intellektuellen Zerstreutheit an Hamlet. Nur knapp fünf Fuß groß war ein Mann mit sanfter Stimme, mit verlegenem und scheuem Benehmen, er war der kaltblütigste und mutigste von allen. Es gibt kein Wort, um diese wilden und rauhen Männer zu beschreiben. Sicher, es fehlte im Camp so manches Glied wie Ohr, Finger oder Zehen, nur konnten diese kleinen Mängel nicht von der ungeheuren Kraft ablenken. So war ihr stärkster Mann derjenige mit nur drei Fingern an der rechten Hand, der beste Schütze hatte nur ein Auge.

Diese Männer also umlagerten die Hütte. Der einzige Weg aus dem dreieckigen, von zwei Hügeln und einem Fluß umgebenen Tal und dem Camp führte steil über den Gipfel eines Hügels, direkt an der Hütte vorbei, wo gerade der Mond aufging. Die Frau konnte den Weg von ihrem ärmlichen Lager aus sehen, wie ein silbernes Band, welches sich in den Sternen verliert. An dem Lagerfeuer aus dürren Kiefernästen kam allmählich wieder etwas von der sonst in Roaring Camp gewohnten Leichtfertigkeit auf, besonders dann, als munter Wetten über das kommende Ereignis abgeschlossen wurden; drei zu fünf, ›daß Sal da unbeschadet durchkommen würde‹, ebenso wie Wetten über das Geschlecht und das Aussehen des Neuankömmlings. Dieses Stimmengewirr übertönten diejenigen nächst der Tür mit einem schrillen Ausruf, der alles zum Schweigen brachte. Über das Rauschen der Baumwipfel, das Brausen des Flusses und das

Knacken des Feuers erhob sich ein kläglicher Schrei, ein Schrei, wie man ihn in Roaring Camp nicht kannte. Es schien, als hörten die Bäume auf zu rauschen, als wäre der Fluß erstarrt und das Feuer erloschen. Die Natur schien atemlos zuzuhören.

Alle erhoben sich wie ein Mann. Der Plan, gleich ein ganzes Faß Schießpulver zur Begrüßung explodieren zu lassen, wurde zugunsten von nur einigen Revolverschüssen verworfen, denn der Mutter ging es schlecht. Vielleicht lag es an der ärztlichen Praxis im Camp, vielleicht gab es andere Gründe, jedenfalls mit Cherokee Sal ging es zu Ende. Eine Stunde später schon hatte sie den Weg genommen, der aus Roaring Camp hinaus zu den Sternen führte, weg von den Sünden und Lastern. Was Unruhe erregte, war nicht die Nachricht über diesen Tod, sondern die Unsicherheit über das Schicksal des Neugeborenen. »Wird es überleben?« wollte man von Stumpy wissen. Die Antwort war schwierig. Das einzige weibliche Wesen in der Siedlung, auch eine junge Mutter, war eine Eselin. Das erschwerte die Entscheidung ganz erheblich, aber es war den Versuch wert. Alles ließ sich leichter an, als derzeit bei dem klassischen Fall von Romulus und Remus, und es klappte am Ende ebenso gut.

Eine Stunde hatte die Klärung dieser Einzelheiten gedauert. Die Menge stand schon Schlange, und als die Tür geöffnet wurde zogen die besorgten Männer im Gänsemarsch in die Hütte ein. Neben der primitiven Schlafstätte, auf welcher der Leichnam der Mutter unter einer Decke deutlich zu erkennen war, stand ein Holztisch mit einer alten Kerzenschachtel. Der Neuankömmling, in grellroten Flanell gewickelt, war darin gebettet. Neben ihm hatte man einen Hut aufgestellt, dessen Zweck bekanntgegeben wurde: »Herrschaften«, sagte Stumpy, halb befehlend, halb selbstzufrieden, »kommt vorne rein, geht um den Tisch herum und hinten wieder raus. Wer dem Waisenkind was spenden will, kann es in den Hut da werfen.« Der erste hatte seinen Hut noch auf, er besann sich jedoch und setzte somit ein Beispiel für die nächsten. In dieser Art von Gemeinschaften sind sowohl gute wie auch schlechte Manieren ansteckend. Während die Prozession vorüberzog, wurden kritische Bemerkungen laut, die jedoch auf Stumpy und die Art, wie er hier etwas ausstellte, gemünzt waren: »Das ist er also!« »Ziemlich klein geraten!« »Mit der Hautfarbe stimmt ja auch was nicht.« »Nicht größer als 'ne Derringer-Pistole.« Und dann die Spenden: Eine silberne

Tabakdose, eine Doublone, ein silberbeschlagener Seemannsrevolver, ein Goldklümpchen, ein wunderbar besticktes Damentaschentuch (von Oakhurst, dem Spieler), eine Diamantnadel, ein Diamantring (dessen Spender bemerkte, daß er durch den Ring zwar angeregt, dann aber noch zwei Diamanten höher gegangen sei), eine Schleuder, eine Bibel (Spender nicht bekannt), ein goldener Sporn, ein silberner Teelöffel (peinlicherweise mit fremdem Monogramm), eine Chirurgenschere, eine Lanzette, eine Banknote der Bank von England auf £ 5 und ungefähr $ 200 in Gold- und Silbermünzen. Stumpy verharrte während der ganzen Aktion in todesähnlicher Stille und glich in seinem unergründlichen Ernst dem Neugeborenen zu seiner Linken. Nur ein einziger Zwischenfall unterbrach die Monotonie dieses eigenartigen Zuges. Als Kentuck sich neugierig über die Kerzenschachtel beugte, bewegte sich das Kind und griff, vielleicht in einem Krampf, nach seinem Finger, den es eine Weile umklammert hielt. Kentuck guckte verdattert und peinlich berührt drein, vielleicht schämte er sich. »Der kleine Lümmel«, stammelte er und versuchte mit mehr Zartgefühl, als man ihm je zugetraut hätte, seinen Finger zu befreien. Noch beim Rausgehen hielt er diesen Finger gespreizt und betrachtete ihn neugierig. Immer wieder murmelte er: »Der kleine Lümmel.« Er zeigte seinen Finger auch Tipton: »Es hat meinen Finger gepackt, der kleine Lümmel.«

Es war schon vier Uhr früh, als das Camp sich zur Ruhe begab. Nur in der Blockhütte brannte noch Licht, Stumpy hielt mit einigen anderen Totenwache. Auch Kentuck war aufgeblieben. Er trank reichlich und wiederholte immer noch sein Erlebnis, stets mit der gleichen Pointe. So klang es nicht sentimental, denn Kentuck war schließlich ein Mann. Als alle anderen schon im Bett waren, wanderte er, vor sich hinpfeifend, zum Fluß hinunter, wieder zurück, durch die Schlucht, an der Blockhütte vorbei. Sein Pfeifen klang ganz unbekümmert. Bei einer großen Sequoiatanne hielt er an, kehrte um und kam so wieder an der Hütte vorbei. Seinen Weg zum Flußufer unterbrach er, ging zurück und klopfte an die Tür. Stumpy öffnete, und er konnte an ihm vorbei die Kerzenschachtel sehen: »Wie steht's?« Eine Verlegenheitspause entstand, während Stumpy immer noch in der Türfüllung blieb. Kentuck kam wieder auf seinen Finger zu sprechen, hielt ihn Stumpy vor die Nase und wiederholte: »Zugepackt, der kleine Lümmel.« Dann ging er.

Am nächsten Tag wurde Cherokee Sal auf die Roaring Camp gemäße Art und Weise beerdigt. Nachdem ihre sterblichen Reste am Berghang begraben worden waren, fand ein förmliches Treffen aller statt, um zu entscheiden, was mit dem Kind geschehen sollte. Der Beschluß, es zu adoptieren, wurde einstimmig mit Begeisterung angenommen, aber sofort schloß sich die Diskussion an, wie denn nun für die Bedürfnisse des Kindes gesorgt werden sollte. Im Gegensatz zu anderen Versammlungen wurde dieses Thema ohne gegenseitige Beschimpfungen besprochen. Tipton's unglücklicher Vorschlag, das Kind vierzig Meilen entfernt nach Red Dog zu geben, wo Frauen es umsorgen könnten, wurde ganz entschieden abgelehnt. Überhaupt nahm man gar nicht erst Stellung zu den Vorschlägen, die eine Trennung von dem Neugeborenen vorsahen. »Nebenbei gesagt«, verkündete Tom Ryder, »kriegen die von Red Dog es noch fertig, es auszutauschen und uns ein ganz anderes unterzuschieben.« Ein tiefes Mißtrauen den Nachbarn gegenüber herrschte in Roaring Camp, wie anderswo auch.

Auch die Idee, eine Kinderfrau zu beschäftigen, stieß auf Einwände. Man war überzeugt, daß keine anständige Frau sich dort niederlassen würde, und von der anderen Sorte war man bedient. Diese unfeine Anspielung auf die Tote war, so scharf es klang, ein Anflug von Anstand, ein erstes Anzeichen einer Wendung zum Besseren. Stumpy machte keine weiteren Vorschläge. Vielleicht fand er es heikel, mit der Wahl eines möglichen Amtsnachfolgers aufzuwarten. Doch auf Befragen behauptete er felsenfest, daß er und ›Jinny‹ – das bewußte Grautier – das Kind schon hochpäppeln würden. Dieser Plan hatte etwas Tollkühnes, was allen gefiel, und Stumpy wurde in seinem Amt bestätigt. Alles Notwendige wurde aus Sacramento geholt. Der Schatzmeister schärfte dem Boten bei der Übergabe eines Säckchens mit Goldstaub ein: »Nimm das Beste, was es gibt, bring Spitzen, feine Handarbeit und Rüschen und so; ganz gleich, was es kostet.«

So unerwartet das klingt, das Kind gedieh. Vielleicht ersetzte das gesunde Bergklima das, was an Pflege abging, jedenfalls entwickelte sich das Kind in der vollen Natur prächtig. Die einzigartigen Verhältnisse in der Nähe der Sierra mit ihrer erquickenden Gebirgsluft und den würzigen Düften mögen als Lebenselixier gewirkt haben, vielleicht auch die feinen, chemischen Vorgänge, die Eselsmilch in Kalk und Phosphor umsetzen. Für Stumpy kam nur das letztere in Frage, hinzu zählte er noch die gute Pflege. »Ich und die Eselin«, sagte er, »sind ihm Vater und Mutter.« Dem hilflosen Bündel vor sich zugewandt, fügte er hinzu: »Daß du uns aber nie im Stich läßt!«

Als er einen Monat alt war, wurde es Zeit, ihm einen Namen zu geben. Eigentlich nannten sie ihn ›das Kleine‹, ›Stumpy's Jungen‹ oder auch, wegen seiner Stimmgewalt ›Koyote‹, manchmal sogar zärtlich auf Kentucks Manier ›kleiner Lümmel‹. Diese Namen fand man inzwischen nichtssagend und unbefriedigend, und es kam ein weiterer Grund hinzu, weshalb man sie ersetzen wollte. Spieler und Abenteurer sind meist abergläubisch. Das Kind aber hatte nach Meinung von Oakhurst dem Camp Glück gebracht, also einigte man sich auf den Namen Luck (Glück) und setzte der Einfachheit halber den Vornamen Tommy davor. Nichts erinnerte mehr an die Mutter, und der Vater war unbekannt. »Das beste ist«, philosophierte Oakhurst, »mit ihm ganz von vorne zu beginnen. Nennen wir ihn Luck und geben wir ihm einen fairen Start!« Es wurde der Tag für die Taufe bestimmt. Wer die Gottlosigkeit von Roaring Camp kennengelernt hat, kann sich vorstellen, was damit gemeint war. Ein gewisser ›Boston‹, der Spaßvogel, sollte Zeremonienmeister werden, und die Feier versprach das größte Gaudi zu werden. Zwei Tage lang arbeitete der Einfallsreiche an einer Posse auf den Gottesdienst, mit spitzen Anspielungen und Zweideutigkeiten. Der Chor übte fleißig, und Tipton wurde zum Paten bestimmt. Die Prozession marschierte mit Musik und Fähnchen in den Wald, das Kind wurde vor einen spöttisch angedeuteten Altar gelegt, als Stumpy kühn vor die Menge hintrat. »Ich bin gewiß kein Spielverderber«, verkündete er, »aber ich kann nun mal nicht mit ansehen, wie hier mit diesem kleinen Kind Schindluder getrieben wird. Außerdem war die Rede von einem Paten, und ich möchte wissen, wer da eher geeignet ist als ich.« Es folgte betretenes Schweigen. Boston, dem Spaßvogel, ist es hoch anzurechnen, daß er, der dabei um sein Vergnügen kam, als erster zustimmte. Stumpy ergriff flink die Gelegenheit: »Da wir alle schon zur Taufe zusammengekommen sind, soll sie auch stattfinden.« Und zu dem Kind gewandt: »Im Namen des Gesetzes der Vereinigten Staaten und Kaliforniens taufe ich dich auf den Namen Thomas Luck – so wahr mir Gott helfe.« Es war das erste Mal, daß der Name Gottes im Ernst ehrfürchtig ausgesprochen wurde. Die Taufe selbst wurde dann noch lächerlicher, als Boston sich das vorgestellt hatte. Aber, das schien wirklich niemand zu bemerken, keiner lachte. ›Tommy‹ wurde getauft wie in einer richtigen Kirche, und, als er weinte, beruhigte man ihn auf ganz normale Weise.

So begann die Besserung von Roaring Camp, kaum merklich fand eine Veränderung statt, deren erste Anzeichen sich in dem Haus von ›Tommy Luck‹ – oder ›Luck‹, wie er meistens genannt wurde – bemerkbar machten. Das Haus wurde blitzblank gewaschen und kalkweiß getüncht. Innen wurde es mit Stoff verkleidet und tapeziert. Achtzig Meilen weit her wurde auf einem Maulesel eine Wiege aus Rosenholz herbeigeschafft, von welcher Stumpy sagte, daß ›sie sämtliche Möbel übertreffe‹. Also mußten neue angeschafft werden. Den Männern, die sich angewöhnt hatten vorbeizuschauen und sich nach Luck's Wohlergehen erkundigten, gefielen diese Veränderungen. Aus purer Selbsterhaltung, und auch, um konkurrieren zu können, geriet jetzt ›Tuttle's Laden‹ in Bewegung und schaffte einen Teppich und Spiegel an. Letztere bewirkten, daß in Roaring Camp mehr Wert auf persönliche Hygiene gelegt wurde. Nun übte Stumpy eine Art Kontrolle aus über diejenigen, welche sich würdig und privilegiert glaubten, Luck auf den Arm nehmen zu dürfen. Kentuck, der durch seine Nachlässigkeit und sein ihm zur Gewohnheit gewordenes Außenseiterleben seine Kleidung, wie eine Schlange ihre zweite Haut, erst dann ablegte, wenn sie schon vom Leibe fielen, war tief gekränkt. Er war natürlich durch derart banale Gründe von diesem Privileg ausgeschlossen. Der Erfolg war, daß er jetzt jeden Nachmittag mit sauberem Hemd und frischgewaschenem Gesicht auftauchte. Es wurde auch streng auf das Einhalten von moralischen und sozialen Vorschriften geachtet. ›Tommy‹, so wurde bestimmt, sollte seine Tage in völliger Ruhe verbringen und durfte durch keinerlei Lärm gestört werden. Solche Schreie und Rufe, die dereinst zu dem wilden Namen Roaring Camp geführt hatten, waren in Hörweite von Stumpys Haus verboten. Die Männer getrauten sich bald nur noch, zu flüstern, oder sie rauchten wie die Indianer, still und ernst, ihre Pfeifen. In diesem heiligen Bezirk gab es keine Gotteslästerungen mehr, und ein allseits beliebter Fluch wie ›verdammtes Glück‹ oder ›verfluchtes Glück‹ wurde verbannt, das war jetzt zu persönlich. Gegen den Gesang der Männer war nichts einzuwenden, er wirkte beruhigend, ja, das Lied ›Man-o'-War‹, gesungen von einem englischen Matrosen aus Ihrer Majestät Australischen Kolonien, wurde sogar zum Wiegenlied für das Kind erkoren. Es war die traurige Geschichte von den Abenteuern der ›Arethusa 74‹, und jede Strophe endete mit dem langgezogenen, schwermütigen Refrain: ›An Bord der A-re-thu-u-sa‹. Es war ein schöner Anblick, wie Jack mit Luck auf dem Arm die Bewegung des Schiffes nachahmend hin- und herschwankte und sein Seemannslied gefühlvoll vorsang. Es steht nicht fest, ob die eigenwillige Art des Vortrags oder die Länge des Liedes – es hat neunzig Strophen, die bis zum bitteren Ende zum Besten gegeben wurden – den Erfolg bescherten, jedenfalls tat das Lied meistens seine Wirkung. In der milden Sommerdämmerung streckten sich die anderen Männer der Länge nach unter den Bäumen aus, rauchten ihre Pfeifen und sogen den musikalischen Genuß förmlich in sich hinein. Die Männer fühlten zum ersten Mal so etwas wie ein befreiendes Glücksgefühl, und Cockney Simmons, nachdenklich auf den Ellenbogen gestützt, fand alles himmlisch. Ihn erinnerte das alles an sein Greenwich.

An langen Sommertagen wurde Luck gewöhnlich zur Schlucht getragen, der unerschöpflichen Vorratskammer von Roaring Camp, wo man ihn mit einer Decke auf Fichtenzweige bettete, während die Männer in den Gräben arbeiteten. Neuerdings hatten sie sich angewöhnt, seinen Ruheplatz auf unbeholfene Weise mit Blumen und kräftig riechenden Kräutern zu schmücken, irgendjemand brachte auch immer einen Strauß Geißblatt, Azaleen oder die farbigen Blüten von Las Mariposas mit. Die Männer begannen zu begreifen, daß in den Nichtigkeiten, die sie bislang mit Füßen getreten hatten, Schönheit und tiefere Bedeutung lag. Sie hatten jetzt einen Blick für funkelnde Glimmerstückchen, bunte Quarzbrocken und glänzende Kieselsteine und sammelten das alles, um es für Luck beiseite zu legen. Es war wunderbar, wieviele Schätze Wald und Hügel bereithielten, die ›gut für Tommy‹ waren. Die Spielsachen, mit denen er umgeben war, kannten andere Kinder nur aus dem Märchen; dennoch hätte man gerne gewußt, ob er auch wirklich glücklich war. Denn, obwohl es so schien, war er ein sehr ernstes Kind mit traurigen, grauen Augen, und Stumpy machte sich manchmal aufrichtig Sorgen. Der Kleine war immer brav und still. Man erzählt, daß er einmal, als er aus seinem Gehege, einer Hecke aus verflochtenen Fichtenzweigen, herausgekrochen war, die Böschung hinunterfiel, mit dem Kopf im Sand steckenblieb und, die schmutzigen Beine in der Luft, mindestens fünf Minuten lang unerschütterlich so verharrte. Auch während der Rettungsarbeiten gab er keinen Ton von sich. Die Berichte über seine Klugheit sind allerdings nur mit Vorbehalt aufzunehmen, da sie von voreingenommenen und oft abergläubischen Freunden stammen. So erzählte Kentuck einmal ganz erregt, wie er die Böschung raufgekommen sei und Luck mit einem Eichelhäher auf dem Schoß aufgestöbert habe. Die beiden sollen völlig unbefangen miteinander umgegangen sein und wie zwei alte Spießgesellen geklöhnt haben.

Wie dem auch sei, ob er im Fichtengezweig herumkroch oder auf dem Rücken liegend in die Baumkronen blinzelte, für ihn allein schienen die Vögel zu singen, die Eichhörnchen zu knabbern, für ihn blühten die Blumen. Die Natur war für ihn Pflegemutter und Spielkamerad. Sie schickte ihm durch die Blätter hindurch goldene Sonnenstrahlen herunter, so daß er nach ihnen greifen konnte, sie sandte ihm harzige Düfte von Lorbeer. Die hohen Sequoiatannen winkten ihm vertraut und beruhigend zu, die Hummeln summten ihm was vor, und die Krähen krächzten einschläfernde Begleitung.

So verging der goldene Sommer von Roaring Camp. Das war ein Erfolgsjahr, es hatte Glück beschert. Der Boden hatte ungeheure Erträge erbracht, und das Lager wachte eifersüchtig über seine Vorrechte. Fremden gegenüber war man mißtrauisch, sie versuchten zu verhindern, daß sich in dieser Gegend Zuwanderer niederließen. Um ganz sicher zu gehen, kauften sie das Land zu beiden Seiten der Hügel auf. Deswegen, und weil sie als gute Pistolenschützen galten, blieben sie unbehelligt. Der Postkutscher, ihre einzige Verbindung zur Umgebung, erzählte zuweilen die tollsten Geschichten über das Lager. »Straßen haben die, die gibt's in ganz Red Dog nicht noch mal. Alle Häuser sind umgeben von Weinstöcken und Blumenstauden, und zweimal am Tag wird sich dort gewaschen. Zu Fremden allerdings sind sie ziemlich ruppig, und – ein Indianerkind beten sie an!«

Mit dem Wohlstand kam der Wunsch nach weiteren Verbesserungen. Man plante sogar, im nächsten Frühjahr ein Hotel zu bauen und ein oder zwei anständige Familien dorthin einzuladen – alles zum Besten von Luck, der vielleicht von weiblicher Gesellschaft einen Gewinn haben würde. Zwar bezweifelte man die Tugend und eine allgemeine Nützlichkeit des weiblichen Geschlechts, aber dennoch brachten die Männer das Opfer, welches dieses Zugeständnis ihnen abverlangte, alles aus Liebe zu Tommy. Einige wenige mochten sich nicht entscheiden, aber, der Plan konnte ohnehin erst in drei Monaten in Angriff genommen werden. Bis dahin konnte sich noch manches ändern, sagten sich die Unentschiedenen. Sie sollten Recht behalten.

An den Winter von 1851 wird man sich in den Bergen noch lange erinnern. In der Sierra lag hoher Schnee, jeder Gebirgsbach wurde zu einem Fluß, jeder Fluß wurde ein Strom. In den Schluchten gingen Wasserstürze zu Tal, die riesige Bäume mit sich rissen und Schutt und Geröll wild in der Ebene verstreuten. Red Dog hatte schon zweimal unter Wasser gestanden, und Roaring Camp war in Alarmbereitschaft. »Das Wasser hat uns unser Gold in die Schlucht gebracht«, stellte Stumpy fest, »einmal war es schon hier, und es wird wiederkommen.« Noch in derselben Nacht schoß die North Fork über ihre Ufer hinaus und schwemmte das Tal von Roaring Camp hinweg.

In diesem Chaos von stürzendem Wasser, niedergeschmetterten Bäumen, krachendem Holz und der tiefen Finsternis, die mit den Fluten eingebrochen war und das Tal verschlang, konnte wenig zur Rettung des Lagers getan werden. Am nächsten Morgen war die Hütte von Stumpy, die dem Flußufer am nächsten gestanden hatte, weggeschwemmt. Weiter oben in der Schlucht fand man die Leiche des unglückseligen Besitzers, aber das Glück von Roaring Camp, sein Stolz, die Hoffnung und die Freude blieb unauffindbar. Schweren Herzens wollten die Männer gerade die Suche aufgeben, als sie vom Ufer her zurückgerufen wurden.

Ein Rettungsboot war stromaufwärts gekommen. Die Besatzung berichtete, daß sie ungefähr zwei Meilen weiter einen Mann und Kind gefunden hätten, alle beide total erschöpft. Ob die beiden hier bekannt seien, und ob sie in dieser Gegend wohnten? Ein Blick genügte: da lag Kentuck, grausam zugerichtet und zerschunden, aber noch hielt er Luck, das Glück von Roaring Camp krampfhaft im Arm. Einer beugte sich hinüber; das Kind war leblos und schon kalt. »Tot«, sagte er. Kentuck schlug die Augen auf: »Tot?« fragte er mit letzter Kraft. »Ja, Kerl, und du liegst auch im Sterben!«

Ein letztes Lächeln leuchtete in Kentuck's Augen. »Sterben«, wiederholte er, »und mich nimmt er mit – sag's allen, endlich habe ich das Glück bei mir.« Der mächtige Mann umklammerte das zarte Kind, wie ein Ertrinkender nach einem Strohhalm greift, und trieb schnell hinweg in dem gespenstischen Fluß, der auf ewig in den unbekannten Ozean fließt.

(Deutsch von Mari von Bebenburg)

Ambrose Bierce
Ein Ereignis an der Owl-Creek-Brücke

I

Ein Mann stand auf einer Eisenbahnbrücke im nördlichen Alabama und blickte, zwanzig Fuß unter sich, auf das schnellfließende Wasser. Die Hände des Mannes waren auf den Rücken gelegt, die Handgelenke mit einem Strick zusammengebunden. Ein Seil umschloß eng seinen Hals. Es war an einer kreuzförmigen Verstrebung aus kräftigen Holzstämmen befestigt, die sich über seinem Kopf befanden, und das freie Ende fiel bis in die Höhe seiner Kniekehlen herunter. Einige Bretter waren lose auf die Schwellen gelegt, die die Geleise der Bahnlinie trugen, und bildeten so einen Standplatz für ihn und seine Scharfrichter – zwei gemeine Soldaten der Unionsarmee, die von einem Unteroffizier befehligt wurden, welcher im Zivilleben vielleicht stellvertretender Sheriff gewesen sein konnte. In kurzem Abstand befand sich auf derselben Plattform ein Offizier in der Uniform seines Dienstranges, bewaffnet. Es war ein Hauptmann. Ein Wachtposten an jedem Ende der Brücke stand mit dem Gewehr in jener Haltung, die man als ›Präsentiergriff‹ kennt, das heißt, das Gewehr befand sich senkrecht vor der linken Schulter, die Pulverpfanne ruhte auf dem Unterarm, der quer über die Brust gelegt war – eine steife und unnatürliche Stellung, die eine aufrechte Haltung des Körpers erzwingt. Es schien nicht zu den Pflichten dieser beiden Männer zu gehören, sich um das zu bekümmern, was sich in der Mitte der Brücke ereignete; sie versperrten lediglich die beiden Enden jenes mit Bohlen ausgelegten Ganges, der über die Brücke hinwegführte.

Jenseits des einen dieser Wachtposten war sonst niemand zu sehen; die Eisenbahnlinie verlief schnurgerade, führte dann hundert Yard durch einen Wald, beschrieb einen Bogen und kam dadurch außer Sicht. Zweifellos befand sich weiter entfernt noch ein Außenposten. Das andere Ufer des Stromes war ungehindert einzusehendes Gelände – eine sanfte Böschung, gekrönt von einer Palisade aus senkrecht eingerammten Baumstämmen mit kleinen Schießscharten für die Gewehre und einer großen

Schießscharte, durch die die Mündung einer Messingkanone ragte, welche die Brücke bestrich. Auf der Mitte der Böschung, zwischen Brücke und Fort, standen die Zuschauer – eine einzige Kompagnie Infanterie, in Reihe angetreten und in ›Rührt-euch‹-Stellung, die Kolben der Gewehre auf den Boden gesetzt, die Gewehrläufe leicht nach hinten gegen die rechte Schulter geneigt und beide Hände über dem Ladestock gekreuzt. Ein Lieutenant stand auf dem rechten Flügel der Reihe, die Spitze seines Degens auf den Boden gestellt, die linke Hand auf der rechten ruhend. Mit Ausnahme der Gruppe von vier Männern in der Mitte der Brücke rührte sich kein Mensch. Die Kompagnie stand mit der Front zur Brücke und blickte steinern, regungslos hinüber. Die Wachtposten, die zum Ufer des Stromes blickten, hätten ebensogut Statuen sein können, die die Brücke schmückten. Der Hauptmann stand mit verschränkten Armen, schweigend, und beobachtete die Arbeit seiner Untergebenen, verriet jedoch keine Bewegung. Der Tod besitzt eine so große Würde, daß er, wenn er angemeldet kommt, selbst von denen mit allen Anzeichen des Respekts empfangen wird, die mit ihm am vertrautesten sind. Im Gesetz der militärischen Etiquette sind Schweigen und Reglosigkeit feste Formen der Ehrerbietung.

Der Mann, um dessen Erhängen es ging, war augenscheinlich im Alter von etwa fünfunddreißig Jahren. Es war ein Zivilist, wenn man nach seinem Äußeren urteilen wollte, das dem eines Pflanzers glich. Seine Gesichtszüge waren gut geschnitten – eine gerade Nase, ein fester Mund, eine breite Stirn, aus der das lange dunkle Haar glatt nach hinten gekämmt war und hinter den Ohren bis auf den Kragen seines langen Jacketts hinunterfiel. Er trug Schnurr- und Kinnbart, jedoch keinen Backenbart; seine Augen waren groß und dunkelgrau und besaßen einen freundlichen Ausdruck, den man kaum bei einem erwartet hätte, um dessen Hals bereits die Schlinge lag. Offensichtlich war er kein gewöhnlicher Meuchelmörder. Das großzügige militärische Gesetz hat Vorsorge getroffen, daß alle möglichen Arten von Menschen gehängt werden können, und selbst Gentlemen sind davon nicht ausgeschlossen.

Nachdem die Vorbereitungen abgeschlossen waren, traten die beiden gemeinen Soldaten zurück, und jeder zog des Brett fort, auf dem er gestanden hatte. Der Unteroffizier wandte sich an den Hauptmann, salutierte und stellte sich unmittelbar hinter den Offizier, der seinerseits einen Schritt zur Seite trat. Diese Bewegungen endeten damit, daß der Verurteilte und der Unteroffizier auf den beiden Enden desselben Brettes standen, das drei Querbalken der Brücke überspannte. Das Ende, auf welchem der Verurteilte stand, reichte beinahe, jedoch nicht ganz, bis zum vierten Querbalken. Dieses Brett war bisher vom Gewicht des Hauptmanns in seiner Lage gehalten worden; jetzt wurde es von dem des Unteroffiziers gehalten. Auf ein Zeichen des ersten hin würde jener zur Seite treten, das Brett würde hochkippen und der Verurteilte zwischen zwei Querbalken hindurchfallen. Diese Anordnung empfahl sich seiner Ansicht nach als einfach und wirkungsvoll. Sein Gesicht war nicht bedeckt und seine Augen nicht verbunden worden. Er sah einen Augenblick lang auf seinen unsicheren Standplatz hinunter; dann ließ er seinen Blick zu den wirbelnden Wassern des Stromes wandern, die wie wahnwitzig unter seinen Füßen dahinströmten. Ein Stück tanzendes Treibholz erweckte seine Aufmerksamkeit, und seine Augen folgten ihm den Flußlauf hinunter. Wie langsam es sich zu bewegen schien! Welche ein langweiliger Strom!

Er schloß die Augen, um seine letzten Gedanken auf Frau und Kinder zu richten. Das Wasser, das von der aufgehenden Sonne in Gold verwandelt war, der Nebel, der auf den Uferbänken in einiger Entfernung stromabwärts lagerte, das Fort, die Soldaten, das Stück Treibholz – alles hatte ihn abgelenkt. Und jetzt wurde er sich einer neuen Störung bewußt. Durch die Gedanken an seine Lieben schnitt ein Laut, den er weder überhören noch sich erklären konnte, ein scharfer, deutlicher, metallischer Schlag wie der, wenn der Schmied seinen Hammer auf den Amboß niedersausen läßt. Er hätte gern gewußt, was es war und ob es unmeßbar weit oder ganz nahe war – es schien beides zugleich zu sein. Er erklang in regelmäßiger Wiederholung, aber so langsam wie das Läuten einer Totenglocke. Jeden Schlag erwartete er mit Ungeduld und – warum, wußte er nicht – mit Furcht. Die Intervalle der Stille wurden von Mal zu Mal länger; die Verzögerungen waren jetzt so, daß sie zum Wahnsinn trieben. Je seltener die Schläge wurden, desto mehr nahmen sie an Lautstärke und Schärfe zu. Sie schmerzten seinem Ohr wie der Stich eines Messers; er fürchtete, losschreien zu müssen. Was er hörte, war das Ticken seiner Uhr.

Er schlug die Augen auf und sah unter sich wieder das Wasser.

›Wenn ich meine Hände befreien könnte‹, so überlegte er, ›dann könnte ich vielleicht die Schlinge abwerfen und in den Strom springen. Durch Tauchen könnte ich den Gewehrkugeln ausweichen und, wenn ich kräftig schwämme, das Ufer erreichen, in den Wald gelangen und nach Hause entkommen. Mein Heim liegt bis jetzt, Gott sei gedankt, noch außerhalb ihrer vordersten Linie; mein Weib und meine Kinder befinden sich immer noch jenseits der vordersten Stellungen dieser Eindringlinge.‹

Während diese Gedanken, die hier in Worten niedergelegt werden müssen, eher in das Gehirn des verurteilten Mannes hineindrangen als aus ihm hervorgingen, nickte der Hauptmann dem Unteroffizier zu. Der Unteroffizier trat einen Schritt zur Seite.

II

Peyton Farquhar war ein wohlhabender Pflanzer aus einer alten und hochangesehenen Familie Alabamas. Selbst Eigentümer von Sklaven und, wie andere Sklavenbesitzer, zugleich Politiker, war er natürlich seiner ganzen Herkunft nach ein Anhänger der Sezession und der Sache der Südstaaten von ganzem Herzen ergeben. Verschiedene Umstände dringender Art, die hier nicht erläutert zu werden brauchen, hatten ihn daran gehindert, Dienst bei der tapferen Armee zu tun, welche die unglücklichen Feldzüge führte, die mit dem Fall der Stadt Corinth endeten, und er litt sehr unter der unglücklichen Verhinderung und sehnte sich nach dem Gebrauch seiner Kräfte, nach dem großzügigeren Leben eines Soldaten, nach der Gelegenheit zur Auszeichnung. Diese Gelegenheit, so spürte er, würde kommen, wie sie in Kriegszeiten für jeden einmal kommt. Mittlerweile tat er, was in seinen Kräften stand. Keine Dienstleistung war für ihn zu gering, um sie nicht zur Unterstützung des Südens zu tun, kein Abenteuer für ihn zu gefahrvoll, um es nicht auszuführen, wenn es mit dem Wesen eines Zivilisten übereinstimmte, der in seinem Herzen Soldat war und guten Glaubens sowie ohne zu viel Befähigung zumindest einem Teil des unverhüllt schändlichen Machtanspruches zustimmte, der sowohl in der Liebe als auch im Kriege berechtigt ist.

Eines Abends, während Farquhar und seine Frau auf einer hölzernen Bank nahe dem Zugang zu seinem Besitz saßen, kam ein grau gekleideter Soldat an das Tor geritten und bat um einen Becher Wasser. Mrs. Farquhar war nur zu froh, ihn mit ihren eigenen gepflegten Händen zu bedienen. Während sie Wasser holte, näherte ihr Ehemann sich dem staubbedeckten Reitersmann und fragte begierig nach Nachrichten von der Front.

»Die Yankees bessern die Eisenbahnlinie aus«, sagte der Mann, »und machen sich für einen neuen Vormarsch bereit. Sie haben die Owl-Creek-Brücke erreicht, richten sie wieder her und haben auf dem Nordufer Palisaden gebaut. Der Kommandant hat einen Befehl erlassen, der überall angeschlagen ist und in welchem erklärt wird, daß jeder Zivilist, der bei einem Anschlag auf die Bahnstrecke oder ihre Brücken, Tunnels und Züge gefangengenommen wird, auf der Stelle erhängt wird. Ich habe den Befehl selbst gelesen.«

»Wie weit ist es bis zur Owl-Creek-Brücke?« fragte Farquhar.

»Etwa dreißig Meilen.«

»Befinden sich auf dieser Seite des Flusses Truppen?«

»Nur eine Feldwache eine halbe Meile landeinwärts, unmittelbar an der Eisenbahnlinie, sowie ein einzelner Wachtposten an dem diesseitigen Ende der Brücke.«

»Angenommen, ein Mann – ein Zivilist und gelehriger Schüler in der Kunst des Hängens – würde die Feldwache umgehen und vielleicht dem Wachtposten zuvorkommen«, sagte Farquhar lächelnd, »was könnte er erreichen?«

Der Soldat überlegte. »Ich war vor einem Monat dort«, erwiderte er. »Ich habe beobachtet, daß das Hochwasser des vergangenen Winters eine große Menge Treibholz an den hölzernen Brückenpfeiler angeschwemmt hat, der sich am diesseitigen Ende der Brücke befindet. Es ist jetzt strohtrocken und wird wie Zunder brennen.«

Die Ehefrau hatte das Wasser gebracht, das der Soldat trank. Er dankte ihr geziemend, verbeugte sich vor ihrem Ehemann und ritt davon. Eine Stunde später, nach Einbruch der Nacht, kam er wiederum an der Pflanzung vorüber und ritt nordwärts in jene Richtung, aus der er gekommen war. Es war ein Kundschafter der Unionstruppen gewesen.

III

Während Peyton Farquhar geradewegs zwischen den Querbalken der Brücke hindurchfiel, verlor er das Bewußtsein und war ein beinahe Toter. Aus diesem Zustand erwachte er – nach Ewigkeiten, wie ihm schien – durch den Schmerz eines schneidenden Druckes auf seine Kehle, gefolgt von einem Gefühl des Erstickens. Grelle, durchdringende Todeszuckungen schienen von seinem Genick aus durch jede Faser seines Körpers und seiner Gliedmaßen zu schießen. Diese Schmerzen waren so, als durchführen sie ganz bestimmte Verästelungen und träten in unbegreiflich schneller Folge auf. Sie ähnelten Strömen von pulsierendem Feuer, das in ihm eine unerträgliche Hitze anfachte. Und in seinem Kopf verspürte er nichts als ein Gefühl der Völle – eine Stauung.

Diese Empfindungen waren von keinem einzigen Gedanken begleitet. Der verstandesmäßige Teil seines Wesens war bereits ausgelöscht; er hatte nur noch die Kraft des Empfindens, und Empfinden war eine Qual. Er wurde sich irgendeiner Bewegung bewußt. Eingehüllt in eine strahlende Wolke, deren glühendes Herz er lediglich war, ohne jede materielle Substanz, schwang er wie ein ungeheuer großes Pendel in unvorstellbaren Bögen hin und her.

Dann schoß auf einmal das Licht mit einer fürchterlichen Plötzlichkeit und dem Geräusch eines lauten Aufklatschens nach oben; ein schreckliches Tosen war in seinen Ohren, und alles war kalt und finster. Die Macht des Denkens war zurückgekehrt; er wußte, daß das Seil gerissen und er in den Strom gefallen war. Es gab keine neue Art Strangulierung für ihn; die um seinen Hals liegende Schlinge schnürte ihm bereits die Luft ab und verhinderte das Eindringen des Wassers in seine Lungen. Den Tod durch Erhängen am Grunde eines Flusses zu sterben! – diese Vorstellung schien ihm beinahe lachhaft. Er schlug die Augen auf und sah über sich ein Schimmern von Licht, aber wie fern, wie unerreichbar. Er sank immer noch tiefer, denn das Licht wurde schwächer und immer schwächer, bis er nur noch ein bloßes Glimmen war. Dann begann es zu wachsen und heller zu werden, und er wußte, daß er wieder an die Oberfläche stieg – wußte es mit Widerwillen, denn er fühlte sich jetzt sehr wohl. ›Gehängt und ertränkt zu werden‹, so dachte er, ›das ist nicht so schlimm. Aber erschossen möchte ich nicht werden. Nein! Ich will nicht erschossen werden; das wäre nicht gerecht.‹

Er war sich keiner Anstrengung bewußt, aber ein schneidender Schmerz in seinem Handgelenk machte ihm deutlich, daß er versuchte, seine Hände freizubekommen. Diesem Bemühen widmete er seine ganze Aufmerksamkeit, wie ein Müßiggänger die Geschicklichkeit eines Taschendiebes beobachtet, ohne an dem Ausgang interessiert zu sein. Welch großartiger Versuch! Welch prachtvolle, übermenschliche Kraft! Ein glänzendes Unternehmen war das! Bravo! Der Strick löste sich; seine Arme trennten sich und glitten nach oben, die Hände waren in dem langsam heller werdenden Licht undeutlich zu erkennen. Mit neuem Interesse beobachtete er sie, wie erst die eine und dann die andere nach der Schlinge, die um seinen Hals lag, griff. Sie zogen an dem Seil und warfen es wütend weg, und seine Bewegungen ähnelten denen einer Wasserschlange. ›Legt sie wieder um! Legt sie wieder um!‹ Er glaubte, diese Worte seinen Händen zuzurufen, denn dem Lockern der Schlinge war der schrecklichste stechende Schmerz gefolgt, den er bisher verspürt hatte. Sein Genick tat entsetzlich weh; sein Gehirn stand in Flammen, und sein Herz, das nur noch schwach geflattert hatte, tat einen gewaltigen Satz und versuchte, sich durch seinen Mund ins Freie zu zwängen. Sein ganzer Körper wurde von einer unerträglichen Pein gefoltert und verrenkt! Aber seine ungehorsamen Hände schenkten dem Befehl nicht die geringste Beachtung. Heftig zerteilten sie mit schnellen, nach unten gerichteten Schwimmstößen das Wasser und zwangen ihn, an die Oberfläche zu steigen. Er merkte, wie sein Kopf aus dem Wasser tauchte; seine Augen waren vom Sonnenschein geblendet. Sein Brustkorb weitete sich krampfhaft, und mit einer letzten, alles übertreffenden Anstrengung pumpten seine Lungen ungeheure Mengen Luft in sich hinein, woraufhin er sofort einen gellenden Schrei ausstieß!

Er war jetzt im vollen Besitz seiner körperlichen Sinne. In Wirklichkeit waren sie sogar übernatürlich wach und gespannt. Irgend etwas in der schrecklichen Verwirrung seines organischen Systems hatte sie so gesteigert und geläutert, daß sie jetzt Dinge vermeldeten, die sie bisher niemals wahrgenommen hatten. Er spürte die Wellen, die sein Gesicht berührten, und hörte dabei den Laut jeder einzelnen, die ihn traf. Er blickte zu dem Wald am Ufer des Stromes hinüber und sah jeden einzelnen Baumstamm, die Blätter und die Adern jedes einzelnen Blattes – sogar die Insekten sah er, die auf ihnen saßen: Heuschrecken, Fliegen mit ihren schillernden Leibern, graue Spinnen, die ihre Netze von Zweig zu Zweig spannten. Er bemerkte die Regenbogenfarben aller Tautropfen auf den Millionen von Grashalmen. Das Summen der Mücken, die über den Wasserstrudeln des Stromes tanzten, der Flügelschlag der Libellen, die Schwimmstöße der Wasserspinnen, deren Beine wie Ruder waren, die ein Boot vorwärtsbewegten – alles das verursachte eine hörbare Musik. Ein Fisch glitt dicht unterhalb seiner Augen dahin, und er hörte das Rauschen, mit dem der Fischleib das Wasser zerteilte.

Mit dem Gesicht stromabwärts, war er an die Oberfläche gekommen; im nächsten Augenblick schien die sichtbare Welt sich langsam zu drehen, wobei er selbst der Drehpunkt war, und er sah die Brücke, das Fort, die Soldaten auf der Brücke, den Hauptmann, den Unteroffizier, die beiden gemeinen Soldaten, seine Scharfrichter. Deutlich hoben sie sich gegen den blauen Himmel ab. Sie schrien und gestikulierten und deuteten auf ihn. Der Hauptmann hatte seinen Revolver gezogen, schoß jedoch nicht; die übrigen waren unbewaffnet. Ihre Bewegungen waren grotesk und schrecklich, ihre Gestalten riesig.

Plötzlich vernahm er einen scharfen Knall, und irgend etwas schlug glatt, wenige Zentimeter von seinem Kopf entfernt, in das Wasser und bespritzte sein Gesicht. Er hörte einen zweiten Knall und sah einen der Wachtposten, der sein Gewehr angelegt hatte, aus dessen Mündung eine kleine Wolke bläulichen Qualms aufstieg. Der Mann im Wasser sah das Auge des Mannes auf der Brücke, das über das Visier hinweg in sein eigenes starrte. Er bemerkte, daß es ein graues Auge war, und erinnerte sich, gelesen zu haben, daß graue Augen am schärfsten wären und daß alle berühmten Meisterschützen graue Augen hätten. Nichtsdestoweniger hatte dieser eine sein Ziel verfehlt.

Eine Gegenströmung hatte Farquhar ergriffen und ihn halb herumgedreht; jetzt blickte er wieder auf den Wald am Ufer gegenüber dem Fort. Der Ton einer klaren hellen Stimme in einem eintönigen Singsang erklang jetzt hinter ihm und drang mit einer Deutlichkeit über das Wasser, die alle übrigen Laute durchschnitt und unterdrückte, selbst das Schlagen der Wellen in seinen Ohren. Obgleich kein Soldat, hatte er doch genügend Lager besucht, um die drohende Bedeutung dieser entschlossenen, gedehnten, helltönenden Melodie zu erkennen. Der Lieutenant am Ufer nahm jetzt am morgendlichen Werk teil. Wie kalt und mitleidlos – mit welch gleichmäßiger, ruhiger Betonung, bei welch ahnungsvoller, eindrucksvoller Ruhe in den Männern – mit welch genau abgezirkelten Pausen fielen diese grausamen Worte:

»Kompagnie Achtung! ... Legt an! ... Fertig! ... Zielt! ... Feuer!«

Farquhar tauchte – tauchte, so tief er konnte. Das Wasser brauste in seinen Ohren wie die Stimme des Niagara, und dennoch vernahm er den gedämpften Donner der Salve, und als er langsam wieder an die Oberfläche stieg, begegnete er leuchtenden Stückchen aus Metall, seltsam abgeplattet, die glitzernd langsam nach unten sanken. Einige von ihnen berührten ihn im Gesicht und an den Händen, glitten dann weg und sanken weiter in die Tiefe. Eines rutschte ihm zwischen Kragen und Hals; es war unangenehm warm, und mit einem schnellen Griff holte er es heraus.

Als er wieder an der Oberfläche war und nach Atem rang, sah er, daß er lange Zeit unter Wasser gewesen war; er befand sich sichtlich ein ganzes Stück weiter stromabwärts – der Sicherheit näher. Die Soldaten waren mit dem Nachladen ihrer Gewehre beinahe fertig; die metallenen Ladestöcke blitzten gemeinsam im Schein der Sonne auf, als sie aus den Läufen gezogen, durch die Luft geschwenkt und in ihre Hüllen gestoßen wurden. Die beiden Wachtposten feuerten wieder, unabhängig voneinander und ergebnislos.

Der gejagte Mann sah all dies über seine Schulter; er schwamm jetzt in kräftigen Stößen mit dem Strom. Sein Gehirn war genauso voller Tatkraft wie seine Arme und Beine; seine Gedanken hatten die Geschwindigkeit eines Blitzes.

›Der Offizier‹, so überlegte er, ›wird diesen Fehler eines Vorgesetzten nicht zum zweiten Mal begehen. Es ist genauso einfach, einer Salve wie einem einzelnen Schuß durch Tauchen auszuweichen. Wahrscheinlich hat er aber bereits den Befehl gegeben, einzeln und nach eigenem Gutdünken zu schießen. Gott helfe mir, aber allen kann ich durch Tauchen nicht entgehen!‹

Einem entsetzlichen Aufklatschen, keine zwei Yard von ihm entfernt, folgte ein lauter, rauschender Schall – *diminuendo* –, der durch die Luft zum Fort zurückzukehren schien und dort in einer Explosion aufging, die selbst das Wasser des Stromes bis in die Tiefen aufrührte! Eine hochsteigende Wasserfontäne erhob sich über ihm, schwankte, stürzte auf ihn herab, blendete und erstickte ihn! Die Kanone hatte in das Spiel eingegriffen. Während er den Kopf schüttelte, um die Betäubung durch das heruntergestürzte Wasser zu bannen, hörte er das abgeprallte Geschoß, wie es über ihn hinweg durch die Luft sauste, und im allernächsten Augenblick zerschlug und zerschmetterte es die Äste des jenseitigen Waldes.

›Das werden sie nicht noch einmal tun‹, überlegte er. ›Das nächste Mal werden sie mit Kartätschen laden. Ich darf die Kanone nicht aus den Augen lassen; der Pulverqualm wird mich warnen – der Knall dringt zu spät herüber. Er bleibt weit hinter dem Geschoß zurück. Es ist eine gute Kanone.‹

Plötzlich fühlte er sich unaufhörlich herumgewirbelt – wie ein Kreisel drehte er sich. Das Wasser, die Ufer, der Wald, die jetzt entfernte Brücke mit dem Fort und den Menschen – alles war durcheinandergeraten und verschwommen. Die Dinge waren nur an ihren Farben zu erkennen; kreisrunde waagrechte Streifen von Farbe – das war alles, was er sah. Ein Strudel hatte ihn gepackt und wirbelte ihn mit einer Schnelligkeit sowohl im Kreise als auch weiter stromabwärts, daß es ihm schwindelig und übel wurde. Binnen weniger Augenblicke wurde er auf den Kies am Fuß des linken Stromufers geschleudert – es war das südliche Ufer – und fand sich hinter einer vorspringenden Stelle wieder, die ihn vor seinen Feinden verbarg. Die plötzliche Stockung in der Bewegung, das Abschürfen der Haut von einer seiner Hände durch den Kies brachte ihn wieder zu sich, und er weinte vor Erleichterung und Freude. Er grub seine Finger in den Sand, warf ihn mit vollen Händen über sich und segnete ihn hörbar. Wie Diamanten, Rubine und Smaragde sah der Sand aus; er konnte sich nichts Schönes vorstellen, dem der Sand nicht ähnelte. Die Bäume auf dem Ufer waren riesige Parkgewächse; er bemerkte, daß sie deutlich in einer bestimmten Anordnung gepflanzt worden waren, und atmete tief den Duft ihrer Blüten ein. Ein seltsames, rosiges Licht schimmerte zwischen den Stämmen hindurch, und der Wind spielte in ihren Zweigen, daß es wie die Melodie einer Windharfe klang. Er hatte gar nicht das Verlangen, seine Flucht bis zum Ende fortzusetzen – er war zufrieden, an dieser bezaubernden Stelle zu bleiben, bis man ihn wieder aufgriff.

Das Rauschen und Prasseln eines Kartätschenschusses in den Ästen hoch über seinem Kopf erweckte ihn aus seinem Traum. Der genarrte Kanonier hatte ihm aufs Geratewohl zum Abschied einen Schuß nachgeschickt. Er sprang auf die Füße, rannte die ansteigende Uferböschung hinauf und stürzte in den Wald hinein.

Den ganzen Tag hindurch war er unterwegs und richtete seine Schritte nach dem Verlauf der Sonnenbahn. Der Wald schien endlos zu sein; nirgends entdeckte er eine Schneise, nicht einmal einen Holzweg. Er hatte nicht gewußt, daß er in einer so wilden Gegend wohnte. In dieser Erkenntnis lag etwas Unheimliches.

Bei Einbruch der Dunkelheit war er erschöpft, fußmüde und ausgehungert. Der Gedanke an Frau und Kinder drängte ihn weiter. Schließlich stieß er auf eine Straße, die in die ihm richtig dünkende Richtung führte. Sie war so breit und gerade wie die Straßen einer Stadt, und dennoch schien sie unbefahren zu sein. Keine Felder säumten sie ein, nirgends waren Wohnstätten zu sehen. Nicht einmal das Bellen eines Hundes deutete auf menschliche Bewohner hin. Die dunklen Kronen der Bäume bildeten an beiden Seiten eine schnurgerade Mauer, die am Horizont in einem Punkt zusammenliefen, wie wenn man es lernt, perspektivisch zu zeichnen. Über ihm leuchteten, als er durch den Spalt zwischen den Baumkronen nach oben blickte, große goldene Sterne, die fremdartig aussahen und in merkwürdigen Konstellationen zusammenstanden. Er war überzeugt, daß sie in irgendeiner Absicht angeordnet waren, die eine geheimnisvolle und bösartige Bedeutung hatte. Die Bäume beiderseits der Straße waren voller einmaliger Laute, unter denen er – einmal, zweimal und noch einmal – deutlich Geflüster in einer ihm unbekannten Sprache hörte.

Starke Schmerzen durchzogen seinen Hals, und als er seine Hand hob, stellte er fest, daß der Hals entsetzlich angeschwollen war. Er wußte, daß er jetzt dort einen schwarzen Streifen hatte, wo das Seil ihn zusammengeschnürt hatte. Seine Augen waren überanstrengt; er konnte sie nicht mehr schließen. Seine Zunge war vor Durst angeschwollen; er milderte ihre Trockenheit, indem er sie zwischen den Zähnen hindurch weit in die kühle Luft streckte. Wie weich war die unbefahrene Straße durch das

Gras, das über sie gewachsen war – er spürte gar nicht das Pflaster!

Zweifellos war er trotz seiner Leiden im Gehen eingeschlafen, denn jetzt sieht er ein anderes Bild – vielleicht ist er auch nur aus einem Fieberwahn aufgewacht. Er steht am Tor seines Heimes. Alles ist genauso, wie er es verlassen hat, und alles liegt strahlend und wunderschön im Licht der Morgensonne. Die ganze Nacht hindurch muß er gegangen sein. Als er das Tor aufstößt und den breiten weißen Weg entlanggeht, sieht er wehende Frauenkleider; seine Frau, frisch und kühl und süß aussehend, kommt die Treppe der Veranda herab ihm entgegen. Am Fuße der Treppe bleibt sie wartend stehen, mit einem Lächeln unbeschreiblicher Freude und in der Haltung unvergleichlicher Anmut und Würde. Oh, wie wunderschön sie ist! Mit ausgebreiteten Armen springt er vorwärts. Als er sie gerade in seine Arme schließen will, verspürt er einen betäubenden Schmerz im Genick; ein blendendes weißes Licht erfüllt blitzartig alles um ihn her zugleich mit einem Donnerschlag wie dem Schuß einer Kanone – und dann ist alles Dunkelheit und Stille!

Peyton Farquhar war tot; mit gebrochenem Genick schaukelte sein Leichnam unter dem Gebälk der Owl-Creek-Brücke langsam von der einen Seite zur anderen.

(Deutsch von Günter Eichel)

O. Henry

Der Polizist und der Choral

Soapy regte sich unbehaglich auf seiner Bank im Madison Square. Wenn nachts schrill die Wildgänse schreien, wenn Frauen ohne Sealmantel zu ihren Männern nett werden und wenn sich Soapy auf seiner Bank im Park unbehaglich regt, dann weiß man, daß der Winter nicht mehr fern ist.

Ein dürres Blatt fiel Soapy in den Schoß. Das war die Visitenkarte des gestrengen Herrn Frost. Er ist nett zu den Dauermietern im Madison Square und kündigt seinen jährlichen Besuch an, wie es sich gehört. An vier Straßenecken überreicht er dem Nordwind, dem hochherrschaftlichen Diener im großen Haus von Mutter Grün, seine Karte, so daß sich die Bewohner vorbereiten können.

Soapys Hirn registrierte die Tatsache, daß es für ihn an der Zeit sei, sich zu einem Ein-Mann-Hilfskomitee gegen die nahende Winterkälte zu konstituieren. Und deshalb regte er sich unbehaglich auf seiner Bank.

Soapys Ehrgeiz, über den Winter zu kommen, war kein verstiegen hoher. Mittelmeerfahrten, einlullende südliche Himmel oder sachtes Dahintreiben im Golf von Neapel wurden nicht erwogen. Drei Monate im Gefängnis auf Blackwell's Island, danach sehnte sich seine Seele. Drei Monate Kost, Logis und passende Gesellschaft, unbehelligt von Nordwinden und Blauröcken, das erschien Soapy als der Inbegriff alles Wünschenswerten.

Jahre hindurch war das gastliche Inselgefängnis sein Winterquartier gewesen. So, wie sich seine wohlhabenderen New Yorker Mitbürger jeden Winter ihre Fahrkarten nach Palm Beach oder nach der Riviera gekauft hatten, so hatte Soapy seine bescheidenen Vorbereitungen für seine jährliche Übersiedlung nach der Insel getroffen. Und nun war es wieder soweit. In der letzten Nacht hatten drei unter das Jackett, um die Knöchel und über den Leib verteilte Sonntagszeitungen nicht vermocht, die Kälte abzuhalten, als er in dem alten Park auf seiner Bank beim Springbrunnen schlief. Mächtig und willkommen tauchte daher in Soapys Gedanken die Insel auf. Die im Namen der christlichen

Nächstenliebe für die Sozialempfänger der Stadt erdachte Fürsorge verschmähte er. Nach Soapys Meinung war das Gesetz mildtätiger als die Philanthropie. Es gab eine endlose Reihe städtischer und wohltätiger Institutionen, bei denen er hätte vorstellig werden und eine den bescheidenen Verhältnissen angepaßte Unterkunft und Verpflegung erhalten können. Aber für jemand von Soapys stolzer Gesinnung gab es bei milden Gaben gewisse Grenzen. Jede aus den Händen der Philanthropen empfangene Wohltat muß man, wenn nicht in barer Münze, mit geistiger Demütigung bezahlen. Wie Cäsar seinen Brutus hatte, so muß jedes von der christlichen Nächstenliebe gewährte Bett seinen Tribut an Reinlichkeit, jedes Brot seine Vergütung durch eine Inquisition auf Leib und Seele haben. Deshalb ist es besser, ein Gast des Gesetzes zu sein, das sich, obgleich von Vorschriften geleitet, nicht ungebührlich mit den Privatangelegenheiten eines Gentlemans befaßt.

Nachdem Soapy beschlossen hatte, auf die Insel zu gehen, begann er sogleich, sich an die Ausführung seines Verlangens zu machen. Dafür gab es viele bequeme Möglichkeiten. Die angenehmste war, in einem teuren Restaurant zu schlemmen und dann, wenn er seine Zahlungsunfähigkeit erklärt hatte, still und ohne Aufsehen einem Polizisten übergeben zu werden. Ein gefälliger Polizeirichter würde das übrige besorgen.

Soapy verließ seine Bank, strolchte aus dem Park und über das glatte Asphaltmeer, wo der Broadway und die Fifth Avenue zusammenfließen. Er wandte sich den Broadway hinauf und machte vor einem glitzernden Luxusrestaurant halt, wo sich Nacht für Nacht die erlesensten Produkte der Weintraube, der Seidenraupe und des Protoplasmas zueinandergesellen.

Soapy hatte Vertrauen zu sich, vom untersten Westenknopf an aufwärts. Er war rasiert, sein Jackett war anständig, und die saubere eiserne Fliege hatte er am Danksagungstag von einer Missionsdame erhalten. Wenn er in dem Restaurant, ohne Verdacht zu erregen, an einen Tisch gelangen konnte, war der Erfolg sein. Der Teil von ihm, der oberhalb des Tisches sichtbar war, würde beim Kellner keinen Argwohn erwecken. Eine gebratene Wildente, überlegte Soapy, wäre gerade das richtige, dazu eine Flasche Chablis und dann Camembert, ein Täßchen Kaffee und eine Zigarre. Ein Dollar für die Zigarre wäre genug. Die Summe würde nicht hoch genug werden, um bei der

Geschäftsleitung mächtige Vergeltungsgelüste hervorzurufen, und er würde satt und glücklich die Reise in seine Winterzuflucht antreten.

Doch als Soapy den Fuß über die Schwelle des Restaurants setzte, fiel der Blick des Oberkellners auf seine abgewetzten Hosen und seine ausgelatschten Schuhe. Flinke, kräftige Hände drehten ihn herum, beförderten ihn lautlos und eilig auf den Bürgersteig und verhüteten den unwürdigen Untergang der bedrohten Wildente.

Soapy kehrte dem Broadway den Rücken. Es hatte den Anschein, als sollte sein Weg nach der ersehnten Insel nicht der eines Feinschmeckers sein. Man mußte sich etwas anderes einfallen lassen, um ins Gefängnis zu kommen.

An einer Ecke der Sixth Avenue war durch die elektrische Beleuchtung und die verführerisch hinter Spiegelglas ausgestellten Waren ein Schaufenster besonders auffallend. Soapy nahm einen Stein und pfefferte ihn durch das Glas. Leute kamen um die Ecke gelaufen, allen voran ein Polizist. Soapy blieb stehen, die Hände in den Hosentaschen, und lächelte, als er die Messingknöpfe sah.

»Wer war das?« fragte der Polizist aufgeregt.

»Können Sie sich nicht vorstellen, daß ich was damit zu tun haben könnte?« sagte Soapy nicht ohne Spott, aber freundlich, wie man einen glücklichen Zufall begrüßt.

Der Verstand des Polizisten weigerte sich, Soapy auch nur als Anhaltspunkt anzuerkennen. Leute, die Scheiben einwerfen, bleiben nicht stehen, um mit den Dienern des Gesetzes zu verhandeln. Sie geben Fersengeld. Der Polizist sah auf halber Höhe der Straße einen Mann nach der Bahn laufen. Mit gezogenem Gummiknüppel nahm er die Verfolgung auf. Zum zweitenmal erfolglos und mit Abscheu im Herzen schlurfte Soapy davon.

Auf der gegenüberliegenden Straßenseite lag ein nicht sehr anspruchsvolles Lokal. Es war auf großen Appetit und bescheidene Geldbörsen eingestellt. Geschirr und Luft waren dick, Suppe und Tischdecken dünn. In dies Haus trug Soapy seine denunzierenden Schuhe und verräterischen Hosen, ohne abgewiesen zu werden. Er setzte sich an einen Tisch und aß Beefsteak, Kartoffelpuffer, Pfannkuchen und Pudding. Dann machte er den Kellner mit der Tatsache bekannt, daß er auch nicht die kleinste Münze zu seinem Freundeskreis zählte.

»Also beeil dich und ruf einen Polizisten«, sagte Soapy. »Und laß einen Gentleman nicht warten!«

»Für einen wie dich bemühen wir doch keinen Polizisten«, entgegnete der Kellner mit einer Stimme wie Butterkeks und einem Blick wie die Kirsche im Manhattan Cocktail. »He, Con!«

Zwei Kellner schlugen Soapy fein säuberlich mit dem linken Ohr auf das harte Pflaster. Glied für Glied erhob er sich, wie sich ein Zollstock öffnet, und klopfte den Staub von den Kleidern. Der Arrest schien nur ein rosiger Traum. Die Insel schien sehr weit entfernt. Ein Polizist, der zwei Türen weiter vor einem Drugstore stand, lachte und ging die Straße hinunter.

Fünf Straßen durcheilte Soapy, ehe ihm sein Mut erlaubte, wieder um eine Verhaftung zu buhlen. Diesmal bot sich eine Gelegenheit, die er in seiner Einfalt eine ›todsichere Sache‹ nannte. Ein Mädchen von sittsamem und gefälligem Äußeren stand vor einem Schaufenster und besah sich ungeheuer interessiert die Auslage von Rasiertöpfen und Tintenfässern, und zwei Meter von dem Schaufenster entfernt lehnte ein streng aussehender, baumlanger Polizist an einem Hydranten.

Soapys Plan war, die Rolle des gemeinen, abscheulichen ›Schwerenöters‹ zu spielen. Die feine und elegante Erscheinung seines Opfers und die Nähe des gewissenhaften Hüters des Gesetzes ermutigten ihn zu glauben, er werde bald den angenehmen Beamtengriff an seinem Arm spüren, der ihm sein Winterquartier auf der besten kleinen, festen Insel sichern würde.

Soapy zupfte an der eisernen Fliege der Missionsdame, zog seine hochgerutschten Manschetten heraus, gab seinem Hut einen verwegenen Kniff und machte sich an die junge Frauensperson heran. Er warf ihr Blicke zu, bekam einen Anfall von Hüsteln und Räuspern, lächelte, griente und betete frech die ganze unverschämte und nichtswürdige Litanei des ›Schwerenöters‹ herunter. Mit einem halben Auge sah Soapy, daß ihn der Polizist unverwandt beobachtete. Das Mädchen ging ein paar Schritte weiter und widmete aufs neue ihre hingebungsvolle Aufmerksamkeit den Rasiertöpfen. Soapy folgte ihr, trat an ihre Seite, lüftete den Hut keck und sagte:

»Ei potz, sieh da, Bedelia! Komm und spiel mit mir!«

Der Polizist beobachtete ihn noch immer. Das belästigte Mädchen brauchte nur mit dem Finger zu winken, und Soapy wäre praktisch unterwegs zu seinem Inselhafen. Er bildete sich bereits ein, die behagliche Wärme der Polizeiwache zu spüren. Das Mädchen wandte ihm das Gesicht zu, streckte die Hand aus und packte Soapy am Ärmel.

»Klar, Mike«, sagte sie erfreut, »wenn du ein Glas Bier springen läßt? Ich hätte schon früher mit dir geredet, aber der Polizist hat hergesehen.«

Mit dem Mädchen, das sich wie Efeu an die Eiche Soapy klammerte, ging er, von düsterer Schwermut überwältigt, an dem Polizisten vorbei. Er schien zur Freiheit verdammt.

An der nächsten Ecke schüttelte er seine Begleiterin ab und rannte. Er machte in dem Viertel halt, wo nachts die hellsten Straßen und die leichtesten Herzen, Schwüre und Librettos zu finden sind. Frauen in Pelzen und Männer in Überziehern tummelten sich fröhlich in der Winterluft. Eine jähe Angst packte Soapy, daß ihn irgendeine schreckliche Zauberei gegen Verhaftung immun gemacht habe. Dieser Gedanke versetzte ihn in Panik, und als er wieder auf einen Polizisten traf, der großmächtig vor einem prachtglänzenden Theater herumstand, griff er nach dem naheliegenden Strohhalm des ›ungebührlichen Betragens‹.

So laut seine rauhe Stimme es zuließ, begann Soapy auf dem Bürgersteig wie betrunken Unsinn herauszuschreien. Er tanzte, heulte, tobte und belästigte auch noch auf andere Art das Firmament.

Der Polizist wirbelte seinen Gummiknüppel herum, kehrte Soapy den Rücken und bemerkte zu einem Bürger:

»Einer von diesen Yale-Burschen, der feiert, weil sie dem Hartford College eine Niederlage verpaßt haben. Laut, aber harmlos. Wir haben Anweisung, sie unbehelligt zu lassen.«

Verzweifelt hörte Soapy mit seinem nutzlosen Spektakel auf. Wollte denn nie und nimmer ein Polizist Hand an ihn legen? In seiner Vorstellung wurde die Insel zu einem unerreichbaren Arkadien. Er knöpfte seinen dünnen Rock zu, da ein kalter Wind wehte.

In einem Zigarrenladen sah er einen gutangezogenen Mann, der sich an einer Pendelflamme eine Zigarre anzündete. Den seidenen Regenschirm hatte er beim Eintreten an die Tür gestellt. Soapy ging hinein, nahm den Schirm und bummelte damit langsam fort. Der Mann am Zigarrenanzünder folgte ihm eilig.

»Mein Schirm!« sagte er streng.

»Oh, wirklich?« höhnte Soapy und fügte so noch Beleidigung zu dem kleinen Diebstahl. »Warum rufen Sie dann nicht einen Polizisten? Ich hab' ihn genommen. Ihren Schirm! Warum rufen Sie keinen Polizisten? Da an der Ecke steht einer.«

Der Regenschirmbesitzer verlangsamte den Schritt. Soapy tat es ebenfalls, in einer dunklen Vorahnung, daß ihm das Glück wieder einmal nicht günstig sein werde. Der Polizist blickte neugierig zu den beiden hinüber.

»Natürlich«, sagte der Regenschirmmann, »das heißt ... na ja, Sie wissen, wie solche Irrtümer entstehen ... ich ... wenn es Ihr Schirm ist, werden Sie mir hoffentlich verzeihen ... ich habe ihn heute vormittag in einem Lokal mitgenommen ... wenn Sie ihn als den Ihren wiedererkennen, tja ... hoffentlich werden Sie ...«

»Natürlich ist es meiner«, sagte Soapy giftig.

Der Exregenschirmmann trat den Rückzug an. Der Polizist beeilte sich, einer großen Blondine im Theaterumhang beim Überqueren der Straße behilflich zu sein, da sich in einer Entfernung von zwei Häuserblocks eine Straßenbahn näherte.

Soapy wanderte durch eine von Bauarbeiten verunstaltete Straße nach Osten. Wütend feuerte er den Schirm in eine Baugrube. Er murrte gegen die Männer, die Helme und Gummiknüppel tragen. Weil er sehnlichst wünschte, in ihre Klauen zu fallen, schienen sie ihn für einen König zu halten, der nichts Unrechtes tun konnte.

Schließlich erreichte Soapy eine der im Osten gelegenen Avenues, wo es nur wenig Glanz und Tumult gab. Hier wandte er die Nase stadteinwärts zum Madison Square, denn der Heiminstinkt ist nicht totzukriegen, selbst wenn das Heim nur eine Parkbank ist.

Doch an einer ungewöhnlich ruhigen Ecke blieb Soapy stehen. Hier war eine alte Kirche, anheimelnd, unregelmäßig angelegt und mit Giebeln. Durch ein Fenster mit violetten Farbflecken glühte ein mildes Licht, dort, wo sicherlich noch der Organist über den Tasten verweilte und sich seiner Meisterschaft für den nächsten Sonntagschoral vergewisserte, denn an Soapys Ohr wehte eine holde Musik, die ihn gefangennahm und ihn reglos an die Ranken des Eisengitters festnagelte.

Oben leuchtete hell und heiter der Mond, nur wenige Fahrzeuge und Fußgänger waren auf der Straße, Spatzen tschilpten schläfrig in den Dachtraufen – eine Weile hätte man den Schauplatz für einen ländlichen Kirchhof halten können. Und der Choral, den der Organist spielte, schmiedete Soapy an das Eisengitter, denn an jenen Tagen, als es in seinem Leben noch so etwas wie Mütter und Rosen und Streben und Freunde und makellose Gedanken und Hemdkragen gegeben hatte, war er ihm gut bekannt gewesen.

Die Verbindung zwischen Soapys empfänglichem Gemütszustand und den von der alten Kirche ausströmenden Einflüssen bewirkte eine plötzliche und wundersame Veränderung in seiner Seele. Mit jähem Entsetzen erblickte er den Abgrund, in den er getaumelt war, die erniedrigenden Tage, würdelosen Wünsche, erloschenen Hoffnungen, gescheiterten Talente und erbärmlichen Motive, die sein Dasein ausmachten.

Und jäh antwortete auch sein Herz erschauernd diesem neuen Gefühl. Ein blitzartiges, heftiges Verlangen trieb ihn, gegen sein hoffnungsloses Geschick anzukämpfen. Er würde sich selber aus dem Dreck ziehen; er würde wieder einen Menschen aus sich machen; er würde das Böse besiegen, das von ihm Besitz ergriffen hatte. Noch war Zeit dazu, er war noch verhältnismäßig jung. Er würde sein früheres eifriges Streben wieder zum Leben erwecken und ohne Schwanken fortsetzen. Die feierlichen und doch so süßen Orgeltöne hatten in ihm eine Revolution ausgelöst. Morgen würde er ins Geschäftsviertel gehen und Arbeit suchen. Eine Pelzfirma hatte ihm einmal eine Stelle als Fahrer angeboten. Er würde sie morgen aufsuchen und nach der Stelle fragen. Er würde jemand sein in der Welt. Er würde ...

Soapy spürte eine Hand auf seinem Arm. Schnell blickte er sich um und sah in das breite Gesicht eines Polizisten.

»Was machen Sie hier?« fragte der Beamte.

»Nichts«, erwiderte Soapy.

»Dann kommen Sie mal mit«, sagte der Polizist.

»Drei Monate Insel«, verkündete am nächsten Morgen der Richter auf dem Polizeigericht.

(Deutsch von Christine Hoeppener)

Stephen Crane
Das blaue Hotel

Das Palace Hotel in Fort Romper war hellblau gestrichen, in einem Farbton, wie ihn die Beine einer bestimmten Reiherart haben, wodurch dieser Vogel sich von jedem Hintergrund abhebt. So auch das Palace Hotel, das immerzu brüllte und schrie, wogegen die blendende Winterlandschaft von Nebraska nur noch als dumpfe graue Stille erschien. Es stand allein in der Prärie, und wenn der Schnee fiel, war die zweihundert Meter entfernte Stadt nicht sichtbar. Wenn jedoch ein Reisender an der Eisenbahnstation ausstieg, mußte er am Palace Hotel vorbei, bevor er in die Gesellschaft der niedrigen Holzhäuser gelangte, aus denen Fort Romper sich zusammensetzte, und es war nicht zu erwarten, daß irgendein Reisender am Palace Hotel vorbeigehen könnte, ohne es zu bemerken. Pat Scully, der Eigentümer, hatte sich als Meister der Strategie erwiesen, als er seine Farben aussuchte. An klaren Tagen, wenn die großen transkontinentalen D-Züge mit langen Reihen schwingender Pullmanwagen durch Fort Romper glitten, wurden die Passagiere von diesem Anblick überwältigt; und der kultivierte Reisende aus dem Osten, der an Töne von Braunrot und die Schattierungen von dunklem Grün gewöhnt ist, drückte seine Beschämung, sein Mitleid, seinen Schrecken aus – durch ein Lachen. Für die Bürger dieser Prärie aber, und für die Leute, die hier natürlicherweise anhielten, hatte Pat Scully etwas Tolles vollbracht. Mit dieser Pracht und diesem Überschwang konnten all die Sekten, Klassen und Egoismen, die Tag für Tag Romper auf Schienen durcheilten, sich in ihrer Blaßheit nicht vergleichen.

Als seien die zur Schau gestellten Freuden eines solchen blauen Hotels noch nicht Anreiz genug, war es Scullys Gewohnheit, jeden Morgen und jeden Abend zum Bahnhof zu gehen, wenn die gemächlicheren Züge in Romper anhielten, und seine Verführungskünste auf Menschen loszulassen, die er, mit der Reisetasche in der Hand, vielleicht noch unschlüssig stehen sah.

Eines Morgens, als eine schneeverkrustete Lokomotive ihre lange Kette von Güterwagen und den einen Personenwagen in den Bahnhof schleppte, vollbrachte Scully das Wunder, gleich drei Männer auf einmal einzufangen. Einer war ein etwas zitteriger Schwede mit unruhigen Augen, mit einem großen, glänzenden billigen Koffer; einer war ein großer gebräunter Cowboy, der auf dem Weg zu einer Ranch nahe der Grenze nach Dakota war; und einer war ein kleiner schweigsamer Mann aus dem Osten, der nicht danach aussah und es auch nicht mitteilte. Scully nahm sie praktisch gefangen. Er war so flink und lustig und freundlich, daß wahrscheinlich jeder einen Fluchtversuch als einen Gipfel an Brutalität empfunden hätte. Sie trotteten über die quietschenden Planken des Fußwegs, hinter dem emsigen kleinen Iren her. Er trug eine schwere Pelzmütze, die stramm über den Kopf gezogen war. Dadurch standen seine beiden roten Ohren steif zur Seite ab, als seien sie aus Blech.

Endlich geleitete Scully sie umständlich und mit überschwenglicher Gastfreundschaft durch die Pforten des blauen Hotels. Der Raum, in den sie traten, war klein. Er schien kaum mehr als ein angemessener Tempel für einen ungeheuren Ofen, der in der Mitte gewaltig wie ein Gott brummte. Neben dem Ofen spielte Scullys Sohn Johnnie *High Five* mit einem alten Farmer, der einen breiten, graubraunen Schnurrbart trug. Die beiden stritten sich. Der alte Farmer wandte sein Gesicht häufig einer Sägemehlkiste zu, die, vom Tabaksaft braun gefärbt, hinter dem Ofen stand, und spuckte mit einem Ausdruck großer Erregung und Ungeduld hinein. Mit einer lauten Schimpfkanonade machte Scully dem Kartenspiel ein Ende und jagte seinen Sohn mit einem Teil des Gepäcks der neuen Gäste die Treppe hoch. Er selbst geleitete sie zu drei Waschbecken mit dem kältesten Wasser der Welt. Der Cowboy und der Mann aus dem Osten rieben sich mit diesem Wasser feuerrot, bis es so etwas wie ein Metallschleifmittel zu sein schien. Der Schwede jedoch tauchte nur eilig und ängstlich seine Finger ein. Man muß feststellen, daß während all dieser kleinen Zeremonien den Reisenden das Gefühl gegeben werden sollte, daß Scully äußerst wohlwollend war. Er erwies ihnen außerordentliche Vergünstigungen. Das Handtuch reichte er von einem zum anderen mit Gesten heftiger Menschenliebe.

Danach gingen sie in den ersten Raum zurück, setzten sich um den Ofen und hörten sich an, wie Scully übereifrig seine Töchter bei der Zubereitung des Mittagsmahls anfeuerte. Sie verharrten schweigend wie lebenskluge Männer, die sich unter neuen Genossen mit Vorsicht bewegen. Dennoch wandte sich der alte Farmer, der unerschütterlich auf seinem Stuhl am wärmsten Platz am Ofen blieb, sein Gesicht des öfteren von der Sägemehlkiste den Fremden zu und servierte ihnen irgendeinen brühwarmen Gemeinplatz. Dieser wurde gewöhnlich, entweder vom Cowboy oder von dem Mann aus dem Osten, mit einem kurzen, aber angemessenen Satz beantwortet. Der Schwede sagte nichts. Er schien damit beschäftigt, jeden Mann im Zimmer heimlich zu taxieren. Man hätte denken können, daß er jenes Gefühl unsinnigen Mißtrauens hatte, das eine Schuld begleitet. Er wirkte wie ein furchtbar ängstlicher Mensch.

Später, beim Mittagessen, redete er ein wenig, wobei er sich ausschließlich an Scully hielt. Er erzählte, daß er aus New York gekommen sei, wo er zehn Jahre lang als Schneider gearbeitet habe. Diese Erklärungen schien Scully besonders zu fesseln, und später erzählte er selbst, daß er seit vierzehn Jahren in Romper lebe. Der Schwede fragte, was hier angebaut würde, und nach den Preisen für Lohnarbeit. Er schien jedoch Scullys ausführlichen Antworten kaum zuzuhören. Unablässig wanderten seine Blicke von einem zum anderen.

Schließlich lachte er, zwinkerte, und sagte: einige dieser Gemeinden im Westen seien voller Gefahren; nach dieser Feststellung streckte er seine Beine lang unter dem Tisch aus, lehnte sich zurück und lachte erneut – lachte laut. Es war klar, daß diese Aufführung den anderen nicht begreiflich war. Sie betrachteten ihn mit stiller Verwunderung.

II

Als die Männer sich mit schweren Schritten wieder in das vordere Zimmer begaben, sah man durch die beiden kleinen Fenster ein tumultuarisches Schneetreiben. Die Riesenarme des Windes bemühten sich – gewaltig, umgreifend, vergebens – der wirbelnden Schneeflocken habhaft zu werden. Ein Torpfosten stand wie ein Mann mit weißem Gesicht entsetzensstarr in diesem ausschweifenden Wüten. Mit herzhafter Stimme verkündete Scully, es sei ein Blizzard. Die Gäste des blauen Hotels zündeten ihre Pfeifen an, pflichteten ihm mit einem Grunzen träger männlicher Befriedigung bei. Keine Insel im Meer konnte ein so sicherer Zufluchtsort sein wie dieser kleine Raum mit dem summenden

Ofen. Johnnie, Scullys Sohn, forderte den alten Farmer mit dem graumelierten Schnurrbart zu einer Runde *High-Five* heraus – der Klang seiner Stimme verriet, welche Meinung er von seiner eigenen Kartenspielkunst hatte. Der Farmer ließ sich – mit bitterem und verächtlichem Spott – darauf ein. Sie saßen dicht am Ofen, und stemmten ihre Knie unter ein großes Brett. Der Cowboy und der Mann aus dem Osten beobachteten das Spiel mit Interesse. Der Schwede blieb nahe beim Fenster, seine Haltung war reserviert, doch mit Anzeichen einer unerklärlichen Aufgeregtheit.

Plötzlich endete das Spiel von Johnnie und dem Graubart mit einer weiteren Streiterei. Der alte Mann erhob sich mit einem Blick voll hitziger Wut auf seinen Gegner. Langsam knöpfte er sich den Mantel zu, dann stelzte er mit immenser Würde aus dem Zimmer. In das diskrete Schweigen der anderen fuhr das Lachen des Schweden. Sein Lachen klang irgendwie kindisch. Allmählich fingen die Männer an, ihn von der Seite anzusehen, als wollten sie herausfinden, was mit ihm los war.

Unter Scherzen kam nun ein neues Spiel zustande. Der Cowboy war bereit, Johnnies Partner zu werden, und nun wandten sie sich alle an den Schweden und fragten ihn, ob er sich auf die Seite des Kleinen aus dem Osten schlagen wollte. Er erkundigte sich ein wenig über das Spiel, erfuhr, daß es viele Namen hatte, und da er merkte, daß er es unter einem anderen Namen schon gespielt hatte, war er einverstanden. Er näherte sich den Männern voller Nervosität, als erwartete er einen Angriff. Schließlich nahm er Platz, starrte der Reihe nach die Gesichter an, und lachte schrill. Dieses Lachen war so seltsam, daß der Mann aus dem Osten schnell aufblickte, der Cowboy angespannt, mit offenem Mund dasaß, und Johnnie mit den Karten in den Fingern, erstarrte.

Danach entstand eine kurze Stille. Schließlich sagte Johnnie: »Also, fangen wir an. Los geht's!« Sie zogen ihre Stühle vor, so daß ihre Knie unter dem Brett spitz gewinkelt waren. Sie fingen zu spielen an, und ihr Interesse am Spiel ließ die anderen die Eigenart des Schwedens vergessen.

Der Cowboy war ein Tisch-Knaller. Immer, wenn er besonders gute Karten hatte, knallte er sie, eine nach der anderen, mit übermäßiger Kraft auf den behelfsmäßigen Tisch, und nahm die Stiche mit einer so ostentativen Gebärde des Hochmuts an sich, daß die Herzen seiner Gegner vor Wut zitterten. Ein Spiel mit dem Tisch-Knaller mußte auf jeden Fall hitzig werden. Die Mienen des Oststaatlers und des Schweden waren trübselig, wenn der Cowboy seine Asse und Könige hindonnerte, während Johnnie, mit freudig funkelnden Augen, fortlaufend kicherte.

Infolge des fesselnden Spiels achtete niemand auf die absonderliche Art des Schweden. Sie achteten ausschließlich auf das Spiel. Schließlich, als ein neues Spiel gegeben wurde, und eine kleine Pause eintrat, redete der Schwede plötzlich Johnnie an: »Ich nehme an, in diesem Raum sind schon viele getötet worden.« Den anderen blieben die Münder offen stehen.

»Wovon reden Sie denn, zum Teufel?« fragte Johnnie.

Wieder lachte der Schwede sein brüllendes Lachen, ein Lachen voll gespieltem Mut und Verachtung. »Oh, Sie wissen genau, was ich meine«, antwortete er.

»Ein Lügner will ich sein, wenn ich's weiß!« fuhr Johnnie auf. Die Männer hörten zu spielen auf und starrten den Schweden an. Als Sohn des Hoteliers glaubte Johnnie offenbar, er müßte geradezu fragen. »Also, worauf wollen Sie hinaus, Mann?« fragte er. Der Schwede zwinkerte ihn an. Es war ein Zwinkern voll heimlicher Gerissenheit. Seine Finger bebten an der Kante des Brettes. »Oh, vielleicht denken Sie, ich kenne mich nicht aus. Vielleicht denken Sie, ich bin ein Greenhorn.«

»Ich weiß überhaupt nichts über Sie«, antwortete Johnnie, »und es ist mir schnurzegal, wo Sie gewesen sind. Ich kann nur sagen, ich weiß überhaupt nicht, worauf Sie hinauswollen. Kein Mensch ist in diesem Raum hier getötet worden.«

Der Cowboy, der die ganze Zeit den Schweden starr angeblickt hatte, fing jetzt an: »Was is'n mit Ihnen los, Mann?«

Offenbar hatte der Schwede den Eindruck, daß er erheblichen Drohungen ausgesetzt war. Er zitterte und wurde um die Mundwinkel weiß. Er warf einen hilferufenden Blick in Richtung des Mannes aus dem Osten. Auch in diesen Augenblicken vergaß er nicht, seine irre, hochmütige Haltung hervorzukehren. »Die sagen, Sie wüßten nicht, was ich meine«, sagte er spöttisch zu dem Ostmann.

Nach längerer und sorgsamer Überlegung sagte dieser gleichmütig: »Ich verstehe Sie nicht.«

Darauf machte der Schwede eine Bewegung, aus der sein

Gedanke abzulesen war, daß ihm nun Verräterei gerade von jenen entgegenschlug, von denen er Mitgefühl erwartet hatte, wenn nicht sogar Hilfe. »Ach, ich sehe schon, Sie sind alle gegen mich. Ich sehe ...«

Der Cowboy war in einem Zustand vollständiger Verwirrung: »Sag mal«, rief er, und schmiß die Karten heftig auf das Brett: »Sag mal, was willst'n du eigentlich, was?«

Der Schwede schnellte hoch, mit der Behendigkeit eines Mannes, der vor einer Schlange am Boden flieht. »Ich will mich nicht schlagen!« brüllte er. »Ich will mich nicht schlagen!«

Gleichmütig und ruhig streckte der Cowboy seine langen Beine von sich. Seine Hände steckten in den Taschen. Er spuckte in die Sägemehlkiste. »Na, und wer zum Teufel hat denn das erwartet?« fragte er.

Der Schwede zog sich eilig in eine Zimmerecke zurück. Seine Hände hielt er wie ein Schutzschild vor seine Brust, doch machte er eine sichtbare Anstrengung, seine Angst im Zaum zu halten. »Meine Herren«, sagte er mit bebender Stimme. »Ich glaube, daß ich getötet werde, bevor ich dieses Haus verlasse! Ich glaube, daß ich getötet werde, bevor ich das Haus verlasse!« In seinen Augen lag ein Sterbender-Schwan-Blick. Durch die Fenster sah man, wie der Schnee im Schatten der Dämmerung blau wurde. Der Wind zerrte an dem Haus, und irgendwas Loses schlug regelmäßig gegen die Schindeln wie ein Poltergeist.

Die Tür öffnete sich, und Scully trat ein. Er hielt überrascht an, als er die tragische Haltung des Schweden bemerkte. Dann sagte er: »Was is'n hier los?«

Der Schwede antwortete rasch und eifrig: »Diese Leute wollen mich umbringen.«

»Sie umbringen!« rief Scully aus. »Sie umbringen! Was reden Sie denn da?«

Der Schwede machte die Geste eines Märtyrers.

Scully wandte sich ingrimmig seinem Sohn zu. »Was soll das, Johnnie?«

Der Bursche war jetzt nur noch mürrisch. »Was weiß ich«, antwortete er. »Ich begreif das nicht.« Er fing an, Karten zu mischen, indem er sie mit zornigem Geräusch ineinanderschnarren ließ. »Er sagt, eine Menge Leute sind hier drin getötet worden oder sowas Ähnliches. Und das sagt er, er würde auch hier umgebracht werden. Ich weiß nicht, wo's bei dem nicht stimmt. Wundern tät's mich nicht, wenn der verrückt wär!«

Nun warf Scully einen fragenden Blick auf den Cowboy, um eine Erklärung zu bekommen, aber der zuckte einfach mit den Achseln.

»Sie umbringen?« sagte Scully jetzt wieder zu dem Schweden. »Sie umbringen? Mensch, ich glaub bei Ihnen is 'ne Schraube locker.«

»Oh, ich weiß«, brach es aus dem Schweden hervor, »ich weiß, was passiert. Jaja, ich bin verrückt. Ja, natürlich, ich bin verrückt. Aber eines weiß ich –« Auf seinem Gesicht stand sowas wie der Schweiß des Elends und des Schreckens. »Ich weiß, daß ich hier nicht lebend rauskomme.«

Der Cowboy tat einen tiefen Atemzug, so, als befände sein Geist sich soeben im letzten Stadium der Auflösung. »Also, ich krieg die Motten«, flüsterte er zu sich.

Scully schoß plötzlich herum und blickte seinen Sohn an: »Hast du diesen Mann belästigt?«

Johnnies Stimme war überlaut unter der Last der Kränkung: »Ach, um Gottes willen, ich hab dem überhaupt nichts getan!«

Der Schwede fiel ein. »Meine Herren, lassen Sie sich nicht stören. Ich werde dieses Haus verlassen. Ich werde weggehen, weil« – er klagte sie mit einem dramatischen Blick an –, »weil ich nicht umgebracht werden will.«

Scully kochte vor Zorn gegen seinen Sohn: »Wirst du mir jetzt sagen, was hier los ist, du Teufelsbraten? Was ist denn überhaupt hier los? Sag es!«

»Verflucht nochmal!« rief Johnnie verzweifelt, »ich sag dir doch, ich weiß es nicht! Er – er redet, wir wollen ihn killen, das is alles, was ich weiß. Ich weiß auch nicht, was ihm fehlt.«

Der Schwede wiederholte aufs Neue: »Lassen Sie's gut sein, Mr. Scully; schon gut. Ich werde das Haus verlassen. Ich werde fortgehen, weil ich nicht getötet werden möchte. Ja, natürlich, ich bin verrückt – sicher. Aber eines weiß ich! Ich gehe jetzt fort. Ich werde dieses Haus verlassen. Lassen Sie es gut sein, Mr. Scully. Ich gehe jetzt weg.«

»Sie werden nicht fortgehen«, sagte Scully. »Sie werden hier nicht weggehen, bevor ich nicht den Grund für die ganze Geschichte gehört habe. Wenn irgendwer Sie belästigt hat, dann knöpfe ich ihn mir vor. Das ist mein Haus. Sie sind unter meinem Dach, und ich erlaube nicht, daß man hier einen friedlichen Mann belästigt.« Er warf einen schrecklichen Blick auf Johnnie, den Cowboy und den Oststaatler.

»Schon gut, Mr. Scully; lassen Sie's gut sein. Ich gehe fort. Ich möchte nicht umgebracht werden.« Der Schwede bewegte sich auf die Tür zu, die zum Treppenhaus führte. Es war augenscheinlich seine Absicht, sofort sein Gepäck zu holen.

»Nein, nein«, rief Scully gebieterisch; doch der Mann, mit weißem Gesicht, schlüpfte an ihm vorbei und verschwand. »Also bitte«, sagte Scully streng, »was soll das heißen?«

Johnnie und der Cowboy riefen gleichzeitig, »Aber wir ham ihm garnix getan!«

Scullys Augen waren kühl. »Aha«, sagte er, »nichts getan.«

Johnnie schwur einen heiligen Eid. »Mensch, das ist der größte Spinner, den ich getroffen hab! Wir ham gar nichts gemacht. Wir ham bloß hier gesessen und ham Karten gespielt, und er –«

Der Vater redete plötzlich den Mann aus dem Osten an. »Mr. Blanc«, fragte er, »was ham die Jungs gemacht?«

Der aus dem Osten überlegte wieder. »Ich habe nichts Schlimmes bemerkt«, sagte er schließlich langsam.

Scully fing an zu brüllen. »Aber was soll denn das Ganze?« Er starrte zornbebend auf seinen Sohn. »Ich würde dir am liebsten ein paar überziehen, mein Junge.«

Johnnie war außer sich. »Aber, was hab ich denn getan?« brüllte er seinen Vater an.

III

»Ich glaube, euch ist die Zunge festgewachsen«, sagte Scully schließlich zu seinem Sohn, zum Cowboy und dem Mann aus dem Osten; und nach diesen abfälligen Worten verließ er den Raum.

Im Oberstock war der Schwede dabei, eilig die Riemen an seinem großen Koffer festzuzurren. Einmal war sein Rücken zufällig halbwegs der Tür zugekehrt, da hörte er von dort ein Geräusch, schoß herum und schnellte mit einem lauten Schrei hoch. Scullys Faltengesicht machte einen gräßlichen Eindruck im Licht der kleinen Lampe, die er trug. Dieser gelbliche Lichtschein, der aufwärts waberte, erleuchtete nur die vorspringenden Gesichtszüge – die Augen, zum Beispiel, blieben in mysteriösem Dunkel. Er sah aus wie ein Mörder.

»Mann! Mann!« rief er aus. »Sind Sie durchgedreht?«

»O nein! O nein«, erwiderte der andere. »Es gibt Leute auf dieser Welt, die fast ebensoviel wissen wie Sie – verstehen Sie?«

Einen Augenblick lang standen sie da und starrten sich an. Auf den bleichen Wangen des Schweden standen zwei hellrosa Flecken mit scharfen Rändern, als hätte man sie sorgfältig gemalt. Scully stellte die Lampe auf den Tisch und setzte sich auf die Bettkante. Er redete grüblerisch vor sich hin. »Lieber Himmel, mein Leben lang hab ich sowas nicht gehört. Ein großes Durcheinander, das Ganze. Bei meiner Seele, ich kann nicht verstehen, wie Sie sich diese Idee in den Kopf gesetzt haben.« Nun hob er seine Augen und fragte: »Haben Sie denn wirklich geglaubt, daß die sie umbringen wollten?«

Der Schwede ließ seine Blicke über den alten Mann schweifen, als wollte er in sein Inneres schauen. Schließlich sagte er: »Ja.« Offensichtlich befürchtete er, daß seine Antwort eine Attacke auslösen könnte. Während er einen Riemen festzog, bebte sein Arm, und der Ellenbogen flatterte wie ein Stück Papier.

Scully vollführte einen eindrucksvollen Schlag mit der Hand gegen das Fußbrett des Bettes. »Lieber Mann, im nächsten Frühjahr kriegen wir hier in dieser Stadt 'ne Linie mit elektrischen Straßenbahnen!«

»Ne Linie mit elektrischen Straßenbahnen«, wiederholte der Schwede stumpfsinnig.

»Außerdem«, sagte Scully, »wird eine neue Eisenbahn von Broken Arm hierher gebaut. Ich rede gar nicht von den vier Kirchen und der tollen großen Backstein-Schule, die wir haben. Außerdem gibt es die große Fabrik. Mann, in zwei Jahren, da is Romper 'ne richtige Großstadt!«

Nachdem er seine Vorbereitungen an seinem Gepäck beendet hatte, richtete der Schwede sich auf. »Mr. Scully«, sagte er, mit plötzlicher Rauheit, »wieviel bin ich Ihnen schuldig?«

»Sie sin mir gar nichts schuldig«, sagte der Alte ärgerlich.

»Doch, doch«, erwiderte der Schwede. Er zog fünfundzwanzig Cent aus seiner Tasche und streckte sie Scully hin; aber der schnippte die Finger, abweisend und geringschätzig. Doch ergab es sich, daß sie nun voreinander standen und auf seltsame Weise die drei Silbermünzen in der offenen Hand des Schweden betrachteten.

»Ich werd Ihr Geld nicht nehmen«, sagte Scully schließlich. »Nach dem, was hier passiert ist, schon gar nicht.« Plötzlich schien ihm etwas einzufallen. »He«, rief er, ergriff seine Lampe und bewegte sich zur Tür hin. »He, jetzt kommen Sie mal mit!«

»Nein!« sagte der Schwede, fast überwältigt von Todesangst.

»Doch«, drängte der alte Mann. »Los! Sie sollen doch nur mitkommen und 'n Bild anschaun, da gegenüber, in meinem Zimmer!«

Der Schwede muß wohl zur Überzeugung gekommen sein, daß sein letztes Stündchen geschlagen hatte. Der Unterkiefer sank ihm herunter, er bleckte die Zähne wie ein Toter. Schließlich folgte er Scully über den Gang, doch hatte er den Schritt eines Menschen in Ketten.

Scully richtete den Strahl seiner Lampe auf die Wand seines Zimmers. Dort erschien nun ein lachhaftes Foto von einem kleinen Mädchen. Sie lehnte sich gegen ein üppig dekoriertes Geländer, der gewaltige Aufbau ihres Haares fiel auf. Die Gestalt war so reizvoll wie ein senkrechter Schlittenpfosten, und über dem ganzen lag ein bleierner Farbton. »Hier«, sagte Scully, »das is'n Bild von meiner Kleinen, die gestor'm is. Carrie hat se geheißen. Sie hatte das hübscheste Haar, das Sie je gesehn ham. Ich hab sie gern gehabt, sie ...«

Er drehte sich um und merkte, daß der Schwede das Bild garnicht betrachtete, sondern statt dessen mit höchster Wachsamkeit in die dunkle Hälfte des Zimmers blickte.

»Sehen Sie doch her, Mensch!« rief Scully gebieterisch. »Das is das Bild von meim klein' Mädchen, das gestor'm is. Sie hieß Carrie. Un hier is ein Bild von meim ältesten Jung, Michael. Er is 'n Rechtsanwalt in Lincoln, und ihm geht's gut. Ich hab dem Jungen 'ne tolle Ausbildung bezahlt, un jetz' bin ich froh deswegen. Er is ein prima Junge. Sehn Sie ihn an. Isser nicht ein toller Kerl, wo er jetzt dort in Lincoln is, un is ein achtbarer und angesehner feiner Herr! Ein achtbarer und angesehner feiner Herr!« schloß Scully mit Aplomb. Bei diesen Worten klopfte er den Schweden gemütlich auf den Rücken.

Der Schwede lächelte schwach.

»So«, sagte der alte Mann, »ich hab da noch was.« Er ließ sich plötzlich auf den Boden nieder und steckte seinen Kopf unters

Bett. Der Schwede hörte seine gedämpfte Stimme. »Ich würd sie ja unters Kissen stecken, wenn Johnnie nicht wäre. Und dann kommt auch noch die alte Frau – wo is sie denn nun? Jedesmal tu ich sie an eine andere Stelle. Ach, hier, – jetzt mal raus mit dir!«

Nun kroch er schwerfällig wieder unter dem Bett hervor, und zog einen alten Mantel hinter sich her, der zu einem Bündel gerollt war. »Ich hab sie erwischt«, murmelte er. Er kniete auf dem Boden, rollte den Mantel auf und zog aus dem Inneren eine große gelbbraune Whiskyflasche.

Seine erste Handlung war, daß er die Flasche hochhielt, gegen das Licht. Offensichtlich wollte er sich vergewissern, daß sich niemand daran zu schaffen gemacht hatte; dann hielt er sie mit einer großherzigen Geste dem Schweden hin.

Der knieweiche Schwede wollte schon eifrig das stärkende Element ergreifen, aber plötzlich zog er seine Hand zurück und warf einen Blick des Schreckens auf Scully.

»Trink!« sagte der alte Mann freundlich. Er hatte sich erhoben und stand nun dem Schweden gegenüber.

Eine Stille trat ein. Wieder sagte Scully: »Trink!«

Der Schwede lachte wild. Er packte die Flasche, legte sie sich an den Mund; und während sich seine Lippen auf bizarre Weise um die Flaschenöffnung krümmten und sein Adamsapfel arbeitete, ruhte sein Blick voll brennendem Haß auf dem Gesicht des alten Mannes.

IV

Nachdem Scully verschwunden war, verharrten die drei Männer, das Spielbrett noch immer auf den Knien, lange Zeit in verblüfftem Schweigen. Dann sagte Johnnie: »Das ist der gottverdammteste Schwede, den ich je gesehen hab!«

»Der is kein Schwede«, sagte der Cowboy verächtlich.

»Was isser denn dann?« schrie Johnnie. »Was is er dann?«

»Nach meiner Meinung«, sagte der Cowboy nachdenklich, »ist das so 'ne Art von Holländer.« Es war eine alte Sitte in diesem Land, daß man alle hellhaarigen Leute, die mit schwerer Zunge redeten, als Schweden bezeichnete. Folglich war die Idee des Cowboys nicht ohne einen gewissen Wagemut. »Jawohl«, wiederholte er. »Nach meiner Meinung is der Kerl so 'ne Art Holländer.«

»Also, er sagt ja, er is ein Schwede«, murmelte Johnnie trübsinnig. Er wandte sich an den Mann aus dem Osten: »Was meinen Sie, Mr. Blanc?«

»Ach, ich weiß nicht«, antwortete der Oststaatler.

»Was glaubt Ihr denn, weswegen er so komisch is?« fragte der Cowboy.

»Na, der hat Angst.« Der aus dem Osten klopft seine Pfeife gegen eine Kante des Ofens. »Sieht man doch, daß der halbtot ist vor Angst.«

»Wovor denn?« riefen Johnnie und der Cowboy gleichzeitig.

Der Mann aus dem Osten brütete über einer Antwort.

»Wovor denn?« riefen die anderen wieder.

»Ach, ich weiß nicht, aber mir kommt's so vor, wie wenn der Groschenromane gelesen hat, und er meint, er ist hier mitten drin – wo sie schießen und stechen und alles.«

»Aber«, sagte der Cowboy, tief entrüstet, »wir sind hier nicht in Wyoming, wir sind nicht irgendwo da hinten. Wir sind in Nebraska.«

»Jawohl«, fügte Johnnie hinzu, »warum wartet er nicht, bis er richtig in den Westen kommt!«

Der weitgereiste Mann aus dem Osten lachte. »Da ist es auch nicht anders als hier – jedenfalls heutzutage. Aber der glaubt, er ist mitten drin in der Hölle.«

Johnnie und der Cowboy verharrten in langem Nachdenken.

Schließlich bemerkte Johnnie: »Es ist wahnsinnig komisch.«

»Ja«, sagte der Cowboy. »Das ist ein idiotisches Spiel. Ich hoffe bloß, daß wir nicht einschneien, sonst müssen wir uns die ganze Zeit mit diesem Kerl hier herumschlagen. Das wär nicht gut.«

»Ich hoffe, daß Paps ihn rausschmeißt«, sagte Johnnie.

In diesem Augenblick hörten sie ein lautes Trampeln auf der Treppe, dazu den witzigen Klang in der Stimme vom alten Scully, und Gelächter, offenbar von dem Schweden. Die Männer am Ofen starrten sich leer an. »Mein Gott!« sagte der Cowboy. Die Tür flog auf, und der alte Scully, mit rotem Gesicht und Witze reißend, kam ins Zimmer. Er quasselte auf den Schweden ein, der ihm folgte und tapfer lachte. Es war der Eintritt zweier Prahlhänse, die von einem Festmahl kamen.

»Los jetzt«, fuhr Scully die drei sitzenden Männer an, »rückt zusammen und laßt uns auch einen Platz am Ofen.« Der Cowboy und der Oststaatler rückten gehorsam ihre Stühle zur Seite, um für die Ankömmlinge Platz zu machen. Aber Johnnie nahm nur eine etwas flegelhaftere Haltung ein und rührte sich nicht weiter.

»Na los! Rück mal 'n bißchen«, sagte Scully.

»Genug Platz auf der anderen Seite vom Ofen«, sagte Johnnie.

»Meinst du, wir wollen in der Zugluft sitzen?« brüllte der Vater.

Doch der Schwede schaltete sich selbstbewußt, mit großkotziger Geste ein: »Nein, nein. Lassen Sie den Jungen sitzen, wo er will«, rief er befehlerisch dem Vater zu.

»Also gut! Also gut!« sagte Scully unterwürfig. Der Cowboy und der Oststaatler wechselten erstaunte Blicke.

Die fünf Stühle wurden in Halbmondform um den Ofen gestellt. Der Schwede begann zu sprechen; er sprach hochmütig, böse und lästerlich. Johnnie, der Cowboy und der aus dem Osten bewahrten ein mürrisches Schweigen, während der alte Scully aufmerksam und eifrig wirkte, und immer wieder mit freundschaftlichen Zurufen unterbrach.

Schließlich erklärte der Schwede, daß er durstig sei. Er machte eine Bewegung auf seinem Stuhl und sagte, er wolle sich einen Schluck Wasser holen.

»Ich bring's Ihnen«, rief Scully sofort.

»Nein«, sagte der Schwede verächtlich. »Ich hol's mir schon selbst.« Er erhob sich, und stelzte in der Haltung eines Besitzers zu den Küchenräumen des Hotels.

Sobald der Schwede außer Hörweite war, sprang Scully auf die Füße und flüsterte den anderen heftig zu: »Da oben hat er geglaubt, ich will ihn vergiften!«

»Also hör mal«, sagte Johnnie, »das ist doch zum Kotzen. Warum schmeißt du ihn nicht raus, in den Schnee?«

»Ach was, der ist jetzt schon in Ordnung«, erklärte Scully. »Es war eben das, daß er aus dem Osten war, und er dachte, hier geht's wild zu. Das ist alles. Er ist jetzt in Ordnung.«

Der Cowboy blickte bewundernd auf den Mann aus dem Osten. »Sie ham recht gehabt«, sagte er. »Ham Sie richtig gelegen mit diesem Holländer da.«

»Na ja«, sagte Johnnie zu seinem Vater. »Vielleicht ist er jetzt in Ordnung, bloß ich merke nichts davon. Zuerst hat er Angst gehabt, un jetz is er zu kibich . . .«

Scullys Sprache war immer ein Gemisch von irischem Dialekt und irischen Redensarten, dem Singsang des Westens und Redensarten des Westens, und Brocken von eigentümlich gestelzten Phrasen, die er aus Almanachen und Zeitungen bezog. Nun überschüttete er seinen Sohn mit einem seltsamen Wust von Reden. »Was führe ich? Was führe ich? Was führe ich?« fragte er mit donnernder Stimme. Er schlug sich eindrucksvoll aufs Knie, um anzukündigen, daß nun eine Antwort folgen würde, die hier sorgfältig zu beachten sei: »Ich führe ein Hotel«, schrie er. »Ein Hotel, verstehst du? Ein Gast unter meinem Dach genießt heiliges Gastrecht. Er soll von niemand belästigt werden. Kein Wort soll er hören, das ihm irgendeinen Anlaß geben könnte, daß er fortgeht. Das will ich nicht haben. In dieser Stadt gibts keinen Ort, wo einer sagen kann, er hat von mir einen Gast aufgenommen, weil der Angst hatte, hier zu bleiben.« Er wirbelte plötzlich herum zu dem Cowboy und dem aus dem Osten:

»Hab ich recht?«

»Ja, Mr. Scully«, sagte der Cowboy. »Ich glaube, Sie haben recht.«

»Ja, Mr. Scully«, sagte der Mann aus dem Osten. »Ich glaube, Sie haben recht.«

V

Beim Abendessen um sechs Uhr sprudelte der Schwede vor Erregung und hektischer Laune. Manchmal schien es, als würde er jeden Augenblick in wilden Gesang ausbrechen, und in diesem ganzen Irrsinn wurde er vom alten Scully auch noch ermutigt. Der kleine Oststaatler hielt sich still zurück; der Cowboy saß mit vor Erstaunen weit offenem Mund, und vergaß zu essen, während Johnnie voller Wut Riesenteller voll Essen vertilgte. Als die Töchter des Hauses Brot nachfüllen sollten, näherten sie sich vorsichtig wie Indianer und flohen, nachdem sie es erledigt hatten, mit kaum verhohlener Angst. Während des ganzen Mahles gab der Schwede den Ton an, und er verlieh der Veranstaltung den Anschein einer grausamen Orgie. Er schien auf einmal größer geworden zu sein, und starrte, voll brutaler Verachtung, ringsum alle Gesichter an. Seine Stimme dröhnte im Zimmer. Einmal, als er mit seiner Gabel wie mit einer Harpune einen Zwieback aufspießen wollte, ritzte er mit seiner Waffe fast die Hand des Oststaatlers, die zu dem gleichen Zweck sanft ausgestreckt worden war.

Nach dem Nachtmahl, während die Männer einer nach dem anderen in den anderen Raum gingen, schlug der Schwede Scully müde auf die Schulter. »Na, alter Knabe, das war mal ein gutes, solides Essen!« Johnnie warf einen hoffnungsvollen Blick auf seinen Vater; er wußte, daß die Schulter, von einem früheren Sturz her, empfindlich war, und es sah wirklich für einen Moment so aus, als würde Scully deswegen aufbrausen, aber dann lächelte er ein kränkliches Lächeln und schwieg. Die anderen erklärten sich sein Verhalten damit, daß er sich für verantwortlich für die neuere Einstellung des Schweden hielt.

Aber Johnnie zog seinen Vater zur Seite und sagte: »Warum erlaubst du nicht, daß ihn mal jemand die Treppe runterwirft?« Scully, anstatt zu antworten, grollte nur finster.

Sie waren nun alle um den Ofen versammelt, da verlangte der Schwede ein weiteres Spiel *High-Five*. Zuerst wollte Scully nichts davon wissen, aber der Schwede bedachte ihn mit einem bösartigen Blick. Der alte Mann gab nach, und darauf bedrängte der Schwede die anderen. In seiner Stimme lag eine fortwährende starke Drohung. Der Cowboy und der Mann aus dem Osten erklärten gleichgültig, sie würden mitspielen. Scully sagte, daß er gleich zum Zwei-vor-sieben-Zug gehen müsse; darauf wandte sich der Schwede drohend an Johnnie. Einen Augenblick lang begegneten sich ihre Blicke wie Messer, dann lächelte Johnnie und sagte: »Ja, ich spiel mit.«

Sie setzten sich zu einem Quadrat zusammen, auf den Knien das Spielbrett. Der Oststaatler und der Schwede spielten wieder zusammen. Während das Spiel ablief, war es auffallend, daß der Cowboy jetzt nicht wie sonst auf die Platte knallte. Währenddessen setzte Scully sich, in der Nähe der Lampe, die Brille auf und las die Zeitung; er hatte eine merkwürdige Ähnlichkeit mit einem alten Geistlichen. Nach einiger Zeit ging er hinaus, um seinen Zwei-vor-sieben-Zug zu erreichen; trotz seiner Vorsicht wirbelte ein heftiger, eiskalter Windstoß zur Tür herein, als er öffnete. Er streute die Karten herum und ließ die Spieler bis aufs Mark frieren. Der Schwede fluchte furchterregend. Als Scully wieder zurückkehrte, zerstörte er durch seinen Eintritt eine gemütliche und freundliche Szene. Wieder fluchte der Schwede. Und sogleich waren alle wieder sehr angespannt, streckten die Köpfe vor und ihre Hände bewegten sich eilig. Jetzt hatte der Schwede die Gewohnheit des Kartenknallers angenommen.

Scully griff wieder zur Zeitung und war lange Zeit in Angelegenheiten versunken, die ungeheuer weit von ihm entfernt waren. Die Lampe brannte schlecht, einmal unterbrach er sich und brachte den Docht in Ordnung. Während er Seite um Seite blätterte, raschelte die Zeitung mit einem mäßigen und angenehmen Geräusch. Plötzlich hörte er drei schreckliche Worte: »Sie spieln falsch!«

Solche Szenen beweisen immer wieder, daß eine dramatische Atmosphäre kaum von der Umgebung abhängt. Jeder Raum kann tragische Züge gewinnen, und jeder Raum kann auch Komödie spielen. Diese kleine Stube war nun abscheulich wie eine Folterkammer. Durch die neuen Gesichter der Männer war sie so verwandelt worden. Der Schwede hielt eine riesenhafte Faust vor Johnnies Gesicht, während dieser darüber hinweg unverwandt in die sprühenden Augen seines Anklägers blickte. Der Mann aus dem Osten war blaß geworden; die Kinnlade des Cowboys hing herab, und verlieh ihm jenen Ausdruck ochsenhafter Verblüffung, der in seinem Repertoire eine so wichtige Rolle spielte. Nach den drei Worten kam das erste Geräusch von Scully's Zeitung, die unbeachtet zu seinen Füßen sank. Auch die Brillengläser waren ihm von der Nase gerutscht, doch hatte er sie durch einen raschen Griff in der Luft gefangen. Seine Hand, die die Brille erfaßt hatte, schwebte in unnatürlicher Haltung in Schulternähe. Er starrte auf die Kartenspieler.

Vielleicht eine Sekunde währte das Schweigen. Dann schien es, als sei der Boden mit einem Ruck unter ihnen weggezogen, so schnell bewegten sie sich. Die fünf hatten sich alle kopfüber auf dasselbe Ziel gestürzt. Es traf sich, daß Johnnie, als er aufstand um sich auf den Schweden zu werfen, infolge seiner merkwürdigen instinktiven Besorgtheit um die Karten und das Brett, ein wenig stolperte. Der verlorene Augenblick genügte, daß Scully zur Stelle war, und gab auch dem Cowboy die Zeit, dem Schweden einen starken Stoß zu versetzen, so daß dieser zurücktorkelte. Zu gleicher Zeit fanden die Männer ihre Stimmen wieder, und aus allen Kehlen fuhren rauhe Schreie der Wut, bittende Rufe, Schreie der Angst. Der Cowboy stieß und rempelte fieberhaft gegen den Schweden, Scully und der Ostmann hängten sich mit aller Macht an Johnnie; doch durch die rauchige Luft, über den schwankenden Körpern der Friedenstifter, suchten sich die Augen der beiden Krieger immer wieder mit herausfordernden Blicken, die zugleich hitzig und stahlhart waren.

Natürlich wurde das Spielbrett umgeworfen, und nun war die ganze Kartengesellschaft über den Boden zerstreut; die Stiefel der Männer trampelten auf den fetten und bemalten Königen und Königinnen herum, deren einfältige Augen auf den Krieg, der über ihnen tobte, gerichtet waren.

Scully's Stimme übertönte die Schlachtrufe. »Aufhören! Hört auf, sage ich! Aufhören!«

Johnnie, der sich heftig bemühte, die Kette zu durchbrechen, die Scully und der Mann aus dem Osten gebildet hatten, heulte: »Der sagt, ich hab falsch gespielt! Er sagt, ich hab falsch gespielt! Kein Mensch darf sagen, daß ich falsch spiele! Wenn er sagt, ich hab falsch gespielt, ist er ein . . .«

Der Cowboy redete auf den Schweden ein: »Schluß jetzt! Verstehst du, jetzt is Schluß!«

Das Kreischen des Schweden hörte nicht auf: »Er hat doch falsch gespielt! Ich hab's gesehen! Ich hab ihn gesehen!«

Was den Mann aus dem Osten betrifft: der redete beharrlich mit einer Stimme, auf die keiner achtete: »Warte mal 'n Moment, nicht wahr? Also, warte mal 'n Moment. Was hat's für einen Sinn, sich wegen einem Kartenspiel zu schlagen? Warte doch 'n Moment –«

In diesem Tumult hörte man keine ganzen Sätze. »Gespielt« – »Schluß« – »sagt er« – diese Bruchstücke drangen durch den Aufruhr und waren klar vernehmbar. Es war bemerkenswert, daß Scully, obgleich er zweifellos den größten Lärm machte, von der ganzen wilden Gruppe am wenigsten zu hören war.

Dann trat auf einmal eine große Unterbrechung ein. Es war, als ob jedermann Luft holen wollte; und obwohl der Raum noch immer vom hellen Zorn der Männer erfüllt war, konnte man sehen, daß kein unmittelbarer Zusammenstoß drohte; sogleich drängelte sich Johnnie weiter vorwärts, und fast wäre es ihm gelungen, dem Schweden gegenüberzustehen. »Was hast du gesagt, von mir und vom Falschspielen? Was hast du gesagt, von mir und vom Falschspielen? Ich spiel nicht falsch, und das soll keiner sagen!«

Der Schwede sagte: »Ich hab Sie gesehen! Ich hab Sie gesehn!«

Johnnie schrie: »Ich schlag mich mit jedem, der sagt, daß ich falschspiele!«

»Nein, das machst du nicht«, sagte der Cowboy. »Hier nicht.«

»Du gibst Ruhe, hörst du?« sagte Scully, indem er zwischen sie trat.

Durch die Ruhe wurde nun die Stimme des Mannes aus dem Osten hörbar. Er sagte immer wieder: »Jetzt wart mal 'n Moment, nicht wahr? Was hat's denn für 'n Sinn, sich wegen eim Kartenspiel zu schlagen? Wart mal ein Moment!«

Johnnies rotes Gesicht tauchte wieder über der Schulter seines Vaters auf, und wieder rief er dem Schweden zu: »Hast du falschspielen gesagt?«

Der Schwede zeigte seine Zähne. »Ja.«

»Wenn's so ist«, sagte Johnnie, »müssen wir uns schlagen.«

»Jawohl, schlagen«, brüllte der Schwede. Er war wie ein irrwitziger Teufel. »Jawohl! Kämpfen! Ich werde dir zeigen, was für ein Mann ich bin! Ich werde dir zeigen, gegen wen du kämpfen willst! Vielleicht meinst du, ich kann gar nicht kämpfen! Vielleicht meinst du, ich kann's nicht! Ich werd's dir zeigen, du Gauner, du Zinker! Jawohl! Du hast falschgespielt! Du hast betrogen! Du hast betrogen!«

»Gut, mein Herr, dann tragen wir's jetzt aus«, sagte Johnnie kühl.

Von der Stirn des Cowboys perlte nun der Schweiß vor Anstrengung, die immer neuen Attacken zu verhindern. Verzweifelt wandte er sich an Scully. »Was wollen Sie denn jetzt machen?«

Eine Veränderung war in dem keltischen Gesicht des alten Mannes vor sich gegangen. Nun war er voller Eifer; seine Augen leuchteten.

»Sie sollen jetzt kämpfen«, sagte er mit Festigkeit. »Ich kann es jetzt nicht länger aushalten. Ich hab's lang genug probiert. Der verdammte Schwede macht mich krank. Sie sollen jetzt kämpfen.«

VI

Die Männer trafen ihre Vorbereitungen, um vor die Tür zu treten. Der Mann aus dem Osten war so nervös, daß es ihm schwerfiel, mit den Armen in die Ärmel seines neuen Ledermantels zu finden. Als der Cowboy seine Pelzmütze über die Ohren zog, zitterten ihm die Hände. Johnnie und der alte Scully waren die einzigen, die keinerlei Aufregung zeigten. Diese Handlungen wurden wortlos ausgeführt.

Scully stieß die Tür auf. »Also, kommt jetzt«, sagte er. Augenblicklich war da ein schrecklicher Wind, in dem die Flamme am Docht der Lampe kämpfte, während eine kleine schwarze Rauchwolke oben aus dem Kamin hervorschoß. Der Ofen war mitten im besten Brennen, und seine Stimme schwoll zu gleicher Lautstärke wie der Sturm. Einige der beschädigten und betrampelten Karten wurden vom Boden gehoben und hilflos zur gegenüberliegenden Seite getrieben. Die Männer senkten die Köpfe und tauchten in den Sturm wie in ein Meer.

Es fiel kein Schnee, aber große Flockenwirbel und -wolken wurden durch die heftigen Windstöße vom Boden aufgeweht, und bewegten sich mit der Geschwindigkeit von Gewehrkugeln nach Süden. Das schneebedeckte Land war blau, es schimmerte geisterhaft wie Satin, sonst sah man keine andere Farbe, außer in der Senke, wo in der schwarzen Eisenbahnstation – scheinbar unglaublich fern – ein einziges Licht wie ein kleines Juwel blinkte. Als die Männer in den hüfthohen Schnee stapften, hörte man, daß der Schwede irgend etwas brummelte. Scully trat zu ihm hin, legte ihm eine Hand auf die Schulter, und hielt ihm sein Ohr hin: »Was war das? Was ham Sie gesagt?« schrie er.

»Ich sage«, knurrte der Schwede wieder, »gegen diese Bande kann ich nicht viel ausrichten. Weiß genau, daß ihr alle über mich herfallt.«

Scully klopfte ihm vorwurfsvoll auf den Arm. »Ruhig, Mann!« schrie er. Der Wind riß die Worte von Scullys Lippen und wehte sie weit dahin.

»Ihr seid eine Bande von ...« dröhnte der Schwede, aber der Sturm griff sich auch hier den Rest.

Gleich drauf hatten die Männer dem Wind den Rücken zugekehrt und waren um die Ecke zur windgeschützten Seite des

Hotels gelangt. Das kleine Haus diente hier – mitten in dieser weiten Schneewüstenei – zum Schutz eines unregelmäßigen dreieckigen Platzes aus stark vereistem Gras, das unter ihren Füßen knisterte. Man hatte hier eine Vorstellung, ein Gefühl von den großen Mengen Schnee, die sich auf der Windseite des Hauses auftürmten. Als die Gesellschaft dieses relativ friedliche Fleckchen erreicht hatte, stellte es sich heraus, daß der Schwede noch immer murrte.

»Oh, ich weiß schon, was das für eine Sache ist! Ich weiß, ihr werdet alle über mich herfallen. Gegen alle komme ich nicht an.«

Scully stellte sich vor ihn, wie ein Panther. »Sie brauchen hier nicht alle zu schlagen. Sie brauchen nur meinen Sohn Johnnie zu schlagen. Der Mann, der Ihnen dabei dazwischenkommt, kriegt's mit mir zu tun.«

Die Vorkehrungen wurden schnell getroffen. Die beiden Männer standen sich gegenüber und erwarteten die scharfen Befehle Scullys; in seinem Gesicht, mit sublimem düsterem Glanz, konnte man sich gut jene strengen, zeitlosen Züge vorstellen, welche die Gesichter römischer Veteranen charakterisiert haben müssen. Die Zähne des Mannes aus dem Osten klapperten, er hüpfte auf und nieder wie ein mechanisches Spielzeug. Der Cowboy stand versteinert.

Die Widersacher hatten nichts von ihrer Kleidung abgelegt. Jeder steckte in seinem gewöhnlichen Anzug. Ihre Fäuste waren erhoben, und sie beäugten einander mit einer Ruhe, die etwas von katzenhafter Grausamkeit hatte.

Während dieses Intermezzos bildete sich im Kopf des Oststaatlers, wie auf einem Film, ein bleibender Eindruck dieser drei Männer – der Sekundant mit den stählernen Nerven; der Schwede – blaß, bewegungslos, schrecklich; und Johnnie, gelassen und doch wild, grobschlächtig und doch heldenhaft. In diesem Vorspiel steckte eine Tragödie, die größer war als die Tragödie der Tat selber, und dieser Eindruck wurde noch verstärkt durch den langanhaltenden sanften Schrei des Schneesturms, der die taumelnden und schwankenden Flocken gegen den scharfen Hintergrund des Südens trieb.

»Jetzt!« sagte Scully.

Die beiden Kämpfer sprangen vor und stießen aufeinander wie Stiere. Man hörte das gedämpfte Geräusch von Schlägen und einen Fluch, der sich zwischen den Zähnen des einen von beiden herauspreßte.

Was die Zuschauer betraf: der aufgestaute Atem des Oststaatlers entlud sich mit einem Ausbruch der Erleichterung, absoluter Erleichterung nach der Anspannung des Vorspiels. Der Cowboy machte einen Luftsprung und stieß ein Geheul aus. Scully war bewegungslos, wie gelähmt durch das äußerste Erstaunen und die Furcht vor der Wildheit eines Kampfes, den er selbst zugelassen und ausgerichtet hatte.

Eine Zeitlang war dieses Treffen in der Finsternis eine solche Wirrnis von fliegenden Armen, daß man es ebensowenig im Einzelnen verfolgen konnte, wie ein schnell rotierendes Rad. Gelegentlich zeichnete sich ein Gesicht ab, wie von einem Lichtstrahl erleuchtet, geisterhaft und von rosa Flecken bedeckt. Einen Augenblick später hätte man die Männer für Schatten halten können, hätten sie nicht unwillkürlich Flüche ausgestoßen, die als Geflüster herüberwehten.

Plötzlich ergriff den Cowboy eine urgewaltige Kampfeslust, und er schoß, schnell wie ein Mustang, vorwärts. »Mach los, Johnnie, mach los! Schlag ihn tot! Schlag ihn tot!«

Scully trat ihm entgegen. »Du hältst dich raus!« sagte er; und an dem Ausdruck seiner Augen erkannte der Cowboy, daß dieser Mann Johnnies Vater war.

Für den Mann aus dem Osten war das Ganze gleichförmig, unveränderlich eine Rauferei, ein Greuel. Das wirre Durcheinander empfand er als eine Ewigkeit, nach deren Ende – dem unausdenkbaren Ende – man sich sehnte. Einmal gerieten die Kämpfer in seine Nähe, und während er sich hastig zurückzog, hörte er sie stöhnen, wie Menschen in der Folter.

»Schlag ihn tot, Johnnie, schlag ihn tot, schlag ihn tot, schlag ihn tot!« Das Gesicht des Cowboys war verzerrt wie eine jener Leidensmasken im Museum.

»Sei still«, sagte Scully eisig.

Dann kam ein plötzliches lautes Grunzen, unvollständig, abgehackt, und Johnnies Körper flog von dem Schweden fort und landete mit einer übelkeitserregenden Wucht im Gras. Mit knapper Not gelang es dem Cowboy, zu verhindern, daß der wahnwitzige Schwede sich über seinen ausgestreckten Gegner warf. »Nicht! Das nicht!« sagte der Cowboy und hielt ihn am Arm fest. »Warte 'n Moment.«

Scully war jetzt neben seinem Sohn. »Johnnie! Johnnie, mein Jung!« Seine Stimme hatte etwas trauervoll Zärtliches. »Johnnie! Kannst du noch weiter?« Ängstlich blickte er hinunter auf das blutige, gedunsene Gesicht seines Sohnes.

Einen Augenblick war Schweigen, dann antwortete Johnnie mit seiner gewöhnlichen Stimme: »Ja, ich – es – ja.«

Mit Hilfe seines Vaters rappelte er sich wieder auf. »Warte 'n bißchen, bis du wieder Luft hast«, sagte der alte Mann.

Ein paar Schritte weiter predigte der Schwede: »Du wirst nicht! Du wartest eine Sekunde!«

Der Oststaatler zupfte Scully am Ärmel. »Oh, das genügt jetzt«, flehte er. »Das genügt! Laßt es jetzt gut sein. Das genügt!«

»Bill«, sagte Scully, »geh aus dem Weg.« Der Cowboy trat zur Seite. »Jetzt.« Die beiden Gegner machten es vorsichtiger jetzt, als sie wieder aufeinander losgingen. Sie funkelten einander an, dann holte der Schwede blitzartig zu einem Schlag aus, in dem sein gesamtes Gewicht lag. Johnnie war offensichtlich halb verblödet vor Schwäche, doch auf wunderbare Weise duckte er sich, und brachte mit seiner Faust den Schweden, während er durch den Schwung aus dem Gleichgewicht kam, zu Fall.

Der Cowboy, Scully und der Mann aus dem Osten brachen in einen Jubelschrei aus, der wie ein Chor triumphierender Soldaten klang, doch bevor sie noch verstummten, war der Schwede schon wieder gelenkig auf die Füße gesprungen und hatte seinen Feind angenommen, wie ein Berserker außer sich vor Wut. Ein neues Gewirr fliegender Arme, und wieder wurde Johnnies Körper herausgeschleudert und fiel, wie irgendein Bündel vom Dach fällt. Zugleich taumelte der Schwede zu einem kleinen windgebeugten Baum, lehnte sich an ihn, keuchend wie eine Lokomotive; während die Männer sich über Johnnie beugten, wanderten seine wilden, flammensprühenden Augen von Gesicht zu Gesicht. Eine grandiose Einsamkeit ging von ihm aus; der Oststaatler spürte es, als er einmal seine Blicke von dem Menschen am Boden zu der geheimnisvollen und isolierten Gestalt hob, die dort wartete.

»Bist du noch halbwegs in Ordnung, Johnnie?« fragte Scully mit brüchiger Stimme.

Der Sohn atmete schwer und öffnete langsam die Augen. Nach einem Moment antwortete er: »Nein – bin nicht – in Ordnung – nicht mehr.« Darauf begann er zu weinen; er weinte wegen der Schande und wegen des schmerzenden Körpers, und die Tränen zogen Furchen durch sein blutbeflecktes Gesicht. »Er war zu – zu schwer für mich.«

Scully richtete sich auf und sprach die wartende Gestalt an. »Fremder«, sagte er mit klarer Stimme, »du hast es geschafft.« Dann nahm seine Stimme die vibrierende Heiserkeit an, mit der gewöhnlich jene allereinfachste tödliche Nachricht bekanntgemacht wird: »Johnnie ist geschlagen.«

Der Sieger antwortete nicht und entfernte sich in Richtung der Vordertür des Hotels.

Der Cowboy erfand neue und unaussprechlich blasphemische Flüche. Der Mann aus dem Osten machte die verblüffende Entdeckung, daß sie in einem Wind standen, der anscheinend direkt aus der Polarregion kam. Wieder hörte er das Klagelied des Schnees, der in sein südliches Grab getrieben wurde. Jetzt merkte er, daß die ganze Zeit über die Kälte immer tiefer in ihn eingedrungen war; er wunderte sich, daß er nicht erfroren war. Für den Zustand des besiegten Mannes empfand er Gleichgültigkeit.

»Johnnie, kannst du gehen?« fragte Scully.

»Hab ich ihn verletzt – irgendwie verletzt?« fragte der Sohn.

»Kannst du gehen, Junge? Kannst du gehen?«

Plötzlich war Johnnies Stimme kräftig. Eine robuste Ungeduld klang in ihr mit. »Ich hab gefragt, ob ich ihn irgendwie verletzt habe!«

»Ja, ja, Johnnie«, antwortete der Cowboy tröstend; »er ist ganz schön verletzt.«

Sie richteten ihn vom Boden auf, und sobald er auf den Beinen war, schwankte er los, und wies alle Versuche zurück, ihm zu helfen. Als die Gesellschaft um die Ecke bog, wurde sie von dem prasselnden Schnee ziemlich geblendet. Er brannte wie Feuer in ihren Gesichtern. Der Cowboy schob Johnnie durch das Schneetreiben zur Tür. Als sie eintraten, flogen einige der Karten vom Boden auf und schlugen gegen die Wand.

Der Mann aus dem Osten eilte zum Ofen. Er war so durchgefroren, daß er am liebsten den glühenden Ofen umarmt hätte. Der Schwede war nicht im Raum. Johnnie ließ sich auf einen Stuhl sinken, legte seine Arme auf die Knie, und vergrub sein Gesicht in den Händen. Scully wärmte sich erst den einen, dann den anderen Fuß an der Ofenkante, und murmelte dabei zu sich selbst mit keltischer Melancholie. Der Cowboy hatte die Pelzmütze abgenommen, und strich sich zerstreut und bekümmert mit der Hand durch sein zerzaustes Haar. Von der Decke her konnten sie am Knarren der Bodenbretter hören, wie der Schwede sich mit schweren Schritten in seinem Zimmer hin und her bewegte.

Die traurige Stille wurde unterbrochen, als plötzlich die Tür aufflog, die zur Küche führte. Die Frauen liefen eilends herein. Sie stürzten sich sogleich auf Johnnie – ein einziger Klage-Chor. Bevor sie ihre Beute hinüber in die Küche schafften, um sie dort in jener Mischung von Sympathie und Vorwürfen zu baden und auszuschimpfen, die diesem Geschlecht eigentümlich ist, stellte sich die Mutter steil auf und fixierte den alten Scully mit Augen voll strengem Tadel: »Schäm dich, Patrick Scully!« rief sie. »Das deinem eigenen Sohn! Schäm dich!«

»Schluß jetzt! Sei still!« sagte der alte Mann schwächlich.

»Schäm dich, Patrick Scully!« stimmten jetzt die Mädchen ein, und rümpften hochmütig ihre Nasen in Richtung auf die zitternden Mitschuldigen, den Cowboy und den Mann aus dem Osten. Gleich darauf schleppten sie Johnnie fort und überließen die drei Männer ihren trübseligen Betrachtungen.

VII

»Am liebsten würde ich mich selber mit diesem komischen Holländer schlagen«, sagte der Cowboy nach einer langen Stille.

Scully wiegte traurig seinen Kopf. »Nein, das hilft auch nichts. Das wäre nicht in Ordnung. Nicht in Ordnung.«

»Wieso? Warum denn nicht?« beharrte der Cowboy. »Ich seh da nichts Falsches drin.«

»Nein«, antwortete Scully, mit mannhaftem Kummer. »Richtig wär das nicht. Das war Johnnies Kampf, und jetzt müssen wir den Mann nicht schlagen, bloß weil er Johnnie geschlagen hat.«

»Ja, stimmt schon«, sagte der Cowboy; »aber – er soll sich lieber mit mir nicht anlegen, sowas kann ich jetzt nicht mehr vertragen.«

»Du sagst kein Wort zu ihm«, befahl Scully, und da hörten sie auch schon die Schritte des Schweden auf der Treppe. Sein

Auftritt war das reinste Theater. Er stieß die Tür mit einem Knall auf, stapfte in die Mitte des Raumes. Keiner sah ihn an. »So«, schrie er Scully an, »jetzt werden Sie mir wohl sagen, was ich Ihnen schulde.«

Der alte Mann blieb ungerührt. »Sie schulden mir gar nix.«

»Oho«, sagte der Schwede, »oho! Schulde ihm garnix!«

Der Cowboy redete den Schweden an. »Fremder, ich versteh nicht ganz, weswegen Sie hier so lustig sind.«

Der alte Scully fuhr sofort hoch. »Schweig!« brüllte er, und steckte die Hand aus, mit hochgereckten Fingern. »Bill, du hältst dein Maul!«

Der Cowboy spuckte nachlässig in die Sägemehlkiste. »Ich hab doch gar nichts gesagt, oder?« fragte er.

»Mr. Scully«, tönte der Schwede. »Wieviel schulde ich Ihnen?« Man konnte sehen, daß er zur Abreise gerüstet war, er hielt seinen Koffer in der Hand.

»Sie schulden mir garnix«, wiederholte Scully, er war nicht aus der Ruhe zu bringen.

»Oho«, sagte der Schwede. »Ich glaub Sie ham recht. Ich glaub, wenn es richtig zuginge, würden eher Sie mir was schulden. Das glaube ich.« Er wandte sich an den Cowboy. »Schlag ihn tot, schlag ihn tot, schlag ihn tot!« äffte er ihn nach, dann brach er in ein Siegerlachen aus. »Schlag ihn tot!« Er schüttelte sich vor ironischer Heiterkeit.

Aber er hätte ebensogut die Toten aufreizen können. Die drei Männer blieben unbeweglich und stumm, und starrten mit gläsernen Blicken den Ofen an.

Der Schwede öffnete die Tür und trat hinaus in den Sturm; nur noch einen schnellen spöttischen Blick warf er zurück auf die ruhige Gruppe.

Sobald die Tür geschlossen war, sprangen Scully und Cowboy auf und fingen zu fluchen an. Sie stampften auf und nieder, fuchtelten mit den Armen in der Luft und schlugen mit den Fäusten in die Luft. »Oh, das war ein schlimmer Augenblick«, jammerte Scully. »Was war das für ein böser Augenblick! Der da spottet und hänselt! In dieser Minute hätt ich für einen Schlag auf die Nase vierzig Dollar gezahlt! Wie hast du's nur ausgehalten, Bill?«

»Wie ich's ausgehalten hab?« rief der Cowboy mit bebender Stimme. »Wie ich's aushielt? Oh Gott!«

Der alte Mann verfiel auf einmal in irischen Dialekt. »Ich däd am liebsten den Schweden nehm'«, jammerte er, »un drick ihn auf 'n Steinbodn und klopf ihm mit 'm Stock zu Mus!«

Der Cowboy stöhnte vor Sympathie. »Ich möcht ihn am Hals packen und mit dem Kopf« – er schlug mit der Hand auf einen Stuhl mit einem Geräusch wie ein Pistolenknall –, »mit dem Kopf wogegen haun, daß er selber nicht mehr weiß, dieser Holländer, ist er's oder ein toter Koyote.«

»Ich würd den zwiebeln . . .«

»Ich würd dem ein paar Sachen zeigen . . .«

Dann alle zusammen in einem verlangenden, fanatischen Aufschrei: »Oh, wenn wir ihn nur . . .«

»Jawohl!«

»Jawohl!«

»Und dann würde ich . . .«

»Ooooh!«

VIII

Der Schwede hielt seinen Koffer fest am Griff und ging vor dem Sturm, als ob er Segel hätte. Er folgte einer Reihe von kleinen, nackten, in den Boden geklammerten Bäumen, die, wie er wußte, den Verlauf des Weges anzeigten. Sein Gesicht, von Johnnies Fausthieben noch gerötet, fühlte mehr Lust als Schmerz durch den Wind und den wehenden Schnee. Schließlich tauchte vor ihm eine Reihe viereckiger Umrisse auf, und er erkannte sie als Häuser der eigentlichen Stadt. Er fand eine Straße und folgte ihr; wenn an den Ecken ein heftiger Windstoß auf ihn losfuhr, beugte er sich tief dagegen.

Es war wie in einem verlassenen Dorf. Wir sehen die Welt gern von einer eroberungslustigen, hochgemuten Menschheit bevölkert, doch hier, wo die Hörner des Sturmes tönten, konnte man sich eine bevölkerte Erde kaum vorstellen. Man betrachtete das menschliche Dasein hier als Wunder, man billigte ihm einen gewissen Glanz zu – diesem Dasein von Läusen, die sich unbedingt an solch eine kreisende, vom Feuer verbrannte, eisverkrustete, von Krankheit heimgesuchte, im Raum verlorene Zwiebel klammern müssen. Der Sturm jetzt zeigte, daß der Hochmut des Menschen der eigentliche Antrieb des Lebens ist. Man war ein

Narr, hier nicht sterben zu wollen. Aber der Schwede fand ein Wirtshaus.

An der Straßenseite brannte eine unbesiegbare rote Lampe, und die Schneeflocken färbten sich blutig rot, wenn sie durch den scharfen Lichtkegel flogen. Der Schwede stieß die Tür des Lokals auf und trat ein. Eine sandbedeckte Fläche öffnete sich vor ihm, an deren Ende vier Männer um einen Tisch saßen und tranken. Entlang einer Seite des Raumes erstreckte sich eine hell erleuchtete Theke. Der Barmann hatte sich auf die Ellbogen gestützt und lauschte dem Gespräch der Männer am Tisch. Der Schwede stellte seinen Koffer auf den Boden, lächelte dem Barmann brüderlich zu und sagte: »Gib mir Whisky, ja?« Der Mann stellte eine Flasche, ein Whiskyglas, und ein Glas voll dickem Eiswasser auf die Theke. Der Schwede goß sich eine übergroße Portion Whisky ein und trank sie in drei Schlucken. »Ziemlich böse Nacht«, bemerkte der Barmann gleichgültig. Mit der Gewohnheit, die seine Klasse auszeichnet, stellte er sich blind; doch hätte man bemerken können, daß er heimlich die halb abgewischten Blutflecken im Gesicht des Schweden studierte. »Böse Nacht«, sagte er wieder.

»Oh, für mich ist sie gut genug«, antwortete der verwegene Schwede, und goß sich noch etwas Whisky ein. Der Barmann nahm seine Münze, schob sie durch die entsprechende Öffnung in die stark vernickelte Kasse. Eine Glocke klingelte. Eine Karte mit Aufdruck ›20 Cent‹ war herausgekommen.

»Nein«, fuhr der Schwede fort, »so bös ist das Wetter nicht. Gut genug für mich.«

»Ach so?« murmelte der Barmann gedehnt.

Die reichlichen Whiskyportionen machten dem Schweden die Augen wäßrig, und er atmete etwas schwerer. »Jawohl, ich mag dieses Wetter. Ich mag es. Es paßt zu mir.« Es war offenbar seine Absicht, diesen Worten eine tiefe Bedeutung zu verleihen.

»Ach so?« murmelte der Barmann wieder. Er wandte sich um, um träumerisch die verschnörkelten Vögel oder vogelartigen Schnörkel zu betrachten, die jemand mit Seife auf die Spiegel hinter der Theke gemalt hatte.

»Ich glaub, ich nehm noch einen Schluck«, sagte der Schwede jetzt. »Sie auch ein'?«

»Nein, danke; ich trinke nicht«, antwortete der Barmann. Dann fragte er. »Wie haben Sie Ihr Gesicht verletzt?«

Sogleich fing der Schwede laut zu prahlen an. »Na, bei einem Zweikampf! Da unten, in Scullys Hotel, hab ich einem Kerl den Geist rausgeprügelt.«

Nun erwachte auch bei den vier Männern am Tisch das Interesse.

»Wer war's denn?« sagte einer.

»Johnnie Scully«, lärmte der Schwede. »Der Sohn vom Besitzer. Ein paar Wochen lang wird der ziemlich kaputt sein, das sage ich euch. Hab ihn ganz schön fertig gemacht, bestimmt. Er konnte nicht mehr aufstehen. Sie ham ihn ins Haus getragen. Was zu trinken?«

Sofort gingen die Männer auf eine kaum merkliche Weise auf Distanz. »Nein, danke«, sagte einer. Es war eine sonderbar gemischte Gruppe. Zwei waren wichtige Geschäftsleute des Ortes, einer war Bezirks-Staatsanwalt; einer war ein berufsmäßiger Spieler, von der Art, die dort als ›ehrlich‹ gilt. Bei genauer Betrachtung allerdings hätte ein Beobachter den Spieler von den Herren mit reputierlicherer Stellung unterscheiden können. Tatsächlich war er ein Mann von so feiner Art, wenn er in guter Gesellschaft war, und suchte sich seine Opfer so sorgfältig aus, daß er, in diesem durch und durch männlichen Teil des Stadtlebens hier als ein außerordentlich vertrauenswürdiger und bewunderter Mensch galt. Die Leute nannten ihn hier ein Vollblut. Die Angst und die Verachtung, mit der seine Kunst hier angesehen wurde, waren zweifellos die Ursache, warum seine Würde sich so auffällig von jener stillen Würde von Leuten abhob, die vielleicht nur Hutmacher, Marköre, oder Angestellte in einem Kaufladen waren. Außer gelegentlich einen ahnungslosen Reisenden, der mit der Eisenbahn kam, nahm sich der Spieler höchstens die senilen und leichtsinnigen Farmer vor, die, nach einer guten Ernte, mit dem ganzen Stolz und dem Selbstvertrauen einer völlig unerschütterlichen Dummheit in die Stadt kamen. Wenn sie gelegentlich auf Umwegen hörten, wie so ein Farmer ausgeplündert worden war, dann hatten die wichtigen Leute von Romper stets nur ein verächtliches Lachen für das Opfer; wenn sie überhaupt einen Gedanken an den Räuber verschwendeten, so war es mit einem gewissen Stolz im Bewußtsein, daß er sich nie unterstehen würde, *ihre* Weisheit oder *ihren* Mut aufs Korn zu nehmen. Außerdem schätzte man es allgemein, daß dieser Spieler eine richtige Frau und zwei richtige Kinder in einem sauberen kleinen Haus in der Vorstadt besaß, wo er ein beispielhaftes Familienleben führte; sollte also irgend jemand eine Andeutung über seinen fragwürdigen Charakter machen, so ergingen sich die übrigen sogleich in Berichten über sein tugendhaftes Familienleben. Schließlich fanden sich die Männer, die ein beispielhaftes Familienleben führten, und diejenigen, die kein beispielhaftes Familienleben führten, alle zusammen und stellten fest, daß weiter nichts dazu zu sagen wäre.

Wenn man sich jedoch von ihm abgrenzte – zum Beispiel, wenn eine starke Clique von Mitgliedern des neuen Pollywog Clubs ihm – sogar als Zuschauer – den Zutritt zu ihrer Organisation verweigerte – so wirkte die offene und vornehme Art, mit der er diesen Beschluß akzeptierte, auf viele seiner Feinde entwaffnend, und machte seine Freunde zu noch glühenderen Parteigängern. Jedesmal zog er den Trennungsstrich zwischen sich selbst und einem angesehenen Mann aus Romper so rasch und freimütig, daß sein Benehmen tatsächlich wie ein fortwährend weitergetragenes Kompliment wirkte.

Man sollte auch nicht vergessen, die eigentliche Basis seiner Position in Romper darzulegen. Unbestreitbar war dieser räuberische Kartenspieler, abgesehen von seinen Geschäften, in allen Dingen, die immer und überall eine Rolle spielten, so großzügig, ehrenhaft und moralisch, daß er in einem Wettstreit das Gewissen von neun Zehnteln der Bürger von Romper hätte in die Flucht schlagen können.

So war es möglich, daß er in diesem Lokal mit zwei hervorragenden Geschäftsleuten und dem Bezirks-Staatsanwalt sitzen konnte.

Der Schwede trank weiterhin Whisky pur, redete dazwischen auf den Barmann ein und versuchte ihn dazu zu bewegen, auch was zu trinken. »Na los. Nimm auch ein'. Los. Was heißt Nein? Dann nimm einen kleinen. Mein Gott, ich hab heut abend einen Mann geschlagen, und das will ich feiern. Ich hab ihn ganz schön fertiggemacht. Meine Herrn«, rief der Schwede den Männern am Tisch zu, »wolln Sie ein' trinken?«

»Pscht« sagte der Barmann.

Die Gruppe am Tisch, obgleich sie verstohlen zugehört hatte, war vorgeblich tief im Gespräch versunken; doch nun hob einer seine Augen, blickte den Schweden an und sagte kurz: »Danke. Wir wollen nichts mehr.«

Auf diese Antwort wölbte der Schwede seine Brust heraus wie ein Gockel. »So«, brach es aus ihm heraus, »anscheinend will in dieser Stadt keiner mit mir was trinken. Sieht so aus, was? Na schön!«

»Pscht!« sagte der Barmann. »Hör mal«, fauchte der Schwede, »versuch bloß nicht, mir das Maul zu verbieten. Nicht mit mir. Ich bin ein Gentleman, und ich möchte, daß jemand mit mir trinkt. Ich will, daß sie jetzt mit mir trinken. *Jetzt* – verstehst du das?« Er pochte mit dem Fingerknöchel auf die Theke.

Durch jahrelange Erfahrung hatte der Barmann ein dickes Fell bekommen. Er wurde nur verdrießlich. »Ich höre Sie«, antwortete er.

»Schön«, schrie der Schwede, »dann hör genau zu. Siehst du diese Leute da drüben? Gut. Die werden jetzt mit mir trinken, merk dir das. Und jetzt paß auf.«

»He«, schrillte der Barmann. »So geht's nicht!«

»Wieso geht das nicht?« fragte der Schwede. Er stapfte hinüber zu dem Tisch, und zufällig kam seine Hand auf der Schulter des Spielers zu liegen. »Was ist los?« fragte er zornig. »Ich hab Sie zu einem Drink eingeladen.«

Der Spieler verdrehte seinen Kopf ein wenig und redete über die Schulter. »Lieber Freund, ich kenne Sie nicht.«

»Verdammt nochmal«, antwortete der Schwede, »los, trink mit mir!«

Der Spieler gab ihm einen freundlichen Rat. »Also, mein Junge, – du nimmst jetzt mal deine Hand von meiner Schulter, machst dich fort, und kümmerst dich um deine Angelegenheiten.« Es war ein kleiner, schmaler Mann, und es war merkwürdig, ihn in diesem Ton heroischer Herablassung mit dem stämmigen Schweden reden zu hören. Die anderen Leute am Tisch sagten nichts.

»Was! Du willst nicht mit mir trinken, du kleiner Stenz? Ich bring dich schon dazu! Ich bring dich dazu!« In blinder Wut packte der Schwede den Spieler an der Kehle und zerrte ihn von seinem Stuhl. Die anderen Männer sprangen auf. Der Barmann schoß um die Ecke seiner Bar. Ein großer Tumult entstand, und schließlich erblickte man ein langes Messer in der Hand des Spielers. Es schoß nach vorne, und ein menschlicher Körper, diese Festung der Tugend, der Weisheit und der Kraft, wurde so leicht durchbohrt, als sei es eine Melone gewesen. Der Schwede stürzte mit einem Ausruf höchsten Erstaunens nieder.

Die angesehenen Kaufleute und der Bezirks-Staatsanwalt müssen den Ort unverzüglich rückwärts wankend verlassen haben. Der Barmann kam zu sich, schlaff an eine Stuhllehne geklammert und in die Augen eines Mörders starrend.

»Henry«, sagte dieser, während er sein Messer an einem der Handtücher abputzte, die unter der Thekenstange hingen, »du kannst ihnen sagen, wo ich bin. Ich werde zu Hause sein und auf sie warten.« Dann verschwand er. Einen Augenblick später war der Barmann draußen auf der Straße, und schrie durch den Sturm um Hilfe, und, vor allem, nach Gesellschaft.

Der Leichnam des Schweden, der da allein im Wirtshaus lag, hatte seine Augen auf die furchtbare Inschrift gerichtet, die oben an der Registrier-Kasse angebracht war: ›Ihr Einkaufspreis ist hier angezeigt.‹

IX

Einige Monate später briet sich der Cowboy gerade ein Stück Schweinefleisch auf dem Herd einer kleinen Ranch nahe der Grenze nach Dakota, als man draußen einen raschen Hufschlag hörte; gleich darauf trat der Mann aus dem Osten ein, mit Briefen und Zeitungen in der Hand.

»So«, sagte der Oststaatler, »der Bursche, der den Schweden getötet hat, hat drei Jahre bekommen. Nicht viel, wie?«

»Wirklich? Drei Jahre?« Der Cowboy hielt seine Bratpfanne hoch und grübelte ein wenig über die Nachricht. »Drei Jahre. Is nich viel.«

»Nein. Es war ein mildes Urteil«, antwortete der aus dem Osten, während er sich die Sporen abschnallte. »Anscheinend hatte er viel Sympathie da in Romper.«

»Wenn der Barmann was getaugt hätte«, bemerkte der Cowboy nachdenklich, »dann wäre er hingegangen und hätte diesem Holländer da mit 'ner Flasche auf'n Kopf geknallt, gleich zu Anfang, und hätte es gar nicht zu diesem Morden da kommen lassen.«

»Jaja, tausend Dinge hätten anders sein können«, sagte der Mann aus dem Osten spitz.

Der Cowboy stellte seine Pfanne wieder aufs Feuer, aber mit seinem Philosophieren ging es weiter. »Komisch, was? Wenn er nich gesagt hätt, daß Johnnie betrügt, würd er jetzt noch leben. So 'n furchtbarer Idiot. So 'n Spiel spielt man zum Spaß. Nicht für Geld. Ich glaube, er war verrückt.«

»Mir tut der Spieler leid«, sagte der Mann aus dem Osten.

»Oh, mir auch«, sagte der Cowboy. »Dafür, daß er den umgebracht hat, verdient er sowas nicht.«

»Der Schwede wär nicht umgekommen, wenn alles in Ordnung gewesen wäre.«

»Wär nicht umgekommen?« rief der Cowboy. »Alles in Ordnung? Wo er doch gesagt hat, daß Johnnie falschgespielt hat und wo er sich wie ein Esel aufgeführt hat? Und dann in dem Wirtshaus, wo er es direkt drauf anlegte, daß ihm was passierte?« Mit diesen Argumenten fuhr der Cowboy auf den Oststaatler los und brachte ihn in Wut.

»Du bist ein Idiot!« schrie der Oststaatler böse. »Du bist noch ein größerer Esel als der Schwede, millionenfach größer! Ich will dir mal was erzählen. Ich will dir was sagen. Hör zu! Johnnie *hat* falsch gespielt!«

»Johnnie ...«, sagte der Cowboy tonlos. Es folgte eine Minute des Schweigens, dann fing er sich wieder und sagte: »Ach was. Das Spiel war nur Spaß.«

»Spaß oder kein Spaß«, sagte der Mann aus dem Osten, »Johnnie hat falschgespielt. Ich hab ihn gesehen. Ich weiß es. Ich hab ihn gesehen. Und ich hab's nicht fertiggebracht, für ihn einzustehen. Ich habe zugelassen, daß der Schwede es allein ausgetragen hat. Und du – du hast dich bloß aufgeblasen und wolltest dich schlagen. Und dann der alte Scully! Wir hängen alle mit drin! Dieser arme Spieler ist nicht mal ein Hauptwort. Er ist ein Beiwort. Jede Sünde entsteht durch das Zusammenwirken. Und wir, wir fünf, wir haben gemeinsam die Ermordung dieses Schweden herbeigeführt. Meistens sind in Wirklichkeit zwischen einem Dutzend und vierzig Weibern an jedem Mord beteiligt, aber in diesem Fall waren es anscheinend nur fünf Männer – du, ich, Johnnie, der alte Scully; und dieser Idiot von einem unglückseligen Spieler war dann nur noch der Höhepunkt, der Gipfel einer Pyramide von menschlichen Übeltätern, und er bekommt die ganze Strafe.«

Der Cowboy fühlte sich gekränkt und aufsässig; blindlings

brüllte er hinaus in den Nebel dieser geheimnisvollen Theorie: »Aber ich habe doch gar nichts getan, oder?«

(Deutsch von W. E. Richartz)

Jack London
Der Mexikaner

Niemand kannte seine Geschichte – seine Mitverschworenen am allerwenigsten. Er war ihr ›kleines Geheimnis‹, ihr ›großer Patriot‹, und auf seine Weise arbeitete er ebensosehr an der kommenden mexikanischen Revolution wie sie. Es dauerte lange, bis sie das erkannten; denn nicht einer in der Junta konnte ihn leiden. An dem Tage, als er zum erstenmal ihre von geschäftigen Menschen überfüllten Räume betrat, hatten ihn alle im Verdacht, ein Spion, ein Spitzel im Geheimdienst des Diaz zu sein. Zu viele von seinen Kameraden saßen rings in den Vereinigten Staaten in Zivil- und Militärgefängnissen, und andere wieder waren gerade in dieser Zeit in Ketten über die Grenze geschafft und an die Wand gestellt worden.

Auf den ersten Blick machte der junge Bursche keinen guten Eindruck auf sie. Er war nicht mehr als achtzehn Jahre alt, nicht besonders groß und erklärte, Felipe Rivera zu heißen und für die Revolution arbeiten zu wollen. Das war alles – kein Wort mehr. Er blieb aber wartend stehen. Kein Lächeln war um seinen Mund, keine Liebenswürdigkeit in seinen Augen. Den großen schneidigen Paolino Vera schauderte es innerlich. Hier war etwas Abstoßendes, Furchtbares, Unergründliches. Etwas Giftiges, Schlangenartiges war in den schwarzen Augen des Knaben. Sie brannten wie kaltes Feuer und gleichsam in einer ungeheuren, geschliffenen Erbitterung. Von den Gesichtern der Verschworenen ließ er den Blick zu der Schreibmaschine schweifen, an der die kleine Frau Sethby, eifrig arbeitend, saß. Seine Augen suchten die ihren, aber nur für eine Sekunde – sie blickte zufällig auf –, und auch sie hatte ein unbestimmbares seltsames Gefühl, das sie ihre Arbeit unterbrechen ließ. Sie mußte das Geschriebene noch einmal durchlesen, um den Brief, an dem sie arbeitete, fertigtippen zu können.

Paolino Vera sah Arrellano und Ramos fragend an, und sie sahen sich gegenseitig ratlos an. In ihrem Blick war Unsicherheit und Zweifel. Dieser schmächtige Besucher war der Unbekannte, und alles drohende Unbehagen des Unbekannten umgab ihn. Man konnte aus ihm nicht klug werden, er war so ganz jenseits des Horizontes dieser ehrenwerten, schlichten Verschwörer. Ihr wilder Haß gegen Diaz und seine Tyrannei war der Haß ehrenwerter, schlichter Patrioten.

Hier aber war etwas anderes und Stärkeres, sie wußten freilich nicht recht, was. Aber Vera, der stets der Entschlossenste und Tatkräftigste war, packte den Stier bei den Hörnern.

»Schön«, sagte er kühl. »Sie sagen, daß Sie für die Revolution arbeiten wollen. Ziehen Sie sich den Rock aus! Hängen Sie ihn dorthin. Ich werde Ihnen zeigen – kommen Sie –, wo die Eimer und Scheuerlappen sind. Der Fußboden ist schmutzig. Sie können gleich anfangen, ihn hier und in den andern Zimmern aufzuwischen. Auch die Spucknäpfe müssen gereinigt werden. Und außerdem die Fenster.«

»Ist es für die Revolution?« fragte der Bursche.

»Für die Revolution!« antwortete Vera.

Rivera sah sie alle kalt und mißtrauisch an und zog sich dann den Rock aus.

»Es ist gut«, sagte er.

Weiter nichts. Tag für Tag kam er zu seiner Arbeit – fegte, schrubbte und machte rein. Er nahm die Asche aus dem Ofen, holte Kohlen und Holz und machte Feuer und war der erste im Büro.

»Kann ich hier schlafen?« fragte er einmal.

Aha! Das war es – die Hand Diaz' kam zum Vorschein. Wenn er in den Räumen der Junta schlief, bedeutete das, daß er Zutritt zu ihren Geheimnissen, zu den Namenslisten, zu den Adressen der Kameraden in Mexiko erlangte. Die Bitte wurde abgeschlagen, und Rivera kam nie mehr darauf zu sprechen. Er schlief, sie wußten nicht wo, und aß, sie wußten nicht wo und was. Einmal bot Arrellano ihm ein paar Dollar an. Rivera lehnte das Geld jedoch ab. Als Vera dann hinzutrat und es ihm aufzunötigen versuchte, sagte er: »Ich arbeite für die Revolution.«

Eine Revolution vorzubereiten kostet Geld, und die Junta befand sich stets in Geldverlegenheit. Die Mitglieder hungerten und rackerten sich ab, der längste Arbeitstag war ihnen nicht lang genug, und doch sah es zuweilen so aus, als stünde und fiele alles mit der Frage, wie sie sich nur einige Dollar verschaffen könnten.

Einmal – es war das erste Mal, daß sie zwei Monate mit der

Miete im Rückstand waren und der Wirt sie hinauszusetzen drohte – war es Felipe Rivera, der Reinemachejunge in der schäbigen, abgetragenen Kleidung, der sechzig Dollar in Gold auf May Sethbys Pult legte. Und ebenso bei andern Gelegenheiten. Dreihundert auf den geschäftigen Schreibmaschinen geklapperte Briefe (Bitten um Unterstützung, um Anerkennung befreundeter Gruppen, Ersuchen an Schriftleiter um wohlwollende Erwähnung und so weiter) blieben liegen und warteten auf die Frankierung. Veras Uhr verschwand – die alte goldene Repetieruhr, die er von seinem Vater geerbt hatte. Der glatte goldene Ring an May Sethbys Ringfinger verschwand ebenfalls. Es war zum Verzweifeln. Ramos und Arrellano zerrten wütend an ihren langen Schnurrbärten. Die Briefe mußten abgehen, und auf der Post gab es keinen Kredit beim Kauf von Briefmarken. Da setzte Rivera den Hut auf und ging fort. Als er wiederkam, legte er tausend Briefmarken zu zwei Cent auf May Sethbys Pult.

»Ich möchte wissen, ob das verfluchte Geld von Diaz ist?« sagte Vera zu den Kameraden.

Sie zogen die Brauen hoch, wagten aber nicht, die Frage zu beantworten. Und immer war es Felipe Rivera, der, wenn es erforderlich war, der Junta Gold und Silber verschaffte.

Aber sie liebten ihn nicht, und sie kannten ihn nicht. Er ging seine eigenen Wege, schenkte ihnen kein Vertrauen und wies alle Annäherungsversuche zurück. Und trotz seiner Jugend brachte keiner den Mut auf, ihn auszufragen.

»Er ist überhaupt kein Mensch«, sagte Ramos.

»Seine Seele ist ausgedörrt«, sagte May Sethby. »Er kann nicht lachen. Er gleicht einem Toten und ist doch furchtbar lebendig.«

»Er ist durch die Hölle gegangen«, sagte Vera. »So sieht man nur aus, wenn man durch die Hölle gegangen ist – und dabei ist er noch so jung.«

Felipe sprach nie, fragte nie, schlug nie etwas vor. Er lauschte ausdruckslos wie ein toter Gegenstand, aber seine Augen leuchteten in kaltem Glanz, wenn die andern laut und leidenschaftlich von Mexiko sprachen. Dann glitten seine Augen von Gesicht zu Gesicht, von Redner zu Redner, bohrend und forschend und mit einem Schimmer wie funkelndes Eis, der sie störte und aus der Fassung brachte.

»Er ist kein Spion«, sagte Vera zu May Sethby. »Er ist

Patriot – glaub mir, der größte Patriot von uns allen. Ich weiß es, ich fühle es, mit meinem Herzen und meinem Verstand fühle ich es. Aber von ihm selber weiß ich nicht das geringste.«

»Er hat ein gefährliches Temperament«, versetzte May Sethby.

»Ich weiß«, sagte Vera schaudernd. »Er hat mich mit diesen Augen angesehen. Die sprechen nicht von Liebe, sie drohen und sind wild wie die eines Tigers. Wenn ich unsere Sache im Stich ließe, dann würde er mich töten, das weiß ich. Er hat kein Herz. Er ist unbarmherzig wie Stahl, scharf und kalt wie Frost. Ich fürchte weder Diaz noch all seine Mörder, aber vor diesem Rivera habe ich Angst. Es ist wahr. Ich habe Angst.«

Dennoch war es Vera, der die andern überredete, Rivera die erste Vertrauen erheischende Aufgabe zu stellen. Die Verbindung zwischen Los Angeles und Niederkalifornien war unterbrochen. Drei von den Kameraden hatten ihre eigenen Gräber graben müssen und waren dann erschossen worden. Zwei weitere saßen als Gefangene der Vereinigten Staaten in Los Angeles. Juan Alvarado, der Bundesgeneral, durchkreuzte alle ihre Pläne. Sie konnten nicht mehr mit den aktiven Revolutionären und mit den erwachenden Kameraden in Niederkalifornien in Verbindung kommen.

Der junge Rivera erhielt seine Anweisungen und wurde nach dem Süden geschickt. Als er wiederkam, war die Verbindung wiederhergestellt und Juan Alvarado tot. Er war mit einem Dolch in der Brust in seinem Bett gefunden worden. Das ging über die Rivera erteilten Anweisungen hinaus, aber man fragte ihn nichts, und er sagte nichts. Sie sahen einander nur an und dachten sich ihr Teil.

»Ich habe es euch gesagt«, meinte Vera. »Diaz hat von diesem jungen Mann mehr zu fürchten als von irgendeinem sonst. Er ist unversöhnlich.«

Das gefährliche Temperament, von dem May Sethby gesprochen und das jeder von ihnen bemerkt hatte, offenbarte sich auch in anderer Beziehung. Bald erschien er mit zerrissener Lippe, bald mit einer blau und braun geschlagenen Backe, bald mit einem geschwollenen Ohr. Es war klar, daß er irgendwo in der Welt, wo er aß und schlief, sich Geld verschaffte und ein Leben führte, von dem sie nichts wußten, daß er in jener Welt oft Streit hatte. Nach einiger Zeit wurde er Setzer an dem revolutionären Wochenblättchen, das sie herausgaben. Gelegentlich war es ihm nicht möglich, zu setzen, weil seine Knöchel abgeschürft und zerschlagen, seine Daumen zerquetscht und hilflos waren oder weil seine Arme schlaff herabhingen, während sein Gesicht sich in stummem Schmerz verzerrte.

»Ein Straßenjunge«, sagte Arrellano.

»Ein Säufer und Raufbold«, sagte Ramos.

»Aber wo kriegt er das Geld her?« fragte Vera. »Ich habe gerade eben erfahren, daß er die Papierrechnung bezahlt hat – hundertundvierzig Dollar.«

»Er ist ja oft weg«, sagte May Sethby, »und gibt nie eine Erklärung dafür.«

»Wir sollten ihn beobachten«, schlug Ramos vor.

»Der Spion möchte ich nicht sein«, sagte Vera. »Ich fürchte, ihr würdet mich nie wiedersehen, außer bei meiner Beerdigung.«

»Ich komme mir ihm gegenüber immer wie ein Kind vor«, gestand Ramos.

»Für mich ist er eine Macht – der wilde Wolf – die zustoßende Klapperschlange«, sagte Arrellano.

»Er kennt niemand«, sagte May Sethby. »Er haßt alle. Er ist allein ... einsam.«

Riveras Tun und Treiben war wirklich ein Geheimnis. Es gab Zeiten, in denen sie ihn eine ganze Woche lang nicht sahen. Einmal blieb er einen ganzen Monat verschwunden. Das war um so rätselhafter, als er bei seiner Heimkehr stets still und ohne ein Wort zu sagen Goldstücke auf May Sethbys Pult legte. Dann verbrachte er wieder Tage und Wochen seine ganze Zeit bei der Junta. Und dann konnte er wieder auf ungewisse Zeit vom frühen Morgen bis zum Abend verschwinden. In solchen Zeiten kam er spät und blieb lange. Arrellano hatte ihn um Mitternacht gesehen, wie er mit geschwollenen Knöcheln und einer zerrissenen, noch blutenden Lippe am Setzkasten stand.

Die Entscheidung näherte sich. Ob es zum Aufstand kommen sollte oder nicht, hing von der Junta ab, aber die Junta befand sich in großer Verlegenheit. Der Geldbedarf war größer als je, und dabei wurde es immer schwerer, Geld zu beschaffen. Die Patrioten hatten ihren letzten Cent hergegeben und besaßen nichts mehr. Die in der Verbannung lebenden Arbeiter gaben die Hälfte ihres kargen Lohnes ab. Aber man brauchte mehr. Die jahrelange, anstrengende Arbeit der Revolutionäre sollte bald Früchte tragen. Die Zeit war gekommen. Noch ein Stoß, noch eine letzte, heldenmütige Anstrengung, und der Sieg war sicher. Sie kannten ihr Mexiko. Einmal in Gang gebracht, nahm die Revolution von selber ihren Lauf. Die Grenzgebiete waren zum Aufstand bereit. Ein Amerikaner wartete mit hundert Mann auf ein Wort, um die Grenze zu überschreiten. Aber er brauchte Gewehre. Im ganzen Lande bis zum Atlantischen Ozean unterhielt die Junta Verbindungen, und alle brauchten sie Gewehre: Abenteurer, Glücksritter, Banditen, enttäuschte amerikanische Unionisten und die vielen mexikanischen Verbannten, der Sklaverei entflohene Peonen, Minenarbeiter, die man in den Gefängnissen von Coeur d'Arlene und Colorado ausgepeitscht hatte und die deshalb besonders rachgierig und kampflustig waren – Wracks und Strandgut wirrer Geister aus der toll gewordenen Welt. Gewehre und Munition! Gewehre und Munition! Danach riefen sie alle unaufhörlich.

Wurde diese bankrotte, rachgierige Bande über die Grenze geworfen, war die Revolution sofort im Gange. Die Zollämter, die nördlichen Einfuhrhäfen wurden erobert. Diaz mußte die Hauptmacht seines Heeres im Süden des Landes halten, denn auch im Süden würde der Aufruhr beginnen. Stadt auf Stadt mußte sich ergeben, Staat auf Staat wanken und zusammenstürzen. Und zuletzt kam der Marsch der siegreichen Revolution nach der Hauptstadt Mexiko. Aber das Geld! Die Männer hatten sie, und die warteten ungeduldig auf die Gewehre. Sie kannten die Händler, die ihnen die Gewehre verkaufen und liefern sollten. Aber die Junta hatte ihre Kräfte erschöpft. Der letzte Dollar war ausgegeben, die letzte Hilfsquelle, der letzte hungernde Patriot ausgesogen, und die große Sache schwebte immer noch zitternd auf der Waagschale der Entscheidung. Gewehre und Munition! Die zerlumpten Bataillone mußten bewaffnet werden. Aber wie? Ramos wehklagte über sein konfisziertes Eigentum. Arrellano bejammerte die Verschwendung, die er in seiner Jugend betrieben hatte. May Sethby grübelte, ob nicht alles besser gegangen wäre, wenn die Mitglieder der Junta früher sparsamer gewesen wären.

»Der Gedanke macht mich wahnsinnig, daß die Freiheit Mexikos mit ein paar tausend elenden Dollars stehen und fallen soll!« sagte Paolino Vera.

Die Gesichter aller drückten Verzweiflung aus. José Amarillo, ihre letzte Hoffnung, ein erst jüngst Bekehrter, der ihnen Geld versprochen hatte, war auf seiner Hazienda in Chihuahua ergriffen und an seiner eigenen Stallmauer erschossen worden. Die Nachricht war gerade gekommen.

Rivera, der auf den Knien lag und den Fußboden scheuerte, blickte auf, den Scheuerlappen in der Hand und die bloßen, von schmutzigem Seifenwasser bespritzten Arme ausgestreckt.

»Würden fünftausend genügen?« fragte er.

Sie starrten ihn an. Vera nickte und schluckte. Er konnte kein Wort hervorbringen, aber eine neue Hoffnung belebte ihn.

»Bestellen Sie die Gewehre«, sagte Rivera, und dann leistete er sich die längste Rede, die sie je von ihm gehört hatten. »Es ist nicht viel Zeit. In drei Wochen bringe ich euch die fünftausend. Das ist früh genug. Damit ist es wärmer für die, welche kämpfen sollen. Und schneller kann ich es auch nicht machen.«

Vera kämpfte mit sich selbst. Allzu viele Hoffnungen waren schon zerschellt, seit er dabei war, aber er glaubte an diesen abgerissenen Scheuerjungen der Revolution und wagte es doch nicht, an ihn zu glauben.

»Du bist verrückt«, sagte er.

»In drei Wochen«, sagte Rivera. »Bestellt die Gewehre.«

Er stand auf, krempelte sich die Hemdsärmel herunter und zog sich die Jacke an.

»Bestellt die Gewehre«, sagte er. »Ich gehe jetzt.«

Nach vielem Hin und Her, zahllosen Telephongesprächen und unendlicher Schimpferei wurde eine Nachtsitzung in Kellys Kontor abgehalten. Kelly steckte bis über die Ohren in Geschäften, und überdies hatte er Pech. Er hatte sich Danny Ward aus New York verschrieben und einen Boxkampf zwischen ihm und Billy Carthey arrangiert, der in drei Wochen stattfinden sollte, und jetzt mußte Carthey seit zwei Tagen, sorgsam versteckt vor den Sportreportern, wegen einer argen Verletzung das Bett hüten. Es gab keinen anderen, der für ihn eintreten konnte. Kelly hatte wie verrückt nach jedem annehmbaren Boxer der Leichtgewichtsklasse im Osten telegraphiert, aber alle waren durch Vereinbarungen und Kontrakte gebunden. Doch jetzt hatte er eine Hoffnung, wenn auch nur eine schwache.

»Sie haben viel Mut!« sagte Kelly zu Rivera.

In Riveras Augen blitzte es boshaft auf, aber das Gesicht bewahrte seinen unerschütterlichen, kalten Ausdruck.

»Ich kann Ward erledigen«, war alles, was er sagte.

»Wie können Sie das wissen? Haben Sie ihn je boxen sehen?«

Rivera schüttelte den Kopf.

»Mit einer Hand und mit geschlossenen Augen macht er Quetschkartoffeln aus Ihnen.«

Rivera zuckte die Achseln.

»Haben Sie nichts dazu zu sagen?« knurrte der Veranstalter.

»Ich kann ihn erledigen.«

»Haben Sie überhaupt je gekämpft?« fragte Michael Kelly. Michael war der Bruder des Veranstalters, betrieb das Yellowstone-Wettbüro und verdiente viel Geld an den Boxkämpfen.

Rivera knurrte ihn grimmig an.

Der Sekretär, ein junger Mann von ausgeprägtem Sportlertyp, räusperte sich höhnisch.

»Nun, Sie kennen ja Roberts«, brach Kelly das peinliche Schweigen. »Er hätte schon hier sein können. Aber setzen Sie sich und warten Sie, wenn Sie auch Ihrem Aussehen nach nicht viele Chancen haben. Ich kann dem Publikum keinen faulen Kampf bieten. Die Plätze vorn am Ring werden mit fünfzehn Dollar bezahlt, wie Sie vielleicht wissen.«

Als Roberts kam, war er offensichtlich angesäuselt. Er war ein großer, schlanker, schlottriger Mensch, und sein Gang war wie seine Rede, ruhig und schleppend.

Kelly ging gleich auf den Kern der Sache los.

»Sagen Sie mal, Roberts, Sie haben doch mit der Entdeckung dieses kleinen Mexikaners geprahlt. Wie Sie wissen, hat Carthey sich den Arm gebrochen. Und nun hat dieser kleine gelbe Bursche die Dreistigkeit, heut herzukommen und zu sagen, daß er für Carthey in den Ring steigen will. Was meinen Sie dazu?«

»Schon in Ordnung, Kelly«, lautete die schleppende Antwort. »Er kann boxen.«

»Sie wollen mir doch nicht einreden, daß er mit Ward fertigwerden kann«, sagte Kelly bissig.

Roberts dachte nach.

»Nein, das will ich nicht behaupten. Ward ist überhaupt nicht zu schlagen. Aber er wird auch nicht im Handumdrehen mit Rivera fertig. Ich kenne Rivera. Er gibt sich nie eine Blöße, ich hab's jedenfalls noch nicht gesehen. Und er boxt mit beiden

Händen gleich gut. In jeder Stellung kann er betäubende Schläge austeilen.«

»Na schön. Aber welche Chance hat er? Sie haben Ihr ganzes Leben lang Boxer trainiert. Ich ziehe meinen Hut vor Ihrer Sachkenntnis. Kann er dem Publikum etwas fürs Geld geben?«

»Das kann er bestimmt, und dazu wird er Ward tüchtig zu schaffen machen. Sie kennen den Jungen nicht, aber ich kenne ihn. Ich habe ihn entdeckt. Er hat keine schwache Stelle. Er ist der reine Teufel. Wenn jemand Sie fragt, können Sie sagen, daß er ein Hexenmeister ist. Ward und euch allen werden die Augen übergehen. Ich will nicht behaupten, daß er Ward besiegt, aber auf alle Fälle wird er etwas leisten, daß ihr alle den neuen Mann in ihm seht.«

»Schön.« Kelly wandte sich an seinen Sekretär. »Rufen Sie Ward an. Ich hab es ihm versprochen, wenn ich es der Mühe wert hielte. Er ist gerade gegenüber im Yellowstone-Büro und setzt wie gewöhnlich.« Kelly wandte sich wieder an Roberts. »Was trinken?«

Roberts nippte an seinem Glas und schüttete sein Herz aus. »Ich hab Ihnen noch gar nicht erzählt, wie ich den kleinen Burschen entdeckt habe. Vor ein paar Jahren tauchte er im Quartier auf. Ich trainierte gerade Prayne für einen Kampf mit Delancy. Prayne ist ein schlechter Kerl. Es steckt nicht ein Funken Mitleid in ihm. Er hatte seinen Partner furchtbar zugerichtet, und ich konnte keinen finden, der Lust hatte, mit ihm zu trainieren. Da bemerkte ich diesen kleinen, ausgehungerten Mexikaner, der immer herumschlich und zusah. Ich war verzweifelt und wußte nicht, was ich tun sollte. Da holte ich ihn mir, zog ihm die Handschuhe an und puffte ihn hinein. Er war zäher als ungegerbtes Leder, aber schwach. Und dabei kannte er nicht einen Buchstaben vom Alphabet der Boxkunst. Prayne machte Apfelmus aus ihm. Aber er hielt doch zwei Runden durch, ehe er schlapp machte. Es war ausschließlich der Hunger. Ob er zerschlagen war? Sie hätten ihn nicht wiedererkannt. Ich gab ihm einen halben Dollar und was Ordentliches zu essen. Sie hätten seinen Wolfshunger sehen sollen, als er es verschlang. Er hatte seit Tagen keinen Bissen in den Leib gekriegt. ›Jetzt hat er genug davon‹, dachte ich. Aber am nächsten Tag kam er wieder, steif und wund, aber darauf versessen, sich wieder einen halben Dollar und ein gutes Mittagessen zu verdienen. Und mit der

Zeit wurde er immer tüchtiger. Er ist der geborene Boxer und unglaublich zäh. Er hat kein Herz. Er ist der reine Eiszapfen. Und in der ganzen Zeit, die ich ihn jetzt kenne, hat er keine zehn zusammenhängenden Worte gesprochen. Er schwatzt nicht, aber er tut seine Arbeit.«

»Ich hab ihn gesehen«, sagte der Sekretär. »Er hat ziemlich viel für Sie gearbeitet.«

»All die großen Bürschlein haben es mit ihm versucht«, antwortete Roberts. »Und er hat von ihnen gelernt. Ich hab manches liebe Mal gesehen, wie er sie vertobakte. Aber er hat nie seine ganze Seele hineingelegt. Ich glaube, er hat das Spiel nie so recht geliebt. Es sieht jedenfalls so aus.«

»Er hat in den letzten Monaten ziemlich viel in den kleinen Klubs gekämpft.«

»Das stimmt. Ich weiß gar nicht, was in ihn gefahren ist. Plötzlich hat er sein Herz dafür entdeckt. Er ging mächtig drauflos und schlug sämtliche lokalen Größen. Schien Geld zu brauchen und gewann auch eine ganze Menge, wenn man es seiner Kleidung auch nicht ansehen kann. Ein merkwürdiger Mensch! Niemand weiß, was er treibt. Niemand weiß, wo er seine Zeit verbringt. Mitten in der Arbeit läuft er plötzlich weg und verschwindet für den Rest des Tages. Manchmal bleibt er wochenlang weg. Aber man kann sagen, was man will, er hört nicht darauf. Ein Vermögen wartet auf den Mann, der ihn richtig zurechtstutzt, aber er will sich nichts sagen lassen. Achten Sie mal besonders darauf, wie sehr er auf das Geld aus ist, wenn Sie die Bedingungen mit ihm abmachen.«

Soweit war die Unterhaltung gediehen, als Danny Ward eintrat. Jetzt war die Gesellschaft komplett. Sein Manager und sein Trainer waren mit ihm gekommen, und überströmend liebenswürdig, gutherzig und gewinnend, wie er war, brachte er einen frischen Hauch mit herein. Danny begrüßte alle, hatte für jeden einen Scherz, eine witzige Antwort, ein Lächeln oder ein Lachen. Das war nun einmal seine Art und Weise, aber sie war nicht ganz echt. Er war ein guter Schauspieler, und er hatte entdeckt, daß Liebenswürdigkeit nicht zu verachten ist, wenn man in dieser Welt weiterkommen will. Aber auf dem Grunde seiner Seele war er ein nüchterner, kaltblütiger Raufbruder und Geschäftsmann. Alles andere war Maske. Wer ihn kannte oder Geschäfte mit ihm gemacht hatte, sagte, daß Danny sich nichts vormachen ließe, wenn es darauf ankäme. Er war unweigerlich bei allen geschäftlichen Unterredungen dabei, und manche behaupteten, daß sein Manager nur ein Strohmann wäre, dessen Aufgabe es sei, als Sprachrohr zu dienen.

Rivera war ganz anders. In seinen Adern floß das Blut von Indianern und von Spaniern. Er saß stumm und unbeweglich in einer Ecke im Hintergrund, und nur seine Augen glitten von Gesicht zu Gesicht und beobachteten alles.

»Das ist also das Jüngelchen«, sagte Danny und ließ seinen Blick abschätzend über seinen künftigen Gegner schweifen. »Wie geht's, Alterchen?«

Riveras Augen funkelten boshaft, aber er rührte sich nicht. Er konnte keinen Gringo leiden, aber diesen Gringo haßte er so unmittelbar, wie es selbst bei ihm ungewöhnlich war.

»Mein Gott!« protestierte Danny lustig, an Kelly gewandt. »Sie wollen mich doch nicht mit einem Taubstummen kämpfen lassen.« Als das Gelächter sich gelegt hatte, machte er einen neuen Ausfall. »Mit Los Angeles muß es schlecht stehen, wenn das das Beste ist, was ihr aufzuweisen habt. Aus was für einem Kindergarten habt ihr ihn aufgelesen?«

»Er ist ein braver kleiner Junge, Danny, verlaß dich drauf«, sagte Roberts. »Nicht so leicht mit ihm fertigzuwerden, wie es aussieht.«

»Und das Haus ist schon halb ausverkauft«, sagte Kelly eindringlich. »Du wirst es mit ihm versuchen müssen, Danny. Wir können nicht mehr tun.«

Danny warf einen nachlässigen und nicht gerade schmeichelhaften Blick auf Rivera und seufzte. »Ich muß ein bißchen vorsichtig mit ihm umgehen, glaube ich. Wenn er nur nicht ganz kaputt geht dabei.«

Roberts lachte laut.

»Du mußt dich in acht nehmen«, warnte Dannys Manager. »Man kann bei so 'nem Neuling nie wissen, was er auf der Pfanne hat.«

»Oh, ich werde mich schon in acht nehmen«, lächelte Danny. »Ich werde mich seiner gleich richtig annehmen, daß das liebe Publikum was davon hat. Was meinst du zu fünfzehn Runden, Kelly – und ich will ihn schon tummeln.«

»Das genügt«, lautete die Antwort. »Du mußt es nur ein bißchen realistisch machen.«

»Also dann wollen wir das Geschäftliche besprechen.«

Danny hielt inne und rechnete nach. »Selbstverständlich fünfundsechzig Prozent wie gegen Carthey. Aber eine andere Verteilung. Achtzig Prozent für mich – so wird's in Ordnung sein.« Und zu seinem Manager gewandt: »Ist's nicht so?« – Der nickte.

»Sie da, haben Sie verstanden?« fragte Kelly Rivera.

Rivera schüttelte den Kopf.

»Also die Sache ist so«, erklärte Kelly. »Die Kampfbörse beträgt fünfundsechzig Prozent von der Bruttoeinnahme. Sie sind ein Neuling und ganz unbekannt. Sie und Danny teilen, zwanzig Prozent kriegen Sie und achtzig Danny. Das ist doch gerecht, nicht wahr, Roberts?«

»Das genügt«, lautete die Antwort. »Sie müssen es«, räumte Roberts ein. »Sie haben ja noch keinen Namen, wissen Sie.«

»Wieviel kommen bei fünfundsechzig Prozent von der Einnahme heraus?« fragte Rivera.

»Na, vielleicht fünftausend, vielleicht sogar acht«, warf Danny ein. »So ungefähr wohl. Ihr Anteil wird etwa tausend bis sechzehnhundert betragen. Ganz nette Bezahlung für eine Tracht Prügel von einem Mann wie mir. Was meinen Sie dazu?«

Riveras Antwort ließ die andern nach Luft schnappen. »Der Sieger bekommt alles«, sagte er entschieden.

Es wurde totenstill.

»Das ist ja, wie wenn man einem Kind einen Bonbon wegnehmen wollte«, erklärte Dannys Manager.

Danny schüttelte den Kopf. »Ich bin zu lange beim Bau«, meinte er. »Ich will weder den Schiedsrichter noch die Anwesenden irgendwie verdächtigen. Ich will nicht von Buchmachern sprechen und von gewissen Dingen, die hin und wieder vorkommen. Aber ich darf wohl sagen, daß es ein schlechtes Geschäft für einen Boxer wie mich ist. Ich weiß, daß ich siege. Daran ist gar kein Zweifel. Aber ich kann mir den Arm brechen, nicht wahr? Oder irgendein Taugenichts läßt mich in Wagenschmiere ausgleiten.« Er schüttelte feierlich den Kopf. »Ob ich gewinne oder verliere – ich kriege achtzig Prozent. Wie steht's, Mexikaner?«

Rivera schüttelte den Kopf.

Danny explodierte – jetzt wurde es ihm zuviel.

»Was, du dreckiger, kleiner Schmutzfink? Ich hätte Lust, dir gleich jetzt den Hintern zu verhauen.«

Roberts legte sich auf seine langsame, zögernde Art dazwischen, um Feindseligkeiten zu verhindern.

»Der Sieger bekommt alles«, wiederholte Rivera mürrisch.

»Warum willst du das durchaus?« fragte Danny.

»Ich kann dich schlagen«, lautete die offenherzige Antwort Riveras.

Danny sprang auf und machte Anstalten, den Rock abzuwerfen. Aber das war, wie sein Manager wußte, nur Bluff und Pose. Der Rock kam nicht herunter, und Danny ließ sich von den andern beruhigen. Alle sympathisierten mit ihm. Rivera stand allein da.

»Hören Sie mal, Sie kleiner Narr«, mischte sich jetzt Kelly ein. »Sie sind nichts. Wir wissen, was Sie in den letzten Monaten getrieben haben – Sie haben einige kleine Boxer besiegt. Aber Danny ist Klasse. Wenn man ihn das nächste Mal nach diesem Kampf wieder im Ring sieht, geht es um die Meisterschaft. Sie dagegen sind ganz unbekannt. Außerhalb von Los Angeles hat noch nie jemand etwas von Ihnen gehört.«

»Dann werden Sie es hören«, antwortete Rivera achselzuckend. »Nach diesem Kampf.«

»Du glaubst doch nicht einen Augenblick, daß du mich schlagen kannst?« brauste Danny auf.

Rivera nickte.

»Nun hören Sie doch, nehmen Sie Vernunft an«, sagte Kelly eindringlich. »Denken Sie an die Reklame!«

»Ich will das Geld«, antwortete Rivera.

»Du kannst mich nicht besiegen, und wenn du tausend Jahre alt würdest«, tobte Danny.

»Weshalb bist du dann so eigensinnig?« fragte Rivera. »Wenn das Geld so leicht zu gewinnen ist, warum willst du es dann nicht gewinnen?«

»Ich will, Gott helfe mir!« rief Danny plötzlich mit Überzeugung. »Ich werde dich totschlagen im Ring, mein Junge – wenn du solche Possen mit mir treibst. Setzen Sie den Kontrakt auf, Kelly, der Sieger bekommt alles. Machen Sie tüchtig Reklame in den Zeitungen. Erzählen Sie den Leuten, daß es ein Kampf zwischen zwei persönlichen Feinden ist. Ich will es diesem Gelbschnabel zeigen.«

Kellys Sekretär begann zu schreiben, aber Danny unterbrach ihn.

»Einen Augenblick!« Er wandte sich an Rivera. »Das Wiegen?«

»Im Ring«, lautete die Antwort.

»Nicht zu machen, Gelbschnabel. Wenn der Sieger alles kriegen soll, wird morgens um zehn gewogen.«

»Und der Sieger bekommt alles?« fragte Rivera.

Danny nickte. Das entschied die Sache. Er würde in seiner höchsten Form den Ring betreten.

»Sie sind ein Esel«, sagte Roberts zu Rivera. »Danny wird Sie ganz sicher schlagen. Sie haben gerade soviel Chance wie ein Tautropfen in der Hölle.«

Riveras Antwort war ein haßerfüllter Blick. Selbst diesen Gringo verachtete er, und dabei hatte er in Roberts doch den besten von allen Gringos gefunden.

Man beachtete Rivera kaum, als er in den Ring trat. Er wurde nur mit vereinzeltem, mattem Händeklatschen begrüßt. Die Zuschauer glaubten nicht an ihn. Er war das Lamm, das von dem mächtigen Danny zur Schlachtbank geführt wurde. Zudem waren die Zuschauer enttäuscht. Sie hatten einen stürmischen Kampf zwischen Danny Ward und Billy Carthey erwartet, und jetzt sollten sie sich mit diesem elenden kleinen Anfänger begnügen. Das Publikum hatte seine Mißbilligung über die Veranstaltung auch dadurch gezeigt, daß es zwei, ja sogar drei zu eins auf Danny setzte. Und das Herz eines wettenden Publikums ist immer auf der Seite seines Geldes.

Der junge Mexikaner saß in seiner Ecke und wartete. Die Minuten schlichen dahin. Danny ließ ihn warten. Das war ein alter Kniff, der aber auf Anfänger stets wirkte. Sie wurden aufgeregt, wenn sie so dasaßen und warteten, von bangen Ahnungen erfüllt und Angesicht zu Angesicht mit einem gefühllosen, rauchenden Publikum. Diesmal aber wirkte der Kniff nicht. Roberts hatte richtig gesehen: Rivera hatte keinen schwachen Punkt. Er, der zarter war und empfindlicher und feinere Nerven hatte als sie alle, war nicht nervös. Die Atmosphäre einer im voraus sicheren Niederlage, die seine Umgebung bedrückte, übte keinen Einfluß auf ihn aus. Seine Sekundanten waren Gringos und Fremde: Auswurf, schmutziger Abfall des Boxsports, ohne Ehrgefühl und Kraft. Und überdies lähmte sie das Gefühl, daß sie auf der Seite des Verlierenden standen.

»Sei nur vorsichtig«, warnte ihn Spider Hagerthy. Spider war sein erster Sekundant. »Zieh es nach Möglichkeit in die Länge – das hat Kelly mir eingeschärft. Wenn du das nicht tust, schreiben die Zeitungen von Humbug und machen den Sport in Los Angeles schlecht.«

All dies war nicht gerade ermutigend, aber Rivera machte sich nichts daraus. Er verachtete einen Kampf, der um Geld ging. Das war der verhaßte Sport der verhaßten Gringos. Er hatte ihn selbst oft genug betrieben, aber nur, weil er hungerte. Die Tatsache, daß er für diesen Sport wie geschaffen war, bedeutete ihm nichts. Er haßte ihn. Und er war nicht der erste unter den Menschensöhnen, der entdeckte, daß er in einer verächtlichen Beschäftigung Erfolg hatte.

Er untersuchte seine Gefühle nicht. Er wußte nur, daß er in diesem Kampf siegen mußte. Es war nicht anders möglich. Denn hinter ihm standen stärkere Kräfte, als irgend jemand im Publikum sich träumen ließ, und sie flößten ihm diese Überzeugung ein. Danny Ward kämpfte für Geld und für die Annehmlichkeiten, die das Geld ihm in diesem Leben verschaffen konnte. Aber alles, wofür Rivera kämpfte, brannte in seinem Hirn. Wie er jetzt mit weit aufgerissenen Augen ganz allein in seiner Ecke des Ringes saß und auf seinen schlauen Gegner wartete, hatte er leuchtende und schreckliche Visionen, und sie waren so klar und deutlich, als erlebte er sie.

Er sah die Wasserkraftfabriken von Rio Blanco mit ihren weißen Mauern. Er sah die sechstausend hungrigen, bleichen Arbeiter und die sieben- und achtjährigen Kinder, die sich für zehn Cent den Tag abrackerten. Er sah die wandernden Leichen, die gespensterhaften Totenköpfe der Färbereiarbeiter. Er erinnerte sich, daß sein Vater die Färberei die Selbstmörderhöhle genannt hatte, weil ein Jahr Arbeit dort den Tod bedeutete. Er sah das kleine Gut und seine Mutter, die kochte und von morgens bis abends mit ihrer Hausarbeit zu tun hatte, aber doch Zeit fand, ihn zu streicheln und zu lieben. Und er sah seinen Vater, groß, mit dichtem Schnurrbart und breiter Brust, seinen Vater, der, freundlicher als alle andern, alle Menschen liebte, dessen Herz aber so groß war, daß noch reichlich viel Liebe für die Mutter und für den kleinen Muchacho übrigblieb, der in einer Ecke des Patios spielte. In jenen Tagen hatte er nicht Felipe Rivera geheißen. Er hatte Fernandez geheißen, wie sein Vater und seine Mutter. Ihn hatten sie Juan genannt. Später hatte er den Namen geändert, denn er hatte gemerkt, daß der Name Fernandez den Polizeipräfekten und den politischen Behörden verhaßt war.

Der große, warmherzige Joaquin Fernandez! Einen hervorragenden Platz nahm er in den Visionen Riveras ein. Damals hatte er es nicht verstanden, wenn er jetzt aber zurückblickte, begriff er. Er konnte ihn sehen, wie er in der kleinen Druckerei Typen setzte oder an dem von Papieren überfließenden Pult hastig und nervös endlose Zeilen hinkritzelte. Und er erinnerte sich der seltsamen Abende, wenn die Arbeiter heimlich in der Dunkelheit, wie Leute, die Böses im Sinne hatten, zu seinem Vater geschlichen kamen und stundenlang mit ihm redeten, während der Muchacho, oft ohne Schlaf zu finden, in seiner Ecke lag.

Wie aus weiter Ferne hörte er die Stimme Spider Hagerthys, der zu ihm sagte: »Also nicht gleich am Anfang aufgeben. Das wäre gegen die Instruktionen. Steck deine Prügel ein und leiste was fürs Geld.«

Zehn Minuten waren vergangen, und er saß immer noch in seiner Ecke. Man sah nichts von Danny, der seinen Kniff offenbar bis zum Äußersten trieb.

Aber vor Rivera stiegen nun Visionen auf. Der Streik von Rio Blanco, der Hunger, die Wanderungen in die Berge nach Beeren, Wurzeln und Kräutern, die sie aßen und die ihnen Magenkrämpfe und Leibschmerzen verursachten. Und dann das Entsetzliche: die Soldaten von General Rosalio Martinez und Porfirio Diaz und die todbringenden Gewehre, die nie aufhören wollten, Tod und Verderben zu speien und die Sünden der Arbeiter in ihrem eigenen Blut zu ertränken. Und die Nacht! Er sah die flachen Wagen, auf denen die Leichen aufgehäuft waren, nach Vera Cruz zum Futter für die Haie in der Bucht bestimmt. Er sah sich wieder über den unheimlichen Leichenhaufen klettern und die halb entkleideten, mißhandelten Leichen seines Vaters und seiner Mutter suchen und finden. Besonders deutlich erinnerte er sich seiner Mutter – nur ihr Gesicht guckte hervor, ihr Leib war von der Last Dutzender von Toten verborgen. Wieder knallten die Gewehre des Porfirio Diaz, und er sah sich wie ein gejagter Bergkojote davonrasen.

Ein lautes Gebrüll wie vom Meer klang an sein Ohr, er sah Danny Ward an der Spitze seines Gefolges von Trainern und

Sekundanten durch den Gang in der Mitte kommen. Das Publikum tobte vor Begeisterung. Alle jubelten ihm zu. Alle waren für ihn. Sogar Riveras eigene Sekundanten atmeten erleichtert auf, und ihre Laune besserte sich, als Danny sich gewandt unter den Seilen duckte und in den Ring trat. Sein Gesicht zeigte ein Lächeln nach dem andern, und wenn Danny lächelte, lächelte jeder Zoll seines Gesichtes bis zu den Fältchen in den Augenwinkeln und bis in die Tiefe der Augen selbst. Nie hatte man einen so liebenswürdigen Boxer gesehen. Sein Gesicht war eine Verkörperung von Gutmütigkeit und Kameradschaft. Er kannte alle Welt. Er scherzte und lachte und tauschte über die Seile hinweg Grüße mit seinen Freunden aus. Die andern, die ihre Bewunderung nicht bändigen konnten, riefen laut: »Danny!« Die Stimmung stieg und raste sich in Beifallsstürmen aus, die Minuten dauerten.

Rivera blieb unbeachtet. Spider Hagerthy beugte sich mit aufgedunsenem Gesicht über ihn.

»Krieg nur keine Angst«, warnte er ihn. »Und vergiß die Instruktionen nicht! Wenn du aufgibst, sollen wir dich nachher vertobaken. Verstanden? Du hast zu kämpfen.«

Das Publikum begann zu klatschen. Danny durchschritt den Ring, trat auf ihn zu und beugte sich zu ihm nieder. Er nahm Riveras Hand zwischen seine beiden und drückte sie mit überströmender Herzlichkeit. Das Publikum jubelte Beifall. Danny begrüßte seinen Gegner mit der Zärtlichkeit eines Bruders. Seine Lippen bewegten sich, und das Publikum, das die Worte, die er sprach, nicht hören konnte, sie aber als freundlich, liebenswürdig und sportsmäßig auffaßte, schrie wieder. Nur Rivera hörte die leise gesprochenen Worte.

»Du kleine mexikanische Ratte«, drang es zischend zwischen den lächelnden Lippen hervor, »ich will dir die Eingeweide zum Leibe herausprügeln.«

Rivera rührte sich nicht. Er stand nicht auf. Er sah den andern nur voller Haß an.

»Steh auf, du Hund«, heulte jemand im Hintergrund des Zuschauerraums. Die Menge begann ihn wegen seines wenig sportgerechten Benehmens auszuzischen und auszupfeifen, aber er blieb sitzen.

Ein neuer Beifallssturm begrüßte Danny, als er sich durch den Ring auf seinen Platz zurückbegab.

Als Danny sich entkleidete, wurde begeistert »Ah!« und »Oh!« gerufen. Sein Körper war vollkommen und strotzte von Geschmeidigkeit, Kraft und Gesundheit. Die Haut war weiß und glatt wie die einer Frau. Und unter ihrer Oberfläche spielten Anmut, Gewandtheit und Stärke. Das hatte er in Dutzenden von Kämpfen bewiesen. Sein Bild war durch die gesamte Sportpresse gegangen.

Als Spider Hagerthy Rivera das wollene Hemd über den Kopf zog, wurde gezischt. Sein Körper erschien wegen der dunklen Hautfarbe schmächtiger, als er in Wirklichkeit war. Er hatte Muskeln, aber sie traten nicht so in Erscheinung wie die seines Gegners. Was das Publikum dagegen übersah, war seine tiefe Brust. Und es hatte auch keine Ahnung – und konnte sie auch nicht haben – von der Zähigkeit seiner Muskelbänder und von der Explosivkraft seiner Fäuste. Das einzige, was das Publikum sah, war ein braunhäutiger, achtzehnjähriger Bursche mit einem Körper, der wie der eines Knaben wirkte. Da war Danny doch ganz etwas anderes. Das war ein Mann von vierundzwanzig Jahren, und sein Körper war der eines Mannes. Der Gegensatz war noch auffälliger, als sie nebeneinander im Ring standen und die letzten Weisungen des Schiedsrichters empfingen.

Rivera bemerkte, daß Roberts direkt hinter den Reportern saß. Er war noch mehr berauscht als gewöhnlich und seine Rede entsprechend schleppender.

»Nur immer ruhig, Rivera«, sagte Roberts. »Totschlagen kann er dich nicht, das vergiß nicht. Er wird gleich im Anfang mächtig auf dich losgehen, aber laß dich nicht dadurch verblüffen. Deck dich nur gut, steh fest und geh in Clinch. Dann kann er dir nichts weiter tun. Stell dir einfach vor, daß er im Trainingssaal auf dich losschlüge.«

Rivera gab kein Zeichen, daß er es gehört hätte.

»Ein mürrischer kleiner Teufel«, murmelte Roberts seinem Nebenmann zu. »So ist er immer gewesen.«

Aber Rivera vergaß, ihm seinen üblichen gehässigen Blick zuzuwerfen. Eine Vision zeigte sich ihm in Gestalt zahlreicher Gewehre. Jedes Gesicht im Zuschauerraum von den teuersten Plätzen bis ganz hinten, soweit er sehen konnte, hatte sich in ein Gewehr verwandelt. Und er sah die mexikanische Grenze vor sich – ausgedörrt, von der Sonne versengt und trostlos, und an ihr die zerlumpten Scharen, die auf die Gewehre hofften.

Er wartete, aufrecht ganz hinten in seiner Ecke stehend. Seine Sekundanten waren unter den Seilen hinausgekrochen und hatten ihre Klappstühle mitgenommen. Danny stand ihm gegenüber in der entgegengesetzten Ecke des viereckigen Ringes. Der Gong ertönte, und der Kampf begann. Das Publikum brüllte vor Freude. Noch nie hatte es einem Kampf beigewohnt, der überzeugender begann. Die Zeitungen hatten recht gehabt. Es war ein Kampf zwischen erbitterten Feinden. Drei Viertel der Entfernung legte Danny in einem Sprung zurück, um seinem Gegner auf den Leib zu kommen, ein Vorstoß, der deutlich verriet, daß es seine Absicht war, den kleinen Mexikaner mit Haut und Haaren zu fressen. Er griff nicht mit einem Schlage, nicht mit zweien, nicht mit einem Dutzend Schlägen an. Es war ein Wirbelwind von Schlägen, ein vernichtender Sturm. Rivera verschwand gleichsam. Er wurde überschüttet, begraben unter Lawinen von Schlägen, die ein Meister von überallher austeilte. Er wurde über den Haufen gerannt, gegen die Seile gefegt, vom Schiedsrichter losgebracht und abermals gegen die Seile geschleudert.

Es war kein Kampf. Es war ein Gemetzel, ein Blutbad. Jedem andern Publikum als den Zuschauern eines Boxkampfes wäre einfach in dieser ersten Minute die Luft ausgegangen. Wahrhaftig: Danny wußte, was er konnte – es war eine fabelhafte Leistung. Das Publikum war seiner Sache so sicher und dabei so aufgeregt und voreingenommen, daß es ganz übersah, daß der Mexikaner sich noch auf den Beinen hielt. Es hatte Rivera ganz vergessen. Es sah ihn kaum, derart verschwand er unter der mörderischen Attacke Dannys. Eine Minute verging auf diese Weise, und noch eine. Dann sah das Publikum in einem Augenblick, als die Kämpfenden getrennt waren, deutlich den Mexikaner. Eine Lippe war gespalten, seine Nase blutete. Als er sich umdrehte und wankend in Clinch ging, sah man dort, wo er die Seile berührt hatte, rote Streifen auf seinem Rücken, aus denen das Blut hervorquoll. Was das Publikum aber nicht bemerkte, war, daß seine Brust nicht schwer arbeitete und daß seine Augen kalt und ruhig wie je waren. Allzu viele angehende Meister hatten es bei dem alles eher als weichlichen Training mit ähnlichen mörderischen Angriffen auf ihn versucht. Gegen eine Vergütung von einem halben Dollar bis zu fünfzehn Dollar wöchentlich hatte er durchzuhalten gelernt – eine harte Schule, die er durchgemacht hatte.

Da geschah etwas Erstaunliches. Das verwirrende Handgemenge, dessen Einzelheiten man kaum zu folgen vermochte, hörte plötzlich auf. Rivera stand allein da. Danny, der furchtbare Danny, lag auf dem Rücken. Sein Körper zitterte, während er langsam das Bewußtsein wiedergewann. Er hatte weder gewankt, noch war er niedergesunken oder langsam zu Boden gefallen. Riveras Rechte hatte ihn, als er in der Luft schwebte, wie ein Blitz aus heiterem Himmel getroffen. Der Schiedsrichter wies Rivera durch eine Handbewegung zurück und beugte sich, die Sekunden zählend, über den gefallenen Helden. Das Publikum eines Boxkampfes pflegt den fällenden Schlag mit Beifall zu begrüßen. Aber dies Publikum jubelte nicht. Es war alles zu unerwartet gekommen. Die Sekunden wurden von einer gespannten Stille begleitet, die durch die triumphierende Stimme Roberts' zerrissen wurde.

»Ich hab es Ihnen ja gesagt, daß er mit beiden Händen gleich gut boxt.«

In der fünften Sekunde wälzte Danny sich auf das Gesicht herum, und als sieben gezählt wurde, stützte er sich auf das eine Knie, bereit, aufzustehen, sobald ›neun‹ und bevor ›zehn‹ gezählt wurde. Berührte sein Knie bei ›zehn‹ noch den Boden, so wurde er ausgezählt und hatte verloren. In dem Augenblick, wenn sein Knie sich vom Boden hob, wurde er als stehend angesehen, und im selben Augenblick hatte Rivera das Recht, wieder zu versuchen, ihn zu Boden zu schlagen. Rivera gedachte nicht, sich diese Gelegenheit entgehen zu lassen. Er umkreiste seinen Gegner, aber der Schiedsrichter kreiste vor ihm, und Rivera merkte, daß die Sekunden, die der Schiedsrichter zählte, sehr lange dauerten. Alle Gringos waren gegen ihn, sogar der Schiedsrichter.

Bei ›neun‹ gab der Schiedsrichter Rivera einen Stoß, daß er zurückflog. Das war unfair, aber dadurch wurde es Danny möglich, lächelnd wieder aufzustehen. Halb gekrümmt und mit den Armen Gesicht und Unterleib schützend, wankte er vorwärts und ging gewandt in Clinch. Nach den Regeln des Boxsports hätte der Schiedsrichter seinen Griff lösen müssen, aber er tat es nicht, und Danny klammerte sich an wie eine Muschel im Wogenprall der Brandung und kam allmählich wieder zu Kräften. Die letzte Minute der Runde war angebrochen. Wenn er bis zu ihrem Ende durchhielt, konnte er sich eine ganze Minute lang in seiner Ecke erholen. Und er hielt durch und lächelte trotz aller Verzweiflung und Kläglichkeit.

»Seht, Danny lächelt!« schrie einer, und das Publikum lachte laut und erleichtert.

»Eine verfluchte Stoßkraft hat der Lausebengel«, sagte Danny ächzend in seiner Ecke zu dem Trainer, während seine Adjutanten ihn wie toll bearbeiteten. Die zweite und die dritte Runde waren matt. Danny, der ein kalter, gerissener Boxer war, stellte sich und blockte, um sich von dem betäubenden Schlag, den er in der ersten Runde bekommen hatte, zu erholen. In der vierten Runde war er wieder ganz der alte. Obwohl er zerschlagen und verwirrt war, setzte seine gute Form ihn instand, seine Kraft wiederzugewinnen. Aber er versuchte es nicht wieder mit seiner mörderischen Taktik. Der Mexikaner hatte ihm gezeigt, daß sie bei ihm versagte. Statt dessen tischte er jetzt seine besten Boxerkünste auf. In allen Tricks sowohl wie in Erfahrung und Ausbildung war er ein Meister; wenn er auch nichts Entscheidendes ausrichten konnte, so schlug er doch weiter auf seinen Gegner los und zermürbte ihn nach allen Regeln der Kunst. Er schlug dreimal, wenn Rivera einmal schlug, aber es waren nicht entscheidende Schläge. Die Summe vieler Schläge sollte den Ausschlag geben. Er bewunderte diesen mit beiden Händen gleich gut boxenden Neuling, dessen Fäuste mit erstaunlicher Wucht stießen.

In der Verteidigung zeigte Rivera sich im Besitz einer erstaunlichen Technik der Linken. Immer wieder, in einem Angriff nach dem andern, schoß sie vor und richtete Dannys Mund und Nase übel zu. Aber Danny paßte sich an. Das war es, was ihn später zum Weltmeister machen sollte. Er konnte nach Belieben eine Kampfart mit der andern vertauschen. Jetzt rückte er seinem Gegner nahe auf den Leib. Durch diese Technik, die ihm besonders lag, wurde es ihm möglich, der Linken des andern zu entgehen. Jetzt brachte er das Publikum mehrmals dazu, vor Begeisterung zu toben, und den Vogel schoß er ab, indem er durch einen mächtigen Schlag den Mexikaner in die Luft hob und auf die Matte fallen ließ. Rivera ruhte auf dem einen Knie und nutzte die Sekunden nach Möglichkeit aus, aber er war innerlich überzeugt, daß der Schiedsrichter die Sekunden für ihn sehr abkürzte.

In der siebenten Runde glückte es Danny wieder, den teuflischen Schlag zu landen. Er brachte Rivera nur zum Wanken, aber im nächsten Augenblick, als er hilf- und wehrlos dastand, ließ er ihn durch einen neuen Schlag zwischen den Seilen hindurchfliegen. Rivera fiel mitten zwischen die Presseleute, die ihn aufhoben und außerhalb der Seile in seine Ecke beförderten. Hier ruhte er auf dem einen Knie, während der Schiedsrichter eilig die Sekunden zählte. Innerhalb der Seile, unter denen er sich ducken mußte, um wieder auf den Kampfplatz zu gelangen, wartete Danny auf ihn. Der Schiedsrichter legte sich weder dazwischen, noch stieß er Danny zurück.

Die Zuschauer waren außer sich vor Begeisterung. »Schlag ihn tot, Danny, schlag ihn tot!« wurde gebrüllt.

Dutzende von Stimmen griffen den Schrei auf, und es klang wie das Kriegsgeheul eines Wolfsrudels.

Danny tat sein Bestes, als aber nicht ›neun‹, sondern erst ›acht‹ gezählt wurde, schlüpfte Rivera unerwartet durch die Seile hinein und rettete sich durch Clinchen. Jetzt war der Schiedsrichter gleich da, riß ihn los, so daß er getroffen werden konnte, und half Danny so viel, wie ein unfairer Schiedsrichter helfen kann.

Aber Rivera überstand den Angriff, und der Schwindel verzog sich aus seinem Hirn. Sie waren alle gleich. Sie waren die verhaßten Gringos, und sie waren alle unehrlich. Aber selbst in den schlimmsten Augenblicken leuchteten und funkelten die Visionen in seinem Hirn – lange Eisenbahnzüge, die durch die Wüste ratterten, Gefängnisse und Kerker, Vagabunden an Wasserstellen –, das ganze qualvolle, schmutzige Panorama, das er auf seinem Umherirren nach den Tagen von Rio Blanco und dem Streik gesehen hatte. Und in einer herrlichen, strahlenden Vision sah er die große Revolution über das Land hinbrausen. Die Gewehre waren da, gerade vor ihm. Jedes einzelne der verhaßten Gesichter war ein Gewehr. Für die Gewehre kämpfte er. Er und die Gewehre waren eins. Er und die Revolution waren eins. Er kämpfte hier für ganz Mexiko.

Das Publikum begann ärgerlich auf Rivera zu werden. Warum steckte er die Prügel nicht ein, die ihm zugedacht waren? Natürlich wurde er besiegt, aber warum machte er da so viele Geschichten? Nur sehr wenige interessierten sich für ihn, und das war der bestimmte, begrenzte Prozentsatz von Spielern, die ein hohes Spiel spielten. Obwohl sie an Dannys Sieg glaubten, hatten sie doch vier zu zehn oder eins zu drei auf den Mexikaner gesetzt. Ziemlich erheblich waren die Wetten, wie viele Runden Rivera durchhalten würde. Manche hatten sogar leichtsinnigerweise darauf gesetzt, daß er keine sieben, ja keine sechs Runden durchhalten würde. Die, welche dagegen gehalten, also gewonnen und die Frage bezüglich des gewagten Geldes glücklich gelöst hatten, schlossen sich jetzt den andern an und jubelten dem Mexikaner zu.

Rivera wollte sich nicht schlagen lassen. In der achten Runde versuchte sein Gegner vergebens, den Uppercut zu wiederholen. Die neunte Runde verblüffte wieder das Publikum. Mitten in einem Clinch machte sich Rivera mit einer schnellen, geschmeidigen Bewegung frei, und in dem engen Zwischenraum zwischen ihren Leibern fuhr seine Rechte von unten hoch. Danny ging auf den Boden und nutzte das Zählen aus. Die Zuschauer waren erschrocken. Er war auf seinem eigenen Gebiet geschlagen. Sein berühmter rechter Uppercut war gegen ihn selbst angewandt worden. Als er bei ›neun‹ aufstand, versuchte Rivera nicht, ihn zu treffen. Der Schiedsrichter hätte es ja doch verhindert, obwohl er im umgekehrten Falle, wenn es Rivera war, der aufstehen sollte, beiseite trat.

In der zehnten Runde führte Rivera den rechten Uppercut vom Gürtel gegen das Kinn seines Gegners aus. Danny geriet vor Wut außer sich. Das Lächeln verließ zwar nicht einen Augenblick sein Gesicht, aber er ging wieder zu seinen mörderischen Angriffen über. Aber so sehr er auch herumtanzte, konnte er Rivera doch nichts anhaben, Rivera aber schlug ihn in der Verwirrung und dem Tumult dreimal hintereinander nieder. Danny gewann seine Kräfte nicht mehr so schnell wieder, und in der elften Runde sah es ernst für ihn aus. Aber von jetzt an bis zur vierzehnten Runde leistete er das Beste, was er je in seiner Laufbahn gezeigt hatte. Er stand und plazierte die Schläge, schonte seine Kräfte im Kampf und versuchte die, welche er schon zugesetzt hatte, zurückzugewinnen. Dazu kämpfte er so regelwidrig, wie es nur ein erfolgreicher Boxer kann. Jeden Kniff und Trick wandte er an, ging in Clinch, tat aber, als wäre es zufällig, preßte Riveras Handschuhe zwischen Arm und Leib und legte seinen eigenen Handschuh Rivera auf den Mund, um ihm den Atem zu nehmen. Wenn sie einander dicht auf dem Leibe waren, zischte er zwischen den aufgeschlagenen, aber lächelnden Lippen Rivera abscheuliche, unaussprechliche Schimpfworte ins Ohr.

Alle, vom Schiedsrichter bis zum Publikum, hielten zu Danny und halfen Danny. Und sie wußten, was er im Sinne hatte. Überwältigt durch diesen überraschenden Unbekannten, setzte er all seine Hoffnung in einen einzigen entscheidenden Schlag. Er gab sich Blößen und steckte die Schläge ein, reizte seinen Gegner, machte Scheinangriffe und versuchte Rivera dahin zu bringen, daß er sich die Blöße gab, die es ihm erlaubte, aus aller Kraft zuzuschlagen und zu siegen. Wie ein anderer, größerer Boxer vor ihm getan, konnte er seinen Gegner vielleicht mit einem Rechten und einem Linken auf den Solarplexus und über das Kinn treffen. Er konnte es, denn er war bekannt für die Stoßkraft, die in seinen Armen war, solange er sich nur auf den Beinen halten konnte.

Riveras Sekundanten sorgten in den Pausen zwischen den Runden nur wenig für ihn. Sie trockneten ihn ein bißchen mit den Handtüchern ab, verschafften aber seiner keuchenden Lunge nicht viel Luft. Spider Hagerthy gab ihm Ratschläge, aber er wußte, daß es schlechte Ratschläge waren. Alle waren gegen ihn. Er war von Verrätern umgeben. In der vierzehnten Runde brachte er Danny wieder auf den Boden und ruhte sich aus, während der Schiedsrichter die Sekunden zählte. Aus der anderen Ecke hatte Rivera ein verdächtiges Flüstern gehört. Er sah, wie Michael Kelly zu Roberts ging, sich über ihn beugte und ihm etwas zuflüsterte. Riveras Ohren waren wie die einer Katze, in der Wüste geübt, und er hörte Bruchstücke von dem, was Michael sagte. Er wollte gern mehr hören, und als sein Gegner sich erhob, glückte es ihm, so zu manövrieren, daß er Gelegenheit zu einem Clinch an den Seilen bekam.

»Er muß«, hörte er Michael sagen, und Roberts nickte. »Danny muß gewinnen – ich verliere ein Vermögen – ich habe eine Unsumme gewettet – mein eigenes Geld –, wenn er die fünfzehnte Runde durchhält, bin ich ruiniert – der Junge wird sich danach richten, was du sagst. Steck es ihm.«

Und jetzt hatte Rivera keine Visionen mehr. Sie versuchten ihn zu narren. Noch einmal schlug er Danny zu Boden und ruhte sich, die Hände in die Seiten gestützt, aus. Roberts stand auf.

»Jetzt ist er fertig«, sagte er. »Geh in deine Ecke.«

Er sprach gebieterisch, wie er oft beim Training mit Rivera gesprochen hatte. Aber Rivera sah ihn erbittert an und wartete, daß Danny aufstehen sollte.

Als er in der minutenlangen Pause wieder in seiner Ecke saß, kam Kelly, der Unternehmer, zu Rivera und sprach mit ihm. »Gib auf, verdammter Kerl!« fauchte er leise. »Du mußt dich schmeißen lassen, Rivera. Tue, wie ich dir sage, und ich sichere dir deine Zukunft. Nächstes Mal lasse ich dich über Danny siegen. Aber diesmal mußt du dich besiegen lassen.« Rivera ließ ihn durch einen Blick verstehen, daß er seine Worte gehört hatte, gab aber durch kein Zeichen zu erkennen, ob er einwilligte oder nicht.

»Warum sagst du nichts?« fragte Kelly zornig.

»Du verlierst unter allen Umständen«, fügte Spider Hagerthy hinzu. »Der Schiedsrichter läßt dich nicht siegen. Höre auf Kelly, laß dich schmeißen!«

»Ja, laß dich schmeißen, Junge!« drang Kelly in ihn. »Dann verhelfe ich dir zur Meisterschaft.«

Rivera antwortete nicht.

»Ich tue es, so wahr mir Gott helfe, mein Junge.«

Als der Gong ertönte, hatte Rivera das Gefühl, daß irgendeine Gefahr ihm drohte. Das Publikum merkte nichts. Was es auch sein mochte – jedenfalls war es innerhalb des Ringes und ganz in seiner Nähe. Danny schien seine frühere Sicherheit wiedergewonnen zu haben. Die Zuversichtlichkeit, mit der er ankam, erschreckte Rivera. Offenbar waren sie im Begriff, ihm irgendeinen Streich zu spielen. Danny sprang auf ihn los, aber Rivera wich ihm aus. Er brachte sich in Sicherheit, indem er einen Schritt zurücktrat. Der andere hatte erwartet, daß er in Clinch gehen würde. Das war bis zu einem gewissen Grade nötig, wenn der Streich gelingen sollte. Rivera zog sich zurück und umkreiste den Gegner, fühlte aber doch, daß bei dem Zusammenstoß, der früher oder später erfolgen mußte, der Kniff versucht werden würde. Als Danny wieder vorstürmte, tat Rivera, als wolle er in Clinch gehen. Aber im letzten Augenblick sprang er, gerade als ihre Leiber zusammenstoßen wollten, rasch zurück. Und im selben Augenblick ertönte aus Dannys Ecke der Ruf: »Foul!« Rivera hatte sie angeführt. Der Schiedsrichter zögerte. Die Entscheidung, die ihm auf den Lippen lag, fiel nie, denn eine Knabenstimme auf der Galerie schrillte: »Schiebung!«

Danny schimpfte laut auf Rivera und stürmte auf ihn los, aber Rivera wich ihm tänzelnd aus. Rivera beschloß jetzt, nicht mehr nach dem Körper des andern zu zielen. Damit setzte er seine halbe Chance, zu gewinnen, aufs Spiel, aber er wußte, daß er, wenn er überhaupt siegen wollte, den Nahkampf vermeiden mußte. Beim geringsten Anlaß würden sie ihn eines ›Fouls‹ beschuldigen. Danny ließ alle Vorsicht beiseite. In zwei Runden stürmte er auf den Jungen los, der ihm nicht im Nahkampf zu begegnen wagte. Immer wieder wurde Rivera getroffen; er steckte die Schläge zu Dutzenden ein, um dem gefährlichen Nahkampf zu entgehen. Bei dieser einzig dastehenden Schlußszene Dannys erhob das Publikum sich und wurde wahnsinnig. Es verstand nichts von dem, was vorging. Das einzige, was es sehen konnte, war, daß sein Favorit doch siegte.

»Warum kämpfst du nicht?« schrien sie Rivera zornig zu. »Jammerlappen! Jammerlappen! Los, du Hund! Schlag ihn tot, Danny! Du hast ihn ja schon! Hau ihn!«

Von allen im ganzen Hause war Rivera der einzige, der seine Kaltblütigkeit bewahrte. Nach Temperament und Rasse war er der leidenschaftlichste von allen, aber er war so weit größeren Aufregungen ausgesetzt gewesen, daß diese gemeinsame, aus zehntausend Kehlen schreiende Leidenschaft, die sich Woge auf Woge erhob, ihm nicht mehr als die sammetartige Kühle eines Sommerabends war.

In der siebzehnten Runde setzte Danny seine Angriffe fort. Unter einem heftigen Schlag wankte Rivera. Seine Hände sanken hilflos herab, während er widerstrebend zurücktaumelte. Jetzt dachte Danny, daß seine Chance gekommen wäre. Der Junge war in seiner Gewalt. Durch diese Komödie überrumpelte Rivera ihn und traf ihn mit der geraden Rechten auf den Mund. Danny fiel. Als er aufstand, fällte Rivera ihn durch einen rechten Haken auf Hals und Kinn. Das wiederholte sich dreimal. Kein Schiedsrichter der Welt hätte von einem Foul sprechen können.

»Oh, Bill! Bill!« flehte Kelly den Schiedsrichter an.

»Ich kann nichts mehr machen«, sagte der Schiedsrichter bedauernd. »Er gibt mir keine Gelegenheit dazu.«

Danny stand immer wieder auf, zerschlagen, aber heldenmütig. Kelly und andere in der Nähe des Ringes begannen nach der Polizei zu rufen, daß sie einschreiten sollte, obwohl Dannys

Ecke sich weigerte, das Handtuch hineinzuwerfen. Rivera sah den dicken Wachtmeister einen ungeschickten Versuch machen, unter den Seilen hereinzuklettern, und wußte nicht recht, was das bedeutete. Diese Gringos wußten auf so vielerlei Weise bei einem Boxkampf zu betrügen. Danny, der wieder auf die Beine gekommen war, taumelte unsicher und hilflos vor ihm hin und her. Der Schiedsrichter und der Polizist streckten beide die Hände nach Rivera aus, als er den letzten Schlag führte. Es gab keinen Grund zum Einschreiten, denn Danny blieb liegen.

»Zähl!« rief Rivera dem Schiedsrichter heiser zu.

Und als das Zählen beendet war, hoben die Sekundanten Danny auf und trugen ihn in seine Ecke.

»Wer ist der Sieger?« fragte Rivera.

Widerwillig ergriff der Schiedsrichter seine behandschuhte Hand und hielt sie hoch.

Rivera erhielt keine Glückwünsche. Ohne Begleitung ging er in seine Ecke, wo seine Sekundanten noch nicht den Feldstuhl für ihn hingesetzt hatten. Er lehnte sich gegen die Seile, sah sie erbittert an, ließ den Blick auf ihnen ruhen und ließ ihn dann über die Zehntausende von Gringos schweifen. Die Knie zitterten ihm, und er stöhnte vor Erschöpfung. Vor seinen Augen wogten die verhaßten Gesichter hin und her in schwindelnder Übelkeit. Dann aber entsann er sich, daß sie Gewehre bedeuteten. Die Gewehre waren sein. Die Revolution konnte beginnen.

(Deutsch von Erwin Magnus)

Sherwood Anderson

Das Ei

Mein Vater war, davon bin ich überzeugt, von Natur ein fröhlicher und freundlicher Mann. Bis zu seinem vierunddreißigsten Jahre lebte er als Landarbeiter auf der Farm eines gewissen Thomas Butterworth, in der Nähe der Stadt Bidwell, Ohio. Er nannte damals ein Pferd sein eigen und fuhr jeden Samstagabend in die Stadt, um dort ein paar Stunden dem geselligen Verkehr mit andern Landarbeitern zu widmen. In der Stadt trank er etliche Gläser Bier und stand in Ben Heads Saloon herum, der an Samstagabenden mit stadtfahrenden Landarbeitern vollgepfropft war. Man sang Lieder und hieb die Gläser dröhnend auf den Schanktisch. Um zehn Uhr abends fuhr der Vater heim, eine einsame Landstraße entlang, versorgte sein Pferd für die Nacht und verfügte sich ins Bett, mit seinen Daseinsverhältnissen völlig zufrieden. In jener Zeit wurde er keineswegs von dem Verlangen geplagt, in dieser Welt eine höhere Stufe zu erklimmen.

Im Frühling seines fünfunddreißigsten Lebensjahres verheiratete sich mein Vater mit meiner Mutter, die damals Landschullehrerin war, und im nächsten Frühling hielt ich paddelnd und schreiend meinen Einzug in die Welt. Da ging nun mit den beiden Eheleuten eine Veränderung vor. Sie wurden ehrgeizig. Die amerikanische Leidenschaft, im Leben voranzukommen, ergriff sie.

Es ist möglich, daß meine Mutter schuld daran war. Während ihrer Lehrerinnenjahre hatte sie ohne Frage Bücher und Zeitschriften gelesen. Sie hatte, nehme ich an, gelesen, wie Garfield, Lincoln und andere Amerikaner aus Armut zu Berühmtheit und Größe emporgestiegen waren; und als ich in den Tagen ihres Wochenbettes nun so neben ihr lag, mag sie davon geträumt haben, daß ich eines Tages über Menschen und Städte herrschen würde. Jedenfalls steht fest, daß sie meinen Vater dazu überredete, seine Stellung als Farmarbeiter aufzugeben, sein Pferd zu verkaufen und als unabhängiger Mann mit einem eigenen Unternehmen sein Heil zu versuchen. Sie war eine lange, schweigsame Frau mit einer langen Nase und unruhigen grauen

Augen. Für sich selbst begehrte sie nichts. Für Vater und mich hegte sie unheilbaren Ehrgeiz.

Das erste Unternehmen, das die beiden wagten, ging übel aus. Sie pachteten zehn Morgen Land, geringen, steinigen Boden, an der Griggs Road, acht Meilen von Bidwell, und fingen darauf eine Kükenzüchterei an. Hier wuchs ich ins Knabenalter hinein, und hier empfing ich meine ersten Eindrücke vom Leben. Es waren von Beginn an Eindrücke des Mißgeschicks; und wenn ich in meiner Wesensart ein schwermütiger Mann bin, geneigt, das Leben von der düsteren Seite zu betrachten, so schreibe ich das der Tatsache zu, daß ich meine Kinderjahre, die eigentlich voll heiteren Glückes hätten sein sollen, auf einer Kükenfarm verbringen mußte.

Wer in solchen Sachen nicht bewandert ist, kann sich keine Vorstellung machen, was für mannigfaltige und tragische Dinge mit einem Küken vor sich gehen können. Es schlüpft aus dem Ei, lebt einige Wochen als ein winziges, federflockiges Etwas, wie du es auf Osterkarten abgebildet siehst; wird dann abschreckend nackt; vertilgt gewaltige Mengen Körner und Mais, die dein Vater mit saurem Schweiß erarbeitet und gekauft hat; bekommt Krankheiten, die man mit Pips, Cholera und dergleichen Namen benennt; steht da und glotzt aus dummen Augen in die Sonne; wird lebensüberdrüssig und stirbt. Ein paar Hennen und dann und wann ein Hahn, den Gott für seine rätselhaften Absichten aufsparen will, kämpfen sich zur Reife hindurch. Die Hennen legen Eier, aus denen wieder andere Küken hervorkommen – und der Kreislauf des Unheils beginnt wieder einmal von vorn. Es ist eine unglaublich verwickelte Geschichte. Die meisten Philosophen müssen auf Kükenfarmen aufgewachsen sein. Man erhofft sich so viel von einem Küken und wird so furchtbar enttäuscht. Wenn die kleinen Küchlein ihre Lebensreise beginnen, sehen sie so munter und aufgeweckt aus und sind in Wahrheit so gräßlich dumm. Sie gleichen so sehr den Menschen, und sie werfen einem nachher die ganze Lebensanschauung über den Haufen. Wenn Krankheit sie nicht umbringt, warten sie, bis deine Hoffnungen ordentlich ins Kraut geschossen sind, und begeben sich alsdann unter die Räder eines Wagens, um zerquetscht und tot in die Hand ihres Schöpfers zurückzukehren. Ungeziefer ist die Plage ihrer Jugendzeit, und Vermögen müssen aufgewandt werden für heilende Pulver. Im späteren Leben habe ich gesehen, daß eine ganze Literatur um das Thema herumgeschrieben worden ist, wie man sich mit der Kükenzucht angeblich ein Vermögen machen kann. Diese Literatur ist zur Lektüre für Halbgötter bestimmt, die vom Baume der Erkenntnis gegessen haben und wissen, was Gut und Böse ist. Es ist eine hoffnungweckende Literatur, und sie setzt harmlosen und ehrgeizigen Leuten, die ein paar Hennen ihr eigen nennen, auseinander, was sie alles tun müssen. Laß dich von solchen Büchern nicht nasführen. Sie sind nicht für dich geschrieben. Geh Gold jagen auf den Eishügeln Alaskas, setze dein Vertrauen in die Ehrenhaftigkeit eines Politikers, glaube meinetwegen, wenn das Herz dich dazu treibt, daß die Welt mit jedem Tage besser wird und daß dem Guten der Sieg über das Böse beschieden ist – aber lies und glaube nicht die gedruckte Weisheit über die Hühnerzucht. Sie ist nicht für dich geschrieben.

Aber ich schweife ab. Meine Geschichte handelt ursprünglich nicht von der Henne, sondern, wenn ich sie richtig erzähle, vom Ei. Zehn Jahre lang plagten mein Vater und meine Mutter sich ab, um unsere Kükenfarm ertragbringend zu machen, dann gaben sie diesen Kampf auf und stürzten sich in einen neuen. Sie zogen in die Stadt Bidwell, Ohio, und versuchten es mit dem Gastwirtsgewerbe. Nach zehn Jahren der Schinderei mit Brutapparaten, die nicht ausbrüteten, und mit winzigen – und in ihrer Art entzückenden – Flaumfederbällen, die zur halbnackten Hühnchenschaft heranwuchsen und ihre Hennenschaft in ein besseres Jenseits verlegten, warfen wir alles beiseite, packten unsere Habseligkeiten in einen Wagen und fuhren auf der Griggs Road gen Bidwell: eine kleine Karawane der Hoffnung auf der Suche nach einem neuen Startplatz, von dem man zum Aufstieg in ein besseres Dasein aufbrechen konnte.

Wir müssen wohl ein kümmerliches Häuflein gewesen sein, vermute ich, und etwa so ausgesehen haben wie Flüchtlinge von einem Schlachtfelde. Mutter und ich gingen auf der Straße. Den Wagen, der unseren Hausrat enthielt, hatte uns Mr. Albert Griggs, ein Nachbar, für den Umzugstag geliehen. Aus den Flanken des Gefährtes starrten die Beine billiger Stühle hervor, hinter dem Haufen von Betten, Tischen und den mit Küchengerät vollgestopften Koffern war eine Lattenkiste mit lebenden Küken untergebracht, und oben auf dem Ganzen schwebte der Kinderwagen, in dem man mich einst ausgefahren hatte. Weshalb wir auch ihn noch verstaut hatten, weiß ich nicht. Es sah bei uns nicht mehr nach Familienzuwachs aus, und seine Räder waren zerbrochen. Wenn die Menschen nur weniges besitzen, hängen sie um so fester an dem, was sie haben. Das ist eine der Tatsachen, die einen im Leben so entmutigen.

Vater lenkte die Pferde. Er war damals ein glatzköpfiger Mann von fünfundvierzig Jahren, ein wenig fett und, infolge des langen Umgangs mit Mutter und den Küken, gewöhnlich schweigsam und mutlos. Während der ganzen zehn Jahre auf der Kükenfarm hatte er als Tagelöhner auf benachbarten Farmen gearbeitet, und das meiste von dem Geld, das er so verdiente, war draufgegangen für Heilmittel gegen Kükenkrankheiten, zum Beispiel ›Wilmers Weißes Wunder‹ oder ›Professor Bidlows Ei-Erzeuger‹ oder andere Präparate, die Mutter in den Geflügelzeitungen angepriesen fand. Zwei kleine Haarbüschel wuchsen auf Vaters Kopf, gerade über den Ohren. Ich erinnere mich, daß ich als Kind oft dasaß und ihn betrachtete, wenn er an Sonntagnachmittagen im Winter im Lehnstuhl am Ofen schlief. Ich hatte damals bereits angefangen, Bücher zu lesen und über meine Beobachtungen nachzudenken; die kahle Fläche auf Vaters Kopf wurde in meiner Phantasie so etwas wie eine breite Straße – so eine Straße, wie Cäsar sie einst entlanggezogen war, wenn er seine Legionen aus Rom hinaus und in die Wunder unbekannter Welten führte. Die Haarbüschel über Vaters Ohren wurden mir zu Wäldern. Ich versank in einen Dämmerzustand zwischen Schlafen und Wachen und sah mich im Traum als ein winziges Etwas ganz allein auf dieser Straße in ein fernes, wunderschönes Land wandern, wo es keine Kükenfarmen gab und wo das Leben eine glückliche, eierlose Angelegenheit war.

Man könnte ein Buch schreiben über unsere Flucht von der Kükenfarm in die Stadt. Mutter und ich gingen die ganzen acht Meilen zu Fuß; sie, um aufzupassen, daß nichts vom Wagen fiel, und ich, um die Wunder der Welt zu betrachten. Auf dem Kutschersitz neben sich hatte Vater seinen kostbarsten Schatz. Davon will ich nun berichten.

Auf einer Kükenfarm, wo Hunderte und gar Tausende von Küken aus den Eiern schlüpfen, ereignen sich zuweilen merkwürdige Dinge. Aus Eiern werden manchmal kleine Scheusale geboren – gerade so wie aus Menschen. So etwas kommt nicht oft vor; unter tausend Geburten vielleicht einmal. Da kommt, seht ihr, ein Küken zur Welt, das hat vier Beine, zwei Paar Flügel, zwei Köpfe oder was nicht noch alles. Diese Wesen bleiben nicht am Leben. Sie kehren rasch in die Hand des Schöpfers zurück, die bei ihrer Erschaffung einen Augenblick gezittert hat. Die Tatsache, daß solche armen kleinen Dinger nicht leben können, war eine der tragischen Fügungen in Vaters Dasein. Er bildete sich ein, wenn es ihm nur einmal gelänge, ein fünfbeiniges Hühnchen bis zur Hennenschaft oder ein zweiköpfiges Hähnchen bis zur Hahnenschaft hochzubringen, so wäre sein Glück gemacht. Sein Traum war, mit solch einem Wundertier auf die Jahrmärkte zu ziehen und sich ein Vermögen damit zu verdienen, daß er es vor anderen Farmersleuten zur Schau stellte.

Jedenfalls hob er sich alle die kleinen Mißgeburten auf, die auf unserer Kükenfarm zur Welt gekommen waren. Sie wurden in Spiritus gesetzt, jede in ein Glas für sich. Alle miteinander hatte er sorgfältig in eine Kiste gepackt und auf unserer Fahrt zur Stadt auf dem Wagensitz neben sich untergebracht. Mit der einen Hand trieb er die Pferde an, mit der anderen umklammerte er die Kiste. Als wir an unserem Bestimmungsort angelangt waren, hob er die Kiste sogleich vom Wagen und nahm die Gläser heraus. Während der ganzen Zeit, da wir in Bidwell, Ohio, eine Gastwirtschaft betrieben, standen die Scheusale in ihren kleinen Glasbehältern auf einem Bord hinterm Schanktisch. Mutter legte zuweilen Verwahrung ein, aber wenn es um seine Kostbarkeiten ging, war Vater ein Felsen. Die Mißbildungen, erklärte er, seien wertvoll. Die Leute sähen gern etwas Merkwürdiges und Wunderbares.

Habe ich gesagt, wir hätten in Bidwell, Ohio, eine Gastwirtschaft aufgemacht? Da habe ich wohl ein bißchen aufgeschnitten. Die Stadt liegt am Fuße eines niedrigen Hügels und am Ufer eines kleinen Flusses. Die Eisenbahn berührte die Stadt selbst nicht; der Bahnhof lag eine Meile weiter nördlich an einem Ort, der Pickleville hieß. Es hatte am Bahnhof eine Apfelweinkelterei und eine Pökelfleischfabrik gegeben, aber beide waren schon vor unserem Einzug eingegangen. Morgens und abends fuhren Omnibusse auf einer Straße, die Turners Pike hieß, und beförderten die Gäste des Hotels, das an der Hauptstraße von Bidwell lag, vom und zum Bahnhof. Der Gedanke, an diesem entlegenen Platze eine Gastwirtschaft zu eröffnen, war von Mutter ausgegangen. Ein Jahr lang redeten sie davon, und dann ging sie eines Tages hin und mietete ein leerstehendes Geschäftshaus gegenüber dem Bahnhof. Sie hatte die Vorstellung, die Gastwirtschaft müsse Nutzen abwerfen. Immer, sagte sie, würde es hierherum Reisende geben, die auf die abgehenden Züge warteten, und die Leute aus der Stadt würden zum Bahnhof kommen, um auf die ankommenden Züge zu warten. Dann würden sie auch in dem Gasthaus einkehren, um ein Stück Kuchen zu essen und eine Tasse Kaffee zu trinken. Nun, da ich älter bin, weiß ich, daß Mutter von einem anderen Beweggrund geleitet wurde. Sie war ehrgeizig – für mich. Ich sollte es zu etwas bringen in der Welt, sollte in eine Stadtschule gehen und ein Stadtmensch werden.

In Pickleville arbeiteten Vater und Mutter hart – wie sie es immer getan hatten. Zuerst ergab sich die Notwendigkeit, unsere Behausung so herzurichten, daß sie wie ein Gasthaus aussah. Das nahm einen Monat in Anspruch. Vater zimmerte ein Brettergerüst, auf das er Blumentöpfe stellte. Er malte ein Schild, auf das er in großen roten Buchstaben seinen Namen schrieb. Unter seinem Namen stand der scharfe Befehl:

»Essen Sie hier!«

– der so selten befolgt wurde. Ein Schaukasten wurde gekauft und mit Zigarren und Tabak gefüllt. Mutter scheuerte den Fußboden und die Wände des Gastzimmers. Ich ging zur Schule in die Stadt und war froh, von der Farm weg und von der Gegenwart der lebensmüden, trübseligen Küken erlöst zu sein. Dennoch war mir nicht sehr heiter ums Herz. Abends kam ich von der Schule heim, die Turners Pike entlang, und dachte an die Kinder, die ich beim Spielen auf dem Schulhof beobachtet hatte. Da war ein Trupp kleiner Mädchen hüpfend und singend umhergezogen. Ich versuchte das auch. Feierlich auf einem Bein hüpfend, kam ich die gefrorene Straße entlang. »Hippity Hop to the Barber Shop!« sang ich schrill. Dann hielt ich inne und blickte mich unsicher um. Ich hatte Angst, man könnte mich in dieser lustigen Stimmung beobachten. Offenbar entsann ich mich, daß ich auf einer Kükenfarm aufgewachsen war, wo täglich der Tod einkehrte, und offenbar hatte ich das Gefühl, mein Benehmen sei angesichts dieser Vergangenheit unpassend.

Mutter entschied, daß unsere Wirtschaft auch nachts geöffnet sein sollte. Um zehn Uhr abends fuhr ein Personenzug an unserem Hause vorüber nach Norden, und ihm folgte ein Güterzug. Das Personal des Güterzuges mußte in Pickleville rangieren, und wenn sie damit fertig waren, kamen die Leute in unsere Wirtschaft, wo es heißen Kaffee und etwas zu essen gab. Zuweilen bestellte sich auch einer ein Spiegelei. Um vier Uhr morgens kamen sie auf der Rückfahrt wieder durch und kehrten abermals bei uns ein. Das Geschäft begann ein wenig aufzublühen. Mutter schlief nachts, versah am Tage die Wirtschaft und versorgte unsere Kostgänger; Vater schlief am Tage. Er schlief in demselben Bett, das Mutter nachts innegehabt hatte, während ich nach Bidwell zur Schule pilgerte. In den langen Nächten, während Mutter und ich schliefen, kochte Vater Fleisch für die belegten Brote, die in die Frühstückskörbe unserer Gäste wanderten. Und da kam ihm ein Gedanke, wie er es zu etwas bringen könne in der Welt. Der amerikanische Geist kam über ihn. Auch er wurde ehrgeizig.

In diesen langen Nächten, wenn es wenig zu tun gab, hatte Vater Zeit zum Denken. Das war ein Unglück für ihn. Er kam zu dem Ergebnis, der Erfolg habe ihn bisher gemieden, weil es ihm an Heiterkeit mangelte, und er beschloß, sich für die Zukunft eine heitere Lebensanschauung anzueignen. Am frühen Morgen kam er herauf und legte sich zu Mutter ins Bett. Sie war wach, und die beiden redeten miteinander. Ich, in meinem Bett in der Ecke, lauschte.

Vaters Idee war, sie beide, Mutter und er, sollten versuchen, die Gäste unserer Wirtschaft zu unterhalten. Ich kann mich seiner Worte nicht mehr entsinnen, aber es lief etwa darauf hinaus, daß er auf irgendeine, ihm selbst noch dunkle Weise so etwas wie ein öffentlicher Unterhalter werden wollte. Wenn die Leute, und besonders das junge Volk aus Bidwell, nach Pickleville kamen (was freilich höchst selten der Fall war), so sollte ihnen heitere und belustigende Unterhaltung geboten werden. Aus Vaters Worten wurde mir klar, daß es ihm darauf ankam, den lustigen Gastwirt zu machen. Mutter traute der Sache sicherlich von vornherein nicht, aber sie sagte nichts. Vater war überzeugt, das ganze junge Volk von Bidwell würde ein leidenschaftliches Verlangen nach seiner und Mutters Gesellschaft packen. Gegen Abend würden sie fröhlich singend in hellen Scharen auf der Turners Pike herbeiströmen und sich jauchzend vor Lust und

Lachen bei uns versammeln. Gesang und festliche Stimmung würden herrschen. Nun will ich damit freilich nicht sagen, Vater hätte sich über seinen Plan schon so ausführlich geäußert. Er war, wie ich sagte, ein wenig mitteilsamer Mann. »Sie brauchen was, wo sie hingehen können«, wiederholte er immerzu; »ich sage dir, sie brauchen was, wo sie hingehen können.« An dieser Stelle seines Gedankenganges saß er fest. Die Lücken hat meine eigene Einbildungskraft ausgefüllt.

Zwei oder drei Wochen lang drang Vaters Plan in alles Leben unseres Hauses ein. Wir sprachen nicht viel davon, aber in unserem Alltag versuchten wir ernstlich, gegen die verdrießliche Miene ein fröhliches Lächeln zu vertauschen. Mutter lächelte unsere Gäste an, und ich, von der Ansteckung ergriffen, lächelte unsere Katze an. Vater wurde ordentlich ein bißchen fieberhaft in seinem Bemühen, sich beliebt zu machen. In irgendeinem verborgenen Winkel seines Wesens steckte ein Stück Komödiantentum. Allerdings ging er mit seiner Munition an Einfällen gegenüber den Eisenbahnern, die er nachts bediente, sehr sparsam um; offenbar wollte er auf den Besuch eines jungen Herrn oder einer jungen Dame aus Bidwell warten, um seine Fähigkeiten ins Treffen zu führen. Auf dem Schanktisch in der Gaststube stand ein stets mit Eiern gefüllter Drahtkorb, und dieser Drahtkorb muß Vater wohl vor der Seele gestanden haben, als der Belustigungsplan in ihm geboren wurde. Sicherlich war es ein angeborenes Verhängnis, das Vaters Idee vom fröhlichen Wirtshaus mit den Eiern verknüpfte. Sei es, wie es sei – jedenfalls war es ein Ei, das Vaters neuen Aufschwung jäh beendete. Eines Nachts spät erwachte ich von einem Wutgebrüll, das aus Vaters Kehle kam. Wir beide, Mutter und ich, setzten uns sogleich vor Schreck im Bett auf. Mit zitternden Händen zündete Mutter die Lampe an, die zu Häupten ihres Bettes auf einem Tische stand. Unten fiel die Haustür mit einem Knall ins Schloß, und wenige Minuten später tappte Vater die Stiege herauf. Er hatte ein Ei in der Hand, und diese Hand zitterte wie im Schüttelfrost. In seinen Augen war ein fast irres Funkeln. So stand er und starrte uns an, und ich war überzeugt, er würde das Ei entweder nach Mutter oder nach mir schleudern. Aber dann legte er es behutsam auf den Tisch neben die Lampe und sank vor Mutters Bett in die Knie. Er begann laut zu weinen wie ein Kind, und ich, mitgerissen von seinem Schmerz, weinte mit ihm. So erfüllten wir die kleine Dachkammer mit unserem Jammer. Es klingt lächerlich – aber von dem Schauspiel, das wir darboten, kann ich mich nur noch des einen Bildes erinnern, wie Mutter unablässig mit ihrer Hand über die breite, kahle Straße auf Vaters Schädel strich. Ich habe vergessen, was Mutter zu ihm sagte und wie sie ihn schließlich so weit brachte, daß er erzählen konnte, was da unten vor sich gegangen war. Sein Bericht ist meinem Gedächtnis entfallen. Ich erinnere mich nur noch meines Kummers und meiner Angst – und wie die blanke Bahn auf Vaters Kopf im Lampenlicht glänzte, als er da so vorm Bette kniete.

Was drunten passiert war? Aus irgendeinem mir unerklärlichen Grunde kenne ich die Geschichte so genau, als wäre ich selbst Zeuge von meines Vaters Niederlage gewesen. Man erfährt mit der Zeit so mancherlei Dinge und weiß nicht, woher. An jenem Abend kam ein junger Mann namens Joe Kane, Sohn eines Kaufmanns in Bidwell, nach Pickleville, um seinen Vater abzuholen, der mit dem Zehnuhrzug vom Süden erwartet wurde. Der Zug hatte drei Stunden Verspätung, und Joe kam in unsere Wirtschaft, um bis zur Ankunft die Zeit totzuschlagen. Der Güterzug kam an, und das Personal wurde abgefüttert. Dann blieb Joe Kane in der Gaststube mit Vater allein.

Vom ersten Augenblick an muß der junge Mann durch Vaters Benehmen beunruhigt worden sein. Er hatte den Eindruck, mein Vater sei böse auf ihn, weil er da so lange herumhockte. Da er bemerkte, daß der Wirt sich offensichtlich durch seine Anwesenheit gestört fühlte, wollte er fortgehen. Aber es begann zu regnen, und er verspürte wenig Lust auf den einsamen Weg zur Stadt und zurück. So kaufte er sich eine Fünfcentzigarre und bestellte eine Tasse Kaffee. Er hatte eine Zeitung in der Tasche, zog sie hervor und begann zu lesen. »Ich warte auf den Abendzug. Er hat Verspätung«, sagte er entschuldigend.

Lange Zeit stand mein Vater, den Joe Kane nie zuvor gesehen hatte, und starrte seinen Gast schweigend an. Offenbar hatte er es mit einem Anfall von Lampenfieber zu tun. Wie es so oft im Leben geht: Er hatte sich so oft und so gründlich in diese Lage hineingedacht, daß er nun, da er sich ihr gegenübersah, ein wenig nervös wurde.

Vor allen Dingen wußte er nicht, was er mit seinen Händen anfangen sollte. Eine davon streckte er mit nervösem Ruck über den Schanktisch und schüttelte Joe Kanes Hand. »– gehts

Ihnen?« sagte er. Joe Kane legte die Zeitung weg und glotzte ihn an. Vaters Blick fiel auf den Eierkorb, der auf dem Schanktisch stand, und er begann zu reden. »Tja«, fing er stockend an, »also – Sie haben doch von Christoph Columbus gehört, was?« Er schien ärgerlich. »Daß Christoph Columbus ein Schwindler war, mein ich«, erklärte er mit Nachdruck. »Behauptete, er könnte machen, daß ein Ei auf der Spitze steht. Behauptete das, weiß Gott, und ging her und knickte die Spitze von dem Ei ein.«

Der Gast mußte den Eindruck haben, mein Vater sei über die Zweideutigkeit des Christoph Columbus außer sich. Er brummte und fluchte. Er erklärte es für eine Schlechtigkeit, den Kindern in der Schule beizubringen, Christoph Columbus sei ein großer Mann gewesen, wo er doch im entscheidenden Augenblick geschwindelt hätte. Hätte behauptet, er könnte machen, daß ein Ei auf der Spitze stände, und als ers vormachen sollte, hätte er einen Kniff gebraucht. Während dieses zornigen Gebrummels über Columbus nahm Vater ein Ei aus dem Korb auf dem Schanktisch und begann auf und ab zu gehen. Er rollte das Ei zwischen den Handflächen. Er lächelte siegesgewiß. Er murmelte etwas über die Einwirkung der menschlichen Körperelektrizität auf ein Ei. Er könnte, sagte er, ohne die Schale zu zerbrechen, durch einfaches Rollen zwischen den Handflächen, das Ei auf der Spitze stehen lassen. Das Ei bekäme durch die Wärme seiner Hände und durch die sanft rollende Bewegung einen anderen Schwerpunkt.

Joe Kane zeigte nur mäßiges Interesse. »Ich habe Tausende von Eiern in der Hand gehabt«, sagte Vater. »Von Eiern verstehe ich mehr als irgendein anderer.«

Er stellte das Ei auf den Schanktisch; es fiel um. Er versuchte es wieder und wieder; vorher rollte er das Ei jedesmal zwischen seinen Handflächen und wiederholte seine Worte von der wunderbaren Wirkung der Körperelektrizität und dem Gesetz der Schwere. Als es ihm nach halbstündigem Bemühen gelang, das Ei eine Sekunde lang auf der Spitze balancieren zu lassen, entdeckte er, daß sein Gast gar nicht mehr achtgab. Und als er Joe Kanes Aufmerksamkeit wieder auf sein Kunststück gelenkt hatte, war das Ei schon wieder umgefallen und lag auf der Seite.

Entflammt von einer Leidenschaft, wie sie einen Schaubudenbesitzer erfüllen mag, aber doch ein wenig aus der Fassung gebracht durch den mißglückten Anfang, holte Vater nunmehr die Gläser mit den Hühnermißgeburten von ihrem Bord und begann sie dem Gaste vorzuführen. »Möchten Sie auch wohl sieben Beine und zwei Köpfe haben, wie dies Ding hier?« fragte er und stellte das wunderbarste Stück seines Schatzes auf den Tisch. Ein heiteres Lächeln verklärte seine Züge. Er langte über den Schanktisch und versuchte, Joe Kane auf die Schulter zu klopfen, wie er es einst von den anderen in Ben Heads Saloon gesehen hatte, als er noch ein junger Farmarbeiter war und an Samstagabenden seinen Stadtbummel unternahm. Dem Gast wurde ein wenig übel von dem Anblick der scheußlichen Mißgestalt des Vogels, der da im Spiritus schwamm; er wollte aufstehen und weggehen. Aber Vater kam hinter dem Schanktisch hervor, ergriff den jungen Mann am Arm und führte ihn wieder zu seinem Stuhl. Er war ein bißchen ärgerlich und mußte einen Augenblick das Gesicht abwenden, um sich erst einmal wieder zum Lächeln zu zwingen. Dann stellte er die Gläser wieder auf das Bord. In einem Ausbruch von Freigebigkeit bewirtete er auf eigene Kosten Joe Kane mit einer zweiten Tasse Kaffee und einer zweiten Zigarre. Hierauf ergriff er eine Pfanne und füllte sie aus einem Kruge, der unter dem Schanktisch stand, mit Essig, um, wie er verkündete, ein neues Kunststück vorzuführen. »Ich werde dieses Ei in dieser Pfanne mit Essig erhitzen«, sagte er. »Dann werde ich es durch den Hals einer Flasche bringen, ohne die Schale zu zerbrechen. Wenn das Ei in der Flasche ist, wird es seine ursprüngliche Gestalt wieder annehmen, und die Schale wird wieder hart werden. Dann werde ich die Flasche mit dem Ei darin Ihnen geben. Sie können sie mitnehmen und immer bei sich tragen. Die Leute werden Sie fragen, wie das Ei in die Flasche gekommen ist. Sagen Sie es ihnen nicht. Lassen Sie sie raten, hören Sie? So hat man seinen Spaß an dem Kunststück.«

Vater grinste und blinzelte seinem Gaste zu. Joe Kane mag sich gesagt haben, der Mann da vor ihm sei ein bißchen verrückt, aber harmlos. Er trank die gespendete Tasse Kaffee und begann wieder in seiner Zeitung zu lesen. Als das Ei in dem Essig erhitzt war, balancierte Vater es auf einem Löffel zum Schanktisch und holte aus einem Hinterraum eine leere Flasche herbei. Er war ärgerlich, weil der Gast sich gar nicht mehr um ihn kümmerte, als er sein neues Kunststück begann; dennoch machte er sich mit heiterer Miene ans Werk. Lange plagte er sich mit dem Versuche ab, das Ei durch den Flaschenhals zu zwängen. Er stellte die Pfanne mit dem Essig wieder aufs Feuer, um das Ei aufs neue zu erhitzen; dann nahm er es heraus und verbrannte sich die Finger. Nach dem zweiten Bade in dem heißen Essig war die Eierschale ein wenig erweicht, aber noch nicht genügend für seinen Zweck. Er arbeitete und arbeitete, von verzweifelter Entschlossenheit besessen. Als er dem Gelingen seines Versuchs endlich nahe zu sein glaubte, lief der verspätete Zug in den Bahnhof ein, und Joe Kane erhob sich gleichgültig, um zur Tür zu gehen. Vater machte eine letzte verzweifelte Anstrengung, um das Ei seinem Willen gefügig zu machen und den Erfolg herbeizuzwingen, mit dem er seinen Ruf als tüchtiger und unterhaltender Gastwirt begründen wollte. Er zerquetschte das Ei. Er versuchte ihm einigermaßen grob zu kommen. Er fluchte, und die Schweißtropfen standen ihm auf der Stirn. Das Ei zerbrach ihm in der Hand. Als ihm der Inhalt über die Kleider spritzte, drehte sich Joe Kane, der an der Tür stehen geblieben war, um und lachte.

Ein Wutgebrüll brach aus Vaters Kehle. Er raste herum und stieß eine Flut unverständlicher Worte hervor. Er grapste ein anderes Ei aus dem Drahtkorb auf dem Schanktisch und schleuderte es nach Joe Kane: es sauste hart am Kopf des jungen Mannes vorbei, als er durch die Tür witschte und verschwand.

Vater kam die Treppe herauf zu Mutter und mir mit einem Ei in der Hand. Ich weiß nicht, was er damit vorhatte. Aber ich stelle mir vor, er hatte Lust, es zu vernichten, alle Eier zu vernichten, und Mutter und mich wollte er dabei als Zeugen haben. Als er aber vor Mutter stand, ging eine Wandlung mit ihm vor. Er legte das Ei behutsam auf den Tisch und ließ sich vor dem Bette auf die Knie sinken – wie ich schon erzählt habe. Später entschloß er sich, die Wirtschaft abends zu schließen und die Nächte oben in der Kammer im Bett zu verbringen. In jener Nacht blies er schließlich die Lampe aus, und nach einem langen geflüsterten Gespräch schliefen beide, er und Mutter, ein. Vermutlich schlief auch ich ein, aber mein Schlaf war unruhig. Ich erwachte beim Morgengrauen und betrachtete lange das Ei, das auf dem Tische lag. Ich grübelte verwundert darüber nach, warum es Eier geben müsse, und warum aus dem Ei die Henne käme, die ihrerseits wiederum das Ei legte. Die Frage ging mir ins Blut. Da ist sie denn wohl steckengeblieben, meine ich, weil ich der Sohn meines Vaters bin. Jedenfalls trage ich das Problem noch immer ungelöst im Sinn. Und das bedeutet, so schließe ich, abermals einen vollständigen und unwiderruflichen *Triumph des Eies* – wenigstens soweit meine Familie in Frage kommt.

(Deutsch von Karl Lerbs)

Ring Lardner
Champion

Midge Kelly erzielte seinen ersten Knockout, als er siebzehn war. Gegen Connie, seinen drei Jahre jüngeren Bruder, einen Krüppel. Die Einnahme des Siegers bestand aus einem Dollarstück, das der jüngere Kelly von einer Dame erhalten hatte, die ihm mit ihrem Wagen beinah die Knochen in seinem schmächtigen Körperchen zerschmettert hätte.

Connie wußte nicht, daß Midge zu Hause war, sonst hätte er es nie gewagt, das Geldstück auf die Armlehne des unbequemsten Stuhls im Zimmer zu legen, um sich an seinem Glanz zu weiden. Als Midge aus der Küche hereinkam, deckte der Krüppel die Münze mit der Hand zu, aber nicht rasch genug.

»Was hast du da?« fragte Midge.

»Nichts.«

»Du lügst!«

Midge trat zu seinem Bruder hin und packte die Hand, die das Geldstück verbarg.

»Laß los!« befahl er.

Connie begann zu weinen.

»Laß los und hör auf mit dem Geplärr!« sagte der Ältere und riß dem Bruder mit einem Ruck die Hand von der Armlehne. Das Geldstück fiel auf den Boden. Midge trat mit einem Fuß darauf. Seine dünnen Lippen verzogen sich zu einem frohlockenden Lächeln.

»Nichts, he?« höhnte er. »Na also, wenn das nichts ist, dann brauchst du es ja nicht.«

»Gib her«, schluchzte der Jüngere.

»Ich geb dir Saures, du kleiner Schleicher! Wo hast du es gestohlen?«

»Ich hab's nicht gestohlen. Es gehört mir. Eine Frau hat es mir gegeben, nachdem sie mich beinah überfahren hatte.«

»Schade, daß sie es nur beinah tat.«

Midge wandte sich zum Gehen. Der Krüppel langte nach seiner Krücke, stand mühsam vom Stuhl auf und kam, immer noch schluchzend, auf Midge zu. Dieser hörte ihn und blieb stehen.

»Komm mir bloß nicht zu nah«, drohte er.

»Ich will meinen Dollar«, rief der Kleine.

»Ich weiß, was du willst«, sagte Midge.

Er schloß die Hand über dem Geldstück zur Faust und schlug sie seinem Bruder mit aller Kraft ins Gesicht. Connie fiel mit einem dumpfen Aufprall hin; die Krücke kam auf ihn zu liegen. Midge stellte sich neben das am Boden ausgestreckte Häufchen Elend.

»Genügt das?« fragte er. »Oder willst du noch was?«

Und er trat mit dem Fuß nach dem lahmen Bein.

»So, das wäre wohl erledigt«, sagte er dann.

Der Junge am Boden ließ nichts mehr verlauten, Midge schaute ihn einen Augenblick an, dann das Geldstück in seiner Hand, und begab sich dann, vor sich hinpfeifend, auf die Straße hinaus.

Eine Stunde später, als die Mutter von ihrer Arbeit in der Waschanstalt nach Hause kam, lag Connie immer noch am Boden und stöhnte. Sie ließ sich neben ihm auf die Knie nieder und rief ihn wohl ein dutzendmal mit seinem Namen. Dann stand sie auf und stürzte schreckensbleich aus dem Haus. Dr. Ryan verließ die Wohnung der Kellys, als es schon dunkelte, und schritt der Halsted Street zu. Eine Nachbarin erspähte ihn, als er an ihrem Gartentor vorbeikam.

»Herr Doktor«, rief sie, »wer ist denn krank?«

»Der arme Connie«, erwiderte er, »hat sich beim Hinfallen was getan.«

»Wie ist das passiert?«

»Das steht noch nicht fest, aber ich bin ziemlich sicher, er wurde zu Boden geschlagen.«

»Zu Boden geschlagen!« rief die Nachbarin. »Wer könnte das denn –?«

»Haben Sie den andern kürzlich gesehen?«

»Michael? Nein, seit heute vormittag nicht mehr. Sie denken doch nicht –«

»Es wäre ihm zuzutrauen«, sagte der Arzt bedächtig. »Connie hat geschwollene und aufgesprungene Lippen und eine Quetschung an seinem lahmen Bein. Das kann er sich nicht selber beigebracht haben, und ich glaube, die Mutter hat den andern im Verdacht.«

»Du lieber Himmel! Ich laufe rasch rüber, vielleicht kann ich was tun.«

»Recht so«, sagte Dr. Ryan und ging seines Weges.

Gegen Mitternacht, als Midge nach Hause kam, saß seine Mutter an Connies Bett. Sie schaute nicht einmal auf.

»Nun«, sagte Midge, »was fehlt ihm denn?«

Sie schwieg. Midge wiederholte seine Frage.

»Michael, du weißt genau, was ihm fehlt«, sagte sie schließlich.

»Ich weiß gar nichts.«

»Lüg mich nicht an, Michael. Was hast du ihm getan?«

»Nichts.«

»Du hast ihn geschlagen.«

»Also gut, ich habe ihn geschlagen. Und wenn schon, es ist ja nicht das erste Mal.«

Mit verkniffenen Lippen, kreidebleich im Gesicht, stand Ellen Kelly auf und ging auf ihn los. Midge wich gegen die Tür zurück.

»Laß mich, Ma. Mit Frauen will ich nicht raufen.«

Dennoch kam sie keuchend auf ihn zu.

»Komm mir bloß nicht zu nah«, drohte er.

Ein kurzes Handgemenge, und Michaels Mutter lag auf dem Boden vor ihm.

»Es hat dir nichts getan, Ma. Nur gut, daß ich nicht richtig zugeschlagen habe. Ich hab ja gesagt, du sollst mich in Ruhe lassen.«

»Gott verzeih's dir, Michael!«

Midge fand Hap Collins beim Kartenspiel im Royal.

»Komm mal einen Augenblick raus«, sagte er.

Hap folgte ihm auf den Gehsteig hinaus.

»Ich verreise für einige Zeit«, erklärte Midge.

»Warum?«

»Ach, Scherereien zu Hause. Der Kleine hatte mir einen Dollar gestohlen, und wie ich den wieder wollte, schlug er mir die Krücke übern Schädel. Ich hab's ihm dann besorgt. Und die Alte kam mit einem Stuhl auf mich los, und als ich ihr den wegnahm, fiel sie hin.«

»Wie steht's mit Connie?«

»Nicht schlimm.«

»Wieso läufst du dann weg?«

»Wer, zum Teufel, sagt denn, ich laufe weg? Ich hab die Nase voll, das ist es. Alle hacken sie auf mir herum. Ich will einfach für einige Zeit weg und brauche Geld.«

»Ich hab bloß anderthalb Dollar«, erklärte Happy.

»Knapp dran, wie? Also, heraus damit.«

Happy kam heraus damit.

»Du solltest den Kleinen nicht schlagen«, sagte er.

»Ich hab dich nicht um Rat gefragt«, sagte Midge verbissen. »Und wenn du mir dreckig kommst, kannst du auch eine Abreibung haben. Ich geh jetzt.«

»Geh nur, je weiter weg, desto besser«, sagte Happy, aber erst, als er sicher war, daß Kelly ihn nicht mehr hörte.

Am nächsten Morgen in der Frühe bestieg Midge einen Zug nach Milwaukee. Eine Fahrkarte hatte er nicht, aber niemand merkte es. Der Schaffner kam nicht vorbei.

Sechs Monate später verließ Midge eines Nachts den Star-Boxklub durch den Bühneneingang und steuerte eilig auf Duanes Lokal zu, zwei Straßenecken weiter weg. In seiner Tasche befanden sich zwölf Dollar, als Lohn dafür, daß er einen gewissen Demon Dempsey durch die sechs Runden des ersten Einleitungskampfes hindurch vermöbelt hatte.

Es war das erste Mal, daß Midge als Berufsboxer aufgetreten war. Auch war es das erste Mal seit Wochen, daß er zwölf Dollar verdient hatte.

Auf dem Weg zu Duanes Lokal mußte er an dem von Niemann vorbei. Er zog die Mütze in die Stirn und beschleunigte den Schritt, bis er daran vorbei war. Drinnen bei Niemann stand ein gutmütiger Kellner, der Midge zehn Tage lang hatte anschreiben lassen, auf sein Versprechen hin, die Rechnung begleichen zu wollen, sobald er für sein Auftreten bezahlt werde. Erhobenen Hauptes betrat Midge Duanes Kneipe und weckte den übernächtigten Kellner, indem er einen Dollar auf die Theke knallte.

Er bestellte einen Whisky, und dann noch mehrere, bis nach Beendigung der Vorstellung im Boxklub ein Teil der Zuschauer sich ebenfalls in der Kneipe einfand. Ein junger Mensch, der neben Kelly an der Bar stand, faßte sich schließlich ein Herz und sprach ihn an.

»Waren Sie nicht auch dabei?« fragte er.

»Doch«, sagte Midge.

»Mein Name ist Hersch«, stellte der andere sich vor.

Midge nahm die Mitteilung schweigend entgegen.

»Ich möchte mich nicht aufdrängen«, fuhr Hersch fort, »aber ich würde gern einen für Sie ausgeben.«

»Meinetwegen«, meinte Midge, »aber treiben Sie's nicht zu bunt.«

Hersch lachte schallend und winkte dem Kellner.

»Dem andern haben Sie's aber tüchtig besorgt heute abend«, sagte er dann, als sie bedient worden waren. »Ich dachte schon, Sie machten ihn kaputt.«

»Das hätte ich auch, wenn ich mich nicht zurückgehalten hätte. Ich mache sie noch alle kaputt.«

»Sie haben das Zeug dazu«, meinte der andere voller Bewunderung.

»Und ob«, sagte Midge. »Ich schlage aus wie ein Maulesel. Ist Ihnen aufgefallen, die Muskeln an meinen Schultern?«

»Aufgefallen? Die waren nicht zu übersehen. Ich sagte zu dem, der neben mir saß, ›diese Schultern!‹ sagte ich, ›kein Wunder, daß er immer ankommt.‹«

»Wenn ich einen lande, dann gute Nacht, mein Junge«, bekräftigte Midge. »Ich mach sie noch alle kaputt.«

Das mündliche Massaker dauerte an, bis die Kneipe zumachte. Beim Abschied schüttelten sich Midge und sein neuer Freund die Hand und trafen eine Verabredung für den nächsten Abend.

Fast eine Woche lang waren die beiden ständig beisammen. Herschs angenehme Rolle bestand darin, sich anzuhören, was Midge über seine Wenigkeit zu sagen hatte, und dafür zu sorgen, daß sein Glas immer voll war. Aber dann kam ein Abend, wo Hersch mit Bedauern mitteilte, er müsse zum Essen nach Hause.

»Ich habe eine Verabredung auf acht Uhr«, gestand er. »Und vorher muß ich mich noch feinmachen, sie ist nämlich das hübscheste kleine Ding in Milwaukee.«

»Hat sie nicht vielleicht eine Freundin?« fragte Midge.

»Nicht daß ich wüßte«, erwiderte Hersch. »Doch, halt! Ich kann meine Schwester fragen, ob sie Zeit hat. Geht in Ordnung. Übrigens auch nicht unflott, meine Schwester.«

So geschah es, daß Midge und Emma Hersch und deren Bruder und das hübscheste kleine Ding in Milwaukee in einer Tanzdiele die halbe Nacht durchtanzten, und Midge immer mit Emma, denn jeder kleine Foxtrott machte zwar von neuem Durst, aber Lou Hersch blieb doch nüchtern genug, um nicht mit seiner Schwester zu tanzen.

Trotz seiner beträchtlichen Begabung, auf Kosten anderer zu

leben, war Midge am nächsten Tag abgebrannt und suchte deshalb Doc Hammond auf, den Veranstalter der Kämpfe im Star-Boxklub, und ersuchte diesen, ihn für den nächsten Schaukampf aufs Programm zu setzen.

»Ich könnte Sie gegen Tracy antreten lassen«, meinte Doc.

»Wieviel schaut dabei heraus?«

»Zwanzig, wenn Sie siegen.«

»Ist das alles?« muckte Midge auf. »Ich war doch gut voriges Mal.«

»Schon recht, aber an einen Freddie Welsh kommen Sie noch lange nicht ran.«

»Der macht mir keine Bange, und auch sonst niemand.«

»Leider bezahlen wir unsere Boxer nicht nach dem Brustumfang«, erklärte Doc Hammond. »Ich biete Ihnen diesen Kampf gegen Tracy an. Sonst lassen wir's eben.«

»Also gut, wird gemacht«, sagte Midge, und er verbrachte einen angenehmen Nachmittag in Duanes Lokal, unter Berufung auf die kommende Einnahme.

Am Abend vor dem Treffen kam Tracys Manager zu Midge.

»Wie stellen Sie sich zu dieser Sache?« fragte er.

»Ich?« erwiderte Midge. »Ich bin bereit. Was soll denn das heißen, wie stelle ich mich dazu?«

»Das heißt«, sagte Tracys Manager, »daß uns sehr an einem Sieg gelegen ist. Der Junge hat eine Chance in Philadelphia, wenn er diesmal siegt.«

»Wie denken Sie sich das?«

»Fünfzig Dollar«, sagte Tracys Manager.

»Wofür halten Sie mich eigentlich? Ich soll für fünfzig Dollar zu Boden gehen? Ich nicht!«

»Also dann, fünfundsiebzig.«

Sie einigten sich auf achtzig, und auch alles übrige war rasch abgekartet. Und so ging Midge am nächsten Abend in der zweiten Runde nach einem mächtigen Schlag auf den Vorderarm zu Boden.

Diesmal ging Midge sowohl an Niemanns wie auch an Duanes Lokal vorüber, da er an beiden Orten beträchtliche Schulden hatte, und beehrte ein Lokal weiter unten an der Straße.

Als der Gewinn aus dem Handel mit Tracys Manager aufgebraucht war, erfuhr Midge bei Unterredungen mit Doc Hammond und mit den Veranstaltern in andern Klubs, daß sie für ihn keinerlei Verwendung mehr hatten. Allerdings bestand keine Gefahr, daß er verhungern oder verdursten mußte, solange Emma und Lou Hersch am Leben waren. Dennoch kam er, vier Monate, nachdem er sich von Tracy hatte schlagen lassen, zu der Überzeugung, Milwaukee sei für ihn nicht die richtige Gegend.

›Ich nehme es mit jedem auf‹, sagte er sich, ›aber hier ist für mich nichts mehr zu holen. Vielleicht wenn ich nach Osten fahre, da ist wohl noch etwas zu machen. Und außerdem –‹

Doch kaum hatte Midge eine Fahrkarte nach Chicago erstanden, mit dem Geld, das er sich von Emma Hersch geliehen hatte, ›um Schuhe zu kaufen‹, als sich eine schwere Hand auf seine Schulter legte. Er drehte sich um und sah sich zwei Unbekannten gegenüber.

»Wo soll's denn hin, Kelly?« fragte der mit der schweren Hand.

»Nirgendshin«, erwiderte Midge. »Was geht Sie denn das an?«

»Kelly«, sagte der andere Unbekannte, »ich handle im Auftrag von Emma Herschs Mutter und habe dafür zu sorgen, daß Sie das Mädchen nicht sitzenlassen. Sie bleiben hier, bis Sie die Sache in Ordnung gebracht haben.«

»Das dürfte Ihnen noch leid tun, wenn Sie mir Schwulitäten machen«, maulte Midge.

Immerhin reiste er an dem Abend nicht nach Chicago. Emma Hersch wurde zwei Tage später Frau Kelly, und das Geschenk des jungen Ehemanns an seine Frau, als sie endlich allein waren, bestand darin, daß er sie mit der Faust ins Gesicht schlug. Am nächsten Morgen verließ Midge die Stadt Milwaukee, wie er dorthin gekommen war – mit dem Güterzug.

»Es hat keinen Sinn, daß wir uns noch lange etwas vormachen«, sagte Tommy Haley. »Er könnte zur Not auf siebenunddreißig herunterkommen, aber wenn er noch mehr abnimmt, dann kann ihn eine Maus umlegen. Er ist Weltergewichtler, das ist seine Klasse, und er weiß das so gut wie ich. Die letzten sechs Monate ist er wie ein Unkraut aufgeschossen. Ich hab's ihm gesagt. ›Wenn du nicht aufhörst zu wachsen‹, sagte ich, ›dann ist bald niemand mehr da, mit dem du boxen kannst, höchstens Willard und seinesgleichen.‹ Darauf sagte er zu mir: ›Wenn ich zwanzig

Pfund schwerer wäre, würde ich es auch mit Willard aufnehmen.‹«

»Der hat was gegen sich«, bemerkte Tommys Bruder.

»Das ist bei allen so, die was taugen«, sagte Tommy. »Und Midge taugt etwas, verlaß dich drauf. Ich wollte, wir hätten Welsh kriegen können, bevor Midge so groß wurde. Jetzt ist es zu spät. Ich will aber nicht klagen, falls der Match mit dem Deutschen zustande kommt.«

»Von wem sprichst du?«

»Vom jungen Goetz, Meister im Weltergewicht. Für den Kampf selber würden wir vielleicht nicht sehr viel kriegen, aber nachher könnten wir scheffeln. Dann hätten wir eine Zugnummer. Die Leute zahlen doch ihr Eintrittsgeld, um den Kerl mit dem harten Schlag zu sehen, und das ist Midge. Und der Titel würde uns bleiben, solange als Midge das Gewicht hält.«

»Kannst du denn mit Goetz nicht abschließen?«

»Doch, der braucht Geld. Aber ich habe Midge bisher nicht verheizt, und es hat sich gelohnt, nicht? Warum also ein Risiko eingehen? Der Junge ist im Kommen, noch und noch, und Goetz fällt immer mehr ab, noch schneller als der große Johnson seinerzeit. Ich glaube, wir könnten ihn jetzt schon schlagen, ich bin sogar fest überzeugt davon. Aber in einem halben Jahr besteht überhaupt keine Gefahr mehr. Bis dann hat er sich selber geschlagen. Dann brauchen wir nur mit ihm abzuschließen und zu warten, bis der Ringrichter den Kampf abbricht. Aber Midge brennt darauf, gegen ihn anzutreten, ich kann ihn kaum noch halten.«

Die Brüder Haley saßen beim Mittagessen in einem Hotel in Boston. Dan war hergekommen, um Tommy zu sehen und dessen Schützling, der zwölf Runden, oder weniger, gegen Bud Cross auszufechten hatte. Der Kampf versprach zwar nicht sehr aufregend zu werden, hatte Midge doch den jungen Mann aus Baltimore schon zweimal besiegt. Es war einzig Buds Ausdauer, die ihm diesen Kampf eingetragen hatte. Die Sportfreunde legten gerne das Eintrittsgeld hin, um Midge und seine gefürchtete Linke zu sehen, aber nur gegen einen Gegner, der etwas einstecken konnte. Bud Cross war ein solcher Gegner, und seine Bereitschaft, Boxhandschuhe mit Augen, Ohren, Nase und Hals aufzuhalten, hatte es ihm seit langem ermöglicht, den Unannehmlichkeiten ehrlicher Arbeit zu entgehen. Er war groß im

Einstecken, das zeigte sich an seinem zerschundenen, aufgequollenen, verfärbten Gesicht.

»Man sollte meinen«, sagte Dan Haley, »daß Midge auf dich hört, nach all dem, was du für ihn getan hast.«

»Bis jetzt hat er das auch, aber er ist nachgerade so selbstsicher, daß er nicht einsieht, warum er noch zuwarten sollte. Aber er wird schon auf mich hören, er wäre ja dumm, wenn er es nicht täte.«

»Hast du einen Vertrag mit ihm?«

»Nein, ich brauche keinen Vertrag nicht. Er weiß, ich war es, der ihn aus der Gosse holte, da wird er mir doch nicht den Laufpaß geben, jetzt, wo er klotzig verdient, mit Aussicht auf noch mehr. Was wäre er, wenn ich ihn nicht angehört hätte damals, als er zum erstenmal zu mir kam? Das ist jetzt fast zwei Jahre her, aber es kommt mir vor wie letzte Woche. Ich saß in dem Lokal gegenüber dem Boxklub in Philadelphia und wartete auf McCann, der noch die Einnahmen zählte, als dieser kleine Plattenschieber hereinschneite und etwas zu trinken wollte, auf Pump natürlich. Man sagte ihm, er solle sich wegscheren, und dann sah er mich und kam an meinen Tisch herüber und fragte mich, ob ich nicht im Boxsport tätig sei, und ich nannte ihm meinen Namen. Er wollte mich anpumpen, und ich sagte ihm, er solle sich zu mir setzen, dann könne er mithalten.

Dann kamen wir ins Gespräch, und er sagte mir, wie er heiße und daß er in Milwaukee ein paar Einleitungskämpfe ausgefochten habe. Da sagte ich zu ihm: ›Na, mein Junge, ich weiß nicht, ob du etwas taugst, aber wenn du mit diesem Zeug da trainierst, wirst du es nie zu etwas bringen.‹ Er sagte, er würde es sich schon abgewöhnen, wenn er wieder ein Engagement bekäme, und ich versprach, ihm eine Chance zu geben, wenn er es ehrlich meine und keinen Alkohol mehr anrühre. Das wurde mit Handschlag bekräftigt, und ich nahm ihn mit ins Hotel und stellte ihm das Bad zur Verfügung, und am nächsten Tag kaufte ich ihm einen Anzug. Mehr als sechs Wochen lang lebte er auf meine Kosten. Es fiel ihm nicht leicht, sich das Trinken abzugewöhnen, aber schließlich schien er mir wieder in Form zu sein, und ich gab ihm seine Chance. Er trat gegen Smiley Sayer auf und machte ihn so rasch fertig, daß Smiley nicht wußte, wie ihm geschah.

Was er seither geleistet hat, weißt du ja. Er ist überhaupt nur einmal geschlagen worden, von Tracy in Milwaukee, aber das war vor meiner Zeit, und Tracy hat er letztes Jahr dreimal besiegt.

Ich habe ihn gut verdienen lassen, und jetzt hat er siebentausend Dollar auf der hohen Kante. Nicht übel für einen Jungen, der vor zwei Jahren noch auf dem Pflaster war. Und er hätte noch mehr ersparen können, wenn er nicht so ein Fatzke wäre und immer in den besten Hotels übernachten müßte und all das.«

»Wo kommt er eigentlich her?«

»Ach, ein richtiges Zuhause hat er keins. Er kam von Chicago, und seine Mutter hat ihn wohl rausgeschmissen, weil er ein Nichtsnutz war. Vermutlich hat sie ihn schlecht behandelt, jedenfalls sagt er, er wolle mit ihr nichts zu tun haben, es sei an ihr, sich zu melden. Sie hat Vermögen, behauptet er; er mache sich ihretwegen keine Sorgen.«

Der in Frage stehende Herr betrat das Lokal und stolzierte an Tommys Tisch, während alles sich nach ihm umdrehte.

Midge sah kerngesund aus, trotz einem etwas verfärbten Auge und einer Ohrmuschel, die zugewachsen schien. Aber vielleicht war es nicht sein gesundes Aussehen, das allgemein auffiel. Seine mit Brillanten besetzte, hufeisenförmige Krawattennadel, das quergestreifte lila Hemd, die hellgelben Schuhe und der hellblaue Anzug waren laut genug, um Aufmerksamkeit zu erregen.

»Wo haben Sie denn gesteckt?« fragte er Tommy. »Ich habe überall nach Ihnen gesucht.«

»Setz dich hin«, sagte sein Manager.

»Keine Zeit«, erwiderte Midge, »ich gehe an den Hafen runter, den Fischern beim Ausladen zusehen.«

»Das ist mein Bruder Dan«, sagte Tommy.

Midge schüttelte ihm die Hand. »Wenn Sie Tommys Bruder sind, dann sind Sie bei mir gut angeschrieben«, erklärte er, und die Brüder strahlten. Dan fuhr sich mit der Zunge verlegen über die Lippen und wollte etwas sagen, aber der junge Faustkämpfer achtete nicht darauf.

»Ich nehme dann noch zwanzig mit«, sagte er. »Wahrscheinlich brauche ich sie nicht, aber für alle Fälle.«

Tommy trennte sich von einer Zwanzigdollarnote und trug die Transaktion in ein schwarzes Büchlein ein, das ihm die Versicherungsgesellschaft zu Weihnachten geschenkt hatte.

»Um den Fischern zuzuschauen, brauchst du aber keine zwanzig Dollar«, bemerkte er. »Soll ich mitkommen?«

»Nein«, sagte Midge rasch. »Sie haben mit Ihrem Bruder sicher eine Menge zu besprechen.«

»Also«, sagte Tommy, »laß dir kein Falschgeld andrehen und komm mir nicht abhanden. Komm lieber um vier zurück und leg dich noch etwas hin.«

»Nicht nötig, um diesen Knülch zu schlagen«, erklärte Midge. »Der wird sich genug hinlegen für zwei.«

Er lachte etwas mehr, als der dürftige Witz erforderte, und schritt unter den bewundernden Blicken der Gäste hinaus.

Die Straßenecke, auf die Midge zusteuerte, war keineswegs am Hafen, aber die Dame, die ihn dort erwartete, bildete zweifellos einen lieblicheren Anblick, als der glücklichste Fischzug. Auch konnte sie reden, wahrscheinlich sogar besser als die Fische.

»Du Held!« sagte sie, und etwas Silber blitzte auf unter dem Gold. »Du Herkules!«

Midge lächelte sie an.

»Komm«, sagte er, »wir wollen einen genehmigen. Einer wird nichts schaden.«

In New Orleans, fünf Monate nachdem er zum drittenmal das Gesicht von Bud Cross umgestaltet hatte, beendete Midge sein Training für das Meisterschaftstreffen mit dem Deutschen.

Zurück im Hotel nach dem letzten Übungskampf blieb Midge noch in der Halle, um mit ein paar Burschen zu sprechen, die aus den Nordstaaten hergereist waren, um mit anzusehen, wie ein Meister entthront wurde; der Ausgang des Kampfes stand nämlich so gut wie fest, so daß selbst die Fachleute dahintergekommen waren.

Tommy Haley ließ sich unterdessen den Schlüssel und die Post geben und stieg zu Kellys Zimmerflucht hinauf. Er saß gerade im Bade, als Midge eine halbe Stunde später heraufkam.

»Ist Post da?« fragte Midge.

»Dort auf dem Tisch«, rief Tommy aus der Badewanne.

Midge nahm den Stoß Briefe und Postkarten und sah ihn flüchtig durch. Drei Briefe legte er auf den Tisch zurück, alles andere warf er in den Papierkorb. Dann nahm er die drei wieder zur Hand und saß eine Weile da, den Blick in die Ferne gerichtet. Schließlich schaute er wieder auf die drei ungeöffneten

Briefe in der Hand, steckte dann einen in die Tasche und warf die andern weg. Sie verfehlten aber den Papierkorb und fielen zu Boden.

»Verdamm mich«, sagte Midge, bückte sich und hob sie wieder auf.

Dann machte er einen auf, der dem Stempel nach aus Milwaukee kam, und las.

MEIN LIEBER MANN,
ich habe Dir schon so oft geschrieben und keine Antwort bekommen und weiß auch nicht, ob Du sie bekommen hast; so schreibe ich denn wieder in der Hoffnung, Du bekommst den Brief und schreibst auch. Nur ungern belästige ich Dich mit meinen Sorgen und würde es überhaupt nicht tun, nur um des Kindes willen, und Du brauchst mir auch gar nicht schreiben, nur etwas Geld schicken, nicht für mich selber, aber das Kind ist seit dem August kränklich, und der Doktor sagt, es wird nicht mehr lange leben, wenn ich es nicht besser ernähre, und das ist umständehalber nicht möglich. Lou ist seit einem Jahr arbeitslos, und was ich verdiene, reicht knapp für die Miete. Ich will ja kein Geschenk, nur die Rückzahlung dessen, was ich Dir einmal geliehen habe, alles zusammen macht es wohl $ 36.–. Bitte, schicke mir den Betrag, oder wenn es nicht geht, wenigstens etwas.

Deine Frau
EMMA

Midge zerriß den Brief in hundert Fetzen und streute sie auf den Boden.

»Geld, Geld, Geld!« sagte er. »Die glauben wohl, ich schwimme im Geld. Ich bin sicher, die Alte ist auch darauf aus.«

Er schlitzte den Brief seiner Mutter auf.

lieber Michael Connie wollte daß ich schreibe und dir sage du mußt den Deutschen schlagen und er ist sicher du schaffst es und er möchte daß du uns schreibst und davon erzählst, aber du hast wohl keine Zeit sonst hättest du längst geschrieben aber ich wollte du würdest ein paar Zeilen schreiben, das wäre besser für Connie als alle Medizin. es wäre mir eine Große hilfe wenn du von zeit zu zeit etwas Geld schicken wolltest, aber wenn du es nicht erübrigen kannst nimm dir wenigstens die Zeit und schreibe einen Brief nur ein paar Zeilen es wird Connie freuen, denk bloß der arme Junge er ist seit drei Jahren nicht mehr zum Bett herausgekommen. Connie wünscht dir alles gute.

Deine Mutter
ELLEN F. KELLY

»Hab ich's mir doch gedacht«, sagte Midge. »Es sind doch alle gleich.«

Der dritte Brief kam aus New York; er lautete:

SCHATZ – dies ist der letzte Brief, den Du von mir bekommst, bevor Du den Meisterschaftstitel hast, aber ich schick Dir am Samstag noch ein Telegramm, aber in einem Telegramm kann ich nicht so viel sagen wie in einem Brief, und schreibe ich Dir deshalb, damit Du weißt, ich denke an Dich und halte Dir den Daumen.

Mach ihn fertig, Schatz, und warte nicht länger als nötig und vergiß nicht, mir zu telegraphieren, wenn alles vorbei ist. Gib ihm mit Deiner berühmten Linken auf die Nase, Schatz, ohne Rücksicht auf sein Aussehen, er sieht sowieso nicht aus. Aber sieh zu, Schatz, daß er Dein hübsches Gesicht nicht verunstaltet, das darf er nicht, Schatz, nicht wahr.

Was gäbe ich nicht drum, Schatz, dabei sein zu können, aber Du hast wohl Haley lieber als mich, sonst würdest Du es nicht zulassen, daß er mich von Dir fernhält. Aber wenn Du den Titel hast, Schatz, dann können wir machen, was wir wollen, und Haley kann dann der Teufel holen.

Also ich schick Dir dann ein Telegramm, Schatz, am Samstag, und fast hätte ich's vergessen, ich brauche wieder Geld, sagen wir zweihundert, Du schickst es mir doch telegraphisch, sobald Du diesen Brief hast, nicht wahr. Das tust Du doch, Schatz, nicht?

Ich schick Dir dann am Samstag ein Telegramm und denk dran, Schatz, ich halte Dir den Daumen.

Auf Wiedersehen, Liebling, und viel Glück!

GRACE

»Es sind doch alle gleich«, sagte Midge. »Geld, Geld, Geld.«

Tommy Haley, frisch gebadet, trat aus dem Nebenzimmer herein.

»Ich dachte, du legst dich noch etwas hin«, bemerkte er.

»Mach ich ja«, sagte Midge und begann sich die hellgelben Schuhe aufzunesteln.

»Ich weck dich um sechs, und essen kannst hier oben, ganz ungestört. Ich muß jetzt runter, Karten verteilen.«

»Hat Goldberg von sich hören lassen?« fragte Midge.

»Hab ich dir das nicht gesagt? Gewiß; fünfzehn Wochen zu fünfhundert, wenn wir siegen. Außerdem zwölftausend fest, mit Spesen, entweder in New York oder in Milwaukee.«

»Gegen wen?«

»Wer immer es mit dir aufnimmt. Dir kommt es ja nicht drauf an, wer es ist, nicht?«

»Nein, mir nicht. Ich mach sie alle noch zur Sau.«

»Also, leg dich noch etwas hin.«

»Ach ja, an Grace sind telegraphisch zweihundert zu schicken. Sofort, an die New Yorker Adresse.«

»Zweihundert! Du hast ihr doch erst letzten Sonntag dreihundert geschickt.«

»Wenn schon, wen geht das was an?«

»Schön, schön, reg dich nicht auf. Sonst noch was?«

»Das ist alles«, sagte Midge und ließ sich aufs Bett fallen.

»Und ich will, daß du's tust, bevor ich zurück bin«, sagte Grace und stand vom Tisch auf. »Du wirst mir doch nicht krebsen, Schatz, nicht?«

»Laß mich nur machen«, sagte Midge. »Und gib nicht mehr aus als nötig.«

Grace lächelte Lebwohl und verließ das Lokal. Midge trank weiter seinen Kaffee und las seine Zeitung.

Es war mitten in der ersten der fünfzehn Wochen, während welcher Midge im Varieté aufzutreten hatte, und zwar in Chicago. Er war geradewegs hierhergekommen, um die Früchte seines Sieges über den abgewrackten Deutschen einzuheimsen. Vierzehn Tage hatte er gebraucht, um seine Nummer auswendig zu lernen, die darin bestand, daß er etwas vorturnte und sich zehn Minuten lang über seine eigenen Vorzüge ausließ. Und jetzt trat er also zweimal täglich im Madison-Theater auf, und viele fanden keinen Einlaß, so groß war der Andrang.

Nachdem er gefrühstückt und die Zeitung gelesen hatte, schlenderte Midge in die Halle und verlangte seinen Schlüssel.

Dann winkte er einen Pagen herbei, der heimlich auf diese Ehre gehofft hatte.

»Such Haley, Tommy Haley«, wies er ihn an. »Sag ihm, er solle auf mein Zimmer kommen.«

»Jawohl, Herr Kelly«, sagte der Junge und flitzte hinweg.

Midge schaute gerade zum Fenster hinaus, im siebenten Stock, als Tommy sich einfand.

»Was gibt's denn?« fragte der Manager.

Es ging eine Weile, bis Midge antwortete. »Haley«, sagte er schließlich, »fünfundzwanzig Prozent ist eine hübsche Stange Geld.«

»Ich denke, es steht mir zu, nicht?« sagte Tommy.

»Ich seh nicht ein, wie Sie auf so viel kommen. Ich weiß nicht, ob Sie für mich so viel wert sind.«

»Also«, sagte Tommy, »das hab ich nicht erwartet, so etwas nicht. Ich dachte, du bist mit unserer Abmachung zufrieden. Ich will niemand übervorteilen, aber wo hättest du einen gefunden, der so viel für dich getan hätte, wie ich getan habe?«

»Schon recht«, meinte der Meister. »Sie haben eine Menge für mich getan, in Philadelphia, das stimmt. Und Sie sind dabei ganz nett auf Ihre Rechnung gekommen, nicht?«

»Ich kann nicht klagen. Aber trotz alledem, das ganz große Geld, das kommt erst noch. Und wenn ich nicht gewesen wäre, hättest du dir die Finger danach lecken können.«

»Ach, ich hätt's wohl auch so geschafft«, meinte Midge. »Wer hat denn dem Deutschen in die Fresse gelangt, Sie oder ich?«

»Ja, aber du wärst nie mit dem Deutschen zwischen die Seile gekommen, wenn du nicht in meinen Händen gewesen wärst.«

»So kommen wir nicht weiter. Es steht nun einmal fest, daß Sie für mich keine fünfundzwanzig Prozent mehr wert sind, und was vor einem Jahr oder zwei war, das spielt keine Rolle.«

»Ach nein?« sagte Tommy. »Ich hätte gedacht, das spielt eine große Rolle.«

»Für mich nicht, und damit ist die Sache wohl erledigt.«

»Hör mal her, Midge«, sagte Tommy. »Ich glaube, ich war immer recht zu dir, aber wenn du anderer Meinung bist, ich laß mit mir reden. Mich soll niemand einen Shylock nennen. Kommen wir also zur Sache, setzen wir einen Vertrag auf. Was schlägst du vor?«

»Ich schlage überhaupt nichts vor. Ich sage, fünfundzwanzig ist zuviel.«

»Sagen wir, zwanzig?«

»Zwanzig ist zuviel.«

»Was ist nicht zuviel?« fragte Tommy.

»Also, Haley, ich kann es Ihnen ja rundheraus sagen. Es gibt nichts, was nicht zuviel wäre.«

»Heißt das, daß du mich überhaupt nicht mehr willst?«

»Ja, das ist es.«

Es entstand eine längere Pause. Dann wandte sich Haley zum Gehen.

»Midge«, sagte er mit erstickter Stimme, »du machst einen großen Fehler, mein Junge. Du kannst dich nicht ungestraft mit deinen besten Freunden überwerfen. Dieses verdammte Weibsstück wird dich noch zugrunde richten.«

Midge sprang auf.

»Halt bloß die Klappe«, rief er. »Machen Sie, daß Sie wegkommen, bevor man Sie hinaustragen muß. Sie haben mich lange genug ausgebeutet. Noch ein Wort über meine Freundin oder sonst jemand, und ich mach Sie fertig wie alle andern. Raus!«

Und Tommy Haley, dem lebhaft vor Augen stand, wie Midge die andern zugerichtet hatte, machte, daß er hinauskam.

Eine Weile danach kam Grace herein, ließ ihre zahlreichen Pakete auf die Couch fallen und setzte sich zu Midge auf die Armlehne.

»Nun?« sagte sie.

»Den wären wir los.«

»Brav!« lobte Grace. »Und jetzt könntest du die fünfundzwanzig Prozent mir geben.«

»Zu den fünfundsiebzig Prozent hinzu, die du bereits bekommst?«

»Sei kein Miesepeter, Schatz. Du siehst nicht hübsch aus, wenn du schlechter Laune bist.«

»Auf das Aussehen kommt's bei mir nicht an.«

»Wart, bis du siehst, wie ich aussehe mit den Sachen, die ich heute vormittag gekauft habe.«

Midge warf einen Blick auf die Pakete.

»Da haben wir ja Haleys fünfundzwanzig Prozent«, sagte er, »und noch einiges dazu.«

Der Meister blieb nicht lange ohne Manager. Haleys Nachfolger war niemand anders als Jerome Harris, der sich von Midge mehr versprach als von der volkstümlichen Operettenbühne, die er geleitet hatte.

Der Vertrag, der Harris fünfundzwanzig Prozent der Einnahmen sicherte, wurde, eine Woche nachdem Tommy Haley abgeschafft worden war, in Detroit unterzeichnet. Midge hatte genau sechs Tage gebraucht, um einzusehen, daß es nicht ohne einen ging, der sich um das Geschäftliche kümmerte. Zuerst war Grace dagegen gewesen, als dann aber Harris vom Agenten der Variétébühnen eine Erhöhung der Wochengage um hundert Dollar verlangt und zugestanden bekommen hatte, war sie überzeugt, daß der Meister wohl daran getan hatte.

»Sie gehen rosigen Zeiten entgegen«, sagte Harris zu Grace, »und meine Frau auch. Ich hätte sie herbestellt, aber nächste Woche geht's ja nach Milwaukee, und dort ist sie ohnehin schon.«

Als sie ihr dann im Hotel in Milwaukee vorgestellt wurde, mußte sich Grace allerdings gestehen, daß ihre Gefühle für Harris' Frau kaum Liebe auf den ersten Blick genannt werden konnten.

Midge dagegen ließ den Blick liebevoll auf ihr verweilen und schien sich gar nicht losreißen zu können.

»Eine kesse Puppe«, sagte er zu Grace, als sie wieder allein waren.

»Puppe ist richtig«, meinte Grace, »mit Sägemehl, wo das Gehirn sein sollte.«

»Die kauf ich mir«, erklärte Midge und lächelte, als er sah, wie das auf sein Gegenüber wirkte.

Am Dienstag der Woche in Milwaukee verteidigte er seinen Meisterschaftstitel erfolgreich in einem Kampf, über den in den Zeitungen nichts zu lesen stand. Midge war an dem Vormittag allein im Zimmer, als ein Besucher ohne anzuklopfen hereinkam. Der Besucher war Lou Hersch.

Midge verfärbte sich, als er ihn erkannte.

»Was willst du?« fragte er.

»Das weißt du genau«, erwiderte Lou Hersch. »Deine Frau ist am Verhungern, und dein Kind ist am Verhungern, und ich bin am Verhungern. Und du schwimmst im Geld.«

»Hör zu«, sagte Midge. »Ohne dich hätte ich deine Schwester

überhaupt nicht kennengelernt. Und wenn du nicht Manns genug bist, um eine Stelle zu finden, was geht mich das an? Das Beste, was du tun kannst, ist, mir für immer aus dem Wege zu gehen.«

»Gib mir etwas Geld, und ich gehe.«

Midges Antwort auf diese Zumutung war ein Stoß mit seiner Rechten gegen den schmalen Brustkasten seines Schwagers.

»Hier, bring das deiner Schwester nach Hause.«

Nachdem Hersch sich vom Boden erhoben hatte und hinausgeschlichen war, dachte Midge bei sich: ›Nur gut, daß es nicht meine Linke war, sonst wäre er jetzt futsch. Und wenn ich ihn in den Magen getroffen hätte, dann hätt ich ihm womöglich das Rückgrat gebrochen.‹

Während er in Milwaukee auftrat, wurde jeden Abend nach der Vorstellung noch gefeiert. Der Wein floß in Strömen, und Midge sprach ihm mehr zu, als Haley jemals gestattet hätte. Harris erhob keine Einwände, was vielleicht für sein Wohlergehen am besten war.

Dazwischen wurde getanzt, und Midge tanzte ebensooft mit der Frau seines neuen Managers wie mit Grace. Die Miene, die diese machte, während sie sich von dem behäbigen Harris übers Parkett schieben ließ, wollte nicht recht zu ihrer häufigen Beteuerung passen, sie unterhalte sich wie noch nie.

Mehrmals im Laufe der Woche dachte Midge, Grace sei nahe daran, den Streit vom Zaune zu brechen, auf den er hoffte. Aber erst am Freitagabend tat sie ihm den Gefallen. Er war nach der Nachmittagsvorstellung mit Harris' Frau verschwunden, und als Grace ihn nach der Abendvorstellung wiedersah, kam sie sofort zur Sache.

»Was führst du eigentlich im Schilde?« fragte sie.

»Das geht dich einen Schmarren an.«

»Doch geht es mich etwas an, mich und Harris. Mach keine Dummheiten, sonst kannst du was erleben.«

»Hör mal«, sagte Midge, »hast du einen Eigentumsvorbehalt auf mich angemeldet oder etwas Ähnliches? Du redest ja, als seien wir verheiratet.«

»Das werden wir auch, heiraten, und morgen vormittag ist so günstig wie irgendwann.«

»Ja, ungefähr«, sagte Midge. »Du hast genausoviel Aussicht,

mich morgen zu heiraten wie übermorgen oder nächstes Jahr. Das heißt, es besteht überhaupt keine Aussicht.«

»Das wird sich ja zeigen.«

»Dir wird sich noch allerhand zeigen.«

»Was willst du damit sagen?«

»Ich will damit sagen, daß ich bereits verheiratet bin.«

»Das ist nicht wahr!«

»Läßt sich ja feststellen. Du könntest zum Beispiel diese Adresse hier aufsuchen, wenn du meine Frau kennenlernen willst.«

Midge kritzelte etwas auf ein Stück Papier, das er ihr hinreichte. Sie betrachtete es mit starrem Blick.

»Ja, ja«, sagte Midge, »so ist es. Geh nur hin und frag nach Frau Michael Kelly, und wenn es die nicht gibt, dann heirate ich dich morgen vor dem Frühstück.«

Immer noch starrte Grace auf den Fetzen Papier. Midge kam es eine Ewigkeit vor, bis sie etwas sagte.

»Die ganze Zeit hast du mich belogen.«

»Du hast mich nie gefragt, ob ich verheiratet bin. Außerdem, was, zum Teufel, hätte sich für dich geändert? Du bist doch auf deine Rechnung gekommen dabei. Mehr als halb und halb.«

Er wandte sich zum Gehen.

»Wo gehst du hin?«

»Ich treffe mich mit Harris und seiner Frau.«

»Ich komme mit. Du kannst mich jetzt nicht mehr abschaffen.«

»Doch, kann ich«, sagte Midge ruhig. »Wenn ich morgen weiterreise, bleibst du hier. Und falls du Krach schlägst, bringe ich dich in ein Spital, wo für Ruhe gesorgt wird. Du kannst deinen Krempel morgen vormittag abholen, und ich steck dir noch hundert Dollar zu. Und dann will ich nichts mehr von dir sehen. Jetzt laß mich gehen, und zwar allein, sonst kommt zu meinen bisherigen Knockouts noch ein neuer hinzu.«

Als Grace am Abend ins Hotel zurückkehrte, mußte sie feststellen, daß Midge und die beiden Harris ausgezogen waren. Und als Midge am nächsten Abend weiterreiste, war er wiederum ohne Manager, und Harris war ohne Frau.

Drei Tage, bevor Midge Kelly in New York seinen Titel gegen den jungen Milton zu verteidigen hatte, beauftragte der Redakteur der Sportbeilage einer großen Tageszeitung den Berichterstatter Joe Morgan, einige Spalten über den Meister im Weltergewicht zu schreiben, als Text zu einer Bildseite in der Sonntagsausgabe.

Joe Morgan suchte am Freitagnachmittag das Lager auf, wo Midge trainierte. Der Meister, hieß es dort, trainiere gerade im Gelände, aber sein Manager, Wallie Adams, war durchaus bereit, dem Berichterstatter haufenweise Material über den größten Boxer der Gegenwart zu liefern.

»Also, lassen Sie mal hören«, sagte Joe, »vielleicht läßt sich etwas draus machen.«

So trat denn Wallie auf den Gashebel seiner Phantasie und legte los.

»Ein richtiger Junge ist er, nichts anderes. Verstehn Sie? Hat keine Ahnung nicht, was Lebenswandel heißt. Hat zeit seines Lebens noch keinen Alkohol getrunken; wahrscheinlich würde ihm übel, wenn er bloß welchen riecht. Gesunde Lebensführung hat ihn zu dem gemacht, was er ist. Verstehn Sie? Und so brav und anspruchslos wie ein Schulmädel. Fällt überhaupt nicht auf, so bescheiden ist er. Nichts ist ihm mehr zuwider, als über sich selber zu sprechen.

Ihn in Form zu bringen, macht gar keine Mühe, er ist nämlich immer in Form. Das einzige, was uns Mühe macht, ist, daß er die armen Teufel schont, die gegen ihn antreten. Immer hat er Angst, er könnte ihnen was tun. Verstehn Sie? Dieser Kampf mit Milton macht ihm Spaß; es heißt ja, Milton könne was einstecken. Vielleicht kann sich Midge diesmal etwas gehenlassen. Aber die letzten zwei Kämpfe, die er hatte, die Betreffenden gehörten gar nicht zwischen die Seile mit ihm, und er hat sich mächtig zurückgehalten, aus Angst, er könnte sie tödlich verletzen. Verstehn Sie?«

»Ist er verheiratet?« fragte Joe.

»Und wie! Man muß nur hören, wie er von seinen Kinderchen schwärmt. Die Familie ist gegenwärtig in Kanada in ihrem Sommerhaus, und Midge brennt darauf, auch hinzukommen. Seine Frau und die Kinder sind ihm mehr als alles Geld auf der Welt. Verstehn Sie?«

»Wie viele Kinder hat er?«

»Ich weiß nicht, vier oder fünf, glaube ich. Alles Jungen, und alle das gestochene Ebenbild ihres Vaters.«

»Lebt sein Vater noch?«

»Nein, der starb schon früh. Aber eine feine alte Mutter hat er noch und einen jüngeren Bruder in Chicago. An die denkt er nach einem Match zuerst, nebst der eigenen Familie. Und nie vergißt er nach einem Kampf, der alten Mutter tausend Dollar zu schicken. Er will ihr diesmal ein neues Haus kaufen, sobald er ausgezahlt wird.«

»Und sein Bruder? Wird der auch Boxer?«

»Freilich, und Midge behauptet, er werde den Meisterschaftstitel kriegen, noch bevor er zwanzig ist. Eine kämpferische Familie, und alle goldecht. Verstehn Sie? In Milwaukee kam einmal einer zu Midge und wollte ihn bestechen, und Midge hat ihn auf der Straße so vermasselt, daß er an dem Abend nicht auftreten konnte. So einer ist er. Verstehn Sie?«

Joe hielt sich im Lager auf, bis Midge mit seinen Trainern zurückkam.

»Ein Berichterstatter von der So-und-so-Zeitung«, sagte Wallie. »Ich hab ihm deine Familiengeschichte erzählt.«

»Hat er Ihnen etwas Brauchbares geliefert?« fragte Midge.

»Der reinste Historiker!« bemerkte Joe.

»Nur keine Beleidigungen!« wehrte Wallie lächelnd ab. »Rufen Sie uns an, wenn Sie noch mehr brauchen. Und behalten Sie uns am Montagabend im Auge! Verstehn Sie?«

Die Geschichte in der Sonntagsausgabe wurde von Tausenden von Boxsportfreunden gelesen. Sie war gut geschrieben und betonte die menschliche Seite. Die kleinen Ungenauigkeiten darin blieben unwidersprochen, obwohl sie drei Lesern, außer Wallie Adams und Midge Kelly, sofort auffielen. Die drei waren Grace, Tommy Haley und Jerome Harris, und was sie dazu sagten, eignete sich nicht zur Veröffentlichung.

Weder die Frau Kelly in Chicago noch die Frau Kelly in Milwaukee hatten eine Ahnung vom Vorhandensein der betreffenden New Yorker Zeitung. Und selbst wenn dies der Fall gewesen wäre und sie auch gewußt hätten, daß darin zwei Spalten über Midge zu lesen waren, hätte weder seine Mutter noch seine Frau sich die Zeitung kaufen können. Die Sonntagsausgabe kostete fünf Cents die Nummer.

Zweifellos hätte Joe Morgan genauere Auskunft bekommen, wenn er statt mit Wallie Adams mit Ellen Kelly und Connie Kelly und Emma Kelly gesprochen hätte, oder mit Lou Hersch und Grace und Jerome Harris und Tommy Haley und Hap Collins und zwei oder drei Kellnern in Milwaukee.

Aber ein Bericht, der sich auf ihre Aussagen gestützt hätte, wäre bei der Redaktion nie durchgegangen.

»Auch wenn es sich beweisen ließe«, hätte der Redakteur gesagt, »wir können es nicht drucken, es würde uns nichts als Ärger eintragen. Die Leute wollen nichts gegen ihn hören. Er ist Champion.«

(Deutsch von Fritz Güttinger)

Raymond Chandler
Ich werde warten

Um ein Uhr morgens schaltete Carl, der Nachtportier, die letzte der drei Tischlampen in der Haupthalle des Windermere Hotels aus. Der blaue Teppich dunkelte um eine oder zwei Schattierungen, und die Wände zogen sich in weite Ferne zurück. Die Sessel füllten sich mit Schattengestalten. In den Ecken hingen Erinnerungen wie Spinngewebe.

Tony Reseck gähnte. Er legte den Kopf auf die Seite und lauschte der schwachen, zwitschernd zittrigen Musik aus dem Radioraum jenseits eines dämmrigen Bogendurchgangs am anderen Ende der Halle. Er runzelte die Stirn. Nach eins in der Frühe sollte das eigentlich sein Radiozimmer sein. Niemand sollte sich darin aufhalten. Das rothaarige Mädchen da verdarb ihm seine Nächte.

Das Stirnrunzeln schwand, und die Miniatur eines Lächelns schnörkelte sich um seine Lippenwinkel. Er saß entspannt, ein kleiner, blasser, korpulenter, mittelältlicher Mann mit langen, zarten Fingern, die sich über dem Elchzahn an seiner Uhrkette gefaltet hatten, den langen, zarten Fingern eines Geschicklichkeitskünstlers, Fingern mit glänzenden, wohlgeformten Nägeln und sich verjüngenden Mittelgliedern, Fingern, die an den Spitzen ein wenig spatelförmig waren. Hübschen Fingern. Tony Reseck rieb sie sanft gegeneinander, und es lag Friede in seinen stillen, seegrauen Augen.

Das Stirnrunzeln trat wieder auf sein Gesicht. Die Musik fiel ihm lästig. Er stand mit seltsamer Geschmeidigkeit auf, aus einer einzigen Bewegung heraus, ohne die gefalteten Hände von der Uhrkette zu nehmen. Einen Augenblick zuvor noch hatte er entspannt zurückgelehnt dagesessen, und im nächsten stand er auf den Füßen, absolut ruhig und im Gleichgewicht, so daß es fast scheinen mußte, als sei dem Auge die Bewegung des Aufstehens entgangen, als habe es so etwas wie einen Wahrnehmungsausfall gehabt.

Er ging mit schmalen, polierten Schuhen über den blauen Teppich, unhörbar fast, und trat unter den Bogen. Die Musik wurde lauter. Sie bot das heiße, scharfe Geschmetter, die rasenden, nervös zerrissenen Sequenzen einer Jam-Session. Sie war zu laut. Das rothaarige Mädchen saß da und starrte wie gebannt auf die Lautsprecherbespannung des großen Radioapparats, als könnte sie die Spieler der Band dahinter sehen, mit ihrem starren professionellen Grinsen und dem Schweiß, der ihnen den Rücken hinunterlief. Sie kauerte mit seitlich unter sich gezogenen Füßen auf einem Sofa, auf dem fast alle Kissen des Zimmers zu liegen schienen. Sie steckte sozusagen mittendrin, war von ihnen umgeben wie ein Blütensträußchen vom sorgfältig drapierten Seidenpapier des Blumenhändlers.

Sie wandte nicht den Kopf. Sie lehnte dort, die eine Hand zu einer kleinen Faust geballt auf ihrem pfirsichfarbenen Knie. Sie trug einen Hausanzug aus schwerer gerippter Seide, bestickt mit schwarzen Lotosknospen.

»Sie mögen Goodman, Miss Cressy?« fragte Tony Reseck.

Das Mädchen bewegte langsam die Augen. Das Licht darin war trübe, aber das Violett ihrer Augen tat fast weh. Es waren große, tiefe Augen, die keine Spur von Nachdenken zeigten. Ihr Gesicht hatte klassischen Schnitt und keinerlei Ausdruck.

Sie sagte nichts.

Tony lächelte und bewegte die Finger an seinen Seiten, einen nach dem andern, fühlte sie sich bewegen. »Sie mögen Goodman, Miss Cressy?« wiederholte er sanft.

»Nicht übermäßig«, sagte das Mädchen tonlos.

Tony wippte auf den Hacken zurück und sah in ihre Augen. Große, tiefe, leere Augen. Oder waren sie das nicht? Er langte nieder und stellte das Radio leiser.

»Verstehen Sie mich nicht falsch«, sagte das Mädchen. »Goodman macht Geld, und wenn ein Junge heute auf anständige Art sein Geld macht, dann muß man ihn achten. Aber diese Jitterbug-Musik hat für mich immer was vom Mief einer Bierkneipe an sich. Ich mag lieber was mit Rosen drin.«

»Vielleicht mögen Sie Mozart«, sagte Tony.

»Nur zu, nehmen Sie mich ruhig auf den Arm«, sagte das Mädchen.

»Ich wollte Sie keineswegs auf den Arm nehmen, Miss Cressy. Für mich ist Mozart der größte Mensch, der je gelebt hat, und Toscanini ist sein Prophet.«

»Ich dachte, Sie wären hier der Hausdetektiv.« Sie legte den Kopf zurück auf ein Kissen und starrte ihn durch die Wimpern an. »Stellen Sie mir mal was von diesem Mozart ein«, fügte sie hinzu.

»Dazu ist es zu spät«, seufzte Tony. »Jetzt findet man nichts mehr.«

Sie schenkte ihm einen weiteren, langen, klaren Blick. »Sie haben mich unter der Lupe, was, Plattfuß?« Ein kleines Lachen, leise, fast lautlos. »Was hab ich denn angestellt?«

Tony zeigte sein treuherziges Kinderlächeln. »Nichts, Miss Cressy. Ganz und gar nichts. Aber Sie brauchen ein bißchen frische Luft. Sie sind jetzt fünf Tage in diesem Hotel und noch nicht ein einzigesmal aus dem Haus gewesen. Und Sie haben ein Turmzimmer.«

Sie lachte erneut. »Machen Sie mal 'ne Geschichte draus für mich. Ich hab Langeweile.«

»Es gab schon mal hier ein Mädchen, das hatte dieselbe Suite. Sie blieb eine ganze Woche im Hotel, wie Sie. Ohne je auszugehen, meine ich. Sie sprach kaum ein Wort mit jemandem. Was meinen Sie, was sie dann getan hat?«

Das Mädchen beäugte ihn ernst. »Die Zeche geprellt.«

Er streckte seine lange, zarte Hand aus und drehte sie langsam um. Seine Finger flatterten, fast als gehe eine unsichtbare Welle darüber hin und breche sich daran, müßig und ganz gelassen. »Hm, nein. Sie schickte nach der Rechnung und bezahlte. Dann sagte sie dem Pagen, er solle in einer halben Stunde kommen und ihre Koffer holen. Dann ging sie hinaus auf den Balkon.«

Das Mädchen beugte sich ein wenig vor, die Augen immer noch ernst, die eine Hand wie eine Kappe auf ihrem pfirsichfarbenen Knie. »Was hatten Sie gesagt, wie heißen Sie?«

»Tony Reseck.«

»Klingt nach zugewandert.«

»Ja-ah«, sagte Tony. »Aus Polen.«

»Erzählen Sie weiter, Tony.«

»Alle Turm-Suiten haben einen privaten Balkon, Miss Cressy. Die Mauern am Rand sind sehr niedrig für vierzehn Stockwerke über der Straße. Es war ein dunkler Abend, der Abend damals, tief jagende Wolken.« Er ließ die Hand mit einer endgültigen Geste fallen, einer Geste des Abschieds. »Niemand sah sie springen. Aber als sie unten aufschlug, klang es wie ein Kanonenschuß.«

»Sie tragen zu dick auf, Tony.« Ihre Stimme war ein sauberes, trockenes Flüstern.

Er zeigte sein treuherziges Kinderlächeln. Seine stillen, seegrauen Augen schienen die langen Wellen ihres Haars fast zu streicheln. »Eve Cressy«, sagte er sinnend. »Ein Name, der darauf wartet, in Leuchtbuchstaben zu erscheinen.«

»Der darauf wartet, daß ein großer dunkler Bursche erscheint, der nichts taugt, Tony. Es kann Ihnen egal sein, warum. Ich war mal mit ihm verheiratet. Vielleicht werde ich eines Tages wieder verheiratet sein mit ihm. Man kann einen Haufen Fehler machen in bloß einem einzigen Leben.« Die Hand auf ihrem Knie öffnete sich langsam, bis die Finger so weit zurückgestreckt waren, wie es gehen wollte. Dann schlossen sie sich rasch und fest, und sogar im trüben Licht hier schimmerten die Knöchel, als wären sie aus poliertem Elfenbein. »Ich habe ihm einmal ziemlich übel mitgespielt. Ich hab ihn in eine schlimme Patsche gebracht – ohne es zu wollen. Aber das kann Ihnen ebenfalls egal sein. Es ist nur einfach so, daß ich ihm verpflichtet bin.«

Er beugte sich sanft hinüber und drehte am Radioknopf. Ein Walzer nahm Gestalt an in den Klängen. Ein kitschiger Walzer, aber ein Walzer. Er drehte die Lautstärke weiter auf. Die Musik brach aus dem Apparat hervor, ein Strudel aus schattenhafter Melodik. Seit Wien gestorben ist, sind alle Walzer Schatten.

Das Mädchen legte den Kopf auf die Seite, summte drei oder vier Takte mit und brach dann jäh ab, mit verzogenem Mund.

»Eve Cressy«, sagte sie. »Der Name ist schon mal in Leuchtbuchstaben erschienen. An einem billigem Nachtklub. Einer richtigen Kaschemme. Es gab eine Razzia, und die Lichter gingen aus.«

Er lächelte sie fast spöttisch an. »Es war keine Kaschemme, als Sie dort waren, Miss Cressy ... Das ist der Walzer, den das Orchester immer spielte, wenn der alte Portier vor dem Hoteleingang auf und ab ging, seine sämtlichen Orden an der geschwellten Brust. *Der letzte Mann.* Emil Jannings. Sie werden sich kaum daran erinnern, Miss Cressy.«

»Frühling, herrlicher Lenz«, sagte sie. »Nein, hab ich nie gesehen.«

Er trat drei Schritte von ihr fort und wandte sich um. »Ich muß nach oben und Türklinken abgrabbeln. Hoffentlich bin ich

Ihnen nicht lästig gefallen. Sie sollten jetzt schlafen gehen. Es ist ziemlich spät.«

Der Kitschwalzer brach ab, und eine Stimme begann zu sprechen. Das Mädchen antwortete durch die Stimme hindurch. »Haben Sie wirklich an sowas gedacht – wie mit dem Balkon?«

Er nickte. »Das kann schon sein«, sagte er sanft. »Aber jetzt nicht mehr.«

»Wäre auch aussichtslos, Tony.« Ihr Lächeln war wie ein blasses, verlorenes Blatt. »Kommen Sie doch wieder vorbei und reden Sie ein bißchen mit mir. Rotschöpfe springen nicht, Tony. Sie halten durch – und welken.«

Er sah sie einen Moment lang ernst an und entfernte sich dann über den Teppich. Der Portier stand im Bogengang, der zur Haupthalle führte. Tony hatte nicht hinübergesehen, aber er wußte, daß jemand da war. Er wußte immer, wenn jemand in seiner Nähe war. Er konnte das Gras wachsen hören, wie der Esel im *Blauen Vogel*.

Der Portier gab ihm einen dringlichen Wink mit dem Kinn. Sein breites Gesicht über dem Uniformkragen sah verschwitzt aus und erregt. Tony trat zu ihm, und sie gingen zusammen durch den Bogen und in die Mitte der trüb erhellten Halle hinaus.

»Ärger?« fragte Tony müde.

»Da draußen ist ein Bursche, der dich sprechen will, Tony. Wollte nicht reinkommen. Ich war bloß mal kurz vor der Tür, wollte mit dem Lappen über die Glasscheiben fahren, und da stand er auf einmal neben mir, ein ziemlicher Brocken von einem Kerl. ›Holen Sie Tony‹, sagte er, bloß so aus dem Mundwinkel.«

Tony sagte: »Hm, soso«, und sah dem Portier in die blaßblauen Augen. »Und wie hieß er?«

»Al, sagte er, soll ich sagen.«

Tonys Gesicht wurde so ausdruckslos wie Teig. »Ah ja.« Er wollte gehen.

Der Portier ergriff ihn am Ärmel. »Hör mal, Tony. Du hast doch keine Feinde?«

Tony lachte höflich, das Gesicht immer noch wie Teig.

»Hör zu, Tony.« Der Portier ließ seinen Ärmel nicht los. »An der Ecke vorn hält ein großer schwarzer Wagen, du weißt schon, nach der andern Seite vom Taxistand. Daneben steht ein Kerl, den einen Fuß auf dem Trittbrett. Dieser Bursche, der mich da angequatscht hat, er trägt einen dunklen, eng zugeknöpften Mantel mit Kragen, den er sich um die Ohren hochgeschlagen hat. Der Hut sitzt ihm ziemlich tief in der Stirn. Man kann sein Gesicht kaum erkennen. ›Holen Sie Tony‹, hat er bloß gesagt, so aus dem Mundwinkel. Hast du auch bestimmt keine Feinde, Tony?«

»Nur bei der Kreditbank«, sagte Tony. »Hau ab.«

Er ging langsam und ein bißchen steif über den blauen Teppich, die drei flachen Stufen hinauf in die Rezeption mit den drei Fahrstühlen auf der einen Seite und dem Empfangstisch auf der anderen. Nur ein Fahrstuhl war noch in Betrieb. Neben der offenen Tür stand, schweigend und mit verschränkten Armen, der Liftboy, in hübscher blauer Uniform mit silbernen Aufschlägen. Ein schlanker, dunkler Mexikaner namens Gomez. Der Junge war neu, arbeitete sich bei der Nachtschicht ein.

Auf der anderen Seite der Empfangstisch, rosa Marmor, mit dem vornehm-lässig darauf gelehnten Nachtportier. Ein kleiner adretter Mann mit einem buschigen rötlichen Schnurrbart und Wangen, so rosig, als hätte er sie geschminkt. Er starrte Tony an und prokelte mit einem Fingernagel in seinem Schnurrbart.

Tony hob einen steifen Zeigefinger gegen ihn, legte die anderen drei Finger fest an die Handfläche und schlug mit dem Daumen an dem steifen Finger auf und nieder. Der Portier berührte die andere Seite seines Schnurrbarts und machte ein gelangweiltes Gesicht.

Tony ging weiter, vorbei an dem geschlossenen und verdunkelten Zeitungsstand und dem Seiteneingang zum Drugstore, hinaus zu den messinggerahmten Glastüren des Eingangs. Kurz vor ihnen blieb er noch einmal stehen und holte tief und hart Luft. Dann straffte er die Schultern, stieß die Türen auf und trat in die kalte, feuchte Nachtluft hinaus.

Die Straße lag dunkel, still. Das Getöse des Verkehrs am Wilshire, zwei Straßen weiter, war gestaltlos und ohne Bedeutung. Zur Linken standen zwei Taxis. Die Fahrer lehnten an einem der Kotflügel, Seite an Seite, rauchend. Tony ging in die entgegengesetzte Richtung. Der große dunkle Wagen stand einen Drittelblock vom Hoteleingang entfernt. Die Scheinwerfer waren abgeschaltet, und erst als er ihn fast erreicht hatte, hörte er das sanfte Geräusch des laufenden Motors.

Eine hochgewachsene Gestalt löste sich von der schattenhaften

Masse des Wagens und kam auf ihn zugeschlendert, beide Hände in den Taschen des dunklen Mantels mit dem hochgeschlagenen Kragen. Im Mund des Mannes glomm schwach ein Zigarettenende, eine rostrote Perle.

Zwei Schritt voneinander blieben sie stehen.

Der hochgewachsene Mann sagte: »Hallo, Tony. Lange nicht gesehn.«

»Hallo, Al. Wie geht's denn?«

»Kann nicht klagen.« Der hochgewachsene Mann wollte die rechte Hand aus der Manteltasche ziehen, hielt dann aber inne und lachte lautlos. »Ah, hätt ich fast vergessen. Dir dürfte wohl kaum was dran liegen, mir die Hand zu schütteln.«

»Das bedeutet gar nichts«, sagte Tony. »Sich die Hand zu schütteln. Auch Affen können das. Was hast du auf dem Herzen, Al?«

»Immer noch der alte kleine, dicke Komiker, was, Tony?«

»Kann schon sein.« Tonys Augen verengten sich. Etwas schnürte ihm die Kehle zu.

»Gefällt dir der Job in dem Laden da?«

»Ist ein Job.«

Al lachte erneut, sein lautloses Lachen. »Du schiebst deine Kugel langsam, Tony. Ich mach's mit Tempo. Soso, ein Job ist das also, und du willst ihn behalten. Okay. In euerm stillen Hotel hockt da ein Mädchen rum, heißt Eve Cressy. Schaff sie raus. Schnell und auf der Stelle.«

»Was stimmt denn nicht mit ihr?«

Der hochgewachsene Mann sah die Straße hinauf und hinunter. Ein Mann im Wagen hinter ihm hustete leicht. »Sie hat auf die falsche Karte gesetzt. Nichts gegen sie persönlich, aber sie wird dir Ärger bringen. Schaff sie raus, Tony. Du hast noch etwa eine Stunde.«

»Sicher«, sagte Tony, ziellos, ohne Bedeutung.

Al zog die Hand aus der Tasche und streckte sie gegen Tonys Brust. Er gab ihm einen leichten, beiläufigen Stoß. »Ich hab dir das nicht gesagt, bloß um mal wieder einen Witz zu machen, dickes Brüderchen. Schaff sie aus der Quere.«

»Okay«, sagte Tony, ohne jeden Ton in der Stimme.

Der hochgewachsene Mann zog die Hand zurück und griff nach der Wagentür. Er öffnete sie und wollte hineinschlüpfen, ein hagerer schwarzer Schatten.

Dann hielt er inne, sagte etwas zu den Männern in dem Wagen und stieg wieder aus. Er kam zu der Stelle zurück, an der Tony schweigend stand, einen Widerschein des trüben Lichts der Straße in den blassen Augen.

»Hör zu, Tony. Du hast deine Nase immer aus allem rausgehalten. Du bist ein guter Bruder, Tony.«

Tony antwortete nicht.

Al beugte sich zu ihm vor, ein langer, dringlicher Schatten; der Mantelkragen reichte ihm fast an die Ohren. »Eine brenzlige Sache, Tony. Es wird den Jungens zwar nicht schmecken, aber ich erzähl es dir trotzdem. Diese Cressy war mit einem Kerl namens Johnny Ralls verheiratet. Ralls ist vor zwei, drei Tagen, oder einer Woche, aus Quentin raus. Hat da drei Jährchen runtergerissen, wegen fahrlässiger Tötung. Das Mädchen hat ihn reingeritten. Er hat eines Nachts einen alten Mann umgefahren, wie er besoffen war, und sie war mit dabei. Er wollte nicht anhalten. Da hat sie zu ihm gesagt, entweder geht er hin und stellt sich, oder. Er hat sich aber nicht gestellt. Da sind die Polypen dann zu ihm gekommen.«

Tony sagte: »So ein Pech.«

»Die Sache ist koscher, Kleiner. Ich muß es schließlich wissen. Dieser Ralls hat wer weiß wie die Klappe aufgerissen, vonwegen wie das Mädchen auf ihn warten würde, wenn er rauskäme, und alles sollte vergeben und vergessen sein, und er würde gleich direkt zu ihr hin.«

Tony fragte: »Und was hast du mit ihm zu schaffen?« In seiner Stimme war ein trockenes, steifes Knistern, wie von dickem Papier.

Al lachte. »Die Jungs wolln ein Hühnchen mit ihm rupfen. Er hat einen Tisch laufen gehabt, in einem Kasino am Strip, und sich was einfallen lassen. Fünfzig Riesen sind dem Haus flöten gegangen, durch ihn und noch einen andern Burschen. Der andere hat schon ausgespuckt, aber jetzt brauchen wir immer noch die fünfundzwanzig von Johnny. Die Jungs werden nicht dafür bezahlt, daß sie ein schlechtes Gedächtnis haben.«

Tony sah die dunkle Straße hinauf und hinunter. Einer der Taxifahrer schnippte einen Zigarettenstummel in hohem Bogen über das Verdeck eines der Wagen. Tony sah ihn auf dem Pflaster auftreffen und Funken sprühen. Er lauschte dem stillen Motorgeräusch des großen Wagens.

»Ich will nichts damit zu tun haben«, sagte er. »Ich werde sie rausschaffen.«

Al trat von ihm zurück und nickte. »Kluges Jungchen. Wie geht's Mama denn so?«

»Ganz gut«, sagte Tony.

»Erzähl ihr mal, daß ich nach ihr gefragt habe.«

»Nach ihr zu fragen bedeutet gar nichts«, sagte Tony.

Al wandte sich rasch um und stieg in den Wagen. Der Wagen kurvte lässig auf der Mitte des Blocks und glitt zurück auf die Ecke zu. Die Scheinwerfer gingen an und grellten Licht auf eine Wand. Der Wagen bog um die Ecke und verschwand. Die Schwaden der Abgase, die noch in der Luft hingen, trieben langsam an Tonys Nase vorüber. Er wandte sich um und ging zum Hotel zurück, ging wieder hinein. Er begab sich zum Radiozimmer hinüber.

Das Radio murmelte immer noch vor sich hin, aber das Mädchen war vom Sofa davor verschwunden. Die zusammengedrückten Kissen zeigten noch die Hohlform ihrer Gestalt. Tony griff nieder und berührte sie. Es kam ihm vor, als wären sie noch warm. Er stellte das Radio ab und stand da und drehte langsam einen Daumen vor seinem Körper, die Hand flach auf den Magen gelegt. Dann ging er wieder durch die Halle zu den Fahrstühlen hinüber und blieb neben einem Majolika-Topf voll weißem Sand stehen. Der Portier machte sich hinter einer Trennwand aus geriffeltem Glas am einen Ende des Tisches an irgendwas zu schaffen. Die Luft war tot.

Die Fahrstuhltüren waren dunkel. Tony warf einen Blick auf den Anzeiger des mittleren Fahrstuhls und sah, daß er im 14. Stock hielt.

»Zu Bett gegangen«, sagte er halblaut vor sich hin.

Die Tür zum Portiersraum neben den Fahrstühlen öffnete sich, und der mexikanische Liftboy trat heraus, in Straßenkleidung. Er streifte Tony mit einem stillen Seitenblick, aus Augen, die die Farbe vertrockneter Kastanien hatten.

»Gute Nacht, Chef.«

»Äh – ja«, sagte Tony abwesend.

Er zog eine dünne, gesprenkelte Zigarre aus der Westentasche und roch daran. Er untersuchte sie langsam, drehte sie in seinen gepflegten Fingern. Sie hatte an der Seite einen feinen Riß. Er runzelte die Stirn darüber und steckte die Zigarre wieder weg.

Fern entstand ein Geräusch, und der Zeiger über der Lifttür begann seine Kreisbahn auf dem bronzenen Zifferblatt. Licht dämmerte auf im Schacht, und die Gerade des Fahrstuhlbodens drückte die Dunkelheit nach unten. Der Fahrstuhl hielt, die Türen gingen auf, und Carl trat heraus.

Sein Blick begegnete dem Tonys, und der zuckte ein wenig zusammen; dann kam er zu ihm herüber, den Kopf leicht zur Seite geneigt, einen dünnen Glanz auf der rosa Oberlippe.

»Hör zu, Tony.«

Tony packte mit hartem, raschem Griff seinen Arm und drehte ihn um. Er schob ihn zügig, doch irgendwie auch ganz zwanglos die Stufen hinunter in die Haupthalle und lenkte ihn dort in eine Ecke. Dann ließ er den Arm los. Seine Kehle verengte sich wieder, ohne daß ihm ein Grund dafür bewußt war.

»Also«, sagte er finster. »Was soll ich hören?«

Der Portier langte in die Tasche und zog einen Dollarschein hervor. »Hat er mir gegeben«, sagte er zusammenhanglos. Seine glitzernden Augen blickten an Tonys Schulter vorbei ins Leere. Sie zwinkerten fahrig. »Eis und Ginger Ale.«

»Mach's nicht so spannend«, grollte Tony.

»Der Bursche in 14B«, sagte der Portier.

»Laß mal deinen Atem riechen.«

Der Portier beugte sich folgsam zu ihm vor.

»Schnaps«, sagte Tony rauh.

»Er hat mir einen Schluck spendiert.«

Tony sah auf den Dollarschein nieder. »In 14B ist doch überhaupt keiner. Jedenfalls nach meiner Liste nicht«, sagte er.

»Doch. Ist.« Der Portier leckte sich die Lippen, und seine Augen öffneten und schlossen sich mehrmals. »Großer dunkler Bursche.«

»Also gut«, sagte Tony ärgerlich. »Also gut. In 14B ist ein großer dunkler Bursche, und der hat dir einen Dollar und einen Schluck spendiert. Und was weiter?«

»Knarre unterm Arm«, sagte Carl und blinzelte.

Tony lächelte, aber seine Augen hatten das leblose Glitzern dicken Eises angenommen. »Du hast Miss Cressy auf ihr Zimmer gebracht?«

Carl schüttelte den Kopf. »Gomez. Ich hab nur gesehen, wie sie rauf ist.«

»Verdünnisier dich«, sagte Tony zwischen den Zähnen. »Und

laß dir gefälligst von den Gästen keinen Schnaps mehr eintrichtern.«

Er blieb reglos stehen, bis Carl in sein Stübchen neben den Fahrstühlen gegangen war und die Tür geschlossen hatte. Dann stieg er lautlos die drei Stufen hinauf, trat vor den Empfangstisch und sah auf den geäderten rosa Marmor nieder, auf die Schreibgarnitur aus Onyx, auf die frische Meldekarte in ihrem Lederrahmen. Er hob eine Hand und ließ sie hart auf den Marmor klatschen. Der Portier kam hinter der gläsernen Trennwand hervorgeschossen wie ein Backenhörnchen aus seinem Bau.

Tony zog einen dünnen Durchschlag aus der Brusttasche und breitete ihn auf den Tisch. »Keine Meldung hier für 14B«, sagte er mit bitterer Stimme.

Der Portier strich sich höflich den Schnurrbart. »Tut mir leid. Du mußt grad beim Abendessen gewesen sein, wie er sich eingetragen hat.«

»Wer?«

»Laut Eintrag James Watterson, San Diego.« Der Portier gähnte.

»Nach irgendwem gefragt?«

Der Portier hielt mitten im Gähnen inne und betrachtete Tonys Kopfdach. »Tja, in der Tat. Nach einer Swing-Band. Wir sollten sie ihm aufs Zimmer schicken. Wieso?«

»Schlagfertig und witzig«, sagte Tony. »Wenn man was übrig hat für die Tour.« Er machte sich eine Notiz auf dem Durchschlag und stopfte ihn in die Tasche zurück. »Ich gehe nach oben, Klinken grabbeln. Es sind noch vier Turmzimmer da, die du noch nicht vermietet hast. Leg dich ein bißchen mehr ins Zeug, mein Sohn. Du wirst nachlässig.«

»Man tut, was man kann«, sagte der Portier gedehnt und brachte sein Gähnen zu Ende. »Und du beeil dich, daß du wieder runterkommst, mein Alter. Ich weiß gar nicht, wie ich die Zeit rumbringen soll bis dahin.«

»Du könntest dir den rosa Borstenknubbel von der Lippe kratzen«, sagte Tony und ging zu den Fahrstühlen hinüber.

Er öffnete den einen, schaltete das Kuppellicht ein und schoß in den vierzehnten Stock hinauf. Er verdunkelte ihn wieder, trat heraus und schloß die Türen. Der Flur war hier kleiner als alle anderen, den einen unmittelbar darunter ausgenommen. Jede der drei Wände, außer der Fahrstuhltür, hatte nur eine einzige, blau verkleidete Tür. Auf jeder Tür stand, in Gold, eine Zahl und ein Buchstabe, von einem goldenen Kranz umgeben. Tony ging zur 14A hinüber, legte sein Ohr an die Verkleidung.

Er hörte nichts. Eve Cressy konnte schon im Bett sein und schlafen, sie konnte aber auch im Bad sein oder draußen auf dem Balkon. Vielleicht saß sie auch noch im Zimmer, nur ein paar Schritte von der Tür, und starrte die Wand an. Nun, es stand nicht zu erwarten, daß sich hören ließ, wie sie dasaß und die Wand anstarrte. Er ging zur 14B hinüber und legte an die Türverkleidung dort sein Ohr. Diesmal war es anders. Drinnen erklang Geräusch. Ein Mann hustete. Irgendwie hustete er wie einer, der allein ist. Stimmen sonst gab es keine. Tony drückte auf den kleinen Perlmuttknopf neben der Tür.

Schritte kamen, ohne Eile. Eine gedämpfte Stimme sprach durch die Tür. Tony ließ keine Antwort hören, keinen Laut. Die gedämpfte Stimme wiederholte ihre Frage. Leicht, boshaft drückte Tony noch einmal auf den Knopf.

Mr. James Watterson aus San Diego hätte jetzt die Tür öffnen und sich irgendwie bemerkbar machen müssen. Er tat es nicht. Eine Stille entstand jenseits der Tür, die wie die Stille eines Gletschers war. Noch einmal legte Tony sein Ohr an das Holz. Nichts als Stille.

Er zog, an einer Kette, einen Hauptschlüssel hervor und schob ihn behutsam in das Schloß der Tür. Er drehte ihn um, drückte die Tür drei Zoll weit nach innen und zog den Schlüssel wieder heraus. Dann wartete er.

»Also gut«, sagte die Stimme barsch. »Kommen Sie rein und sperrn Sie die Augen auf.«

Tony stieß die Tür weit auf und stand da, umrahmt vom Licht des Flurs. Der Mann war hochgewachsen, schwarzhaarig, knochig, und hatte ein weißes Gesicht. Er hatte eine Pistole in der Hand. Er hielt sie, als wüßte er damit umzugehen.

»Nur immer herein«, sagte er gedehnt.

Tony trat durch die Tür und schob sie mit der Schulter hinter sich zu. Er hielt die Hände ein wenig von den Körperseiten ab, die flinken Finger schlaff angekrümmt. Er lächelte sein stilles kleines Lächeln.

»Mr. Watterson?«

»Nur immer zu.«

»Ich bin hier der Hausdetektiv.«

»Haut mich um.«

Der hochgewachsene Mann mit dem weißen Gesicht, der irgendwie angenehm wirkte und irgendwie auch wieder gar nicht angenehm, wich langsam ins Zimmer zurück. Es war ein großes Zimmer mit einem niedrigen Eckbalkon um zwei Seiten. Glastüren führten auf den kleinen, privaten, unüberdachten Balkon hinaus, den jedes der Turmzimmer hatte. Vor einem bequemen, freundlichen Sofa befand sich, hinter einem paneelierten Schirm, die Vorrichtung für ein offenes Kaminfeuer. Ein großes beschlagenes Glas stand auf einem Hoteltablett neben einem tiefen, kuschligen Sessel. Der Mann wich bis zu diesem Sessel zurück und blieb dann davor stehen. Die große, schimmernde Waffe in seiner Hand senkte sich und zeigte zu Boden.

»Haut mich um«, sagte er. »Ich bin grad eine Stunde in dem Laden, und schon kommt der Hausschnüffler mich ausquetschen. Okay, Verehrtester, dann stecken Sie Ihre Nase mal in den Wandschrank und ins Bad. Bloß, leider ist die Süße vorm Moment schon weg.«

»Sie haben sie noch überhaupt nicht gesehen«, sagte Tony.

Das gebleichte Gesicht des Mannes füllte sich mit Falten der Überraschung. Seine gedämpfte Stimme bekam etwas Knurrendes. »Ach wirklich? Und wen hab ich noch überhaupt nicht gesehen?«

»Ein Mädchen namens Eve Cressy.«

Der Mann schluckte. Er legte seine Pistole neben das Tablett auf den Tisch. Er ließ sich nach hinten in den Sessel sinken, steif, wie ein Mann, der mit Ischias zu tun hat. Dann beugte er sich vor, legte die Hände auf die Kniescheiben und lächelte strahlend zwischen den Zähnen. »Dann ist sie also hier, wie? Ich hatte noch nicht nach ihr gefragt. Ich bin ein vorsichtiger Mensch. Ich habe noch nicht gefragt.«

»Sie ist seit fünf Tagen hier«, sagte Tony. »Wartet auf Sie. Sie hat das Hotel nicht eine Minute verlassen.«

Der Mund des Mannes arbeitete, ein bißchen. Sein Lächeln hatte einen unsicher wissenden Zug. »Ich bin im Norden oben etwas aufgehalten worden«, sagte er geläufig. »Sie kennen das ja. Wenn man alte Freunde besucht. Sie scheinen sich ja ganz schön in meinen Angelegenheiten umgetan zu haben, Schnüffler.«

»Stimmt, Mr. Ralls.«

Mit einem Satz war der Mann auf den Füßen, und seine Hand schnappte nach der Pistole. Er stand vorgebeugt da, die Hand auf dem Tisch an der Waffe, mit starrem Blick. »Weiber quatschen zuviel«, sagte er, und seine Stimme klang dumpf gedämpft, als hätte er einen Lappen zwischen den Zähnen und spräche durch ihn hindurch.

»Weiber diesmal nicht, Mr. Ralls.«

»Äh?« Die Pistole schlitterte auf dem harten Holz des Tisches. »Rücken Sie schon raus mit der Sprache, Schnüffler. Mein Gedankenleser hat gestern gekündigt.«

»Keine Weiber. Männer. Kerle mit Kanonen.«

Wieder entstand die Stille des Gletschers zwischen ihnen. Langsam straffte sich der Körper des Mannes. Aus seinem Gesicht war aller Ausdruck wie weggewischt, aber seine Augen hatten etwas Gehetztes. Tony lehnte vor ihm, ein kleiner, gedrungener Mann mit einem stillen, blassen, freundlichen Gesicht und Augen, so schlicht wie ein Waldwasser.

»Denen geht doch nie der Sprit aus – diesen Jungens«, sagte Johnny Ralls und leckte sich die Lippe. »Ob früh, ob spät, sie sind immer auf den Beinen. Der alte Laden läuft immer noch wie geschmiert.«

»Sie wissen, um wen es sich handelt?« fragte Tony leise.

»Ich könnte neunmal raten. Und hätte zwölf richtige dabei.«

»Die Jungs eben«, sagte Tony und zeigte ein sprödes Lächeln.

»Wo ist sie?« fragte Johnny Ralls heiser.

»Gleich rechts von Ihnen, Tür an Tür.«

Der Mann ging auf den Balkon hinaus und ließ seine Pistole auf dem Tisch liegen. Er stand vor der Trennwand und musterte sie. Er griff in die Höhe und packte die Stäbe der Vergitterung. Als er die Hände wieder sinken ließ und zurückkam, hatte sein Gesicht etwas von seiner Faltigkeit verloren. Seine Augen zeigten einen ruhigeren Schimmer. Er kehrte zu Tony zurück und blieb vor ihm stehen, über ihm.

»Ich hab einen kleinen Spargroschen«, sagte er. »Eve hatte mir ein paar Moneten geschickt, und damit hab ich einen kleinen Coup gestartet, oben im Norden, und sie ein bißchen vermehrt. Aber nicht viel, bloß ein Notpfennig. Die Jungs reden von fünfundzwanzig Riesen.« Er lächelte gewunden, unehrlich. »Fünf Hunderter könnte ich hinblättern. Würde mir riesig Spaß machen, den Kerls beizubringen, daß es sich damit hat, basta.«

»Was war mit dem Rest?« fragte Tony indifferent.

»Hab ich nie gehabt, Schnüffler. Lassen wir das mal. Ich bin sowieso der einzige auf der Welt, der's glaubt. Es war bloß ein kleiner Coup, und man hat mich aufs Kreuz gelegt dabei.«

»Ich will's glauben«, sagte Tony.

»Umlegen tun sie selten einen. Aber sie können ziemlich häßlich werden.«

»Banditen«, sagte Tony in plötzlich bitterer Verachtung. »Kerle mit Kanonen. Nichts als Banditen.«

Johnny Ralls griff nach seinem Glas und leerte es in sich hinein. Die Eiswürfel klimperten leise, als er es absetzte. Er griff nach seiner Pistole, ließ sie auf der flachen Hand tanzen und steckte sie dann mit der Mündung nach unten in seine innere Brusttasche. Er starrte auf den Teppich.

»Wieso erzählen Sie mir das eigentlich alles, Schnüffler?«

»Ich hab mir gedacht, Sie geben ihr vielleicht eine Chance.«

»Und wenn ich das nicht tue?«

»Ich glaub schon, daß Sie's tun werden«, sagte Tony.

Johnny Ralls nickte ruhig. »Kann ich hier irgendwie rauskommen?«

»Sie könnten den Lastenaufzug nehmen, runter zur Garage. Sie könnten sich einen Wagen mieten. Ich gebe Ihnen eine Karte für den Wächter.«

»Sie sind ein komischer kleiner Bursche«, sagte Johnny Ralls.

Tony zog eine abgegriffene straußenlederne Brieftasche heraus und kritzelte etwas auf eine gedruckte Karte. Johnny Ralls las sie durch und stand dann da und klopfte sich damit gegen den Daumennagel.

»Ich könnte sie mitnehmen«, sagte er, die Augen verengt.

»Sie können sich auch in einer langen Kiste abtransportieren lassen«, sagte Tony. »Wie ich Ihnen bereits sagte, ist sie schon fünf Tage hier. Die Kerls haben Wind davon gekriegt. Ein Bursche, den ich kenne, rief mich an und sagte, ich soll sie hier rausschaffen. Erzählte mir auch, worum es ging. Darum schaffe ich statt dessen Sie hier raus.«

»Das wird den Jungs sehr gefallen«, sagte Johnny Ralls. »Sie werden Ihnen einen Strauß Veilchen schicken.«

»Wenn ich meinen freien Tag habe, werd ich mal ein paar Tränen deswegen vergießen.«

Johnny Ralls drehte seine Hand und starrte auf die Fläche

»Immerhin, sehen könnte ich sie ja noch. Bevor ich mich dünn mache. Die nächste Tür rechts, haben Sie gesagt?«

Tony wandte sich auf dem Absatz um und ging zur Tür. Er sagte über die Schulter zurück: »Vertrödeln Sie nicht zuviel Zeit, Hübscher. Ich könnte es mir anders überlegen.«

Der Mann sagte, fast sanft: »Soweit ich sehe, könnten Sie mich auch direkt hier hochgehen lassen.«

Tony wandte nicht den Kopf. »Das Risiko müssen Sie eingehen.«

Er hatte die Tür erreicht und ging aus dem Zimmer. Er schloß sie sorgfältig hinter sich, ganz still, sah einmal kurz nach der Tür von 14A hinüber und trat in seinen dunklen Fahrstuhl. Er fuhr hinunter in den Stock, wo die Wäschekammer lag, und stieg aus, um den Korb wegzurücken, der in diesem Stock die Tür des Lastenaufzugs offen hielt. Die Tür glitt ruhig zu. Er fing sie auf, so daß sie keinerlei Geräusch machte. Am Ende des Flurs drang Licht aus der offenen Tür des Wirtschaftsbüros. Tony trat in seinen Fahrstuhl zurück und fuhr weiter nach unten in die Halle.

Der kleine Portier saß, nicht sichtbar, hinter seiner Trennwand aus geriffeltem Glas und prüfte Rechnungen. Tony ging durch die Haupthalle und hinüber ins Radiozimmer. Das Radio lief wieder, leise. Sie war da, saß wieder mit angezogenen Beinen auf dem Sofa. Der Lautsprecher gab ein Murmeln von sich, ein vages Geräusch, so leise, daß das Gesprochene so wortlos war wie das Murmeln von Bäumen. Sie wandte langsam den Kopf und lächelte ihn an. »Na, fertig mit den Türklinken? Ich hab kein Auge zutun können. Deshalb bin ich noch wieder heruntergekommen. Okay?«

Er lächelte und nickte. Er setzte sich in einen grünen Sessel und tätschelte die prallen Brokatlehnen. »Aber gewiß, Miss Cressy.«

»Warten ist die schwerste Arbeit, die es gibt, nicht? Könnten Sie nicht mal ein Wörtchen mit dem Radio reden? Es klingt, wie wenn jemand auf einer verrosteten Gießkanne Trompete spielen wollte.«

Tony fingerte daran herum, fand nichts, was ihm gefallen hätte, und drehte wieder auf den alten Sender zurück.

»Um diese Zeit besteht die ganze Kundschaft aus Besoffenen, die in der Kneipe hängengeblieben sind.«

Sie lächelte ihn wieder an.

»Es stört Sie doch nicht, wenn ich hier bin, Miss Cressy?«

»Ich hab's gern. Sie sind ein lieber Kerl, Tony.«

Er blickte steif zu Boden, und ein winziger Schauer lief ihm über das Rückgrat. Er wartete, daß er wieder verschwand. Es ging nur langsam. Dann setzte er sich zurück, entspannt, und seine gepflegten Finger schlossen sich über seinem Elchzahn. Er lauschte. Nicht den Radioklängen – nein, weit entfernten, ungewissen Dingen, bedrohlichen Dingen. Und vielleicht auch nur dem sicheren Surren von Rädern, die dahinrollten in eine fremde Nacht.

»Niemand ist ganz schlecht«, sagte er laut.

Das Mädchen sah ihn träge an. »Dann habe ich immerhin zwei oder drei kennengelernt, denen ich da Unrecht getan habe.«

Er nickte. »Tja«, räumte er verständnisvoll ein, »so ein paar mag es doch wohl geben.«

Das Mädchen gähnte, und ihre tiefvioletten Augen schlossen sich halb. Sie nistete sich in die Kissen zurück. »Bleiben Sie ein Weilchen da sitzen, Tony. Vielleicht kann ich ein kleines Nickerchen machen.«

»Gewiß, gern. Zu tun gibt's sowieso nichts für mich. Ich weiß gar nicht, wieso die mich hier überhaupt bezahlen.«

Sie schlief rasch und vollkommen still, wie ein Kind. Zehn Minuten lang atmete Tony kaum. Er saß nur da und beobachtete sie, den Mund ein wenig offen. Es lag eine ruhige Faszination in seinen klaren, durchsichtigen Augen, ganz als blickte er auf einen Altar.

Dann stand er mit unendlicher Behutsamkeit auf und tappte mit gedämpften Schritten durch den Bogengang zur Eingangshalle und zum Empfangstisch. Er blieb vor dem Tisch stehen und horchte ein Weilchen hinüber. Er hörte eine Feder über Papier kratzen, ihm nicht sichtbar. Er ging um die Ecke zur Reihe der Haustelefone in den kleinen gläsernen Kabinen. Er hob einen Hörer ab und bat die Nachtvermittlung, ihn mit der Garage zu verbinden.

Es läutete drei- oder viermal, dann kam eine jungenhafte Stimme als Antwort: »Windermere Hotel. Garage.«

»Hier ist Tony Reseck. Dieser Watterson, dem ich die Karte mitgegeben habe. Ist er weg?«

»Klar, Tony. Schon fast eine halbe Stunde. Läuft das auf Ihre Rechnung?«

»Ja-ah«, sagte Tony. »Privatangelegenheit. Danke. Ich meld mich wieder.«

Er legte auf und kratzte sich den Nacken. Er ging zum Empfangstisch zurück und klatschte mit der Hand darauf. Der Portier kam mit wohlaufgesetztem Grüßerlächeln hinter der Trennwand hervorgeschwebt. Er ließ es sogleich fallen, als er Tony sah.

»Kann einer denn nie in Ruhe seiner Arbeit nachgehen?« grollte er.

»Wie hoch ist der Kollegensatz für 14B?«

Der Portier machte ein mürrisches Gesicht. »Es gibt keinen Kollegensatz für die Turmzimmer.«

»Dann mach mir einen. Der Bursche ist schon weg. War bloß eine Stunde drin.«

»Aha, soso«, sagte der Portier affektiert. »Ein nicht ganz in unsern Rahmen passender Charakter. Ist gleich wieder zum Ausgang gebeten worden.«

»Bist du mit fünf Eiern zufrieden?«

»Freund von dir?«

»Nein. Bloß ein Saufkopf mit zuviel Größenwahn und zuwenig Kleingeld.«

»Na, dann werden wir's wohl dabei belassen müssen, Tony. Wie ist er rausgekommen?«

»Ich habe ihn mit dem Lastenaufzug runtergeschafft. Du warst grad am Pennen. Bist du mit fünf Eiern zufrieden?«

»Wieso?«

Die abgegriffene straußenlederne Brieftasche kam heraus, und ein lappiger Fünfer glitt über den Marmor. »Das war alles, was ich aus ihm herausschütteln konnte«, sagte Tony leichthin.

Der Portier nahm den Fünfer und machte ein ratloses Gesicht. »Wenn du unbedingt drauf bestehst«, sagte er und zuckte die Achseln. Das Telefon schrillte auf dem Empfangstisch, und er griff nach dem Hörer. Er lauschte und schob ihn dann Tony hinüber. »Für dich.«

Tony nahm den Hörer. Die Stimme war ihm fremd. Sie hatte einen metallischen Klang. Ihre Silben wahrten eine übertriebene Anonymität.

»Tony? Tony Reseck?«

»Am Apparat.«

»Eine Nachricht von Al. Ist die Luft rein?«

Tony sah den Portier an. »Sei so gut«, sagte er über die Sprechmuschel hinweg. Der Portier blitzte ihn mit einem beschränkten Lächeln an und ging beiseite. »Schießen Sie los«, sagte Tony in das Telefon.

»Wir hatten da eine kleine Sache abzumachen, mit einem Burschen aus Ihrem Laden. Haben ihn gestellt, wie er grad abhauen wollte. Al hatte so das Gefühl, Sie würden ihn raussetzen. Sind hinter ihm her und haben ihn an den Bordstein gedrängt. Aber nicht besonders gut. Ging in' Eimer.«

Tony hielt den Hörer sehr fest, und seine Schläfen fröstelten unter verdunstender Feuchtigkeit. »Weiter«, sagte er. »Es kommt doch noch mehr.«

»Ein bißchen. Der Kerl hat den Langen erwischt. Mausetot. Al – Al sagte noch, wir sollen Sie grüßen.«

Tony lehnte sich hart gegen den Tisch. Sein Mund gab ein Geräusch von sich, das kein Sprechen war.

»Mitgekriegt?« Die metallische Stimme klang ungeduldig, ein wenig gelangweilt. »Der Kerl hatte einen Ballermann. Und konnte umgehn damit. Al kann keinen mehr anrufen.«

Tony taumelte gegen das Telefon, und der Apparat erklirrte auf dem rosa Marmor. Sein Mund war ein harter, trockener Knoten.

Die Stimme sagte: »Tja, das wär's dann, Kollege. G' Nacht.« Im Hörer klickte es trocken, wie wenn ein Kiesel gegen eine Mauer schlägt.

Tony legte sehr sorgsam, um kein Geräusch zu machen, den Hörer auf die Gabel zurück. Er sah auf die verkrampfte Fläche seiner linken Hand nieder. Er zog ein Taschentuch heraus, rieb sanft damit über die Handfläche und streckte mit der anderen Hand die Finger. Dann wischte er sich die Stirn. Der Portier kam wieder hinter seiner Trennwand hervor und bedachte ihn mit einem glitzernden Blick.

»Ich hab Freitag frei. Wie wär's, wenn du mir mal leihweise die Telefonnummer überließest?«

Tony nickte dem Portier zu und zeigte ein winziges, schwaches Lächeln. Er steckte das Taschentuch weg und klopfte die Tasche flach, in die er es gesteckt hatte. Er drehte sich um und ging vom Empfangstisch fort, durch die Eingangshalle, die drei flachen Stufen hinunter, durch die Weite der Haupthalle und den Bogengang hinüber ins Radiozimmer. Er ging leise, wie man sich in einem Zimmer bewegt, in dem jemand sehr krank ist. Er erreichte den Sessel, in dem er zuvor gesessen hatte, und ließ sich Zoll um Zoll hineinsinken. Das Mädchen schlief weiter, reglos, locker in sich zusammengerollt, wie es manche Frauen fertigbringen und alle Katzen. Ihr Atem gab nicht den leisesten Laut von sich gegenüber dem vagen Murmeln des Radios.

Tony Reseck lehnte sich im Sessel zurück, faltete die Hände über seinem Elchzahn und schloß still die Augen.

(Deutsch von Hans Wollschläger)

Dorothy Parker
Rampenlicht bei Tage

Mr. Murdock gehörte zu jenen Leuten, die nicht die geringste Begeisterung für Schauspiel und Schauspieler aufbringen können, und das war schade, weil sie der kleinen Mrs. Murdock so viel bedeuteten. Immer schon war sie in einen Zustand frommer Erregung geraten über die strahlenden, freien, leidenschaftlichen Auserwählten, die dem Theater dienen durften. Aber immer hatte sie ihre demütige Anbetung nur gemeinsam mit den Massen, an den großen öffentlichen Altären verrichten müssen. Allerdings hatte sie einmal, als sie noch ein ganz kleines Mädchen war, aus überquellender Liebe einen Brief an Maude Adams geschrieben, der mit den Worten ›Liebster Peter‹ begann, und hatte als Antwort einen winzigen Fingerhut, begleitet von ›einem Kuß von Peter Pan‹ erhalten. (War das ein Tag gewesen!) Und einmal, als ihre Mutter sie in die Stadt mitgenommen, hatte ganz nahe bei ihnen eine Limousine gehalten, aus der ein Wunder in Zobel und Veilchen mit runden roten Locken, wie Glöckchen, ausgestiegen und nicht weiter als zwei Schritte an ihr vorbeigerauscht war; und seither war sie überzeugt, daß sie nicht weiter als zwei Schritte von Billie Burke entfernt gewesen war.

Aber bis ungefähr drei Jahre nach ihrer Verheiratung waren das ihre einzigen Erfahrungen mit den Leuten des Rampenlichts und des Ruhms geblieben.

Dann stellte sich heraus, daß Miss Noyes, ein neues Mitglied von Mrs. Murdocks Bridge-Club, eine Schauspielerin kannte. Sie kannte tatsächlich eine Schauspielerin; so wie Sie und ich Sammler von Rezepten und Mitglieder von Garten-Clubs und Liebhaber von Stickereien kennen.

Die Schauspielerin hieß Lily Wynton, und ihr Name war berühmt. Sie war groß und langsam und silberglänzend; sie trat öfters in der Rolle einer Herzogin oder einer Lady Pam oder Honorable Moira auf. Die Kritiker nannten sie oft ›die große Dame unserer Bühne‹. Mrs. Murdock hatte seit Jahren in Nachmittags-Vorstellungen den Wynton-Triumphen beigewohnt. Und nie in ihren kühnsten Träumen hatte sie daran gedacht, daß sie eines Tages Gelegenheit haben würde, Lily Wynton von Angesicht zu Angesicht gegenüberzustehen!

Es war keineswegs merkwürdig, daß Miss Noyes ohne Scheu mit den Glorreichen verkehren konnte. Miss Noyes war voll von Tiefen und Mysterien und konnte sprechen, ohne die Zigarette aus dem Mund zu nehmen. Sie tat immer die schwierigsten Dinge, wie z. B. ihre eigenen Pyjamas entwerfen oder Proust lesen oder Torsos aus Plastilin modellieren. Sie spielte ausgezeichnet Bridge. Sie hatte die kleine Mrs. Murdock gern und nannte sie ›Kleines‹.

»Möchten Sie morgen zum Tee kommen, Kleines? Lily Wynton wird auftauchen«, sagte sie bei einer denkwürdigen Begegnung im Bridge-Club. »Vielleicht macht es Ihnen Spaß, sie kennenzulernen.«

Diese Worte kamen ihr so leicht über die Lippen, daß sie sich offenbar ihrer Gewichtigkeit nicht bewußt war. Lily Wynton würde zum Tee kommen! Mrs. Murdock würde es vielleicht Spaß machen, sie kennenzulernen! Die kleine Mrs. Murdock ging durch die frühe Nacht nachhause, und die Sterne am Himmel sangen über ihr.

Mr. Murdock war schon zuhause, als sie ankam. Auf den ersten Blick konnte man erkennen, daß für ihn an diesem Abend keine Sterne gesungen hatten. Er las die Zeitung, hatte den Börsenbericht aufgeschlagen, und Bitterkeit erfüllte seine Seele. Es war nicht der geeignete Moment, ihm freudestrahlend von der Einladung zu Miss Noyes zu berichten, jedenfalls nicht der geeignete Moment, wenn man begeisterte Teilnahme erwartete. Mr. Murdock mochte Miss Noyes nicht. Wenn man den Grund wissen wollte, antwortete er, daß er sie einfach nicht möge. Gelegentlich fügte er mit bewundernswerter Gründlichkeit hinzu, daß diese ganzen Weiber ihm ekelhaft wären. Für gewöhnlich, wenn Mrs. Murdock ihm von den nicht allzu aufregenden Ereignissen im Bridge-Club berichtete, ließ sie den Namen von Miss Noyes aus. Sie hatte entdeckt, daß es zur Harmonie des Abends beitrug, wenn dieser Name ausgelassen wurde. Aber jetzt war sie von so wilder Erregung gepackt, daß sie gleich nach dem Begrüßungs-Kuß mit ihrer Erzählung loslegte.

»Oh, Jim«, rief sie, »denk dir nur! Hallie Noyes hat mich für morgen zum Tee eingeladen, um Lily Wynton kennenzulernen!«

»Wer ist Lily Wynton?« fragte er.

»Aber Jim! Wirklich, Jim! Wer ist Lily Wynton? Wahrscheinlich würdest du auch fragen: Wer ist Greta Garbo?«

»Irgend eine Schauspielerin oder so was?«

Mrs. Murdock ließ die Schultern hängen. »Ja, Jim«, sagte sie. »Ja, Lily Wynton ist eine Schauspielerin.«

Sie nahm ihre Handtasche und ging langsam zur Tür. Aber bevor sie noch drei Schritte getan hatte, wurde sie wieder von begeisterter Erregung gepackt. Sie wandte sich ihm zu und ihre Augen leuchteten.

»Wirklich«, sagte sie, »du kannst dir nichts Komischeres vorstellen. Wir waren gerade mit dem letzten Rubber fertig – ach ich vergaß, dir zu sagen, daß ich drei Dollar gewonnen habe, ganz schön, nicht? –, da sagte mir Hallie Noyes: ›Kommen Sie doch morgen zum Tee. Lily Wynton wird auftauchen.‹ Genau so sagte sie es. Ganz als ob es irgendjemand x-beliebiger wäre.«

»Auftauchen?« fragte er. »Wie kann man auftauchen, wenn man nicht untergetaucht ist?«

»Ich weiß wirklich nicht, was ich geantwortet habe, als sie mich eingeladen hat; wahrscheinlich habe ich gesagt, daß ich glücklich sei – ja wahrscheinlich habe ich das gesagt. Aber ich war einfach – na du kennst ja meine Gefühle für Lily Wynton. Als ich ein kleines Mädchen war, habe ich ihre Bilder gesammelt. Und gesehen habe ich sie bestimmt in jeder Rolle, die sie je gespielt hat. Und ich habe alles über sie gelesen, jedes Wort, jedes Interview, alles. Wirklich und wahrhaftig, wenn ich daran denke, daß ich sie kennenlernen werde ... ich glaube, ich werde sterben. Was soll ich ihr nur sagen?«

»Du könntest sie fragen, ob sie nicht zur Abwechslung einmal untertauchen möchte.«

»Also gut Jim, wenn du so bist.«

Langsam ging sie zur Tür, und dieses Mal kam sie bis hin, bevor sie sich zu ihm zurückwandte. Das Licht in ihren Augen war erloschen.

»Es ist nicht sehr nett«, sagte sie, »jemandem die Freude an etwas zu verderben. Ich war so glücklich. Du verstehst nicht, was es mir bedeutet, Lily Wynton kennenzulernen. Eine solche Frau kennenzulernen, zu sehen, wie sie ist, zu hören, was sie sagt, und wirklich einmal mit ihr gut bekannt zu werden. Solche Leute bedeuten mir – nun sie bedeuten mir eben ganz etwas anderes. Sie sind nicht wie wir. Sie sind nicht wie ich. Wen sehe ich denn je? Was höre ich denn je? Mein ganzes Leben lang habe ich mir gewünscht – habe ich fast gebetet, daß ich eines Tages – also, lassen wir das, Jim.«

Sie ging hinaus und in ihr Schlafzimmer.

Mr. Murdock blieb allein mit seiner Zeitung und seiner Bitterkeit. Aber er sprach laut.

»Auftauchen!« sagte er. »*Auftauchen*, um Gottes-Himmels-Willen!«

Die Murdocks speisten zwar nicht in absolutem Schweigen, aber in ziemlicher Stille. Mr. Murdocks Stille war etwas steif, aber die der kleinen Mrs. Murdock war die Stille von jemandem, der sich süßen Träumen hingibt. Sie hatte den Wortwechsel mit ihrem Mann vergessen, sie hatte Aufregung und Enttäuschung überwunden. Sie schwelgte in unschuldigen Visionen kommender Tage. Sie hörte sich in zukünftigen Gesprächen sagen ...

Ich habe Lily Wynton neulich bei Hallie getroffen, und sie erzählte mir von ihrem neuen Stück – nein, es tut mir sehr leid, aber es ist ein Geheimnis, ich habe ihr versprochen, keinem Menschen den Titel zu verraten ... Lily Wynton tauchte gestern zum Tee auf; wir haben über alles Mögliche gesprochen, und sie erzählte mir die interessantesten Dinge aus ihrem Leben; sie sagte, sie würde sie keinem anderen Menschen jemals erzählt haben ... Ich würde schrecklich gerne kommen, aber ich habe Lily Wynton versprochen, mit ihr zu lunchen ... Ich habe einen langen, langen Brief von Lily Wynton erhalten ... Lily Wynton hat mich heute früh angerufen ... Wenn ich schlecht aufgelegt bin, dann gehe ich zu Lily Wynton und rede mit ihr, und dann ist alles wieder gut ... Lily Wynton sagte mir ... Lily Wynton und ich ... ›Lily‹, sagte ich zu ihr ...

Am nächsten Morgen war Mr. Murdock schon ins Bureau gegangen, ehe Mrs. Murdock aufgestanden war. Das war schon manchmal vorgekommen, aber nicht oft. Mrs. Murdock fühlte sich nicht ganz wohl dabei, aber dann sagte sie sich, daß es vielleicht sogar besser war. Dann vergaß sie es überhaupt und schenkte ihre ganze Aufmerksamkeit der Wahl eines passenden Kostüms für das große Ereignis des Nachmittags. Sie fühlte zutiefst, daß ihr kleiner Kleiderschrank kein Gewand enthielt, das diesem Ereignis gerecht wurde; denn selbstverständlich hatte es noch nie ein solches Ereignis gegeben. Endlich entschloß sie sich für ein Kleid aus dunkelblauem Serge mit weißen Mousseline-Krausen am Hals und an den Handgelenken. Es war ihr Genre, mehr ließ sich zu seinen Gunsten nicht sagen. Und mehr konnte sie auch zu ihren eigenen Gunsten nicht sagen. Blauer Serge und weiße Krausen – das war sie.

Daß ihr das Kleid so gut stand, deprimierte sie. Ein Niemandskleid, getragen von einem Niemand. Sie errötete, und es wurde ihr heiß bei der Erinnerung an ihre Träume vom gestrigen Abend, der kühnen Vorstellung von einer Intimität und einer Ebenbürtigkeit mit Lily Wynton. Ihr Herz stockte vor Schüchternheit, und sie dachte daran, Miss Noyes anzurufen und ihr zu sagen, daß sie sehr erkältet sei und nicht kommen könne. Dann, als sie sich einen Plan ausgedacht hatte, wie sie sich beim Tee benehmen würde, wurde sie ruhiger. Sie würde überhaupt nicht reden; wenn sie schwieg, konnte niemand sie für dumm halten. Sie würde zuhören, zusehen und anbeten und dann nachhause kommen, stärker, mutiger und besser nach dieser Stunde, auf die sie ihr Leben lang stolz sein würde.

Das Wohnzimmer von Miss Noyes war früh-moderner Stil. Es gab viele schräge Linien und spitze Winkel, ein Zick-Zack von Aluminium und ganze Strecken von horizontalen Spiegeln. Das Farben-Schema war Sägemehlbeige und stahlgrau. Kein Sitz war mehr als dreißig Centimeter über dem Boden und kein Tisch aus Holz. Es war, was sich auch von manchem großen Haus sagen ließ, ganz schön für einen kurzen Besuch.

Die kleine Mrs. Murdock kam als Erste. Sie war froh darüber; nein, vielleicht wäre es doch besser gewesen, nach Lily Wynton zu kommen; nein, vielleicht war es doch besser so. Das Mädchen führte sie ins Wohnzimmer, und Miss Noyes begrüßte sie mit der ihr eigenen Kombination aus kühler Stimme und warmen Worten. Sie trug schwarze Samthosen, eine rote Schärpe und ein weißes Seidenhemd mit offenem Kragen. Eine Zigarette hing ihr an der Unterlippe, und ihre Augen waren, wie gewöhnlich, halb geschlossen zum Schutze gegen den aufsteigenden Rauch.

»Nur herein, Kleines«, sagte sie. »Gott segne das Herzchen. Ziehen Sie Ihr Mäntelchen aus. Großer Gott, man könnte Sie in diesem Kleid für elf Jahre alt halten. Setzen Sie sich neben mich. Gleich gibt's eine Tasse Tee.«

Mrs. Murdock setzte sich auf den riesigen, gefährlich niederen

Diwan, und da sie nicht gewohnt war, sich in die Kissen zurückzulehnen, saß sie mit geradem Rücken. Zwischen ihr und der Gastgeberin wäre noch Platz für sechs ihres Umfanges gewesen. Miss Noyes lehnte sich zurück, warf einen Fuß auf das andere Knie und betrachtete sie.

»Ich bin ein Wrack«, verkündete Miss Noyes. »Ich habe die ganze Nacht wie verrückt modelliert. Es hat mich vollkommen erschöpft. Ich war wie verhext.«

»Woran haben Sie gearbeitet?« fragte Mrs. Murdock.

»An einer Eva«, erklärte Miss Noyes. »Ich arbeite immer an einer Eva. Was gibt es denn sonst noch? Sie müssen mir einmal Modell stehen, Kleines. Sie wären hübsch zu modellieren. Jaaa, Sie wären sogar sehr hübsch, mein Kleines.«

»Ja, aber ...« stammelte Mrs. Murdock und hielt inne. »Vielen Dank.«

»Wo bleibt denn nur Lily?« fragte Miss Noyes. »Sie sagte, sie würde früh kommen – na, das sagt sie ja immer. Sie werden von ihr begeistert sein, Kleines. Sie ist ein seltener Mensch. Und sie hat eine Hölle durchgemacht. Mein Gott, was hat sie erlebt!«

»Warum, was ist denn geschehen?«

»Männer«, sagte Miss Noyes. »Männer. Sie hat nie einen Mann gehabt, der nicht ein Schwein war.« Mit düsterem Blick betrachtete sie die Spitze ihres Lack-Pantoffels. »Eine Herde von Schweinen, alle ihre Männer. Lassen sie sitzen wegen des ersten kleinen Hürchens, das ihnen über den Weg läuft.«

»Aber ...« begann Mrs. Murdock. Nein, sie konnte nicht recht gehört haben. Das konnte doch nicht möglich sein? Lily Wynton war eine große Schauspielerin. Eine große Schauspielerin bedeutete Romantik. Romantik bedeutete Großfürsten und Kronprinzen und Diplomaten mit leicht ergrauten Schläfen und schlanke, sonnenverbrannte, leichtsinnige jüngere Söhne. Es bedeutete Perlen und Smaragde und Rubine, so rot wie das Blut, das für sie vergossen wurde. Es bedeutete einen finster-blickenden Jungen, der in der grausigen indischen Mitternacht unter dem dumpfen Surren der Ventilatoren sitzt und einen Brief schreibt an die Dame, die er nur einmal im Leben gesehen hat; der sein Herz aufschließt in diesem Brief, bevor er zum Dienst-Revolver greift, der neben ihm auf dem Tische liegt. Es bedeutete einen goldgelockten Dichter, der mit dem Gesicht nach unten im Wasser dahingleitet, in seiner Tasche das letzte große Sonett an die

Dame aus Elfenbein. Es bedeutet mutige, schöne Männer, die leben und sterben für die bleiche Braut der Kunst, in deren Augen und Herz nur Mitleid für diese Männer ist.

Eine Herde Schweine. Kleinen Hürchen nachlaufend. Mrs. Murdock sah sie vor sich wie kriechendes Ungeziefer.

»Aber . . .« sagte die kleine Mrs. Murdock.

»Sie hat ihnen ihr ganzes Geld gegeben«, erzählte Miss Noyes. »Immer hat sie das getan. Und wenn sie es ihnen nicht gegeben hat, haben sie es ihr genommen. Haben ihr jeden Cent genommen, den sie besaß, und sie dann angespuckt. Na, vielleicht bringe ich ihr jetzt endlich etwas Vernunft bei. Oh, es läutet – das wird Lily sein. Nein, Kleines, bleiben Sie nur sitzen, Sie gehören daher.«

Miss Noyes erhob sich und ging zum Vorhang, der das Wohnzimmer von der Halle trennte. Als sie an Mrs. Murdock vorbeiging, legte sie ihre Hand unter deren Kinn und küßte sie rasch und flüchtig auf den Mund.

»Sag's nicht der Lily«, flüsterte sie sehr leise.

Mrs. Murdock grübelte. Sag was nicht der Lily? Hallie Noyes konnte doch nicht glauben, daß sie die vertraulichen Mitteilungen, die sie ihr soeben über das Leben der Schauspielerin gemacht hatte, Lily Wynton wiedererzählen würde? Oder meinte sie . . . Aber sie hatte keine Zeit mehr zum Grübeln. Lily Wynton stand in der Tür. Da stand sie, eine Hand ruhte auf dem hölzernen Türrahmen und eine Hüfte leicht in dessen Richtung abgebogen; genau so stand sie bei ihrem Auftritt im dritten Akt ihres letzten Stückes, und genau so lange, eine halbe Minute, blieb sie so stehen.

Man hätte sie überall erkannt, dachte Mrs. Murdock. Weiß Gott, überall. Oder zum mindesten würde man sagen: ›Diese Frau sieht Lily Wynton ähnlich!‹ Denn bei Tageslicht sah sie doch etwas anders aus. Ihre Gestalt erschien schwerer und dicker, und ihr Gesicht – es war so viel von ihrem Gesicht da, daß ein Teil davon von den schön geformten Knochen herabhing. Und ihre Augen, diese berühmten, dunklen, feuchten Augen. Sie waren dunkel, ja, und auch feucht, aber sie saßen in kleinen Hängematten von faltigem Fleisch und schienen lose zu sitzen, weil sie so leicht in ihren Sockeln rollten. Das Weiße, das um die ganze Iris herum sichtbar war, war von winzigen roten Äderchen durchzogen.

›Wahrscheinlich strengt das Rampenlicht die Augen furchtbar an‹, dachte die kleine Mrs. Murdock.

Lily Wynton trug, wie es sich gehörte, schwarzen Atlas und Zobel, und lange weiße Handschuhe umschlossen in luxuriösen Falten ihre Handgelenke. Aber in den Falten der Handschuhe lagen Streifen von Staub, und auf der ganzen Länge des schimmernden Gewandes sah man kleine, unregelmäßig geformte trübe Flecken; Fleischbrocken oder irgendwelche Getränke mußten bisweilen ihren Behältern entschlüpft und dort auf kurze Zeit gelandet sein. Ihr Hut – ach, ihr Hut! Er war eine Romanze, er war ein Mysterium, er war seltsam – süße Trauer; er war Lily Wyntons Hut, und auf der ganzen Welt konnte niemand anderer wagen, ihn zu tragen. Schwarz war er, mit aufgebogener Krempe, und eine große weiche Pleureuse fiel von ihm herab, glitt die Wange entlang und schmiegte sich an den Hals. Das Haar unter dem Hut hatte die mannigfachen Schattierungen von schlechtgeputztem Blech. Aber, ach ihr Hut!

»Liebling«, rief Miss Noyes.

»Engel«, sagte Lily Wynton. »Mein Süßes.«

Das war die Stimme. Das war die tiefe, weiche, glühende Stimme. ›Wie Purpur-Samt‹, hatte einmal jemand geschrieben. Mrs. Murdocks Herz klopfte sichtbar.

Lily Wynton warf sich an den steilen Busen der Hausfrau und flüsterte dort. Über Miss Noyes' Schulter erblickte sie die kleine Mrs. Murdock.

»Und wer ist das?« sagte sie, indem sie sich loslöste.

»Das ist mein Kleines«, erklärte Miss Noyes. »Mrs. Murdock.«

»Was für ein kluges, kleines Gesicht«, sagte Lily Wynton. »Kluges, kluges, kleines Gesicht. Was tut sie, süße Hallie? Sicher schreibt sie, nicht wahr? Ja, ich fühle es. Sie schreibt herrliche, herrliche Worte. Nicht wahr, Kind?«

»Oh nein, wirklich, ich . . .« stammelte Mrs. Murdock.

»Sie müssen mir ein Stück schreiben«, sagte Lily Wynton. »Ein wunder-, wunderschönes Stück. Und ich werde darin auftreten überall in der ganzen Welt, bis ich eine sehr, sehr alte Dame bin. Und dann werde ich sterben. Aber ich werde unvergessen bleiben, wegen der vielen Jahre, während denen ich in Ihrem wunder-, wunderschönen Stück gespielt habe.«

Sie durchquerte das Zimmer. In ihrem Gang war ein leichtes Zögern, eine scheinbare Unsicherheit, und als sie in einen Stuhl sinken wollte, fing sie vielleicht um zwei Zoll zu weit rechts zu sinken an. Aber sie schwenkte gerade noch zur Zeit und landete in Sicherheit.

»Zu schreiben«, sagte sie und lächelte Mrs. Murdock traurig an, »zu schreiben. Ein so kleines Wesen mit einer so großen Begabung. Ach, eine solche Himmelsgabe. Und eine solche Qual. Eine solche Qual!«

»Aber ich ... aber ich ...« zögerte die kleine Mrs. Murdock.

»Kleines schreibt nicht, Lily«, erklärte Miss Noyes. Sie warf sich in die Kissen zurück. »Sie ist ein Museums-Stück. Sie ist eine zärtliche Gattin.«

»Eine Gattin!« staunte Lily Wynton. »Eine Gattin. Ihre erste Ehe, Kind?«

»Oh ja«, bestätigte Mrs. Murdock.

»Wie süß«, sagte Lily Wynton. »Wie süß, süß, süß. Sagen Sie mir, Kind, lieben sie ihn sehr, sehr?«

»Aber ich ...« flüsterte die kleine Mrs. Murdock und errötete. »Ich bin schon seit einer Ewigkeit verheiratet.«

»Sie lieben ihn«, sagte Lily Wynton. »Sie lieben ihn. Und ist es süß, mit ihm zu schlafen?«

»Oh ...« stammelte Mrs. Murdock und errötete so stark, daß es schmerzte.

»Die erste Ehe«, sagte Lily Wynton. »Jugend, Jugend. Ja, als ich in ihrem Alter war, pflegte ich auch zu heiraten. Oh, behüten Sie Ihre Liebe, Kind, schützen Sie sie, leben Sie in ihr. Lachen Sie und tanzen Sie in der Liebe Ihres Mannes. Bis Sie herausfinden, wie er wirklich ist.«

Dann plötzlich wurde sie von etwas Fürchterlichem heimgesucht. Ihre Schultern hoben sich konvulsivisch, ihre Wangen blähten sich, die Augen wollten aus den Hängematten springen. Einen Augenblick lang saß sie so da, dann kehrte alles wieder in die normale Lage zurück. Sie lehnte sich zurück und strich sich sanft über die Brust, schüttelte traurig den Kopf und blickte Mrs. Murdock mit leicht gekränkter Miene an.

»Gase«, sagte Lily Wynton mit ihrer berühmten Stimme. »Gase. Kein Mensch ahnt, wie ich darunter leide.«

»Oh, das tut mir leid«, sagte Mrs. Murdock. »Gibt es nicht irgend etwas ...«

»Nichts«, sagte Lily Wynton. »Es gibt nichts. Man kann nichts dagegen tun. Ich war schon überall.«

»Vielleicht eine Tasse Tee?« fragte Miss Noyes. »Vielleicht hilft das.« Sie wandte den Kopf zum Vorhang hin und erhob die Stimme. »Mary, wo zum Teufel bleibt der Tee?«

»Sie wissen nicht«, erklärte Lily Wynton, den gekränkten Blick immer noch auf Mrs. Murdock gerichtet, »Sie wissen nicht, was Magenleiden ist. Sie können es nie, nie wissen, wenn sie nicht selber magenleidend sind. Ich bin es seit Jahren, seit Jahren, Jahren und Jahren.«

»Das tut mir furchtbar leid«, sagte Mrs. Murdock.

»Niemand kennt die Qual«, fuhr Lily Wynton fort. »Die Tortur.«

Das Mädchen erschien und brachte ein dreieckiges Servierbrett mit drei sechseckigen Teetassen aus grell-weißem Porzellan. Sie stellte das Brett in Reichweite von Miss Noyes auf einen Tisch und verschwand schüchtern, wie sie gekommen war.

»Süße Hallie«, sagte Lily Wynton. »Mein Süßes. Tee – ich liebe Tee, ich bete ihn an. Aber mein Leiden würde ihn in meinem Inneren zu Galle und Wermut verwandeln. Galle und Wermut. Stundenlang hätte ich keine Ruhe. Laß mich lieber ein ganz kleinwinziges Tröpfchen von deinem göttlichen Cognac haben.«

»Meinst du wirklich, Liebling?« fragte Miss Noyes. »Du weißt –«

»Mein Engel«, sagte Lily Wynton, »es ist das Einzige gegen Magensäure.«

»Gut«, sagte Miss Noyes. »Aber vergiß nicht, daß du heute Abend auftreten mußt.« Wieder ließ sie ihre Stimme gegen den Vorhang hin ertönen: »Mary! Bringen Sie den Cognac und viel Sodawasser und Eis.«

»Oh nein, meine Heilige«, widersprach Lily Wynton. »Nein, nein, süße Hallie. Soda und Eis sind das reinste Gift für mich. Willst du meinen armen schwachen Magen erfrieren lassen? Willst du deine arme, arme Lily umbringen?«

»Mary!« brüllte Miss Noyes. »Bringen Sie nur den Cognac und ein Glas.« Sie wandte sich zur kleinen Mrs. Murdock. »Und wie wünschen Sie Ihren Tee, Kleines? Crème? Zitrone?«

»Crème, bitte, wenn ich darf«, sagte Mrs. Murdock. »Und zwei Stück Zucker, bitte, wenn ich darf.«

»Ach, die Jugend, die Jugend«, sagte Lily Wynton. »Die Jugend und die Liebe.«

Das Mädchen, zitternd vor Schüchternheit, kam diesmal mit einem achteckigen Servierbrett wieder, auf dem ein Kristall-Flakon mit Cognac und ein schweres, weites, niedriges Glas standen. »Bitte schenken Sie mir ein, Liebe«, sagte Lily Wynton. »Danke. Und lassen Sie doch den wunderschönen Flakon hier auf diesem entzückenden kleinen Tisch stehen. Danke, Sie sind so gut zu mir.«

Das Mädchen verschwand bebend. Lily Wynton lehnte sich in ihrem Sessel zurück und hielt das weite, niedrige Glas, braun gefärbt bis zum Rand, in der behandschuhten Hand. Die kleine Mrs. Murdock senkte den Blick auf ihre Teetasse, führte sie vorsichtig an den Mund, trank ein Schlückchen und stellte die Tasse hin. Als sie den Blick wieder hob, lehnte Lily Wynton in ihrem Sessel und hielt das weite, niedrige, farblose Glas in der behandschuhten Hand.

»Mein Leben«, sagte Lily Wynton langsam, »ist Dreck. Stinkender Dreck. Es war es immer und wird es immer sein, bis ich eine sehr, sehr alte Dame bin. Ach, kleines Klug-Gesicht, Ihr Schriftsteller wißt ja nicht, was kämpfen müssen heißt.«

»Aber ich bin doch gar –« sagte Mrs. Murdock.

»Schreiben«, sagte Lily Wynton. »Schreiben. Ein schönes Wort neben das andere setzen. Diese Gnade des Himmels, dieser gesegnete, gesegnete Friede. Ach, Ruhe, Ausruhen! Aber meinen Sie, diese Schweinehunde würden das Stück absetzen, solange sie noch einen Cent daran verdienen. Oh nein, müde, wie ich bin, krank, wie ich bin, muß ich mich weiterschleppen. Ach, Kind, Kind, behüten Sie Ihre kostbare Gabe. Seien Sie dankbar dafür. Es ist das Größte. Es ist das Einzige. Schreiben.«

»Liebling, ich sagte dir doch, Kleines schreibt nicht«, sagte Miss Noyes. »Wie soll ich mich noch klarer ausdrücken? Sie ist eine Gattin.«

»Ach ja, sie hat es mir ja gesagt. Sie hat mir gesagt, daß sie im Besitz der vollendetsten, leidenschaftlichsten Liebe ist«, sagte Lily Wynton. »Junge Liebe. Sie ist das Größte. Sie ist das Einzige.« Sie ergriff den Flakon, und wieder war das niedrige Glas goldbraun bis zum Rand.

»Wann hast du heute angefangen, Liebling?« fragte Miss Noyes.

»Ach zank nicht, meine Süße«, sagte Lily Wynton. »Lily war nicht schlimm. Lily war sehr, sehr artig. Ich bin erst spät, spät, spät aufgestanden. Und obwohl ich völlig ausgetrocknet war, hab ich erst nach dem Frühstück einen Drink genommen. Hallie zuliebe hab ich mir gesagt.« Sie hob ihr Glas zum Mund, kippte es und setzte es wieder farblos ab.

»Großer Gott, Lily«, sagte Miss Noyes. »Paß auf auf dich. Du mußt heute Abend auf der Bühne stehen, mein Kind.«

»Die ganze Welt ist Bühne«, sagte Lily Wynton. »Und alle Männer und Frauen sind Schauspieler. Sie haben ihre Auftritte und ihre Abgänge, und jeder Mensch spielt in seinem Leben so viele Rollen, denn sein Akt umfaßt sieben Alter. Erst der Säugling, der miaut und speit ...«

»Wie geht das Stück?« fragte Miss Noyes.

»Ach, lausig«, sagte Lily Wynton. »Lausig, lausig, lausig. Aber was ist nicht lausig in dieser schauderhaften Welt? Sag mir das?« Sie griff nach dem Flakon.

»Lily«, sagte Miss Noyes, »laß das. Verstanden?«

»Bitte, bitte, süße Hallie, bitte, bitte, arme, arme Lily.«

»Muß ich wieder dasselbe tun wie letztes Mal?« sagte Miss Noyes. »Soll ich dich vor der Kleinen da schlagen?«

Lily Wynton richtete sich auf. »Du verstehst nicht«, sagte sie eisig, »was Magensäure ist.« Sie füllte das Glas und hielt es so, als ob sie durch ein Lorgnon schauen würde. Plötzlich änderte sich ihre Miene, sie blickte auf und lächelte der kleinen Mrs. Murdock zu.

»Sie müssen es mich lesen lassen«, sagte sie. »Sie dürfen nicht so bescheiden sein.«

»Lesen –?« fragte Mrs. Murdock.

»Ihr Stück«, sagte Lily Wynton. »Ihr wunder-, wunderschönes Stück. Glauben Sie nicht, daß ich zu sehr beschäftigt bin. Ich habe immer Zeit. Ich habe Zeit für alles. Oh mein Gott, morgen muß ich zum Zahnarzt. Ach die Qualen, die ich mit meinen Zähnen durchgemacht habe. Sehen Sie!« Sie stellte das Glas hin, steckte einen behandschuhten Zeigefinger in den Mundwinkel und zog ihn zur Seite. »Ehen ie!« wiederholte sie, »ehen ie!«

Mrs. Murdock streckte schüchtern den Hals und sah einen Augenblick lang nichts als schimmerndes Gold.

»Oh, das tut mir leid«, sagte sie.

»As at e mi as etze ma ema«, sagte Lily Wynton. Sie nahm den Zeigefinger aus dem Mund und ließ ihn wieder seine normale Gestalt annehmen. »Das hat er mir das letzte Mal gemacht«, sagte sie nochmals. »Oh diese Qual, diese Qual. Haben Sie auch mit den Zähnen zu tun, kleines Klug-Gesicht?«

»Ich fürchte, ich habe unverdientes Glück«, sagte Mrs. Murdock. »Ich …«

»Dann wissen Sie nichts«, sagte Lily Wynton, »kein Mensch weiß, wie das ist. Ihr Schriftsteller – Ihr wißt nichts.« Sie hob ihr Glas, seufzte und leerte es zur Neige.

»Na schön«, sagte Miss Noyes. »Hau dich hin und verlösche, Liebling. Du hast noch Zeit für ein Schläfchen vor dem Theater.«

»Schlafen«, sagte Lily Wynton. »Schlafen, vielleicht auch träumen. Oh diese himmlische Gnade. Hallie, süße, süße Hallie, die arme Lily fühlt sich so elend. Massier ihr den Kopf, Engel. Hilf ihr doch.«

»Ich gehe und hole das Kölnisch Wasser«, sagte Miss Noyes. Sie verließ das Zimmer und streichelte im Vorbeigehen Mrs. Murdocks Knie. Lily Wynton lag im Sessel und schloß die berühmten Augen.

»Schlafen«, flüsterte sie. »Schlafen, vielleicht auch träumen.«

»Ich fürchte«, begann die kleine Mrs. Murdock. »Ich fürchte«, sagte sie, »ich fürchte, ich muß jetzt nachhause gehen. Ich fürchte, ich habe gar nicht bemerkt, wie spät es schon ist.«

»Ja, geh Kind«, sagte Lily Wynton mit geschlossenen Augen. »Geh zu ihm. Geh zu ihm, klammere dich an ihn, liebe ihn. Bleib bei ihm, immer. Aber wenn er anfängt, sie ins Haus zu bringen, dann – lauf.«

»Ich fürchte – ich fürchte, ich verstehe nicht ganz«, sagte Mrs. Murdock.

»Wenn er anfängt, seine Weiber ins Haus zu bringen«, erklärte Lily Wynton. »Dann mußt du stolz sein. Dann mußt du gehen. Ich hab es immer getan, aber dann war es immer schon zu spät. Dann hatten sie schon mein ganzes Geld. Das ist alles, was sie wollen, ob man sie heiratet oder nicht. Sie sagen, daß es Liebe ist, aber das ist es nicht. Liebe ist das Einzige. Behüte deine Liebe, Kind. Geh zu ihm zurück. Geh mit ihm ins Bett. Das ist das Einzige. Das und dein wunder-, wunderschönes Stück.«

»Oh Gott«, seufzte die kleine Mrs. Murdock. »Ich – ich fürchte, es ist entsetzlich spät.«

Aus dem Sessel, in dem Lily Wynton lag, kam jetzt nurmehr das Geräusch von rhythmischem Atmen. Die purpurne Stimme tönte nicht länger durch den Raum.

Die kleine Mrs. Murdock schlich leise zu dem Stuhl, auf den sie ihren Mantel gelegt hatte. Sorgfältig glättete sie die weißen Mousseline-Krausen, damit sie unter dem Mantel nicht zerknüllten. Sie empfand plötzlich eine große Zärtlichkeit für ihr Kleid; sie wollte es beschützen. Blauer Serge und kleine Krausen – die gehörten zu ihr.

Als sie an der Wohnungstür angelangt war, blieb sie einen Augenblick stehen. Ihre guten Manieren siegten. Mutig rief sie in die Richtung von Miss Noyes' Schlafzimmer:

»Adieu, Miss Noyes. Ich muß laufen. Ich hatte keine Ahnung, daß es schon so spät ist. Es war reizend – ich danke Ihnen von Herzen.«

»Adieu, Kleines«, rief Miss Noyes. »Es tut mir leid, daß Lily eingeschlafen ist. Aber machen Sie sich nichts draus – sie ist wirklich eine ganz große Persönlichkeit. Ich werde Sie anrufen, Kleines, ich möchte Sie wiedersehen. Wo ist denn nur dieses verdammte Kölnisch Wasser?«

»Vielen Dank«, sagte Mrs. Murdock und verließ die Wohnung.

Die kleine Mrs. Murdock ging durch die Dämmerung heimwärts. Sehr viel Wichtiges ging ihr durch den Kopf, aber nichts, was mit Lily Wynton zu tun hatte. Sie dachte an Jim; Jim, der heute früh ins Bureau gegangen war, ohne ihr Adieu gesagt zu haben; Jim, dem sie keinen Abschiedskuß gegeben hatte. Der geliebte Jim. Es gab keinen zweiten Mann wie ihn. Der komische Jim, steif und böse und schweigsam; aber nur, weil er so viel wußte. Nur weil er wußte, wie dumm es ist, in der Ferne nach Glanz und Schönheit und Romantik des Lebens zu suchen. Das alles kann man doch zuhause auch haben, dachte sie. Es ist wie mit dem Blauen Vogel, dachte die kleine Mrs. Murdock.

Der geliebte Jim. Mrs. Murdock kehrte um und betrat einen großen Laden, in dem man für teures Geld die seltensten und auserlesensten Leckerbissen bekam. Jim liebte roten Kaviar. Mrs. Murdock kaufte eine Dose dieser schimmernden Fischeier. Sie wollte heute abend Cocktails bereiten, obwohl sie keine Gäste erwartete, und der rote Kaviar sollte als Überraschung dazu serviert werden, und sie würden ein kleines geheimes Fest feiern zu Ehren ihrer Rückkehr zu Jim und Zufriedenheit und ihres freudigen Verzichtes auf allen Glanz dieser Welt. Das würde ihrem Abendessen etwas Schwung verleihen. Mrs. Murdock hatte in der Früh dem Bestellen des Dinners keine große Aufmerksamkeit gewidmet. »Ach machen Sie, was Sie wollen, Signe«, hatte sie dem Mädchen gesagt. Daran wollte sie jetzt lieber gar nicht denken. Sie ging mit ihrem Päckchen nachhause.

Mr. Murdock war schon da, als sie ankam. Er saß mit der beim Börsenbericht aufgeschlagenen Zeitung da. Die kleine Mrs. Murdock lief mit leuchtenden Augen zu ihm hinein. Es ist schade, daß leuchtende Augen eben nur leuchtende Augen sind und daß man nicht auf den ersten Augenblick erkennen kann, was das Leuchten verursacht hat. Man weiß nicht, ob das Leuchten einem selber gilt oder ganz etwas anderem. Am Abend vorher war Mrs. Murdock auch mit leuchtenden Augen zu Mr. Murdock hineingelaufen.

»Hallo«, sagte er und wandte dann keinen Blick mehr von seiner Zeitung. »Was hast du getrieben? Bist du bei Harry Noyes aufgetaucht?«

Die kleine Mrs. Murdock blieb wie angewurzelt stehen.

»Du weißt sehr gut, Jim«, sagte sie, »daß Hallie Noyes Hallie heißt.«

»Für mich heißt sie Harry«, sagte er, »Harry oder Bill. Ist die Wie-heißt-sie-denn-nur erschienen? Verzeih, ich meine aufgetaucht.«

»Wen meinst du?« fragte Mrs. Murdock höflich.

»Diese Wie-heißt-sie-denn-nur, der Filmstar.«

»Wenn du Lily Wynton meinst, sie ist kein Film-Star. Sie ist eine Schauspielerin. Sie ist eine große Schauspielerin.«

»Also ist sie aufgetaucht?«

Mrs. Murdocks Schultern senkten sich. »Ja,« sagte sie. »Ja, Jim, sie war da.«

»Wahrscheinlich wirst du jetzt auch zum Theater gehen.«

»Aber Jim«, sagte Mrs. Murdock. »Bitte Jim. Es tut mir nicht leid, daß ich heute bei Hallie Noyes war. Es war – es war eine wirkliche Offenbarung für mich, Lily Wynton kennenzulernen. Etwas, woran ich mich mein ganzes Leben lang erinnern werde.«

»Was hat sie denn gemacht? Sich an den Füßen aufgehängt?«

»Nein, so etwas hat sie nicht gemacht. Wenn du es durchaus wissen willst, sie hat Shakespeare rezitiert.«

»Oh mein Gott! Das muß ja herrlich gewesen sein.«

»Gut, Jim«, sagte Mrs. Murdock, »wenn du so bist.«

Müde verließ sie das Zimmer und ging durch die Halle. An der Tür zum Office bleib sie stehen, öffnete sie und sprach ein paar Worte mit dem netten kleinen Hausmädchen.

»Ach, Signe«, sagte Mrs. Murdock, »guten Abend, Signe. Bitte heben Sie diese Dinger hier irgendwo auf. Ich habe sie auf dem Heimweg gekauft. Ich dachte, wir würden sie demnächst einmal brauchen.«

Müde ging die kleine Mrs. Murdock weiter durch die Halle zu ihrem Schlafzimmer.

(Deutsch von Eva Roeder)

Dashiell Hammett
Wie Couffignal ausgeräumt wurde

Couffignal ist eine Insel, klein und keilförmig. Couffignal kann – so nah liegt es am Festland – über eine hölzerne Brücke erreicht werden. Im Westen befindet sich eine Steilküste, die unvermittelt aus der San Pablo Bay aufragt. Vom Kliff, dem höchsten Punkt der Steilküste, neigt sich die Insel mählich nach Osten bis zu einem feinen Kieselstrand mit Anlegestellen, einem Klubhaus und vertäuten Vergnügungsdampfern.

Die Hauptstraße von Couffignal verläuft parallel zum Strand und weist die übliche Bank auf, das übliche Hotel, das übliche Lichtspieltheater und die üblichen Läden. Sie unterscheidet sich jedoch von den meisten Hauptstraßen dieser Größenordnung dadurch, daß sie aufs sorglichste angelegt und gepflegt ist. Hier gibt es Bäume und Hecken und Rasenstreifen; grelle Neon-Reklame fehlt. So, wie die Häuser nebeneinanderstehen, sehen sie aus, als wären sie von einem und demselben Architekten füreinander entworfen worden, und in den Läden werden Sie Artikel vorfinden, die jedem Qualitätsvergleich mit dem Angebot in Großstädten standhalten können.

Die Querstraßen – strandwärts von Reihen gepflegter Sommerhäuser gesäumt – verwandeln sich, je mehr sie sich dem Kliff nähern, in gewundene Straßen, zu beiden Seiten von Hecken begrenzt, und je höher die Straßen sich erheben, desto größer werden die Zwischenräume zwischen den Häusern, zu denen sie führen, und desto größer werden auch die Häuser selbst. Die Bewohner dieser hochgelegenen Baulichkeiten sind die Besitzer und Beherrscher der Insel. Die meisten sind wohlgenährte ältere Herren, die sich, nachdem der Mehrwert, den sie in jüngeren Jahren mit beiden Händen von der Welt entgegengenommen haben, zu sicheren Prozentsätzen angelegt ist, in die Inselkolonie eingekauft haben, um die ihnen noch verbliebenen Tage unter ihresgleichen mit der Pflege ihrer Leber und der Vervollkommnung ihres Golfspiels zu verbringen. Sie lassen nur soviele Einzelhändler, arbeitende Menschen und ähnliches Gesindel auf ihrer Insel zu, wie für eine angemessene Bedienung erforderlich sind.

Das ist Couffignal.

Es war kurz nach Mitternacht. Ich saß in einem Zimmer im ersten Stock des größten Hauses von Couffignal und war von Hochzeitsgeschenken umgeben, deren Wert sich insgesamt auf fünfzig- bis hunderttausend Dollar belaufen mochte.

Von allen Jobs, die auf einen Privatdetektiv zukommen – und mit Scheidungskram gibt sich die Continental Detective Agency gottlob nicht ab –, können mir Hochzeiten am meisten gestohlen bleiben. In der Regel gelingt es mir, mich zu drücken, aber diesmal war nichts zu wollen. Dick Foley, dem man ursprünglich diesen Auftrag untergejubelt hatte, war am Tag zuvor von einem eher feindseligen Taschendieb mit einem blauen Auge ausgestattet worden. Damit war Dick draußen, und ich war drin. Ich war heute morgen nach Couffignal gekommen – von San Francisco aus zwei Stunden Fahrt einschließlich Fähre oder Brücke – und wollte am nächsten Morgen zurückfahren.

Es war weder besser noch schlimmer als sonst, wenn ich eine meiner Hochzeiten habe. Die Feier hatte unten am Hügel in einer kleinen Klinkerkirche stattgefunden. Danach füllte sich das Haus mit Hochzeitsgästen. Es war immer noch gerammelt voll, als sich das junge Paar längst in Richtung Ostküste verdrückt hatte.

Die elegante Welt war würdig repräsentiert. Ein Admiral war erschienen, nebst ein bis zwei Original-Grafen aus England; der Ex-Präsident eines südamerikanischen Landes; ein dänischer Baron; eine große, junge russische Fürstin, welche von weniger erlauchten Herrschaften umgeben war, darunter ein fetter, kahler, jovialer, schwarzbärtiger, russischer General, der sich mit mir eine geschlagene Stunde über Preisboxen unterhalten hatte, ein Gebiet, auf dem er sich eher durch Interesse als durch Sachverstand auszeichnete; ein Botschafter aus irgendeinem zentraleuropäischen Land; ein Oberster Bundesrichter. Und noch ein ganzer Haufen Volks, dessen Prominenz und Halb-Prominenz nicht genauer drangeschrieben war.

Theoretisch könnte man eigentlich annehmen, daß ein Detektiv, der Hochzeitsgeschenke bewacht, sich so wenig wie möglich von den anderen Gästen unterscheiden sollte. In der Praxis klappt das aber nie. Die meiste Zeit muß er in Sichtweite der Glitzermänner verbringen, so daß man ihn schnell als das erkennt, was er ist. Außerdem hatte ich unter den Gästen acht oder zehn Leute gesehen, die bei meiner Agentur Klienten sind oder waren und mich von da her kannten. Es macht jedoch keinen so ganz großen Unterschied, wie Sie vielleicht glauben, ob man erkannt wird oder nicht, und alles hatte sich ausgesprochen geschmeidig angelassen.

Einige Freunde des Bräutigams, vom Wein heißgemacht und von dem Zwang beseelt, ihren Ruf als ausgemachte Spaßvögel nicht verkommen zu lassen, hatten versucht, ein paar Geschenke aus dem Zimmer, in dem sie ausgestellt waren, herauszuschmuggeln und im Flügel zu verstecken. Ich hatte allerdings mit dieser beliebten Schnurre gerechnet und schritt ein, bevor sie soweit gediehen war, daß sie jemand ernstlich beunruhigen konnte.

Kurz nach Einbruch der Dunkelheit kam ein Wind auf, der auf Regen schließen ließ, und Sturmwolken türmten sich über der Bucht. Die entlegen wohnenden Gäste, besonders die, welche noch übers Wasser mußten, brachen eilig auf. Jene Gäste, die auf der Insel wohnten, blieben, bis die ersten Regentropfen fielen. Dann gingen auch sie.

Im Haus der Hendrixsons kehrte Ruhe ein. Die Kapelle packte ein, die Lohnkellner gingen. Die erschöpften Bediensteten begaben sich auf ihre Zimmer. Ich fand mehrere belegte Brote, ein paar Bücher, einen bequemen Ohrensessel und nahm das Ganze mit hinauf in das Zimmer, in dem jetzt die Geschenke unter grau-weiß gestreiftem Linnen verborgen ruhten.

Keith Hendrixson, der Großvater der Braut – sie war eine Waise –, steckte seinen Kopf zur Tür herein. »Haben Sie alles, was Sie zu Ihrem Wohlergehen brauchen?« fragte er.

»Ja, vielen Dank.«

Er sagte gute Nacht und ging ins Bett – ein hochgewachsener alter Mann, aber rank wie ein Knabe.

Wind und Regen waren heftig zugange, als ich hinunterstieg, um die unteren Fenster zu überprüfen. Im Erdgeschoß war alles verriegelt und verrammelt, im Keller ebenfalls. Ich ging wieder nach oben.

Ich zog meinen Sessel zu einer Stehlampe hinüber und legte Butterbrote, Bücher, Aschenbecher, Revolver und Taschenlampe auf ein kleines Beistelltischchen. Dann knipste ich die anderen Lampen aus, legte Feuer an eine *Fatima*, setzte mich hin, kuschelte mich mit dem Kreuz behaglich in die Polsterlehne, nahm mir eins der Bücher und wollte mir auf diese Weise die Nacht gelassen um die Ohren schlagen.

Das Buch nannte sich *Beherrscher der Meere*, und es ging da um einen starken, robusten und gewalttätigen Burschen namens Hogarth, dessen einziger bescheidener Wunsch es war, die Herrschaft der Welt an sich zu reißen. Es gab Verschwörungen und Gegenverschwörungen, Entführungen, Morde, Ausbrüche aus Gefängnissen, Fälschungen und Einbrüche, Diamanten von der Größe meines Hutes und schwimmende Festungen, größer als Couffignal. Das klingt hier alles ein bißchen verworren, aber in dem Buch war es so real wie ein Zehncentstück.

Hogarth war jedenfalls noch schwer in Fahrt, als das Licht ausging.

Um die Glut meiner Zigarette loszuwerden, drückte ich sie in der Dunkelheit auf einer Stulle aus. Ich legte das Buch fort, nahm Revolver und Taschenlampe und entfernte mich von dem Stuhl.

Es hatte keinen Sinn, auf irgendein Geräusch zu achten. Der Sturm machte Hunderte von Geräuschen. Ich mußte herausfinden, warum das Licht ausgegangen war. Die anderen Lampen im Haus waren bereits vor geraumer Zeit ausgeschaltet worden. Die Dunkelheit auf dem Flur konnte mir also nicht weiterhelfen.

Ich wartete. Meine Aufgabe war es, die Geschenke zu bewachen. Noch hatte sie niemand angerührt. Kein Grund zur Aufregung.

Minuten verstrichen, zehn vielleicht.

Unter meinen Füßen schwankte der Fußboden. Die Fenster klapperten so heftig, daß es nicht allein am Sturm liegen konnte. Das dumpfe Dröhnen einer schweren Explosion übertönte den Lärm des Windes und des strömenden Regens. Der Stoß kam zwar nicht aus unmittelbarer Nähe, war aber doch nicht weit genug entfernt, um nicht auf der Insel stattgefunden zu haben.

Ich ging zum Fenster hinüber, spähte durch das nasse Glas und konnte nichts sehen. Ich hätte unten am Hügel ein paar verschwommene Lichter sehen sollen. Ich sah aber nichts, und dadurch war ein Punkt geklärt. Die Lichter waren auf ganz Couffignal ausgegangen, nicht nur bei den Hendrixsons.

Schon besser. Vielleicht hatte der Sturm die Stromversorgung unterbrochen, vielleicht hatte der Sturm die Explosion verursacht. Vielleicht.

Ich starrte durch das schwarze Fenster und hatte den Eindruck, daß unten am Hügel irgendwie große Aufregung herrschte, daß die Nacht in Bewegung geraten war. Die Entfernung war jedoch zu groß, als daß ich etwas Genaues hätte sehen oder hören können, selbst wenn das Licht funktioniert hätte, und es war alles viel zu vage, um zu sagen, was sich dort bewegte. Der Eindruck war stark, aber wertlos. Er brachte mich nicht weiter. ›Du läßt nach‹, sagte ich mir und wandte mich vom Fenster ab.

Eine zweite Explosion riß mich herum, ans Fenster zurück. Diesmal klang sie näher, vielleicht, weil sie stärker war. Ich spähte wieder durch das Glas und sah immer noch nichts. Und hatte immer noch den Eindruck, als würden sich da unten größere Gegenstände bewegen.

Auf dem Flur hörte ich das Patschen nackter Füße. Eine Stimme rief ängstlich meinen Namen. Ich ließ das Fenster Fenster sein, steckte meinen Revolver ein und knipste die Taschenlampe an. Keith Hendrixson, mit Pyjama und Bademantel angetan, kam ins Zimmer und sah dünner und älter aus als überhaupt irgend möglich.

»Ist es . . .«

»Ich glaube nicht, daß es ein Erdbeben ist«, sagte ich, denn das ist ein Unheil, an das der Durchschnitts-Kalifornier als erstes denkt. »Vorhin sind die Lichter ausgegangen. Es hat zwei Explosionen gegeben, nachdem . . .«

Ich hielt inne. Kurz nacheinander fielen drei Schüsse. Gewehrschüsse, aber aus einer ganz schweren Büchse. Dann folgte von weither scharf und vom Sturm fast übertönt, der Knall einer Pistole.

»Was ist das?« fragte Hendrixson.

»Schüsse.«

Weitere Füße, teils nackt, teils beschuht, eilten über die Korridore. Erregte Stimmen flüsterten Fragen und Worte der Bestürzung. Der Butler, ein feierlicher, solider Klotz von einem Menschen, trat, halbbekleidet, mit einem fünfarmigen Leuchter ein.

»Sehr gut, Brophy«, sagte Hendrixson, als der Butler den Leuchter neben meine Bemmen auf den Tisch stellte. »Versuchen Sie doch, in Erfahrung zu bringen, worum es hier geht.«

»Das habe ich bereits versucht, Sir. Das Telefon scheint auch nicht zu funktionieren, Sir. Soll ich Oliver ins Dorf schicken?«

»Äh ... nein. Ich glaube nicht, daß es so ernst ist. Glauben Sie, es ist etwas Ernstes?« fragte er mich.

Ich sagte, ich glaubte es nicht, aber ich achtete mehr auf das, was draußen vorgehen mochte, als auf ihn. Ich hatte einen dünnen Schrei gehört, wie von einer weit entfernten Frau, und eine Salve, die aus Handfeuerwaffen abgegeben worden war. Das Tosen des Sturms hatte diese Schüsse gedämpft, aber als die schwereren Kaliber, die wir vorher gehört hatten, wieder losdonnerten, waren diese deutlich genug.

Die Fenster zu öffnen hätte bedeutet, das Wasser literweise hereinzulassen, ohne daß wir mehr gehört hätten. Ich hielt ein Ohr an den Fensterrahmen gepreßt und versuchte, mir einigermaßen ein Bild von dem zu verschaffen, was draußen passierte.

Ein neues Geräusch lenkte meine Aufmerksamkeit vom Fenster ab: das Läuten des Klingelzuges an der Haustür. Es klingelte laut und eindringlich.

Hendrixson sah mich an. Ich nickte. »Sehen Sie nach, wer es ist, Brophy«, sagte er.

Der Butler entfernte sich feierlich und kehrte noch feierlicher zurück. »Fürstin Zhukovskij«, meldete er.

Sie kam ins Zimmer gelaufen – das große russische Mädchen, das ich auf dem Empfang gesehen hatte. Ihre Augen waren vor Aufregung dunkel und weit aufgerissen. Ihr Gesicht war sehr weiß und naß. An ihrem blauen wasserdichten Cape, dessen Kapuze ihr brünettes Haar verdeckte, lief das Wasser in Strömen herab.

»Oh, Mr. Hendrixson!« Mit beiden Händen ergriff sie seine Rechte. Ihre Stimme, in der auch nicht die Spur eines fremdländischen Akzents mitschwang, war die Stimme eines Menschen, der angesichts einer freudigen Überraschung erregt ist. »Man hat die Bank überfallen und der – wie heißt das Wort? – der Marshal of Police wurde umgebracht!«

»Was soll das?« rief der alte Mann, wobei er unbeholfen beiseite sprang, weil das Wasser von ihrem Cape auf seine bloßen Füße tropfte. »Weegan ist tot? Und die Bank überfallen?«

»Ja! Ist das nicht schrecklich?« Das sagte sie so, als hätte sie ›herrlich‹ gesagt. »Als wir von der ersten Explosion aufwachten, schickte der General Ignati hinunter, um herauszufinden, was los war, und er kam gerade im richtigen Augenblick, um mitzuerleben, wie die Bank in die Luft gesprengt wurde. Hören Sie mal!«

Wir lauschten und hörten eine wilde Schießerei verschiedener Kaliber.

»Das wird der General sein«, sagte sie. »Er wird sich köstlich amüsieren. Sobald Ignati mit der Neuigkeit zurückgekehrt war, bewaffnete der General jedes männliche Haushaltungsmitglied – von Aleksandr Sergejewitsch bis hin zu Iwan, dem Koch –, er führte sie hinaus in den Kampf, und seit er mit seiner Division im Jahre 1914 in Ostpreußen einfiel, habe ich ihn nicht glücklicher erlebt.«

»Und die Herzogin?« fragte Hendrixson.

»Er hat sie natürlich mit mir daheim zurückgelassen, und ich schlich mich unbemerkt davon, während sie versuchte, zum erstenmal in ihrem Leben Wasser in einen Samowar zu gießen. Dies ist keine Nacht, in der es einen zu Hause hält!«

»Hmmm«, sagte Hendrixson, und seine Gedanken widmeten sich offensichtlich nicht ihren Worten. »Und die Bank!«

Er sah mich an. Ich sagte nichts. Das Getöse einer weiteren Salve erreichte uns.

»Könnten Sie da unten irgend etwas ausrichten?« fragte er.

»Vielleicht, aber . . .« Ich sah zu den verhüllten Geschenken hinüber.

»Ach das!« sagte der alte Mann. »Die Bank ist mir genauso wichtig. Außerdem sind wir ja noch hier.«

»In Ordnung!« Ich war gewillt, meiner Neugier ein wenig Auslauf zu gönnen. »Ich gehe hinunter. Sie sollten den Butler in diesem Zimmer lassen und den Chauffeur hinter der Haustür postieren. Geben Sie Ihnen Gewehre, wenn Sie welche haben. Kann ich mir einen Regenmantel ausleihen? Ich habe nur einen leichten Überzieher dabei.«

Brophy fand gelbes Ölzeug, das mir paßte. Ich zog es an, verstaute Revolver und Taschenlampe leicht erreichbar darunter und holte meinen Hut, während Brophy für sich eine Automatik und für Oliver, den schwarzen Chauffeur, ein Gewehr besorgte und beides lud.

Hendrixson folgte mir mit der Fürstin nach unten. An der Tür bemerkte ich, daß sie mir nicht nur folgte; sie begleitete mich.

»Aber Sonja!« protestierte der alte Mann.

»Ich werde ganz brav sein, obwohl ich gar keine Lust dazu habe«, versprach sie. »Aber ich muß zu Irinija Androwna zurück, der es inzwischen vielleicht gelungen ist, den Samowar zu bewässern.«

»So ein vernünftiges Mädel«, lobte Hendrixson und ließ uns in Regen und Wind hinaus.

Es war kein Wetter für Gespräche. Schweigend strebten wir zwischen Hecken den Hügel hinab, und der Sturm trieb uns voran. Bei der ersten Abzweigung blieb ich stehen und wies auf den schwarzen Fleck, der auf ein Haus schließen ließ. »Hier ist Ihr ...«

Ihr Lachen unterbrach mich. Sie packte mich am Arm und drängte mich weiter bergab. »Das habe ich Mr. Hendrixson doch nur erzählt, damit er sich keine Sorgen macht«, erläuterte sie. »Sie glauben doch nicht, daß ich nicht mitkomme und mir das Spektakel entgehen lasse.«

Sie war groß. Ich bin klein und dick. Ich mußte aufblicken, um in ihr Gesicht zu sehen – soviel von ihrem Gesicht, wie die regengraue Nacht zuließ. »Sie werden naß bis auf die Knochen, wenn Sie in diesem Regen herumlaufen«, wandte ich ein.

»Wenn es weiter nichts ist! Darauf bin ich eingerichtet.« Sie lüpfte einen Fuß, um mir einen schweren wasserdichten Stiefel und ein wollbestrumpftes Bein zu zeigen.

»Kein Mensch weiß, was uns da unten erwartet, und ich habe meine Arbeit zu tun«, drängte ich. »Um Sie kann ich mich dann nicht auch noch kümmern.«

»Ich kann mich selbst um mich kümmern.« Sie schob ihr Cape zur Seite, um mir zu zeigen, daß sie eine schwere Automatik in der Hand hielt.

»Sie sind mir im Wege.«

»Eben nicht«, versetzte sie. »Vielleicht werden Sie sogar herausfinden, daß ich Ihnen helfen kann. Ich bin genauso stark wie sie. Und schneller. Und schießen kann ich auch.«

Das Belfern eines unregelmäßigen Schußwechsels hatte unser Streitgespräch synkopierend untermalt, aber nun brachte das Lärmen schwererer Geschütze das Dutzend Einwände zum Schweigen, welche ich gegen ihre Anwesenheit hätte vorbringen können. Schließlich konnte ich mich immer noch im Dunkeln davonstehlen, wenn sie mir allzu lästig wurde.

»Machen Sie doch, was Sie wollen«, knurrte ich, »aber erwarten Sie bloß nichts von mir.«

»Wie nett von Ihnen«, murmelte sie, als wir uns wieder auf den Weg machten, eiliger jetzt, und der Wind blies uns in den Rücken und trieb uns vor sich her.

Gelegentlich bewegten sich dunkle Gestalten auf der Straße vor uns, waren aber zu weit entfernt, als daß man sie genauer hätte erkennen können. Dann lief ein Mann an uns vorüber, ein großer Mann, dem das Nachthemd aus der Hose hing, ein Nachthemd, länger als sein Mantel, und dieses Nachthemd wies ihn als Ortsansässigen aus.

»Mit der Bank sind sie fertig; jetzt nehmen sie sich Medcraft vor!« gellte er, als er an uns vorüberfloh.

»Medcraft ist der Juwelier«, informierte mich das Mädchen.

Es ging nun nicht mehr so steil bergab. Die Häuser – finster zwar, aber mit Gesichtern, die man vage hie und da in den Fenstern sehen konnte – rückten zusehends näher zusammen. Unten blitzte dann und wann ein Mündungsfeuer auf – orangefarbene Striche im Schwarz des Regens.

Unsere Straße führte uns gerade in dem Augenblick ans untere Ende der Hauptstraße, als das Stakkato eines Ra-ta-tat ausbrach.

Ich stieß das Mädchen in den nächsten Hauseingang und sprang hinter ihr her.

Mit dem Geräusch von Hagelkörnern, die auf Blätter prallen, fraßen sich Projektile in die Mauern.

Das war das Ding, das ich für eine besonders schwere Flinte gehalten hatte: ein Maschinengewehr.

Das Mädchen war in einer Ecke zu Boden gefallen, hatte sich in etwas verheddert. Ich half ihr auf. Das Etwas war ein Junge von etwa siebzehn Jahren, er war einbeinig und hatte eine Krücke.

»Das ist der Zeitungsjunge«, sagte die Fürstin Zhukowskij, »und mit Ihrer Ungeschicklichkeit haben Sie ihm wehgetan.«

Der Junge schüttelte den Kopf und grinste beim Aufstehen. »Nein Ma'am, niemand hat mir wehgetan, aber erschreckt haben Sie mich, als Sie sich so auf mich stürzten.«

Sie mußte innehalten und erklären, daß sie sich nicht auf ihn gestürzt habe, sondern von mir geschubst worden sei, und daß es ihr leid tue und mir ebenfalls.

»Was ist überhaupt los?« fragte ich den Zeitungsjungen, sobald ich ein Wort dazwischenwerfen konnte.

»Alles«, prahlte er, als ginge der Aufruhr mindestens teilweise auf sein Konto. »Es müssen Hunderte sein, und sie haben die Bank weit aufgesprengt, und jetzt sind sie bei Medcraft, und den werden sie wohl auch in die Luft sprengen. Und Tom Weegan haben sie erschossen. Mitten auf der Straße haben sie ein Maschinengewehr auf einem Auto. Und das schießt jetzt.«

»Wo sind denn alle? All die fröhlichen Dorfbewohner?«

»Die meisten sind hinter dem Rathaus. Sie können aber nichts machen, weil das Maschinengewehr sie nicht nah genug ranläßt, und da sehen sie natürlich nicht, worauf sie schießen müssen, und dieser Klugscheißer Bill Vincent hat gesagt, ich soll Leine ziehen, weil ich nur ein Bein habe, als wenn ich nicht genausogut schießen könnte wie sonst wer, wenn ich nur was zum Schießen dabei hätte!«

»Das finde ich aber gar nicht nett von ihm«, schmeichelte ich mich ein. »Du kannst aber etwas für mich tun. Du kannst hierbleiben und diesen Teil der Straße überwachen, damit ich Bescheid weiß, wenn sie in dieser Richtung abhauen wollen.«

»Das sagen Sie doch nicht nur, um mich loszuwerden?«

»Nein«, log ich. »Ich brauche einen Späher. Eigentlich wollte ich die Fürstin hierlassen, aber du machst das bestimmt besser.«

»Ja«, unterstützte sie mich, als sie kapiert hatte. »Dieser Herr ist Detektiv, und wenn du tust, was er dir sagt, kannst du dich viel nützlicher machen, als wenn du bei den anderen bleibst.«

Das Maschinengewehr feuerte immer noch, aber nicht mehr in unsere Richtung.

»Ich gehe über die Straße«, sagte ich zu dem Mädchen. »Wenn Sie ...«

»Wollen Sie sich nicht den anderen anschließen?«

»Nein. Wenn ich mich von hinten an die Banditen heranschleichen kann, während sie mit den anderen zu tun haben, fällt mir vielleicht das eine oder andere ein.«

»Paß jetzt gut auf«, befahl ich dem Jungen, und die Fürstin und ich rasten auf die andere Straßenseite hinüber.

Wir schafften es, ohne daß sich der Bleigehalt unserer Organismen erhöht hätte, schlichen ein paar Meter weit an einem Haus entlang und bogen in eine Gasse ab. Am anderen Ende der

Gasse erwartete uns der Geruch der See; das Schwappen des Meeres, die stumpfe Schwärze der Bucht.

Während wir diese Gasse entlangschlichen, heckte ich einen Plan aus, mit dessen Hilfe ich hoffte, meine Gefährtin loszuwerden, indem ich sie in irgendein fruchtloses Manöver schickte, bei dem sie in Sicherheit war. Es sollte mir jedoch nicht vergönnt sein.

Der massige Umriß eines Mannes erschien vor uns.

Ich trat vor das Mädchen und ging auf ihn zu. Unter meinem Ölzeug hielt ich den Revolver auf seine Körpermitte gerichtet.

Er blieb stehen. Er war noch größer, als ich zuerst angenommen hatte. Ein großer, faßförmiger Grobian mit hängenden Schultern. Seine Hände waren leer. Einen Sekundenbruchteil lang leuchtete ich ihm mit der Taschenlampe ins Gesicht. Ein hohlwangiges, grobgeschnittenes Gesicht, mit hohen Backenknochen und vielen Zerklüftungen.

»Ignati!« rief das Mädchen hinter mir.

Er begann, mit dem Mädchen in einer Sprache zu sprechen, die mir wie Russisch klang. Sie lachte und antwortete etwas. Hartnäckig schüttelte er seinen großen Kopf; er schien auf etwas bestehen zu wollen. Sie stampfte mit dem Fuß auf und sprach mit schriller Stimme. Wieder schüttelte er den Kopf und wandte sich an mich. »General Plezhskjew, er mir sagen, Fürstin Sonja nach Hause bringen.«

Sein Englisch war fast so unverständlich wie sein Russisch. Der Ton, in dem er sprach, erstaunte mich. Es war, als müsse er etwas absolut Notwendiges erklären, etwas, das er nicht verantworten konnte, aber ausführen mußte.

Während das Mädchen wieder mit ihm sprach, erriet ich die Antwort. Dieser große Ignati war vom General ausgesandt worden, um das Mädchen nach Hause zu schaffen, und er war entschlossen, diesen Befehl auszuführen, selbst wenn er sie tragen mußte. Indem er mir die Lage erklärte, versuchte er, Ärger zu vermeiden.

»Nehmen Sie sie«, sagte ich und trat beiseite.

Das Mädchen grollte erst und lachte dann. »Nun gut, Ignati«, sagte sie auf englisch, »ich werde nach Hause gehen«, und sie machte auf der Hacke kehrt. Sie ging die Gasse zurück, und der große Mann folgte ihr auf dem Fuße.

Froh darüber, allein zu sein, verlor ich keine Zeit und ging weiter, bis ich die Kiesel des Strandes unter meinen Füßen fühlte. Schroff knirschten sie unter meinen Absätzen. Ich zog mich auf ruhigeres Terrain zurück und begann, mir so flink wie möglich meinen Weg am Strand entlang zum Brennpunkt des Geschehens zu bahnen. Das Maschinengewehr belferte weiter. Kleinere Kaliber stimmten ein. Drei kurz aufeinander folgende Explosionen. Das waren Bomben. Oder Granaten. Soviel wußte ich noch von früher.

Rosa erstrahlte vor mir der stürmische Himmel über einem Dach. Und links davon wurde es immer heller. Vom Gedröhn der Explosion platzten mir fast die Trommelfelle. Ringsum fielen Bruchstücke von Sachen, die ich nicht klar erkennen konnte, zu Boden. Das, dachte ich mir, dürfte der Safe des Juweliers gewesen sein.

Ich kroch weiter am Strand entlang. Das Maschinengewehr verstummte. Leichteres Feuer begehrte auf, wieder und wieder. Eine weitere Explosion löste sich. Eine Männerstimme schrillte. Blankes Entsetzen sprach aus diesem Schrei.

Ich ließ mich vom knirschenden Kies nicht aufhalten; ich mußte hinunter, ans Meer. Eine schiffsähnliche Silhouette hatte ich auf dem Wasser nicht ausmachen können. Am Nachmittag hatte es hier noch von Schiffen – säuberlich vertäut – gewimmelt. Vielleicht hatten sie sich im Sturm losgerissen, aber das hielt ich nicht für sehr wahrscheinlich. Der hochaufragende Westteil der Insel schirmte dieses Stück der Küste ab. Hier blies der Wind zwar heftig, aber ganz so heftig nun auch wieder nicht.

Mit dem einen Fuß im Wasser und dem anderen auf den Kieselsteinen, so schlich ich weiter den Küstenstreifen entlang. Und dann entdeckte ich auch ein Schiff. Ein schwarzes Etwas, von den Wellen sanft gewiegt. Es war unbeleuchtet, und an Bord war keinerlei Bewegung zu erkennen. Und da dies das einzige Schiff weit und breit an der ganzen Küste war, gewann es für mich an Bedeutung.

Ich pirschte mich vorsichtig näher heran.

Zwischen mir und der finsteren Rückseite eines Hauses bewegte sich ein Schatten. Ich erstarrte. Der Schatten war mannsgroß. Wieder bewegte er sich. Auf mich zu.

Ich wartete ab und wußte nicht recht, ob ich so unsichtbar war, wie ich wollte. Vielleicht hob ich mich überdeutlich gegen meinen Hintergrund ab. Ich wollte mich nicht dadurch verraten, daß ich mir einen günstigeren Standort suchte.

Als der Schatten nur noch zwanzig Fuß von mir entfernt war, blieb er plötzlich stehen.

Er hatte mich gesehen. Meine Pistole war auf ihn gerichtet.

»Hierher«, rief ich leise. »Nur heran. Zeig dich mal.«

Der Schatten zögerte, verließ den Schutz des Hauses und kam näher. Die Taschenlampe wagte ich nicht anzuknipsen. Undeutlich erkannte ich ein hübsches, jungenhaftes Gesicht, dessen Züge von jugendlichem Leichtsinn kündeten, mit einem dunklen Fleck auf der einen Wange.

»Oh, guten Abend auch«, sagte der Besitzer des Gesichts mit musikalischer Baritonstimme. »Sie habe ich doch heute nachmittag auf dem Empfang getroffen.«

»Stimmt.«

»Haben Sie die Fürstin Zhukowskij gesehen? Kennen Sie sie überhaupt?«

»Sie ist vor etwa zehn Minuten mit Ignati nach Hause gegangen.«

»Ausgezeichnet!« Er wischte sich mit einem schmutzigen Taschentuch über den Fleck auf der Wange und blickte zum Schiff hinüber. »Das ist Hendrixsons Boot«, flüsterte er. »Sie haben es gekapert und die Besatzung ins Wasser geworfen.«

»Das würde bedeuten, daß sie auf dem Seeweg fliehen wollen.«

»Ja«, pflichtete er mir bei, »es sei denn ... Sollen wir's versuchen?«

»Den Kahn kapern?«

»Warum nicht?« fragte er. »Allzu viele können nicht an Bord sein. Auf der Insel sind ja schon weiß Gott genug. Sie sind bewaffnet. Ich habe eine Pistole.«

»Erst mal die Lage peilen«, entschied ich, »damit wir wissen, was wir kapern.«

»Wahr gesprochen«, sagte er und ging vor mir her, zurück in den Schutz der Häuser.

Wir preßten uns an die Häuserwände und schlichen auf das Boot zu.

Es nahm allmählich deutlichere Konturen an. Es war gut fünfundvierzig Fuß lang, eine Motorjacht, und mit dem Heck zum Ufer an einem kleinen Landungssteg vertäut. Irgend etwas ragte über das Heck hinaus. Ich konnte nicht erkennen, was es war. Hin und wieder schlurrten Ledersohlen über die Deckplanken. Plötzlich tauchte ein Kopf und zwei Schultern über dem rätselhaften Ding am Heck auf.

Der junge Russe hatte bessere Augen als ich.

»Maskiert«, hauchte er mir ins Ohr. »Hat einen Strumpf oder sowas über dem Gesicht.«

Der Maskierte verharrte bewegungslos. Auch wir verharrten bewegungslos.

»Könnten Sie ihn von hier aus treffen?« fragte der junge Mann.

»Vielleicht, aber Nacht und Regen sind keine sonderlich guten Bedingungen, wenn man ein Scharfschießen veranstalten will. Das beste wäre wohl, so nahe wie möglich heranzuschleichen und erst zu schießen, wenn er uns bemerkt hat.«

»Recht haben Sie«, räumte er ein.

Kaum hatten wir den nächsten Schritt getan, waren wir auch schon entdeckt. Der Mann auf der Yacht grunzte. Der junge Russe an meiner Seite sprang nach vorn. Ich erkannte gerade noch rechtzeitig, worum es sich bei dem Ding am Heck des Bootes handelte. Ich stellte ihm ein Bein, und er schlug lang hin, im Kies alle viere von sich streckend. Ich ließ mich hinter ihn fallen.

Das Maschinengewehr am Heck des Bootes versprühte sein Metall über uns.

»Besser nichts überstürzen«, sagte ich. »Wälzen wir uns davon!«

Ich ging mit gutem Beispiel voran und robbte zu dem Gebäude zurück, dessen Schatten wir gerade verlassen hatten.

Der Mann, der das Maschinengewehr bediente, beharkte den Strand, aber er nahm ihn nur aufs Geratewohl unter Beschuß; seine Augen waren ohne Zweifel durch das Mündungsfeuer geblendet.

Wir hatten das Haus umrundet und richteten uns auf.

»Sie haben mir das Leben gerettet, als Sie mir ein Bein stellten«, sagte der Jüngling kühl.

»Ja. Ich frage mich, ob sie das Maschinengewehr von der Straße abgezogen haben, oder ob sie ...«

Die Antwort erfolgte unverzüglich. Das Maschinengewehr auf der Straße fiel mit seiner boshaften Stimme in das Getrommel des Maschinengewehrs auf der Yacht ein.

»Gleich zwei!« beschwerte ich mich. »Wissen Sie Näheres über deren Gefechtsstärke?«

»Ich glaube nicht, daß es mehr als zehn bis zwölf sind«, sagte er, »obwohl man im Dunkeln schlecht zählen kann. Die wenigen, die ich gesehen habe, sind total maskiert; genau wie die Männer auf dem Schiff. Anscheinend haben sie zuerst die Telegraphendrähte und Stromleitungen unterbrochen und danach die Brücke zerstört. Als sie die Bank plünderten, haben wir sie angegriffen, aber vor der Bank hatten sie ein Maschinengewehr aufgestellt, das auf ein Auto montiert war, und das wäre dann ein reichlich ungleicher Kampf geworden.«

»Wo sind die Insulaner jetzt?«

»In alle Winde zerstreut, und die meisten haben sich versteckt, möchte ich meinen, es sei denn, es wäre General Plezhskjew gelungen, sie wieder zusammenzutrommeln.«

Ich blickte finster drein und zermarterte mir das Hirn. Man kann nicht mit friedvollen Dörflern und pensionierten Kapitalisten gegen Maschinengewehre und Handgranaten ankämpfen. Sie können noch so gut geführt und bewaffnet sein; man kann nichts mit ihnen anfangen. Und davon abgesehen, was konnte man schon gegen so gefährliche Burschen ausrichten?

»Ich würde sagen, Sie bleiben hier und behalten das Boot im Auge«, schlug ich vor. »Ich werde herumschnüffeln und nachsehen, was weiter oben läuft, und wenn es mir gelingen sollte, noch ein paar gute Leute aufzutreiben, versuche ich noch mal, das Boot zu kapern, am besten von der anderen Seite. Verlassen können wir uns allerdings nicht darauf. Sie werden versuchen, mit dem Boot abzuhauen. Darauf können wir uns verlassen. Und das können wir verhindern. Vielleicht. Legen Sie sich hin, dann können Sie um die Ecke das Boot beobachten, ohne selbst ein allzu gutes Ziel abzugeben. Ich würde an Ihrer Stelle nichts unternehmen, um Aufmerksamkeit zu erregen, bis wir das Boot kapern. Danach dürfen Sie nach Herzenslust herumballern.«

»Ausgezeichnet!« sagte er. »Die meisten Insulaner dürften Sie hinter der Kirche finden. Wenn Sie direkt den Hügel hochgehen, kommen Sie an einen Drahtzaun. Dann gehen Sie am Zaun entlang nach rechts.«

»In Ordnung.«

Ich entfernte mich in der angegebenen Richtung.

An der Hauptstraße blieb ich stehen, um mich umzusehen, bevor ich mich hinüber wagte. Hier war alles ruhig. Der einzige Mensch in Sichtweite lag nahebei bäuchlings auf dem Bürgersteig hingestreckt.

Ich kroch auf allen vieren zu ihm hin. Er war tot. Ich verlor keine Zeit damit, ihn zu untersuchen. Ich sprang auf und raste auf die andere Straßenseite.

Niemand versuchte mich aufzuhalten. In einem Hauseingang drückte ich mich flach gegen die Mauer und spähte hinaus. Der Wind hatte sich gelegt. Der Regen war keine stürmische Sintflut mehr, sondern ein stetiger Landregen mit kleinen Tropfen. Die Hauptstraße von Couffignal war allem Anschein nach völlig ausgestorben.

Ich fragte mich, ob der Rückzug zum Boot bereits begonnen hatte. Auf dem Bürgersteig, rasch der Bank zustrebend, hörte ich die Antwort auf meine Frage.

Hoch oben auf dem Abhang, der Lautstärke nach schon fast am Rande des Kliffs, begann ein Maschinengewehr, sein Blei herauszuspeien.

In den Lärm des Maschinengewehrs mengten sich die Geräusche kleinerer Waffen und das Krachen von einer oder zwei Granaten.

Bei der ersten Kreuzung verließ ich die Hauptstraße und lief den Hügel hinauf. Männer kamen mir entgegen. Zwei liefen an mir vorüber, ohne sich um meinen Ruf »Was ist denn jetzt los?« zu kümmern.

Der dritte blieb stehen, weil ich ihn am Arm packte, ein Fettwanst, der blubbernd nach Luft schnappte und so bleich im Gesicht war wie ein Fischbauch.

»Sie sind mit dem Maschinengewehr-Auto hinter uns her«, keuchte er, als ich ihm meine Frage ein zweites Mal ins Ohr gebrüllt hatte.

»Was machen Sie hier ohne Waffe?« fragte ich.

»Ich . . . ich habe sie fallengelassen.«

»Wo ist General Plezhskjew?«

»Irgendwo dahinten. Er versucht, den Wagen zu stürmen, aber das wird ihm nie gelingen. Selbstmord ist das! Warum kommt denn keine Hilfe?«

Während dieser Unterhaltung rannten immer mehr Männer an uns vorbei, den Hügel hinunter. Ich ließ den bleichgesichtigen

Mann stehen und hielt vier Männer an, die es offenbar nicht ganz so eilig hatten.

»Was ist im Augenblick los?« befragte ich sie.

»Jetzt nehmen sie sich die Häuser oben am Hügel vor«, sagte ein Mann mit scharf geschnittenen Gesichtszügen, einem Schnurrbart und einer Flinte.

»Ist schon jemand von der Insel mit Nachrichten unterwegs?«

»Geht nicht«, informierte mich ein anderer. »Als erstes haben sie die Brücke in die Luft gejagt.«

»Kann denn keiner schwimmen?«

»Nicht bei dem Wind. Der junge Catlan hat es versucht und kann noch von Glück sagen, daß er mit ein paar gebrochenen Rippen wieder herausgekommen ist.«

»Der Wind hat sich aber gelegt«, warf ich ein.

Der Mann mit den scharf geschnittenen Gesichtszügen gab einem anderen seine Flinte und zog sich die Jacke aus. »Ich versuch's mal«, versprach er.

»Gut! Wecken Sie das ganze Land auf und benachrichtigen Sie die Polizei von San Francisco und die Marinewerft von Mare Island. Die werden Ihnen behilflich sein, wenn Sie ihnen sagen, daß die Banditen mit Maschinengewehren ausgerüstet sind. Sagen Sie ihnen, daß die Banditen auf dem Feuchtboot ein Maschinengewehr installiert haben. Es ist übrigens der Kahn von Hendrixson.«

»Ein Boot?« fragten zwei der Männer gleichzeitig.

»Ja. Mit einem Maschinengewehr. Wenn wir überhaupt etwas unternehmen wollen, dann muß das jetzt geschehen, solang wir ihnen noch die Flucht abschneiden können. Trommelt jeden Mann und jedes Schießeisen zusammen. Beharkt das Boot von den Dächern aus, wenn ihr könnt. Wenn das Banditenauto kommt, pumpt es mit Blei voll. Aus den Fenstern und vom Dach geht das besser als auf der Straße.«

Die drei Männer gingen den Hügel hinunter. Ich stieg hügelan, dem Knattern der Waffen entgegen. Das Maschinengewehr arbeitete unregelmäßig. Sekundenlang ratterte es, und dann schwieg es wieder mehrere Sekunden. Das Feuer wurde nur schwächlich und vereinzelt erwidert.

Ich begegnete weiteren Inselbewohnern und erfuhr von ihnen, daß der General noch immer mit weniger als einem Dutzend Leuten gegen das Auto kämpfte. Ich wiederholte den Rat, den ich den anderen Männern gegeben hatte. Meine Berichterstatter schickten sich an, ihnen den Hügel hinunter zu folgen. Ich ging weiter hügelan.

Nach hundert Metern kamen mir die Männer, die von dem Dutzend des Generals noch übrig waren, entgegen; in wilder Flucht stürzten sie aus der Nacht hervor, den Hügel hinab, und hinter ihnen hagelte es Kugeln.

Die Straße war nicht der rechte Ort für einen Sterblichen. Ich stolperte über zwei Leichen und zerschrammte mich an gut zwölf verschiedenen Stellen, als ich versuchte, über eine Hecke zu klettern. Auf weichem, nassem Gras setzte ich meinen Weg fort.

Das Maschinengewehr auf dem Hügel hatte sein Geratter eingestellt, das auf dem Boot war nach wie vor in Betrieb.

Jetzt begann auch das Maschinengewehr-Auto wieder zu ballern. Es feuerte aber zu hoch, um irgend etwas zu treffen. Es unterstützte lediglich seinen Genossen weiter unten, indem es die Hauptstraße unter Beschuß hielt.

Bevor ich näher heran konnte, verstummte es. Ich hörte den Motor des Autos aufheulen. Der Wagen kam näher.

Ich rollte mich in die Hecke, legte mich auf die Lauer und strengte meine Augen an, um zwischen den Zweigen hindurchsehen zu können. Ich hatte immer noch sechs Kugeln in der Trommel; keine war bisher abgefeuert worden, und das in einer Nacht, in der man tonnenweise Schießpulver verbrannt hatte.

Als ich auf dem helleren Untergrund der Fahrbahn Räder sah, hielt ich meinen Revolver tief und entleerte ihn.

Das Auto fuhr weiter.

Ich sprang aus meinem Versteck hervor.

Plötzlich war das Auto von der leeren Straße verschwunden.

Ich hörte ein knirschendes Geräusch. Einen Aufprall. Den Lärm von Metall, das sich zusammenfaltet. Das Klirren von Glas.

Ich rannte auf die Quelle der Geräusche zu.

Aus dem schwarzen Haufen, in dem noch irgendwo ein Motor stotterte, sprang eine dunkle Gestalt und flitzte über den durchweichten Rasen. Ich rannte der Gestalt nach und hoffte, daß die anderen im Autowrack gut und endgültig aufgehoben waren.

Ich war kaum noch fünf Meter hinter dem Flüchtenden, als dieser über eine Hecke setzte. Ich bin kein Sprinter, aber das war er auch nicht. Auf dem nassen Gras rutschte man leicht aus.

Er stolperte, als ich mich über die Hecke schwang. Und als wir beide weiterliefen, war ich auf drei Meter an ihn herangekommen.

Einmal zielte ich auf ihn und drückte mit leerem Klicken ab. Ich hatte vergessen, daß meine Kanone längst gähnend leer war. In meiner Westentasche befanden sich noch sechs in Ölpapier gewickelte Patronen, aber jetzt war keine Zeit zum Nachladen.

Ich war versucht, ihm den leeren Revolver an den Kopf zu schmeißen. Aber das war zu riskant.

Vorne ragte ein Gebäude auf. Mein Flüchtling bog nach rechts ab, um sich seitwärts aus dem Staube zu machen.

Links ging eine schwere Flinte los.

Der Läufer verschwand um die Ecke des Hauses.

»Gott, der Gerechte!« beklagte sich die sanfte Stimme des Generals. »Daß ich auf so kurze Entfernung mit dem Gewehr verfehle!«

»Laufen Sie in der anderen Richtung!« schrie ich und setzte meiner Beute um die Ecke nach.

Vor mir tappten dumpf seine Füße. Sehen konnte ich ihn nicht. Der General keuchte mir von der anderen Seite entgegen.

»Haben Sie ihn?«

»Nein.«

Vor uns war eine mit Steinen bepflasterte Böschung, auf der ein Pfad entlanglief. Links und rechts von uns wuchsen hohe, dichte Hecken.

»Aber lieber Freund«, protestierte der General. »Wie konnten wir ...«

Oben auf dem Pfad war ein helles Dreieck zu sehen – ein Dreieck, das zu einem Hemd gehören mochte, das sich über einem Westenausschnitt zeigt.

»Bleiben Sie hier und reden Sie!« flüsterte ich dem General zu und schlich von dannen.

»Er muß in der anderen Richtung entkommen sein«, führte der General meine Anweisungen aus, indem er drauflos schwadronierte, als stünde ich neben ihm, »denn wenn er an mir vorbeigekommen wäre, hätte ich ihn auf jeden Fall gesehen, und wenn er versucht hätte, über eine der Hecken oder auf die Böschung zu klettern, hätte einer von uns beiden sicher gesehen, wie er sich gegen den ...«

So sprach er munter weiter, während ich den Schutz der Böschung erreichte und einen Platz für meine Schuhspitzen in der groben Steinverkleidung suchte.

Der Mann auf der Straße, der sich, seinen Rücken in einen Busch geschmiegt, so klein zu machen versuchte wie möglich, beobachtete den redenden General. Mich sah er erst, als ich mit den Füßen bereits auf dem Pfad stand.

Er sprang auf und riß eine Hand hoch.

Ich sprang und hatte beide Hände ausgestreckt.

Ein Stein, der unter meinem Fuß ins Rollen gekommen war, warf mich beiseite, wobei er mein Fußgelenk ruinierte, meinen Kopf aber vor der Kugel bewahrte, die sich gerade auf dem besten Wege dorthin befunden hatte.

Als ich zu Boden ging, erwischte mein ausgestreckter linker Arm den Mann an den Beinen. Er prallte voll auf mich drauf. Ich trat einmal nach ihm, bekam seinen Revolver-Arm zu fassen und hatte gerade beschlossen, ihm in diesen Arm zu beißen, als der General sich keuchend auf die Böschung gehangelt hatte und den Mann mit der Mündung seiner Flinte von mir herunter drückte.

Als ich mit Aufstehen an der Reihe war, gefiel mir das gar nicht. Mein verknackster Knöchel machte nicht die geringsten Anstalten, diejenigen meiner 180 Pfunde, für die er zuständig war, abzustützen. Ich verlegte das meiste Gewicht auf das andere Bein und richtete den Strahl meiner Taschenlampe auf den Gefangenen.

»Tag, Flippo!« entfuhr es mir.

»Hallo, hallo«, sagte er ohne die mindeste Wiedersehensfreude.

Er war ein rundlicher junger Italiener von dreiundzwanzig oder vierundzwanzig Jahren. Vor vier Jahren hatte ich mitgeholfen, ihn wegen einer Lohngelder-Schote nach San Quentin zu schicken. Er war nun schon seit einigen Monaten auf Bewährung wieder draußen.

»Das wird der Staatsanwalt aber gar nicht komisch finden«, sagte ich zu ihm.

»Das sehen Sie grundfalsch«, maulte er. »Ich hab überhaupt nichts getan. Ich war nur hier, um ein paar Freunde zu besuchen. Und als das hier losging, mußte ich mich verstecken, weil ich doch Register habe, und wenn ich jetzt gegriffen werde, kriege ich nicht mal mehr einen Prozeß. Und jetzt haben Sie mich geschnappt und glauben sicher, ich hätte was damit zu tun.«

»Du kannst ja Gedanken lesen«, lobte ich. Den General fragte ich: »Wo können wir dieses Prachtstück eine Zeitlang sicher aufbewahren?«

»In meinem Haus ist eine Rumpelkammer mit starker Tür und ohne Fenster.«

»Das ist wohl ausreichend. Vorwärts, Flippo!«

General Plezhskjew packte den jungen Mann beim Schlawittchen, während ich hinter den beiden herhinkte und Flippos Revolver untersuchte, der bis auf die eine Kugel, die Flippo auf mich abgefeuert hatte, geladen war. Dann lud ich meinen Revolver.

Wir hatten unseren Gefangenen auf dem Grundstück des Russen gefaßt, brauchten also nicht weit zu gehen.

Der General klopfte an die Tür und rief etwas in seiner Sprache. Riegel klickten und knirschten, und ein russischer Diener mit buschigem Schnurrbart stieß die Tür auf. Hinter ihm standen die Fürstin und eine stämmige ältere Frauensperson.

Wir traten ein, der General berichtete seinem Haushalt von unserem Fang und schaffte den Häftling in die Rumpelkammer. Ich durchsuchte ihn und nahm ihm Taschenmesser und Streichhölzer ab – mehr hatte er nicht, was ihm zur Flucht hätte verhelfen können. Dann verrammelte ich sorgfältig die Tür mit einem langen Brett. Wir gingen wieder treppab.

»Sie sind verletzt!« schrie die Fürstin, als sie mich heranhumpeln sah.

»Nur ein verknackster Knöchel«, sagte ich. »Er beunruhigt mich aber nicht wenig. Gibt es hier irgendwo Klebestreifen?«

»Ja.« Und sie sprach mit dem schnauzbärtigen Diener, der aus dem Zimmer ging und sofort zurückkam. Bündelweise schleppte er Gaze und Klebestreifen an sowie ein Becken voller dampfendem Wasser.

»Wenn Sie sich vielleicht hinsetzen wollen«, sagte die Fürstin und nahm dem Diener die Sachen ab.

Ich schüttelte jedoch den Kopf und griff nach dem Klebestreifen.

»Ich brauche kaltes Wasser, weil ich wieder in die Nässe hinaus muß. Wenn Sie mir das Badezimmer zeigen, werde ich mich in null komma nichts verarzten.«

Zu diesem Thema entspann sich ein kleines Streitgespräch,

aber schließlich schaffte ich es bis zum Badezimmer. Ich ließ mir kaltes Wasser über Fuß und Knöchel laufen und verkleisterte das Ganze mit Klebestreifen so stramm wie möglich, ohne die gesamte Blutzirkulation zu unterbrechen. Es war eine ziemliche Schinderei, den nassen Schuh wieder anzuziehen, aber als ich es geschafft hatte, besaß ich wieder zwei feste Beine unter mir, wenn auch das eine der beiden ziemlich schmerzte.

Als ich mich dann den anderen anschloß, bemerkte ich, daß das Schießen verstummt war, daß das Pochen der Regentropfen weniger heftig geworden war und daß sich der graue Streifen beginnenden Tageslichts unter der herabgezogenen Markise zeigte.

Ich knöpfte gerade meine Öljacke zu, als ich hörte, wie der Klopfer an der Haustür betätigt wurde. Russische Worte waren vernehmbar, und der junge Russe, den ich am Strand getroffen hatte, trat ein.

»Aleksandr, du bist ja ...« kreischte die stattliche ältere Frauensperson, als sie das Blut auf seiner Wange sah, und fiel in Ohnmacht.

Er würdigte sie nicht der geringsten Aufmerksamkeit, als sei er mit diesen Anfällen nur allzu vertraut.

»Sie sind mit dem Schiff verschwunden«, berichtete er mir, während das Mädchen mit zwei Dienern die Frau aufsammelte und auf eine Ottomane bettete.

»Wie viele?« fragte ich.

»Ich habe zehn gezählt, und ich glaube nicht, daß mir mehr als einer oder zwei entgangen sind, wenn überhaupt.«

»Die Männer, die ich dort hinuntergeschickt habe, konnten sie also nicht aufhalten?«

Er zuckte die Achseln. »Was sollten sie denn machen? Man braucht einen kräftigen Magen, um es mit einem Maschinengewehr aufzunehmen. Ihre Leute waren ausgeschaltet, bevor sie noch richtig angekommen waren.«

Inzwischen war die Ohnmächtige wieder zu sich gekommen und überschüttete den jungen Burschen mit ängstlichen, in russischer Sprache vorgebrachten Fragen. Die Fürstin zog sich ihr blaues Cape über. Die ältere Frauensperson hielt im Verhör des jungen Mannes inne und fragte sie etwas.

»Es ist alles vorbei«, sagte die Fürstin. »Ich werde nur noch die Trümmer besichtigen.«

Dieser Vorschlag gefiel allen. Fünf Minuten später waren wir vollzählig, die Dienerschaft eingeschlossen, auf dem Weg, den Hügel hinunter. Hinter uns, um uns herum, vor uns strebten noch andere Leute hügelab. Sie eilten durch den Nieselregen, der sich nun schon sehr beruhigt hatte; müd waren ihre Gesichter und aufgeregt im schwachen Morgenlicht.

Auf halbem Wege stürzte eine Frau aus einer Seitengasse und redete auf mich ein. Ich erkannte sie. Sie war eines der Dienstmädchen von Hendrixson.

Einige ihrer Worte verstand ich.

»Die Geschenke weg ... Mr. Brophy ermordet ... Oliver ...«

»Ich komme später nach«, sagte ich zu den anderen und humpelte hinter dem Dienstmädchen her. Laufen konnte ich nicht, ich konnte nicht einmal schnell gehen. Sie stand bereits mit Hendrixson und anderen seiner Dienstboten auf der Veranda, als ich ankam.

»Sie haben Oliver und Brophy umgebracht«, sagte der alte Mann.

»Wie das?«

»Wir waren im Hinterhaus, im ersten Stock, und beobachteten das Mündungsfeuer unten im Dorf. Oliver war bei uns, im Parterre; er stand gleich hinter der Haustür, und Brophy war in dem Raum mit den Geschenken. Da hörten wir einen Schuß aus der Richtung, und im selben Moment erschien ein Mann in der Tür zu unserem Zimmer. Er bedrohte uns mit zwei Pistolen und hielt uns etwa zehn Minuten lang fest. Dann machte er die Tür hinter sich zu, schloß ab und verschwand. Wir traten die Tür ein – und fanden Oliver und Brophy tot vor.«

»Ich will mir das mal ansehen.«

Den Chauffeur fand ich gleich bei der Haustür. Er lag auf dem Rücken, sein brauner Hals war vorne säuberlich durchtrennt, fast bis hin zur Wirbelsäule. Unter ihm lag seine Flinte. Ich zog sie hervor und untersuchte sie. Sie war nicht abgefeuert worden.

Im ersten Stock lag der Butler gegen eines der Beine des Tisches gelehnt, auf dem die Geschenke ausgebreitet gewesen waren. Seine Flinte war nicht mehr da. Ich drehte ihn um, legte ihn flach auf den Boden und entdeckte eine Schußwunde in seinem Brustkorb. Seine Jacke war um das Einschußloch herum stark versengt.

Die meisten Geschenke waren noch da; die wertvollen Stücke jedoch waren abgeräumt. Alles lag in heilloser Unordnung herum; sämtliche Verpackungen waren aufgerissen.

»Wie sah der Typ aus, den Sie gesehen haben?« fragte ich.

»Ich konnte ihn nicht erkennen«, sagte Hendrixson. »Wir hatten kein Licht in unserem Zimmer. Gegen das Kerzenlicht auf dem Flur hob er sich nur als schwarze Gestalt ab. Ein großer Mann mit einem schwarzen Gummimantel; irgendeine schwarze Maske mit kleinen Augenschlitzen bedeckte Kopf und Gesicht.«

»Kein Hut?«

»Nein, nur die Maske. Und die verhüllte Kopf und Gesicht.«

Als wir die Treppe hinunter gingen, gab ich Hendrixson eine kurze Zusammenfassung alles dessen, was ich gesehen, gehört und getan hatte, seit ich ihn verlassen hatte. Für eine lange Geschichte reichte es nicht.

»Glauben Sie, Sie können von dem einen, den Sie gefaßt haben, Informationen über die anderen bekommen?« fragte er, während ich mich zum Gehen wandte.

»Nein. Ich rechne aber damit, daß ich sie trotzdem zu fassen kriege.«

Die Hauptstraße von Couffignal wimmelte von Menschen, als ich da entlanghumpelte. Eine Abteilung Marine-Infanterie von Mare Island war da sowie die Besatzung eines Polizeiboots aus San Francisco. Um das Militär wuselten aufgeregte Bürger – verschiedene spärlich bekleidet – herum. Hundert Stimmen sprachen auf einmal und gaben persönliche Abenteuer, tapfere Aktionen, Verluste und Beobachtungen zum besten. Worte wie ›Maschinengewehr‹, ›Bombe‹, ›Bandit‹, ›Auto‹, ›Schuß‹, ›Dynamit‹ und ›umgebracht‹ waren immer wieder, in jeder Stimmlage und Intonation, zu hören.

Die Bank war von der Ladung, die den Tresor gesprengt hatte, völlig zerstört. Der Laden des Juweliers war ebenfalls eine Ruine. Eine Gemischtwarenhandlung auf der anderen Straßenseite diente als Feldlazarett. Dort mühten sich zwei Ärzte, blessierte Dorfbewohner zu verpflastern.

Ich erkannte ein vertrautes Gesicht unter einer Uniformmütze – Sergeant Roche von der Hafenpolizei –, und drängte durch die Menge zu ihm hin.

»Eben erst angekommen?« fragte er, als wir uns die Hand gaben. »Oder hatten Sie selbst damit zu tun?«

»Letzteres.«

»Was wissen Sie?«

»Alles.«

»Wer hätte je von einem Privatdetektiv gehört, der nicht alles wüßte«, frozzelte er, als ich ihn von den Leuten wegzog.

»Seid ihr auf ein leeres Boot in der Bucht gestoßen?« fragte ich, als wir kein Publikum mehr hatten.

»Die ganze Nacht sind leere Boote in der Bucht herumgetrieben«, sagte er.

Daran hatte ich nicht gedacht.

»Wo ist euer Boot jetzt?« fragte ich ihn.

»Ausgelaufen, um die Banditen zu erwischen. Ich bin mit ein paar Leuten hiergeblieben, um ein wenig Hand anzulegen.«

»Sie haben Glück«, sagte ich ihm. »Jetzt sehen Sie mal unauffällig über die Straße. Sehen Sie den stämmigen alten Knaben mit dem schwarzen Schnurrbart, der vor der Drogerie steht?«

Dort stand General Plezhskjew, und bei ihm standen die Frauensperson, die in Ohnmacht gefallen war, der junge Russe, dessen blutige Backe die Ohnmacht verursacht hatte, und ein bleicher, dicklicher Mann in den Mittvierzigern, der auch auf dem Empfang gewesen war. Ein wenig abseits stand Ignati, einer der beiden Diener, die ich im Haus gesehen hatte, und noch einer, der offensichtlich ebenfalls dazugehörte. Sie schwatzten miteinander und beobachteten die aufgeregten Possen eines rotgesichtigen Grundeigentümers, der einem barschen Marine-Infanterieleutnant berichtete, es sei sein eigenes persönliches privates Automobil gewesen, welches die Banditen gestohlen hatten, um ihr Maschinengewehr draufzumontieren, und was er ferner deswegen anzuordnen gedenke.

»Ja«, sagte Roche, »ich sehe den Kerl mit dem Schnurrbart.«

»Nun, das ist Ihr Kunde. Die Frau und die beiden Männer, die bei ihm stehen, sind ebenfalls Ihre Kunden. Und die vier Russen, die links davon stehen, gehören auch zur Kundschaft. Eine fehlt noch, aber um die kümmere ich mich selber. Geben Sie das an den Leutnant weiter, und Sie können die Herzchen festnehmen, ohne daß sie sich wehren. Sie glauben, sie sind so sicher wie in Abrahams Schoß.«

»Glauben Sie wirklich?« fragte der Sergeant.

»Machen Sie sich doch nicht lächerlich«, knurrte ich, als hätte ich noch nie im Leben einen Fehler gemacht.

Ich hatte auf meinem gesunden Bein gestanden. Als ich das Gewicht auf das andere Bein verlagerte, um mich vom Sergeant abzuwenden, schmerzte es bis hinauf zur Hüfte. Ich biß die Backenzähne zusammen und arbeitete mich unter Schmerzen durch die Menge über die Straße.

Die Fürstin schien nicht unter den Anwesenden zu weilen. Ich hatte mir überlegt, daß sie – nächst dem General – die wichtigste Figur der Bande sein mußte. Wenn sie zu Hause war und noch keinen Verdacht geschöpft hatte, taxierte ich, daß ich nah genug an sie heran konnte, um sie ohne größeren Terror einbuchten zu können.

Das Gehen war die Hölle. Meine Temperatur stieg. Schweiß perlte aus mir hervor.

»Mister, von denen ist noch keiner vorbeigekommen.«

Der einbeinige Zeitungsjunge stand neben mir. Ich begrüßte ihn wie meine leibhaftige Lohntüte. »Komm mit«, sagte ich und nahm seinen Arm. »Das hast du hier unten ganz prima gemacht, und jetzt möchte ich, daß du mir noch einen Gefallen tust.«

Als wir uns einen halben Block weit von der Hauptstraße entfernt hatten, führte ich ihn auf die Veranda eines kleinen gelben Sommerhauses. Die Haustür stand offen; sicher hatten die Bewohner sie offengelassen, als sie ins Dorf stürmten, um Polizei und Marine-Infanterie zu begrüßen. Gleich hinter der Tür, neben einem Garderobenständer, stand ein bequemer Korbstuhl. Ich beging Hausfriedensbruch, indem ich einen Korbstuhl auf die Veranda zog.

»Setz dich, mein Junge«, drängte ich.

Er setzte sich und sah mich mit einem verdutzten, sommersprossigen Gesicht an. Ich packte seine Krücke mit festem Griff und wand sie ihm aus der Hand.

»Hier sind fünf Dollar Miete«, sagte ich, »und wenn ich sie verliere, kaufe ich dir eine aus Elfenbein und Gold.«

Ich klemmte mir die Krücke unter die Achsel und begann mich hügelan zu staken.

Es war meine erste Erfahrung mit einer Krücke. Ich brach keine nennenswerten Rekorde. Aber es war wesentlich besser, als mit einem verkorksten Knöchel herumzuwanken.

Der Weg den Hügel hinauf war länger und steiler als mancher Berg, den ich bisher erlebt hatte, aber schließlich hatte ich den Kiesweg zum Haus des Russen unter den Füßen.

Ich war noch ein paar Meter vom Portal entfernt, als Fürstin Zhukowskij die Tür öffnete.

»Oh!« rief sie, und dann, nachdem sie sich von ihrer Verwunderung erholt hatte: »Ihr Knöchel hat sich verschlimmert!« Sie kam die Stufen herunter, um mir hinaufzuhelfen. Als sie näherkam, bemerkte ich, daß sich in der rechten Tasche ihrer grauen Flanelljacke etwas Schweres wölbte und hin und her schwang.

Sie stützte mit einer Hand meinen Ellbogen, legte den anderen Arm um meinen Rücken und half mir die Treppe hinauf und durch die Vorhalle. Das beruhigte mich: sie vermutete also nicht, daß ich ihr auf die Schliche gekommen war. Andernfalls hätte sie sich nicht so vertrauensvoll in den Bereich meiner Hände begeben. Warum, so fragte ich mich, war sie zum Haus zurückgegangen, nachdem sie mit den anderen schon ins Dorf hinunter aufgebrochen war?

Während ich noch rätselte, traten wir in den Salon, und sie pflanzte mich in einen großen, weichen Ledersessel.

»Nach so einer anstrengenden Nacht müssen Sie ja schier am Verhungern sein«, sagte sie, »ich werde mal nachsehen, was ich...«

»Nein, setzen Sie sich.« Ich wies mit dem Kopf auf einen Stuhl, der meinem Stuhl gegenüberstand. »Ich will mit Ihnen reden.«

Sie setzte sich und faltete ihre schlanken, weißen Hände im Schoß. Sie zeigte weder durch Gesichtsausdruck noch Körperhaltung die geringsten Zeichen von Nervosität, nicht einmal von Neugier. Und das war eine Spur zu dick aufgetragen.

»Wo habt ihr die Sore versteckt?« fragte ich.

Daß ihr Gesicht so weiß war, hatte gar nichts zu bedeuten. Als ich sie zum erstenmal gesehen hatte, war ihr Gesicht auch von marmorner Blässe gewesen. Die Schwärze ihrer Augen war natürlich. Ihr gesamtes Mienenspiel war unverändert. Ihre Stimme war sanft und kühl.

»Tut mir leid«, sagte sie. »Ich sehe den Sinn Ihrer Frage nicht.«

»Der Witz ist dieser«, erläuterte ich, »ich beschuldige Sie der Mittäterschaft beim Überfall auf Couffignal sowie der Beihilfe zu allen damit verbundenen Morden. Außerdem frage ich Sie, wo die Beute versteckt ist.«

Sie erhob sich langsam, reckte das Kinn und blickte auf mich aus einer Höhe von mindestens einer Meile herab.

»Wie können Sie es wagen? Wie können Sie es wagen, so mit mir, einer Zhukowskij, zu sprechen!«

»Von mir aus könnten Sie einer von den Smith Brothers sein!« Ich hatte mich vorgebeugt und war damit mit meinem verstauchten Knöchel gegen ein Stuhlbein geraten, und die daraus resultierende Pein trug nicht im mindesten dazu bei, mein Allgemeinbefinden zu heben. »Ich spreche auch nur mit Ihnen, um Ihnen zu sagen, daß Sie eine Diebin und Mörderin sind.«

Ihr langer, schlanker Körper wurde zum Körper eines mageren, geduckten Tieres. Ihr weißes Antlitz wurde zur Fratze einer zutiefst gereizten Bestie. Eine Hand – oder Klaue – glitt zu jener schweren Jackentasche.

Dann, bevor ich auch nur mit der Wimper zucken konnte – und mein Leben hing davon ab, jetzt nicht mit der Wimper zu zucken –, war das wilde Tier verschwunden. Statt dessen stieg daraus – und jetzt weiß ich, woher die Autoren der alten Märchen und Sagen ihre Ideen haben – die Fürstin hervor, kühl und schlank und hochgewachsen.

Sie setzte sich, schlug die Beine übereinander, stützte einen Ellbogen auf die Armlehne ihres Sessels, das Kinn auf den Handrücken und sah mir neugierig voll ins Gesicht.

»Welcher unselige Umstand«, murmelte sie, »mag Sie bewogen haben, auf eine so seltsame und phantastische Theorie zu verfallen?«

»Es war weder ein unseliger Umstand, noch ist die Theorie seltsam und phantastisch«, sagte ich. »Wir können vielleicht Zeit und Mühe sparen, wenn ich Ihnen ein paar Punkte nenne, die Sie auf der Latte haben. Dann wissen Sie, wie es um Sie steht, und Sie brauchen sich Ihr kostbares Hirn nicht mit dem Entwerfen einer Verteidigungsrede zu zermartern.«

»Dafür wäre ich dankbar.« Sie lächelte. »Aber schon sehr dankbar.«

Ich verstaute die Krücke zwischen Knie und Armlehne, damit ich die Hände freihatte und die einzelnen Punkte an den Fingern abzählen konnte.

»Erstens. Wer immer den Coup geplant haben mag, kannte die Insel, und zwar nicht nur einigermaßen, sondern Zoll für Zoll. Braucht man sich nicht weiter darüber zu streiten.

Zweitens. Das Auto, auf dem das Maschinengewehr montiert wurde, gehörte hierher, es wurde seinem hiesigen Besitzer gestohlen. Dasselbe gilt für das Boot, mit dem die Banditen angeblich entkommen wollten. Banditen von außerhalb hätten sowieso einen Wagen oder ein Boot gebraucht, um Maschinengewehre, Sprengstoff und Granaten herzuschaffen, und ich sehe keinen rechten Grund, warum sie nicht so ein Auto oder Boot benutzt haben sollen, anstatt ein neues zu stehlen. Drittens. Die ganze Angelegenheit wies nicht die geringste Spur professioneller Banditenarbeit auf. Wenn Sie mich fragen, war es von Anfang bis Ende eine militärisch durchgeführte Aktion. Selbst der schlechteste Schränker der Welt wäre an den Tresorraum und den Safe des Juweliers gekommen, ohne die betreffenden Gebäude total kaputtzumachen. Viertens. Banditen von außerhalb hätten die Brücke nicht gesprengt. Blockiert, meinetwegen, aber nicht gesprengt. Sie hätten sie sich für die Flucht aufgespart. Fünftens. Banditen, die mit dem Boot abhauen wollen, hätten sich ein bißchen mehr getummelt und nicht die ganze Nacht lang herumgetrödelt. Statt dessen haben sie hier genug Radau gemacht, um ganz Kalifornien von Sacramento bis Los Angeles aufzuwecken. Ihr habt einen Mann mit dem Boot hinausgeschickt; er sollte schießen und ist nicht weit hinausgefahren. Sobald er in sicherer Entfernung war, ging er über Bord und schwamm zur Insel zurück. Für Big Ignati zum Beispiel wäre das ein Kinderspiel gewesen.«

Damit waren die Finger meiner rechten Hand aufgebraucht. Ich wechselte auf die linke über.

»Sechstens. Einen von eurer Bande habe ich unten am Strand getroffen. Den jungen Mann. Er kam vom Boot. Und er schlug vor, daß wir es kapern sollen. Wir wurden zwar beschossen, aber der Mann, der das Maschinengewehr bediente, spielte nur mit uns. In einer Sekunde hätte er uns wegfegen können, wenn er es ernst gemeint hätte, aber er schoß über unsere Köpfe hinweg. Siebtens. Der eben erwähnte junge Mann ist der einzige Mensch auf der Insel, der den Abzug der Banditen gesehen haben will. Achtens. Ihr wart alle, soweit ihr mit mir zu tun hattet, ganz ausgesucht nett zu mir; der General hat sogar eine geschlagene Stunde lang auf dem Empfang heute nachmittag mit mir geplaudert. Damit verrät sich zweifelsfrei der Amateurgangster. Neuntens. Nachdem das Auto mit dem Maschinengewehr zu Bruch gegangen war, rannte ich dem Fahrer nach. Irgendwo hier ums Haus herum ist er mir entwischt. Der kleine Italiener, den ich aufgesammelt habe, war es nicht. Er hätte nicht zum Pfad hinaufklettern können, ohne von mir gesehen zu werden. Sehr wohl hätte er aber zu der Seite des Hauses hinüberrennen können, die der General bewachte, und sich dort ins Haus verdrücken. Der General mochte ihn und hätte ihm geholfen. Das weiß ich, weil der General ein echtes Wunder vollbrachte, als er ihn mit seiner Flinte aus einer Entfernung von knapp zwei Metern verfehlte. Zehntens. Sind sie im Haus von Hendrixson zu keinem anderen Zweck aufgetaucht, als um mich von dort wegzulotsen.«

Damit war die linke Hand aufgebraucht. Ich nahm wieder die rechte.

»Elftens. Die beiden Diener von Hendrixson wurden von jemandem ermordet, den sie kannten und dem sie vertrauten. Beide wurden aus nächster Nähe getötet, ohne selbst einen Schuß abgegeben zu haben. Ich würde sagen, Sie haben Oliver dazu gebracht, daß er Sie ins Haus ließ, und während Sie mit ihm sprachen, schnitt einer Ihrer Männer ihm von hinten die Kehle durch. Dann sind Sie nach oben gegangen und haben Brophy wahrscheinlich eigenhändig erschossen. Gegen Sie hegte er ja kein Mißtrauen. Zwölftens . . . aber das dürfte genügen, und langsam werde ich vom Aufzählen heiser.«

Sie erhob ihr Kinn vom Handrücken, entnahm einem dünnen schwarzen Etui eine dicke weiße Zigarette und steckte sie sich in den Mund, während ich ihr Feuer gab. Sie nahm einen langen Zug, einen Zug, bei dem ein Drittel der Zigarette dran glauben mußte, und nebelte sich mit dem Rauch die Knie ein.

»Das dürfte allerdings genügen«, sagte sie, als sie mit diesen Verrichtungen fertig war, »wenn Sie nicht selbst sehr wohl wüßten, daß es uns unmöglich gewesen wäre, all dieses auszuführen. Haben Sie uns nicht – hat uns nicht jeder – immer wieder gesehen?«

»Nichts leichter als das«, wandte ich ein. »Mit ein paar Maschinengewehren, einem Koffer voll Granaten, wenn man die Insel von vorn bis hinten kennt, im Dunkeln, wenn es stürmt, gegen verängstigte Zivilisten . . . Kunststück. Ihr seid, soviel ich weiß, neun Personen, einschließlich zwei Frauen. Jeweils fünf von euch hätten den Überfall weiter ausführen können, nachdem der Anfang erst mal gemacht war, während die anderen abwechselnd mal hier, mal dort auftauchten und für Alibis sorgten. Und genau das habt ihr getan. Abwechselnd seid ihr aufgetaucht, um euch gegenseitig mit Alibis zu versorgen. Überall stieß man auf einen von euch. Und der General! Dieser bärtige alte Spaßvogel! Wie er durch die Gegend lief und die Bürger in die Schlacht führte! Wirklich eine echte Führerpersönlichkeit! Seine Gefolgschaft kann von Glück sagen, daß sie heute morgen wenigstens noch teilweise am Leben ist!«

Sie inhalierte noch einmal, und damit war es um die Zigarette geschehen. Die Kippe warf sie auf den Teppich, trat mit einem Fuß die Glut aus, seufzte erschöpft, stützte die Hände in die Hüften und fragte: »Und wie soll es jetzt weitergehen?«

»Jetzt geht es damit weiter, daß ich wissen will, wo ihr die Sore versteckt habt.«

Die Bereitwilligkeit, mit der sie antwortete, überraschte mich.

»Unter der Garage, in einem Keller, den wir vor einigen Monaten heimlich ausgehoben haben.«

Das glaubte ich natürlich nicht; später stellte es sich aber als die Wahrheit heraus.

Weiter fiel mir nichts ein. Als ich ungeschickt mit meiner geborgten Krücke hantierte und mich zum Aufstehen rüstete, hob sie die Hand und begann leise zu sprechen. »Warten Sie bitte einen Augenblick. Ich möchte etwas vorschlagen.«

Halb aufgerichtet, beugte ich mich zu ihr hinüber und streckte eine Hand aus, bis ich sie fast berührte.

»Die Pistole will ich«, sagte ich.

Sie nickte und hielt still, während ich die Pistole aus ihrer Tasche hervorklaubte, sie in meiner Tasche verstaute und mich wieder niederließ.

»Sie sagten vorhin, es sei Ihnen gleich, wer ich bin«, begann sie sofort. »Ich möchte aber, daß Sie es wissen. Es gibt von uns Russen, die wir einst jemand waren und nun niemand mehr sind, soviele, daß ich Sie nicht mit einer Geschichte langweilen möchte, die die Welt schon bis zum Überdruß gehört hat. Aber vergessen Sie nicht, daß diese Geschichte für uns, ihre Opfer, die Wirklichkeit ist. Wie auch immer, wir flohen aus Rußland mit all der Habe, die wir tragen konnten, und das war glücklicherweise genug, um uns ein paar Jahre lang unter erträglichen Umständen über Wasser zu halten.

In London eröffneten wir ein russisches Restaurant, aber plötzlich war London voll von russischen Restaurants, und unser Restaurant wurde, anstatt uns zu ernähren, ein Zuschußgeschäft. Wir versuchten uns als Musik- und Sprachlehrer, und so weiter. Kurz: wir haben alles versucht, um unseren Lebensunterhalt zu verdienen, was auch andere russische Emigranten versuchten, und so waren wir immer in übervölkerten und damit wenig profitträchtigen Branchen tätig. Aber was hatten wir denn sonst gelernt ... was konnten wir denn sonst tun?

Ich hatte versprochen, Sie nicht zu langweilen. Nun, unser Vermögen schmolz, und der Tag rückte immer näher, da wir abgerissen und hungrig sein würden, der Tag, da wir den Lesern Ihrer Sonntagszeitungen vertraut werden würden – Putzfrauen, die Fürstinnen gewesen waren, Herzöge, die nun Butler waren. Für uns gab es keinen Platz auf der Welt. Ausgestoßene werden leicht zu Gesetzlosen. Warum auch nicht? Ließe sich denn behaupten, wir seien der Welt einen Dank schuldig? Hatte denn die Welt nicht tatenlos zugesehen, wie man uns Wohnung, Besitz und Vaterland raubte?

Wir hatten die Sache geplant, als wir noch gar nichts von Couffignal wußten. Wir versuchten eine kleine Ansiedlung wohlhabender Leute zu finden, die genügend isoliert lag, und nachdem wir uns dort niedergelassen hatten, wollten wir sie plündern. Couffignal schien, als wir es gefunden hatten, der ideale Ort. Wir mieteten dies Haus für sechs Monate, wobei wir noch gerade genug Geld übrigbehielten, um hier angemessen zu leben, während unsere Pläne reiften. Vier Monate verbrachten wir damit, die Leute an uns zu gewöhnen, unsere Waffen und unseren Sprengstoff zu sammeln, unsere Offensive auszuarbeiten und auf eine günstige Nacht zu warten. Gestern nacht schien der richtige Zeitpunkt gekommen, und wir hatten uns, so dachten wir, für alle Zwischenfälle gerüstet. Aber natürlich hatten wir nicht mit Ihrer Gegenwart und Ihrem Genie gerechnet. Diese beiden Umstände gehören einfach zu den unvorhersehbaren Mißgeschicken, zu denen uns ein ungnädiges Los auf ewig verurteilt zu haben scheint.«

Sie verstummte und begann, mich mit traurigen, großen Augen zu studieren, die mich ganz zappelig machten.

»Es hat keinen Sinn, mich ein Genie zu nennen«, warf ich ein. »Ihr Leute habt lediglich die ganze Sache von vorn bis hinten versaut. Ihr General hätte sich bei jedem Menschen, der sich anmaßt, ohne militärische Ausbildung eine Armee zu führen, vor Lachen ausgeschüttet. Aber jetzt erscheint ihr, Leute mit absolut nicht der geringsten kriminellen Erfahrung, und versucht, einen Coup zu landen, zu dem ein Höchstmaß kriminellen Könnens erforderlich ist. Wie ihr allein schon mit mir herumgespielt habt! Ein profimäßiger Gangster von etwas Intelligenz hätte mich entweder in Frieden gelassen oder umgenietet. Kein Wunder, daß ihr baden gegangen seid! Und was das Übrige betrifft – Ihr trauriges Los –; daran kann ich auch nichts ändern.«

»Warum?« fragte sie zaghaft. »Warum können Sie das nicht?«

»Warum sollte ich?« Ich machte es auf die unverblümte Tour.

»Außer Ihnen weiß niemand davon.« Sie beugte sich vor, um eine weiße Hand auf mein Knie zu legen. »Wohlstand wartet in jenem Keller unter der Garage. Was immer Sie haben wollen –: Sie werden es bekommen.«

Ich schüttelte den Kopf.

»Sie sind doch kein Narr!« protestierte sie. »Sie wissen ...«

»Ich will mal eben etwas in aller Klarheit ansagen«, unterbrach ich. »Vergessen wir einstweilen alle Ehrlichkeit, die mir möglicherweise innewohnt, vergessen wir das Gefühl der Loyalität meinem Arbeitgeber gegenüber und so weiter. Diese Regungen nehmen Sie mir wahrscheinlich sowieso nicht ab; vergessen wir das also. Also. Ich bin Detektiv, weil mir zufällig diese Arbeit zusagt. Ich bekomme ein anständiges Gehalt, obwohl ich auch Jobs finden könnte, die mehr abwerfen. Schon hundert Dollar pro Monat wären eintausendzweihundert pro Jahr. Sagen wir mal: fünfundzwanzig- bis dreißigtausend Dollar zwischen heute und meinem sechzigsten Geburtstag.

Ich lasse nun aber fünfundzwanzig- bis dreißigtausend ehrlich verdiente Dollars sausen, weil ich gern Detektiv bin, weil ich die Arbeit mag. Und wenn man eine Arbeit mag, versucht man, sie so gut wie möglich zu tun. Sonst hätte sie keinen Sinn. Aber das ist nun wieder mein Problem. Etwas anderes kann ich nicht; etwas anderes macht mir keinen Spaß; ich will nichts anderes können; ich will nicht, daß mir etwas anderes Spaß macht. Das können Sie gegen keine noch so hohe Summe Geldes aufwiegen. Geld ist etwas Schönes. Ich habe nicht das Geringste dagegen.

Aber in den letzten achtzehn Jahren habe ich all meinen Spaß aus der Jagd von Gangstern und dem Knacken harter Nüsse bezogen; meine Befriedigung bestand darin, daß ich Gangster gejagt und Rätsel gelöst habe. Das ist der einzige Sport, von dem ich etwas verstehe, und ich kann mir keine angenehmere Zukunft vorstellen als weitere dingsundzwanzig ebenso verbrachte Jahre. Und das alles werde ich nicht aufs Spiel setzen!«

Langsam schüttelte sie den Kopf und senkte ihn, so daß mich nun ihre dunklen Augen unter den dünnen Bögen ihrer Brauen hervor ansahen.

»Sie reden immer nur von Geld«, sagte sie. »Ich sagte, Sie würden bekommen, was immer Sie haben wollten.«

Das war ja wohl das Letzte. Man fragt sich, was in manchen Frauen vorgeht.

»Sie sind immer noch ziemlich verwirrt«, sagte ich brüsk. Inzwischen stand ich und ordnete meine geborgte Krücke. »Sie glauben, ich sei ein Mann, und Sie seien eine Frau. Das ist falsch. Ich bin ein Menschenjäger, und Sie sind ein Wild, das vor mir flieht. Daran ist nichts Menschliches. Genausogut könnten Sie von einem Jagdhund erwarten, daß er mit dem Fuchs, den er gerade gefangen hat, ›Dichterquartett‹ spielt. Wir verschwenden sowieso Zeit. Ich hatte geglaubt, die Polizei oder die Marine-Infanterie würden heraufkommen und mir einen Gang ersparen. Und Sie haben ununterbrochen auf Ihre Bande gewartet; die sollte kommen und mich schnappen. Ich hätte Ihnen gleich sagen können, daß sie verhaftet wurde, als ich sie verließ.«

Das erschütterte sie. Sie war aufgestanden. Dann wich sie einen Schritt zurück und suchte mit einer Hand Halt an ihrem Stuhl. Ein Ausruf, den ich nicht verstand, entrang sich ihrem Mund. Russisch, dachte ich, aber im nächsten Augenblick wußte ich, daß es Italienisch gewesen war.

»Heben Sie mal die Hände hoch.« Das war Flippos heisere Stimme. Flippo stand im Türrahmen und hatte eine Automatik in der Hand.

Ich hob die Hände so hoch, wie ich konnte, ohne meine hilfreiche Krücke fallenzulassen, und verfluchte mich inzwischen, weil ich zu sorglos gewesen war – oder zu eitel –, eine Pistole in der Hand zu behalten, während ich mit dem Mädchen sprach.

Deshalb also hatte sie zum Haus zurückkommen müssen.

Wenn sie den Italiener befreite, hatte sie sich gedacht, würden wir keinen Grund dafür haben, an seiner Mittäterschaft beim Raubüberfall zu zweifeln, und deshalb in seinem Bekanntenkreis nach den Banditen suchen. Als Gefangener dagegen hätte er natürlich versucht, uns von seiner Unschuld zu überzeugen. Sie hatte ihm die Pistole gegeben, damit er sich entweder seine Flucht freischießen konnte oder, was genauso günstig für sie gewesen wäre, bei diesem Versuch getötet wurde.

Während ich diese Gedanken in meinem Kopf noch ordnete, war Flippo hinter mich getreten. Seine leere Hand strich über meinen Körper, nahm mir meine Pistole ab, sowie auch die Pistole, die ich dem Mädchen abgenommen hatte.

»Wie wär's mit einem Handel, Flippo«, sagte ich, als er sich – ein wenig seitlich – von mir entfernt hatte, so daß wir, er, das Mädchen und ich ein Dreieck bildeten. »Du bist auf Bewährung draußen und hast noch ein paar Jahre zu sitzen. Ich habe dich mit einer Kanone angetroffen. Das ist mehr als genug, um dich ins Große Haus zurückzuschicken. Ich weiß, daß du mit diesem Job nichts zu tun hattest. Ich habe das Gefühl, du warst auf eigene Faust hier und mit einer eigenen kleineren Sache beschäftigt, aber beweisen kann ich das nicht, und ich habe auch gar keine Lust dazu. Hau hier ab, allein und neutral, und ich werde vergessen, daß ich dich gesehen habe.«

Kleine, nachdenkliche Falten furchten das dunkle, runde Jungengesicht.

Die Fürstin trat einen Schritt auf ihn zu.

»Sie haben doch das Angebot gehört, das ich ihm eben gemacht habe?« fragte sie. »Nun, Ihnen mache ich dasselbe Angebot, wenn Sie ihn töten.«

Die nachdenklichen Falten im Gesicht des Jungen vertieften sich.

»Da hast du die Wahl, Flippo«, faßte ich für ihn zusammen. »Alles, was ich für dich tun kann: ich kann dir San Quentin ersparen. Die Fürstin dagegen kann dir einen fetten Anteil von einem Coup verschaffen, der in die Hose gegangen ist, einschließlich der Gelegenheit, gehängt zu werden.«

Dem Mädchen fiel der Vorteil ein, den es mir gegenüber hatte, und sie schwallte heftig Italienisch auf ihn ein, eine Sprache, von der ich nur vier Worte beherrsche. Davon sind zwei unanständig und zwei säuisch. Ich sagte alle vier auf.

Der Junge schwankte. Wäre er zehn Jahre älter gewesen, hätte er mein Angebot angenommen und sich obendrein bedankt. Er war aber ein junger Spund, und sie war – jetzt, da ich darüber nachdachte – ausgesprochen schön. Die Antwort war nicht schwer zu erraten.

»Ich niete ihn aber nicht um«, sagte er auf Englisch zu ihr, damit ich auch etwas davon hatte. »Wir sperren ihn da ein, wo ich auch eingesperrt war.«

Ich hegte den Verdacht, daß Flippo nicht von großen Vorurteilen belastet war, was Mord betraf. Er hielt wohl nur gerade diesen Mord für unnötig; falls er mich nicht nur in Sicherheit wiegen wollte, um mich entsprechend leichter umbringen zu können.

Das Mädchen war von diesem Vorschlag nicht erbaut. Sie überschüttete ihn mit noch mehr heißem Italienisch. Ihr Spiel schien idiotensicher, aber es hatte einen Fehler. Sie konnte ihn nicht davon überzeugen, daß seine Chance, mit einem Teil der Beute davonzukommen, auch nur im mindesten begründet war. Sie mußte sich auf ihren Charme verlassen, um ihn umzustimmen. Und deshalb mußte sie dafür sorgen, daß er sie nicht aus den Augen verlor.

Er stand nicht weit von mir entfernt.

Sie ging ganz nah an ihn heran. Sie sang, skandierte, schmalzte italienische Silben in sein rundes Gesicht.

Sie hatte ihn geschafft.

Er zuckte die Achseln. Sein ganzes Gesicht sagte: »Ja!« Er drehte sich um ...

Ich knallte ihm meine ausgeliehene Krücke über die Rübe.

Die Krücke zersplitterte. Flippo gab in den Knien nach. Dann erhob er sich zu voller Größe und fiel anschließend mit dem Gesicht auf den Fußboden. Dort lag er nun, reglos, wie tot, wenn man von dem dünnen Blutwurm absah, der langsam aus seinem Haar auf den Teppich kroch.

Ein Schritt, ein Taumeln; auf Händen und Knien robbte ich mich einen halben Meter voran, um an Flippos Kanone zu kommen.

Das Mädchen sprang mir aus dem Weg und hatte die Tür schon fast erreicht, als ich mich, die Pistole in der Hand, aufsetzte.

»Halt!« befahl ich.

»Nein«, sagte sie, blieb aber doch stehen, wenigstens vorläufig. »Ich gehe jetzt.«

»Wenn Sie gehen, dann nur mit mir.«

Sie lachte. Ein angenehmes Lachen war das, leise und voll Selbstvertrauen. »Ich gehe sogar noch vorher«, meinte sie nachdrücklich und nicht unfreundlich. Ich schüttelte den Kopf.

»Was schlagen Sie vor? Wie wollen Sie mich aufhalten?« fragte sie.

»Ich werde Sie wahrscheinlich gar nicht aufhalten müssen«, erklärte ich. »Sie sind zu intelligent, um abzuhauen, während ich mit einer Pistole auf Sie ziele.«

Wieder lachte sie. Amüsiertes, nachsichtiges Gelächter.

»Ich bin zu intelligent, um hier zu bleiben«, berichtigte sie mich. »Ihre Krücke ist kaputt, und Sie sind ein Krüppel. Sie können mich also nicht einfangen, wenn ich weglaufe. Sie behaupten zwar, Sie würden mich erschießen, aber ich glaube Ihnen nicht. Natürlich würden Sie auf mich schießen, wenn ich Sie angriffe, aber das werde ich nicht tun. Ich werde jetzt ganz einfach fortgehen, und daß Sie mich deshalb nicht erschießen werden, wissen Sie selber. Sie wären froh, wenn Sie es könnten, Sie können es aber nicht. Sie werden sehen.«

Sie sah sich über die Schulter nach mir um. Ihre dunklen Augen funkelten mich an. Sie ging einen Schritt auf die Tür zu.

»Darauf würde ich mich nicht verlassen!« drohte ich.

Als Antwort lachte sie gurrend. Und ging noch einen Schritt weiter.

»Bleiben Sie stehen, Sie dämliche Kuh!« blaffte ich.

Ihr Gesicht lachte mich immer noch über die Schulter an. Ohne Eile ging sie zur Tür, wobei sich ihr kurzer Rock aus grauem Flanell gegen die Wade des einen Beines schmiegte, während dessen Genosse bereits den nächsten Schritt türwärts unternahm.

Schweiß fettete die Pistole in meiner Hand.

Als ihr rechter Fuß die Türschwelle betrat, kam ein kleines kicherndes Geräusch aus ihrer Kehle.

»Adieu!« sagte sie milde.

Und ich pumpte eine Kugel in die Wade ihres linken Beins.

Sie setzte sich – boff – hin. Ihr weißes Gesicht war von äußerster Bestürzung gezeichnet. Für Schmerzen war es noch zu früh.

Ich hatte noch nie auf eine Frau geschossen. Unbehaglich war mir.

»Sie hätten wissen sollen, daß ich es tue!« Meine Stimme klang mir schroff und wild in den Ohren, wie die Stimme eines Fremden. »Immerhin habe ich einem Krüppel die Krücke gestohlen.«

(Deutsch von Harry Rowohlt)

Katherine Anne Porter
Blühender Judasbaum

Braggioni sitzt zusammengekauert auf der Kante eines Stuhles mit gerader Lehne, der viel zu klein für ihn ist, und singt mit rauher, trauriger Stimme für Laura ein Lied. Laura hat damit begonnen, Gründe zu suchen, um solange wie möglich von Hause fortbleiben zu können, denn jeden Abend fast ist Braggioni da. Gleichgültig, wie spät sie auch kommt, bestimmt sitzt er dort mit mürrischem, wartendem Gesicht, zieht an seinem verfilzten, blonden Haar, zupft an den Saiten seiner Gitarre und brummt leise eine Melodie. Lupe, das indianische Hausmädchen, empfängt Laura an der Tür und bemerkt, während sie einen kurzen Blick zum oberen Zimmer wirft: »Er wartet.«

Laura möchte sich hinlegen, ihre Haarnadeln und die langen, eng anliegenden Ärmel sind ihr lästig, aber sie sagt zu ihm: »Hast du heute abend ein neues Lied für mich?« Wenn er ja sagt, bittet sie ihn, es zu singen. Wenn er nein sagt, erinnert sie sich an sein Lieblingslied und bittet ihn, das zu singen. Lupe bringt ihr eine Tasse Kakao und einen Teller Reis, dann ißt Laura an dem kleinen Tisch unter der Lampe, nachdem sie zuvor Braggioni eingeladen hat, dessen Antwort immer dieselbe ist: »Ich habe schon gegessen, und außerdem verdirbt Kakao die Stimme.«

Laura erwidert darauf: »Dann singe«, und Braggioni läßt seine Brust von Gesang schwellen. Er streicht über die Gitarre so vertraut dahin, als wäre sie ein Lieblingstier, und er singt leidenschaftlich falsche Töne, wobei er die höchsten Noten im Dauerton quäkt, daß es einem wehtut. Laura, die oft die Märkte besucht und den Balladensängern zuhört und die jeden Tag anhält, um dem blinden Jungen in der Straße des Sechzehnten September beim Spiel auf der Rohrflöte zu lauschen, hört Braggioni mit unbarmherziger Höflichkeit zu, weil sie über seine jämmerlichen Darbietungen nicht zu lächeln wagt. Niemand wagt über ihn zu lächeln. Braggioni ist grausam zu jedem in einer besonders unverschämten Art, aber er ist so eitel, was seine Begabungen angeht, und so empfindlich, wenn er unbeachtet bleibt, daß eine noch größere Grausamkeit und Eitelkeit notwendig wäre, um einen Finger auf die riesige, unheilbare Wunde seiner Selbstüberschätzung legen zu können. Außerdem erforderte es auch Beherztheit, ihm entgegenzutreten, weil es gefährlich war, und niemand besaß den Mut dazu.

Braggioni liebt sich selbst so zärtlich, so umfassend und mit solcher Nachsicht, daß seine Anhänger – denn er ist eine Führernatur, ein erfahrener Revolutionär, und seine Haut wurde in ehrlichem Kampf durchlöchert – sich am Abglanz dieser Glut wärmen und zueinander sagen: »Er hat wirklichen Adel, eine Liebe zur Menschheit, die über ausschließlich persönliche Neigungen hinausgeht.« Das Übermaß dieser Eigenliebe hat sich, zum Nachteil Lauras, ihr zugewendet, die ihre angenehme Lage und ihre Besoldung, wie so viele andere, ihm verdankt. Wenn er bei sehr guter Laune ist, sagt er zu ihr: »Ich bin versucht, dir zu vergeben, daß du eine *gringa* bist. *Gringita!*« Und Laura, die vor Wut brennt, sieht sich im Geiste sich plötzlich vorbeugen und mit einem schallenden Schlag ihres Handrückens ihm das talgige Lächeln aus dem Gesicht wischen. Wenn er in solchen Momenten ihre Augen beobachtet, läßt er sich nichts anmerken.

Sie weiß, was Braggioni ihr anbieten würde, und deswegen muß sie beharrlich Widerstand leisten, ohne daß es den Anschein hat; und wenn sie es vermeiden könnte, würde sie nicht einmal sich selbst die allmähliche Richtung seiner Absichten zugeben. Während dieser langen Abende, die ihr schon einen ganzen Monat verdorben haben, sitzt sie in einem tiefen Sessel mit einem Buch auf den Knien und läßt ihre Augen an der tröstlichen Strenge der gedruckten Seite Halt finden, weil der Anblick und die Stimme des singenden Braggioni drohen, sich mit den in ihrer Erinnerung auftauchenden Schmerzen zu identifizieren und den ohnehin schon bösen Vorahnungen der Zukunft ein noch größeres Gewicht zu verleihen. Die gefräßige Masse Braggionis ist für sie zum Symbol verlorener Illusionen geworden, denn ein Revolutionär müßte schlank sein, beseelt von heroischem Glauben, ein Gefäß abstrakter Tugenden. Das ist Unsinn, jetzt weiß sie das und schämt sich darüber. Revolutionen brauchen Führer, und Führertum ist eine Aufgabe für energiegeladene Männer. Sie steckt, wie ihre Kameraden ihr sagen, voller romantischer Irrtümer, denn was sie bei ihnen für Zynismus hält, ist lediglich ›ein ausgeprägter Sinn für die Realität‹. Fast zu bereitwillig gibt sie zu: »Ich irre mich, ich glaube, daß ich das Prinzip nicht richtig verstehe.« Und nachträglich schließt sie dann wieder insgeheim Burgfrieden mit sich selbst und ist entschlossen, ihren Willen vor solchem Zweckdenken nicht kapitulieren zu lassen. Aber sie kam nicht umhin zu spüren, daß sie auf nicht wiedergutzumachende Weise von dem Zwiespalt verraten wurde, der zwischen ihrer Art zu leben und ihrer Vorstellung, wie das Leben sein sollte, besteht. Und zu Zeiten ist sie schon beinah zufrieden damit, in diesem Gefühl der Unstimmigkeit zu verharren und es als private Aufspeicherung von Trost zu empfinden. Manchmal will sie fortlaufen, aber sie bleibt. Jetzt möchte sie aus diesem Zimmer hinauseilen, die schmale Treppe hinunterlaufen, auf die Straße rennen, wo die Häuser sich einander zuneigen wie Verschwörer unter einer gesprenkelten Lampe, und Braggioni beim Singen allein lassen.

Statt dessen blickt sie zu Braggioni frei und klar wie ein artiges Kind, das sich zu benehmen weiß. Ihre Knie schmiegen sich aneinander unter der soliden, blauen Serge, und ihr runder weißer Kragen ist nicht absichtlich dem einer Nonne ähnlich. Sie trägt die Uniform einer Idee und hat der Eitelkeit entsagt. Sie ist römisch-katholisch getauft, und obwohl sie sich fürchtet, von jemand gesehn zu werden, der daraus einen Skandal machen könnte, schlüpft sie ab und zu in irgendeine bröcklige kleine Kirche, kniet nieder auf dem kalten Stein und spricht ein ›Gegrüßt seist du, Maria‹ zum goldenen Rosenkranz, den sie in Tehuantepec gekauft hat. Aber es hat keinen Sinn, und sie endet damit, daß sie den Altar mit den künstlichen Blumen und der zerschlissenen Brokatdecke betrachtet und sich rühren läßt vom Anblick eines beschädigten, puppenhaften Heiligen, dessen weiße, spitzenbesetzte Hose unter der priesterlich erhabenen Samtrobe schlaff um seine Knöchel hängt. Sie ist Gefangene einer Reihe von Grundsätzen, die sich durch die Erziehung in ihrer Jugend herausgebildet haben und die nicht die kleinste Einzelheit des Gebarens oder des persönlichen Geschmacks unberührt lassen, und aus diesem Grunde verabscheut sie, Spitzen zu tragen, die maschinell hergestellt sind. Das ist ihre Privathäresie, denn in ihrem Kader wird die Maschine als heilig und als die Erlösung der Arbeiter angesehen. Sie liebt feine Spitzen, und auf den Kragen ist ein winziges Stück gefältelter Spinnwebspitze genäht, eins von zwanzig völlig gleichen Stücken, die im oberen

Schubfach ihrer Kleiderkommode liegen, eingewickelt in blaues Seidenpapier.

Braggioni begegnet ihrem Blick ruhig und fest, als hätte er darauf gewartet, er beugt sich vor, balanciert seinen Wanst zwischen seinen gespreizten Knien und singt mit ungeheurem Nachdruck, wobei er jedes einzelne Wort abwägt. Er hat, so der Inhalt des Lieds, keinen Vater, keine Mutter, nicht einmal einen Freund mehr, der ihn trösten kann; einsam wie eine Meereswoge kommt und geht er, einsam wie eine Woge. Sein Mund öffnet sich rund und schmachtet zur Seite hin, seine aufgeplusterten Wangen werden von der Anstrengung des Singens fettig. In seinen teuren Kleidern bläht er sich herrlich auf. Aus seinem lavendelfarbenen Kragen, umschlungen von einem purpurnen Halstuch, das von einem mit Diamanten besetzten Ring zusammengehalten wird, aus seinem in Leder gearbeiteten und mit Silber verzierten Patronengurt, der grausam um seine keuchende Mitte geschnallt ist, aus den blanken gelben Schuhen quillt Braggioni in verhängnisvoller Reife hervor; seine hellvioletten Seidenstrümpfe sind straffgezogen, und um seine Knöchel sind die derben Lederriemen seiner Schuhe gebunden.

Wenn er seine Augenlider vor Laura aufhebt, stellt sie wiederum fest, daß seine Augen richtige gelbbraune Katzenaugen sind. Er sei reich, erzählt er ihr, nicht an Geld, sondern an Macht, und diese Macht bringe unangefochtenes Besitztum mit sich und das Recht, gegen seine Vorliebe für kleine Luxusdinge nachsichtig zu sein. »Ich finde Geschmack an eleganten Raffinessen«, hat er einmal gesagt, wobei er vor ihrer Nase ein gelbes Seidentaschentuch schwenkte. »Riechst du? Es ist *Jockey Club*, aus New York importiert.« Nichtsdestoweniger hat ihm das Leben Wunden geschlagen. Kurze Zeit darauf sagt er: »Es ist wirklich wahr, alles zerfällt zu Staub auf der Hand, wird zu Galle auf der Zunge.« Er seufzt, und sein Ledergürtel knarrt wie ein Sattelgurt. »Ich bin enttäuscht von allem, wie es auch kommt. Von allem.« Er schüttelt den Kopf. »Du armes Ding, auch du wirst enttäuscht werden. Das ist deine Bestimmung. Wir gleichen uns in mancher Beziehung mehr, als du dir vorstellst. Warte ab, und du wirst sehen. Eines Tages wirst du dich an das erinnern, was ich dir gesagt habe, du wirst merken, daß Braggioni dein Freund war.«

Laura fühlt einen kalten Schauder über ihren Rücken laufen,

ein rein körperliches Anzeichen von Gefahr, eine Warnung ihres Blutes, daß Gewalt, Verstümmelung, ein entsetzlicher Tod mit abnehmender Geduld auf sie warten. Immer hat sie diese Angst auf etwas in ihrer Umgebung bezogen, auf etwas Unmittelbares, und sie zögert manchmal, bevor sie über die Straße geht. ›Mein persönliches Schicksal hat keine Bedeutung, es sei denn als Zeugnis für eine geistige Haltung‹, mahnt sie sich selbst, dabei aus einer vergessenen Einführung in die Philosophie zitierend, und sie ist vernünftig genug, um hinzuzufügen: ›Wie dem auch sei, ich möchte nicht von einem Auto überfahren werden, wenn ich es vermeiden kann.‹

›Es mag stimmen, daß ich auf andere Weise so verdorben bin wie Braggioni‹, denkt sie voll Strenge gegen sich selbst, ›so abgestumpft, so unvollkommen, und wenn dies der Fall ist, scheint jede Art von Tod wünschenswerter zu sein.‹ Immer noch sitzt sie ruhig da und läuft nicht fort. Wo könnte sie hinfliehen? Uneingeladen hat sie sich diesem Flecken Erde geweiht; sie kann sich nicht mehr vorstellen, in einem anderen Land zu leben, und es ist keine Freude für sie, sich an ihr Leben zu erinnern, bevor sie hierherkam.

Was ist eigentlich das Wesen dieser Begeisterung, ihre wahren Motive, und welche Pflichten ergeben sich daraus? Laura kann es nicht sagen. Sie verbringt einen Teil ihrer Zeit in Xochimilco, das in der Nähe liegt, um Indianerkinder auf englisch sagen zu lassen: ›The cat is on the mat.‹ Wenn sie im Klassenzimmer erscheint, versammeln sich die Kinder mit einem Lächeln auf ihren unschuldigen, lehmfarbigen Gesichtern und rufen mit reinen Stimmen: »Guten Morgen, Frau Lehrerin!« Jeden Tag verwandeln sie ihr Pult in einen frischen Blumengarten.

In ihrer Freizeit besucht sie Gewerkschaftsversammlungen und hört den lebhaften, gewichtigen Rednern zu, die über Taktiken, Methoden und Innenpolitik streiten. Sie geht in die Gefängniszellen zu den Anhängern ihrer eigenen politischen Richtung, die sich dort die Zeit vertreiben, indem sie Kakerlaken zählen, ihre Unbesonnenheit bereuen, Memoiren zusammenstellen, Manifeste verfassen und Pläne schmieden für ihre Kameraden, die noch mit den Händen in den Taschen frische Luft schnappen und in Freiheit herumlaufen können. Laura bringt ihnen Verpflegung, Zigaretten und ein wenig Geld, und außerdem bringt sie zweideutig verklausulierte Botschaften der Männer draußen, die nicht wagen, das Gefängnis zu betreten, weil sie Angst davor haben, in den eigens für sie freigehaltenen Zellen zu verschwinden. Wenn die Gefangenen Tag und Nacht verwechseln und sich beklagen: »Liebe kleine Laura, die Zeit steht still in diesem Höllenloch, ich weiß nicht einmal, wann Schlafenszeit ist, es sei denn, etwas erinnert mich daran«, bringt sie ihnen ihre Lieblingsnarkotika und sagt in einem Ton, der durch Mitleid nicht verletzt: »Heute werdet ihr eine ruhige Nacht haben.« Und obwohl ihr Spanisch die Gefangenen belustigt, finden sie sie tröstlich und nützlich. Wenn sie die Geduld und den Glauben verlieren und über die nur langsame Hilfe durch Geld und Einflußnahme ihrer Freunde schimpfen, vertrauen sie darauf, daß sie nicht alles weitererzählt, und wenn sie fragt: »Was glaubt ihr, woher wir Geld bekommen und wie wir Einfluß gewinnen können?« erwidern sie regelmäßig: »Nun, Braggioni ist doch da, warum unternimmt er nichts?«

Sie schmuggelt Briefe aus dem Hauptquartier zu Männern, die sich vor den Erschießungskommandos in modrigen Häusern einer Seitenstraße versteckt halten, wo sie in zerwühlten Betten sitzen und sich bitter beklagen, als ob ganz Mexiko ihnen auf den Fersen wäre, obwohl Laura genau weiß, daß, wenn sie am Sonntagmorgen zum Blaskonzert in der Almeda erschienen, niemand sie überhaupt bemerken würde. Aber Braggioni sagt: »Laß sie ein bißchen schwitzen. Das nächste Mal werden sie vielleicht vorsichtig sein. Es ist sehr beruhigend, wenn sie für eine Weile verschwunden sind.« Sie hat keine Angst, nach Mitternacht an irgendeine Tür in irgendeiner Straße zu klopfen, einen dunklen Raum zu betreten und einem Mann, der wirklich in Gefahr ist, zu sagen: »Man wird dich morgen früh nach sechs hier suchen – im Ernst. Hier hast du etwas Geld von Vicente. Fahre nach Vera Cruz und warte dort ab.«

Sie borgt Geld von dem rumänischen Agitator, um es seinem erbitterten Feind, dem polnischen Agitator, zu geben. Um die Gunst Braggionis wird von beiden heiß gekämpft, und Braggioni wahrt schön das Gleichgewicht, denn er kann beide gut gebrauchen. Der polnische Agitator spricht am Caféhaustisch zu ihr von Liebe und hofft ausnützen zu können, was er bei ihr an geheimer gefühlsmäßiger Zuneigung zu ihm vorhanden glaubt, und er gibt ihr Fehlinformationen mit der Bitte, diese als verbriefte Wahrheiten an gewisse Personen weiterzugeben. Der

Rumäne ist gewandter. Er zeigt sich für die gute Sache immer großzügig mit Geld, und er belügt sie mit dem Anschein geistreicher Aufrichtigkeit, als wäre er ihr guter Freund und Vertrauter. Sie erzählt aber nie etwas weiter von dem, was sie gesagt bekommt. Braggioni stellt niemals Fragen. Er hat andere Quellen, um das zu erfahren, was er über die beiden wissen will.

Niemand rührt Laura an, aber alle schwärmen für ihre grauen Augen und für die weiche, runde Unterlippe, die Frohsinn verheißt und dennoch immer ernst ist, meistens fest zusammengepreßt: und alle können nicht verstehen, warum sie in Mexiko lebt. Auf ihren Botengängen kann man sie mit zusammengekniffenen Augenbrauen sehen, in der Hand ihre kleine Mappe mit Zeichnungen, Noten und sonstigen Unterlagen für die Schule.

Kein Tänzer tanzt schöner, als Laura geht, und sie ist Anlaß einiger amüsanter, unerwarteter Schwärmereien, die nur wenig Klatsch verursachen, weil sie nicht erwidert werden. Ein junger Hauptmann, der in Zapatas Armee Soldat gewesen war, versuchte auf einem Ritt in der Nähe von Cuernavaca seinem Verlangen nach ihr mit der noblen Schlichtheit, die einem rauhen Volkshelden geziemt, Ausdruck zu verleihen: nur zart, denn er war zart. Diese Zartheit war seine Niederlage, denn als er vom Pferd stieg, ihren Fuß aus dem Steigbügel zog und versuchte, sie in seine Arme herunterzuziehen, da scheute ihr Pferd – sonst ein sehr zahmes Tier –, bäumte sich auf und sprang davon. Das Pferd des jungen Helden raste blindlings seinem Stallgefährten hinterher, und der Held kehrte an jenem Abend ziemlich spät ins Hotel zurück. Zum Frühstück kam er an ihren Tisch in voller Charro-Aufmachung: graue Wildlederjacke und Hosen mit Reihen von Silberknöpfen von oben bis unten. Er war gut aufgelegt und in sorgloser Stimmung. »Darf ich mich zu Ihnen setzen?« fragte er und fuhr fort: »Sie sind eine vorzügliche Reiterin. Ich hatte Angst, daß Sie abgeworfen und mitgeschleift werden können. Ich hätte mir ewig Vorwürfe gemacht. Aber wegen Ihres Reitens kann ich Sie gar nicht genug bewundern!«

»Ich habe in Arizona reiten gelernt«, erwiderte Laura.

»Wenn Sie heute morgen wieder mit mir ausreiten wollen, verspreche ich Ihnen ein Pferd, das nicht scheut«, sagte er. Aber Laura fiel ein, daß sie am Mittag wieder in Mexico City sein mußte.

Am nächsten Morgen schrieben die Kinder während der Pause ihr zu Ehren auf die Tafel: »Wir libn unsre Lererin«, und sie malten mit farbiger Kreide Blumengewinde um diese Worte. Der junge Held schrieb ihr einen Brief: »Ich bin ein sehr närrischer, verschwenderischer, impulsiver Mann. Ich hätte Ihnen zuerst sagen sollen, daß ich Sie liebe, dann wären Sie nicht fortgelaufen. Aber wir werden uns wiedersehen.« Laura dachte: ›Ich muß ihm einen Karton mit Pastellstiften schicken‹, aber sie versuchte nur, sich zu vergeben, daß sie ihrem Pferd im falschen Augenblick die Sporen gegeben hatte.

Ein brauner Junge mit struppigem Haar erschien eines Nachts, stellte sich in ihren Patio und sang zwei Stunden lang wie eine verlorene Seele, aber Laura wußte nicht, was sie unternehmen sollte. Das Mondlicht breitete über den freien Teil des Gartens einen Silberflor, während die Schatten von kobaltblauer Farbe waren. Die Scharlachblüten des Judasbaumes leuchteten in kräftigem Purpur, und von selbst fielen ihr die Namen aller Farben wieder ein, als sie nicht den Jungen, sondern dessen Schatten beobachtete, der wie ein Gewand über dem Brunnenrand lag und sich auf dem Wasser fortsetzte. Lautlos trat Lupe zu ihr und flüsterte ihr einen Ratschlag ins Ohr, der aus Erfahrung stammte: »Wenn Sie ihm eine kleine Blume hinunterwerfen, wird er noch ein oder zwei Lieder singen und fortgehen.« Laura warf ihm eine Blume hinunter, und er sang ein letztes Lied und ging fort, nachdem er die Blume hinter das Band seines Hutes gesteckt hatte. Lupe sagte: »Er ist einer der Funktionäre der Typographengewerkschaft, und vorher hat er *corridos* auf dem Merced-Markt verkauft, und noch vorher ist er aus Guanajuato gekommen, wo ich geboren bin. Einem Mann würde ich niemals trauen, aber den Männern aus Guanajuato traue ich am wenigsten.«

Daß er am nächsten Abend wiederkommen würde, hat sie Laura nicht gesagt, und auch nicht, daß er ihr in einer gewissen Entfernung über den Merced-Markt folgen würde, durch den Zócolo, die Francisco I. Madero Avenue hinauf und weiter durch den Paseo de la Reforma bis zum Chapultepec-Park und Philosophenweg, immer noch die schon welkende Blume an seinem Hut, während in seinen Augen eine unteilbare Aufmerksamkeit lag.

Laura hat sich jetzt an ihn gewöhnt, die ganze Sache hat

lediglich die Bedeutung, daß ein Neunzehnjähriger einer Konvention huldigt – wobei er die Formen des Anstands wahrt –, als gründete sich diese auf ein Naturgesetz, was es am Ende sehr wohl auch sein könnte. Er beginnt Gedichte zu schreiben, die er auf einer hölzernen Presse druckt, um sie dann wie Handzettel an ihre Tür zu stecken. Sie ist angenehm verwirrt von der dunklen, ruhigen Wachsamkeit seiner schwarzen Augen, die zur rechten Zeit leicht ihren Blick woandershin richten werden. Sie sagt sich, daß das Hinunterwerfen der Blume ein Fehler war, denn sie ist einundzwanzig Jahre alt und hat mehr Erfahrung; aber sie weigert sich, es zu bereuen, und sie redet sich ein, daß die Verneinung aller äußeren Ereignisse, wie sie geschehen, ein Zeichen ihres sich vervollkommnenden Stoizismus ist, den sie zu kultivieren trachtet, um dem befürchteten Unglück zu begegnen, obwohl sie es nicht benennen kann.

Sie ist nicht zu Hause in der Welt. Täglich unterrichtet sie Kinder, die ihr fremd bleiben, obwohl sie ihre zarten runden Hände und ihre anpassungsfähige Wildheit liebt. Sie klopft an fremde Türen und weiß nicht, ob ein Freund oder ein Unbekannter antworten wird, und selbst wenn ein bekanntes Gesicht aus der tiefen Dunkelheit des unbekannten Inneren auftaucht, bleibt es doch das Gesicht eines Fremden. Gleichgültig, was der Fremde zu ihr sagt oder welche Botschaft sie ihm bringt, noch die letzte Faser ihres Fleisches weist jede Bekanntheit, jedes Zusammengehörigkeitsgefühl monoton mit einem Wort zurück: Nein. Nein. Nein. Ihre ganze Stärke gewinnt sie aus diesem einen heiligen Wort wie aus einem Talisman, der das Böse abwehrt. Indem sie alles verneint, kann sie überallhin ohne Gefährdung gehen, aber sie begegnet auch allem ohne Freude.

›Nein‹, wiederholt unablässig diese feste, unveränderliche Stimme ihres Blutes; und wenn sie auf Braggioni blickt, ist sie nicht beeindruckt. Er ist ein großer Mann, er möchte diesem einfachen Mädchen, das ihre großen runden Brüste unter dickem schwarzen Tuch und ihre langen, unschätzbar schönen Beine unter einem schweren Rock verbirgt, imponieren. Ihre Figur kann fast dünn genannt werden, ausgenommen die unverständliche Stärke ihrer Brüste, wie bei einer stillenden Mutter, und Braggioni, der sich als Frauenkenner betrachtet, grübelt wieder über das Problem ihrer allgemein bekannten Unberührtheit und nutzt die Gelegenheit, sich frei zu äußern, die sie ihm ohne

Anzeichen von Züchtigkeit einräumt, ja tatsächlich ohne die geringste Herausforderung.

»Du denkst, daß du sehr ›kalt‹ bist, *gringita!* Warte ab, und du wirst sehn. Eines Tages wirst du von dir selbst überrascht sein! Hoffentlich bin ich dann da, um dir Rat geben zu können!« Er hebt seine Augenlider und wirft mit seinen flackernden, schlecht gelaunten Katzenaugen einen geteilten Blick auf zwei helle Stellen, die beiden Endpunkte einer sanft geschwungenen Linie, die zwischen der schwellenden Wölbung ihrer Brüste verläuft. Seine Aufmerksamkeit wird weder durch die blaue Serge noch durch ihren resoluten, festen Blick abgelenkt. Man kann ja warten, es gibt so viel Zeit auf der Welt. Seine Wangen blähen sich vom Singen. »O Mädchen mit den dunklen Augen«, singt er und überlegt noch einmal. »Aber deine Augen sind ja gar nicht dunkel. Ich werde die Stelle ändern. O Mädchen mit den grünen Augen, hast gestohlen mir das Herz!« Dann sinnt er dem Inhalt des Liedes nach, und Laura fühlt, wie das Gewicht seiner Aufmerksamkeit sich woandershin verlagert. Wenn er so singt, scheint er harmlos zu sein, er ist harmlos, man braucht weiter nichts zu tun, als geduldig stillzusitzen und »Nein« zu sagen, wenn der Augenblick gekommen ist. Sie holt tief Atem und wandert mit ihren Gedanken auch, aber nicht weit. Sie wagt nicht, zu weit abzuschweifen.

Nicht umsonst hat Braggioni sich Mühe gegeben, ein guter Revolutionär und ein Freund der Menschheit von Berufs wegen zu sein. Er wird nie daran zugrunde gehen. Er besitzt die Arglist, Klugheit, Bosheit, Schärfe des Verstandes und Härte des Herzens, die erforderlich sind, um die Welt mit Profit lieben zu können. *Er wird nie daran zugrunde gehen.* Er wird weiterleben, bis er sich eines Tages von seinem Futtertrog durch einen anderen hungrigen Welterlöser verdrängt sieht. Er erzählt Laura, trotz seines Lebens, das ihn zum Blutvergießen zwinge, müsse er aus Tradition singen, denn sein Vater sei ein toskanischer Bauer gewesen, der nach Yucatan kam und eine Mayafrau geheiratet habe: eine Frau von edlem Schlag, eine Aristokratin. Von ihnen habe er die Liebe und Begabung zur Musik mitbekommen, und unter dem Anreißen seines Daumennagels jammern die Saiten des Instrumentes wie bloßgelegte Nerven.

Einst wurde er Delgadito genannt von all den Mädchen und verheirateten Frauen, die ihm nachliefen; zu jener Zeit war er so dürr, daß seine Knochen unter den dünnen Baumwollsachen hervortraten und daß er mit seinen beiden Händen sich hatte bis ans Rückgrat zusammendrücken können. Er war ein Dichter, und die Revolution war damals nur ein Traum; zu viele Frauen liebten ihn und schwächten seine Jugend, und niemals konnte er genug finden, um sein Verlangen zu stillen, niemals! Jetzt führt er Männer: verschlagene Männer, die in sein Ohr flüstern, hungrige Männer, die stundenlang vor seinem Büro warten, um ein Wort mit ihm sprechen zu können, ausgemergelte Männer mit wilden Gesichtern, die ihn am Straßentor abfangen und schüchtern ansprechen: »Genosse, ich will dir nur erzählen ...«, während sie ihren faulen Atem aus den leeren Mägen ihm ins Gesicht hauchen.

Immer ist er zugänglich. Er gibt ihnen aus eigener Tasche Händevoll Kleingeld, er verspricht ihnen Arbeit, Demonstrationen werden organisiert werden, sie sollen in die Gewerkschaft eintreten und die Versammlungen besuchen, vor allem müssen sie auf der Hut sein vor Spitzeln. Sie sind ihm näher als seine eigenen Brüder, ohne sie kann er nichts tun – also bis morgen, Genosse!

Bis morgen. »Sie sind dumm, sie sind faul, sie sind heimtückisch, sie würden mir wegen nichts die Kehle durchschneiden«, sagt er zu Laura. Er hat gut zu essen und reichlich zu trinken, er mietet sich ein Auto und fährt am Sonntagmorgen auf dem Paseo spazieren, er hat genug Schlaf und liegt in einem weichen Bett neben seiner Frau, die ihn nicht zu stören wagt; er sitzt, seine Knochen mit behaglichen Fettpolstern verwöhnend, und singt Laura an, die all das von ihm denkt und weiß. Als er fünfzehn Jahre alt war, hatte er versucht, sich zu ertränken, weil er ein Mädchen liebte – seine erste Liebe – und sie ihn auslachte. »Tausend Frauen haben dafür bezahlen müssen«, sagt er, wobei er die Winkel seines zusammengepreßten Mundes herunterzieht. Jetzt parfümiert er sein Haar mit *Jockey Club* und vertraut Laura an: »In der Dunkelheit ist eine Frau so gut wie die andere für mich. Ich liebe sie alle.«

Seine Frau organisiert Gewerkschaftszellen unter den Mädchen der Zigarettenfabrik, bezieht Streikposten und spricht sogar auf den Versammlungen am Abend. Aber man kann sie nicht dazu bringen, die Segnungen wahrer Freiheit anzuerkennen. »Ich sage ihr, ich müsse meine völlige Unabhängigkeit haben. Aber sie versteht meinen Standpunkt nicht.« Laura hat dies viele Male gehört. Braggioni fährt über die Gitarre und meditiert. »Sie ist eine instinktiv tugendhafte Frau, zweifellos pures Gold. Wenn sie es nicht wäre, würde ich sie einsperren, und das weiß sie.«

Seine Frau, die so hart für das Wohl der Fabrikmädchen arbeitet, verbringt einen Teil ihrer Freizeit damit, weinend auf dem Boden zu liegen, weil es so viele Frauen auf der Welt gibt und für sie nur einen Mann, von dem sie nie weiß, wo und wann er zu finden ist. Er hat zu ihr gesagt: »Wenn du nicht lernst zu weinen, wenn ich nicht da bin, muß ich für immer fortgehen.« An jenem Tag zog er aus und nahm sich ein Zimmer im Hotel *Madrid*.

Dieser Monat der Trennung um übergeordneter Grundsätze willen ist es, der verdorben wurde, nicht nur für Frau Braggioni, deren Gefühl für Realität außer Zweifel steht, sondern auch für Laura, die sich in einem Alptraum versinken fühlt. An diesem Abend beneidet Laura Frau Braggioni, die allein ist und die Freiheit hat, soviel über ein greifbares Leid zu weinen, wie sie will. Laura ist gerade von einem Besuch im Gefängnis zurückgekehrt, und sie wartet angstvoll auf morgen, als ob kein neuer Tag mehr anbrechen könnte, sondern alle Zeit unabdingbar in dieser Stunde gefangen wäre, da sie selbst wie versteinert dasitzt, während Braggioni immer weiter singt und der Leichnam Eugenios von der Wache noch nicht entdeckt ist.

Braggioni fragt: »Gehst du schlafen?« Fast noch ehe sie den Kopf schütteln kann, beginnt er, ihr von den bevorstehenden Störungen bei der Maifeier in Morelia zu erzählen, denn die Katholiken halten ein Fest ab zu Ehren der Heiligen Jungfrau, während die Sozialisten an diesem Tag ihre Märtyrer feiern. »Es werden zwei verschiedene Prozessionen stattfinden, die in entgegengesetzten Teilen der Stadt beginnen, und sie werden so lange marschieren, bis sie sich treffen, und dann hängt es davon ab ...« Er bittet sie, seine Pistolen zu ölen und zu laden. Beim Aufstehn schnallt er seinen Patronengurt ab und legt ihn über ihre Knie. Laura sitzt und läßt säubernd die Patronen durch einen mit Öl getränkten Lappen gleiten, während er ihr wieder sagt, daß er nicht verstehen kann, warum sie so aufopferungsvoll für die revolutionäre Idee arbeitet, es sei denn, sie liebt irgendeinen Mann, der dazugehört. »Bist du verliebt in jemand?« – »Nein«, antwortet Laura. – »Und du wirst auch von niemandem geliebt?« – »Nein.« – »Dann ist es dein eigener Fehler. Keine Frau hat es nötig, sich anzubiedern. Nun, was ist los mit dir? Selbst die beinlose Bettlerin in Alameda hat einen wirklich treuen Liebhaber. Wußtest du das?«

Laura blickt prüfend in den Pistolenlauf und schweigt, aber eine anhaltende, schleichende Schwäche beginnt und bemächtigt sich ihrer; Braggioni legt seine geschwollenen Finger um den Hals der Gitarre und preßt sanft Töne heraus, und als sie ihn wieder hört, scheint er sie vergessen zu haben und redet vor sich hin mit der hypnotischen Stimme, die er anwendet, wenn er in kleinen Räumen zu einer lauschenden, dicht gescharten Menge spricht. Eines Tages wird diese Welt, die jetzt scheinbar so geordnet und endgültig ist, bis an die Ufer der Meere nur ein Gewirr von klaffenden Schützengräben sein, von einstürzenden Wänden und verwundeten Leibern. Alles muß von dem Platz weggerissen werden, an dem es steht, wo es seit Jahrhunderten fault, damit es gen Himmel geschleudert sich verteilt, um als sauberer Regen, ohne jede Identität, wieder zur Erde zu fallen. Nichts soll bleiben, was die steif gewordenen Hände der Armen für die Reichen erarbeitet haben, und niemand soll am Leben gelassen werden, außer den erwählten Geistern, die berufen sind, eine neue, von Grausamkeit und Ungerechtigkeit befreite Welt zu schaffen, regiert durch wohlwollende Anarchie: »Pistolen sind gut, ich liebe sie, Kanonen sind noch besser, aber am Ende verlasse ich mich nur auf das gute Dynamit«, schließt er und streichelt die Pistole, die auf seiner Hand liegt. »Einst träumte ich davon, diese Stadt zu zerstören, falls sie General Ortíz Widerstand leisten würde, aber sie fiel in seine Hände wie eine überreife Birne.«

Seine eigenen Worte machen ihn unruhig, er erhebt sich und steht wartend da. Laura hält ihm den Gurt hin: »Schnall ihn um, geh nach Morelia und töte dort jemand, dann wirst du glücklicher sein«, sagt sie sanft. Die Anwesenheit von Todesgedanken im Raum macht sie kühn. »Heute erlebte ich, wie Eugenio bewußtlos wurde. Er wollte mir nicht erlauben, daß ich den Gefängnisarzt hole. Er hatte alle Tabletten genommen, die ich ihm am Tag zuvor gebracht habe. Er erklärte, er habe sie genommen, weil er Langeweile hatte.«

»Er ist ein Narr, und sein Tod ist seine eigene Angelegenheit«, erwidert Braggioni, während er vorsichtig seinen Gurt umschnallt.

»Ich habe ihm gesagt, wenn er noch ein bißchen länger gewartet hätte, würdest du ihn freibekommen haben«, sagt Laura. »Er antwortete, daß er nicht länger warten wolle.«

»Er ist ein Narr, und wir können froh sein, daß wir ihn los sind«, sagt Braggioni und langt nach seinem Hut.

Er geht fort. Laura weiß, daß sich seine Stimmung geändert hat, sie wird ihn eine Weile nicht mehr sehen. Er wird ihr eine Nachricht zukommen lassen, wenn er sie braucht, um sie auf Botengänge in fremde Straßen zu schicken, um sie zu fremden Gesichtern sprechen zu lassen, die auftauchen werden wie Tonmasken, mit menschlicher Sprache begabt, um ihren Dank an Braggioni für seine Hilfe murmeln zu können. Jetzt ist sie frei, und sie denkt: »Ich muß fliehen, solange noch Zeit ist.« Aber sie bleibt.

Braggioni kehrt nach Hause zurück, wo seit einem Monat seine Frau jede Nacht viele Stunden geweint und ihr Haar auf dem Kopfkissen zerzaust hat. Sie weint auch jetzt, und ihre Tränen fließen noch mehr, als sie ihn, die Ursache all ihrer Sorgen, erblickt. Er sieht sich im Zimmer um. Nichts hat sich verändert, die Gerüche sind angenehm und vertraut, er kennt die Frau gut, die jetzt auf ihn zukommt, keinen Vorwurf, nur Kummer in den Zügen ihres Gesichts. Er sagt sanft zu ihr: »Du bist so gut, bitte, weine nicht mehr, du liebes gutes Geschöpf.« Sie sagt: »Bist du müde, mein Engel? Setz dich, ich werde dir die Füße waschen.« Sie bringt eine Schüssel mit Wasser, kniet nieder und schnürt seine Schuhe auf, und als sie mit ihren traurigen Augen unter den geschwärzten Lidern wieder aufsteht, tut ihm alles leid, und er bricht in Tränen aus. »Ach ja, ich bin hungrig, ich bin müde, laß uns zusammen etwas essen«, erwidert er, während er schluchzt. Seine Frau lehnt den Kopf an seinen Arm und sagt: »Vergib mir!« Und dieses Mal erfrischt ihn der feierliche, endlose Regen ihrer Tränen.

Laura legt ihr Sergekleid ab und zieht ein weißes Leinennachthemd an, um dann ins Bett zu gehen. Sie dreht ihren Kopf ein wenig zur Seite und mahnt sich, während sie still liegt, daß es Zeit zum Schlafen ist. Zahlen ticken in ihrem Gehirn wie kleine Uhren, lautlos schließen sich rings Türen von selbst. Wenn du schlafen willst, darfst du dir nicht alles durch den Kopf gehen lassen ... morgen werden die Kinder sagen: »Guten Morgen, Frau Lehrerin« ... die armen Gefangenen, die jeden Tag ihrem Gefängniswärter Blumen bringen. 1–2–3–4–5 – es ist ungeheuerlich, Liebe und Revolution miteinander zu vermengen, Tag und Nacht, Leben und Tod – ach Eugenio!

Das Läuten der Mitternachtsglocke ist ein Signal, aber was hat es zu bedeuten? »Steh auf, Laura, und folge mir: erwache aus deinem Schlaf, steh auf von deinem Bett, verlasse dieses fremde Haus. Was willst du in diesem Haus?« Ohne zu sprechen, ohne Angst stand sie auf und wollte Eugenios Hand fassen, aber er entzog sich ihr mit einem schlauen, verschlagenen Lächeln und glitt davon. »Das ist nicht alles, du wirst sehen – Mörderin«, sagte er, »folge mir, ich will dir ein neues Land zeigen, aber es ist weit dorthin, und wir müssen uns beeilen.« – »Nein«, antwortete Laura, »nicht, wenn du meine Hand nicht nimmst, nein.« Sie klammerte sich erst an das Treppengeländer und danach an den höchsten Ast des Judasbaumes, der sich langsam mit ihr nach unten bog und sie auf die Erde setzte, und dann an den Vorsprung einer Felsenklippe, und dann an die gezackte Welle eines Meeres, das nicht Wasser war, sondern eine Wüste aus bröckligen Steinen. »Wohin führst du mich?« fragte sie verwundert, jedoch ohne Furcht. »Zum Tod, und das ist ein weiter Weg, wir müssen uns beeilen«, erwiderte Eugenio. »Nein«, entgegnete Laura, »nicht ehe du meine Hand nimmst.« – »Dann iß diese Blüten, arme Gefangene«, sagte Eugenio mit mitleidiger Stimme, »nimm und iß«, und er streifte vom Judasbaum dessen warme, blutende Blüten herunter und hielt sie an ihre Lippen. Sie sah, daß seiner Hand das Fleisch fehlte, statt dessen erblickte sie ein Bündel weißer, versteinerter Zweige; seine Augenhöhlen waren leer. Dennoch aß sie gierig die Blüten, weil sie sowohl den Hunger als auch den Durst stillten. »Mörderin!« sagte Eugenio und »Kannibalin! Dies ist mein Leib und mein Blut.« Laura schrie: »Nein!« Und der Laut ihrer eigenen Stimme ließ sie zitternd aufwachen, und sie hatte Angst, wieder einzuschlafen.

(Deutsch von Joachim Uhlmann)

F. Scott Fitzgerald
Ein Diamant – so groß wie das Ritz

I

John T. Unger stammte aus einer Familie, die in Hades – einer kleinen Stadt am Mississippi – seit einigen Generationen gut bekannt war. Johns Vater hatte seinen Golfmeistertitel als Amateur in mehr als einem erbitterten Kampf erfolgreich verteidigt; Mrs. Unger galt auf Grund ihrer politischen Reden als ›Mischung aus Motor und Mistbeet‹, wie eine Redensart in Hades lautete, und der junge John T. Unger, der gerade sechzehn geworden war, hatte bereits sämtliche aus New York herübergekommenen modernen Tänze beherrscht, ehe er zum ersten Male lange Hosen anzog. Und jetzt sollte er also für eine gewisse Zeit von Zuhause weg. Der Respekt vor der Erziehung, der in Neuengland das Verderben jeder eigenen provinziellen Entwicklung ist, weil er alljährlich die meistversprechenden jungen Männer weglockt, hatte auch seine Eltern gepackt. Ihrer Ansicht nach kam für ihren Sohn lediglich der Besuch der *St. Midas' School* in der Nähe Bostons in Frage – Hades war zu klein, um ihren geliebten und begabten Sohn halten zu können.

Wer einmal in Hades war, weiß es: Die Namen der angeseheneren Internate und Colleges bedeuten dort kaum etwas. Die Einwohner sind bereits so lange von der Welt abgeschnitten, daß sie zwar großen Wert darauf legen, in Kleidung, Verhalten und Literatur auf dem neuesten Stand zu sein, im übrigen jedoch in erheblichem Maße aufs Hörensagen angewiesen sind; und eine Tätigkeit, die in Hades als großartig gilt, würde von einer Chicagoer Fleischprinzessin zweifellos als ›vielleicht ein bißchen schäbig‹ bezeichnet werden.

John T. Unger stand kurz vor seiner Abreise. Mrs. Unger stopfte seine Koffer in mütterlicher Albernheit mit Leinenanzügen und elektrischen Ventilatoren voll, während Mr. Unger seinem Sohn eine feuerfeste Brieftasche überreichte, die mit Geldscheinen vollgestopft war.

»Vergiß nie, daß du hier immer willkommen bist«, sagte er.

»Du kannst überzeugt sein, mein Junge, daß wir das Leuchtfeuer deines Heimathafens immer brennen lassen.«

»Das weiß ich«, erwiderte John heiser.

»Und vergiß auch nie, wer du bist und woher du kommst«, fuhr sein Vater stolz fort. »Und daß nichts, was du tust, dir irgendwie schaden kann. Du bist immer ein Unger – aus Hades!«

Dann schüttelten sich der alte Mann und der junge die Hand, und John brach auf, wobei ihm die Tränen aus den Augen strömten. Zehn Minuten später hatte er die Stadtgrenze passiert und hörte auf, zum letzten Mal einen Blick zurückzuwerfen. Das altmodische viktorianische Motto über den Stadttoren schien einen merkwürdigen Reiz auf ihn auszuüben. Immer wieder hatte sein Vater bisher versucht, dieses Motto gegen ein anderes mit mehr Schwung und Verlockung auszutauschen – etwa wie ›Hades – die einmalige Gelegenheit‹ oder auch nur ein schlichtes ›Willkommen‹, und darunter ein herzhafter, aus Glühbirnen gebildeter Händedruck. Das alte Motto war ein wenig deprimierend, hatte Mr. Unger gefunden – aber jetzt ...

John richtete deshalb seinen Blick entschlossen auf sein Schicksal und machte ein dementsprechendes Gesicht. Und während er den Blick nach vorn wandte, schienen die Lichter von Hades am Himmel einen Schimmer warmer und leidenschaftlicher Schönheit zu verbreiten.

Fährt man mit einem Rolls-Pierce, ist die *St. Midas' School* eine halbe Stunde von Boston entfernt. Die genaue Entfernung wird sich nie feststellen lassen, da mit Ausnahme John T. Ungers bisher noch jeder in einem Rolls-Pierce eingetroffen war, und aller Wahrscheinlichkeit nach wird John T. Unger auch die einzige Ausnahme bleiben. Die *St. Midas' School* ist nun einmal das teuerste und exklusivste Internat der Welt.

Die ersten beiden Jahre verliefen für John dort ausgesprochen erfreulich. Die Väter sämtlicher Knaben waren Geldkönige, und den Sommer verbrachte John immer an jeweils gerade modernen Urlaubsorten. Während er den Jungen, die er besuchte, sehr zugetan war, schienen deren Väter ihm immer aus demselben Holz geschnitzt zu sein, und in seiner knabenhaften Weise wunderte er sich häufig über diese übermäßige Ähnlichkeit. Wenn er den Vätern erzählte, wo seine Heimat war, pflegten sie ihn jovial zu fragen: »Ziemlich heiß dort unten, was?« Und John setzte daraufhin ein flüchtiges Lächeln auf und antwortete: »Das stimmt allerdings.« Seine Antwort wäre bestimmt herzlicher ausgefallen, hätten nicht alle denselben Scherz gemacht – allerhöchstens in der leicht abgewandelten Form: »Ist es für dich dort unten auch warm genug?«, die er jedoch genauso haßte.

In der Mitte seines zweiten Jahres auf diesem Internat war ein stiller und nett anzusehender Junge namens Percy Washington in Johns Klasse aufgenommen worden. Der Neuling hatte erfreuliche Manieren und war selbst für die *St. Midas' School* auffallend adrett gekleidet; aus irgendeinem Grunde hielt er sich jedoch von den übrigen Jungen fern. Der einzige Mensch, dem er sich anschloß, war John T. Unger, aber hinsichtlich seines Zuhauses oder seiner Familie blieb er sogar John gegenüber völlig verschlossen. Daß er wohlhabend war, bedurfte keiner Erwähnung, aber abgesehen von einigen derartigen Andeutungen wußte John nur wenig über seinen Freund; deshalb bedeutete es reiche Ausbeute für seine Neugierde, als Percy ihn einlud, den Sommer bei seiner Familie ›im Westen‹ zu verbringen. Ohne zu zögern, nahm John die Einladung an.

Erst als sie im Zug saßen, wurde Percy zum ersten Mal eine Spur mitteilsamer. Eines Tages, als sie gerade im Speisewagen zu Mittag aßen und sich über die unvollkommenen Charaktere einiger Mitschüler unterhielten, änderte Percy plötzlich seinen Ton und ließ ganz unvermittelt eine Bemerkung fallen.

»Mein Vater«, sagte er, »ist bei weitem der reichste Mann der Welt.«

»Oh«, sagte John höflich. Eine Antwort, die diesem Vertrauensbeweis entsprach, fiel ihm nicht ein. ›Das ist aber schön‹ zog er zwar in Betracht, aber es klang zu nichtssagend; beinahe hätte er ›Wirklich?‹ gesagt, aber auch das kam nicht in Frage, weil es Percys Feststellung in Zweifel zu ziehen schien. Und eine derart erstaunliche Feststellung konnte kaum angezweifelt werden.

»Bei weitem der reichste«, wiederholte Percy.

»Im *World Almanac* habe ich gerade gelesen«, begann John, »daß es in Amerika einen Mann mit einem Jahreseinkommen von mehr als fünf Millionen, vier Männer mit einem Jahreseinkommen von mehr als drei Millionen und ...«

»Das ist doch überhaupt nichts.« Percys Mund verzog sich zu einem Halbmond der Verachtung, »Ramschlädenkapitalisten, finanzielles Kroppzeug, lächerliche Krämer und Geldverleiher. Mein Vater könnte sie alle aufkaufen und würde es aus der Westentasche bezahlen!«

»Aber wie kommt es ...«

»Warum gerade seine Einkommensteuer nirgends aufgeführt ist? Weil er keine bezahlt. Einen kleinen Betrag zahlt er natürlich – aber der entspricht seinem wirklichen Einkommen nicht im geringsten.«

»Dann muß er sehr reich sein«, sagte John schlicht. »Und das freut mich. Ich mag Leute, die sehr reich sind. Je reicher einer ist, desto mehr mag ich ihn.« Ein Ausdruck leidenschaftlicher Offenheit lag auf seinem dunklen Gesicht. »Vergangene Ostern war ich bei den Schnlitzer-Murphys. Vivian Schnlitzer-Murphy besitzt Rubine, die so groß wie Hühnereier sind, und Saphire wie Globen, die von innen erleuchtet werden ...«

»Ich liebe Edelsteine«, stimmte Percy begeistert zu. »Natürlich möchte ich nicht, daß es auf dem Internat bekannt wird, aber ich besitze bereits eine ganz ordentliche Kollektion. Früher habe ich sie statt Briefmarken gesammelt.«

»Und Diamanten«, fuhr John eifrig fort. »Die Schnlitzer-Murphys haben walnußgroße Diamanten ...«

»Das ist noch gar nichts.« Percy lehnte sich über den Tisch und senkte seine Stimme zu einem leisen Flüstern. »Das ist noch gar nichts. Mein Vater hat einen Diamanten, der größer ist als das Hotel Ritz-Carlton.«

II

In Montana ging die Sonne gerade zwischen zwei Bergen unter, die wie eine gigantische Wunde aussahen, von der dunkle Arterien sich über einen vergifteten Himmel ausbreiteten. In unendlicher Entfernung vom Himmel lag geduckt das Dorf Fish – winzig, trübselig und vergessen. Angeblich wohnten in Fish zwölf Menschen, zwölf düstere und unergründliche Seelen, die dem fast buchstäblich kahlen Felsen, auf dem die geheimnisvolle Macht menschlicher Fruchtbarkeit sie gezeugt hatte, ihren kargen Lebensunterhalt abrangen. Sie waren zu einer besonderen Rasse geworden, diese zwölf Menschen aus Fish, wie eine Spezies, die sich dank einer früheren Laune der Natur entwickelt hat, von der Natur dann jedoch ihrem Schicksal und ihrem Untergang überlassen worden ist.

Aus dem blauschwarzen Einschnitt in der Ferne kroch eine lange Reihe sich bewegender Lichter über die Öde des Landes, und wie Gespenster sammelten sich die zwölf Menschen aus Fish beim Lagerhaus, um die Vorbeifahrt des Siebenuhrzuges, des *Transcontinental Express* aus Chicago, zu beobachten. Etwa sechsmal im Jahr hielt der *Transcontinental Express* auf Grund eines unerklärlichen Beschlusses im Dorfe Fish; wenn dies geschah, stieg immer eine Gestalt aus dem Zug und kletterte in einen kleinen Wagen, der jeweils aus dem Dämmerlicht auftauchte und dann in Richtung des blutroten Sonnenuntergangs wieder verschwand. Die Beobachtung dieses sinnlosen und albernen Phänomens war bei den Menschen aus Fish zu einer Art Kult geworden. Zusehen – das war alles. Bei keinem der Zwölf hinterließ das Ereignis eine lebensvolle Illusion, die zur Verwunderung oder Überlegung anregte, denn sonst hätte sich um diese geheimnisvollen Besuche vielleicht ein Glaube gebildet. Aber die Menschen aus Fish befanden sich jenseits jedes Glaubens – die barsten und grausamsten Lehrsätze selbst des Christentums hatten auf dem kahlen Felsgestein nicht Fuß fassen können –, so daß es hier weder einen Altar noch Priester oder Opfer gab. Jeden Abend um sieben vollzog sich lediglich der schweigende Zug zum Lagerhaus, eine Versammlung, die ein Gebet düsteren blutleeren Wunderns zum Himmel sandte.

An diesem Juniabend hatte der Große Bremser, den sie – hätten sie überhaupt irgend jemand vergöttert – vermutlich zu ihrem himmlischen Hauptvertreter erwählt hätten, angeordnet, daß der Siebenuhrzug seine menschliche (oder unmenschliche) Fracht in Fish auslade. Um zwei Minuten nach sieben verließen Percy Washington und John T. Unger den Zug, eilten an den verzauberten, den gaffenden und verängstigten Augen der zwölf Menschen aus Fish vorüber, stiegen in den kleinen Wagen, der offensichtlich aus dem Nichts aufgetaucht war, und fuhren davon.

Nach einer halben Stunde, als das Zwielicht zu Dunkelheit geronnen war, rief der schweigsame Neger, der den Wagen lenkte, einen dunklen Gegenstand an, der sich irgendwo vor ihnen in der Finsternis befand. Als Antwort auf den Schrei wurde eine leuchtende Scheibe auf sie gerichtet, von der sie aus der unergründlichen Nacht wie von einem bösartigen Auge betrachtet wurden. Als sie näherkamen, sah John, daß es das Rücklicht eines ungeheuerlich großen Automobils war, eines größeren und prachtvolleren Automobils, als er es jemals erblickt hatte. Die Karosserie bestand aus einem Metall, das blanker als Nickel und heller als Silber war, und die Radnaben waren mit grün und gelb schillernden geometrischen Figuren besetzt – John wagte nicht zu raten, ob es sich dabei um Glas oder Edelsteine handelte.

Zwei Neger, die in glitzernde Livreen gekleidet waren, wie man sie auf Bildern von königlichen Umzügen in London sieht, standen in Habachtstellung neben dem Wagen, und als die beiden jungen Männer aus dem kleinen Gefährt kletterten, wurden sie in einer Sprache begrüßt, die der Gast nicht verstand, die jedoch ein übertriebener Negerdialekt aus den Südstaaten zu sein schien.

»Steig ein«, sagte Percy zu seinem Freund, während ihre Koffer auf dem Ebenholzdach der Limousine festgeschnallt wurden. »Es tut mir leid, daß wir dich bis hierher in dem alten Karren fahren mußten; aber es wäre natürlich Wahnsinn, die Leute im Zug oder die gottverdammten Kerle aus Fish dieses Automobil sehen zu lassen.«

»Junge! Ist das ein Wagen!« Dieser Ausruf wurde durch die Innenausstattung hervorgerufen. John sah, daß die Polsterung aus tausend winzigen und kostbaren Seidenteppichen bestand, die mit Juwelen und Stickereien besetzt waren und deren Untergrund ein Goldstoff bildete. Die beiden Lehnsessel, in denen die Knaben es sich bequem machten, waren mit einem Stoff bezogen, der kostbarem Seidenflor ähnelte, in den jedoch die zarten Spitzen von Straußenfedern in zahllosen Farben eingewoben zu sein schienen.

»Ist das ein Wagen!« rief John noch einmal voller Erstaunen.

»Dieses Ding?« Percy lachte. »Das ist doch bloß eine alte Karre, die wir als eine Art Lieferwagen benutzen.«

Mittlerweile glitten sie durch die Dunkelheit auf den Einschnitt zwischen den beiden Bergen zu.

»In eineinhalb Stunden sind wir dort«, sagte Percy und warf einen Blick auf die Uhr. »Ich kann dir ruhig jetzt schon sagen, daß du das, was jetzt kommt, noch nicht erlebt hast.«

War der Wagen bereits eine Andeutung dessen, was John

erleben würde, war er tatsächlich auf erstaunliche Dinge vorbereitet. Die schlichte Frömmigkeit, die in Hades vorherrschte, kannte als erstes Gebot ihres Glaubensbekenntnisses die ernsthafte Verehrung der Reichen und die Achtung vor ihnen – hätte John für sie etwas anderes als vorbildliche Demut empfunden, hätten seine Eltern sich entsetzt von dieser Gotteslästerung abgewandt.

Sie hatten nun den Einschnitt erreicht und fuhren zwischen den beiden Bergen hindurch, und fast im gleichen Augenblick wurde der Weg holperiger.

»Wenn der Mond jetzt scheinen würde, könntest du erkennen, daß wir uns in einer tiefen Schlucht befinden«, sagte Percy und versuchte, aus dem Fenster zu blicken. Er sagte etwas in das Sprachrohr, und im selben Augenblick schaltete der Beifahrer einen Suchscheinwerfer ein und strahlte die Hänge mit dem grellen Lichtstrahl an.

»Felsen, siehst du? Ein gewöhnlicher Wagen würde nach einer halben Stunde auseinanderfallen. Wenn man den Weg nicht kennt, kommt man hier nur mit einem Panzerwagen durch. Merkst du eigentlich, daß es bergauf geht?«

Ganz deutlich fuhren sie bergauf, und nach wenigen Minuten überquerte der Wagen eine hohe Erhebung, von der aus sie flüchtig den in der Ferne aufgehenden Mond erblickten. Plötzlich hielt der Wagen, und neben ihnen tauchten mehrere Gestalten aus der Dunkelheit auf – ebenfalls Neger. Wieder wurden die beiden jungen Männer in dem gleichen kaum verständlichen Dialekt begrüßt; dann machten die Neger sich an die Arbeit, und vier gewaltige Kabel, die über ihnen herunterhingen, wurden mit Haken an den Naben der großen juwelengeschmückten Räder befestigt. Nach einem hallenden »Hey-yah!« spürte John, daß der Wagen langsam angehoben wurde – immer höher, bis die höchsten Felsspitzen unter ihnen verschwanden, und immer noch höher, bis er als krassen Gegensatz zu dem felsigen Boden, den sie eben verlassen hatten, ein welliges, vom Mond beschienenes Tal erkannte, das sich unter ihm erstreckte. Nur auf der einen Seite befand sich immer noch Fels – und dann plötzlich war weder neben ihnen noch sonst irgendwo Fels.

Es war offensichtlich, daß sie über irgendein gewaltiges, wie eine Messerschneide geformtes Gebirge hinausgehoben worden waren, das senkrecht in die Luft ragte. Im nächsten Augenblick senkten sie sich wieder, und schließlich landeten sie mit einem sanften Aufprall auf festem Boden.

»Das Schlimmste haben wir hinter uns«, sagte Percy und schaute zum Fenster hinaus. »Jetzt sind es nur noch fünf Meilen, und die Straße – aus Kacheln – gehört schon uns. Das alles hier gehört uns. Hier hören die Vereinigten Staaten auf, sagt Vater immer.«

»Sind wir denn in Kanada?«

»Aber nein. Wir sind mitten in den Montana Rockies. Wir befinden uns jedoch innerhalb der einzigen fünf Quadratmeilen Landes, die noch nie vermessen worden sind.«

»Und warum nicht? Hat man es vergessen?«

»Nein«, sagte Percy grinsend, »dreimal hat man es bisher versucht. Beim ersten Mal bestach mein Großvater eine ganze Abteilung des staatlichen Vermessungsamtes; beim zweiten Mal sorgte er dafür, daß die amtlichen Karten der Vereinigten Staaten etwas abgeändert wurden – damit war die Angelegenheit für fünfzehn Jahre hinausgeschoben. Das letzte Mal war es allerdings schwieriger. Mein Vater sorgte dafür, daß sich die Kompasse der Landmesser im stärksten Magnetfeld befanden, das jemals künstlich hervorgerufen wurde. Dann ließ er eine ganze Garnitur Vermessungsgeräte herstellen, die alle einen leichten Fehler hatten, so daß dieses Gebiet gar nicht in Erscheinung trat; mit diesen Geräten ersetzte er jene, die benutzt werden sollten. Dann ließ er einen Fluß umleiten, und an dessen Ufer baute er eine Attrappe auf, die wie ein Dorf aussah – und die Leute glaubten, es wäre eine Stadt, die in Wirklichkeit zehn Meilen stromaufwärts lag. Es gibt eigentlich nur eines, was meinem Vater erhebliche Sorgen macht«, schloß er, »nur eines auf der ganzen Welt, was dazu verwendet werden könnte, uns hier zu entdecken.«

»Und was ist das?«

Percy senkte seine Stimme zu einem Flüstern.

»Aeroplane«, sagte er kaum hörbar. »Wir haben ein halbes Dutzend Flugzeugabwehrkanonen angeschafft und haben bisher damit auch Erfolg gehabt – aber dabei hat es ein paar Tote und eine ganze Menge Gefangene gegeben. Im Grunde machen wir – Vater und ich – uns darüber keine unnötigen Gedanken, verstehst du, aber Mutter und die Mädchen regen sich furchtbar darüber auf, und außerdem besteht natürlich immer die Möglichkeit, daß wir die Geschichte eines schönen Tages nicht mehr verhindern können.«

Stücke und Fetzen von Chinchillapelzen, Schäfchenwolken im Hof des grünen Mondes, zogen wie kostbare orientalische Gewebe, die zur Besichtigung durch einen Tatarenfürsten aufgeschichtet waren, am grünen Mond vorüber. John hatte den Eindruck, es wäre Tag, und er schaute einigen Burschen zu, die über ihm durch die Luft flögen und Unmengen von Flugblättern und Gebrauchsanweisungen für Medikamente herunterflattern ließen, eine Botschaft für verzweifelnde, von Felsen eingeschlossene kleine Dörfer. Er hatte den Eindruck, er könnte genau erkennen, wie sie aus den Wolken herunterblickten und angestrengt herunterstarrten – herunterstarrten auf das, was es da anzustarren gab, wo er jetzt hingebracht wurde. Aber wo waren sie? Wurden sie gezwungen, nach einem heimtückischen Plan dort zu landen, wo sie bis zum Jüngsten Gericht – weit von allen Flugblättern und Gebrauchsanweisungen für irgendwelche Medikamente entfernt – eingeschlossen waren, oder holten eine flüchtige Rauchwolke und der scharfe Knall einer in tausend Splitter zerplatzenden Granate sie, wenn sie der Falle irgendwie entgangen waren, vom Himmel herunter – so daß Percys Mutter und seine Schwestern sich darüber ›aufregten‹? John schüttelte den Kopf, und das Gespenst eines hohlen Gelächters drang lautlos über seine geöffneten Lippen. Welch verzweifeltes Unternehmen lag hier verborgen? Welch moralischer Ausweg eines bizarren Krösus? Welch entsetzliches und kostbares Geheimnis ...?

Die Chinchillawolken waren inzwischen weitergezogen, und draußen war die Nacht von Montana so hell wie der Tag. Die Kacheln der Straße waren so eben, daß die großen Reifen ohne die geringste Erschütterung dahinrollten, als sie um einen reglosen, vom Mond beschienenen See herumfuhren; für einen Augenblick waren sie von Dunkelheit umgeben, ein Tannenwäldchen, harzig und kühl, und dann bogen sie in eine breite Allee ein, deren Fahrbahn aus kurzgeschorenem Rasen bestand. Und während John vor Entzücken einen leisen Ausruf von sich gab, sagte Percy im selben Moment wortkarg: »Wir sind da.«

Im hellen Schein der Sterne erhob sich ein bezauberndes Château am Ufer des Sees, dehnte sich mit seinem glänzenden Marmor bis zur halben Höhe des angrenzenden Berges aus und verschmolz dort anmutig, in vollkommener Symmetrie, in schimmernder weiblicher Hingabe, mit der undurchdringlichen Düsternis eines Tannenwaldes. Die vielen Türme, die schlanke gotische Form der langsam abfallenden Brustwehren, das ziselierte Wunder von tausend gelben Fenstern mit ihren Rechtecken, Achtecken und Dreiecken aus goldenem Licht, die aufgelöste Sanftheit der einander überschneidenden Flächen aus Sternenlicht und blauen Schatten – das alles wirkte auf Johns Gemüt wie ein großer Akkord. Auf einem der Türme, dem höchsten und an seinem Fuß zugleich dunkelsten, waren an der Außenseite der Spitze Lichter angebracht, die ein schwebendes Märchenland zu sein schienen – und als John verzaubert hinaufblickte, wehte der leise, gedämpfte Geigenklang einer Melodie aus dem Rokoko herab, wie John es noch nie gehört hatte. Im nächsten Augenblick hielt der Wagen jedoch bereits vor der breiten hohen Marmortreppe, und durch die Nacht dufteten zu beiden Seiten der Stufen unzählige Blumen. Am oberen Ende der Treppen öffneten sich lautlos die Flügel einer Tür; bernsteinfarbenes Licht ergoß sich in die Dunkelheit, und in ihm hob sich im Umriß die Gestalt einer zarten Dame mit schwarzem, hoch aufgetürmtem Haar ab, die den beiden ihre Hände entgegenstreckte.

»Mutter«, sagte Percy, »das ist mein Freund John Unger aus Hades.«

Später erinnerte John sich dieses ersten Abends als eines blendenden Taumels aus lauter Farben, aus flüchtigen Sinneseindrücken, aus Musik, die sanft war wie die Stimme Liebender, und aus der Schönheit der Dinge, aus Lichtern und Schatten, aus Bewegungen und Gesichtern. Er erinnerte sich eines weißhaarigen Mannes, der aus einem kristallenen Gläschen mit goldenem Stiel ein schillerndes Stärkungsmittel trank, eines Mädchens mit blütenzartem Gesicht, das wie Titania gekleidet war und in dessen Haar Saphire geflochten waren; er erinnerte sich eines Raumes, dessen massives sanftes Gold der Wände dem Druck seiner Hand nachgab, und eines Raumes, der der platonischen Vorstellung vom letzten Gefängnis ähnelte: Decke, Fußboden und überhaupt alles war mit einer nahtlosen Schicht von Diamanten überzogen, von Diamanten jeglicher Größe und Form, so daß die Augen durch die hohen veilchenblauen Lampen in den Ecken von einer Helligkeit geblendet wurden, die jenseits jedes menschlichen Wunsches oder Traumes nur mit sich selbst verglichen werden konnte.

Durch einen Irrgarten derartiger Räume wanderten die beiden Jungen. Manchmal flammte der Boden unter ihren Füßen in strahlenden Mustern auf, weil er von unten beleuchtet wurde: in Mustern aus grausam grellen Farben, von pastellartiger Zartheit, in reinem Weiß oder als kunstvolle, komplizierte Mosaiken, die sicherlich aus einer Moschee am Adriatischen Meer stammten. Manchmal sah John unter Schichten dicken Kristalls die Strudel blauen oder grünen Wassers, das von flinken Fischen und Pflanzen belebt wurde, die in allen Farben des Regenbogens schillerten. Dann wieder gingen sie über Felle jeglicher Art und Farbe oder durch Gänge aus hellstem Elfenbein, das nahtlos zusammengefügt war, als wäre es als Ganzes aus dem gigantischen Stoßzahn eines Dinosauriers geschnitzt, der lange vor dem Zeitalter des Menschen ausgestorben war ...

Dann ein Übergang, dessen er sich später nur dunkel entsann, und sie saßen beim Abendessen, bei dem jeder Teller aus zwei fast nicht zu unterscheidenden Schichten harter Diamanten bestand; zwischen ihnen befand sich ein merkwürdig gearbeitetes Filigran aus smaragdartigem Muster, winzige, hauchdünne Späne grüner Luft. Schwebend und unaufdringlich drang Musik durch ferne Gänge herein – sein mit Daunen gepolsterter Sessel, dessen Lehne sich an seinen Rücken schmiegte, schien ihn zu umfassen und einzuschläfern, als er sein erstes Glas Portwein trank. Mühsam versuchte er, eine ihm gestellte Frage zu beantworten, aber die süße Behaglichkeit, die ihn umgab und seinen Körper umfing, steigerte die Illusion des Schlafs – Edelsteine, Gewebe, Wein und Metalle verschwammen zu süßem Nebel ...

»Ja«, erwiderte er mit mühsamer Höflichkeit, »warm ist es dort allerdings.«

Es gelang ihm, ein gespenstisches Lachen hinzuzufügen; dann aber schien er ohne jede Bewegung, ohne Widerstand dahin und weg zu treiben, ohne die eisgekühlte Nachspeise anzurühren, die so rosarot wie ein Traum war ... Er versank in tiefen Schlaf.

Als er aufwachte, wußte er, daß mehrere Stunden verstrichen waren. Er befand sich in einem großen stillen Raum mit Ebenholzwänden, und die schwache Beleuchtung war zu gedämpft, zu sanft, um als Licht bezeichnet zu werden. Sein junger Gastgeber stand über ihn gebeugt.

»Du bist beim Abendessen eingeschlafen«, sagte Percy gerade. »Mir ist es übrigens fast genauso gegangen – es war ziemlich anstrengend, diese Behaglichkeit, nach diesem Jahr auf der Schule. Die Dienstboten haben dich ausgezogen und gebadet, während du schliefst.«

»Ist das hier ein Bett oder eine Wolke?« sagte John seufzend. »Percy, ach, Percy – bevor du wieder gehst, möchte ich mich bei dir entschuldigen.«

»Weswegen?«

»Weil ich dir nicht glaubte, als du sagtest, euch gehöre ein Diamant, der so groß wie das Ritz-Carlton sei.«

Percy lächelte.

»Daß du es mir nicht glaubtest, habe ich angenommen. Es ist nämlich der Berg.«

»Welcher Berg?«

»Auf dem das Château steht. Als Berg ist er nicht besonders hoch. Aber mit Ausnahme von rund fünfzehn Metern Erde und Geröll an der Oberfläche besteht er aus Diamant. Aus nur einem einzigen Diamanten, aus mehr als viertausend Kubikmetern lupenreinem Diamant. Hörst du eigentlich noch zu? Sag mal . . .«

Aber John T. Unger war bereits wieder eingeschlafen.

III

Es war Morgen. Als er erwachte, nahm er schläfrig wahr, daß der Raum sich im gleichen Augenblick mit Sonnenlicht gefüllt hatte. Die Ebenholztäfelung der einen Wand war auf einer Art Schiene zur Seite geglitten, so daß sein Schlafzimmer dem Tag zur Hälfte geöffnet war. Ein großer Neger in weißer Uniform stand neben seinem Bett.

»Guten Abend«, murmelte John und versuchte, seine Gedanken von ihren verworrenen Wegen zurückzuholen.

»Guten Morgen, Sir. Wollen Sie jetzt vielleicht baden, Sir? O nein, Sie brauchen nicht aufzustehen – ich werde Sie ins Bad bringen, wenn Sie vorher nur Ihren Schlafanzug aufknöpfen wollten. So, danke, Sir.«

John blieb ruhig liegen, während ihm der Schlafanzug ausgezogen wurde – er war amüsiert und begeistert; er rechnete damit, von dem schwarzen Riesen, der ihn betreute, wie ein Kind hochgehoben zu werden, aber nichts dergleichen geschah. Statt dessen merkte er, daß das Bett seitlich hochgekantet wurde – er fing, zuerst erschrocken, an zu rutschen, und zwar in Richtung der Wand. Als er die Wand jedoch erreichte, gab die Verschalung nach, und nachdem er auf einer weichen schrägen Fläche weitere zwei Meter hinuntergerutscht war, plumpste er sanft ins Wasser, das dieselbe Temperatur wie sein Körper hatte.

Er blickte sich um. Die Rutschbahn – oder Förderbahn – faltete sich lautlos wieder zusammen. Er war in einen anderen Raum befördert worden und saß in einer eingelassenen Badewanne, so daß sein Kopf sich knapp über dem Fußboden befand. Um ihn herum befand sich – und zwar nicht nur längs der Zimmerwände, sondern auch an den Seitenwänden und sogar unter dem Boden der Badewanne – ein blaues Aquarium, und während er durch die kristallene Fläche starrte, auf der er saß, konnte er Fische erkennen, die zwischen bernsteinfarbenen Lichtern hindurch und ohne die geringste Neugier sogar unter seinen ausgestreckten Zehen entlangglitten, von denen sie nur durch die Decke des Kristalls getrennt waren. Über ihm drang Sonnenlicht durch meergrünes Glas herein.

»Ich nehme an, Sir, daß Sie heute morgen heißes Rosenwasser und Seifenwasser bevorzugen, Sir – und zum Abschluß vielleicht kaltes Salzwasser?«

Der Neger stand wieder neben ihm.

»Ja«, erklärte John sich einverstanden und lächelte leer, »wie Sie meinen.« Allein die Vorstellung, ein Bad entsprechend seinem eigenen dürftigen Lebensstandard zu nehmen, wäre arrogant und keineswegs angebracht gewesen.

Der Neger drückte auf einen Knopf, und sofort begann ein warmer Regen zu fallen, offenbar von oben, in Wirklichkeit jedoch, wie John gleich darauf entdeckte, aus einer nahegelegenen Sprühanlage. Das Wasser bekam eine blaßrosa Färbung, und aus vier winzigen Walroßköpfen in den Ecken der Wanne spritzte flüssige Seife in dünnem Strahl heraus. Gleich darauf hatte ein Dutzend winziger Schaufelräder, die an den beiden Längsseiten angebracht waren, die Mischung in schillernden rosafarbenen Schaum verwandelt, der ihn sanft mit seiner köstlichen Luftigkeit einhüllte und hier und dort in leuchtenden rosigen Blasen zerplatzte.

»Soll ich das Filmvorführgerät einschalten, Sir?« schlug der Neger ehrerbietig vor. »Heute liegt im Gerät bereits eine gute Komödie in einem Akt; ich kann aber auch ein ernstes Stück einlegen, wenn Sie es vorziehen.«

»Nein, danke«, antwortete John höflich, aber fest. Er genoß das Bad zu sehr, um den Wunsch nach Ablenkung zu verspüren. Aber dann gab es dennoch eine Ablenkung. Plötzlich lauschte er gespannt den Flöten, die draußen geblasen wurden und eine Melodie spielten, welche einem Wasserfall ähnelte, kühl und grün wie der Raum selbst und außerdem als Begleitung einer schwerelosen Pikkoloflöte noch duftiger als der seidige Seifenschaum, der ihn bedeckte.

Nach einer kalten Salzwasserdusche und abschließend kaltem frischem Wasser stieg er aus der Wanne und in ein flauschiges Gewand, und auf einem Liegesofa, das mit dem gleichen Stoff bezogen war, wurde er mit Öl, Alkohol und einem Duftwasser eingerieben. Anschließend saß er in einem üppigen Sessel, während er rasiert und frisiert wurde.

»Mr. Percy wartet in Ihrem Wohnzimmer«, sagte der Neger, als diese Behandlung beendet war. »Ich heiße Gygsum, Sir. Ich werde Sie von nun an jeden Morgen betreuen, Sir.«

John trat in den hellen Sonnenschein seines Wohnzimmers, und dort wartete nicht nur das Frühstück, sondern auch Percy auf ihn, der in seinen weißen ledernen Knickerbockers großartig aussah, in einem der tiefen Sessel saß und rauchte.

IV

Dies ist die Geschichte der Familie Washington, wie Percy sie John während des Frühstücks in großen Zügen erzählte.

Der Vater des gegenwärtigen Mr. Washington stammte aus Virginia und war ein direkter Nachkomme sowohl von George Washington als auch von Lord Baltimore. Beim Ende des Bürgerkrieges war er mit fünfundzwanzig Jahren Oberst und besaß eine verkommene Plantage sowie rund eintausend Dollar in Gold.

Fitz-Norman Culpepper Washington, wie der Name des jungen Obristen lautete, beschloß, seinem jüngeren Bruder den

Besitz in Virginia zu schenken und selbst in den Westen zu ziehen. Er suchte zwei Dutzend der zuverlässigsten Schwarzen aus, die ihn natürlich anbeteten, und besorgte fünfundzwanzig Fahrkarten nach dem Westen, wo er beabsichtigte, sich auf ihren Namen Land übertragen zu lassen und eine Ranch mit Vieh und Schafen aufzuziehen.

Als er noch keinen Monat in Montana war und die Dinge alles andere als gut standen, stolperte er über seine große Entdeckung. Bei einem Ritt durch das hügelige Gelände hatte er den Weg verloren, und nachdem er einen Tag nichts zu essen gehabt hatte, begann er, Hunger zu bekommen. Ein Gewehr hatte er nicht bei sich; folglich war er gezwungen, ein Eichhörnchen zu jagen, und im Verlauf der Jagd bemerkte er, daß das Eichhörnchen irgend etwas Glitzerndes im Maul trug. Kurz bevor es in seiner Höhle verschwand – denn die Vorsehung hatte nicht die Absicht, seinen Hunger mit dem Eichhörnchen zu mildern –, ließ es seine Last fallen. Als Fitz-Norman sich hinsetzte, um seine Situation zu überdenken, wurde sein Blick von einem Funkeln angezogen, das von einem neben ihm im Gras liegenden Gegenstand ausging. Binnen zehn Sekunden hatte er seinen Hunger vollständig verloren und einhunderttausend Dollar gewonnen: Das Eichhörnchen, das sich mit ärgerlicher Hartnäckigkeit geweigert hatte, die Form eines Bratens anzunehmen, hatte ihm einen großen und vollkommenen Diamanten zum Geschenk gemacht.

Am späten Abend desselben Tages fand er den Weg zum Lager, und zwölf Stunden später waren sämtliche Männer unter seinen Schwarzen bereits bei der Höhle des Eichhörnchens und gruben fieberhaft auf dieser Seite des Berges. Er hatte ihnen erzählt, er hätte ein Vorkommen von Rheinkieseln entdeckt, und da nur einer oder zwei seiner Männer bisher einen auch nur winzigen Diamanten erblickt hatte, glaubten ihm alle unbesehen. Als ihm die Größe seiner Entdeckung richtig klarwurde, befand er sich in einer schwierigen Lage. Der Berg war ein einziger Diamant – er war buchstäblich nichts anderes als ein massiver Diamant. Vier Satteltaschen füllte er mit funkelnden Probestücken und machte sich zu Pferde auf den Weg nach St. Paul. Dort gelang es ihm, ein halbes Dutzend kleiner Steine an den Mann zu bringen; als er dasselbe mit einem größeren versuchte, fiel der Geschäftsinhaber in Ohnmacht, und Fitz-Norman wurde wegen Unruhestiftung verhaftet. Er floh aus dem Gefängnis und erwischte gerade noch den Zug nach New York, wo er einige mittelgroße Diamanten verkaufte und dafür rund zweihunderttausend Dollar in Gold erhielt. Er wagte es jedoch nicht, einen der auffallenden Edelsteine anzubieten – genaugenommen verließ er New York gerade noch rechtzeitig. Denn in Juwelierkreisen war eine gewaltige Erregung entstanden, weniger durch die Größe seiner Diamanten als vielmehr durch die Tatsache, daß sie plötzlich in der Stadt auftauchten und ihre Herkunft geheimnisvoll blieb. Wilde Gerüchte kamen in Umlauf, daß ein Diamantvorkommen in den Catskills, an der Küste von Jersey, auf Long Island oder unter dem Washington Square entdeckt worden wäre. Sonderzüge – vollgestopft mit Menschen, die Pickel und Schaufeln bei sich hatten – fuhren stündlich von New York ab, und ihr Ziel waren verschiedene benachbarte Eldorados. Der junge Fitz-Norman war jedoch mittlerweile bereits auf dem Rückweg nach Montana.

Vierzehn Tage später hatte er sich ausgerechnet, daß der Diamant im Berge in seiner Größe schätzungsweise sämtlichen bisher bekannten Diamantvorkommen der Welt entsprach. Für seinen Wert gab es jedoch keinen Vergleich, da es sich hier um einen einzigen massiven Diamanten handelte; und hätte man ihn zum Kauf angeboten, wäre nicht nur dem Markt der Boden ausgeschlagen worden, sondern sämtliches auf der Welt vorhandene Gold hätte – wenn der Wert entsprechend seiner Größe in der üblichen arithmetischen Weise berechnet worden wäre – nicht ausgereicht, um auch nur den zehnten Teil des Steines zu kaufen. Und was war mit einem Diamanten dieser Größe schon anzufangen?

Er befand sich in einer beispiellosen, keineswegs beneidenswerten Lage. In gewisser Hinsicht war er der reichste Mensch, der jemals lebte – aber war sein Besitz andererseits überhaupt etwas wert? Wenn sein Geheimnis durchsickerte, war gar nicht vorherzusagen, welche Maßnahmen die Regierung ergreifen würde, um eine Panik sowohl auf dem Markt für Gold als auch auf dem für Edelsteine zu verhindern. Vielleicht würde die Regierung seinen Fund sofort beschlagnahmen und ein Monopol errichten.

Ihm blieb nur eine Möglichkeit: Er mußte seinen Berg insgeheim auf den Markt bringen. Aus dem Süden ließ er seinen jüngeren Bruder holen und übertrug diesem die Aufsicht über seine farbigen Gefolgsleute – über Schwarze, die nie erfahren hatten, daß die Sklaverei aufgehoben worden war. Um ganz sicher zu gehen, las er ihnen einen selbstverfaßten Aufruf vor, in dem es hieß, General Forrest hätte die zerschlagenen Armeen der Südstaaten reorganisiert und den Norden in einer einzigen blutigen Schlacht besiegt. Die Neger glaubten ihm blind. Sie erklärten einstimmig, daß sie mit dieser Entwicklung einverstanden wären, und nahmen ihre Arbeit unverzüglich wieder auf.

Fitz-Norman selbst begab sich mit hunderttausend Dollar und zwei Kisten, die mit Rohdiamanten aller Größen gefüllt waren, ins Ausland. Auf einer chinesischen Dschunke segelte er nach Rußland, und sechs Monate nach seiner Abreise aus Montana traf er in St. Petersburg ein. Er bezog ein unauffälliges Quartier und setzte sich sofort mit dem Hofjuwelier in Verbindung, dem er mitteilte, er hätte für den Zaren einen Diamanten. In St. Petersburg blieb er zwei Wochen, ständig in Gefahr, ermordet zu werden, und ständig die Unterkunft wechselnd; während der ganzen vierzehn Tage wagte er lediglich drei oder vier Mal, seine Kisten zu öffnen.

Nachdem er versprochen hatte, in einem Jahr mit größeren und schöneren Steinen wiederzukommen, erhielt er Erlaubnis, nach Indien weiterzureisen. Vor seiner Abreise hatte der Hofschatzmeister ihm jedoch bei amerikanischen Banken – auf vier verschiedenen Namen – den Betrag von fünfzehn Millionen Dollar gutschreiben lassen.

Im Jahre 1868 kehrte er nach Amerika zurück, nachdem er gut zwei Jahre unterwegs gewesen war. Er hatte die Hauptstädte von zweiundzwanzig Ländern besucht und mit fünf Kaisern, elf Königen, drei Fürsten, einem Schah, einem Khan und einem Sultan gesprochen. Zu disesem Zeitpunkt schätzte Fitz-Norman sein eigenes Vermögen auf eine Milliarde Dollar. Eine Tatsache trug ständig dazu bei, eine Aufdeckung seines Geheimnisses zu verhindern: Jeder einzelne seiner größeren Diamanten hatte spätestens acht Tage nach seinem Auftauchen bereits eine phantastische Vergangenheit mit genügend Todesfällen, Amouren, Revolutionen und Kriegen, die sein Schicksal bis zum ersten babylonischen Kaiserreich zurückverfolgen ließ.

Von 1870 bis zu seinem Tod im Jahre 1900 war die Lebensgeschichte des Fitz-Norman Washington ein einziges Epos in Gold.

Natürlich blieb es nicht allein bei diesem Thema: Er vereitelte die Vermessung seines Gebietes, heiratete eine Dame aus Virginia, die ihm einen Sohn schenkte, und war dank einer Reihe unglücklicher Komplikationen gezwungen, seinen Bruder zu ermorden, dessen unglückliche Angewohnheit, sich in einen Zustand unbesonnener Gleichgültigkeit hineinzutrinken, ihre Sicherheit mehrmals gefährdet hatte. Im übrigen trübten jedoch nur ganz wenige Morde diese glücklichen Jahre des Fortschritts und der Expansion.

Kurz vor seinem Tod änderte Fitz-Norman seinen Grundsatz: Mit nur einigen wenigen Millionen Dollar seines greifbaren Vermögens kaufte er in großen Mengen Edelmetalle auf, die er in den Stahlkammern der Banken überall auf der Welt deponierte und dort als Nippsachen bezeichnete. Braddock Tarleton Washington, sein Sohn, übernahm dieses Verfahren in noch größerem Umfang. Er beschränkte sich auf das seltenste aller Elemente – Radium –, so daß der Gegenwert von einer Milliarde Dollar in Gold in einem Behältnis Platz hatte, das nicht größer als eine Zigarrenkiste war.

Als Fitz-Norman drei Jahre tot war, hielt sein Sohn Braddock das Geschäft für weit genug gediehen. Der Wohlstand, den er und sein Vater dem Berg entnahmen, hatte ein Ausmaß erreicht, das nicht mehr zu berechnen war. Er hatte ein Notizheft angelegt, in das er – in Geheimschrift – die ungefähre Menge Radium eintrug, die in jeder der tausend Banken deponiert lag, deren Kunde er war, sowie die Namen, unter denen es dort aufbewahrt wurde. Und dann tat er etwas ganz Einfaches.

Er stellte die Förderung ein. Was bisher gefördert worden war, würde ausreichen, um alle Washingtons, auch die noch ungeborenen, für Generationen mit unvergleichlichem Luxus zu umgeben. Seine einzige Sorge mußte jetzt darin bestehen, sein Geheimnis weiterhin zu schützen, damit eine mögliche Panik auf Grund dieser Entdeckung ihn und sämtliche anderen Besitzenden der Welt nicht in größte Armut stürzte.

Das also war die Familie, in der John T. Unger sich gerade aufhielt. Und das war die Geschichte, die er am Vormittag nach seiner Ankunft in seinem Wohnzimmer mit den silbernen Wänden zu hören bekam.

V

Nach dem Frühstück begab John sich durch den großen marmornen Eingang ins Freie und betrachtete neugierig das Bild, das sich ihm bot. Im ganzen Tal, vom Diamantberg bis zum fünf Meilen entfernten steilen Granithang, schwebte immer noch ein Anflug goldenen Nebels, der reglos über den sanften Rasen, Seen und Gärten lag. Hier und dort bildeten Gruppen von Ulmen köstlich schattige Plätze und hoben sich seltsam von der dichten Masse des Pinienwaldes ab, der die Hügel mit einem dunkelblauen Grün bedeckte. Während John noch hinblickte, sah er drei Rehkitze, die hintereinander – etwa eine halbe Meile entfernt – unter einer Baumgruppe hervortraten und mit lustiger Unbeholfenheit im gestreiften Halbdunkel einer anderen wieder verschwanden. John wäre nicht überrascht gewesen, wenn er eine Ziege erblickt hätte, die Flöte spielend unter den Bäumen hindurchgegangen wäre, oder wenn er zwischen den grünsten der grünen Blätter flüchtig die rosige Haut und das wehende blonde Haar einer Nymphe entdeckt hätte.

Erfüllt von einer derartigen frechen Hoffnung, ging er die Marmortreppe hinunter, störte dabei vorübergehend den Schlaf von zwei seidigen russischen Wolfshunden am Fuß der Treppe und folgte einem Weg aus weißen und blauen Kacheln, der in keine besondere Richtung zu führen schien.

Er genoß alles, soweit es ihm überhaupt möglich war. Zum Glück wie zur Unzulänglichkeit der Jugend gehört es, nie in der Gegenwart zu leben, sondern den Tag immer mit der eigenen, phantastisch verklärten Zukunft zu vergleichen; Blumen und Gold, Mädchen und Sterne – sie allein sind einzig Vorstellungen und Weissagungen jenes unvergleichbaren, unerreichbaren jugendlichen Traums.

John bog um eine sanfte Ecke, wo die dichtgedrängten Rosenbüsche die Luft mit ihrem betäubenden Duft erfüllten, verließ den Weg und wanderte über den Rasen zu einem Moospolster unter einigen Bäumen. Noch nie hatte er auf Moos gelegen, und er wollte sehen, ob es wirklich so weich war, wie immer behauptet wurde. Dann sah er plötzlich, daß ein Mädchen über den Rasen kam und sich ihm näherte. Sie war das schönste Wesen, das er je erblickt hatte.

Sie trug ein weißes Kleidchen, das ihre Knie gerade bedeckte, und ein Kranz aus Reseden, der mit blauen Saphirsplittern besetzt war, hielt ihr Haar zusammen. Ihre rosigen bloßen Füße waren vom Tau benetzt, als sie langsam näherkam. Sie war jünger als John – nicht älter als sechzehn.

»Hallo!« rief sie mit sanfter Stimme. »Ich bin Kismine.«

Für John bedeutete sie bereits viel mehr als das. Er ging ihr entgegen, und als er sie erreicht hatte, blieb er beinahe reglos stehen, um ihr nicht auf die bloßen Zehen zu treten.

»Du hast mich noch nicht kennengelernt«, sagte ihre sanfte Stimme. Und ihre blauen Augen fügten hinzu: ›Und du hast viel versäumt!‹ – »Gestern abend hast du meine Schwester Jasmine gesehen. Ich war krank. Der Salat war mir nicht bekommen«, fuhr ihre sanfte Stimme fort, und ihre Augen setzten noch hinzu: ›Wenn ich krank bin, bin ich süß – und auch, wenn ich gesund bin.‹

›Du hast einen gewaltigen Eindruck auf mich gemacht‹, sagten Johns Augen, ›und ich selbst brauche nie lange . . .‹ – »Wie geht es dir heute?« sagte seine Stimme. »Hoffentlich schon etwas besser!« – ›Mein Liebling‹, fügten seine Augen zitternd hinzu.

John bemerkte, daß sie den Weg weitergegangen waren. Auf ihren Vorschlag setzten sie sich nebeneinander auf das Moos, aber er vergaß festzustellen, wie weich es nun wirklich war.

Frauen gegenüber war er sehr kritisch. Ein einziger Fehler – ein dicker Fußknöchel, eine heisere Stimme oder ein Glasauge – genügte, daß sie ihm äußerst gleichgültig wurden. Und jetzt saß er zum ersten Mal in seinem Leben neben einem Mädchen, das in seinen Augen die Verkörperung physischer Vollkommenheit war.

»Bist du aus dem Osten?« fragte Kismine mit bezauberndem Interesse.

»Nein«, erwiderte John schlicht. »Ich bin aus Hades.«

Entweder hatte sie von Hades noch nie etwas gehört, oder ihr fiel gerade keine erfreuliche Bemerkung ein, denn sie ging nicht weiter darauf ein.

»Im Herbst komme ich im Osten auf eine Schule«, sagte sie. »Glaubst du, daß es mir dort gefallen wird? Ich komme nach New York zu Miss Bulge. Dort soll es sehr streng sein, aber am Wochenende bin ich dann immer mit der Familie in unserem New Yorker Haus zusammen, weil Vater gehört hat, daß die Mädchen immer zu zweit gehen müssen.«

»Dein Vater möchte, daß du stolz bist«, bemerkte John dazu.

»Das sind wir auch«, erwiderte sie, und ihre Augen leuchteten würdevoll. »Keiner von uns ist jemals bestraft worden. Vater meint, das sollten wir auch nie. Als meine Schwester Jasmine noch klein war, hat sie ihn einmal die Treppe hinunter geschubst, und er ist einfach aufgestanden und weggehumpelt.

Mutter war – ach Gott, sie war ein bißchen verwundert«, fuhr Kismine fort, »als sie erfuhr, daß du aus – daß du eben daher stammst, verstehst du? Sie sagte, als sie noch ein junges Mädchen gewesen wäre – aber weißt du, sie ist Spanierin und altmodisch.«

»Seid ihr oft hier?« fragte John, um zu verbergen, daß diese Bemerkung ihn irgendwie verletzt hatte. Sie schien eine unfreundliche Anspielung darauf zu sein, daß er aus der Provinz stammte.

»Percy, Jasmine und ich, wir sind jeden Sommer hier, aber Jasmine geht nächsten Sommer nach Newport. Im Herbst übers Jahr wird sie in London in die Gesellschaft eingeführt und am Hof vorgestellt.«

»Weißt du eigentlich«, sagte John zögernd, »daß du viel gescheiter bist, als ich im ersten Augenblick geglaubt habe?«

»Aber nein – das bin ich gar nicht«, rief sie schnell. »Wirklich, auf diesen Gedanken würde ich nie kommen. Meiner Ansicht nach sind gescheite junge Leute so entsetzlich gewöhnlich – oder nicht? Und das bin ich wirklich nicht. Wenn du das noch einmal sagst, fange ich an zu weinen!«

Sie war so unglücklich, daß ihr Mund bebte. John konnte nicht anders, als alles widerrufen.

»Das habe ich auch gar nicht gemeint; ich habe es doch nur gesagt, um dich zu necken!«

»Ich würde nichts sagen, wenn ich es wirklich wäre«, erklärte sie störrisch, »aber gerade das bin ich nicht. Ich bin sehr unwissend und mädchenhaft. Ich rauche nicht, trinken tue ich auch nicht, und ich lese nur Gedichte. Von Mathematik oder Chemie weiß ich kaum etwas. Ich ziehe mich auch ganz schlicht an – wenn man es genau nimmt, ziehe ich mich kaum an. Und gescheit zu sein ist meiner Ansicht nach gerade das, was man von mir nicht behaupten kann. Ich finde, Mädchen sollten ihre Jugend auf gesunde Weise genießen.«

»Das tue ich ebenfalls«, sagte John aus vollem Herzen.

Kismine war wieder vergnügt. Sie lächelte ihn an, und eine heimliche Träne rollte aus dem Winkel eines ihrer blauen Augen.

»Ich mag dich«, flüsterte sie vertrauensvoll. »Wirst du, solange du hier bist, immer nur mit Percy zusammen sein, oder wirst du auch zu mir nett sein? Stell dir vor – ich bin noch völlig unerfahren. In meinem ganzen Leben hat es noch nicht einen einzigen Jungen gegeben, der in mich verliebt war. Bisher durfte ich einen Jungen, wenn ich allein war, nicht einmal sehen – mit Ausnahme Percys. Ich bin den ganzen Weg hierher gegangen, weil ich hoffte, dir zu begegnen, ohne daß die ganze Familie dabei ist.«

Tief geschmeichelt verbeugte John sich aus der Taille, wie er es in der Tanzstunde in Hades gelernt hatte.

»Vielleicht gehen wir jetzt lieber«, sagte Kismine liebenswürdig. »Um elf muß ich bei Mutter sein. Und dabei hast du nicht ein einziges Mal um einen Kuß gebeten. Ich dachte, das tun Jungs heutzutage immer.«

Stolz richtete John sich auf.

»Manche tun das«, erwiderte er, »aber nicht ich. Mädchen tun so etwas auch nicht – wenigstens nicht in Hades.«

Seite an Seite gingen sie langsam zum Haus zurück.

VI

John stand im hellen Sonnenschein vor Mr. Braddock Washington. Der ältere Mann war etwa vierzig, hatte ein stolzes, wenn auch ausdrucksloses Gesicht, intelligente Augen und eine kräftige Figur. Morgens roch er immer nach Pferden – nach den besten Pferden. In der Hand hielt er einen schlichten Spazierstock aus grauer Birke, dessen Griff ein einziger großer Opal bildete. Gemeinsam mit Percy zeigte er John seinen Besitz.

»Die Unterkünfte der Sklaven sind dort drüben.« Sein Spazierstock zeigte auf einen marmornen Kreuzgang, der links von ihnen lag und in anmutigem gotischem Stil am Hang des Berges entlang verlief. »In meiner Jugend wurde ich eine Zeitlang durch eine Periode sinnlosen Idealismus von der Beschäftigung mit dem Leben abgelenkt. Während jener Periode lebten sie im Luxus. Beispielsweise stattete ich jedes Zimmer mit einem gekachelten Bad aus.«

»Wahrscheinlich«, wagte John mit beflissenem Lachen zu sagen, »benutzten sie die Badewannen, um ihre Kohlen aufzubewahren. Mr. Schnlitzer-Murphy hat mir einmal erzählt, daß er ...«

»Die Ansichten dieses Mr. Schnlitzer-Murphy dürften meiner Ansicht nach ziemlich unwichtig sein«, unterbrach Braddock Washington ihn kalt. »Meine Sklaven haben ihre Kohlen jedenfalls nicht in den Badewannen aufbewahrt. Sie hatten vielmehr Befehl, jeden Tag zu baden, und das taten sie auch. Hätten sie es nicht getan, hätte ich wahrscheinlich schwefelsaures Shampoo bestellt. Die Badewanne ließ ich aus einem völlig anderen Grund entfernen. Mehrere Leute hatten sich nämlich erkältet und starben. Wasser ist für bestimmte Rassen nicht gut – es sei denn als Getränk.«

John lachte, und dann entschloß er sich, ernst und zustimmend zu nicken. Braddock Washington war ihm nicht ganz geheuer.

»Diese Neger sind sämtlich Nachkommen jener Leute, die mein Vater nach Norden mitbrachte. Es sind jetzt ungefähr zweihundertfünfzig. Sie haben sicher bemerkt, daß ihr ursprünglicher Dialekt durch die lange Abschließung von der Welt zu einer fast unverständlichen Mundart geworden ist. Einigen bringen wir bei, englisch zu sprechen – etwa meinem Sekretär und zwei oder drei Leuten vom Hauspersonal.

Das hier ist der Golfplatz«, fuhr er fort, als sie über den weichen Rasenboden schlenderten. »Er besteht aus einem einzigen Grün, sehen Sie – kein Sandbunker, keine Bodenwelle und kein einziges Hindernis.«

Er lächelte John freundlich an.

»Sind viele Leute im Käfig, Vater?« fragte Percy plötzlich.

Braddock Washington stolperte und stieß unwillkürlich einen Fluch aus.

»Einer weniger, als dort eigentlich sein sollten«, äußerte er dunkel – und einen Augenblick später fügte er hinzu: »Wir hatten Schwierigkeiten.«

»Das hat Mutter mir schon erzählt«, rief Percy. »Dieser Italienischlehrer ...«

»Ein gespenstischer Irrtum«, sagte Braddock Washington verärgert. »Aber natürlich besteht immerhin die Möglichkeit, daß wir ihn noch erwischt haben. Vielleicht ist er irgendwo in den

Wäldern oder von einem Felsvorsprung abgestürzt. Und dann ist es natürlich wahrscheinlich, daß man ihm seine Geschichte – falls er tatsächlich entkommen sein sollte – einfach nicht glaubt. Trotzdem habe ich zwei Dutzend Leute beauftragt, in den verschiedenen Städten der Umgebung nach ihm zu suchen.«

»Und hat es geklappt?«

»In gewisser Hinsicht. Vierzehn dieser Leute haben meinem Agenten mitgeteilt, sie hätten jeder einen Mann getötet, auf den die Beschreibung paßte; aber natürlich waren sie wahrscheinlich nur auf die Belohnung aus ...«

Er unterbrach sich. Sie hatten eine große Mulde im Erdboden erreicht, die ungefähr den Durchmesser eines Karussells hatte und mit einem schweren eisernen Gitter bedeckt war. Braddock Washington winkte John näher und deutete mit seinem Spazierstock durch das Gitter nach unten. John trat an den Rand und starrte hinunter. Im gleichen Augenblick dröhnte in seinen Ohren ein wilder Lärm, der von unten heraufschlug.

»Komm doch runter in die Hölle!«

»Hallo, Junge, wie ist die Luft da oben?«

»He! Wirf uns ein Tau herunter!«

»Hast du vielleicht ein vertrocknetes Stück Kuchen, Freundchen, oder ein paar gebrauchte Sandwiches?«

»Hör mal zu, Freund, wenn du den Kerl neben dir zu uns runter schubst, zeigen wir dir, wie schnell man verschwinden kann!«

»Hau ihm in meinem Namen eins in die Fresse.«

Es war zu dunkel, um in der Grube irgend etwas deutlich erkennen zu können, aber aus dem derben Optimismus und der groben Vitalität der Bemerkungen und Stimmen schloß John, daß es Amerikaner der Mittelklasse, wenn auch von der mutigen Art, sein mußten. Dann streckte Mr. Washington seinen Spazierstock aus und berührte einen Knopf, der im Gras verborgen war, und im gleichen Augenblick wurde die Szene grell beleuchtet.

»Das sind ein paar abenteuerliche Seeleute, die das Pech hatten, Eldorado zu entdecken«, bemerkte er dabei.

Unter ihnen war im Erdboden eine große Höhle sichtbar geworden, die wie das Innere einer Schüssel geformt war. Die Seiten waren steil und bestanden offensichtlich aus geschliffenem Glas. Und auf dem leicht gewölbten Boden standen etwa zwei Dutzend Männer, die – halb kostümiert, halb uniformiert – wie Piloten gekleidet waren. Ihre hochgereckten Gesichter, die deutlich Zorn, Bosheit, Verzweiflung oder zynischen Humor verrieten, hatten lange Bärte, aber mit Ausnahme einiger weniger, die deutlich vor Kummer fast vergingen, schienen alle gut genährt und gesund zu sein.

Braddock Washington zog einen Gartenstuhl an den Rand der Grube und setzte sich.

»Na, wie geht es euch, Jungs?« erkundigte er sich leutselig.

Ein Chor von Verwünschungen, in die mit Ausnahme der allzu Verzagten alle einstimmten, stieg in die sonnengetränkte Luft, aber Braddock Washington nahm ihn ungerührt zur Kenntnis. Als das letzte Echo verklungen war, fing er wieder an zu sprechen.

»Ist euch eine Möglichkeit eingefallen, wie ihr aus eurer schwierigen Lage herauskommt?«

Hier und dort wurde eine Bemerkung heraufgeschrien.

»Wir haben beschlossen, aus lauter Liebe hier zu bleiben!«

»Hol uns nach oben, und wir werden schon eine Möglichkeit finden!«

Braddock Washington wartete, bis alles wieder ruhig war. Dann sagte er: »Ich habe euch die Situation erklärt. Ich habe gar keine Lust, euch hier zu behalten. Mir wäre es am liebsten, ich hätte euch nie gesehen. Aber eure eigene Neugierde hat euch hierhergeführt, und sobald euch ein Ausweg einfällt, der mich und meine Interessen schützt, werde ich ihn gerne erwägen. Solange ihr eure Anstrengungen jedoch darauf beschränkt, immer neue Tunnel zu graben – ja, ich weiß, daß ihr einen neuen angefangen habt –, werdet ihr nicht weit kommen. Euch geht es gar nicht so schlecht, wie ihr mit eurem Gejammer nach den Lieben zu Hause immer tut. Gehörtet ihr tatsächlich zu jenen Leuten, die sich um ihre Lieben zu Hause Sorgen machen, hättet ihr mit der Fliegerei gar nicht erst angefangen.«

Ein hochgewachsener Mann entfernte sich einige Schritte von den übrigen und hielt eine Hand hoch, um die Aufmerksamkeit des Mannes, der sie gefangenhielt, für das zu erwecken, was er zu sagen hatte.

»Ich möchte Ihnen gern ein paar Fragen stellen!« rief er. »Sie geben vor, ein gerecht denkender Mann zu sein.«

»Wie albern. Wie könnte ein Mann in meiner Position euch gegenüber gerecht denken? Genausogut könntet ihr behaupten, ein Spanier dächte einem Stück Fleisch gegenüber gerecht.«

Auf Grund dieser barschen Bemerkung verfielen die Gesichter der zwei Dutzend Fleischstücke, aber der hochgewachsene Mann fuhr trotzdem fort.

»Also gut!« rief er. »Darüber haben wir uns schon früher gestritten. Sie sind weder ein Menschenfreund noch ein gerecht denkender Mann, aber Sie sind ein Mensch – zumindest behaupten Sie es –, und damit sollten Sie eigentlich in der Lage sein, sich lange genug an unsere Stelle zu versetzen, um zu überlegen, wie – wie – wie . . .«

»Wie was?« fragte Washington kalt.

». . . wie unnötig . . .«

»Nicht für mich.«

»Meinetwegen – wie grausam . . .«

»Dieser Punkt ist bereits erledigt. Es gibt keine Grausamkeit, wenn es sich um Selbsterhaltung handelt. Ihr seid Soldaten gewesen; ihr wißt also Bescheid. Vielleicht fällt dir etwas anderes ein.«

»Also gut: wie dumm.«

»Darüber könnte man allerdings reden«, gab Washington zu. »Aber versucht einmal, eine Alternative zu finden. Jedem einzelnen von euch habe ich angeboten, ihn schmerzlos zu beseitigen, wenn er es wünscht. Ich habe ferner angeboten, daß eure Frauen, eure Schätze, eure Kinder und eure Mütter entführt und hierher gebracht werden. Ich werde euren Aufenthaltsort vergrößern lassen und euch ernähren und kleiden, solange ihr lebt. Gäbe es eine Methode, einen dauerhaften Gedächtnisschwund herbeizuführen, würde ich euch alle sofort operieren lassen und euch außerhalb meines Gebietes die Freiheit wiedergeben. Aber weiter reichen meine Vorstellungen nun einmal nicht.«

»Wie wäre es, wenn du uns vertrautest, daß wir dich nicht verraten?« rief irgend jemand.

»Dieser Vorschlag ist doch wohl nicht ernst gemeint«, sagte Washington mit wütendem Gesicht. »Ich habe einen einzigen Mann herausgeholt, weil er meiner Tochter Italienisch beibringen sollte. Letzte Woche ist er verschwunden.«

Ein gellender Freudenschrei brach plötzlich aus zwei Dutzend Kehlen, gefolgt von einem Höllenlärm des Jubels. Die Gefangenen tanzten und schrien und jodelten und rauften miteinander, als wären ihre tierischen Instinkte nicht mehr zu bändigen. Sie rannten sogar die gläsernen Seiten der Schale so weit hinauf, wie sie konnten, und rutschten dann auf dem natürlichen Polster ihrer Leiber wieder zurück. Der hochgewachsene Mann fing an, ein Lied zu singen, in das alle anderen einfielen.

Oh, we'll hang the kaiser
On a sour apple tree ...

Braddock Washington verharrte in unergründlichem Schweigen, bis das Lied beendet war.

»Ihr seht also«, bemerkte er, als er ein Mindestmaß an Aufmerksamkeit auf sich ziehen konnte, »daß ich keineswegs böswillig bin. Mir ist es lieb, wenn ihr euren Spaß habt. Deswegen habe ich euch auch nicht die ganze Geschichte auf einmal erzählt. Der Mann – wie hieß er noch? Critchtichiello? – wurde von einigen meiner Agenten an vierzehn verschiedenen Stellen erschossen.«

Da niemand auf den Gedanken kam, es könnten damit Städte gemeint sein, erstarb der freudige Tumult fast sofort.

»Trotzdem«, rief Washington leicht verärgert, »hat er zumindest versucht zu entkommen. Erwartet ihr etwa, daß ich es nach einem derartigen Vorfall mit einem von euch noch einmal darauf ankommen lasse?«

Wieder stieg eine Folge von Schreien hoch.

»Klar!«

»Möchte deine Tochter vielleicht Chinesisch lernen?«

»He, ich kann auch fließend Italienisch! Meine Mutter stammte von da unten.«

»Wenn es die Kleine mit den großen blauen Augen ist, kann ich ihr eine Menge beibringen, was ihr mehr Spaß als Italienisch macht.«

»Ich kenne ein paar irische Lieder – und Trompete habe ich früher auch geblasen.«

Mr. Washington stieß seinen Stock plötzlich nach vorn und drückte auf den im Gras verborgenen Knopf, so daß die Szene in Dunkelheit versank, und nur der große schwarze Schlund blieb, der mit den schwarzen Zähnen des Gitters grausig versperrt war.

»He!« rief eine einzelne Stimme von unten, »du willst doch wohl nicht weggehen, ohne uns deinen Segen gegeben zu haben?«

Aber Mr. Washington schlenderte bereits, gefolgt von den beiden Jungen, zum neunten Loch des Golfplatzes, als wären die Grube und ihr Inhalt lediglich ein Hindernis, über das sein Schläger mit Leichtigkeit triumphiert hatte.

VII

Der Juli im Schutz des Diamantberges war ein Monat lauer Nächte und warmer, glühender Tage. John und Kismine hatten sich verliebt. Er wußte nicht, daß der kleine goldene Fußball (mit der Inschrift *Pro deo et patria et St. Mida*), den er ihr geschenkt hatte, an einer Platinkette auf ihrem Busen ruhte. Aber es war so. Und sie wiederum wußte nicht, daß ein großer Saphir, der ihr eines Tages aus der schlichten Frisur gefallen war, zärtlich verpackt in Johns Schmuckschachtel lag.

Eines späten Nachmittags, als es in dem mit Rubinen und Hermelin ausgeschlagenen Musikzimmer ruhig war, verbrachten sie dort gemeinsam eine ganze Stunde. Er hielt ihre Hand, und sie schenkte ihm einen Blick, daß er laut ihren Namen flüsterte. Sie beugte sich zu ihm – und zögerte.

»Hast du eben wirklich ›Kismine‹ gesagt?« fragte sie sanft, »oder ...«

Sie wollte ganz sicher gehen. Sie glaubte, ihn vielleicht nicht richtig verstanden zu haben.

Beide hatten bisher noch nie geküßt, aber nach Ablauf einer Stunde war davon kaum mehr etwas zu merken.

Der Nachmittag verstrich. An jenem Abend, als der letzte Hauch der Musik vom höchsten Turm verweht war, lagen beide hellwach im Bett und träumten glücklich von den einzelnen Minuten des Tages. Sie hatten beschlossen, sobald wie möglich zu heiraten.

VIII

Jeden Tag gingen Mr. Washington und die beiden jungen Männer in den dichten Wäldern auf die Jagd oder zum Fischen, oder sie spielten auf dem verschlafenen Platz eine Runde Golf – ein Spiel, bei dem John diplomatischerweise seinen Gastgeber gewinnen ließ – oder schwammen in der gebirgischen Kühle des Sees. In Johns Augen war Mr. Washington ein etwas anstrengender Mensch, der sich lediglich für seine eigenen Vorstellungen und Ansichten interessierte. Mrs. Washington war verschlossen und reserviert. Offensichtlich waren die beiden Töchter ihr gleichgültig, während sie in ihrem Sohn Percy völlig aufging, und beim Abendessen führte sie mit ihm endlose Gespräche in schnellem Spanisch.

Rein äußerlich ähnelte zwar Jasmine, die ältere Tochter, ihrer Schwester Kismine, nur daß sie etwas krumme Beine hatte und ihr Körper in großen Händen und Füßen endete; im Temperament waren sie jedoch äußerst verschieden. Jasmines Lieblingsbücher handelten von armen Mädchen, die ihren verwitweten Vätern den Haushalt führen mußten. Von Kismine erfuhr John, daß Jasmine sich nie von dem Schock und der Enttäuschung erholt hatte, die die Beendigung des Weltkrieges bei ihr verursacht hatte, als sie gerade dabei war, eine Karriere als Expertin für Kantinen in Europa zu beginnen. Eine Zeitlang war sie sogar vor Kummer fast vergangen, und Braddock Washington hatte die erforderlichen Schritte unternommen, um auf dem Balkan einen neuen Krieg in Gang zu bringen; dann aber hatte sie die Photographie einiger verwundeter serbischer Soldaten gesehen und jegliches Interesse an diesen Vorgängen verloren. Percy und Kismine schienen jedoch die arrogante Haltung ihres Vaters mit all ihrer barschen Herrlichkeit geerbt zu haben. Ein reiner und beständiger Egoismus zog sich wie ein roter Faden durch jeden ihrer Gedanken.

John war von den Wundern des Châteaus und des Tals begeistert. Wie Percy ihm erzählte, hatte Braddock Washington veranlaßt, daß ein Landschaftsgärtner, ein Architekt, ein Bühnenbildner und ein französischer dekadenter Dichter, der aus dem vergangenen Jahrhundert übriggeblieben war, entführt wurden. Diesen Leuten hatte er seine gesamte Streitmacht an Negern zur Verfügung gestellt und garantiert, daß ihnen sämtliche Materialien, die die Welt zu bieten hatte, geliefert würden, und dann hatte er sie sich selbst überlassen, damit sie ihre eigenen Vorstellungen ausarbeiten konnten. Aber einer nach dem andern hatte seine Nutzlosigkeit bewiesen. Der dekadente Dichter hatte sofort angefangen, seine Trennung von den Boulevards im Frühling zu beklagen – er hatte lediglich einige verschwommene

Bemerkungen über Gewürze, Affen und Elfenbein gemacht, jedoch nichts geäußert, was von praktischem Wert gewesen wäre. Der Bühnenbildner seinerseits hatte den Wunsch gehabt, das gesamte Tal mit einem Netz von Tricks und sensationellen Effekten zu überziehen – mit Dingen also, deren die Washingtons sehr bald überdrüssig geworden wären. Und sowohl der Architekt als der Landschaftsgärtner hatten Gedanken geäußert, die sich lediglich im üblichen Rahmen hielten: Ihrer Ansicht nach sollte dieses wie dieses und jenes wie jenes aussehen.

Aber zumindest hatten sie das Problem, was mit ihnen daraufhin geschehen sollte, selbst gelöst. Eines Morgens waren sie alle wahnsinnig geworden, nachdem sie eine Nacht gemeinsam in einem einzigen Raum verbracht und versucht hatten, sich über den genauen Standort eines Brunnens zu einigen. Und jetzt waren sie sehr behaglich in einem Irrenhaus in Westport, Connecticut, eingesperrt.

»Aber«, fragte John neugierig, »wer hat denn dann eure wunderbaren Räume und Hallen, die Auffahrten und Badezimmer entworfen . . .?«

»Ach Gott«, erwiderte Percy, »ich schäme mich fast, es zu sagen, aber es war ein Filmfritze. Er war der einzige, der gewohnt war, mit unbegrenzten Geldbeträgen herumzuspielen, obgleich er sich beim Essen die Serviette in den Kragen stopfte und weder lesen noch schreiben konnte.«

Als der August sich seinem Ende zuneigte, begann John zu bedauern, daß er bald wieder zur Schule zurück mußte. Er und Kismine hatten beschlossen, im Juni des folgenden Jahres durchzubrennen.

»Es wäre zwar netter, hier zu heiraten«, gestand Kismine, »aber natürlich würde ich die Erlaubnis meines Vaters, dich zu heiraten, niemals bekommen. Dann reiße ich lieber aus. Im Augenblick ist es für wohlhabende Menschen in Amerika einfach schrecklich zu heiraten – dauernd muß man Bulletins an die Presse geben und mitteilen, man müßte in Lumpen heiraten, obgleich es nur bedeutet, daß man sich eine Handvoll alter gebrauchter Perlen umbindet und einen Schleier trägt, den die Kaiserin Eugénie bereits benutzt hat.«

»Ich weiß«, stimmte John inbrünstig zu. »Als ich bei den Schnlitzer-Murphys zu Besuch war, heiratete Gwendolyn, die älteste Tochter, den Sohn eines Mannes, dem das halbe Westvirginia gehört. Eines Tages schrieb sie nach Hause, daß es entsetzlich schwierig wäre, mit seinem Gehalt als Bankangestellter auszukommen, und zum Schluß schrieb sie, daß sie Gott sei Dank vier zuverlässige Dienstmädchen hätte, die ihr das Leben etwas erleichterten.«

»Das ist albern«, meinte Kismine dazu. »Denke nur an die Millionen und aber Millionen von Leuten auf der Welt, Arbeiter und so, die mit zwei Dienstmädchen auskommen müssen.«

Eines Nachmittags, gegen Ende August, veränderte eine zufällige Bemerkung Kismines das Gesicht der gesamten Situation und stürzte John in einen Zustand des Entsetzens.

Sie waren in ihrem Lieblingshain, und zwischen Küssen wurde John von irgendwelchen romantischen Vorahnungen übermannt, die seiner Ansicht nach ihren Beziehungen eine besondere Bedeutung verliehen.

»Manchmal glaube ich, wir werden nie heiraten«, sagte er melancholisch. »Du bist zu wohlhabend, zu herrlich. Ein Mädchen, das so reich ist wie du, kann nicht wie andere Mädchen sein. Wahrscheinlich wäre es besser, ich heiratete die Tochter irgendeines wohlhabenden Eisenwarenhändlers aus Omaha oder Sioux City und begnügte mich mit ihrer halben Million.«

»Ich kannte einmal die Tochter eines Eisenhändlers«, bemerkte Kismine dazu. »Aber ich glaube nicht, daß du dich mit ihr begnügt hättest. Sie war eine Freundin meiner Schwester und hier zu Besuch.«

»Oh, dann habt ihr also auch schon andere Gäste gehabt?« rief John überrascht aus.

Kismine schien ihre Worte zu bereuen.

»O ja«, sagte sie schnell, »ein paar sind schon hier gewesen.«

»Aber habt ihr denn nicht – hat dein Vater nicht Angst gehabt, daß sie draußen reden würden?«

»O doch, in gewissem Umfang schon, in gewissem Umfang«, antwortete sie. »Aber sprechen wir doch von irgend etwas Erfreulicherem.«

Johns Neugierde war jedoch geweckt.

»Von irgend etwas Erfreulicherem?« fragte er. »Was ist daran denn so unerfreulich? Waren die Mädchen nicht nett?«

Zu seiner großen Überraschung begann Kismine zu weinen.

»Doch – d-das ist doch d-das Ärgerliche d-dabei. Mit einigen M-Mädchen hatte ich mich r-richtig angefreundet. Jasmine übrigens auch, aber sie hat sie trotzdem hierher eingeladen. Und das konnte ich einfach nicht verstehen.«

Ein dunkler Argwohn war in Johns Herzen erwacht.

»Willst du damit sagen, daß sie tatsächlich geredet haben und daß dein Vater sie dann – beseitigen ließ?«

»Noch viel schlimmer«, stammelte sie gebrochen. »Vater überließ nichts dem Zufall – und Jasmine schrieb ihnen immer, sie sollten kommen, und sie hatten es hier wirklich schön!«

Ein heftiger Kummer überwältigte sie.

Vor Entsetzen über diese Enthüllung wie betäubt, saß John mit offenem Mund da, und er hatte das Gefühl, daß seine Nerven wie Drähte zitterten, auf denen sich ein Schwarm Stare niedergelassen hatte.

»Jetzt habe ich es dir erzählt, und dabei durfte ich es gar nicht«, sagte sie, und plötzlich war sie wieder völlig ruhig und trocknete sich die dunkelblauen Augen.

»Soll das etwa bedeuten, daß dein Vater sie vor ihrer Abreise ermorden ließ?«

Sie nickte.

»Gewöhnlich im August – oder Anfang September. Für uns ist es doch nur natürlich, daß wir in erster Linie versuchen, soviel Spaß wie nur möglich mit ihnen zu haben.«

»Wie abscheulich! Wie – ach, ich werde bestimmt noch wahnsinnig! Hast du eben wirklich zugegeben, daß . . .«

»Das habe ich«, unterbrach Kismine ihn und zuckte die Schultern. »Wir können sie doch nicht wie diese Flieger einfach einsperren, so daß sie uns jeden Tag vorwurfsvoll anschauen. Und für Jasmine und mich wurde es dadurch leichter gemacht, daß Vater es stets früher tun ließ, als wir erwarteten. Auf diese Weise gab es wenigstens keine Abschiedsszenen . . .«

»Ihr habt sie also ermordet! Oh!« rief John.

»Es wurde sehr dezent erledigt. Sie wurden im Schlaf betäubt – und ihren Familien wurde immer mitgeteilt, sie wären in Butte an Scharlachfieber gestorben.«

»Aber – ich kann einfach nicht begreifen, warum ihr immer wieder neue eingeladen habt!«

»Das habe ich nicht«, platzte Kismine heraus. »Ich habe nie jemanden eingeladen. Das hat Jasmine getan. Und sie hatten es doch stets sehr schön bei uns. Gegen Ende hat Jasmine ihnen immer die hübschesten Dinge geschenkt. Später werde ich mir wahrscheinlich auch jemanden einladen – sobald ich mich daran gewöhnt habe. Warum soll etwas so Unvermeidliches wie der Tod uns daran hindern, das Leben zu genießen, solange wir es noch besitzen? Stell dir nur vor, wie einsam es hier wäre, wenn kein einziger Mensch herkäme! Und schließlich haben Vater und Mutter auch einige ihrer besten Freunde geopfert – genauso wie wir.«

»Und trotzdem«, rief John anklagend, »und trotzdem hast du zugelassen, daß ich mich in dich verliebte, hast von Hochzeit geredet, und dabei war es dir völlig egal, daß ich lebend hier nie wieder wegkomme...«

»Nein«, protestierte sie leidenschaftlich. »Jetzt nicht mehr. Zuerst schon. Du warst hier. Daran konnte ich nichts ändern, und ich dachte, daß deine letzten Tage dann für uns beide auch ruhig schön sein könnten. Aber dann habe ich mich in dich verliebt, und – und jetzt tut es mir ehrlich leid, daß man dich – daß man dich beseitigt, obgleich es mir lieber ist, wenn man dich beseitigt, als daß du ein anderes Mädchen küßt.«

»Ach, wirklich?« rief John wild.

»Viel lieber. Abgesehen davon habe ich immer gehört, daß es für ein Mädchen viel lustiger ist, wenn es weiß, daß es den Mann doch nicht heiraten kann. Oh, warum habe ich dir das alles gesagt? Wahrscheinlich habe ich dir jetzt deine ganzen Ferien verdorben, und dabei war es für uns beide doch richtig schön, als du von allem noch keine Ahnung hattest. Ich habe immer gewußt, daß es dich deprimieren würde.«

»Ach – hast du das wirklich gewußt?« Johns Stimme zitterte vor Zorn. »Aber jetzt habe ich genug davon gehört. Wenn du nur soviel Stolz und Anstand besitzt, ein Verhältnis mit einem Mann anzufangen, von dem du genau weißt, daß er nicht viel mehr als eine Leiche ist, möchte ich mit dir nichts mehr zu tun haben!«

»Du bist keine Leiche!« protestierte sie entsetzt. »Du bist keine Leiche! Ich will nicht, daß du sagst, ich hätte eine Leiche geküßt!«

»Das habe ich auch nie behauptet!«

»Das hast du doch! Du hast gesagt, ich hätte eine Leiche geküßt!«

»Das habe ich nicht!«

Ihre Stimmen waren lauter geworden, aber wegen einer

plötzlichen Unterbrechung verstummten beide. Schritte näherten sich ihnen auf dem Weg; wenig später wurden die Rosenbüsche geteilt, und vor ihnen stand Braddock Washington, dessen intelligente Augen in dem gutaussehenden ausdruckslosen Gesicht sie anstarrten.

»Wer hat eine Leiche geküßt?« fragte er offensichtlich mißbilligend.

»Niemand«, erwiderte Kismine schnell. »Wir haben bloß einen Spaß gemacht.«

»Was tut ihr beide überhaupt hier?« fragte er mürrisch. »Kismine, du solltest jetzt doch – du solltest doch lesen oder mit deiner Schwester Golf spielen. Verschwinde sofort und lies! Oder spiele Golf! Wenn ich zurückkomme, möchte ich dich hier nicht mehr vorfinden!«

Dann verneigte er sich vor John und ging den Weg weiter.

»Siehst du?« sagte Kismine verdrossen, als er außer Hörweite war. »Jetzt hast du alles verdorben. Wir können uns nie mehr treffen. Er wird es mir nicht erlauben. Wenn er gemerkt hätte, daß wir uns lieben, hätte er dich sofort vergiften lassen.«

»Das tun wir doch nicht – wenigstens nicht mehr!« rief John erbittert. »Über diesen Punkt braucht er sich keine Gedanken mehr zu machen. Außerdem brauchst du dir nicht einzubilden, daß ich noch länger hierbleiben werde. In sechs Stunden bin ich da drüben über die Berge, auch wenn ich mir erst einen Weg hindurchnagen müßte, und nach Osten unterwegs.«

Beide waren inzwischen aufgestanden, und bei dieser Bemerkung kam Kismine näher und hakte sich bei ihm ein.

»Dann komme ich mit.«

»Du bist verrückt . . .«

»Selbstverständlich komme ich mit«, unterbrach sie ihn geduldig.

»Das tust du nicht. Du . . .«

»Also schön«, sagte sie ruhig, »dann laufen wir hinter Vater her und besprechen alles mit ihm.«

Geschlagen setzte John ein schwaches Lächeln auf.

»Wie du meinst, Liebste«, stimmte er zu, und seine Herzlichkeit war blaß und keineswegs überzeugend. »Dann gehen wir zusammen.«

Seine Liebe zu ihr kehrte jedoch zurück und ließ sich gelassen in seinem Herzen nieder. Sie war sein – sie würde ihn begleiten und alle Gefahren mit ihm teilen. Er legte seine Arme um sie und küßte sie inbrünstig. Schließlich liebte sie ihn; und genaugenommen hatte sie ihn sogar gerettet.

Während sie sich über die Angelegenheit unterhielten, gingen sie langsam zum Château zurück. Da Braddock Washington sie zusammen gesehen hatte, hielten sie es für das beste, in der kommenden Nacht zu verschwinden. Trotzdem waren Johns Lippen während des Abendessens ungewöhnlich ausgetrocknet, und wegen seiner Nervosität geriet ein Eßlöffel Pfauensuppe ihm in die linke Lunge. Er mußte in den mit Türkisen und Zobel ausgeschlagenen Spielsaal getragen werden, wo einer der Unterbutler ihm auf den Rücken klopfte, was Percy für einen großartigen Spaß hielt.

IX

Lange nach Mitternacht zuckte Johns Körper nervös zusammen, und plötzlich saß er aufrecht im Bett und starrte auf die Schleier der Müdigkeit, die im Raum hingen. Durch die geöffneten Fenster, die Vierecke aus blauer Dunkelheit waren, hatte er ein leises fernes Geräusch gehört, das im Windhauch erstorben war, bevor seine von schweren Träumen belasteten Gedanken es unterscheiden konnten. Aber das scharfe Geräusch, das darauf folgte, war näher, war unmittelbar vor seinem Zimmer: das Klicken einer niedergedrückten Türklinke, ein Schritt, ein Flüstern – genau konnte er es nicht sagen. Ein schwerer Kloß saß ihm plötzlich in der Kehle, und sein ganzer Körper schmerzte, als er sich krampfhaft bemühte, genau hinzuhören. Dann schien sich einer der Schleier aufzulösen, und er sah eine undeutliche Gestalt an der Tür stehen, eine nur unklar umrissene Gestalt, die sich von der Dunkelheit abhob, mit den Falten der Vorhänge beinahe verschmolz und dadurch so verzerrt wirkte wie das Spiegelbild, das eine verschmutzte Glasscheibe zurückwirft.

Mit einer plötzlichen Bewegung der Furcht oder der Entschlossenheit drückte John auf den Knopf neben seinem Bett, und im nächsten Augenblick saß er im angrenzenden Raum in der versenkten grünen Badewanne, und der Schock durch das kalte Wasser, mit dem die Wanne zur Hälfte gefüllt war, machte ihn völlig munter.

Er sprang aus der Wanne, und während sein nasser Schlafanzug eine deutliche Spur aus dicken Wassertropfen hinterließ, rannte er zur Aquamarintür, die – wie er wußte – auf den elfenbeinernen Treppenabsatz der ersten Etage hinausführte. Die Tür öffnete sich geräuschlos. Eine einzelne karmesinrote Lampe, die in der hohen Kuppel brannte, beleuchtete den prachtvollen Schwung der geschnitzten Treppe mit greller Schönheit. John zögerte einen Augenblick, erschreckt durch die stumme Pracht, die ihn umgab und die die einsame durchnäßte kleine Gestalt, die zitternd auf dem elfenbeinernen Treppenabsatz stand, mit ihren gigantischen Falten und Konturen einzuhüllen schien. Dann passierten gleichzeitig zwei Dinge. Die Tür seines eigenen Wohnzimmers öffnete sich weit, drei nackte Neger stürzten in die Halle – und als John in wildem Entsetzen zur Treppe rennen wollte, glitt eine zweite Tür auf der anderen Seite des Korridors zurück, und John erblickte Braddock Washington, der in Pelzmantel und Reitstiefeln, die bis zum Knie reichten und darüber den Blick auf den leuchtend rosafarbenen Schlafanzug freigaben, im erleuchteten Aufzug stand.

Im gleichen Augenblick blieben die drei Neger, die John bisher noch nie gesehen hatte – und plötzlich durchzuckte ihn der Gedanke, daß diese drei Neger die hauptberuflichen Henker sein mußten –, mitten in ihren Bewegungen wie angewurzelt stehen, ohne sich weiter um John zu kümmern, und starrten den Mann im Aufzug erwartungsvoll an, der ihnen einen herrischen Befehl zurief.

»Kommt hier rein! Alle drei! Und beeilt euch – verdammt noch mal!«

Augenblicklich verschwanden die drei Neger wie der Blitz in dem Käfig, das helle Rechteck verschwand, als die Tür des Aufzugs wieder zuglitt, und John stand allein in der Halle. Kraftlos sank er auf einer der elfenbeinernen Stufen in sich zusammen.

Es war klar, daß etwas Verhängnisvolles geschehen war, irgend etwas, das zumindest für den Augenblick sein eigenes Verhängnis hinausgezögert hatte. Aber was? War unter den Negern ein Aufstand ausgebrochen? War es den Fliegern gelungen, die Eisenstäbe des Gitters auseinanderzubiegen? Oder waren die Menschen aus Fish blindlings über die Hügel gestolpert und starrten jetzt mit leeren und freudlosen Augen auf das prachtvoll funkelnde Tal? John wußte es nicht. Er hörte ein leises Sirren, als der Aufzug wieder nach oben fuhr und einen Augenblick später zum zweiten Mal hinunterglitt. Wahrscheinlich eilte Percy seinem Vater zu Hilfe, und dabei kam John der Gedanke, daß dies der günstige Augenblick für ihn wäre, zu Kismine zu laufen und ihre geplante Flucht unverzüglich in die Tat umzusetzen. Er wartete, bis der Aufzug mehrere Minuten lang stehengeblieben war; da er ein wenig in der Nachtkälte zitterte, die durch seinen nassen Schlafanzug drang, kehrte er in sein Zimmer zurück und kleidete sich schnell an. Dann stieg er die weite Treppenflucht empor und bog in den mit russischem Zobel ausgelegten Korridor ein, der zu Kismines Gemächern führte.

Die Tür ihres Wohnzimmers stand offen und die Lampen brannten. In einem Angorakimono stand Kismine in gespannter Haltung am Fenster des Zimmers, und als John geräuschlos eintrat, wandte sie sich zu ihm um.

»Ach – du bist es!« flüsterte sie und kam durch das Zimmer zu ihm. »Hast du sie auch gehört?«

»Gehört habe ich die Sklaven deines Vaters in meinem ...«

»Nein«, unterbrach sie ihn aufgeregt. »Die Aeroplane!«

»Aeroplane? Vielleicht war das das Geräusch, das mich weckte.«

»Es sind mindestens ein Dutzend. Vor wenigen Augenblicken habe ich einen ganz deutlich vor dem Mond gesehen. Der Wachtposten am Kliff hat sein Gewehr abgefeuert, und das hat Vater auf die Beine gebracht. Er wird gleich losgehen.«

»Sind sie mit einer bestimmten Absicht gekommen?«

»Ja – wegen des Italieners, der weggelaufen ist ...«

Zugleich mit ihrem letzten Wort hörten sie durch das geöffnete Fenster eine Folge von knallenden Geräuschen. Kismine stieß einen leisen Schrei aus, nahm mit bebenden Fingern einen Penny aus einem Kasten, der auf ihrer Frisierkommode stand, und lief zu einer der elektrischen Lampen. Im nächsten Augenblick lag das ganze Château im Dunkeln – sie hatte die Sicherung durchbrennen lassen.

»Komm!« rief sie ihm zu. »Wir gehen nach oben auf den Dachgarten und sehen von dort aus zu!«

Nachdem sie sich einen Umhang umgeworfen hatte, ergriff sie seine Hand, und sie tasteten sich in den Korridor hinaus. Zum Turmaufzug war es nur ein Schritt, und als Kismine auf den

Knopf gedrückt hatte, so daß sie nach oben geschossen wurden, legte er in der Dunkelheit seine Arme um sie und küßte sie auf den Mund. Endlich wurde es für John T. Unger doch noch romantisch. Eine Minute später traten sie auf die sternweiße Terrasse hinaus. Über ihnen, vor einem verschwommenen Mond, immer wieder aus den Wolkenfetzen auftauchend, die am Himmel entlang wirbelten, kreiste ein Dutzend Flugzeuge mit dunklen Tragflächen. Hier und dort schossen aus dem Tal feurige Blitze zu ihnen empor, gefolgt von scharfen Detonationen. Kismine klatschte vor Freude in die Hände, aber schon im nächsten Augenblick wurde aus Freude Entsetzen, als die Aeroplane auf ein verabredetes Zeichen anfingen, ihre Bomben zu lösen, und das ganze Tal zu einem Panorama dunkel hallender Donnerschläge und grellen Lichts wurde.

Binnen kurzer Zeit nahmen die Angreifer sich nur noch jene Punkte zum Ziel, wo die Flugzeugabwehrkanonen standen, und fast im gleichen Augenblick blieb von einer dieser Kanonen nur noch eine riesige Fackel übrig, die in einem Park von Rosenbüschen schwelte.

»Kismine«, sagte John bittend, »sicher freut es dich, daß dieser Angriff am Abend meiner Ermordung stattfindet. Hätte ich nicht gehört, wie der Wachtposten am Paß sein Gewehr abfeuerte, wäre ich jetzt mausetot...«

»Ich kann dich nicht verstehen!« rief Kismine, die gespannt das Bild, das sich ihr bot, betrachtete. »Du mußt lauter sprechen!«

»Ich habe nur gesagt«, brüllte John, »daß wir hier lieber weggehen sollten, bevor sie anfangen, das Château zu bombardieren!«

Plötzlich brach der ganze Kreuzgang der Negerunterkünfte auseinander, eine riesige Flamme schoß von den Kolonnaden zum Himmel empor, und große Stücke zerfetzten Mamors wurden bis zum Ufer des Sees geschleudert.

»Das hat uns Sklaven im Wert von fünfzigtausend Dollar gekostet«, rief Kismine, »zu Vorkriegspreisen. Kaum ein Amerikaner respektiert heute noch das Eigentum anderer Leute!«

John erneuerte seine Anstrengungen, sie zum Verlassen des Châteaus zu bringen. Das Ziel der Aeroplane wurde von Minute zu Minute deutlicher, und nur zwei der Flugzeugabwehrkanonen feuerten noch. Man merkte genau, daß die von Flammen eingeschlossenen Besatzungen sich nicht mehr lange halten konnten.

»Komm jetzt!« rief John und zerrte an Kismines Arm, »wir müssen gehen! Begreifst du denn nicht, daß diese Piloten dich – ohne lange zu fragen – umbringen werden, wenn sie dich hier finden?«

Widerstrebend gab sie nach.

»Wir müssen Jasmine wecken!« sagte sie, als sie zum Aufzug liefen. Und in einer Art kindlicher Freude fügte sie noch hinzu: »Wir werden jetzt ganz arm sein, nicht wahr? Wie die Leute in den Büchern. Und ich bin dann Vollwaise und völlig frei. Frei und arm! Wie komisch!« Sie blieb stehen und bot ihm ihren Mund zu einem verzückten Kuß an.

»Es ist unmöglich, beides auf einmal zu sein«, sagte John grimmig. »Das haben die Leute inzwischen herausgefunden. Und wenn ich die Wahl hätte, würde ich lieber frei sein. Als Vorsichtsmaßnahme solltest du besser den Inhalt deiner Schmuckkassette in deine Taschen stecken.«

Zehn Minuten später trafen sich die beiden Mädchen mit John im dunklen Korridor, und sie liefen in die Hauptetage des Châteaus hinunter. Nachdem sie zum letzten Mal die Pracht der glänzenden Hallen durchquert hatten, blieben sie einen Augenblick auf der Gartenterrasse stehen und betrachteten die brennenden Negerunterkünfte und die brennenden Reste von zwei Flugzeugen, die am jenseitigen Ufer des Sees abgestürzt waren. Eine einzige Kanone feuerte immer noch schnell hintereinander, und die Angreifer schienen Angst zu haben, tiefer hinunter zu gehen; sie schickten ihr donnerndes Feuerwerk in einem Kreis um diese Kanone hinunter, damit ein Zufallstreffer seine äthiopische Besatzung vernichten könnte.

John und die beiden Schwestern gingen die Marmortreppe hinunter, bogen scharf nach links und begannen, einen schmalen Weg hochzusteigen, der sich wie ein Band über den Diamantberg wand. Kismine kannte eine dichtbewaldete Stelle, die auf halber Höhe lag und wo sie sich verstecken, die wilde Nacht im Tal jedoch trotzdem beobachten konnten – und von der aus ihnen auch die Flucht gelingen würde, wenn es notwendig werden sollte: auf einem geheimen Weg durch ein Felsental.

X

Es war drei Uhr, als sie ihr Ziel erreichten. Die freundliche und phlegmatische Jasmine schlief sofort – an den Stamm eines großen Baumes gelehnt – ein, während John neben Kismine saß, den Arm um sie gelegt, und beide das verzweifelte Hin und Her des langsam verebbenden Gefechtes zwischen den Ruinen eines Schauplatzes beobachteten, der morgens noch eine Gartenlandschaft gewesen war. Kurz nach vier drang von der letzten verbliebenen Kanone ein gewaltiges Klirren herüber, und eine hochschießende Lohe aus rotem Qualm zeigte an, daß sie außer Gefecht gesetzt war. Obgleich der Mond untergegangen war, sahen sie, daß die Flugzeuge tiefer kreisten. Sobald die Maschinen sich überzeugt hatten, daß die Belagerten über keine weiteren Reserven verfügten, würden sie landen, und die düstere und funkelnde Herrschaft der Washingtons würde beendet sein.

Mit dem Verstummen des Geschützfeuers wurde es im Tal still. Die Trümmer der beiden Aeroplane glühten wie die Augen eines Ungeheuers, das im Gras kauerte. Dunkel und schweigend stand das Château da, ohne Licht genauso schön wie in der Sonne, während die hölzernen Rasseln der Nemesis die Luft mit einer anschwellenden und wieder abschwellenden Klage erfüllten. Dann erst merkte John, daß Kismine – wie ihre Schwester – in einen gesunden Schlaf gefallen war.

Es war weit nach vier, als er gewahr wurde, daß sich Schritte auf jenem Weg näherten, dem sie vorhin gefolgt waren, und in atemlosem Schweigen wartete er, bis die Personen, zu denen die Schritte gehörten, an der von ihm besetzten günstigen Stelle vorbeigegangen waren. In der Luft lag jetzt ein leises Sirren, das nicht menschlichen Ursprungs war, und der Tau war kalt; er wußte, daß die Dämmerung bald anbrechen würde. John wartete, bis die Schritte in sicherer Entfernung bergauf verschwunden und nicht mehr zu hören waren. Dann folgte er ihnen. Etwa auf dem halben Wege zum steilen Gipfel blieben die Bäume zurück, und kahles Gestein bedeckte den darunterliegenden Diamant. Kurz bevor er diese Stelle erreichte, ging er langsamer, von einem tierischen Instinkt gewarnt, daß unmittelbar vor ihm etwas Lebendiges war. Als er einen großen Felsblock erreichte, schob er seinen Kopf langsam höher. Seine Neugierde wurde belohnt.

Folgendes sah er: Braddock Washington stand regungslos in einiger Entfernung und hob sich scharf vom grauen Himmel ab; aber kein Laut, keine Bewegung verriet, daß er lebte. Während die Dämmerung im Osten anbrach und die Erde mit einer kalten grünen Farbe überzog, verlor die einsame Gestalt jeden krassen Gegensatz zum neuen Tag.

John beobachtete seinen Gastgeber, der einige Augenblicke in unergründliche Gedanken versunken war. Dann gab Braddock Washington den beiden Negern, die zu seinen Füßen hockten, ein Zeichen, die Last anzuheben, die zwischen ihnen lag. Als sie mühsam aufstanden, fiel der erste gelbe Sonnenstrahl durch die unzähligen Prismen eines riesigen und kostbar geschliffenen Brillanten, und es entstand ein weißer Strahlenkranz, der wie ein Teil des Morgensterns leuchtete. Die Träger schwankten einen Augenblick unter seinem Gewicht, aber dann spannten und härteten sich ihre kräftigen Muskeln unter dem feuchten Schimmer der Haut, und wieder standen die drei Gestalten regungslos in ihrem herausfordernden Unvermögen vor den Himmeln.

Nach einer Weile hob der weiße Mann den Kopf, hob langsam seine Arme in einer Aufmerksamkeit erheischenden Gebärde, als wollte er eine riesige Menschenmenge auf sich aufmerksam machen – aber nirgends war eine Menschenmenge; überall war lediglich die ungeheuerliche Stille des Berges und des Himmels, allein von den leisen Vogelstimmen unterbrochen, die aus den Baumwipfeln heraufdrangen. Die Gestalt auf dem Felsvorsprung begann nachdrücklich und mit einem unauslöschlichen Stolz zu sprechen.

»Du dort oben ...«, rief er mit bebender Stimme. »Du – dort ...« Er verstummte, die Arme immer noch erhoben, den Kopf lauschend vorgestreckt, als erwartete er eine Antwort. John strengte seine Augen an, um zu sehen, ob jemand den Berg herunterkäme, aber der Berg war bar jeden menschlichen Lebens. Es gab nur den Himmel und das spöttische Pfeifen des Windes in den Baumwipfeln. Betete Washington vielleicht? Einen Augenblick war John beinahe dieser Ansicht. Aber dann verging diese Illusion – denn in der ganzen Haltung des Mannes lag etwas, das einem Gebet genau entgegengesetzt war.

»Oh, du dort oben!«

Die Stimme war laut und zuversichtlich geworden. Hier ging es nicht um einen Einsamen, der flehentlich um etwas bat. Wenn überhaupt, dann lag in dieser Stimme eine ungeheuerliche Herablassung.

»Du dort...«

Worte, zu schnell hervorgestoßen, um verständlich zu sein, Worte, die ineinander übergingen ... John lauschte atemlos und verstand gelegentlich einen Satz, während die Stimme verstummte, weitersprach, wieder abbrach – einmal laut und streitsüchtig, dann mit langsamer, verwirrter Ungeduld. Schließlich bildete sich in dem einsamen Lauscher eine ganz bestimmte Überzeugung, und während sich diese Erkenntnis in ihm breitmachte, fing sein Puls plötzlich an zu hämmern. Braddock Washington versuchte, Gott zu bestechen!

Das war es – es bestand kein Zweifel. Der Diamant in den Armen seiner Sklaven war eine Art Vorschuß, das Versprechen, daß noch mehr folgen würde.

Und das war, wie John nach einiger Zeit erkannte, der rote Faden, der sich durch Washingtons Worte zog. Der reichgewordene Prometheus beschwor längst vergessene Opfergaben, vergessene Rituale und Gebete herauf, die schon vor der Geburt Christi überholt gewesen waren. Eine Zeitlang klang Washingtons Rede so, als erinnerte er Gott an dieses oder jenes Geschenk, das die Gottheit vom Menschen anzunehmen geruht hatte: große Dome, wenn er die Städte von der Pest befreite, Gaben in Gestalt von Myrrhen und Gold, Menschenleben und schönen Frauen und gefangenen Armeen, von Kindern und Königinnen, wilden Tieren des Waldes und der Felder, von Schafen und Ziegen, von Ernten und Städten, von ganzen besiegten Ländern, die zu seinem Lob in Wollust oder Blut geopfert worden waren und mit denen der Mensch sich vom göttlichen Zorn freigekauft hatte. Und jetzt bot er, Braddock Washington, Kaiser der Diamanten, König und Priester des goldenen Zeitalters, Gebieter über Pracht und Luxus, einen Schatz an, von dem vor seiner Zeit kein Fürst geträumt hatte, und er bot dieses Geschenk nicht in Demut, sondern in Stolz an.

Er würde, so fuhr er fort – und damit kam er zu den Einzelheiten –, Gott den größten Diamanten der Welt zum Geschenk darbringen. Dieser Diamant würde so geschliffen werden, daß er viele tausend Facetten mehr hätte als ein Baum Blätter, und dennoch würde der ganze Brillant so vollkommen geformt sein wie ein Stein, nicht größer als eine Fliege. Viele Menschen würden viele Jahre an ihm arbeiten. Er würde in eine große Kuppel aus getriebenem Gold gesetzt, die wunderbar gearbeitet und mit Toren aus Opalen und Saphiren ausgestattet würde. In der Mitte würde eine Kapelle ausgespart, die von einem Altar aus schillerndem, langsam zerfallendem und sich ständig veränderndem Radium beherrscht würde, und das Radium würde die Augen jener Betenden blenden, die während des Gebetes zu ihm aufblickten; und auf diesem Altar würden zum Ergötzen des göttlichen Wohltäters alle Opfer erschlagen, die ihm gefielen, selbst wenn sich darunter der größte und mächtigste lebende Mensch befinden sollte.

Dafür erbat er, Braddock Washington, lediglich eine ganz einfache Sache, eine Sache, die zu erfüllen Gott wirklich leichtfallen würde – daß alles wieder so sein sollte, wie es gestern um die gleiche Zeit gewesen war, und daß es für immer so bleiben sollte. Ganz einfach war seine Bitte zu erfüllen! Die Himmel sollten sich öffnen, diese Männer und ihre Aeroplane verschlingen – und sich dann wieder schließen. Und seine Sklaven sollten wieder da sein, neu zum Leben erweckt, heil und unversehrt.

Noch nie hatte es jemanden gegeben, mit dem Braddock Washington verhandeln oder feilschen mußte.

Er bezweifelte lediglich, ob sein Bestechungsgeschenk auch groß genug wäre. Denn natürlich hatte Gott seinen Preis. Gott hatte sein Ebenbild im Menschen gefunden, wie es hieß: Folglich mußte auch er seinen Preis haben. Und dieser Preis würde einmalig sein – keine Kathedrale, deren Bau viele Jahre verschlang, keine Pyramide, die von zehntausend Arbeitern errichtet wurde, würde dieser Kathedrale, dieser Pyramide auch nur ähnlich sein . . .

Hier verstummte er. Das also war sein Vorschlag. Nun kam es nur noch auf die Einzelheiten an, und seine Erklärung, daß der Preis seiner Bitte entspräche, klang keineswegs vulgär. Er ließ jedoch durchblicken, daß die Vorsehung die Möglichkeit hätte, sein Angebot anzunehmen oder abzulehnen.

Gegen Ende seiner Rede klangen seine Sätze gebrochen, wurden sie kurz und unsicher, und sein Körper wirkte gespannt, schien sich zu bemühen, den leichtesten Druck oder das leiseste Flüstern von Leben in seiner Umgebung wahrzunehmen. Während er sprach, war sein Haar langsam weiß geworden, und jetzt hob er den Kopf zum Himmel wie ein Prophet vergangener Zeiten – großartig, wenn auch wahnsinnig.

Während John in schwindelnder Faszination den Mann anstarrte, hatte er den Eindruck, daß irgendein seltsames Phänomen irgendwo um ihn herum stattfand. Es war, als hätte der Himmel sich für einen Augenblick verdunkelt, als tönten aus dem Windstoß plötzlich ein leises Murmeln, das Blasen weitentfernter Trompeten, ein Seufzen wie das Rascheln eines weiten seidenen Gewandes – und eine Weile war die ganze Natur um ihn herum in diese Dunkelheit eingeschlossen: Der Gesang der Vögel verstummte, die Bäume standen reglos, und weit jenseits des Berges klang es wie dumpfer, drohender Donner.

Das war alles. Der Wind erstarb in dem hohen Gras des Tales. Dämmerung und Tag nahmen wieder ihren Platz ein, und die aufgegangene Sonne sandte Wellen gelben Nebels aus, die alles auf ihrem Wege aufleuchten ließen. Die Blätter lachten in der Sonne, und ihr Gelächter schüttelte die Bäume, bis jeder Zweig einer Mädchenschule im Märchenland ähnelte. Gott hatte sich geweigert, das Bestechungsgeschenk anzunehmen.

Noch einen Augenblick beobachtete John den Sieg des Tages. Als er sich dann umwandte, sah er, daß etwas Braunes am See herunterflatterte, dann noch etwas und noch etwas, wie der Tanz goldener Engel, die aus den Wolken stiegen. Die Aeroplane landeten.

John ließ sich von dem Felsblock hinuntergleiten und rannte den Berghang bis zu jener Baumgruppe hinunter, wo die Mädchen aufgewacht waren und auf ihn warteten. Kismine sprang auf, die Edelsteine in ihrer Tasche klirrten, und eine Frage lag auf ihren geöffneten Lippen, aber ein instinktives Gefühl sagte John, daß jetzt nicht die Zeit für Worte war. Sie mußten möglichst schnell den Berg verlassen. Er ergriff die Mädchen bei der Hand, und schweigend wanden sie sich zwischen den Baumstämmen hindurch, die jetzt vom Licht und dem steigenden Nebel saubergewaschen waren. Kein Laut drang aus dem Tal hinter ihnen, abgesehen vom Klagen der fernen Pfauen und den gedämpften Lauten des Morgens.

Als sie etwa eine halbe Meile gegangen waren, mieden sie die Parklandschaft und folgten einem schmalen Pfad, der über die nächste Bodenwelle hinweg führte. Auf ihrer Höhe verhielten sie den Schritt und wandten sich um. Ihr Blick ruhte auf dem Berghang, den sie gerade verlassen hatten – bedrückt von einem dunklen Gefühl tragischer Bedrohung.

Deutlich vom Himmel sich abhebend, stieg der weißhaarige Mann langsam den steilen Hang hinunter, gefolgt von zwei riesigen und empfindungslosen Negern, die eine Last zwischen sich trugen, welche in der Sonne immer noch flammte und funkelte. Auf halbem Weg stießen zwei weitere Gestalten zu ihnen – John erkannte deutlich, daß es Mrs. Washington war und ihr Sohn, der sie stützte. Die Piloten waren aus ihren Maschinen geklettert und standen auf dem weiten Rasen vor dem Château, und mit Gewehren in der Hand begannen sie, den Diamantberg in Schützenlinie hochzusteigen.

Aber die kleine Gruppe der fünf Menschen, die sich über ihnen gebildet hatte und die Aufmerksamkeit der Zuschauer auf sich zog, war auf einem Felsvorsprung stehengeblieben. Die Neger bückten sich und hoben etwas hoch, was eine Falltür im Hang des Berges zu sein schien. Alle fünf verschwanden, der weißhaarige Mann zuerst, dann seine Frau und sein Sohn, und schließlich die beiden Neger, deren juwelengeschmückter Kopfputz noch einmal in der Sonne aufleuchtete, bevor die Falltür sich wieder senkte und alle verschlang.

Kismine klammerte sich an Johns Arm.

»Oh«, schrie sie wild, »wo gehen sie hin? Was tun sie jetzt?«

»Das muß ein unterirdischer Fluchtweg sein . . .«

Ein leiser Aufschrei der beiden Mädchen unterbrach seinen Satz.

»Siehst du es auch?« schluchzte Kismine hysterisch. »Der Berg ist mit Drähten überzogen!«

Während sie noch sprach, hob John seine Hände, um seine Augen zu schützen. Vor ihnen hatte die Oberfläche des Berges sich plötzlich in ein grelles, brennendes Gelb verwandelt, das durch die bedeckende Erdschicht drang, wie ein Lichtschein durch eine menschliche Hand dringt. Für einen Augenblick blieb das unerträgliche Glühen bestehen, dann verschwand es wie das Licht einer durchgebrannten Birne und gab den Blick auf eine schwarze Wüste frei, von der langsam blauer Qualm hochstieg und das mit sich nahm, was von Vegetation und menschlichem Fleisch übriggeblieben war. Von den Piloten war keine Spur mehr zu sehen – sie waren genauso verschlungen wie die fünf Seelen, die im Berg verschwunden waren.

Gleichzeitig sprang, mit einer ungeheueren Erschütterung, das Château buchstäblich von selbst in die Luft, zerbrach in aufflammende Teile und fiel dann wieder zurück, bis es einen qualmenden Scheiterhaufen bildete, der zur Hälfte in das Wasser des Sees hineinragte. Nirgends war Feuer zu sehen – lediglich der Qualm trieb langsam weiter und vermischte sich mit dem Sonnenschein, und einige Minuten lang wehte pulveriger Marmorstaub von dem großen formlosen Haufen herüber, der einmal das Haus der Edelsteine gewesen war. Kein einziger Laut war zu hören: Die drei befanden sich ganz allein im Tal.

XI

Bei Sonnenuntergang erreichten John und seine beiden Begleiterinnen die hohe Klippe, die die Grenze des Herrschaftsgebietes der Washingtons kennzeichnete, und als sie zurückblickten, sahen sie, daß das Tal ruhig und lieblich in der Dämmerung lag. Sie setzten sich hin, um das aufzuessen, was Jasmine in einem Korb mitgenommen hatte.

»So!« sagte sie, während sie das Tischtuch ausbreitete und die Butterbrote säuberlich aufstapelte. »Sehen sie nicht lecker aus? Ich finde immer, daß es im Freien viel besser schmeckt.«

»Mit dieser Bemerkung«, bemerkte Kismine, »gehört Jasmine von nun an zur Mittelklasse.«

»Und jetzt«, sagte John eifrig, »leert eure Taschen und zeigt, welche Edelsteine ihr mitgenommen habt. Wenn die Auswahl gut ist, sollte es möglich sein, daß wir drei den Rest unseres Lebens behaglich verbringen können.«

Gehorsam griff Kismine in die Tasche und warf zwei Handvoll glitzernder Steine vor ihn hin.

»Gar nicht schlecht«, rief John begeistert. »Sehr groß sind sie zwar nicht, aber – nanu!« Sein Gesichtsausdruck veränderte sich, als er einen der Steine in den Schein der untergehenden Sonne hielt. »Das sind gar keine Diamanten! Irgend etwas stimmt hier nicht!«

»Ach herrje!« rief Kismine und machte ein erschrockenes Gesicht. »Was bin ich doch für ein Dummkopf!«

»Das sind lauter Rheinkiesel!« rief John.

»Ich weiß.« Sie brach in Lachen aus. »Ich habe die falsche Schublade aufgezogen. Sie gehörten zu dem Kleid eines Mädchens, das Jasmine besuchte. Ich habe sie damals überredet, sie mit mir gegen Diamanten zu tauschen. Bis dahin hatte ich immer nur kostbare Edelsteine gesehen.«

»Und das ist alles, was du mitgenommen hast?«

»Leider.« Nachdenklich betastete sie die Steine. »Und außerdem gefallen sie mir viel besser. Von Diamanten habe ich schon lange genug.«

»Also gut«, sagte John mürrisch. »Dann werden wir in Hades wohnen müssen. Und bis in dein hohes Alter wirst du ungläubigen Frauen erzählen, daß du die falsche Schublade erwischt hast. Unglücklicherweise sind die Kontobücher mit deinem Vater zusammen verschwunden.«

»Ist es denn so schlimm, in Hades zu wohnen?«

»Wenn ich in meinem Alter mit einer Frau nach Hause komme, wird mein Vater ganz bestimmt glühende Kohlen auf meinem Haupt sammeln, wie man dort sagt.«

Jasmine schlug sich auf seine Seite.

»Ich wasche rasend gern«, sagte sie ruhig. »Schon immer habe ich meine Taschentücher selbst gewaschen. Ich werde eine Wäscherei aufmachen und euch beide unterstützen.«

»Gibt es denn in Hades auch Waschfrauen?« fragte Kismine unschuldig.

»Natürlich«, antwortete John. »Genauso wie überall.«

»Ich dachte – vielleicht wäre es dort zu heiß, um überhaupt Kleider zu tragen.«

John lachte.

»Versuchen kannst du es!« schlug er vor. »Wenn du das aber tust, wird man dich sofort wegjagen.«

»Wird Vater auch dort sein?« fragte sie.

Erstaunt blickte John sie an.

»Dein Vater ist tot«, erwiderte er düster. »Warum sollte er nach Hades kommen? Du hast Hades mit einem anderen Ort verwechselt, den es schon lange nicht mehr gibt.«

Nach dem Essen falteten sie das Tischtuch zusammen und breiteten ihre Decken zur Nacht aus.

»Was war das alles doch für ein Traum«, seufzte Kismine und starrte zu den Sternen empor. »Wie seltsam scheint es, daß ich mit nur einem einzigen Kleid und einem Bräutigam hier bin, der keinen Penny besitzt!

»Unter den Sternen«, wiederholte sie. »Die Sterne sind mir früher nie so aufgefallen. Ich hielt sie immer für große Diamanten, die irgend jemandem gehörten. Jetzt ängstigen sie mich. Sie geben mir das Gefühl, daß alles ein Traum war – meine ganze Jugend.«

»Es war tatsächlich ein Traum«, sagte John ruhig. »Die Jugend ist immer ein Traum, eine Form chemischen Wahnsinns.«

»Wie schön ist es dann, wahnsinnig zu sein!«

»Das habe ich mir auch sagen lassen«, sagte John schwermütig. »Selbst kann ich es jetzt nicht mehr beurteilen. Jedenfalls wollen wir beide uns eine Zeitlang lieben, etwa für ein Jahr. Das ist eine Form göttlicher Trunkenheit, die wir alle ausprobieren können. Auf der ganzen Welt gibt es einzig und allein Diamanten, Diamanten und vielleicht die schäbige Gabe der Ernüchterung. Wenigstens sie besitze ich, und aus ihr werde ich das übliche Nichts machen.« Er fröstelte. »Klapp deinen Mantelkragen hoch, kleines Mädchen, denn die Nacht ist kalt, und du bekommst sonst Lungenentzündung. Wer das Bewußtsein erfand, beging eine große Sünde. Für ein paar Stunden wollen wir es verlieren.«

Und nachdem er sich in seine Decke gewickelt hatte, schlief er sofort ein.

(Deutsch von Günter Eichel)

William Faulkner
Eine Rose für Emily

I

Als Miss Emily Grierson starb, ging unser ganzes Städtchen zum Begräbnis: die Männer aus einer Art verehrungsvoller Anhänglichkeit an ein gestürztes Monument, die Frauen meistens aus Neugier, um das Innere des Hauses zu sehen, das in den letzten zehn Jahren niemand außer einem alten Diener – der gleichzeitig Koch und Gärtner war – gesehen hatte.

Es war ein großes, fast quadratisches Holzhaus, das, ehemals weiß, mit Kuppeln und Spitztürmchen und verschnörkelten Balkonen im überladen eleganten Stil der siebziger Jahre verziert war, und es lag an einer Straße, die sich einst als unsre vornehmste präsentiert hatte. Aber Garagen und Baumwollmühlen hatten selbst die erlauchten Namen jener Gegend verdrängt und ausgelöscht; einzig Miss Emilys Haus war übriggeblieben und erhob sich in all seinem Verfall hartnäckig und kokett über die Baumwollwagen und Benzinpumpen – ein Schandfleck unter Schandflecken. Und nun war Miss Emily verschieden, um sich zu den Trägern der erlauchten Namen auf dem von nachdenklichen Zedern bestandenen Friedhof zu gesellen, wo sie zwischen den Gräbern der unionistischen und konföderierten Offiziere und unbekannten Soldaten lagen, die in der Schlacht von Jefferson gefallen waren.

Zu ihren Lebzeiten war Miss Emily eine Tradition, eine Pflicht und eine Sorge gewesen, eine Art erblicher Verpflichtung unseres Städtchens, die von jenem Tag im Jahre 1894 datierte, da der Oberst Sartoris, unser Bürgermeister – es war der gleiche, von dem die Verfügung stammte, daß keine Negerin ohne Schürze auf der Straße erscheinen dürfe –, ihr die Steuern erließ, und diese Dispensation galt vom Tod ihres Vaters an auf ewige Zeiten. Nicht etwa, daß Miss Emily Wohltaten empfangen hätte. Oberst Sartoris erfand eine verwickelte Geschichte, die dahin lautete, daß Miss Emilys Vater der Stadt Geld geliehen habe, das die Stadt aus geschäftlichen Gründen auf diese Weise zurückzuzahlen vorzog. Nur ein Mann von Oberst Sartoris' Generation und Denkart hätte so etwas erfinden und nur eine Frau hätte es glauben können.

Als die nächste Generation mit ihren moderneren Ideen zu Bürgermeistern und Stadtverordneten aufrückte, erregte das Abkommen leisen Unwillen. Am Ersten des Jahres schickten sie ihr mit der Post einen Steuerzettel zu. Der Februar kam, aber keine Antwort. Sie schrieben ihr einen formellen Brief mit der Bitte, zu einer ihr passenden Stunde im Büro des Sheriffs vorzusprechen. Eine Woche drauf schrieb ihr der Bürgermeister persönlich und bot ihr an, sie aufzusuchen oder sie in seinem Wagen abholen zu lassen; darauf erhielt er auf einem Briefblatt von altmodischem Format mit verblaßter Tinte in feiner, flüssiger Handschrift die Antwort, daß sie überhaupt nie mehr ausginge. Der Steuerzettel lag bei, ohne irgendwie erwähnt worden zu sein.

Daraufhin wurden die Stadtverordneten zu einer Sondersitzung zusammengerufen. Eine Abordnung suchte Miss Emily auf und klopfte an die Haustür, durch die kein Besucher mehr gegangen war, seit sie vor acht oder zehn Jahren aufgehört hatte, Unterricht in Porzellanmalerei zu erteilen. Der alte Neger ließ sie in einen dunklen Flur eintreten, von dem eine Treppe zu noch dunkleren Schatten emporführte. Es roch nach Staub und unbenützten Räumen – ein dumpfiger, modriger Geruch. Der Neger führte sie in einen Salon mit schweren Ledermöbeln. Als er die Stores an einem Fenster hochzog, konnten sie sehen, wie brüchig das Leder war, und als sie sich niederließen, stieg um ihre Schenkel ein feiner, träger Staub auf und kreiselte mit langsamen Sonnenstäubchen durch den einzigen Sonnenstrahl. Vor dem Kamin stand ein Pastellbildnis von Miss Emilys Vater auf einer schwarz angelaufenen, vergoldeten Staffelei.

Sie erhoben sich, als sie eintrat – eine kleine, fette Frau in Schwarz mit einer feinen Goldkette, die bis zur Taille niederhing und in ihrem Gürtel verschwand; sie stützte sich auf einen Ebenholzstock mit blindem Goldknauf. Ihr Knochengerüst war fein und schmächtig; das war vielleicht der Grund, weshalb das, was bei einer andern Frau nur rundlich gewesen wäre, bei ihr aufgeschwemmt wirkte. Ihre Haut sah aufgedunsen aus wie bei einer Leiche, die lange in stagnierendem Wasser gelegen hat, und zeigte die gleiche Blässe. Ihre Augen, die sich in den Fettpolstern ihres Gesichts verkrochen, sahen wie zwei in einen Teig gedrückte Kohlestückchen aus, als sie von einem Gesicht zum andern wanderten, während die Besucher sich ihres Auftrags entledigten.

Sie forderte sie nicht zum Sitzen auf. Sie stand einfach in der Tür und hörte stumm zu, bis der Sprecher der Abgeordneten stockte. Dann konnten sie die unsichtbare Uhr am Ende der goldenen Kette ticken hören.

Ihre Stimme war trocken und kalt. »Ich bin in Jefferson nicht steuerpflichtig. Oberst Sartoris hat es mir erklärt. Vielleicht kann einer von Ihnen Einblick in die Akten der Stadt nehmen und sich davon überzeugen.«

»Aber das haben wir getan! Wir verkörpern die städtische Behörde, Miss Emily! Haben Sie den Brief vom Sheriff nicht erhalten, den er selbst unterschrieben hat?«

»Ich habe ein Papier bekommen, doch«, sagte Miss Emily. »Vielleicht hält er sich für den Sheriff. Ich bin in Jefferson nicht steuerpflichtig.«

»Aber das geht aus den Büchern nicht hervor. Wir müssen uns nach dem richten, was ...«

»Sprechen Sie mit Oberst Sartoris! Ich bin in Jefferson nicht steuerpflichtig!«

»Aber Miss Emily ...«

»Sprechen Sie mit Oberst Sartoris! Ich bin in Jefferson nicht steuerpflichtig!« (Oberst Sartoris war seit beinahe zehn Jahren tot.) »Tobe!« Der Neger erschien. »Begleite die Herren hinaus!«

II

Sie siegte also auf der ganzen Linie – genau wie sie vor dreißig Jahren ihre Väter besiegt hatte, als es um den Geruch ging. Es war zwei Jahre nach ihres Vaters Tod gewesen und kurz nachdem ihr Liebhaber – von dem wir geglaubt hatten, er würde sie heiraten – sie sitzengelassen hatte. Nach ihres Vaters Tod ging sie nur sehr wenig aus; nachdem ihr Liebhaber fort war, sah man sie fast nie mehr. Ein paar Damen besaßen die Dreistigkeit, ihr eine Visite zu machen, aber sie wurden nicht empfangen, und das einzige Anzeichen von Leben auf dem Anwesen war der Neger – damals noch ein junger Mann –, der mit einem Marktkorb ein und aus ging.

»Als ob ein Mann – egal, wer – eine Küche instand halten könnte!« sagten die Damen; sie waren daher nicht überrascht, als der Geruch auftrat. Es war ein neues Bindeglied zwischen der vulgären, wimmelnden Welt und den hochmütigen, stolzen Griersons.

Eine Nachbarin beschwerte sich beim Bürgermeister, Richter Stevens, der damals achtzig Jahre alt war.

»Aber was meinen Sie denn, Madam, was ich in der Sache tun soll?« fragte er.

»Oh, schreiben Sie ihr, es müsse aufhören«, sagte die Frau. »Wir haben doch schließlich Gesetze!«

»So weit brauchen wir sicher nicht gleich zu gehen«, sagte Richter Stevens. »Wahrscheinlich handelt es sich nur um eine Schlange oder Ratte, die ihr Nigger im Hof totgeschlagen hat. Ich kann ja mit ihm darüber reden.«

Am nächsten Tag wurden ihm zwei weitere Beschwerden vorgetragen, die eine von einem Mann, der mit einer bescheidenen, aber flehentlichen Bitte kam. »Wir müssen wirklich etwas dagegen tun, Richter Stevens! Ich bin gewiß der letzte, der Miss Emily belästigen will, aber wir müssen etwas dagegen tun!« Am Abend traten die Stadtverordneten zusammen, drei Graubärte und ein jüngerer Mann – einer von der kommenden Generation.

»Ist doch ganz einfach«, sagte er. »Geben Sie ihr Anweisung, ihr Haus säubern zu lassen! Räumen Sie ihr eine bestimmte Frist ein, und wenn sie es nicht tut . . .«

»Verdammt noch mal, Sir«, sagte Richter Stevens, »wollen Sie einer Dame ins Gesicht sagen, daß es bei ihr schlecht riecht?«

Also schlichen sich am folgenden Abend bald nach Mitternacht vier Männer über Miss Emilys Rasen und wie Einbrecher ums Haus: sie schnupperten am Backsteinfundament und an den Kellerluken, während einer mit gleichmäßig, säender Gebärde seiner Hand etwas aus dem an seiner Schulter hängenden Sack holte. Sie brachen die Kellertür auf und streuten dort und in allen Nebengebäuden den Kalk aus. Als sie den Rasen wieder überqueren wollten, war ein Fenster, das vorher dunkel gewesen war, erleuchtet: Miss Emily saß dort, hinter sich das Licht, und so gerade und reglos wie ein Götzenbild. Sie schlichen leise über den Rasen und in den Schatten der Akazien, die längs der Straße wuchsen. Nach ein oder zwei Wochen war der Geruch verschwunden.

Damals war's, als die Leute anfingen, sie richtig zu bedauern. In unserm Städtchen erinnerte man sich daran, wie ihre Großtante, die alte Dame Wyatt, auf ihre alten Tage vollkommen verrückt wurde, und man fand, die Griersons seien mehr als nötig von sich eingenommen. Keiner von den jungen Männern erschien Miss Emily gut genug und so weiter. Lange Zeit hatten wir sie uns wie ein Bild vorgestellt, Emily im Hintergrund, eine schlanke Gestalt in Weiß, ihr Vater breitbeinig im Vordergrund sitzend, den Rücken ihr zugekehrt, die Reitpeitsche in der Hand, und beide eingerahmt von der weit geöffneten Haustür. Als sie daher auf die Dreißig zuging und immer noch ledig war, empfanden wir nicht gerade Schadenfreude, aber immerhin Genugtuung: selbst wenn sie Wahnsinn in der Familie hatten, hätte sie kaum jede Heiratsaussicht ausgeschlagen, falls sie tatsächlich feste Form angenommen hätte.

Als ihr Vater starb, sprach es sich herum, das Haus sei alles, was er ihr hinterlassen habe, und irgendwie waren die Leute froh darüber. Endlich konnten sie Miss Emily bemitleiden. Jetzt war sie alleinstehend und verarmt und dadurch menschlicher geworden. Jetzt würde auch sie die alte Erfahrung machen und um einen Penny mehr oder weniger zittern oder verzweifeln.

Am Tage nach ihres Vaters Tod schickten sich alle Damen an, einen Besuch bei ihr abzustatten und ihr Trost und Hilfe anzubieten, wie das bei uns Sitte ist. Miss Emily empfing sie an der Haustür, alltäglich gekleidet und ohne eine Spur von Trauer im Gesicht. Sie sagte ihnen, ihr Vater sei nicht tot. Das machte sie drei Tage lang, während Pfarrer und Ärzte kamen und sie zu überreden versuchten, den Leichnam herauszugeben. Erst als sie auf Gewalt und Gesetz zurückgreifen wollten, brach sie zusammen, und der Vater wurde schleunigst begraben.

Damals sagten wir nicht, sie sei verrückt. Wir glaubten, sie müsse so handeln. Wir erinnerten uns an all die jungen Leute, die ihr Vater verscheucht hatte, und wir wußten, daß sie sich nun, da ihr nichts mehr geblieben war, an den klammerte, der sie beraubt hatte, denn so geht es eben zu.

III

Lange Zeit war sie krank. Als wir sie wiedersahen, war ihr Haar kurzgeschnitten, wodurch sie wie ein junges Mädchen aussah und entfernt an die Engel auf bunten Kirchenfenstern erinnerte – durch eine gewisse tragische Gelassenheit.

Die Stadt hatte gerade die Kontrakte zur Pflasterung der Bürgersteige abgeschlossen, und im Sommer nach ihres Vaters Tode wurde mit der Arbeit begonnen. Die Baugesellschaft kam mit Niggern und Maultieren und Maschinen und einem Vorarbeiter namens Homer Barron, einem großen, dunklen, gewandten Yankee mit voller Stimme und Augen, die heller als sein Gesicht waren. Die kleinen Jungen liefen ihm in Scharen nach, um ihn über die Nigger fluchen und die Nigger im Takt zum Auf und Ab der Spitzhacke singen zu hören. Bald kannte er jedermann in der Stadt. Sooft man irgendwo auf dem Square schallendes Gelächter hörte, war Homer Barron der Mittelpunkt der Gruppe. Bald sahen wir dann, wie er und Miss Emily an den Sonntagnachmittagen mit dem gelbrädrigen Buggy und den Braunen, einem Passer-Gespann aus dem Mietstall, zusammen ausfuhren.

Zuerst waren wir froh, daß Miss Emily wieder etwas Interesse zeigte, denn alle Damen sagten: »Natürlich kann eine Grierson nicht im Ernst an einen Nordstaatler denken, und noch dazu einen Arbeiter!« Aber es waren auch andre da, ältere Leute, die meinten, nicht einmal Kummer dürfe eine wahre Dame dahin bringen, daß sie das *noblesse oblige* vergäße – natürlich bezeichneten sie es nicht als *noblesse oblige*. Sie sagten einfach: »Die arme Emily! Ihre Verwandten sollten herkommen!« Sie hatte Verwandte in Alabama, aber ihr Vater hatte sich schon vor Jahren wegen des Vermögens der Dame Wyatt, der verrückten Alten, mit ihnen zerstritten, und zwischen den beiden Familien bestand keine Verbindung mehr; sie waren nicht einmal bei der Beerdigung vertreten.

Und sobald die alten Leute sagten: »Arme Emily!«, da begann auch schon das Getuschel: »Glauben Sie, daß es wirklich so ist?« fragte einer den andern. »Natürlich! Was sonst könnte ...« Das raunte man hinter der vorgehaltenen Hand; dann das Rascheln von hälsereckenden Seiden- und Atlaskleidern hinter Jalousien, die gegen die sonntagnachmittägliche Sonne heruntergelassen waren, während das helle, flinke ›Trapp, trapp, trapp‹ des Gespanns vorübertrabte. »Arme Emily!«

Sie trug ihren Kopf hoch genug – sogar, als wir glaubten, sie sei gefallen. Es war, als verlange sie mehr denn je die Anerkennung ihrer Würde als der letzten Grierson; als habe es noch dieses Kontakts mit dem Weltlichen bedurft, um ihre Unantastbarkeit erneut zu bekräftigen. So wie damals, als sie das Rattengift kaufte, das Arsen.

Es war über ein Jahr her, seit sie begonnen hatten, »Arme Emily!« zu sagen, und um die Zeit, als die zwei Basen zu Besuch kamen.

»Ich möchte ein Gift haben«, sagte sie zum Apotheker. Sie war damals über dreißig, noch immer eine schmächtige Frau, jedoch magerer als sonst, mit kalten, hochmütigen schwarzen Augen in einem Gesicht, dessen Fleisch sich über die Schläfen und um die Augenhöhlen spannte – etwa so, wie man sich das Gesicht eines Leuchtturmwärters vorstellen mag. »Ich möchte ein Gift haben«, sagte sie.

»Gern, Miss Emily. Was für eine Art Gift? Gegen Ratten und dergleichen? Ich empfeh . . .«

»Ich möchte das beste haben. Die Art ist mir gleich.«

Der Apotheker nannte mehrere Gifte. »Damit kann man alles umbringen, sogar Elefanten! Was Sie aber brauchen, ist . . .«

»Arsen«, sagte Miss Emily. »Ist das gut?«

»Ob . . . Arsen? Ja, Ma'am. Was Sie aber brauchen . . .«

»Ich brauche Arsen.«

Der Apotheker blickte auf sie herunter. Sie erwiderte seinen Blick mit erhobenem Kopf und einem Gesicht wie ein straffgespanntes Banner. »Gewiß«, sagte der Apotheker. »Wenn Sie gerade das wollen. Aber es ist gesetzliche Vorschrift, daß man angibt, wofür man es verwenden will.«

Miss Emily hatte den Kopf so weit in den Nacken gelegt, daß sie ihm fest ins Auge blicken konnte, und starrte ihn einfach an, bis er wegsah und fortging, um das Arsen zurechtzumachen und einzuwickeln. Der farbige Austräger übergab ihr das Päckchen; der Apotheker erschien nicht wieder. Als sie das Päckchen zu Hause öffnete, stand auf der Schachtel unter dem Totenkopf und den gekreuzten Knochen: ›Gegen Ratten.‹

IV

Am folgenden Tag sagten wir alle: »Sie will sich umbringen!«, und wir fanden, es wäre das beste für sie. Als sie sich zuerst mit Homer Barron blicken ließ, hatten wir gesagt: »Sie will ihn heiraten.« Dann hatten wir gesagt: »Sie wird ihn schon noch einfangen«, denn Homer hatte selbst erklärt (er ging gern unter Männer, und es war bekannt, daß er im Elch-Klub mit jungen Leuten zechte), er tauge nicht für die Ehe. Später – wenn sie am Sonntagnachmittag im glitzernden Buggy vorbeifuhren, Miss Emily mit hocherhobenem Haupt und Homer Barron mit schief aufgesetztem Hut und einer Zigarre zwischen den Zähnen und Zügel und Peitsche im gelben Handschuh – sagten wir hinter den Jalousien: »Die arme Emily!«

Dann sagten allmählich ein paar Damen, es sei eine Schande für die Stadt und ein schlechtes Beispiel für die Jugend. Die Männer wollten sich nicht einmischen, aber schließlich zwangen die Damen den Baptistenpfarrer – Miss Emilys Familie gehörte der Episkopalkirche an –, sie aufzusuchen. Er wollte nie enthüllen, was bei dem Besuch geschah, weigerte sich jedoch, ihn zu wiederholen. Am nächsten Sonntag fuhren die beiden wieder durch die Straßen, und am Tage drauf schrieb die Frau des Pfarrers an Miss Emilys Verwandte in Alabama.

Sie hatte also wieder Verwandte unter ihrem Dach, und wir warteten die Entwicklung der Dinge ab. Dann gelangten wir zu der Überzeugung, daß sie heiraten wollten. Wir hörten, daß Miss Emily beim Juwelier gewesen und eine silberne Herren-Toilettengarnitur mit dem Monogramm H. B. auf jedem Stück bestellt hatte. Zwei Tage später erfuhren wir, daß sie eine vollständige Herrengarderobe einschließlich Nachthemd gekauft habe, und wir sagten: »Sie sind verheiratet!« Wir freuten uns gewaltig darüber. Wir freuten uns nämlich deshalb, weil die beiden Basen noch viel mehr Grierson waren, als es Miss Emily je gewesen.

Daher wunderten wir uns also nicht, daß Homer Barron nicht mehr da war (die Straßen waren schon seit einiger Zeit fertig). Wir waren ein bißchen enttäuscht, daß kein öffentlicher Abschied stattfand, aber wir glaubten, er sei weggefahren, um Miss Emilys Einzug vorzubereiten oder ihr Gelegenheit zu geben, die beiden Basen loszuwerden. (Es war mittlerweile zu einem Komplott gekommen, und wir waren samt und sonders auf Miss Emilys Seite und halfen ihr, die Basen hinters Licht zu führen.) Tatsächlich reisten sie nach einer weiteren Woche ab. Und, wie wir es längst erwartet hatten: innerhalb von drei Tagen war Homer Barron wieder in der Stadt. Ein Nachbar hatte gesehen, wie der farbige Diener ihn eines Abends in der Dämmerstunde zur Küchentür einließ.

Und das war das letzte, was wir von Homer Barron zu sehen bekamen. Und eine Zeitlang auch von Miss Emily. Der Neger ging mit dem Marktkorb ein und aus, aber die Haustür blieb geschlossen. Dann und wann sahen wir sie wohl einen Augenblick am Fenster – so wie die Männer in der Nacht, als sie den Kalk streuten –, aber fast ein halbes Jahr lang erschien sie nicht auf der Straße. Dann begriffen wir; auch das war zu erwarten gewesen; es war, als ob die Eigenart ihres Vaters, der ihr Leben als Frau vereitelt hatte, zu kräftig und zu wild gewesen sei, um sterben zu können.

Als wir Miss Emily dann wiedersahen, war sie dick geworden, und ihr Haar fing an zu ergrauen. Während der nächsten Jahre wurde es immer grauer, bis es ein gleichmäßiges Eisengrau geworden war und aufhörte, sich noch zu verändern. Bis zu ihrem Sterbetag in ihrem vierundsiebzigsten Lebensjahr blieb es das gleiche kräftige Eisengrau – wie das Haar eines rüstigen Mannes.

Von jener Zeit an blieb ihre Haustür verschlossen, ausgenommen eine kurze Zeit von sechs oder sieben Jahren, als sie etwa vierzig war und Unterricht in Porzellanmalerei erteilte. In einem Zimmer im Erdgeschoß richtete sie ein Atelier ein, wohin die Töchter und Enkelinnen der Zeitgenossen Oberst Sartoris' mit der gleichen Regelmäßigkeit und aus der gleichen Gesinnung geschickt wurden, wie man sie sonntags mit einem Fünfundzwanzig-Cents-Stück für die Kollekte in die Kirche schickte. Inzwischen waren ihr die Steuern erlassen worden.

Dann wurde die jüngere Generation Rückgrat und Seele unserer Stadt, und die Malschülerinnen wurden älter und blieben fort und schickten ihr auch nicht ihre Kinder mit Farbkästen und langweiligen Pinseln und den aus Damenzeitschriften ausgeschnittenen Bildchen. Die vordere Haustür schloß sich hinter der letzten Schülerin und blieb endgültig geschlossen. Als die Stadt freie Postzustellung für jedes Haus erhielt, weigerte sich einzig Miss Emily, ein metallenes Nummernschild und einen Briefkasten an der Haustür anbringen zu lassen. Davon wollte sie nichts wissen.

Tag um Tag, Monat um Monat und Jahr um Jahr sahen wir den Neger grauer werden und gebückter mit seinem Marktkorb ein und aus gehen. Ende Dezember schickten wir ihr alljährlich einen Steuerzettel, der eine Woche später mit dem Vermerk ›Unbestellbar‹ durch die Post zurückgeschickt wurde. Hin und wieder sahen wir sie an einem der unteren Fenster – offenbar hatte sie das Obergeschoß abgeschlossen –, sahen sie wie den Torso eines gemeißelten Götzenbildes in einer Nische; ob sie uns anblickte oder nicht, konnten wir nie sagen. So gelangte sie von Generation zu Generation: teuer, unvermeidbar und unantastbar, unangefochten und verschroben.

Und so starb sie. Wurde krank in dem Haus voller Staub und Schatten, in dem nur ein zitteriger Neger zu ihrer Bedienung da war. Wir wußten nicht einmal, daß sie krank war; wir hatten es längst aufgegeben, aus dem Neger eine Auskunft herauszuholen. Er sprach mit niemand, wahrscheinlich auch nicht mit ihr, denn seine Stimme klang harsch und verrostet, als ob sie seit Jahren nicht gebraucht worden war.

Sie starb in einem der unteren Zimmer in einem schweren Nußbaumbett mit Vorhängen, den grauen Kopf gegen ein Kissen gelehnt, das vor Alter und Lichtmangel gelb und stockfleckig war.

V

Der Neger empfing die ersten Damen an der Haustür, ließ sie ein mit ihren gedämpften, zischelnden Stimmen und den raschen, neugierigen Blicken – und verschwand. Er ging schnurstracks durchs Haus und zur Hoftür hinaus und ward nie mehr gesehen.

Die beiden Basen kamen umgehend. Die Trauerfeier fand zwei Tage darauf statt, und das ganze Städtchen erschien, um Miss Emily unter einer Fülle von gekauften Blumen liegen zu sehen, während das kreidige Gesicht ihres Vaters gedankenverloren auf die Bahre blickte und die Damen unheimlich wisperten; und die sehr alten Männer – manche noch in ihrer frisch ausgebürsteten Konföderierten-Uniform – standen auf der Veranda und auf dem Rasen und sprachen von Miss Emily, als ob sie aus ihrer Generation stammte, und waren überzeugt, mit ihr getanzt und vielleicht geflirtet zu haben, und brachten die Zeit mit ihrem mathematischen Vorrücken durcheinander – ganz nach alter Leute Art, denen die Vergangenheit nicht eine schmaler werdende Straße, sondern im Gegenteil eine weite Wiese ist, die kein Winter je ganz berührt und von der sie jetzt nur durch den Engpaß des allerletzten Jahrzehnts getrennt sind.

Wir wußten bereits, daß sich in den oberen Regionen des Hauses ein Zimmer befand, das seit vierzig Jahren kein Mensch betreten hatte und das aufgebrochen werden mußte. Man wartete, bis Miss Emily in Ehren unter der Erde lag, ehe man es öffnete.

Die Gewalt, unter der die Tür niederbrach, schien das Zimmer mit alles durchdringendem Staub zu erfüllen. Ein dünner, ätzender Grabeshauch schien gleich einem Leichentuch über dem ganzen Zimmer zu liegen, das wie ein Brautgemach geschmückt und ausgestattet war: über den Bettvorhängen in verblichenem Rosenrot, über den rosig abgeschirmten Lämpchen, auf dem Frisiertisch, auf dem elegant angeordneten Kristall und den männlichen Toilettengegenständen mit ihren dunkel angelaufenen Silberrücken – so dunkel angelaufen, daß das Monogramm unkenntlich war. Dazwischen lagen ein Kragen und eine Krawatte, als ob sie gerade erst abgelegt worden wären, und als man sie aufhob, hinterließen sie im Staub einen bleichen Sichelmond. Auf einem Stuhl hing, sorgsam gefaltet, der Anzug; darunter standen die beiden stummen Schuhe und die abgestreiften Socken.

Der Mann aber lag im Bett.

Lange Zeit standen wir nur da und blickten auf das eingefallene, fleischlose Grinsen. Der Körper hatte offensichtlich einst in liebender Umarmung gelegen, doch jetzt hatte der lange Schlaf, der die Liebe überdauert und sogar das Zerrbild der Liebe besiegt, ihn zum Hahnrei gemacht. Was von ihm noch übrig war, was verwest war unter den Resten des Nachthemds, war vom Bett, auf dem er lag, nicht zu trennen; und auf ihm und auf dem Kissen neben ihm lag der gleichmäßige Überzug geduldigen und beharrlichen Staubes.

Dann bemerkten wir auf dem zweiten Kissen den Abdruck eines Kopfes. Einer von uns nahm etwas vom Kissen auf, und als wir uns vorbeugten und der schwache, kaum sichtbare Staub uns trocken und ätzend in die Nase stieg, sahen wir es: ein langes eisengraues Haar.

(Deutsch von Elisabeth Schnack)

Ernest Hemingway
Die Killer

Die Tür von Henry's Eßlokal öffnete sich, und zwei Männer kamen herein. Sie setzten sich an die Theke.

»Was bekommen Sie?« fragte sie George.

»Ich weiß nicht«, sagte der eine Mann. »Was willst du essen, Al?«

»Ich weiß nicht«, sagte Al. »Ich weiß nicht, was ich essen will.«

Draußen wurde es dunkel. Die Straßenbeleuchtung vor dem Fenster ging an. Die beiden Männer an der Theke lasen die Speisekarte. Nick Adams beobachtete sie vom andern Ende der Theke her. Als sie hereinkamen, hatte er sich mit George unterhalten.

»Ich nehme gebratene Schweinslende mit Apfelmus und Kartoffelbrei«, sagte der erste Mann.

»Das ist noch nicht fertig.«

»Verflucht nochmal, wozu schreibt ihr's auf die Karte?«

»Das ist das Abendessen«, erklärte George. »Das können Sie um sechs Uhr haben.«

George sah auf die Uhr hinter der Theke.

»Es ist fünf Uhr.«

»Die Uhr zeigt zwanzig Minuten nach fünf«, sagte der zweite Mann.

»Sie geht zwanzig Minuten vor.«

»Zum Teufel mit der Uhr«, sagte der erste Mann. »Was habt ihr zu essen?«

»Ich kann Ihnen jede Sorte von belegten Broten geben«, sagte George. »Sie können Eier mit Schinken, Eier mit Speck, Leber mit Speck oder ein Steak haben.«

»Geben Sie mir Hühnerkroketts mit grünen Erbsen und Sahnesauce und Kartoffelbrei.«

»Das ist das Abendessen.«

»Alles, was wir wollen, ist das Abendessen, was? Das ist ja 'n feiner Betrieb.«

»Ich kann Ihnen Eier mit Schinken, Eier mit Speck, Leber ...«

»Ich werde Eier mit Schinken essen«, sagte der Mann, der Al hieß. Er trug eine Melone und einen schwarzen, über der Brust zugeknöpften Überzieher. Sein Gesicht war klein und weiß, und er hatte schmale Lippen. Er trug ein seidenes Halstuch und Handschuhe.

»Geben Sie mir Eier mit Speck«, sagte der andere Mann. Er war ungefähr ebenso groß wie Al. Ihre Gesichter waren verschieden, aber sie waren wie Zwillinge angezogen. Beide trugen Mäntel, die ihnen zu eng waren. Sie saßen vornübergelehnt da, mit den Ellbogen auf der Theke.

»Gibt's was zu trinken?« fragte Al.

»Apfelwein, Limonade und Ginger Ale«, sagte George.

»Ich meine, ob es hier was zu *trinken* gibt?«

»Nur das, was ich gesagt habe.«

»Dies ist eine tolle Stadt«, sagte der andere. »Wie heißt sie denn?«

»Summit.«

»Je von gehört?« fragte Al seinen Freund.

»Nein«, sagte sein Freund.

»Was macht man hier abends?« fragte Al.

»Man ißt das Abendessen«, sagte sein Freund. »Alle kommen her und essen das fabelhafte Abendessen.«

»Das stimmt«, sagte George.

»So, du findest also, daß das stimmt?« fragte Al George.

»Sicher.«

»Du bist ein ganz heller Junge, was?«

»Sicher«, sagte George.

»Na, das bist du nicht«, sagte der andere kleine Mann. »Nicht wahr, Al?«

»Er ist dämlich«, sagte Al. Er wandte sich an Nick. »Wie heißt du denn?« »Adams.«

»Noch ein heller Junge«, sagte Al. »Was, Max, ist er nicht ein heller Junge?«

»Die Stadt wimmelt nur so von hellen Jungens«, sagte Max. George setzte die zwei Platten, die eine mit Eiern und Schinken und die andere mit Eiern und Speck, auf die Theke. Er stellte zwei kleine Schüsseln mit Bratkartoffeln daneben und schloß den Schalter nach der Küche.

»Welches ist Ihrs?« fragte er Al.

»Kannst du dich nicht erinnern?«

»Eier mit Schinken.«

»'n richtig heller Junge«, sagte Max. Er beugte sich vor und nahm seine Eier mit Schinken. Beide Männer aßen mit Handschuhen an. George beobachtete sie beim Essen.

»Was glotzt *du* denn an?« Max sah George an.

»Gar nichts.«

»Zum Teufel nochmal. Du hast mich angeglotzt.«

»Vielleicht tat's der Junge aus Jux, Max«, sagte Al.

George lachte.

»*Du* brauchst nicht zu lachen«, sagte Max zu ihm. »*Du* brauchst ganz und gar nicht zu lachen, verstehste?«

»In Ordnung«, sagte George.

»So, er findet, daß das in Ordnung ist.« Max wandte sich an Al. »Er findet alles in Ordnung. Das ist ausgezeichnet.«

»Der ist 'n Philosoph«, sagte Al. Sie aßen weiter.

»Wie heißt denn der helle Junge da hinten an der Theke?« fragte Al Max.

»He, heller Junge«, sagte Max zu Nick, »du, geh mal mit deinem Busenfreund da hinter die Theke.«

»Was soll denn das Ganze?« fragte Nick.

»Soll gar nichts.«

»Geh lieber, heller Junge«, sagte Al. Nick ging hinter die Theke.

»Was soll denn das Ganze?« fragte George.

»Geht dich 'n Dreck an«, sagte Al. »Wer ist draußen in der Küche?«

»Der Nigger.«

»Was soll das heißen, der Nigger?«

»Der Nigger, wo kocht.«

»Sag ihm, er soll reinkommen.«

»Was soll denn das?«

»Sag ihm, er soll reinkommen.«

»Wo glaubst du denn, daß du bist?«

»Wir wissen verflucht genau, wo wir sind«, sagte der Mann, der Max hieß. »Sehen wir dämlich aus?«

»Du redst dämlich«, sagte Al zu ihm. »Zum Teufel nochmal, was stellst du dich denn mit dem Bengel hin? Hör mal«, sagte er zu George. »Sag dem Nigger, er soll reinkommen.«

»Was wollt ihr denn mit ihm machen?«

»Nichts. Brauch doch deinen Verstand, heller Junge. Was sollen wir schon mit 'nem Nigger machen?«

George öffnete die Klappe, die in die Küche ging, und rief: »Sam, komm mal einen Moment rein.«

Die Küchentür öffnete sich, und der Nigger kam herein. »Was ist denn?« fragte er. Die beiden Männer an der Theke musterten ihn.

»Gut, Nigger, bleib du mal da stehen«, sagte Al. Sam, der Nigger, stand in seiner Schürze da und sah die beiden Männer an, die an der Theke saßen. »Jawohl, mein Herr«, sagte er. Al stieg von seinem Hocker herunter.

»Ich gehe mit dem Nigger und dem hellen Jungen in die Küche«, sagte er. »Los, zurück in deine Küche, Nigger. Heller Junge, du kommst mit.« Der kleine Mann ging hinter Nick und Sam, dem Koch, hinaus in die Küche. Die Tür schloß sich hinter ihnen. Der Mann, der Max hieß, saß George am andern Ende der Theke gegenüber. Er sah George nicht an, sondern sah in den Spiegel, der hinter der Theke entlanglief. Man hatte ›Henry's‹ aus einer Bar zu einem Eßlokal gemacht.

»Na, heller Junge«, sagte Max, während er in den Spiegel blickte. »Warum sagst du nicht was?«

»Worum dreht sich denn das Ganze?«

»He, Al«, rief Max. »Der helle Junge möchte gern wissen, worum sich das Ganze dreht.«

»Warum erzählst du's ihm nicht?« kam Als Stimme aus der Küche.

»Was glaubst du denn, worum sich das Ganze dreht?«

»Ich weiß nicht.«

»Was glaubst du denn?«

Max sah die ganze Zeit über, während er sprach, in den Spiegel.

»Das sag ich nicht.«

»He, Al, der helle Junge sagt, er will nicht sagen, worum sich seiner Meinung nach das Ganze dreht.«

»Ich kann genau hören, was ihr sagt«, sagt Al aus der Küche. Er hielt die Klappe, durch die die Schüsseln in die Küche geschoben wurden, mit einer dazwischengeklemmten Catchupflasche offen. »Hör mal, heller Junge«, sagte er aus der Küche zu George. »Stell dich mal da an der Theke ein bißchen weiter unten hin. Und du 'n bißchen mehr nach links, Max.« Er war wie ein Photograph, der eine Gruppenaufnahme stellt.

»Erzähl mir was, heller Junge«, sagte Max, »was glaubst du denn, was passieren wird?«

George sagte nichts.

»Ich werd's dir sagen«, sagte Max. »Wir wollen einen Schweden killen. Kennst du einen großen Schweden, der Ole Andreson heißt?«

»Ja.«

»Der kommt hier jeden Abend zum Essen her, nicht wahr?«

»Er kommt manchmal.«

»Er kommt um sechs, nicht wahr?«

»Wenn er kommt.«

»Das wissen wir alles, heller Junge«, sagte Max. »Reden wir von etwas anderem. Gehste oft ins Kino?«

»Hin und wieder.«

»Solltest häufiger ins Kino gehen. Für einen hellen Jungen wie dich ist Kino das Wahre.«

»Warum wollt ihr Ole Andreson killen? Was hat er euch denn getan?«

»Hat nie Gelegenheit gehabt, uns was zu tun. Noch nicht einmal gesehen hat er uns.«

»Und er wird uns nur einmal sehen«, sagte Al aus der Küche.

»Warum wollt ihr ihn denn killen?« fragte George.

»Wir killen ihn für einen Freund. Nur um einem Freund einen Gefallen zu tun, heller Junge.«

»Halt den Mund«, sagte Al aus der Küche. »Du redest zu viel, verflucht nochmal.«

»Na, ich muß doch den hellen Jungen bei Laune halten. Muß ich doch, was, heller Junge?«

»Du redest zu viel, verflucht nochmal«, sagte Al. »Der Nigger und mein heller Junge halten sich allein bei Laune. Ich hab sie wie zwei Freundinnen in der Klosterschule aneinandergebunden.«

»Nehme an, du warst in 'nem Kloster?«

»Kannste nie wissen.«

»Du warst in 'nem koschern Kloster. Natürlich! Das warst du.«

George sah auf die Uhr.

»Wenn jemand reinkommt, sagst du ihm, daß der Koch Ausgang hat. Und wenn einer nicht locker läßt, sag ihm, daß du rausgehen und selber kochen wirst. Hast du das verstanden, heller Junge?«

»Gut«, sagte George. »Was habt ihr denn nachher mit uns vor?«

»Das kommt drauf an«, sagte Max. »Das ist eine von den Sachen, die man niemals vorher weiß.«

George sah auf die Uhr. Es war ein Viertel nach sechs. Die Tür zur Straße öffnete sich. Ein Omnibuschauffeur kam herein.

»Tag, George«, sagte er. »Kann ich Abendbrot kriegen?«

»Sam ist aus«, sagte George. »Er ist ungefähr in einer halben Stunde zurück.«

»Dann geh ich lieber die Straße rauf wo anders hin«, sagte der Chauffeur. George sah auf die Uhr. Es war zwanzig nach sechs.

»So war's recht, heller Junge«, sagte Max. »Du bist ein richtiger kleiner Gentleman.«

»Er wußte, daß ich ihm 'ne Kugel durch den Kopf gejagt hätte«, sagte Al aus der Küche.

»Nein«, sagte Max. »Das war's nicht. Der helle Junge ist nett. Er ist ein netter Junge. Er gefällt mir.«

Um sechs Uhr fünfundfünfzig sagte George: »Er kommt nicht.«

Noch zwei Leute waren in das Lokal gekommen. Einmal war George in die Küche hinausgegangen, um für einen Mann ein Schinken-und-Eier-Sandwich zum Mitnehmen zu machen. In der Küche sah er Al, mit seiner Melone in den Nacken geschoben, auf einem Schemel neben dem Schiebefenster sitzen, mit dem Lauf seiner abgesägten Flinte auf der Holzleiste. Nick und der Koch standen Rücken an Rücken in einer Ecke, jeder mit einem Knebel im Mund. George hatte das Sandwich gemacht, in Butterbrotpapier gewickelt, in eine Tüte gesteckt und brachte es herein. Der Mann hatte bezahlt und war weggegangen.

»Der helle Junge kann auch alles!« sagte Max. »Kochen kann er und alles. Du würdest für manches Mädchen 'ne gute Frau abgeben, heller Junge.«

»So?« sagte George, »euer Freund Ole Andreson kommt heute nicht.«

»Wir werden ihm noch zehn Minuten Zeit lassen«, sagte Max.

Max beobachtete den Spiegel und die Uhr. Die Zeiger der Uhr standen auf sieben und dann auf fünf Minuten nach sieben.

»Komm, Al«, sagte Max. »Wir wollen lieber gehen. Der kommt nicht.«

»Wir wollen ihm noch fünf Minuten geben«, sagte Al aus der Küche.

Während der fünf Minuten kam ein Mann herein, und George setzte ihm auseinander, daß der Koch krank sei.

»Zum Teufel nochmal, warum besorgt ihr euch denn nicht einen anderen Koch?« sagte der Mann. »Habt ihr denn kein Eßlokal?« Er ging hinaus.

»Also los, Al«, sagte Max.

»Und was machen wir mit den beiden hellen Jungens und dem Nigger?«

»Die sind stieke.«

»Glaubst du?«

»Sicher. Damit wärn wir fertig.«

»Das gefällt mir nicht«, sagte Al. »Das ist keine Sache nicht. Du redst zu viel.«

»Zum Teufel nochmal, was denn!« sagte Max. »Wir müssen uns doch bei Laune halten, was?«

»In jedem Fall redst du zu viel«, sagte Al. Er kam aus der Küche heraus. Die abgeschnittenen Läufe seiner Flinte bildeten unter der Taille seines zu eng anliegenden Überziehers einen kleinen Wulst. Er zog den Mantel mit seinen behandschuhten Händen glatt.

»Wiedersehen, heller Junge«, sagte er zu George. »Du hast Schwein.«

»Das ist wahr«, sagte Max. »Du solltest beim Rennen wetten, heller Junge.«

Die beiden gingen zur Tür hinaus. George beobachtete durch das Fenster, wie sie unter der Bogenlampe gingen und dann die Straße überquerten. Mit ihren engen Überziehern und Melonen sahen sie wie eine Variiténummer aus. George ging durch die Pendeltür hinten in die Küche und band Nick und den Koch los.

»Davon hab ich genug«, sagte Sam, der Koch. »Davon hab ich genug.«

Nick reckte sich. Er hatte noch nie zuvor einen Knebel im Mund gehabt.

»Na, so was!« sagte er, »zum Teufel nochmal!« Er suchte mit Schwadronieren darüber wegzukommen.

»Sie wollten Ole Andreson killen«, sagte George. »Sie wollten ihn erschießen, wenn er zum Essen kommt!«

»Ole Andreson?«

»Sicher.«

Der Koch befühlte mit dem Daumen seine Mundwinkel.

»Sie alle weg?« fragte er.

»Tja«, sagte George. »Jetzt sind sie weg.«

»Das gefällt mir nicht«, sagte der Koch. »Das gefällt mir ganz und gar nicht.«

»Hör mal«, sagte George zu Nick. »Du solltest lieber zu Ole Andreson gehen.«

»Schön.«

»Sie sollten sich lieber nicht in die Geschichte einmischen«, sagte Sam, der Koch. »Am besten, Sie haben nichts damit zu tun.«

»Geh nicht, wenn du nicht willst«, sagte George.

»Lassen Sie die Finger davon. Das führt zu nichts«, sagte der Koch. »Besser, Sie haben nichts damit zu tun.«

»Ich werd zu ihm gehen«, sagte Nick zu George. »Wo wohnt er?«

Der Koch wandte sich ab.

»Kleine Jungen wissen immer, was sie tun wollen«, sagte er.

»Er wohnt im Hirsch'schen Logierhaus«, sagte George zu Nick.

»Ich werd hingehen.«

Draußen schien das Bogenlicht durch die kahlen Zweige eines Baumes. Nick ging die Straße hinauf an den Trambahnschienen entlang und bog dann bei der nächsten Bogenlampe in eine Querstraße ein. Das dritte Haus die Straße rauf war Hirsch's Logierhaus. Nick ging die zwei Stufen hinauf und klingelte. Eine Frau kam an die Tür.

»Wohnt hier Ole Andreson?«

»Wollen Sie ihn sprechen?«

»Ja, wenn er zu Hause ist.«

Nick folgte der Frau die Treppe hinauf und einen Korridor entlang. Sie klopfte an eine Tür.

»Wer ist da?«

»Jemand, der Sie sprechen will, Mr. Andreson«, sagte die Frau.

»Ich bin's, Nick Adams.«

»Komm rein.«

Nick öffnete die Tür und ging ins Zimmer. Ole Andreson lag völlig angekleidet auf dem Bett. Er war Schwergewichtsboxer gewesen, und er war viel zu lang für das Bett. Er lag mit dem Kopf auf zwei Kissen. Er sah Nick nicht an.

»Was ist denn?« fragte er.

»Ich war bei ›Henry‹«, sagte Nick, »und zwei Kerle kamen rein und banden mich und den Koch, und sie sagten, daß sie dich killen würden.«

Es klang albern, als er es sagte. Ole Andreson sagte nichts.

»Sie sperrten uns in die Küche«, fuhr Nick fort. »Sie wollten dich erschießen, wenn du zum Essen reinkommst.«

Ole Andreson sah die Wand an und sagte nichts.

»George meinte, ich sollte lieber gehen und es dir sagen.«

»Ich kann nichts dran ändern«, sagte Ole Andreson.

»Ich werd dir beschreiben, wie sie aussahen.«

»Ich will nicht wissen, wie sie aussehen«, sagte Ole Andreson. Er sah die Wand an. »Danke, daß du hergekommen bist, um es mir zu erzählen.«

»Schon recht.«

Nick sah auf den großen Mann, der auf seinem Bett lag.

»Möchtest du, daß ich zur Polizei gehe?«

»Nein«, sagte Ole Andreson. »Das würde nichts nützen.«

»Kann ich nicht irgendwas tun?«

»Nein, man kann da nichts machen.«

»Vielleicht war es einfach Bluff.«

»Nein, das ist nicht einfach Bluff.«

Ole Andreson rollte hinüber zur Wand.

»Das einzige Dumme dran ist«, sagte er und sprach gegen die Wand, »daß ich mich einfach nicht entschließen kann, auszugehen. Ich bin den ganzen Tag über hier drin gewesen.«

»Kannst du nicht aus der Stadt weg?«

»Nein«, sagte Ole Andreson. »Ich hab das ewige Hin und Her satt.« Er sah die Wand an.

»Man kann jetzt nichts mehr dagegen tun.«

»Läßt es sich nicht irgendwie einrenken?«

»Nein. Bin reingeschliddert.« Er sprach immer mit derselben tonlosen Stimme. »Man kann nichts machen. Nachher werd ich mich aufraffen und ausgehen.«

»Ich geh wohl lieber zu George zurück und erzähl's ihm«, sagte Nick.

»Wiedersehen«, sagte Ole Andreson. Er sah Nick nicht an. »Und danke schön fürs Herkommen.«

Nick ging hinaus. Als er die Tür schloß, sah er Ole Andreson völlig angekleidet auf seinem Bett liegen und die Wand ansehen.

»Er ist den ganzen Tag über in seinem Zimmer gewesen«, sagte die Vermieterin unten. »Wahrscheinlich fühlt er sich nicht wohl. Ich hab zu ihm gesagt: ›Mr. Andreson, Sie sollten an so einem schönen Herbsttag wie heute ausgehen und einen Spaziergang machen‹; aber er fühlte sich nicht danach.«

»Er will nicht ausgehen.«

»Es tut mir leid, daß er sich nicht wohl fühlt«, sagte die Frau. »Er ist ein schrecklich netter Mensch. Wissen Sie, er war früher einmal Boxer.«

»Ja, ich weiß.«

»Man würde es nie denken, wenn sein Gesicht nicht so aussähe«, sagte die Frau. Sie standen und unterhielten sich grade hinter der Haustür. »Er ist so sanft wie ein Lamm.«

»Tja, also gute Nacht, Mrs. Hirsch«, sagte Nick.

»Ich bin nicht Mrs. Hirsch«, sagte die Frau. »Der gehört das Haus. Ich sehe nur für sie nach dem Rechten. Ich bin Mrs. Bell.«

»Also gute Nacht, Mrs. Bell«, sagte Nick.

»Gute Nacht«, sagte die Frau.

Nick ging die dunkle Straße hinauf bis zur Ecke unter der Bogenlampe und dann an den Trambahnschienen entlang, bis zu Henry's Eßlokal. George war drinnen, hinter der Theke.

»Hast du Ole gesprochen?«

»Ja«, sagte Nick. »Er sitzt in seinem Zimmer und will nicht ausgehen.«

Der Koch öffnete die Haustür, als er Nicks Stimme hörte.

»Ich will nicht mal davon hören«, sagte er und schloß die Tür.

»Hast du's ihm erzählt?« fragte George.

»Natürlich. Ich hab's ihm erzählt, aber er weiß genau, worum sich's dreht.«

»Was wird er tun?«

»Gar nichts.«

»Sie werden ihn killen.«

»Werden sie sicher.«

»Er war wohl in Chikago in irgendwas verwickelt.«

»Wahrscheinlich«, sagte Nick.

»Es ist eine verteufelte Sache!«

»Es ist eine scheußliche Sache«, sagte Nick.

Sie sagten nichts. George langte nach seinem Lappen und wischte die Theke ab.

»Was er wohl ausgefressen hat?« sagte Nick.

»Sicher wen reingelegt. Dafür killen sie einen.«

»Ich mache, daß ich hier aus der Stadt rauskomme«, sagte Nick.

»Ja«, sagte George. »Das ist wohl das Vernünftigste.«

»Ich kann das nicht aushalten, mir vorzustellen, wie er da in seinem Zimmer sitzt und wartet und genau weiß, daß er dran glauben muß. Es ist zu verflucht niederträchtig.«

»Na«, sagte George. »Am besten, du denkst nicht dran.«

(Deutsch von Annemarie Horschitz-Horst)

Erskine Caldwell
Bei Sonnenaufgang

I

Ein Schauder überkam Lonnie. Die Hand fiel ihm von dem spitzen Kinn, als er wieder an das dachte, was Clem gesagt hatte. Jetzt schien es ihm schon ein Verbrechen zu sein, wenn er nur bei Arch Gunnard stand und ihm erlaubte, sein Gesicht zu sehen.

Er und Clem waren an diesem Nachmittag miteinander die Straße bis zur Tankstelle gegangen, dabei hatte er Clem erzählt, wie dringend er Lebensmittel brauchte. Clem war einen Augenblick stehengeblieben, um einen Stein von der Straße zu stoßen, und hatte gesagt, wenn man lange genug für Arch Gunnard gearbeitet habe, sei einem das Gesicht spitz genug, um sich damit die Bretter für den eigenen Sarg zu spalten.

Als Lonnie sich umwandte, um sich neben der Benzinpumpe auf eine leere Kiste zu setzen, wünschte er sich, Arch Gunnard gegenüber ebenso unerschrocken zu sein wie Clem. Obgleich Neger, scheute Clem sich nie, um Lebensmittel zu bitten, falls er etwas zu essen brauchte, und wenn er und seine Familie nicht genügend erhielten, dann trat er einfach vor und sagte es Arch. Arch nahm es hin, aber er schwor, daß er Clem bei der ersten besten Gelegenheit aus der Gegend vertreiben werde.

Ohne sich umzudrehen, wußte Lonnie, daß Clem mit zwei oder drei anderen Negern an der Ecke der Tankstelle stand und zu ihm herschaute, aber aus irgendeinem Grunde konnte er Clem nicht in die Augen sehen.

Arch Gunnard saß in der Sonne und schärfte sein Klappmesser an der Stiefelspitze. Ein- oder zweimal warf er einen flüchtigen Blick auf Lonnies Hund Nancy, der mitten auf der Straße lag und darauf wartete, daß sein Herr mit ihm nach Hause ging.

»Dein Hund, Lonnie?«

Vor Angst fuhr Lonnies Hand ans Kinn, um das hagere Gesicht zu verbergen, das Arch für die schmale Kost anklagen mußte.

Arch schnippte mit den Fingern, und die Hündin stand schwanzwedelnd auf. Sie erwartete, gerufen zu werden.

»Mr. Arch, ich ...«

Arch rief die Hündin. Langsam kroch sie auf dem Bauch zu ihnen hin, und wenn Arch schnippte, wedelte sie etwas mehr mit dem Schwanz. Einige Meter vor ihnen wälzte sie sich auf den Rücken und streckte alle vier Pfoten in die Luft.

Dudley Smith und Jim Weaver, die an der Tankstelle herumlungerten, lachten. Sie hatten an der Mauer gelehnt, richteten sich nun aber auf, um zu sehen, was Arch vorhatte.

Arch spie noch ein wenig Tabaksaft auf die Stiefelspitze und wetzte weiter die Klinge.

»Was ist denn das für ein Bluthund, Lonnie?« fragte Arch. »Sieht mir wie ein Jagdhund aus.«

Lonnie spürte regelrecht Clem Henrys Blick an seinem Hinterkopf. Er fragte sich, was Clem tun würde, wenn es sein Hund wäre, nach dem Arch Gunnard schnippte und den er so bezeichnete.

»Für einen Neger- oder Hühnerhund ist der Schwanz viel zu lang, nicht wahr, Arch?« bemerkte jemand hinter Lonnie und lachte laut auf. Dann lachten alle, auch Arch. Sie sahen Lonnie an, denn sie wollten hören, was Arch erwidern würde.

»Ist das ein Jagdhund, Lonnie?« fragte Arch und schnippte wieder mit den Fingern.

»Mr. Arch, ich ...«

»Brauchst dich seinetwegen nicht zu schämen, Lonnie, wenn sich herausstellt, daß er kein Hühnerhund oder Fuchsjäger ist. Jeder muß schließlich einen Hund beim Hause haben, der loszieht und ein Schwein oder ein Kaninchen packt, wenn du schnell mal eins brauchst. Ein Jagdhund genießt ungeheures Ansehen. Ich weiß auch noch, wie ungeheuer stolz ich war, als ich mal einen besaß.«

Alle lachten.

Arch Gunnard wollte Nancy am Schwanz fassen. Lonnie setzte sich auf und verdrehte den Hals, bis er einen Blick von Clem Henry am anderen Ende der Tankstelle auffing. Clem starrte ihn unmißverständlich an, er hatte denselben Blick wie am Nachmittag, als er gesagt hatte, keiner, der für Arch Gunnard arbeitete, sollte halbe Rationen hinnehmen. Lonnie senkte den Kopf. Er konnte sich nicht vorstellen, daß es einen mutigeren Neger gab als Clem. Schon viele Male hätte er alles hergegeben, wenn er dadurch nur hätte in Clems Haut schlüpfen und mit ihm tauschen können.

»Was bei deinem Hund nicht stimmt, Lonnie, ist, daß er für seine Beine zu schwer ist. Du meinst doch auch, daß man mit so einem geschickten kleinen Kniff sein Gewicht etwas erleichtern könnte, wo er doch in erster Linie ein Jagdhund ist?«

Da erinnerte sich Lonnie an Clems Worte, was dieser tun würde, wenn Arch Gunnard jemals wagen sollte, seinem Hund den Schwanz abzuschneiden. Lonnie wußte es, Clem wußte es, jeder andere wußte es: Hier bot sich Arch die Gelegenheit, auf die er wartete. Clem Henry hatte gesagt, daß Arch auf weiter nichts lauerte, als daß Clem einen winzigen Zentimeter zu weit ging oder ihm nur ein Sterbenswörtchen erwiderte; alles andere würde Arch erledigen. Jeder wußte, was er damit meinte, vor allem, wenn Clem sich nicht umwandte und weglief. Und Clem, der seit fünfzehn Jahren in der Gegend wohnte, war nicht dafür bekannt, daß er vor jemandem davonlief.

Während Lonnie sich über Clem Gedanken machte, griff Arch nach unten und packte Nancys Schwanz. Nancy verhielt sich, als glaubte sie, Arch wollte mit ihr spielen. Sie drehte den Kopf, bis sie Archs Hand lecken konnte. Arch schlug ihr mit dem Ende des Klappmessers auf die Nase.

»Ist ja ein ganz lustiger Bursche, Lonnie«, sagte Arch und griff den Schwanz noch kürzer, »aber die Wedelstange ist viel zu lang für einen Hund seiner Größe, vor allem, wenn's ein Jagdhund sein will.«

Lonnie schluckte schwer.

»Mr. Arch, Nancy spürt ganz fabelhaft Kaninchenfährten auf. Ich . . .«

»Unsinn, Lonnie«, unterbrach ihn Arch und wetzte die Messerklinge am Hundeschwanz, »ich hab in meinem ganzen Leben keinen Hund gesehen, der zur Kaninchenjagd einen so langen Schwanz braucht. Ist viel zu lang für so einen ganz gewöhnlichen, durchschnittlichen und alltäglichen Jagdhund.«

Lonnie sah Dudley Smith und die anderen hoffnungsvoll an. Keiner half ihm auch nur im geringsten. Der Versuch, Arch Einhalt zu gebieten, war zwecklos; wenn Arch Gunnard sich einmal etwas in den Kopf gesetzt hatte, dann duldete er nichts, was ihm im Wege stand. Lonnie wußte, daß er keinerlei Unwillen oder Entrüstung zeigen durfte, sonst verjagte ihn Arch von der Farm, noch ehe die Sonne unterging. Clem Henry war der einzige, der ihm helfen würde, aber Clem . . .

Die Weißen und die Neger an beiden Ecken der Tankstelle warteten ab; sie wollten sehen, was Lonnie jetzt tat. Sie alle hofften, er würde sich wegen seines Hundes auf einen Streit einlassen. Wenn nur mal einer den Mut aufbrächte und Arch Gunnard hinderte, einen Hundeschwanz abzuschneiden, dann wäre endlich Schluß damit. Es war jedoch klar, daß Lonnie als einer von Archs Teilpächtern sich scheute, offen seine Meinung zu sagen. Ja, vielleicht Clem Henry. Clem war der einzige, der versuchen konnte, Arch daran zu hindern, selbst wenn es Unannehmlichkeiten mit sich brachte. Und alle wußten, daß Arch Clem auf jeden Fall aus der Gegend vertreiben oder mit Blei spicken würde.

»Ich denke, es ist dir doch recht, Lonnie, nicht?« fragte Arch. »Mir scheint, ich höre keine Einwände.«

Clem Henry trat einige Schritte vor und blieb stehen.

Arch lachte, als er Lonnies Miene sah, und zerrte Nancy auf die Beine. Vor Schmerz und Überraschung jaulte der Hund auf, aber Arch brachte ihn durch einen Stoß in den Bauch zur Ruhe.

Lonnie fuhr zusammen. Er konnte es nicht mit ansehen, wenn jemand seinen Hund stieß.

»Mr. Arch, ich . . .«

Die Kehle war ihm wie zugeschnürt. Sekundenlang würgte es ihn, er mußte den Mund aufreißen und nach Atem ringen. Kein Laut kam von den anderen Weißen um ihn. Keiner mochte mit ansehen, daß ein Hund so in den Bauch gestoßen wurde.

Lonnie konnte aus dem Augenwinkel das andere Ende der Tankstelle beobachten. Er bemerkte, daß ein paar Neger hinter Clem traten und ihn am Arbeitsanzug packten. Clem versuchte aber nicht, sich von ihnen loszumachen. Er stand breitbeinig da und spuckte vor sich aus.

»Da ich keine Einwände höre, schätze ich, wir machen Ernst und schneiden ihn ab«, sagte Arch und spuckte aus.

Lonnie reckte den Hals. Er sah von Nancy nur die Hinterpfoten. Er war hergekommen, weil er um ein Stück Salzfleisch und etwas Sirup oder dergleichen bitten wollte. Jetzt wußte er nicht, ob er es jemals über sich bringen würde, nach Lebensmitteln zu fragen, auch wenn der Hunger zu Hause immer größer wurde.

»Ich hab mir angewöhnt, den Eigentümer immer erst zu fragen«, erklärte Arch. »Ich würde es nicht tun, wenn der Eigentümer etwas dagegen hätte. Das wär nicht in Ordnung. Nein, meine Herren, das wäre nicht offen und ehrlich.«

Arch packte den Schwanz des Hundes noch kürzer und setzte das Messer zwei, drei Zoll vom Steiß an. Es sah aus, als liefe ihm das Wasser im Munde zusammen, denn ihm troff Tabaksaft aus den Mundwinkeln. Er hob die Hand und wischte sich den Mund.

Geräuschvoll arbeitete sich ein Auto durch den tiefen roten Staub der Landstraße. Als es vorbeifuhr, hoben alle den Kopf, um festzustellen, wer in dem Wagen saß.

Auch Lonnie warf einen Blick dorthin, aber er konnte den Kopf nicht hochhalten, er sank ihm wieder herab, bis er die Kinnspitze auf der Brust fühlte. Er hätte gern gewußt, ob Arch bemerkt hatte, wie hager sein Gesicht war.

»Ich halte mir zwei oder drei Jagdhunde auf dem Grundstück«, sagte Arch – er wetzte die Klinge am Schwanz des Hundes, als wäre es ein Streichriemen, bis die Umstehenden über seine Tätigkeit lächelten –, »aber ich hab noch nie eingesehen, welchen Sinn ein Jagdhund mit 'nem langen Schwanz hat. Der ist ihm doch bloß im Wege, wenn er mir ein Schwein oder ein Kaninchen jagen soll, das ich zum Abendbrot brauche.«

Mit der linken Hand zog er, und mit der rechten drückte er zu. Arch Gunnard stutzte den Schwanz so rasch und mühelos, als schnitte er auf der Viehweide eine Rute, mit der er die Kühe in den Stall treiben wollte. Als die Hündin den Schwanz los war, sprang sie weit fort von Arch und heulte so laut, daß man sie eine halbe Meile weit hörte. Einmal blieb Nancy stehen und sah zu Arch zurück, dann lief sie mitten auf die Straße und hüpfte und drehte sich im Kreise. Die ganze Zeit über jaulte sie und biß sich den blutenden Schwanzstummel.

Arch lehnte sich zurück. Er wirbelte den abgetrennten Schwanz herum und wischte mit der anderen Hand die Klinge des Klappmessers an der Stiefelsohle ab. Dabei beobachtete er Lonnies Hund, der im Kreis durch den roten Staub jagte.

Keiner sprach ein Wort. Lonnie wollte nicht sehen, wie sich sein Hund quälte, aber er vermied auch, Clem Henry anzublicken. Er hatte die Augen geschlossen und fragte sich, warum er all die Jahre auf Arch Gunnards Plantage geblieben war, als kleiner Pächter für Hungerrationen um das nackte Leben gearbeitet hatte und dabei immer dürrer geworden war. Da erkannte er, wieviel Wahrheit in Clems Worten lag, bei Archs Pächtern würden die Gesichter scharf genug werden, sich damit die Sargbretter zurechtzuhauen. Ehe er sich dessen bewußt war, fuhr er mit der Hand ans Kinn. Sie sank wieder herab, als er die Kinnbacken und die vorstehenden Sehnen an den Wangen fühlte.

Bei seinem großen Hunger war ihm klar, daß die paar Lebensmittel, die Arch ihm tatsächlich gab, bei weitem nicht für die nächste Woche reichen würden. Hatty, seine Frau, war vor Hunger und infolge der Feldarbeit schon zusammengebrochen, und Mark Newsome, der seit zwanzig Jahren stocktaub war, fragte ihn immer, warum denn nie genug Nahrungsmittel im Hause seien, sich mal richtig satt zu essen. Lonnies Kopf sank noch tiefer, und er spürte, daß ihm die Augen feucht wurden.

Der Druck des spitzen Kinns wurde ihm so unangenehm, daß er schließlich, um den Schmerz zu lindern, den Kopf heben mußte.

Als erstes nahm er wahr, daß Arch Gunnard Nancys Schwanz mit der linken Hand herumwirbelte. Zu Hause hatte Arch einen großen Koffer voll Hundeschwänze. Seit eh und je hatte er Schwänze abgeschnitten und in all den Jahren eine Sammlung angehäuft, auf die er so stolz war, daß er den Koffer verschlossen hielt und den Schlüssel an einer Schnur um den Hals trug. An Sonntagnachmittagen, wenn der Prediger zu Besuch kam oder wenn ein paar Leute auf der Vorderveranda herumlungerten und Geschichten erzählten, holte er sie hervor und nannte jeden Schwanz aus dem Gedächtnis, genauso, als hinge ein Zettel daran.

Clem Henry hatte die Tankstelle verlassen und ging allein die Straße zur Plantage entlang. Sein Haus stand in einer Gruppe Negerhütten, unterhalb von Archs großem Hause, und um dorthin zu gelangen, mußte er an Lonnies Haus vorbei. Lonnie wollte gerade aufstehen und fortgehen, als er bemerkte, daß Arch ihn ansah. Musterte Arch sein mageres Gesicht, oder wollte er wissen, ob Lonnie zusammen mit Clem nach Hause gehen würde?

Der Gedanke an den Aufbruch erinnerte ihn, weshalb er hier war. Er brauchte noch vor dem Abendessen ein paar Lebensmittel, und wären es noch so wenig.

»Mr. Arch, ich . . .«

Arch starrte ihn einen Augenblick an, als lauschte er einem seltsamen Geräusch, das er nie zuvor gehört hatte.

Lonnie biß sich auf die Lippen; er fragte sich, ob Arch eine Bemerkung darüber machen würde, wie dürr und verhungert er aussah. Aber Arch dachte an etwas anderes. Er schlug sich mit der Hand auf den Schenkel und lachte laut heraus.

»Manchmal wünsche ich mir, Nigger hätten Schwänze«, sagte er, rollte Nancys Schwanz zusammen und steckte ihn in die Tasche. »Ich würd ja viel lieber Niggerschwänze abschneiden als Hundeschwänze. Vor allem gäbe es da mehr zu schneiden.«

Dudley Smith und ein anderer lachten kurz auf. Das Lachen verstummte fast ebenso rasch, wie es begonnen hatte.

Die Neger, die Archs Worte vernommen hatten, scharrten mit den Füßen im Staub und entfernten sich. Wenige Minuten später war niemand mehr an der Tankstelle. Sie gingen die Straße entlang und verschwanden schließlich hinter dem roten Holzgebäude.

Arch stand auf und reckte sich. Langsam sank die Sonne, so daß es in der Oktoberluft ungemütlich wurde. »Na, ich glaube, ich geh nun nach Hause, um ein bißchen Abendbrot zu essen«, sagte er.

Er schlenderte bis zur Straßenmitte. Dort blieb er stehen und erblickte Nancy, die am Graben dahinlief.

»Niemand denselben Weg?« fragte er. »Was ist'n los mit dir, Lonnie? Gehst nicht nach Hause essen?«

»Mr. Arch, ich ...«

Lonnie merkte, daß er aufsprang. Sein erster Gedanke war, um Salzfleisch und Sirup und vielleicht etwas Maismehl zu bitten, aber als er den Mund öffnete, brachte er kein Wort heraus. Er trat einige Schritte vor und schüttelte den Kopf. Er wußte nicht, was Arch sagen oder tun würde, wenn er die Bitte abschlug.

»Hatty wartet bestimmt schon«, sagte Arch, wandte sich um und ging auf das große Haus zu.

Er griff in die Seitentasche, zog Nancys Schwanz heraus und wirbelte ihn herum.

Dudley Smith betrat die Tankstelle, die anderen zerstreuten sich.

Als Arch ein paar hundert Yard entfernt war, ließ sich Lonnie betrübt auf die Kiste neben der Benzinpumpe nieder, wo er aufgestanden war, als Arch mit ihm gesprochen hatte. Kummervoll, mit hängenden Schultern saß er da; die Arme fielen ihm zwischen die breit auseinandergesetzten Beine.

Er wußte nicht, wie lange er mit geschlossenen Augen dort gesessen hatte, aber als er sie öffnete, da lag Nancy zwischen seinen Füßen und leckte sich den gestutzten Schwanz. Als er sie betrachtete, fühlte er wieder, daß sein spitzes Kinn ihm in die Brust stach. Kurz darauf wurde die Tür hinter ihm zugeknallt, und eine Minute später hörte er Dudley Smith von der Tankstelle nach Hause gehen.

II

Lonnie hatte einige Stunden unruhig geschlafen, plötzlich war er hellwach. Wieder rüttelte ihn Hatty. Er stützte sich auf einen Ellenbogen und versuchte, in dem dunklen Zimmer etwas zu erkennen. Ohne auf die Uhr geblickt zu haben, konnte er sagen, daß in knapp zwei Stunden die Sonne aufging.

»Lonnie«, sagte Hatty, und sie zitterte in der kühlen Nachtluft, »Lonnie, dein Pa ist nicht drin.«

Lonnie setzte sich im Bett auf. »Woher weißt'n das?« fragte er.

»Ich hab überhaupt noch nicht geschlafen, seit ich im Bett bin, und hab gehört, wie er hinausging. Er ist schon die ganze Zeit draußen.«

»Vielleicht ist er nur mal an die frische Luft gegangen«, meinte Lonnie, drehte sich um und versuchte, durch das Schlafzimmerfenster hinauszusehen.

»Ich weiß, was ich sage, Lonnie«, beharrte Hatty. »Dein Pa ist schon viel zu lange fort.«

Sie waren einige Minuten ganz still und horchten, ob sie etwas von Mark Newsome hörten.

Lonnie stand auf und zündete eine Lampe an. Er zitterte, als er sich Hemd, Arbeitsanzug und Schuhe anzog. Er machte dicke Knoten in die Schnürsenkel, weil er im trüben Licht nichts erkennen konnte. Vor dem Fenster war es stockfinster. Die feuchte Oktoberluft schlug ihm entgegen.

»Ich komm mit gucken«, sagte Hatty, warf die Bettdecke von sich und wollte aufstehen.

Lonnie trat an das Bett heran, deckte sie wieder zu und drückte sie ins Kissen zurück.

»Schlaf du nur noch ein bißchen, Hatty«, sagte er, »du kannst nicht die ganze Nacht wach bleiben. Ich geh schon und hol ihn herein.«

Er verließ Hatty, blies die Lampe aus und stolperte in die dunkle Diele. Dort tastete er sich an der Wand entlang zur vorderen Veranda. Als er sie erreicht hatte, konnte er kaum die Hand vor den Augen sehen, doch allmählich gewöhnte er sich an die Dunkelheit. Minutenlang wartete er und lauschte.

Dann stieg er vorsichtig die Stufen zum Hof hinunter, bog um die Hausecke und blieb stehen, um noch einmal zu horchen, ehe er seinen Vater rief.

»Pa!« rief er laut. »He, Pa!«

Unter dem Schlafzimmerfenster hielt er an. Ihm wurde bewußt, was er tat.

»Wie kann ich bloß so was Blödes machen«, schalt er sich selbst. »Pa hört's nicht mal donnern.«

Vom Bett her vernahm er ein Rascheln.

»Er ist so lange weg, daß er bestimmt schon an der Kreuzung oder noch weiter ist«, rief Hatty durchs Fenster.

»Leg dich hin und versuch ein bißchen zu schlafen, Hatty«, sagte Lonnie zu ihr. »Ich bringe ihn im Handumdrehen wieder.«

Er hörte, wie Nancy sich unter dem Haus wegen der Flöhe kratzte. Doch er war sich im klaren, daß sie jetzt nicht in der Verfassung war, ihm suchen zu helfen. Einige Tage würden vergehen, ehe sie sich von dem Schock durch den Verlust des Schwanzes erholt hatte.

»Er ist schon lange weg«, rief Hatty, die nicht still sein konnte.

»Das ist doch egal«, erwiderte Lonnie. »Früher oder später finde ich ihn. Nun schlaf aber endlich weiter, Hatty.«

Gespannt lauschend näherte er sich dem Stall. Drüben beim großen Hause hörte er die Schweine grunzen und quieken. Wenn sie nur ruhig wären, damit er andere Geräusche hören könnte. Ab und zu heulten Arch Gunnards Hunde, aber sie machten nicht mehr Lärm als sonst zur Nachtzeit, und ihr Geheul war er gewohnt.

Lonnie suchte im Stall und draußen. Dann wandte er sich dem Baumwollschuppen auf dem Felde zu. Er wußte, daß es sinnlos war, aber er konnte es nicht lassen, immer wieder nach seinem Vater zu rufen.

»He, Pa!« rief er in die undurchdringliche Finsternis.

Er ging weiter auf das Feld hinaus.

»Wo in aller Welt steckt er bloß?« fragte er, blieb stehen und überlegte, wo er nun nachsehen sollte.

Als er wieder im Vorgarten anlangte, war er doch besorgt. Marks Verhalten in der letzten Woche war nicht wunderlicher gewesen als sonst, aber Lonnie wußte, daß er über Arch Gunnards Art, so wenig Lebensmittel auszugeben, aufgebracht war. Mark hatte sogar gesagt, daß sie bei der jetzigen Ration alle in drei Monaten verhungert sein würden.

Lonnie verließ den Hof und schritt die Straße zu den Negerhütten hinunter. An Clems Haus bog er ein auf den Weg zur Tür. Er klopfte mehrmals an und wartete. Da er keine Antwort erhielt, pochte er lauter.

»Wer ist da?« hörte er Clem aus dem Bett fragen.

»Ich bin's«, antwortete Lonnie. »Du mußt mal einen Augenblick rauskommen, Clem. Ich bin im Vorgarten.«

Er setzte sich und wartete, bis Clem angekleidet war und erschien. Unterdessen lauschte er angestrengt, damit ihm kein Geräusch entging, das möglicherweise in der Luft lag. Über die Felder vom großen Hause her hörte er das Grunzen und Quieken der Mastschweine.

Clem wandte sich auf der Schwelle um und sagte zu seiner Frau, die im Bett lag, er werde gleich zurückkehren, sie solle sich nicht ängstigen. Dann schloß er die Tür und fragte: »Wer ist da?«

Lonnie stand auf und trat ihm entgegen.

»Was hast'n für Sorgen?« fragte Clem und knöpfte den Overall zu.

»Pa ist nicht im Bett«, erklärte Lonnie, »und Hatty sagt, er ist schon fast die ganze Nacht fort. Ich bin aufs Feld gegangen und um den Stall herum, hab aber nirgends eine Spur von ihm gefunden.«

Clem hatte nun den Overall zugeknöpft und drehte sich eine Zigarette. Langsam ging er den Weg zur Straße entlang. Noch war es finster, und es würde wenigstens eine Stunde dauern, bevor es dämmerte.

»Vielleicht hat er es vor Hunger nicht mehr im Bett ausgehalten«, meinte Clem. »Als ich ihn gestern gesehen hab, da hat er gesagt, er wär so abgemagert und schwach, daß er nicht wüßte, ob er es noch lange macht. Man sieht ja, daß er nur noch Haut und Knochen ist.«

»Gestern abend nach der Essenszeit hab ich um ein paar Lebensmittel gebeten – nur ein kleines Stück Salzfleisch und etwas Sirup. Er hat gesagt, er wird mal sehen, daß ich gleich heute früh was kriege.«

»Warum sagst du ihm nicht, er soll dir volle Verpflegung geben oder gar keine?« fragte Clem. »Wenn du weißt, du kriegst überhaupt nichts, kannst du wegziehen und dir einen Bessern suchen, bei dem du Teilpächter wirst, nicht wahr?«

»Ich hab Arch Gunnard nun schon so lange treu gedient«, antwortete Lonnie. »Ich möchte ihn nicht im Stich lassen und einfach abhauen.«

Clem sah Lonnie an, erwiderte aber nichts. Sie machten auf der Straße kehrt und gingen dem Fahrweg zu, der zu dem großen Haus führte. Die Mastschweine grunzten und quiekten noch immer in der Koppel. Einer von Archs Hunden näherte sich ihnen neben einer Reihe Baumwollpflanzen am Weg und beschnupperte ihre Schuhe.

»Die Mastschweine kriegen immer genug zu fressen«, sagte Clem. »Da ist nicht eins drunter, das nicht jetzt schon sieben Zentner wiegt, und mit jedem Tag werden sie fetter. Die fressen nicht bloß alles, was reingeworfen wird, sondern auch die Hühnchen, die reinlaufen und rumpicken.«

Sie gingen den Weg zum großen Haus entlang, und Lonnie lauschte dem Grunzen der Schweine.

»Ob wir nicht lieber Arch wecken, damit er uns suchen hilft?« fragte Lonnie. »Gern weck ich ihn ja nicht, aber ich hab Angst, Pa verirrt sich vielleicht in den Sumpf und geht da zugrunde. Er hört's ja nicht mal donnern. In dem Gewirr find ich ihn niemals wieder, wenn er einmal drin ist.«

Clem brummte etwas vor sich hin und schritt dem Stall und der Schweinekoppel zu. Er langte vor Lonnie bei der Koppel an.

»Beeil dich lieber 'n bißchen«, mahnte er und drehte sich nach Lonnie um.

Lonnie lief zur Schweinekoppel und stieg halb auf den Zaun aus Draht und Holz. Anfangs sah er gar nichts, doch dann erkannte er allmählich die wogende Masse der schwarzen Mastschweine auf der anderen Seite der Koppel. Sie bissen um sich und grunzten einander an wie eine Meute hungriger Hunde, die auf ein totes Kaninchen losgelassen wird.

Lonnie kroch ganz auf den Zaun, aber Clem packte ihn und zog ihn zurück.

»So kannst du da nicht rein«, sagte er. »Die reißen dich in Stücke, das sind die wilden. Sie kämpfen gerade um was.«

Sie liefen beide um die Ecke der Koppel auf die Seite, wo die Schweine waren. Unter ihren Füßen gewahrte Lonnie flüchtig eine dunkle Masse mit hellen Flecken. Er sah es nur einen Moment, weil eins der Schweine drauftrampelte.

Clem machte ein paarmal den Mund auf und zu, ehe er überhaupt etwas sagen konnte. Er packte Lonnie an den Armen und schüttelte ihn.

»Das sieht aus, als wär es dein Pa«, sagte er. »Ich schwör bei Gott, Lonnie, das sieht wirklich aus wie dein Pa.«

Lonnie konnte es noch immer nicht glauben. Er kletterte auf das Gatter und versuchte die Schweine zu vertreiben, indem er mit den Füßen nach ihnen stieß. Sie beachteten ihn gar nicht.

Während Lonnie dort hockte, lief Clem in den Wagenschuppen. Nun tauchte er mit zwei Schwengeln wieder auf, die er dort zufällig im Dunkeln gefunden hatte. Einen gab er Lonnie. Er knuffte ihn damit, bis er endlich den Blick von den Schweinen wandte und den Schwengel ergriff.

Clem sprang über den Zaun und ließ den Schwengel auf die Schweine niedersausen. Lonnie glitt neben ihm hinunter und schrie sie gellend an. Ein Schwein fuhr auf Lonnie los und schnappte nach ihm. Clem versetzte ihm einen so kräftigen Schlag ins Genick, daß es sich augenblicklich verzog.

Inzwischen erkannte Lonnie ganz klar, was geschehen war. Er stürmte auf die Menge der Schweine ein, stieß sie mit seinen klobigen, harten Schuhen und schlug ihnen mit der eisernen Schwengelspitze auf den Kopf. Plötzlich empfand er einen stechenden Schmerz; er blickte hinunter und bemerkte, daß ein Schwein ihn in die Wade biß. Er konnte ihm eben noch einen Schlag versetzen und es wegjagen, bevor es ihm das Bein zerfetzte. Offenbar war ein großes Stück vom Hosenbein abgerissen, denn er spürte die Nachtluft an der nackten, feuchten Wade.

Clem war vorangegangen und hatte die Schweine zurückgetrieben. Anders war nichts zu erreichen. Grunzend bildeten sie einen Kreis um die beiden, und Clem und Lonnie mußten immer wieder zuschlagen, um sich die Tiere vom Leibe zu halten. Schließlich bückte sich Lonnie und vermochte Marks Bein zu fassen. Mit Clems Hilfe trug er seinen Vater an das Gatter und hob ihn auf die andere Seite hinüber.

Sie waren eine Zeitlang so außer Atem, daß sie weder sprachen noch sonst etwas tun konnten. Die grunzenden Schweine standen am Zaun und nagten an Holz und Draht; sie lärmten mehr denn je.

Lonnie durchsuchte alle Taschen nach einem Streichholz, doch da zündete Clem schon eins an. Er hielt es dicht an Mark Newsomes Kopf.

Ungläubig sahen sie hinunter, dann blies Clem das Streichholz aus. Nicht ein Wort sprachen sie, als sie einander in der Dunkelheit anstarrten.

Clem ging einige Schritte weg, dann machte er kehrt und trat wieder zu Lonnie.

»Er ist es wirklich«, sagte Clem und setzte sich auf den Boden. »Ja, er ist es.«

»Ich denke auch«, murmelte Lonnie. Etwas anderes fiel ihm nicht ein.

Zu beiden Seiten von Mark saßen sie auf dem Erdboden und starrten den Leblosen an. Er hatte die ganze Zeit kein Lebenszeichen von sich gegeben. Gesicht, Hals und Leib waren völlig zerfressen.

»Am besten, du weckst Arch Gunnard«, sagte Clem schließlich.

»Wozu?« fragte Lonnie. »Er kann nicht mehr helfen. Für Hilfe ist es zu spät.«

Clem bestand darauf. »Das macht nichts. Es ist schon besser, du weckst ihn, damit er sich das hier ansieht. Wenn du bis morgen wartest, kommt er vielleicht auf den Gedanken zu sagen, die Schweine sind's nicht gewesen. Jetzt gleich muß er rausgeholt werden, damit er sieht, was seine Schweine angerichtet haben.«

Clem wandte sich um und blickte zu dem großen Haus hinüber. Er zögerte, als er den schwarzen Umriß vor dem dunklen Himmel wahrnahm.

»Alle Hungerpächter müßten sich hier hinsetzen und das ansehen, bis man es begräbt.«

Lonnie blickte Clem ängstlich an. Er wußte, daß Clem recht hatte, doch er erschrak, wenn er einen Neger so über einen Weißen sprechen hörte.

»So darfst du nicht über Arch reden«, sagte er. »Er schläft jetzt und hat damit nichts zu tun. Er hat damit genausowenig zu tun wie ich.«

Clem lachte kurz auf und warf den Schwengel zwischen seine Füße. Doch dann hob er ihn wieder auf und schlug damit auf den Boden.

Lonnie erhob sich langsam. So hatte sich Clem noch nie vor ihm benommen, und er wußte nicht, was er davon halten sollte. Wortlos entfernte er sich und stapfte durch die Finsternis auf das Haus zu, um Arch Gunnard zu wecken.

III

Arch hatte einen festen Schlaf, und selbst als er wach war, hatte er keine Eile, aufzustehen. Lonnie stand vor dem Schlafzimmerfenster, Arch lag wenige Meter von ihm entfernt im Bett. Lonnie hörte ihn brummen und sich herumwerfen.

»Wer hat dir gesagt, daß du mitten in der Nacht herkommen und mich wecken sollst?« fragte Arch.

»Clem Henry ist draußen, und er hat gesagt, vielleicht wollen Sie Bescheid wissen.«

Arch wälzte sich im Bett herum und hämmerte mit den Fäusten aufs Kopfkissen.

»Du kannst Clem Henry bestellen, er braucht sich nicht zu wundern, wenn ich demnächst mal ganz gehörig mit ihm schlittenfahre.«

Lonnie wartete beharrlich. Er wußte, daß Clem recht hatte, als er darauf bestand, Arch zu wecken, damit er herauskam und sah, was geschehen war. Lonnie hatte Angst, in den Scheunenhof zurückzugehen und Clem zu sagen, daß Arch nicht kam. Er wußte es nicht, aber er hatte das Gefühl, daß Clem in das Schlafzimmer eindringen und Arch aus dem Bett zerren würde. Der Gedanke, daß so etwas geschehen könnte, behagte ihm nicht.

»Bist du immer noch da, Lonnie?« rief Arch.

»Ja, ich bin noch da, Mr. Arch. Ich . . .«

»Wenn ich nicht so müde wäre, würd ich rauskommen und einen Knüppel nehmen und – ich weiß nicht, was ich noch täte!«

Lonnie und Arch trafen an der Hintertreppe zusammen. Auf dem Wege zur Schweinekoppel sprach Arch kein Wort. Er schritt rasch aus und sah sich nicht einmal um, ob Lonnie folgte. Die Laterne in Archs Hand warf lange, fahlgelbe Lichtstrahlen auf den Boden, und als sie dorthin leuchtete, wo Clem neben Marks Leichnam wartete, erglänzte das Gesicht des Negers wie eine blanke Pflugschar.

»Was hat denn Mark in der Nacht in meiner Schweinekoppel zu suchen?« schrie Arch die beiden an.

Keiner antwortete. Arch funkelte sie an. Aber sooft er sie auch ansah, jedesmal mußte er wieder auf den zerrissenen Körper Mark Newsomes starren.

»Da ist nichts mehr zu machen«, sagte er schließlich. »Wir müssen warten, bis es hell ist, dann bestellen wir den Leichenbestatter.« Er ging ein paar Schritte beiseite. »Ihr hättet überhaupt damit bis früh warten können. Es war sinnlos, mich rauszuholen.«

Er wandte sich um und schielte Clem von der Seite an. Clem stand aufrecht und sah ihm fest in die Augen.

»Was willst du, Clem Henry?« fragte er. »Wer hat dir gesagt, mitten in der Nacht um mein Haus zu schleichen? Ich wünsche nicht, daß Nigger herkommen, außer wenn ich sie rufe.«

»Ich konnte nicht tatenlos mit ansehen, wie jemand von den Schweinen aufgefressen wird«, erwiderte Clem.

»Kümmere dich um deine eigenen Angelegenheiten«, wies Arch ihn zurecht. »Und wenn du mit mir sprichst, nimm gefälligst den Hut ab, oder es wird dir noch leid tun. Es macht mir gar nichts aus, dich fertigzumachen, wie dir's zukommt.«

Lonnie wich zurück. Unheil lag in der Luft. So war es immer, wenn zwischen Clem und Arch Schwierigkeiten auftauchten. Häufig hatte er schon erlebt, daß es so begann. Wenn Clem sich umdrehte und wegging, geschah nichts, manchmal aber rührte er sich nicht vom Fleck und sprach so herausfordernd mit Arch, als wäre er auch ein Weißer.

Lonnie hoffte, daß es diesmal nicht so sein würde. Arch war schon wütend genug darüber, daß er mitten in der Nacht geweckt worden war, und Lonnie wußte, daß Arch keine Grenzen kannte, wenn er auf einen Neger wütend war. Er behauptete auch, bereits einen Neger umgebracht zu haben, aber Augenzeugen gab es dafür nicht. Vor den Leuten hatte er sich gebrüstet, daß er sich nicht scheute, es noch einmal zu tun.

»Schätze, Sie wissen, wieso ihn die Schweine derart zerfleischen konnten«, sagte Clem und sah Arch fest an.

Arch fuhr herum. »Sprichst du mit mir?«

»Ich hab danach gefragt«, bemerkte Clem.

»Gott verdamm dich, du mischblütiger ...« brüllte Arch.

Er warf die Laterne nach Clems Kopf. Clem wich aus, aber der untere Teil traf ihn an der Schulter, und die Lampe zersplitterte. Das Öl platschte auf den Boden und entzündete sich durch den brennenden Docht. Clem hatte Glück, daß es nicht auf Gesicht und Kleidung gespritzt war.

»Da sehen Sie«, sagte Clem.

»Du verdammter Nigger«, zischte Arch und stürzte auf ihn zu, »ich werd dich lehren, das letzte Wort zu haben! Du nimmst dir neuerdings zuviel heraus. Ich hab mir schon mehr als genug von dir gefallen lassen, aber damit ist jetzt Schluß!«

»Mr. Arch, ich ...« sagte Lonnie und unternahm einen schwachen Versuch, sich einzumischen. Keiner beachtete ihn.

Arch trat zurück und beobachtete das Verflackern des Öls auf dem Erdboden.

»Sie wissen ganz genau, warum ihn die Schweine gefressen haben«, beharrte Clem. »Er war so hungrig, daß er mitten in der Nacht aufstehen und in der Dunkelheit herkommen mußte, um vielleicht etwas zu essen zu finden. Möglich, daß er die Räucherkammer gesucht hat. So oder so, das bleibt sich gleich. Er hat zu kleine Rationen erhalten, wie jeder andere, der auf Ihrer Farm arbeitet, und er war so alt, daß er nicht wußte, wo er anderswo was zu essen finden sollte als in Ihrer Räucherkammer. Sie wissen ganz genau, weshalb er sich hier im Dunkeln verirrt hat und in die Schweinekoppel gefallen ist.«

Das Öl war verbrannt. Bei dem letzten schwachen Aufflackern langte Arch nach unten und ergriff den Schwengel, der noch dort lag, wo Lonnie ihn hatte fallen lassen.

Arch hob ihn über den Kopf und schlug mit aller Kraft nach Clem. Der sprang zur Seite, aber Arch holte rasch noch einmal aus und traf Clem, ehe er ausweichen konnte, oberhalb des Ellbogens. Der Arm fiel herab und baumelte schlaff.

»Du gottverdammter Nigger!« schrie Arch. »Deine Zeit ist

gekommen, du schwarzer Bastard! Auf die Gelegenheit hab ich gewartet, daß ich dir eine Lektion verpasse. Die vergißt du dein ganzes Leben nicht!«

Clem tastete den Boden mit den Füßen ab, bis er den anderen Schwengel fand. Er bückte sich, umfaßte ihn und hob ihn hoch; er wollte Arch nicht damit schlagen, er hielt den Schwengel nur vor sich, um Archs Hiebe abzuwehren. Noch immer blieb er standhaft und gab Arch nicht einen Zollbreit nach.

»Laß den Schwengel fallen«, sagte Arch.

»Ich will mich nicht von Ihnen prügeln lassen«, knirschte Clem.

»Bei Gott, das wollte ich bloß hören«, sagte Arch mit böse verzogenem Mund. »Nigger, deine Zeit ist da, bei Gott!«

Er holte noch einmal aus, aber Clem wandte sich um und lief dem Stall zu. Arch folgte ihm ein paar Schritte, dann blieb er stehen. Er warf den Schwengel weg, machte kehrt und stapfte zum Haus.

Lonnie ging an den Zaun und überlegte, was jetzt für ihn das beste war. Er wußte, daß er nicht in aller Öffentlichkeit für einen Neger Partei ergreifen konnte, selbst dann nicht, wenn Clem ihm geholfen hatte, und vor allem nicht, nachdem Clem so mit Arch geredet hatte, wie er es selber getan hätte. Er war Weißer, und wenn er sein Leben retten wollte, war es ausgeschlossen, daß er sich gegen Arch stellte, ganz gleich, was geschah.

Kurz darauf fiel ein Lichtschein aus einem Fenster im Hause. Lonnie hörte, wie Arch seine Frau wachbrüllte.

Als er die Frau ans Telefon gehen sah, war ihm klar, was jetzt folgen würde. Sie rief die Nachbarn und Archs Freunde an. Alle würden gern in der Nacht aufstehen, wenn sie erfuhren, was los war.

Hinter dem Stall rief Clem nach ihm. Er verließ den Hof und tastete sich durch das Dunkel zu ihm hin.

»Was ist, Clem?« fragte er.

»Ich schätze, meine Stunde hat geschlagen«, antwortete Clem. »Arch Gunnard redet immer so, wenn er ganz verrückt ist. Heute hat er genauso wie damals geredet, als er Jim Moffin in den Sumpf gebracht hat – und Jim ist nie zurückgekommen.«

»So was wird er mit dir nicht machen, Clem«, sagte Lonnie aufgeregt, doch er wußte es besser.

Clem schwieg.

»Vielleicht ziehst du dich lieber in den Sumpf zurück, bis er seine Meinung ändert und sich ein bißchen beruhigt«, meinte Lonnie. »Kann sein, du hast recht, Clem.«

Lonnie fühlte, daß Clem ihn ansah.

»Es hat auch keinen Sinn, wenn du mir hilfst«, sagte Clem. »Kann ich mich auf dich verlassen?«

Lonnie zitterte, als ihm Clems Worte in ihrer Bedeutung klarwurden. Er stand vor der Stallwand und mußte sich dagegenlehnen, als er in Gedanken schwarze und weiße Laken vorbeiziehen sah.

»Kann ich mich auf dich verlassen?« fragte Clem noch einmal.

»Ich weiß nicht, was Arch sagen würde«, antwortete Lonnie zögernd.

Clem entfernte sich ein paar Schritte weit, wandte Lonnie den Rücken zu und schaute über das Feld dorthin, wo sein Heim war.

»Ich könnte in das Wäldchen gehen und dort bleiben, bis sie es aufgeben, mich zu suchen«, sagte Clem und drehte sich wieder zu Lonnie um.

»Verschwinde lieber irgendwo«, erwiderte Lonnie verlegen. »Ich kenne Arch Gunnard. Er ist nur schwer von etwas abzubringen, zu dem er sich einmal entschlossen hat. Ich könnte ihn nicht um einen Zoll bremsen. Vielleicht wär's besser, du verschwindest ganz aus der Gegend, Clem.«

»Das kann ich nicht – ich kann meine Familie hinter dem Feld da drüben nicht verlassen«, entgegnete er.

»Er wird dich kriegen, wenn du's nicht machst.«

»Wenn du mir bloß 'n bißchen hilfst, kriegt er mich nicht. Ich brauche nur wegzugehen und mich eine Weile in dem Wäldchen da drüben zu verstecken. Könntest eigentlich was für mich tun, wo ich dir auch geholfen hab, deinen Pa zu suchen, als er in der Schweinekoppel war.«

Lonnie nickte und lauschte, ob aus dem großen Haus etwas zu hören war. Er nickte noch immer, als Clem auf eine Zusage wartete.

»Wenn du zu mir hältst«, sagte Clem, »brauche ich nur dort in den Wald zu gehen und zu warten, bis sie es sich aus dem Kopf schlagen. Du sagst ihnen nicht, wo ich bin. Du sagst einfach, ich sei in den Sumpf gelaufen. Ohne Bluthunde finden sie mich nie.«

»Das geht«, meinte Lonnie und horchte, ob Arch aus dem Hause kam. Er wollte nicht, daß Arch ihn hier hinter dem Stall antraf und dann vielleicht beschuldigte, mit Clem gesprochen zu haben.

In dem Augenblick, als Lonnie antwortete, wandte sich Clem um und rannte in die Nacht hinaus. Lonnie lief ein paar Schritte hinter ihm her, als hätte er seine Meinung, ihm zu helfen, geändert, aber Clem war schon in der Dunkelheit verschwunden.

Lonnie wartete noch einige Minuten und versuchte zu hören, ob Clem durch das krachende Unterholz in das Wäldchen eindrang, das eine Viertelmeile entfernt war. Als er nichts vernahm, bog er um die Stallecke und schritt Arch entgegen.

Arch hatte seine doppelläufige Schrotflinte und eine Laterne bei sich, die er aus dem Hause geholt hatte. Seine Taschen waren mit Patronen vollgestopft.

»Wo ist der verfluchte Nigger, Lonnie?« fragte Arch. »Wo ist er hin?«

Lonnie öffnete den Mund, aber er brachte kein Wort heraus.

»Du weißt doch, wo er hingegangen ist, nicht wahr?«

Lonnie wollte wieder etwas sagen, aber kein Ton kam ihm über die Lippen. Er zuckte zusammen, als er sich dabei ertappte, daß er Arch zunickte.

»Mr. Arch, ich ...«

»Dann ist ja alles in Ordnung«, sagte Arch. »Weiter wollte ich nichts wissen. Dudley Smith und Tom Hawkins und Frank und Dave Howard und die andern sind in einer Minute hier, und du kannst gleich dableiben, um uns zu zeigen, wo er sich versteckt hat.«

Lonnie war außer sich und wollte etwas erwidern. Dann wollte er Arch festhalten und griff nach dessen Ärmel, aber Arch war bereits fort.

Er lief um das Haus in den Vorgarten. Bald jagte ein Auto auf der Straße daher, die Scheinwerfer beleuchteten das ganze Anwesen, die Schweinekoppel, alles. ›Das ist sicherlich Dudley Smith‹, dachte Lonnie, ›sein Haus ist das erste in der Richtung und nur eine halbe Meile entfernt.‹

Während das Auto in den Fahrweg einbog, tauchten einige andere Wagen auf.

Lonnie zitterte. Er fürchtete, Arch würde verlangen, daß er Clems Versteck nannte. Ihm war klar, daß Arch das tun würde.

Er aber hatte Clem versprochen, nichts zu sagen. Trotz allen Bemühens gelang es ihm nicht, sich einzureden, daß Arch Gunnard mit Clem mehr anstellen würde, als ihn auszupeitschen.

Clem hatte nichts verbrochen, was man mit Lynchen ahndete. Er hatte weder eine weiße Frau geschändet noch einen Weißen erschossen, er hatte bei Arch nur das letzte Wort gehabt und den Hut aufbehalten. Aber Arch war so wütend, daß er alles fertigbrachte. Seine Wut auf Clem reichte aus, vor nichts zurückzuschrecken. Aber Lynchen – nein.

Ehe er es sich versah, hatten ihn die Männer umringt. Und dann war Arch da, der ihn am Arm packte und ihn anschrie.

»Mr. Arch, ich . . .«

Lonnie erkannte sie alle in dem schwachen Dämmerlicht. Sie waren aufgeregt und sahen aus wie Männer, die nach einer ganzen Nacht Fuchsjagd die letzte Strecke vor sich haben. Sie hielten Schrotflinten und Pistolen schußbereit an der Hüfte.

»Was ist los mit dir, Lonnie?« brüllte Arch ihn an. »Wach auf und sag, wo sich Clem Henry versteckt hat. Wir sind soweit und wollen ihn schnappen.«

Als Lonnie aufsah, nahm er bewußt wahr, daß Frank Howard gelbe Patronen mit dem Kaliber zwölf in die Flinte einschob. Frank beugte sich vor, um zu hören, wie Lonnie Arch das Versteck nannte.

»Sie werden ihn aber nicht umbringen, Mr. Arch, nicht wahr?« fragte Lonnie.

»Umbringen?« wiederholte Dudley Smith. »Was denkst du denn, worauf ich die ganze Zeit gewartet hab, wenn nicht auf eine Gelegenheit, Clem zu schnappen? Er hat es doch darauf ankommen lassen, seit er in dieser Gegend ist. Er ist ein gefährlicher Nigger, und jetzt trifft es ihn.«

»Es war nicht Clems Schuld«, sagte Lonnie. »Wenn Pa nicht hierhergekommen und in die Schweinekoppel gefallen wär, hätte Clem überhaupt nichts damit zu tun gehabt. Er hat mir nur geholfen, weiter nichts.«

»Halt's Maul, Lonnie!« schrie ihn einer an. »Du bist so aufgeregt, daß du nicht weißt, was du sagst. Wenn du so redest, trittst du für einen Nigger ein.«

Die Männer drängten sich so dicht um ihn, daß er glaubte, sie würden ihn zerquetschen. Er brauchte Luft, um atmen zu können, er mußte aus dem Kreis hinaus.

»Ganz recht«, sagte Lonnie. Er hörte sich sprechen, aber er wußte nicht, was er sagte. »Clem hat mir aber Pa suchen helfen, der sich verirrte, als er sich nach etwas zu essen umsah.«

»Halt's Maul, Lonnie«, schrie wieder einer. »Du verdammter Esel, halt's Maul!«

Arch packte ihn an der Schulter und schüttelte ihn, bis ihm die Zähne klapperten. Da begriff Lonnie, was er gesagt hatte.

»Nun paß mal auf, Lonnie«, meinte Arch. »Du mußt doch ganz durcheinander sein, denn du weißt ganz genau, daß du nicht wie ein Niggerfreund redest, wenn du bei klarem Verstand bist.«

»Ganz recht«, bestätigte Lonnie und zitterte am ganzen Leibe. »Ich würde bestimmt nicht so reden.«

Er spürte noch immer schmerzhaft den Griff von Archs kräftigen Fingern an der Schulter.

»Ist Clem in den Sumpf gelaufen, Lonnie?« fragte Dudley Smith. »Ja, Lonnie?«

Lonnie versuchte, den Kopf zu schütteln, er versuchte zu nicken. Dann preßten sich Archs Finger um seinen dürren Hals. Mit wildem Blick starrte Lonnie die Männer an.

»Wo steckt Clem, Lonnie?« fragte Arch fordernd und drückte zu.

Lonnie ging drei oder vier Schritte dem Stall zu. Als er stehenblieb, stießen die Männer ihn vorwärts. Er merkte, daß er hinter den Stall getrieben wurde und weiter.

»In Ordnung, Lonnie«, sagte Arch. »Wo entlang jetzt?«

Lonnie zeigte auf das Wäldchen am Fluß. Der Sumpf lag in der anderen Richtung.

»Er hat gesagt, daß er sich in dem Wäldchen dort drüben am Fluß verstecken will, Mr. Arch«, gab Lonnie zu. »Ich glaube, da ist er jetzt.«

Lonnie fühlte, wie er vorwärtsgedrängt wurde. Er stolperte auf dem unebenen Boden und gab acht, daß er nicht stürzte und getreten wurde. Keiner sprach. Jeder schien auf Zehenspitzen zu gehen. Sie waren im ersten Morgengrauen verborgen, konnten aber schon den Weg vor sich erkennen.

Kurz bevor die Männer den Waldrand erreichten, verteilten sie sich, und Lonnie wurde gewahr, daß er ein Teil des Ringes war, der sich um Clem schloß.

Lonnie war allein, und keiner war da, der ihn aufhielt, aber er war außerstande, sich vor oder zurück zu bewegen. Allmählich wurde ihm klar, was er angerichtet hatte.

Clem saß wahrscheinlich auf einem Baum vorn im Wäldchen, aber jetzt war er umzingelt. Falls er auszubrechen wagte, würden sie ihn wie einen Hasen abknallen.

Lonnie setzte sich auf einen Baumstamm und versuchte nachzudenken, was er machen sollte. In ein paar Minuten würde die Sonne aufgehen, dann würden sie den Ring am Fluß und um Clem schließen. Angesichts all der Gewehre und der Pistolen hatte er keine Chance.

Ein paarmal sah er im Gebüsch ein Streichholz aufflackern; dort lauerten einige der Männer. Seine Nase spürte einen Hauch von Zigarettenrauch, und er ertappte sich bei der Überlegung, ob Clem es ebenfalls roch, wo im Wäldchen er auch sein mochte.

Ringsum war noch immer nichts zu hören; er wußte, daß Arch Gunnard und die anderen auf die Sonne warteten, die in wenigen Minuten hinter ihm im Osten aufgehen würde.

Inzwischen war es schon so hell geworden, daß man den holprigen Boden, das verwachsene Unterholz und die rauhe Borke an den Kiefern gut erkennen konnte.

Mit angelegten Gewehren, als wären sie auf der Pirsch, waren die Männer weitergeschlichen. Bei der Schnelligkeit, die sie hatten, würden sie das Wäldchen in wenigen Minuten durchquert haben, denn es war nicht groß. Noch immer bestand die Möglichkeit, daß Clem durch die Umzingelung geschlüpft war, bevor es dämmerte; aber Lonnie hatte das Gefühl, daß er noch da war. Dann wurde ihm klar, daß Clem nicht anderswo sein konnte, denn er selbst hatte ihn dort untergebracht, damit die Männer ihn leichter fanden.

Lonnie ertappte sich dabei, daß er vorwärtskroch und in den immer engeren Ring gezogen wurde. Kurz darauf sah er die verschwommenen Umrisse der Männer. Sie gingen von einem Baum zum anderen und suchten die breiten, grünen Kiefernwipfel ab.

»Oh, Pa!« flüsterte er heiser. »Oh, Pa!«

Er schaute ins Gebüsch und zu den Baumkronen auf. Als er die anderen Männer wieder bemerkte, wurde ihm bewußt, daß es nicht Mark Newsome war, der gesucht wurde. Er begriff nicht, wie er das hatte vergessen können.

Durch das Dahinschleichen geriet sein Körper in einen magischen Bann. Er merkte, daß er sich auf Zehenspitzen anpirschte und sein Körper sich vorbeugte. Es war, als schliche man ein Kaninchen an, wenn man kein Gewehr hat.

Wieder vergaß er, was er hier tat. Die Sprungbewegung in seinen Beinen schien mit jedem Meter mächtiger zu werden. Er beugte sich so weit vor, daß er den Boden beinahe mit den Fingerspitzen berührte. Er konnte jetzt nicht stehenbleiben, er hielt Schritt mit dem Kreis der Männer.

Der Ring zog sich immer enger zusammen. Mittlerweile war es so hell geworden, daß man die Stunde auf dem Zifferblatt erkennen konnte. Oberhalb der Sonne färbte sich bereits der Himmel.

Nun war Lonnie allen anderen weit voraus. Er konnte sich nicht zurückhalten. Der Zug nach vorn war stärker als die Kraft, sich ihm zu widersetzen.

Er hatte sich seit so langer Zeit keine Patronen für sein Gewehr kaufen können, daß er ganz vergessen hatte, wie gern er auf die Jagd ging.

Das Geräusch, das durch das unablässige Schleichen der Männer entstand, saß ihm als Rhythmus im Ohr.

»Hier ist der Bastard!« schrie einer, und dann krachte es überall im trockenen Unterholz. Lonnie stürzte vor und erreichte den Baum fast zugleich mit den anderen.

Er sah sie mit erhobenen Gewehren, und hoch darüber glänzte Clem Henrys kantiges Gesicht in der aufgehenden Sonne. Er klammerte sich an die schlanke Spitze einer Kiefer.

Lonnie wußte nicht, wer zuerst feuerte, aber keiner zögerte. Es war ein betäubender Krach, als die Schrotflinten und die Revolver um den Baum flammten und rauchten.

Er schloß die Augen. Er hatte Angst, noch einmal in das Gesicht dort oben zu blicken. Das Feuer war pausenlos. Mit aller Kraft klammerte sich Clem an den Baum, dann sauste die Baumspitze mit ihm unter dem Geräusch splitternden Holzes durch die unteren Äste auf den Erdboden. Der verzerrte, zerrissene Körper schlug mit einem Dröhnen auf, bei dem Lonnies Herz einen Augenblick stillstand.

Er wandte sich ab und suchte Halt an einem Baum, als das Schießen noch einmal einsetzte. Immer wieder wurde der verunstaltete Körper herumgeschleudert. Von allen Seiten wurden Bleiladungen hineingefeuert, wie in einen Sack voll junger Katzen, die mit einem automatischen Gewehr getötet werden. Eine Staubwolke hob sich von der Erde und trieb mit dem erstickenden Geruch verbrannten Pulvers über den Köpfen.

Lonnie konnte nicht sagen, wie lange die Schießerei dauerte. Er merkte nur, daß er von Baum zu Baum lief, die rauhe Kiefernborke packte und ungestüm auf das Feld hinausstolperte. Als er ins Freie kam, hatte sich das Grau des Himmels in Rot verwandelt. Er rannte und stürzte über die harten Schollen des gepflügten Ackers und war bemüht, das Haus vorn im Auge zu behalten.

Einmal fiel er hin, und es war ihm fast unmöglich, wieder aufzustehen. Mühsam richtete er sich auf die Knie, das Gesicht dem roten Sonnenball zugewandt. Die Wärme gab ihm Kraft, sich ganz zu erheben. Er murmelte vor sich hin, Worte, die er nie zuvor hatte aussprechen wollen.

Zu Hause erwartete Hatty ihn auf dem Hof. Sie hatte die Schüsse im Wäldchen gehört, sie hatte ihn über die harten Ackerschollen stolpern und dort knien sehen, den Blick zur Sonne. Hatty zitterte, als sie auf ihn zulief und wissen wollte, was geschehen war.

Nun, da er auf dem eigenen Hof war, schaute er sich nach den anderen um, und er sah sie über den Zaun zu Arch Gunnard klettern. Archs Frau stand auf der hinteren Veranda und sprach mit ihnen.

»Wo ist dein Pa, Lonnie?« fragte Hatty. »Und was in aller Welt sollte die Schießerei im Wäldchen?«

Lonnie taumelte vorwärts, bis er die Vorderveranda erreicht hatte, und ließ sich auf die Stufen fallen.

»Lonnie, Lonnie!« rief Hatty aus. »Komm zu dir und sag mir um Himmels willen, was los ist! So was wie heute hab ich noch nie erlebt.«

»Nichts«, antwortete Lonnie. »Nichts.«

»Na, wenn nichts los ist, dann kannst du doch mal ins große Haus gehen und um ein Stückchen Mageres bitten. Wir haben überhaupt nichts mehr zum Frühstück da. Dein Pa ist bestimmt hungriger als sonst, denn er ist die ganze Nacht rumgelaufen.«

»Was?« fragte Lonnie, und seine Stimme schwoll zu einem Schrei auf, als er aufsprang.

»Ich hab nur gesagt, du sollst ins große Haus gehen und ein Stückchen Mageres holen, Lonnie. Weiter hab ich nichts gesagt.«

Er packte sie an den Schultern. »Fleisch?« brüllte er und schüttelte sie wild.

»Ja«, sagte sie und entzog sich ihm verwundert. »Kannst du nicht zu Arch Gunnard gehen und um ein Stückchen Mageres bitten?«

Lonnie sank auf die Stufen zurück, die Hände sanken ihm zwischen die Knie, und das Kinn sackte ihm auf die Brust.

»Nein«, antwortete er fast unhörbar. »Nein. Ich hab keinen Hunger.«

(Deutsch von Joachim Marten)

Carson McCullers

Wer hat den Wind gesehen?

Den ganzen Nachmittag hatte Ken Harris vor dem leeren Blatt in seiner Schreibmaschine gesessen. Es war Winter; draußen schneite es. Der Schnee dämpfte den Straßenlärm, und die kleine Wohnung in Greenwich Village war so still, daß ihn das Ticken des Weckers störte. Er arbeitete im Schlafzimmer, da ihn der Raum mit den Sachen seiner Frau beruhigte, weil er sich hier weniger einsam fühlte. Den Drink vor dem Essen zum Appetitanregen – oder war es ein Augenöffner gewesen? – hatte er durch eine Büchse *Chili con carne* neutralisiert, die er allein in der Küche gegessen hatte.

Um vier Uhr steckte er den Wecker in den Wäschekorb und setzte sich dann wieder vor die Schreibmaschine. Das Papier war immer noch unbeschrieben, und das weiße leere Blatt leerte all seinen Verstand. Und doch hatte es einst eine Zeit gegeben (wie lange war das her?), da ein Lied an der Straßenecke, eine Stimme aus der Kinderzeit und der Rundblick der Erinnerung die Vergangenheit verdichtete, so daß Zufälliges und Tatsächliches in einen Roman, in eine Erzählung umgewandelt wurden –, und es hatte einst eine Zeit gegeben, da das leere Blatt die Erinnerungen heraufbeschwor und sichtete und er die geisterhafte Schaffenskraft seiner Kunst verspürte. Kurz gesagt, eine Zeit, als er ein Schriftsteller war und fast jeden Tag schrieb. Er arbeitete angestrengt, brach langen Sätzen achtsam den Rücken, strich häßliche Ausdrücke durch und änderte Wörter, die sich wiederholten.

Jetzt saß er da, geduckt und irgendwie von Ängsten erfüllt, ein blonder Mann Ende der Dreißig mit Ringen unter den austernblauen Augen und mit einem üppigen, blassen Mund. An den sengenden Wind seines Kinderlandes Texas dachte er, als er aus seinem Fenster auf den niedersinkenden New Yorker Schnee blickte. Dann plötzlich tat sich in seinem Gedächtnis ein Ventil auf, und er sprach die Worte laut vor sich hin, während er sie tippte:

Wer hat den Wind gesehen?
Weder ich noch du, mein Kind.

Doch wenn die Bäume sich neigen,
dann zieht er vorbei, der Wind.

Der Kinderreim schien ihm so unheilvoll, daß ihm, während er darüber nachsann, vor nervösem Schweiß die Handflächen feucht wurden. Er zerrte die Seite aus der Maschine, zerriß sie in viele Fetzen und ließ sie in den Papierkorb fallen. Es erleichterte ihn, daß er um sechs zu einer Gesellschaft gehen mußte, und er war froh, die stumme Wohnung und den zerrissenen Vers hinter sich zu lassen und durch die kalten, aber trostvollen Straßen zu gehen.

In der Untergrundbahn herrschte das trübe Licht des ›Unter-Tag-Seins‹, und nach dem Schneeduft war die Luft dort fötal. Ken bemerkte einen Mann, der auf einer Bank lag, aber er stellte keine Vermutungen über die Geschichte des Fremdlings an, wie er es sonst vielleicht getan hätte. Er beobachtete die schwankenden Wagen des sich nähernden Expreßzuges und schreckte vor dem stählernen Lufthauch zurück. Er sah, wie die Türen sich öffneten und sich schlossen – es war sein Zug –, und starrte verloren drein, als die Untergrundbahn geräuschvoll davonrasselte. Trauer fraß an ihm, während er auf die nächste wartete.

Rodgers Wohnung befand sich in einem *Penthouse* weit oben in der City, und die Party hatte schon angefangen. Es herrschte ein Durcheinander und Stimmengewirr, und es roch nach Gin und Appetitbissen. Während er neben Esther am Eingang zu den überfüllten Räumen stand, sagte er:

»Wenn ich neuerdings in eine große Party komme, muß ich an die letzte Gesellschaft des Duc de Guermantes denken.«

»Wie bitte?« sagte Esther.

»Erinnern Sie sich nicht, wie Proust – das Ich, der Erzähler – in all die vertrauten Gesichter blickt und über die Veränderungen durch die Zeit nachgrübelt? Eine herrliche Stelle – ich lese sie jedes Jahr.«

Esther sah verwirrt aus. »Es ist so laut. Kommt Ihre Frau auch?«

Kens Gesicht zuckte ein wenig; er nahm von dem Martini, den das Mädchen herumreichte. »Sie kommt, sobald sie ihr Büro verlassen kann.«

»Marian arbeitet so angestrengt – all die Manuskripte, die sie lesen muß!«

»Wenn ich mich auf einer Party wie der hier befinde, ist's immer fast genau dasselbe. Und doch ist der furchtbare Unterschied da. Als wäre die Tonart erniedrigt, verschoben. Der furchtbare Unterschied der Jahre, die vorbeiziehen, das Betrügerische, Grauenhafte der Zeit, Proust . . .«

Aber die Hausfrau hatte sich entfernt, und er stand allein in den überfüllten Gesellschaftsräumen. Er blickte auf Gesichter, die er in den letzten dreizehn Jahren bei Gesellschaften gesehen hatte – ja, sie waren alle gealtert. Esther war jetzt richtig dick, und ihr Samtkleid war zu eng; verkommen sah sie aus, fand er, und vom Whisky aufgeschwemmt. Es war eine Veränderung da . . . Vor dreizehn Jahren, als er *The Night of Darkness* herausgebracht hatte, war Esther ganz versessen auf ihn und hätte ihn nie allein am Rande der Party stehen lassen. Damals war er der verwöhnte Liebling gewesen. Der verwöhnte Liebling der feilen Fortuna – hieß die feile Fortuna: Erfolg, Geld, Jugend? Er sah zwei junge Schriftsteller am Fenster stehen – und in zehn Jahren würde ihr Kapital an Jugend von der feilen Fortuna wieder eingefordert werden. Der Gedanke machte Ken Spaß, und er aß ein Schinkenbrötchen, das ihm angeboten wurde.

Dann sah er hinten im Zimmer jemand, den er sehr bewunderte. Es war Mabel Goodley, die Malerin und Bühnenbildnerin. Ihr blondes Haar war kurz und leuchtend, und ihre Brille glitzerte im Licht. Mabel hatte *The Night of Darkness* immer geliebt, und als er sein Guggenheim-Stipendium bekam, hatte sie eine Gesellschaft für ihn gegeben. Und, was wichtiger war: sie hatte gefunden, sein zweites Buch sei besser als das erste – trotz aller dummen Kritiken. Er wollte auf Mabel zugehen, wurde aber von John Howards aufgehalten, einem Verleger, den er manchmal bei Gesellschaften traf.

»Hei«, rief Howards, »was schreiben Sie jetzt Schönes? Oder ist die Frage nicht erlaubt?«

Es war eine Redensart, die Ken verabscheute. Eine Menge Antworten waren möglich: manchmal sagte er, daß er einen langen Roman beende, ein andermal, daß er absichtlich eine Pause einschalte. Eine gute Antwort gab es nicht, einerlei, was man sagte. Sein Magen krampfte sich zusammen, und er bemühte sich verzweifelt, unbekümmert auszusehen.

»Ich erinnere mich noch gut an das Aufsehen, das *The Doorless Room* damals in der literarischen Welt erregte: ein gutes Buch!«

Howards war groß; er trug einen braunen Tweedanzug. Ken blickte entgeistert zu ihm auf und wappnete sich gegen einen so unerwarteten Angriff. Doch die braunen Augen blickten merkwürdig unschuldig, und Ken konnte keine Bosheit in ihnen entdecken.

Eine Frau mit eng um den Hals geschlungenen Perlen sagte nach einer peinlichen Sekunde: »Aber Schatz, Mr. Harris hat gar nicht *The Doorless Room* geschrieben!«

»Oh«, sagte Howards hilflos.

Ken blickte auf die Perlen der Frau und hätte sie am liebsten erwürgt. »Es ist doch vollkommen gleichgültig.«

Der Verleger ließ sich nicht davon abbringen und wollte es wiedergutmachen. »Aber Sie heißen doch Ken Harris? Und Sie sind mit Marian Campbell verheiratet, die als Literaturredakteurin bei . . .«

Die Frau sagte schnell: »Ken Harris hat *The Night of Darkness* geschrieben, ein sehr gutes Buch.«

Harris fand, daß der Hals der Frau mit den Perlen und dem schwarzen Kleid sehr schön aussähe. Sein Gesicht hellte sich auf – bis sie sagte: »Es war vor etwa zehn oder fünfzehn Jahren, nicht wahr?«

»Ich erinnere mich«, sagte der Verleger. »Ein sehr gutes Buch! Wie konnte ich's nur verwechseln! Und wann dürfen wir uns auf ein zweites Buch freuen?«

»Das zweite Buch ist schon erschienen«, sagte Ken. »Es ging sang- und klanglos unter. Ein Versager.« Er rechtfertigte sich: »Die Kritiker waren noch stumpfsinniger als üblich! Ich bin kein Bestsellerfabrikant!«

»Das war schade«, sagte der Verleger. »Manchmal ist's ein Berufsleiden.«

»Das zweite Buch war besser als *The Night of Darkness*. Manche Kritiker sagen, es sei unverständlich. Das gleiche haben sie von Joyce gesagt.« Mit der Treue des Schriftstellers zu seiner jüngsten Schöpfung schloß er: »Es ist ein viel besseres Buch als das erste, und ich bin der Überzeugung, daß ich erst am Anfang meines eigentlichen Schaffens stehe.«

»Das ist die richtige Einstellung«, sagte der Verleger. »Hauptsache, daß man unablässig weiterschuftet. Woran arbeiten Sie jetzt gerade, falls die Frage erlaubt ist?«

Jäh stieg die Wut in ihm auf. »Das geht Sie nichts an!« Ken

hatte nicht sehr laut gesprochen, doch die Worte waren vernehmbar, und im Cocktailzimmer bildete sich plötzlich ein Kreis aus Schweigen. »Das geht Sie einen verdammten Dreck an.«

Durch das ruhige Zimmer drang die Stimme der alten Mrs. Beckstein, die taub war und auf einem Eckstuhl saß. »Warum kaufen Sie so viel Steppdecken?«

Die unverheiratete Tochter, die immer bei ihrer Mutter war und sie wie eine Fürstlichkeit oder ein heiliges Tier behütete und zwischen ihrer Mutter und der Welt vermittelte, erklärte laut: »Mrs. Brown hat gesagt...«

Das Geplätscher der Party hob wieder an, und Ken trat an den Tisch mit den Drinks, nahm sich noch einen Martini und tauchte ein Stückchen Blumenkohl in irgendeine Soße. Während er aß und trank, hatte er dem lauten Zimmer den Rücken gekehrt. Dann nahm er einen dritten Martini und bahnte sich einen Weg zu Mabel Goodley. Er setzte sich neben sie auf den Diwan, gab auf den Drink acht und tat zuerst etwas förmlich.

»Was für ein anstrengender Tag es war!« sagte er.

»Was hast du gemacht?«

»Auf dem Hintern gesessen.«

»Ein Schriftsteller, mit dem ich früher bekannt war, bekam Kreuzbeinerkrankung von zu langem Sitzen. Könnte dir so was passieren?«

»Nein«, erwiderte er. »Du bist der einzige ehrliche Mensch in dem Zimmer hier!«

Er hatte so vielerlei versucht, als es mit den leeren Seiten losging. Er hatte versucht, im Bett zu schreiben, und eine Zeitlang hatte er zuerst mit der Hand geschrieben, anstatt gleich mit der Maschine. Er hatte an Proust und sein mit Kork abgedichtetes Zimmer gedacht, und einen Monat lang hatte er Ohrenstöpsel benutzt, aber die Arbeit rückte deshalb nicht rascher voran, und der Gummi rief eine krankhafte Geschwulst hervor. Dann waren sie nach Brooklyn Heights gezogen, doch es hatte nichts genützt.

Als er erfuhr, daß Thomas Wolfe im Stehen geschrieben und sein Manuskript oben auf den Eisschrank gelegt habe, da hatte er sogar das versucht. Doch er machte nur dauernd den Eisschrank auf und aß etwas. Er hatte versucht, in der Trunkenheit zu schreiben, wenn die Gedanken und die Bilder wunderbar waren, solange man sie niederschrieb; wenn man sie jedoch später überlas, veränderten sie sich auf traurige Art. Er hatte sehr früh am Morgen geschrieben, und wenn er stocknüchtern und todunglücklich war. Er hatte an Thoreau und Walden gedacht. Er hatte von praktischer Betätigung und von einer Apfelfarm geträumt. Wenn er lange Spaziergänge über die Heide machen könnte, würde vielleicht das Licht der Schaffenskraft wieder aufflammen – aber wo war die Heidelandschaft New Yorks?

Er tröstete sich mit den Schriftstellern, die keine Anerkennung gefunden hatten, sondern erst nach ihrem Tode berühmt wurden. Als er zwanzig war, erträumte er sich's, mit dreißig zu sterben, und nach seinem Tode sollte sein Name hell erstrahlen. Als er fünfundzwanzig war und *The Night of Darkness* beendet hatte, erträumte er sich's, als Berühmtheit zu sterben, ein Superschriftsteller, der mit fünfunddreißig Jahren ein Œuvre geschaffen hat und auf dem Sterbebett den Nobelpreis erhält. Doch jetzt, da er beinahe vierzig war und zwei Bücher veröffentlicht hatte, von denen eins ein Erfolg und das andere ein Versager war, sann er nicht mehr über seinen Tod nach.

»Ich möchte mal wissen, warum ich überhaupt noch schreibe«, sagte er. »Es ist ein Leben voller Enttäuschungen.«

Er hatte irgendwie erwartet, daß Mabel, seine Freundin, entgegnen würde, er sei der geborene Schriftsteller, und daß sie ihn vielleicht an seine Pflicht gegenüber seinem Talent erinnern oder vielleicht sogar das Wort Genie gebrauchen würde, jenes Zauberwort, das Ungemach und äußeres Versagen in schmerzlichen Ruhm verwandelt. Doch Mabels Antwort erschreckte ihn.

»Ich glaube, mit dem Schreiben ist es wie mit dem Theater. Wenn man einmal zu schreiben oder zu spielen begonnen hat, dann steckt es einem im Blut.«

Er verachtete Schauspieler: sie waren eitel und affektiert und stets stellenlos. »Ich sehe die Schauspielkunst nicht als schöpferische, sondern nur als vermittelnde Kunst an. Der Schriftsteller dagegen muß ›den Phantomfelsen‹ behauen ...«

Er sah seine Frau aus dem Vorflur kommen. Marian war groß und schlank und hatte gerade, kurze schwarze Haare; sie trug ein einfaches schwarzes Kleid – ein nach Büro aussehendes Kleid – ohne jeglichen Schmuck. Sie hatten vor dreizehn Jahren geheiratet – im gleichen Jahr, in dem *The Night of Darkness* erschienen war, und lange Zeit hatte er vor Liebe gezittert. Es gab Zeiten, da hatte er Marian mit dem ekstatischen Staunen des Liebenden erwartet, und mit süßem Schauder, wenn er sie endlich sah. Es waren die Zeiten, in denen sie einander fast jede Nacht und oft auch am frühen Morgen in den Armen lagen. Im ersten Jahr war sie sogar hin und wieder während der Mittagspause vom Büro nach Hause gegangen, und sie hatten sich im hellen City-Tageslicht geliebt.

Endlich war ihr Verlangen zur Ruhe gekommen, und sein Körper mußte nicht mehr vor Liebe erzittern. Er arbeitete an seinem zweiten Buch, und es ging nur schwer voran. Dann hatte er das Guggenheim-Stipendium bekommen, und sie waren nach Mexiko gefahren, denn in Europa war Krieg. Sein Buch ließ er im Stich, und obwohl die frohe Erregung über den Erfolg noch anhielt, war er nicht zufrieden. Er wollte schreiben, schreiben, schreiben – aber Monat um Monat verstrich, und er schrieb nichts.

Marian sagte, er tränke zuviel und vertrödele die Zeit, und er warf ihr ein Glas Rum ins Gesicht. Dann kniete er vor ihr nieder und weinte. Er war zum erstenmal in einem fremden Land, und die Zeit war von ganz absolutem Wert, weil es eben ein fremdes Land war. Er wollte vom Blau der Mittagshimmel schreiben, von den Schatten Mexikos, von der wasserklaren Bergluft. Aber ein Tag folgte dem andern, stets Tage von Wert, weil er in einem fremden Land – und er schrieb nichts.

Sogar Spanisch lernte er nicht, und es ärgerte ihn, wenn Marian mit dem Koch und andern Mexikanern sprechen konnte. (Für Frauen war es leichter, sich eine fremde Sprache anzueignen, und außerdem konnte sie Französisch.) Und gerade weil das Leben in Mexiko so billig war, wurde es teuer. Er gab das Geld so leicht wie Trinkgeld oder Theatergeld aus, und der Guggenheim-Scheck war meistens schon im voraus verbraucht.

Doch er lebte in einem fremden Land, und über kurz oder lang mußten sich die Tage in Mexiko für ihn als Schriftsteller von wirklichem Wert erweisen.

Dann geschah nach acht Monaten etwas Seltsames: fast ohne ihn vorher zu benachrichtigen, nahm Marian ein Flugzeug nach New York. Er mußte sein Guggenheim-Jahr unterbrechen und ihr folgen. Und dann wollte sie nicht mit ihm zusammenleben und ihn nicht in ihre Wohnung lassen. Sie sagte, es sei so, als wollte man mit zwanzig römischen Kaisern, zu einem einzigen verbacken, zusammenleben, und das hätte sie satt. Marian erhielt eine Stelle als literarische Hilfsredakteurin bei einer Modezeitschrift, und er hauste in einer Wohnung ohne Warmwasser: ihre Ehe war ein Reinfall, und sie lebten getrennt, obwohl er noch immer versuchte, ihr nachzulaufen. Die Guggenheim-Leute wollten sein Stipendium nicht erneuern, und bald war auch die Anzahlung auf das zweite Buch verbraucht.

In jene Zeit ungefähr fiel ein Morgen, den er niemals vergessen würde, obwohl nichts, rein gar nichts geschehen war. Es war ein sonniger Herbsttag, und der Himmel stand klar und grün über den Wolkenkratzern. Er war zum Frühstück in eine Cafeteria gegangen und saß am hellen Fenster. Die Leute auf der Straße gingen rasch vorbei, alle gingen irgendwohin. In der Cafeteria herrschte die übliche Frühstückshetze, das Klappern von Tabletts und der Lärm vieler Stimmen. Menschen kamen herein und aßen und gingen weg, und jeder schien so zuversichtlich und seines Ziels so gewiß zu sein.

Sie schienen ein Ziel als selbstverständlich vorauszusetzen, ein Ziel, das nicht nur die Routine ihres Berufslebens und ihrer Verabredungen war. Obwohl die meisten Leute allein kamen, schien doch jeder irgendwie ein Teil des andern zu sein, ein Teil der klaren, herbstlichen Stadt, während er allein abgesondert schien, eine isolierte Ziffer im Muster der zielbewußten City.

Sonnenschein glasierte seine Marmelade, und er strich sie auf ein Stück Toast, aß es aber nicht. Der Kaffee hatte einen bläulichen Schimmer, und am Rande der Tasse entdeckte er eine blasse Spur von altem Lippenstift.

Es war eine Stunde voller Trostlosigkeit, obwohl überhaupt nichts geschah.

Jetzt, viele Jahre später, bei der Cocktailparty, erinnerten ihn der Lärm und die Zuversicht der andern und seine eigene Isoliertheit an das Frühstück in der Cafeteria, und wegen des unaufhaltsamen Dahingleitens der Zeit war diese Stunde noch trostloser.

»Da ist Marian«, sagte Mabel. »Sie sieht müde aus, und magerer!«

»Hätten die verdammten Guggenheim-Leute mein Stipendium erneuert, dann könnte ich Marian ein Jahr nach Europa führen«, sagte er. »Die verdammten Guggenheim-Leute! Schriftstellern geben sie überhaupt keine Stipendien mehr. Bloß Physikern – Menschen, die einen neuen Krieg vorbereiten.«

Der Krieg war für Ken eine Erlösung gewesen. Er war froh, das Buch im Stich zu lassen, mit dem er nur mühsam vorankam, und erleichtert, daß er sich von seinem ›Phantomfelsen‹ ab- und den allgemeinen Erlebnissen zuwenden konnte – denn bestimmt war der Krieg das große Erlebnis seiner Generation. Er absolvierte die Offiziersschule, und als Marian ihn in seiner Uniform sah, weinte sie und liebte ihn – und von Scheidung war nicht wieder die Rede. Während seines letzten Urlaubs liebten sie sich so häufig wie während der ersten Monate ihrer Ehe.

In England regnete es jeden Tag, und einmal lud ihn ein Lord auf sein Schloß ein. Am D-Tag setzte er mit seinem Bataillon über den Kanal, und dann rückten sie dauernd vor, bis nach Schmitz. Im Keller einer in Trümmern liegenden Stadt sah er eine Katze, die das Gesicht eines Leichnams beschnupperte. Er fürchtete sich, doch es war nicht das nackte Entsetzen wie in der Cafeteria oder die Angst vor dem leeren Blatt auf der Schreibmaschine. Immer geschah irgend etwas: im Schornstein eines Bauernhauses fand er drei westfälische Schinken, und bei einem Autounfall brach er sich einen Arm.

Der Krieg war das große Erlebnis seiner Generation: für einen Schriftsteller besaß jeder Tag einen absoluten Wert, weil es eben Krieg war. Doch als der Krieg vorbei war, worüber konnte man da schreiben? Über die Katze und den Leichnam, über den Lord in England, den gebrochenen Arm?

In der Wohnung in Greenwich Village setzte er sich wieder hinter das Buch, das er so lange vernachlässigt hatte. Eine Zeitlang empfand er in jenem Jahr nach dem Krieg das Hochgefühl des Schriftstellers, wenn er etwas geschrieben hat. Eine Zeitlang – als die Stimme der Kindheit, als ein Lied an der Straßenecke, als alles sich zusammenfügte. In der seltsamen Glücksstimmung seiner einsamen Arbeit war die Welt eins geworden. Er schrieb über eine andere Zeit, einen anderen Ort. Er schrieb von seiner Jugend in der windigen, griesigen Stadt in Texas, die seine Vaterstadt war.

Er schrieb von der Auflehnung der Jugend und von der Sehnsucht nach strahlenden Städten, vom Heimweh nach einer Gegend, die er nie gesehen hatte. Während er *One Summer Eve-*

ning schrieb, lebte er in einer Wohnung in New York, doch sein eigentliches Leben spielte sich in Texas ab, und die Entfernung war eine schlimmere als nur eine räumliche: es war die traurige Entfernung zwischen den mittleren Jahren und der Jugend. Solange er sein Buch schrieb, war er also aufgespalten zwischen zwei Wirklichkeiten: seinem New Yorker Alltagsleben und der Erinnerung an die Jugendakkorde in Texas.

Als das Buch veröffentlicht wurde und die Besprechungen nachlässig oder unfreundlich waren, wurde er gut damit fertig, wie er meinte – bis sich die Tage der Vereinsamung aneinanderreihten und das Entsetzen begann. Zu jener Zeit machte er seltsame Sachen. Einmal hatte er sich im Badezimmer eingeschlossen und stand da und hielt in der Hand eine Flasche mit Lysol, stand einfach da und hielt das Lysol und zitterte und war entsetzt. Eine halbe Stunde stand er so da, bis er nach großer Überwindung das Lysol langsam ins Klosett goß. Dann legte er sich aufs Bett und weinte, und erst spät am Nachmittag schlief er ein.

Ein andermal saß er am offenen Fenster und ließ ein Dutzend leere Seiten Papier die sechs Stockwerke hinunter auf die Straße flattern. Der Wind blies die Seiten vor sich her, während er eine nach der andern flattern ließ, und er empfand eine seltsame Genugtuung, als er ihnen nachsah, wie sie davonschwebten. Es war weniger die Sinnlosigkeit seiner Handlungen als vielmehr die sie begleitende ungeheure Gespanntheit, die Ken davon überzeugte, daß er krank war.

Marian schlug vor, er solle zu einem Psychiater gehen, und er erwiderte, Psychiater seien eine Avantgarde-Mode geistigen Kitzels geworden. Dann hatte er gelacht, aber Marian hatte nicht gelacht, und sein einsames Lachen endete mit einem Angstfrösteln. Schließlich war's Marian, die zum Psychiater ging, und Ken war auf beide neidisch – auf den Arzt, weil er der Schiedsrichter ihrer unglücklichen Ehe war, und auf Marian, weil sie ruhiger war und er haltloser wurde. In jenem Jahr schrieb er einige Fernsehstücke, verdiente ein paar tausend Dollar und kaufte Marian einen Leopardenmantel.

»Schreibst du noch Fernsehstücke?« fragte Mabel.

»Nein«, sagte er. »Ich gebe mir die größte Mühe, mein neues Buch in Gang zu bekommen. Du bist der einzige ehrliche Mensch in dem Zimmer hier. Mit dir kann ich reden.«

Er begann, durch den Alkohol aufgelockert und geborgen in

ihrer Freundschaft (denn schließlich gehörte Mabel zu seinen liebsten Menschen), von seinem Buch zu sprechen, das er schon so lange zu schreiben versuchte. »Selbstbetrug ist das Hauptthema, und der Held ist ein Kleinstadtanwalt namens Winkle. Der Schauplatz ist Texas – meine Vaterstadt –, und die meisten Szenen spielen sich in dem schmuddeligen Amtszimmer des Gerichtsgebäudes ab. Zu Beginn des Buches sieht sich Winkle der folgenden Situation gegenüber ...« Ken entwickelte seine Fabel mit viel Begeisterung und erzählte von den verschiedenen Personen und von den mancherlei damit verknüpften Motivierungen.

Als Marian auf sie zutrat, sprach er noch immer, und er machte ihr ein Zeichen, ihn nicht zu unterbrechen, während er weitersprach und Mabel fest in die blauen Augen hinter den Brillengläsern blickte. Dann plötzlich überfiel ihn ein unheimliches Gefühl des *déjà-vu*. Es war ihm, als hätte er Mabel den Inhalt des Buches schon einmal erzählt, an der gleichen Stelle und unter den gleichen Umständen. Sogar die Art, wie der Vorhang sich bewegte, war die gleiche. Nur füllten sich Mabels blaue Augen hinter den Brillengläsern mit Tränen, und er war froh, daß sie so aufgewühlt war. »Da sah sich Winkle also zur Scheidung gezwungen ...« Seine Stimme schwankte. »Ich habe ein seltsames Gefühl, als hätte ich dir das schon mal erzählt.«

Mabel wartete einen Augenblick, und er schwieg. »Das stimmt, Ken«, sagte sie endlich. »Vor etwa fünf oder sechs Jahren, und bei einer Gesellschaft, die der heutigen sehr glich.«

Er konnte das Mitleid nicht ertragen, das in ihren Augen stand, und auch nicht die Beschämung, die seinen eigenen Körper erzittern ließ. Er torkelte hoch und stolperte über seinen Drink.

Nach dem Getöse im Cocktailzimmer wirkte die kleine Terrasse vollkommen lautlos. Bis auf den Wind, der das Gefühl von Verlassenheit und Einsamkeit noch vertiefte. Um über seine Beschämung hinwegzukommen, sagte Ken laut etwas Zusammenhangloses: »Ach, was zum Kuckuck ...« und er lächelte vor hilfloser Angst. Aber seine Beschämung glomm noch nach, und er legte die kalte Hand auf seine heiße, pochende Stirn. Es schneite nicht mehr, doch der Wind jagte auf der weißen Terrasse flirrende Schneewirbel hoch.

Die Terrasse war etwa sechs Schritte lang, und Ken ging sehr langsam und beobachtete die unscharfen Fußstapfen seiner schmalen Schuhe. Warum beobachtete er die Fußstapfen so gespannt?

Und warum stand er hier allein auf der winterlichen Terrasse, über die das Licht aus dem Cocktailzimmer ein kränklich gelbes Rechteck auf den Schnee warf? Und die Fußstapfen? Am Ende der Terrasse befand sich in Gürtelhöhe ein kleines Geländer. Als er sich auf das Geländer stützte, wußte er gleich, daß es sehr wacklig war, und er spürte, daß *er gewußt hatte, wie wackelig es sein würde*, und doch stützte er sich noch länger darauf. Das *Penthouse* lag im fünfzehnten Stock, und die Lichter der City glommen herauf. Er dachte, wenn er dem morschen Geländer einen einzigen Stoß gäbe, würde er fallen, doch er blieb ruhig und fühlte sich irgendwie geborgen und zufrieden.

Als ihn eine Stimme von der Terrasse her anrief, empfand er es als eine unentschuldbare Störung. Es war Marian, und sie rief leise: »Oh! Oh!« Nach einem Weilchen fuhr sie fort: »Ken, komm her! Was machst du da drüben?« Ken richtete sich auf. Als er wieder im Gleichgewicht war, gab er dem Geländer einen leichten Stoß. Es brach nicht. »Das Geländer hier ist altersschwach. Wahrscheinlich vom Schnee. Ich möchte mal wissen, wieviel Menschen hier schon Selbstmord begangen haben.«

»*Wie viele?*«

»Warum nicht? Es ist ganz einfach!«

»Komm da zurück!«

Sehr bedächtig trat er in die Fußstapfen, die er vorhin gemacht hatte. »Der Schnee muß einen Zoll hoch liegen!« Er bückte sich und untersuchte mit seinem Mittelfinger die Stärke der Schneeschicht. »Nein, zwei Zoll!«

»Ich friere!« Marian legte ihre Hand auf seinen Rücken, öffnete die Tür und steuerte ihn in die Gesellschaft hinein. Das Zimmer war jetzt stiller, und die Leute gingen nach Hause. Im hellen Licht und nach der Dunkelheit draußen bemerkte Ken, wie müde Marian aussah. Ihre schwarzen Augen hatten einen vorwurfsvollen, zerquälten Blick. Ken konnte es nicht ertragen, sie anzusehen.

»Liebes, hast du wieder was mit deiner Stirnhöhle?«

Ihr Zeigefinger strich leicht über die Stirn und den Nasensattel. »Es macht mir solche Sorge, wenn du in diesen Zustand gerätst«, sagte sie.

»Zustand? Ich?«

»Komm, wir wollen uns anziehen und gehn!«

Doch er konnte den Ausdruck ihrer Augen nicht ertragen, und er haßte sie, weil sie angedeutet hatte, er sei betrunken. »Ich gehe nachher noch zu Jim Johnsons Party.«

Nach der Jagd auf die Mäntel und nach flüchtigem Abschied fuhr eine kleine Gruppe im Fahrstuhl nach unten und wartete dann auf dem Bürgersteig, um Taxis heranzupfeifen.

Sie besprachen ihr Fahrtziel, und Marian, der Verleger und Ken teilten sich in das erste Taxi, das citywärts fuhr. Kens Beschämung hatte sich etwas gemildert, und im Taxi fing er an, über Mabel zu sprechen.

»Wie traurig mit Mabel!« sagte er.

»Was meinst du?« fragte Marian.

»Alles. Sie zerfällt offensichtlich. Geht der Zerrüttung entgegen, das arme Ding!«

Marian behagte das Thema nicht, und sie fragte Howards: »Wollen wir durch den Park fahren? Es ist hübsch, wenn es schneit, und es geht auch schneller.«

»Ich fahre dann weiter zur Fifth und Fourteenth«, sagte Howards. Dem Fahrer rief er zu: »Bitte durch den Park!«

»Das Betrübliche ist eben, daß Mabel *passé* ist. Vor zehn Jahren war sie eine originelle Malerin und Bühnenbildnerin. Vielleicht ist's ein Versagen ihrer Phantasie, oder sie trinkt zuviel. Sie hat ihre Ehrlichkeit verloren und macht immer wieder das gleiche. Sie wiederholt sich ständig.«

»Unsinn«, sagte Marian. »Sie wird von Jahr zu Jahr besser und verdient haufenweise Geld.«

Sie fuhren durch den Park, und Ken blickte auf die Winterlandschaft.

Der Schnee lag schwer auf den Parkbäumen, und hin und wieder, unter einem Windhauch, glitten Schneepolster von den Zweigen, obwohl die Bäume sich nicht neigten. Ken begann den alten Kinderreim vom Wind aufzusagen, und wieder riefen die Worte ein unheilvolles Echo hervor, und seine kalten Handflächen wurden feucht.

»An das Klimperliedchen hab ich seit Jahren nicht mehr gedacht«, sagte John Howards.

»Klimperliedchen? Es ist so aufwühlend wie Dostojewskij.«

»Ich erinnere mich, daß wir's im Kindergarten sangen. Und

wenn ein Kind Geburtstag hatte, hing ein blaues oder rosa Band an seinem Stühlchen, und wir sangen alle *Happy Birthday!*«

John Howards kauerte eingezwängt vorne auf der Kante neben Marian. Es war schwierig, sich den großen, breitschultrigen Verleger vorzustellen, wie er vor vielen Jahren im Kindergarten gesungen hatte.

Ken fragte: »Wo stammen Sie her?«

»Aus Kalamazoo«, sagte Howards.

»Ich hab mich immer gefragt, ob es einen solchen Ort wirklich gibt.«

»Es hat ihn gegeben, und es gibt ihn noch«, sagte Howards. »Meine Familie siedelte dann, als ich zehn Jahre alt war, nach Detroit über.«

Wieder überfiel Ken ein befremdendes Gefühl, und er dachte, wie wenig sich manche Leute von der Kinderzeit bewahrt hätten, so daß die Erwähnung von Kindergartenstühlchen und von Familienumzug irgendwie absonderlich erscheint. Plötzlich hatte er einen Einfall für eine Geschichte, die von einem solchen Mann handelte – er würde sie *Der Mann im Tweed-Anzug* nennen –, und er sann stumm vor sich hin, während sich die Geschichte in seinem Geist unter einem kurzen Aufblitzen des alten Hochgefühls entfaltete, das er jetzt so selten hatte.

»Der Wettermann sagt, heute nacht sinkt's unter Null«, sagte Marian.

»Sie können mich hier absetzen«, sagte Howards zum Fahrer, öffnete sein Portemonnaie und gab Marian etwas Geld. »Danke fürs Mitnehmen, und hier ist mein Anteil«, sagte er lächelnd. »Es war sehr nett, Sie mal wiederzusehen! Lassen Sie uns bald mal zusammen zu Mittag essen, und bringen Sie Ihren Mann mit, falls ihm etwas daran liegt!« Nachdem er aus dem Taxi gestolpert war, rief er Ken zu: »Ich freu mich auf Ihr nächstes Buch, Harris!«

»Idiot«, sagte Ken, als das Taxi weiterfuhr. »Ich setze dich zu Hause ab und bleibe dann noch einen Augenblick bei Jim Johnson!«

»Wer ist das? Warum mußt du zu ihm?«

»Ein Maler, den ich kenne, und ich bin eingeladen«, entgegnete Ken.

»Neuerdings machst du so viel Bekanntschaften«, sagte sie.

»Mal gehst du zu einer Gruppe, und dann wechselst du zu einer andern über.«

Ken wußte, daß die Bemerkung zutreffend war, aber er konnte es nicht ändern. In den letzten paar Jahren verkehrte er so lange in einem bestimmten Kreis – er und Marian hatten schon längst getrennte Bekanntenkreise –, bis er sich betrank oder einen Auftritt verursachte, so daß ihm die ganze Umgebung unangenehm wurde und er sich ärgerte und unerwünscht vorkam.

Dann wechselte er zu einer andern Gruppe über, und bei jedem Wechsel war es ein Kreis, der weniger solide als der voraufgegangene war und schäbigere Wohnungen und billigere Drinks hatte. Jetzt ging er mit Freuden überallhin, wo er nur eingeladen wurde – zu Fremden, wo eine Stimme ihm vielleicht etwas geben und die schwache Stütze Alkohol ihm die zerrissenen Nerven besänftigen konnte.

»Ken, warum läßt du dir nicht helfen? Ich kann nicht so weitermachen!«

»Aber was ist denn los?«

»Das weißt du doch«, sagte sie. Er konnte es spüren, wie nervös und steif sie im Taxi saß. »Willst du wirklich noch zu einer andern Party gehen? Siehst du denn nicht ein, daß du dich zugrunde richtest? Warum hast du dich gegen das Geländer auf der Terrasse gelehnt? Begreifst du nicht, daß du – krank bist? Komm mit heim!«

Die Worte beunruhigten ihn, aber er konnte den Gedanken nicht ertragen, heute abend mit Marian heimzugehen. Er hatte ein Vorgefühl, daß etwas Schreckliches passieren könnte, wenn sie allein in der Wohnung wären, und sein Instinkt warnte ihn vor ungreifbarem Unheil.

Früher waren sie froh gewesen, wenn sie von einer Cocktailparty allein heimgehen konnten, um bei ein paar stillen Drinks über die Party zu sprechen, den Eisschrank zu plündern und sich schlafen zu legen, geborgen vor der Außenwelt. Dann war eines Abends nach einer Gesellschaft etwas geschehen: er hatte eine Bewußtseinstrübung und sagte oder tat etwas, an das er sich nicht mehr erinnern konnte und auch nicht erinnern wollte; hinterher war nur die zertrümmerte Schreibmaschine da und einzelne Lichtbahnen beschämender Erinnerungen, denen er sich nicht stellen konnte, und der Gedanke an ihre furchtsamen

Augen. Marian gab das Trinken auf und versuchte ihn zu überreden, den Antialkoholikern beizutreten. Er ging mit ihr zu einer Versammlung und blieb sogar fünf Tage bei der Stange, bis das Grauen der nicht im Gedächtnis bewahrten Nacht etwas in die Ferne gerückt war.

Weil er von da an seinen Alkohol allein trinken mußte, ärgerte er sich über ihre Milch und ihren ewigen Kaffee, und sie ärgerte sich über seine Drinks.

An dieser gespannten Lage, fand er, sei eigentlich der Psychiater schuld, und er fragte sich, ob er Marian wohl gar hypnotisiert habe. Jedenfalls waren ihre Abende von da an unerfreulich und steif. Jetzt spürte er es wieder, wie kerzengerade sie im Taxi saß, und er wollte sie, wie in den alten Zeiten, wenn sie von einer Party heimfuhren, umarmen und küssen. Aber ihr Körper widersetzte sich seiner Umarmung.

»Liebes, laß uns doch wieder wie früher sein! Laß uns heimgehen und friedlich schwatzen und die Party durchhecheln! Das hast du doch immer so gern getan! Wenn wir still für uns allein waren, hast du die paar Drinks so genossen. Trink mit mir und sei lieb, wie in den alten Zeiten! Wenn du's tust, geb ich die andere Party auf! Bitte, Liebes! Du bist kein bißchen trunksüchtig. Und ich komme mir wie ein Saufbold vor, wenn du nicht mittrinkst – so unnatürlich komm ich mir dann vor. Und du bist kein bißchen trunksüchtig – ebensowenig wie ich.«

»Ich mach dir eine heiße Suppe, und du kannst zu Bett gehn!« Ihre Stimme klang hoffnungslos – und, wie Ken fand, selbstgefällig. Dann sagte sie: »Ich hab mir solche Mühe gegeben, unsre Ehe zusammenzuhalten und dir zu helfen. Aber es ist genauso, als kämpfte man im Triebsand. So vieles hängt mit dem Trinken zusammen, und ich bin so müde.«

»Ich geh nur eine Minute zu der andern Party – komm doch mit!«

»Ich kann nicht.«

Das Taxi hielt, und Marian bezahlte das Fahrgeld. Als sie ausstiegen, fragte sie ihn: »Hast du genug Geld zum Weiterfahren? Falls du weiterfahren mußt?«

»Natürlich!«

Jim Johnsons Wohnung lag weit drüben auf der Westseite, in einem Puerto-Rico-Viertel. Offene Mülleimer standen am Prellstein, und der Wind blies Papierfetzen über den verschneiten Bürgersteig. Als das Taxi hielt, war Ken so geistesabwesend, daß der Fahrer ihn rufen mußte. Er blickte auf die Taxuhr und öffnete seine Geldtasche: er hatte keinen einzigen Dollarschein, nur noch fünfzig Cent, und die reichten nicht.

»Ich hab kein Geld mehr, bloß die fünfzig Cent«, sagte Ken und reichte dem Fahrer das Geld. »Was soll ich nur machen?«

Der Fahrer blickte ihn an. »Nichts. Aussteigen. Da kann man nichts machen.«

Ken stieg aus. »Fünfzehn Cent zu wenig und kein Trinkgeld – es tut mir leid ...«

»Sie hätten das Geld von der Dame annehmen sollen!«

Die Party fand im obersten Stock eines Hauses ohne Fahrstuhl und ohne Warmwasser statt, und auf jedem Treppenabsatz lagerte ein anderer Küchengeruch. Das Zimmer oben war überfüllt und kalt, und auf dem Herd brannten blaue Gasflammen, um ein bißchen Wärme herzugeben. Da außer einer Studiocouch wenig Möbel vorhanden waren, saß die Mehrzahl der Gäste auf dem Fußboden. Reihen von ungerahmten Bildern lehnten gegen die Wand, und auf einer Staffelei stand ein Gemälde: eine violette Kehrichtablage mit zwei grünen Sonnen. Ken nahm auf dem Fußboden neben einem rotwangigen jungen Mann Platz, der eine saloppe braune Lederjacke trug.

»Irgendwie ist es immer beruhigend, in einem Maleratelier zu sitzen. Maler haben nicht die Probleme, die ein Schriftsteller hat. Wer hat je gehört, daß ein Maler nicht weitergekonnt hätte? Sie haben etwas, mit dem sie arbeiten können: die Leinwand muß vorbereitet werden, die Pinsel und so weiter. Nirgends eine leere Seite – Maler sind nicht neurotisch wie so viele Schriftsteller.«

»Na, ich weiß nicht recht«, sagte der junge Mann. »Hat sich van Gogh etwa nicht sein eigenes Ohr abgeschnitten?«

»Trotzdem: der Geruch nach Farben und die Farben selbst und die ganze Tätigkeit, so etwas ist beruhigend. Es ist nicht dasselbe wie eine leere Seite oder ein stummes Zimmer. Maler können bei der Arbeit pfeifen oder sogar mit andern Leuten reden.«

»Ich hab mal einen Maler gekannt, der seine Frau umgebracht hat.«

Als jemand ihm Rumpunsch und Sherry anbot, nahm Ken

Sherry, doch er schmeckte metallisch, als wären Münzen darin aufgelöst. »Sind Sie Maler?«

»Nein«, sagte der junge Mann. »Schriftsteller. Das heißt, ich schreibe.«

»Wie heißen Sie?«

»Mein Name kann Ihnen nichts sagen. Ich habe mein Buch noch nicht veröffentlicht.« Nach einer Pause fügte er hinzu: »Ich hatte eine Kurzgeschichte in *Bolder Accent* – es ist eine von den kleineren Zeitschriften – vielleicht haben Sie davon gehört?«

»Seit wann schreiben Sie?«

»Seit zehn Jahren. Natürlich muß ich außerdem Nebenbeschäftigungen übernehmen – fürs Essen und die Miete.«

»Was für Posten nehmen Sie dann?«

»Alles Mögliche. Ein Jahr lang hatte ich mal einen Posten im Leichenschauhaus. Da gab's fabelhafte Bezahlung, und ich hatte jeden Tag vier oder fünf Stunden Zeit für meine eigene Arbeit. Doch nach einem Jahr merkte ich allmählich, daß der Posten für meine Arbeiten nicht gut war. Mit all den Leichen – daher wechselte ich und begann, auf Coney Island Würstchen zu braten. Jetzt bin ich Nachtportier in einer richtigen Bruchbude von Hotel. Aber ich kann den ganzen Nachmittag zu Hause arbeiten, und nachts kann ich über mein Buch nachdenken – und überhaupt ereignet sich auf so einem Posten mancherlei von menschlichem Interesse. Stoff für zukünftige Geschichten.«

»Wieso glauben Sie, daß Sie Schriftsteller sind?« fragte Ken.

Der Eifer im Gesicht des jungen Mannes erlosch, und als er die fünf Finger auf seine erhitzte Wange drückte, hinterließen sie weiße Male. »Einfach, weil ich's weiß. Ich habe so sehr gearbeitet, und ich glaube an meine Begabung.« Nach einer Pause fuhr er fort: »Wenn man nach zehn Jahren nichts als eine Erzählung in einer kleinen Zeitschrift vorzuweisen hat, dann ist das natürlich kein besonders glänzender Anfang. Aber bedenken Sie doch die Kämpfe, die fast jeder Schriftsteller hat, sogar die großen Genies. Ich habe Zeit und Energie, und wenn mein Roman endlich druckreif ist, dann wird die Welt das Talent erkennen.«

Der rückhaltlose Ernst des jungen Mannes widerte Ken an, denn er spürte darin etwas, das er selbst längst verloren hatte. »Talent«, sagte er bitter. »Ein kleines Talent mit einer einzigen Erzählung: das ist das fragwürdigste Geschenk, das Gott einem geben kann. Immer weiter und weiter arbeiten und hoffen und glauben, bis die Jugend vergeudet ist: so etwas habe ich schon oft mitangesehen. Ein kleines Talent ist Gottes größter Fluch.«

»Aber woher wollen Sie wissen, daß ich ein kleines Talent habe – Sie können doch gar nicht wissen, ob's nicht groß ist? Sie wissen es nicht; Sie haben nie ein einziges Wort gelesen, das ich geschrieben habe!« rief er unwillig.

»Ich habe nicht speziell an Sie gedacht. Ich habe nur theoretisch gesprochen.«

Das Zimmer roch sehr stark nach Gas, und der Rauch reichte in streifigen Schichten bis unter die Decke. Der Fußboden war kalt, und Ken griff nach einem Kissen in der Nähe und setzte sich darauf. »Was für Sachen schreiben Sie?«

»Mein jetziges Buch handelt von einem Mann namens Brown – ich wollte ihm einen weitverbreiteten Namen geben, symbolisch für die ganze Menschheit. Er liebt seine Frau, und er muß sie umbringen, weil ...«

»Sagen Sie nichts mehr! Ein Schriftsteller sollte nie im voraus über sein Buch sprechen! Außerdem habe ich schon alles gehört.«

»Wie ist das möglich? Ich habe es Ihnen noch nie erzählt und noch nicht zu Ende erzählt ...«

»Das Ende ist mir gleich«, sagte Ken. »Ich habe die ganze Sache vor sieben, acht Jahren hier in diesem Zimmer gehört.«

Das erhitzte Gesicht wurde plötzlich bleich.

»Mr. Harris, wenn auch zwei von Ihren Büchern veröffentlicht wurden, so finde ich doch, daß Sie ein gemeiner Mensch sind.« Seine Stimme schwoll an. »Nörgeln Sie nicht an mir herum!«

Der junge Mann stand auf, zerrte den Reißverschluß seiner Jacke hoch und stellte sich, ohne mit jemand zu sprechen, verdrießlich in eine Ecke des Zimmers.

Nach einem Weilchen begann Ken sich zu fragen, weshalb er eigentlich hier sei. Er kannte keinen von der Gesellschaft, den Gastgeber ausgenommen, und das Bild von der Kehrichtablage und den zwei Sonnen irritierte ihn. In dem Zimmer voll fremder Menschen war keine Stimme, die ihm etwas gab, und der Sherry war einem trockenen Mund zu scharf. Ohne sich von jemand zu verabschieden, verließ Ken das Atelier und ging die Treppe hinunter und nach draußen.

Er erinnerte sich, daß er kein Geld hatte und daher zu Fuß gehen mußte. Es schneite noch; der Wind pfiff schrill um die

Straßenecken, und die Temperatur näherte sich dem Nullpunkt*. Er war noch viele Häuserblocks von seiner Wohnung entfernt, als er an einer ihm bekannten Straßenecke einen Drugstore sah und an heißen Kaffee denken mußte. Wenn er doch jetzt richtig heißen Kaffee trinken und die Hände um die Tasse legen könnte, dann würde es in seinem Gehirn klarer werden und er hätte die Kraft, nach Hause zu eilen und seiner Frau gegenüberzutreten und dem Etwas, das sich ereignen mußte, sobald er zu Hause war. Dann widerfuhr ihm etwas, das zuerst ganz alltäglich, ja sogar natürlich schien. Ein Mann mit hartem Filzhut wollte auf der menschenleeren Straße an ihm vorbeigehen, und als sie auf gleicher Höhe waren, sagte Ken: »Hallo! 's muß ungefähr null Grad sein, wie?«

Der Mann zauderte einen Augenblick.

»Moment mal«, sagte Ken. »Ich bin nämlich in einer Klemme. Ich habe mein Geld verloren – egal, wie –, und ich dachte gerade, ob Sie mir wohl etwas Kleingeld für eine Tasse Kaffee geben könnten?«

Als Ken die Worte geäußert hatte, begriff er auf einmal, daß die Lage alles andere als alltäglich war: er und der Fremde wechselten jenen gewissen Blick voller Beschämung und Mißtrauen, wie er sich zwischen Bettler und Angebettelten ergibt.

Der Fremde warf ihm rasch noch einen Blick zu, dann ging er hastig weiter.

»Warten Sie doch«, rief Ken. »Sie glauben, ich könnte ein Lump sein – das bin ich aber nicht. Ich bin Schriftsteller – ich bin kein Verbrecher.«

Der Fremde hastete auf die andere Straßenseite hinüber, und im Gehen schlug ihm die Aktentasche gegen die Knie. Ken kam erst nach Mitternacht nach Hause.

Marian lag im Bett und hatte ein Glas Milch auf dem Nachttisch stehen. Er mischte sich einen Highball und trug ihn ins Schlafzimmer, obwohl er seine Drinks sonst meistens heimlich und in Eile hinunterkippte.

»Wo ist die Uhr?«

»Im Wäschekorb.«

Er fand die Uhr und stellte sie neben die Milch auf den Nachttisch. Marian warf ihm einen seltsamen Blick zu.

* minus 18 Grad Celsius

»Wie war deine Party?«

»Scheußlich!« Nach einer Weile fügte er hinzu: »Diese Stadt ist ein trostloses Nest: die Parties, die Menschen, die argwöhnischen Fremden.«

»Du bist's doch, der die Parties immer so gern hat!«

»Nein. Nicht mehr.« Er setzte sich auf das Doppelbett neben Marian, und plötzlich stiegen ihm die Tränen in die Augen. »Liebes, was ist aus der Apfelfarm geworden?«

»Aus der Apfelfarm?«

»Aus *unsrer* Apfelfarm – erinnerst du dich nicht mehr?«

»Es ist so viele Jahre her – und so manches ist passiert.«

Doch obwohl der Traum längst vergessen war, tauchte er jetzt in aller Frische wieder auf. Er sah die Apfelblüten im Frühlingsregen vor sich, sah das graue alte Farmhaus. Er melkte in der Morgendämmerung, dann arbeitete er im Gemüsegarten mit dem grünen krausen Salat, dem staubfarbenen Sommermais, den Eierpflanzen und den weinroten Kohlköpfen, die im Tau irisierend schillerten.

Zum ländlichen Frühstück gab es Eierkuchen und Wurst aus dem Fleisch selbstgezüchteter Schweine. Waren Morgenarbeit und Frühstück beendet, dann arbeitete er vier Stunden lang an seinem Roman; am Nachmittag war der Zaun auszubessern oder Holz zu hacken. Er sah die Farm bei jedem Wetter: eingeschneit – dann konnte er einen ganzen Kurzroman hintereinander schreiben; milde, liebliche, leuchtende Maientage; die grüne Sommerszeit, wo er eigene Forellen fischte; der blaue Oktober und die Äpfel. Der Traum war Leben – unbefleckt von der Wirklichkeit.

»Und an den Abenden«, sagte er und sah das Kaminfeuer und die emporzuckenden und zusammensinkenden Schatten auf den Wänden des Farmhauses, »an den Abenden wollten wir uns Shakespeare gründlich vornehmen und die Bibel von Anfang bis zu Ende lesen.«

Einen Augenblick ließ sich Marian in den Traum einspinnen. »Es war im ersten Jahr unserer Ehe«, sagte sie mit einer Stimme, die beleidigt oder verwundert klang. »Und nachdem wir die Apfelfarm in Schwung hatten, wollten wir ein Kind haben.«

»Ach ja, ich weiß«, sagte er, obwohl es ein Teil des Planes war, den er völlig vergessen hatte. Er sah einen unbestimmten kleinen Jungen von etwa sechs Jahren in blauen Drellhosen.

Und dann verschwand das Kind, und er sah sich selbst, ganz deutlich, auf dem Pferd, oder eher auf einem Maultier, wie er das fertige Manuskript eines großartigen Romans im nächsten Dorf auf die Post brachte, um es dem Verleger zu schicken.

»Wir könnten fast umsonst leben – und gut leben. Ich würde alle Arbeit verrichten – körperliche Arbeit ist's, die sich heutzutage bezahlt macht – und würde alles selbst ziehen, was wir essen. Wir hätten eigene Schweine und eine Kuh und Hühner.« Nach einer Pause sagte er: »Und eine Alkoholrechnung gäbe es dann nicht. Ich könnte Apfelwein und Cider-Likör machen. Mit einer Obstpresse und so weiter.«

»Ich bin müde«, sagte Marian und fuhr sich mit der Hand über die Stirn.

»Da gibt's keine New Yorker Parties, und am Abend lesen wir die Bibel von Anfang bis zu Ende. Ich habe noch nie die Bibel von Anfang bis zu Ende gelesen. Du schon?«

»Nein«, sagte sie, »man braucht keine Apfelfarm zu haben, wenn man die Bibel lesen will.«

»Vielleicht muß ich aber eine Apfelfarm haben, um die Bibel lesen zu können – und auch, um gut zu schreiben.«

»Na, *tant pis*!« Die französische Redensart brachte ihn auf. Vor ihrer Heirat hatte sie ein Jahr lang an einer höheren Schule Französisch unterrichtet, und manchmal, wenn sie schlechte Laune hatte oder seinetwegen enttäuscht war, benutzte sie gerne eine französische Redensart, die er oft nicht verstand.

Er spürte zunehmende, verhaltene Spannung, die er um jeden Preis beseitigen wollte. Geduckt und elend saß er auf der Bettkante und starrte auf das Muster der Tapete. »Mit meinen Idealen ist nämlich etwas ganz Verrücktes geschehen. Als ich jung war, hab ich felsenfest geglaubt, daß ich ein großer Schriftsteller würde. Und dann verstrichen die Jahre, und ich nahm mir fest vor, ein guter Durchschnittsschriftsteller zu werden. Kannst du mir den fatalen Abstieg nachempfinden?«

»Nein, ich bin zu erschöpft«, antwortete sie nach einer Weile. »Ich habe im letzten Jahr auch an die Bibel gedacht. Eins von den allerersten Geboten lautet: *Du sollst keine andern Götter haben neben mir!* Aber du und andere Leute gleich dir haben sich einen Gott gemacht aus dieser – dieser Illusion. Ihr lehnt jede andere Verantwortung ab, Familie, Finanzen und sogar die

Selbstachtung betreffend. Ihr lehnt alles ab, was euren seltsamen Gott stören könnte. Im Vergleich damit war das Goldene Kalb gar nichts!«

»Und nachdem ich mir vorgenommen hatte, ein guter Durchschnittsschriftsteller zu werden, mußte ich meine Ideale noch weiter herunterschrauben: ich schrieb Scripts fürs Fernsehen und versuchte, ein gerissener Schreiberling zu werden. Aber nicht mal das konnte ich durchführen. Kannst du dir mein Entsetzen vorstellen? Ich bin sogar gemein und neidisch geworden – das war ich früher nie! Solange ich glücklich war, war ich ein ganz guter Mensch ... Das Letzte und Schlimmste wäre, alles aufzugeben und eine Stelle als Reklamedichter zu suchen. Kannst du dir vorstellen, wie es mir davor graut?«

»Ich habe schon oft gedacht, das wäre eine Lösung. Alles, Darling, was dir deine Selbstachtung wiedergeben kann.«

»Ja«, sagte er. »Aber lieber möcht ich noch eine Stelle in einem Leichenschauhaus annehmen oder Würstchen braten.« Ihre Augen blickten voller Besorgnis. »Es ist spät. Geh zu Bett!«

»Auf der Apfelfarm würde ich tüchtig schaffen, körperliche Arbeiten verrichten und auch schreiben. Und es wäre friedlich und sicher. Warum können wir's nicht tun, Baby?«

Sie schnitt sich einen Niednagel ab und blickte Ken nicht einmal an.

»Vielleicht könnte ich von deiner Tante Rose Geld borgen – auf ganz legale Weise, wie von der Bank. Mit Hypotheken auf die Farm und die Ernten. Und ich würde ihr mein neues Buch widmen.«

»Borgen? Nicht von meiner Tante Rose.« Marian legte die Schere auf den Nachttisch. »Ich will jetzt schlafen.«

»Warum glaubst du nicht an mich – und an die Apfelfarm? Warum willst du sie nicht haben? Es würde so friedlich sein – und so sicher. Wir wären allein – weit fort. Warum willst du es nicht?«

Ihre schwarzen Augen standen weit offen, und er las einen Ausdruck in ihnen, den er erst ein einziges Mal gesehen hatte. Sehr entschieden sagte sie: »Weil ich um alles in der Welt nicht mit dir allein auf der verrückten Apfelfarm sein will – allein und ohne Ärzte und Freunde und Hilfe!« Aus der Besorgnis war jähes Entsetzen geworden, und ihre Augen loderten vor Angst. Ihre Hände zupften nervös am Bettuch.

Kens Stimme klang erschüttert. »Aber Baby, du wirst doch keine Angst vor mir haben? Ich würde dir nicht die kleinste Augenwimper krümmen! Ich würde nicht dulden, daß der Wind dich anbläst! Ich könnte keiner ...«

Marian zog ihr Kissen zurecht, legte sich hin und drehte ihm den Rücken zu. »Meinetwegen. Gute Nacht!«

Eine Weile saß er verwirrt da, dann kniete er auf dem Fußboden vor Marians Bett, und seine Hand lag sanft auf ihrer Hüfte. Das dumpfe Drängen der Begierde wurde durch die Berührung noch angefacht. »Komm! Ich zieh mich aus! Wollen uns liebhaben!« Er wartete, aber sie rührte sich nicht und gab keine Antwort.

»Komm, Baby!«

»Nein«, sagte sie. Doch sein Verlangen wuchs, und er vernahm ihre Worte nicht. Seine Hand zitterte, und die Fingernägel hoben sich schmuddelig von der weißen Bettdecke ab. »Nicht mehr!« sagte sie. »Niemals wieder!«

»Bitte, Liebes! Dann haben wir's hinterher schön friedlich und können gut schlafen. Darling, Darling, du bist mein ein und alles. Du bist meine Sonne!«

Marian hob seine Hand weg und setzte sich unvermittelt rasch hoch. Ihre Angst war aufblitzendem Zorn gewichen, und an ihrer Schläfe zeichnete sich eine blaue Ader ab. »Deine Sonne?« Ihre Stimme sollte ironisch klingen, doch gelang es ihr nicht ganz. »Jedenfalls bin ich dein Portemonnaie!«

Das Beleidigende ihrer Worte kam ihm nur langsam zu Bewußtsein; dann schoß der Zorn so heftig wie eine Flamme in ihm hoch.

»Ich ... bin ...«

»Du denkst, du wärst der einzige, der enttäuscht wurde. Ich habe einen Schriftsteller geheiratet, von dem ich glaubte, er würde eine Berühmtheit werden. Ich habe dich mit Freuden unterstützt. Ich habe geglaubt, es würde sich bezahlt machen. Darum habe ich in einem Büro gearbeitet, während du zu Hause sitzen und deine ›Ideale‹ hinunterschrauben konntest. Mein Gott, was ist aus uns geworden!«

»Ich ... ich ...« Aber vor Wut konnte er noch immer kein Wort herausbringen.

»Vielleicht hätte man dir helfen können. Wenn du zu einem

Arzt gegangen wärst, als die Störung bei dir einsetzte. Wir wissen's beide seit langem, daß du krank bist!«

Wieder sah er den Ausdruck, den er schon früher einmal gesehen hatte. Der Blick war das einzige, was ihm damals von der gräßlichen Bewußtseinstrübung noch im Gedächtnis geblieben war – die schwarzen, vor Angst lodernden Augen und die pochende Schläfenader. Er fing den Ausdruck auf – und nahm ihn selbst an, so daß sich ihre Blicke, vor Entsetzen funkelnd, begegneten.

Ken konnte es nicht länger aushalten; er riß die Schere vom Nachttisch, hob sie hoch und heftete den Blick auf die Schläfenader. »Krank«, sagte er endlich. »Du meinst: verrückt! Ich werde dich lehren, Angst zu haben, daß ich verrückt sein könnte! Ich werde dich lehren, von Portemonnaie zu reden! Ich werde dich lehren, mir zu sagen, ich sei verrückt!«

Marians Augenlider zitterten vor Aufregung, und sie machte einen matten Versuch, sich zu bewegen. Die Ader an ihrer Schläfe zuckte wild. »Daß du dich nicht rührst!« Dann, mit unendlicher Anstrengung, öffnete er die Hand, und die Schere fiel auf den Teppich. »Entschuldige«, sagte er. »Verzeih mir!«

Nach einem wirren Blick durchs ganze Zimmer gewahrte er die Schreibmaschine und ging darauf zu.

»Ich bringe die Schreibmaschine ins Wohnzimmer. Ich habe heute mein Pensum noch nicht geschafft. Bei solchen Dingen muß man sich Zwang auferlegen.«

Er setzte sich im Wohnzimmer an die Schreibmaschine und tippte, um ein Geräusch hervorzurufen, abwechselnd x und r. Nach einigen Zeilen hörte er damit auf und sagte mit leerer Stimme:

»So, die Geschichte sitzt endlich auf den Hinterbeinen!« Dann begann er zu schreiben: *Der faule braune Fuchs sprang über den listigen Hund*. Er schrieb es ein paarmal hintereinander, dann lehnte er sich an.

»Liebstes Herz«, sagte er sehr innig, »du weißt, wie sehr ich dich liebe. Du bist die einzige Frau, an die ich jemals gedacht habe. Du bist mein Leben. Verstehst du mich, mein liebstes Herz?«

Sie antwortete nicht, und die ganze Wohnung war still, bis auf das Gluckern in den Radiatoren.

»Verzeih mir«, sagte er. »Es tut mir so leid, daß ich die Schere aufhob! Du weißt, daß ich dich nicht mal kneifen könnte. Sag mir, daß du mir verzeihst! Bitte, bitte, sag's mir!«

Es kam noch immer keine Antwort.

»Ich will dir ein guter Mann sein. Ich will mir sogar eine Stelle bei einer Reklamefirma besorgen. Ich will ein Sonntagsdichter werden und nur übers Wochenende und an den Feiertagen schreiben. Ich will's, mein Darling, ich will's!« rief er verzweifelt. »Obwohl ich viel lieber Würstchen im Leichenschauhaus verkaufen möchte.« War es der Schnee, der die Zimmer so still machte? Er schrieb:

Warum hab ich solche Angst?
Warum hab ich solche Angst?
Warum hab ich solche Angst?
Warum hab ich solche Angst?

Er stand auf, ging in die Küche und öffnete den Eisschrank. »Liebes, ich bringe dir was Feines zu essen! Was ist das für dunkles Zeug da auf der Untertasse in der Ecke hinten? Oh – Leber vom letzten Sonntagabend. Du ißt so schrecklich gern Hühnerleber – oder möchtest du lieber etwas Kochendheißes haben? Vielleicht Suppe? Wie, Liebes?«

Kein Laut drang zu ihm.

»Du hast bestimmt keinen Bissen zu Abend gegessen. Du mußt erledigt sein – all die scheußlichen Gesellschaften mit der Trinkerei und dem Herumstehen – ohne einen Happen zu essen! Wir wollen essen, und hinterher können wir uns liebhaben.«

Er stand still und lauschte. Dann ging er, in der Hand die fertig glänzende Leber, auf Zehenspitzen ins Schlafzimmer. Das Zimmer war leer. Das Badezimmer ebenfalls. Er stellte die Hühnerleber vorsichtig auf den weißen Kommodenläufer. Dann stand er auf der Schwelle, mit erhobenem Fuß, wie um zu gehen, und ihn doch einige Augenblicke in der Luft haltend.

Danach öffnete er die Schränke, sogar die Besenkammer in der Küche, und schaute hinter Möbel und blinzelte spähend unters Bett. Marian war nirgends. Endlich bemerkte er, daß ihr Leopardenmantel und ihre Handtasche fehlten. Er keuchte, als er sich vors Telephon setzte.

»Heh, Doktor? Hier ist Ken Harris. Meine Frau ist verschwunden. Sie ist einfach aus der Wohnung gegangen, während ich an der Schreibmaschine saß. Ist sie bei Ihnen? Hat sie mit

Ihnen telephoniert?« Er zeichnete Vierecke und Wellenlinien auf den Telephonblock. »Teufel noch eins, ja! Wir haben uns gestritten. Ich hab die Schere genommen – nein, ich habe Marian nicht angerührt! Ich würde ihr nicht mal am kleinen Fingernagel weh tun. Nein, sie ist nicht verletzt – wie kommen Sie auf solche Gedanken?« Ken lauschte. »Ich will Ihnen mal was sagen: ich weiß, daß Sie meine Frau hypnotisiert haben, daß Sie ihre Einstellung zu mir vergiftet haben. Wenn irgendwas zwischen meiner Frau und mir vorfällt, dann bringe ich Sie um! Dann komm ich in Ihr hochnäsiges Park-Avenue-Sprechzimmer und schlage Sie tot!«

Als er so allein in den leeren, stummen Zimmern war, empfand er eine unbestimmte Furcht, die ihn an die Gespensterfurcht seiner Kindheit erinnerte. Er saß auf dem Bett, hatte noch die Schuhe an und umschlang mit beiden Armen die Knie. Eine Zeile aus einem Gedicht fiel ihm ein. »Mein Lieb, mein Lieb, warum ließest du mich so allein?« Er schluchzte und biß durch den Hosenstoff in sein Knie.

Nach einer Weile rief er alle Wohnungen an, in denen sie hätte sein können, und beschuldigte ihre Freunde, sie hätten sich in seine Ehe eingemischt oder sie hielten Marian versteckt. Als er bei Mabel Goodley anrief, hatte er den kleinen Vorfall während der Party vergessen und sagte ihr, er wolle vorbeikommen, er müsse sie sprechen. Als sie erwiderte, es sei drei Uhr und sie müsse am Morgen zeitig aufstehen, fragte er sie, wozu Freunde denn da seien, wenn nicht für solche Fälle. Er beschuldigte sie, Marian versteckt und sich in seine Ehe eingemischt zu haben, ja, mit dem gemeinen Psychiater unter einer Decke zu stecken.

Gegen Morgen hörte es auf zu schneien. Die erste Morgendämmerung war perlgau, und der Tag versprach schön und sehr kalt zu werden. Bei Sonnenaufgang zog Ken seinen Mantel an und ging nach unten. Die Sonne besprenkelte den frischen Schnee mit Gold, und die Schatten waren von einem kühlen Lavendelblau. Mit allen Sinnen nahm er den eisigen Morgenglanz in sich auf und dachte dabei, daß er über solch einen Tag hätte schreiben sollen – denn das war's, worüber er eigentlich hatte schreiben *wollen*.

Mit blanken, irren Augen, eine geduckte, hagere Gestalt, so stapfte Ken langsam zur Untergrundbahn. Er dachte an die Räder des Zuges und an den stählernen Lufthauch und das

Dröhnen. Er dachte, ob es wohl wahr sei, daß das Gehirn in der letzten Sterbeminute alle Bilder der Vergangenheit aufleuchten läßt: die Apfelbäume, die Geliebten, die Melodie verlorener Stimmen – alle lebendig verschmolzen im sterbenden Gehirn. Er ging sehr langsam, den Blick auf seine einsamen Fußstapfen geheftet, in den unberührten Schnee hinein.

Ein Polizist zu Pferde ritt ganz in seiner Nähe dicht am Prellstein entlang. Der Atem des Pferdes stand deutlich in der stillen, kalten Luft, und seine Augen waren violett und gläsern.

»He, Wachtmeister, ich muß etwas melden! Meine Frau ist mit der Schere auf mich losgegangen, sie hat auf die blaue Ader gezielt! Dann ist sie aus der Wohnung gelaufen. Meine Frau ist sehr krank – verrückt! Man sollte ihr helfen, bevor irgendwas Schreckliches passiert. Sie hat keinen Happen Abendbrot gegessen, nicht mal die kleine Hühnerleber!«

Ken stapfte mühselig weiter, und der Polizist blickte ihm nach, wie er sich entfernte. Kens Weg war so wenig vorauszusehen wie der des unsichtbaren Windes; er dachte nur an seine Fußstapfen und an die Strecke, die vor ihm lag, unbegangen.

(Deutsch von Elisabeth Schnack)

Ray Bradbury
Der Fuchs und die Hasen

Schon am ersten Abend erlebten sie ein Feuerwerk. Eigentlich hätten sie sich davor fürchten müssen, denn es konnte sie an andere, schrecklichere Dinge erinnern; aber dieses Feuerwerk war wunderschön – Raketen stiegen in die linde Luft des altertümlichen Mexiko und zerplatzten zu blauen und weißen Sternschnuppen. Alles war gut und schön; die Luft atmete jenes unvergleichliche Aroma einer ausgewogenen Mischung von Gegenwart und Vergangenheit, von Regen und Staub, von Weihrauch aus der Kirche und Messing von den Tuben auf dem Orchesterpodium, die in überschwenglichen Rhythmen die Klänge von ›La Paloma‹ über die Plaza bliesen. Die Tore der Kirche standen weit offen, und ein riesiges gelbes Sternbild schien feuersprühend vom nächtlichen Oktoberhimmel auf ihre Mauern gesunken zu sein; unzählige Kerzen verströmten rauchend ihr warmes Licht. Neue und noch schönere Feuerwerkskörper zischten wie seiltanzende Kometen über den mit kühlen Platten ausgelegten Platz, prallten gegen die Lehmziegelwände der Cafés und sausten wie auf glühenden Drähten empor zum Kirchturm, in dem man nur die nackten Füße der Jungen sehen konnte, die wieder und wieder gegen die ungeheuren Glocken traten, sie hin und her in eine dumpf dröhnende, phantastische Musik schwingend. Ein flammender Stier stürmte über die Plaza, lachende Männer und kreischende Kinder vor sich herjagend.

»Wir befinden uns im Jahre 1938«, sagte William Travis, der lächelnd neben seiner Frau am Rande der lärmenden Menge stand. »Es ist ein gutes Jahr.«

Der Stier stürmte auf sie zu. Beiseite springend und sich an den Händen haltend, lief das Ehepaar lachend durch den Funkenregen, durch Lärm und Musik, vorbei an der Blaskapelle, vorbei an der Kirche, über sich die Sterne. Der Stier, ein leichtes, mit Schwefel und Schießpulver gefülltes Bambusgerüst auf den Schultern eines jungen Mexikaners, stürmte an ihnen vorbei.

»Noch nie in meinem Leben bin ich so vergnügt gewesen!« rief Susan Travis, atemlos stehenbleibend.

»Ein verwirrendes Bild«, sagte William.

»Und das geht so weiter, nicht wahr?«

»Die ganze Nacht.«

»Nein, ich meine jetzt unsere Reise.«

Er runzelte die Stirn und klopfte auf seine Brusttasche. »Ich habe genug Reiseschecks für unser ganzes Leben. Amüsier dich nur. Vergiß alles. Sie werden uns nie finden.«

»Nie?«

»Nie.«

Jemand warf brennende, große Schwärmer von dem glockendröhnenden Kirchturm, die in Qualmwolken gehüllt unter die tanzende, auseinanderstiebende Menge fielen und in phantastischen Sprüngen zwischen ihren quirlenden Leibern und Beinen explodierten. Ein wundervoller Duft von frischgebackenen Tortillas hing in der Luft, und an den Cafétischen saßen Männer, hielten Biergläser in ihren braungebrannten Händen und schauten zu.

Der Stier war tot. Das Feuer in den Bambusrohren war ausgebrannt, er hatte seine Schuldigkeit getan. Der Mann hob das Gerüst von seinen Schultern. Kleine Jungen bedrängten ihn, um das gewaltige Papiermachéhaupt und die echten Hörner zu betasten.

»Laß uns den Stier anschauen gehen«, sagte William.

Als sie am Eingang des Cafés vorbeikamen, erblickte Susan den Mann, der zu ihnen heraussah, einen weißen Mann in makellos weißem Anzug, mit blauer Krawatte und blauem Hemd. Er hatte ein schmales, sonnengebräuntes Gesicht, sein Haar war blond und glatt, seine Augen blau, und er beobachtete sie, als sie vorbeigingen.

Er wäre ihr überhaupt nicht aufgefallen, hätten nicht die Flaschen neben seinem Ellbogen gestanden; eine dunkle Flasche mit Crème de Menthe, eine klare Flasche mit Vermouth, eine bauchige Flasche mit Cognac und sieben weitere Flaschen mit verschiedenen Likören. Vor ihm waren zehn kleine, halbgefüllte Gläser aufgereiht, aus denen er, ohne seine Augen von der Straße abzuwenden und gelegentlich dabei schielend, abwechselnd nippte und genußvoll seine dünnen Lippen zusammenpreßte. In seiner freien Hand qualmte eine dünne Havannazigarre, und auf einem Stuhl neben ihm lagen zwanzig Päckchen mit türkischen Zigaretten, sechs Kistchen Zigarren und ein paar Schachteln mit Eau de Cologne.

»Bill –« flüsterte Susan.

»Hab keine Angst«, erwiderte er. »Der hat nichts zu bedeuten.«

»Ich sah ihn schon heute morgen auf der Plaza.«

»Sieh dich nicht um, geh weiter. Schau dir den Papiermachéstier hier an. Da ist er schon – stell Fragen.«

»Glaubst du, er gehört zu den Spürhunden?«

»Sie können uns nicht gefolgt sein!«

»Vielleicht doch!«

»Welch ein feiner Stier!« sagte William zu dem Besitzer des Fabelwesens.

»Er kann uns doch unmöglich durch zweihundert Jahre zurückverfolgt haben, nicht wahr?«

»Nimm dich jetzt um Gottes willen zusammen«, sagte William.

Sie schwankte. Er preßte ihren Ellbogen und steuerte sie durch das Gedränge.

»Werd mir jetzt nicht ohnmächtig.« Er lächelte bei diesen Worten, um kein Aufsehen zu erregen. »Gleich geht's dir wieder besser. Am besten gehn wir jetzt einfach in das Café und trinken etwas direkt vor seinen Augen; wenn er *der* ist, den wir in ihm vermuten, werden wir so seinen Verdacht zerstreuen.«

»Nein, das kann ich nicht.«

»Wir *müssen* es wagen. Komm jetzt. Und zu David habe ich gesagt, das ist einfach lächerlich!« Den letzten Satz sprach er mit lauter Stimme, während sie schon die Stufen zum Café hinaufstiegen.

Wo sind wir? dachte Susan. Wer sind wir? Wohin gehen wir? Wovor fürchten wir uns? Du mußt ganz von vorn beginnen, sagte sie sich, ihren gesunden Verstand zusammenraffend, als sie den getrockneten Lehmboden unter ihren Füßen spürte.

Mein Name ist Ann Kristen; mein Mann heißt Roger. Wir wurden im Jahre des Herrn 2125 geboren. Und wir lebten in einer Welt, die dem Bösen geweiht war. In einer Welt, die sich wie ein großes schwarzes Schiff vom Gestade der Vernunft und der Zivilisation losgerissen hatte, das sein schwarzes Nebelhorn in die Nacht hinein erschallen ließ und drei Milliarden Menschen in den Tod führte, ob sie wollten oder nicht, zum Sturz über den Rand der Erde in ein Meer von Wahnsinn und radioaktiver Glut.

Sie betraten das Café. Der Mann starrte sie an.

Ein Telephon läutete.

Das Läuten ließ Susan zusammenzucken. Es erinnerte sie an das Läuten eines Telephons zweihundert Jahre in der Zukunft, das sie an jenem blauen Aprilmorgen des Jahres 2155 abgenommen hatte:

»Ann, hier spricht Renée! Hast du's schon gehört? Ich meine, von der ›Gesellschaft für Reisen in die Zeit‹? Ausflüge ins Rom des Jahres 21 vor Christi Geburt, auf das Schlachtfeld von Napoleons Niederlage bei Waterloo – in jede Zeit und an jeden Ort!«

»Renée, du machst Witze!«

»Nein. Clinton Smith ist heute früh nach Philadelphia im Jahre 1776 abgereist. ›Reisen in die Zeit, GmbH‹ arrangiert alles. Kostet natürlich einiges. Aber *denk* nur – mit eigenen Augen die Einäscherung von Rom sehen, Kubla Khan, Moses und das Rote Meer! Wahrscheinlich steckt schon eine Anzeige in deiner Rohrpost.«

Sie hatte den Rohrpostbehälter geöffnet, und darin lag die Metallfolie mit der Anzeige:

ROM UND DIE BORGIAS!

DIE GEBRÜDER WRIGHT BEI KITTY HAWK!

Reisen in die Zeit, GmbH, kleidet Sie zeitgemäß ein und reiht Sie in die Zuschauermenge bei der Ermordung Lincolns oder Caesars! Wir garantieren Ihnen die Beherrschung jeder Sprache, die Sie benötigen, um sich frei in jeder Zivilisation, in jedem Jahr bewegen zu können, ohne alle Schwierigkeiten. Latein, Griechisch, die frühere amerikanische Umgangssprache. Wechseln Sie in Ihrem Urlaub nicht nur den Ort, sondern auch die *Zeit!*

Renées Stimme schnatterte weiter aus dem Telephonhörer: »Tom und ich wollen morgen ins Jahr 1492 abreisen. Sie treffen für Tom die nötigen Vorbereitungen, daß er mit Kolumbus segeln kann. Ist das nicht phantastisch!«

»Ja«, murmelte Ann wie betäubt. »Und was sagt die Regierung zu diesen Reisen in die Zeit?«

»Oh, die Polizei hat natürlich ein Auge darauf geworfen. Die Leute könnten sich ja womöglich dem Militärdienst entziehen und in der Vergangenheit verstecken. Jeder muß als Sicherheit sein Haus und sein Hab und Gut verpfänden, um seine Rückkehr zu garantieren. Schließlich haben wir Krieg.«

»Ja, der Krieg«, murmelte Ann. »Der Krieg.«

Mit dem Hörer in der Hand hatte sie dagestanden und gedacht: dies ist die Chance, über die mein Mann und ich seit Jahren geredet, um die wir seit Jahren gebetet haben. Wir lieben diese Welt von 2155 nicht. Wir möchten fortlaufen, Roger von seiner Arbeit in der Bombenfabrik, ich von meinen Bakterienkulturen. Vielleicht gelingt uns die Flucht – die Flucht in die Jahrhunderte, in einen wilden Dschungel von Jahren, wo sie uns nie finden und in eine Zeit zurückbringen können, in der man unsere Bücher verbrennt, unsere Gedanken zensiert, uns mit Angst vor der Zukunft erfüllt, uns verhaftet und ständig aus Lautsprechern auf uns einschreit ...

Sie befanden sich im Mexiko des Jahres 1938.

Susan blickte auf die bunte Wand des Cafés.

Gute Arbeitskräfte ihres Staates in der Zukunft durften ihren Urlaub in der Vergangenheit verbringen, um sich von ihren Strapazen zu erholen. Und so waren sie und ihr Mann in das Jahr 1938 zurückgereist, hatten sich ein Zimmer in New York genommen, Theatervorstellungen genossen und den Anblick der Freiheitsstatue, die noch grünschimmernd im Hafen stand. Und am dritten Tag hatten sie ihre Kleidung und ihren Namen gewechselt und waren nach Mexiko geflogen, um sich dort zu verbergen!

»Er *muß* es sein«, flüsterte Susan, zu dem Fremden hinüberblickend. »Diese Zigaretten, die Zigarren, die Flaschen. Sie verraten ihn. Erinnerst du dich an *unseren* ersten Abend in der Vergangenheit?«

Vor einem Monat, als sie ihren ersten Tag in New York verbrachten, vor ihrer Flucht hierher, hatten auch sie all die fremden Getränke gekostet, merkwürdige Nahrungsmittel geschmeckt und gekauft, Parfüms, zehn Dutzend Zigaretten kostbarer Marken, denn auch Zigaretten waren in der Zukunft knapp, in der Krieg alles bedeutete. So waren sie wie die Narren von einem Geschäft ins andere gelaufen, in die Bars und Tabakläden und waren schließlich mit einer wundervollen Übelkeit in ihrem Zimmer gelandet.

Und hier saß jetzt dieser Fremde und handelte genauso, tat etwas, das nur ein Mensch aus der Zukunft tun würde, der seit Jahren nach Alkohol und Zigaretten geschmachtet hatte.

Susan und William setzten sich und bestellten Getränke.

Der Fremde prüfte ihre Haare, ihre Kleider, ihren Schmuck – die Art, wie sie gingen und sich setzten.

»Sitz bequem«, flüsterte William. »Du mußt aussehen, als hättest du diese Mode dein ganzes Leben lang getragen.

»Wir hätten nie zu fliehen versuchen dürfen.«

»Mein Gott!« sagte William. »Er kommt zu uns herüber! Laß mich für uns beide reden.«

Der Fremde verbeugte sich vor ihnen. Sehr leise zwar, doch eben noch hörbar, schlugen seine Hacken zusammen. Susan erstarrte. Dieses militärische Geräusch! – unmißverständlich wie jenes gewisse gräßliche Klopfen um Mitternacht an der Wohnungstür.

»Mr. Roger Kristen«, sagte der Fremde, »Sie haben Ihre Hosenbeine nicht hochgezogen, als Sie sich hinsetzten.«

William durchzuckte es eiskalt. Er blickte unschuldig auf seine Hände, die auf seinen Knien lagen. Susans Herz krampfte sich zusammen.

»Sie sind an den Verkehrten geraten«, sagte William rasch. »Ich heiße nicht Krisler.«

»Kris*ten*«, korrigierte der Fremde.

»Ich bin William Travis«, sagte William. »Und ich möchte wissen, was Sie meine Hosenbeine angehen!«

»Verzeihung.« Der Fremde zog sich einen Stuhl an ihren Tisch. »Wir wollen einmal annehmen, ich dachte, ich kenne Sie, weil *Sie* Ihre Hosenbeine *nicht* hochzogen. *Jedermann* tut das. Andernfalls beuteln die Hosen rasch aus. Ich habe eine weite Reise hinter mir, Mr. – Travis, und ich sehne mich nach Gesellschaft. Mein Name ist Simms.«

»Es tut uns leid, Mr. Simms, daß Sie sich einsam fühlen, aber wir sind sehr müde. Wir wollen morgen früh nach Acapulco weiterfahren.«

»Ein reizender Ort. Ich war gerade dort und habe mich nach ein paar Freunden umgesehen. Sie müssen hier irgendwo in der Nähe sein. Ich werde sie schon finden. Oh, fühlt die Dame sich nicht ganz wohl?«

»Gute Nacht, Mr. Simms.«

Sie gingen zur Tür, und William drückte fest Susans Arm. Sie sahen sich nicht um, als Mr. Simms hinter ihnen her rief: »Oh, nur noch eine Kleinigkeit.« Er machte eine kurze Pause und fügte dann langsam hinzu: »2155.«

Susan schloß die Augen und fühlte den Boden unter ihren Füßen schwanken. Sie ging weiter, hinaus auf die im Feuerwerk strahlende Plaza, ohne etwas zu sehen.

Sie schlossen die Tür ihres Hotelzimmers hinter sich ab. Und dann begann Susan zu weinen, während sie in der Dunkelheit standen und der Raum sich um sie drehte. Schwärmer explodierten in der Ferne, und Gelächter wehte von der Plaza herüber.

»Einen Nerv hat der verdammte Kerl«, sagte William. »Sitzt da, mustert uns von oben bis unten wie Tiere, raucht seine verflixten Zigaretten und schlürft seine Drinks. Ich hätte ihn auf der Stelle umbringen sollen!« Seine Stimme klang fast hysterisch. »Er besaß sogar die Frechheit, uns seinen richtigen Namen zu nennen. Der Chef der Geheimpolizei. Und die Sache mit meinen Hosenbeinen. Mein Gott, warum habe ich sie nur nicht hochgezogen, als ich mich hinsetzte! Hier und in diesem Zeitalter ist das eine automatische Geste. Als ich es unterließ, unterschied mich das von den anderen; er mußte ja denken: dieser Mann hat nie lange Hosen getragen, er ist an Breeches und Uniformen gewöhnt und an die Moden der Zukunft. Ich könnte mich töten, daß ich uns verraten habe!«

»Nein, nein, es war mein Gang – diese ungewohnten hohen Absätze –, die ihn stutzen ließen. Unsere Haarschnitte – so neu, so frisch. Und alles an uns so fremd und ungewohnt.«

Er drehte das Licht an. »Noch prüft er uns. Er ist noch nicht überzeugt, daß wir es sind – noch nicht restlos. Deshalb dürfen wir nicht vor ihm fortlaufen. Wir dürfen ihn nicht sicher machen. Wer werden in aller Ruhe nach Acapulco fahren.«

»Vielleicht *ist* er aber bereits sicher und spielt nur mit uns.«

»Ich würde es ihm zutrauen. Er hat alle Zeit der Welt zur Verfügung. Er kann hier herumtrödeln, wenn er will, und uns dennoch sechzig Sekunden nach unserer Abreise aus der Zukunft wieder dorthin zurückbringen. Er kann uns tagelang im ungewissen lassen und über uns lachen.«

Susan saß auf der Bettkante und wischte sich die Tränen vom Gesicht, während ihr der altertümlich anmutende Duft nach Holzkohle und Weihrauch in die Nase stieg.

»Sie werden kein Aufsehen erregen, nicht wahr?«

»Das werden sie nicht wagen. Sie werden uns schon allein

antreffen müssen, um uns mit der Zeitmaschine zurückzuschicken.«

»Dann gibt es eine Lösung«, sagte sie. »Wir werden nie allein sein, uns immer unter Menschen bewegen. Wir werden tausend Freunde finden, Märkte besuchen, in jeder Stadt im Gästehaus des Bürgermeisters schlafen und den Polizeichef bezahlen, damit er uns beschützt, bis wir eine Möglichkeit gefunden haben, Simms zu töten und zu entkommen, um uns danach wieder neu einzukleiden, vielleicht als Mexikaner.«

Schritte ertönten vor ihrer verschlossenen Tür.

Sie drehten das Licht aus und entkleideten sich schweigend. Die Schritte verklangen. Eine Tür klappte zu.

Susan stand am Fenster und blickte auf die dunkle Plaza hinab. »Das Gebäude dort ist also eine Kirche?«

»Ja.«

»Ich habe schon oft wissen wollen, wie eine Kirche aussieht. Es ist so lange her, daß man bei uns welche sehen konnte. Können wir sie morgen besichtigen gehen?«

»Natürlich. Komm jetzt ins Bett.«

Sie lagen im dunklen Zimmer. Eine halbe Stunde später läutete ihr Telephon. Sie nahm den Hörer ab.

»Hallo?«

»Die Hasen mögen sich im Wald verbergen«, sagte eine Stimme, »aber ein Fuchs wird sie immer aufspüren.«

Sie legte den Hörer auf die Gabel zurück und lag gerade ausgestreckt und kalt in ihrem Bett.

Draußen, im Jahre 1938, spielte ein Mann nacheinander drei Melodien auf einer Gitarre.

Während der Nacht streckte sie ihre Hand aus und berührte fast das Jahr 2155. Sie fühlte ihre Finger über die kalte Ferne der Zeit gleiten, wie über eine geriffelte Oberfläche, hörte das dumpfe Dröhnen marschierender Stiefel, hörte eine Million Kapellen eine Million Militärmärsche spielen, sah fünfzigtausend Reihen Reagenzgläser mit Bakterienkulturen, streckte ihre Hand an ihrem Arbeitsplatz in der Fabrik der Zukunft danach aus, nach den Gläsern mit Lepra, Pest, Typhus, Tuberkulose – und dann erfolgte die große Explosion. Sie sah ihre Hand verbrennen, zu einer Backpflaume zusammenschrumpfen, fühlte sich von einer Erschütterung zurückgeworfen, so gewaltig, daß die

Welt aus den Angeln gehoben wurde und stürzte, und alle Gebäude brachen ein, und alle Menschen spien Blut und starben. Riesige Vulkane, Maschinen, Winde, Lawinen versanken im Schweigen, und sie erwachte, schluchzend, in ihrem Bett, in Mexiko, viele Jahre entfernt...

Früh am Morgen, betäubt von der einen Stunde Schlaf, die sie endlich noch hatte finden können, weckte sie der laute Lärm von Automobilen auf der Straße. Susan blickte von dem eisernen Balkon hinab und sah, wie acht Leute lebhaft schwatzend und rufend aus Lieferwagen und Personenautos mit roten Aufschriften kletterten. Eine Menge von Mexikanern drängte sich um die Wagen.

»Qué pasa?« rief Susan zu einem kleinen Jungen hinunter.

Der Junge antwortete.

Susan drehte sich zu ihrem Mann um. »Eine amerikanische Filmgesellschaft, die hier Außenaufnahmen drehen will.«

»Klingt interessant.« William stand unter der Dusche. »Wir wollen ihnen zusehen. Ich glaube, wir reisen heute lieber noch nicht ab. Wir wollen versuchen, Simms einzulullen. Zusehen, wie sie ihre Filme drehen. Die primitive Filmproduktion soll ja ein tolles Schauspiel gewesen sein. Die Ablenkung wird uns gut tun.«

Ablenkung, dachte Susan. Einen Augenblick lang hatte sie unter der strahlenden Sonne völlig vergessen, daß irgendwo im Hotel ein Mann, scheinbar unaufhörlich Zigaretten rauchend, auf sie wartete. Sie sah die acht lauten, fröhlichen Amerikaner dort unten und hätte ihnen am liebsten zugerufen: ›Rettet mich, versteckt mich, helft mir! Färbt mein Haar, meine Augen; steckt mich in fremde Kleider. Ich brauche eure Hilfe. Ich bin aus dem Jahr 2155!‹

Aber die Worte blieben in ihrer Kehle stecken. Die Funktionäre der ›Reisen in die Zeit, GmbH‹ waren nicht leichtfertig. Bevor sie jemand auf die Reise schickten, legten sie ihm eine psychologische Sperre in sein Gehirn. Man konnte niemandem seine wahre Zeitrechnung oder seinen Geburtsort verraten, noch den Leuten aus der Vergangenheit die Zukunft enthüllen. Die Vergangenheit und die Zukunft mußten voneinander geschützt werden. Nur mit dieser psychologischen Sperre durften ihre Zeitgenossen unbewacht durch die Jahrhunderte reisen. Die Zukunft mußte vor jeder Änderung geschützt werden, die von ihren in der Vergangenheit reisenden Menschen verursacht werden könnte. Selbst wenn sie es von ganzem Herzen wünschte, konnte sie niemandem dieser glücklichen Leute dort unten auf der Plaza erzählen, wer sie war oder in welch schrecklicher Lage sie sich befand.

»Wollen wir jetzt frühstücken gehen?« fragte William.

Das Frühstück wurde in dem sehr weiträumigen Speisesaal serviert. Es gab Schinken und Spiegeleier für alle. Der Saal war voller Touristen. Die acht Filmleute traten ein – sechs Männer und zwei Frauen – und schoben sich lachend und scherzend Stühle an einem Tisch zurecht. Und Susan setzte sich in ihre Nähe und spürte die Wärme und den Schutz, den sie boten, selbst noch, als Mr. Simms die Treppe zur Hotelhalle herunterkam, mit sichtlichem Genuß seine türkische Zigarette paffend. Er nickte ihnen von weitem zu, und Susan nickte lächelnd zurück, denn hier, in der Gegenwart von acht Filmleuten und zwanzig anderen Touristen, konnte er ihnen nichts anhaben.

»Diese Schauspieler –« sagte William. »Vielleicht könnte ich zwei von ihnen kaufen, ihnen erklären, es sei ein Scherz, sie in unsere Kleider stecken und mit unserem Wagen abfahren lassen, wenn Simms sich gerade an einer Stelle befindet, von wo er sie nur von hinten sehen kann. Wenn die beiden ihn für ein paar Stunden fortlocken könnten, würden wir es inzwischen bis nach Mexico City schaffen. Er brauchte Jahre, um uns dort zu finden.«

»Hallooo!«

Ein dicker, schnapsduftender Mann stützte sich mit beiden Händen auf ihren Tisch.

»Amerikanische Touristen!« rief er. »Die Mexikaner stehen mir schon bis zum Hals; ich könnte euch küssen!« Er schüttelte ihnen die Hände. »Kommen Sie, essen Sie mit uns. Trübsal braucht Gesellschaft. Ich bin Trübsal, dies ist Miss Schwermut, und dies sind Mr. und Mrs. Wie-hassen-wir-Mexiko! Wir alle hassen Mexiko. Aber wir müssen hier ein paar Probeaufnahmen für einen gräßlichen Film drehen. Der Rest unserer Leute kommt morgen. Ich heiße Joe Melton. Bin der Regisseur. Ist dies Land nicht die reinste Hölle? Leute sterben, Trauerzüge auf den

Straßen. Kommt, setzt euch zu uns. Verschönt unsere Runde und heitert uns auf!«

Susan und William lachten.

»Bin ich etwa spaßig?« Mr. Melton schleuderte der Welt seine Frage entgegen.

»Wunderbar!« Susan setzte sich zu den anderen hinüber.

Mr. Simms starrte ärgerlich quer durch den Speisesaal zu ihnen herüber.

Susan schnitt ihm eine Grimasse.

Mr. Simms schlängelte sich zwischen den Tischen zu ihnen durch.

»Mr. und Mrs. Travis«, rief er, »ich dachte, wir wollten allein miteinander frühstücken.«

»Tut mir leid«, erwiderte William.

»Setzen Sie sich, Kumpan«, sagte Mr. Melton. »Jeder Freund von diesen beiden ist auch mein Freund.«

Mr. Simms setzte sich. Die Filmleute unterhielten sich laut, und während sie redeten, fragte Mr. Simms harmlos: »Ich hoffe, Sie haben gut geschlafen?«

»Sie etwa nicht?«

»Ich bin Sprungfedermatratzen nicht gewohnt«, erwiderte Mr. Simms bekümmert. »Aber dafür gibt es Entschädigungen. Ich habe die halbe Nacht gewacht und unbekannte Zigaretten und Speisen probiert. Sonderbar, faszinierend. Eine ganz neue Gefühlsskala, die diese altertümlichen Laster einem eröffnen.«

»Wir verstehen nicht, wovon Sie sprechen«, sagte Susan.

»Immer dieses Theaterspiel.« Simms lachte. »Das nützt Ihnen nichts. Genauso wenig wie dieser Kniff, sich unter die Menge zu mischen. Ich werde Sie früh genug allein erwischen. Meine Geduld ist nahezu unerschöpflich.«

»Sagen Sie«, mischte Mr. Melton sich mit gerötetem Gesicht ein, »will dieser Bursche Ihnen vielleicht Schwierigkeiten machen?«

»Keine Sorge, ist alles in Ordnung.«

»Ein Wort von Ihnen, und er fliegt.«

Melton wandte sich wieder ab, um sich lautstark mit seinen Leuten zu unterhalten. In dem allgemeinen Gelächter fuhr Mr. Simms fort:

»Wir wollen zu Sache kommen. Ich habe Ihnen einen ganzen Monat durch Städte und Ortschaften nachspüren müssen, bis ich Sie fand, und den ganzen gestrigen Tag habe ich gebraucht, um mich von Ihrer Identität zu überzeugen. Wenn Sie freiwillig mitkommen und weiter an der Super-Wasserstoffbombe arbeiten wollen, kann ich vielleicht erreichen, daß Sie ohne Strafe wegkommen.«

»Von Physik redet dieser Bursche beim Frühstück!« bemerkte Mr. Melton, der mit halbem Ohr zugehört hatte.

Simms sprach gelassen weiter: »Überlegen Sie's sich. Sie können nicht entkommen. Wenn Sie mich töten, werden andere Sie verfolgen.«

»Wir wissen immer noch nicht, wovon Sie reden.«

»Lassen Sie das!« fuhr Simms gereizt auf. »Benutzen Sie Ihren Verstand! Sie wissen, daß wir Sie nicht einfach so entkommen lassen können. Andere Leute aus dem Jahr 2155 könnten auf dieselbe Idee kommen und tun, was Sie getan haben. Wir brauchen aber Menschen.«

»Um Ihre Kriege zu führen«, meinte William schließlich.

»Bill!«

»Schon gut, Susan. Wir wollen in seiner Sprache mit ihm reden. Wir können nicht entkommen.«

»Ausgezeichnet«, sagte Simms. »Wirklich. Sie sind beide unglaublich romantisch gewesen, daß Sie geglaubt haben, von Ihren Pflichten weglaufen zu können.«

»Vor dem Grauen sind wir weggelaufen.«

»Unsinn. Nur ein Krieg.«

»Worüber redet ihr Burschen eigentlich?« fragte Mr. Melton.

Susan hätte es ihm so gern erzählt. Aber man konnte nur in Verallgemeinerungen sprechen. So viel erlaubte die psychologische Sperre in ihrem Gehirn. Allgemeine Redensarten, wie Simms und William sie jetzt benutzten, gestattete sie.

»Nur über den Krieg im allgemeinen«, antwortete William. »Die halbe Welt von Pestbomben getötet!«

»Nichtsdestoweniger«, bedeutete Simms, »nehmen es Ihnen die Menschen der Zukunft sehr übel, daß Sie sich auf einer tropischen Insel verstecken, während sie in den Abgrund der Hölle stürzen. Der Tod liebt den Tod, nicht das Leben. Ein Sterbender findet Trost in dem Gedanken, daß andere mit ihm sterben. Es ist beruhigend zu wissen, daß man nicht allein verheizt und ins Grab geworfen wird. Ich bin der Wächter ihres Kollektivunwillens gegen Sie beide.«

»Seht hier den Wächter des Unwillens!« rief Mr. Melton seinen Gefährten zu.

»Je länger Sie mich warten lassen, um so schlimmer wird es für Sie werden. Wir brauchen Sie für das Bombenprojekt, Mr. Travis. Wenn Sie jetzt mitkommen – werden Sie nichts zu erdulden haben. Später, wenn wir Sie mit Gewalt holen müßten, werden wir Sie zur Arbeit zwingen, und wenn Sie die Aufgabe gelöst haben, werden wir eine Anzahl komplizierter neuer Erfindungen an Ihnen ausprobieren, mein Lieber.«

»Ich möchte einen Vorschlag machen«, sagte William. »Ich komme mit Ihnen zurück, wenn meine Frau hier leben darf, sicher und fern diesem Krieg.«

Mr. Simms dachte nach. »Angenommen. Wir treffen uns in zehn Minuten auf der Plaza. Sie holen mich mit Ihrem Wagen ab. Wir fahren zu einem einsamen Platz auf dem Lande. Ich werde veranlassen, daß die Zeitmaschine uns dort aufnimmt.«

»Bill!« Susan umklammerte seinen Arm.

»Laß nur.« Er sah sie an. »Es ist abgemacht.« Und zu Simms: »Noch etwas. Letzte Nacht hätten Sie in unser Zimmer eindringen und uns entführen können. Warum haben Sie es nicht getan?«

»Wollen wir einmal annehmen, daß ich mich amüsiert habe«, erwiderte Mr. Simms träge, eine neue Zigarre anfeuchtend. »Ich gebe nur äußerst ungern diese wunderbare Atmosphäre auf, diese Sonne, diesen Urlaub. Nur mit Bedauern lasse ich den Wein und die Zigaretten zurück. Oh, wie ich es bedaure. In zehn Minuten also, auf der Plaza. Ihre Frau wird beschützt werden und darf hier bleiben, solange sie will. Verabschieden Sie sich jetzt.«

Mr. Simms erhob sich und ging hinaus.

»Da geht unser Mr. Großmaul!« rief Melton hinter dem abziehenden Gentleman her. Er drehte sich um und blickte Susan an. »He! Da weint ja jemand! Frühstück ist nicht die richtige Zeit zum Weinen. Hab ich nicht recht?«

Um 9.15 Uhr stand Susan auf dem Balkon ihres Zimmers und sah auf die Plaza hinab. Mr. Simms saß dort mit gekreuzten Beinen auf einer zierlichen Bank. Er biß die Spitze von einer Zigarre ab und zündete sie zärtlich an.

Susan hörte das Brummen eines Motors, und weit hinten, am

Ende der Straße, bog William mit seinem Wagen aus einer Garage und kam langsam über das leicht abschüssige Pflaster herabgefahren.

Der Wagen wurde schneller. Vierzig, sechzig, achtzig Stundenkilometer. Hühner flatterten vor ihm auf.

Mr. Simms nahm seinen weißen Panamahut und betupfte seine rosige Stirn, setzte den Hut wieder auf – und erblickte den Wagen.

Das Auto brauste jetzt mit rund hundert Stundenkilometern auf die Plaza zu.

»William!« schrie Susan.

Der Wagen knallte donnernd gegen die niedrige Einfassung der Plaza, machte einen kleinen Satz, sauste über den Ziegelboden auf die grüne Bank zu, wo Mr. Simms jetzt seine Zigarre fallen ließ, aufschrie, die Hände in die Luft warf und von dem Auto erfaßt wurde. Sein Körper segelte hoch empor, kreiselte wild in der Luft und schlug dumpf auf den Boden.

Am anderen Ende der Plaza kam der Wagen mit einem zerbrochenen Vorderrad zum Stillstand. Leute rannten.

Susan ging in ihr Zimmer und schloß die Balkontüre.

Arm in Arm kamen sie mit bleichen Gesichtern um zwölf Uhr mittags die Treppe des Bürgermeisteramtes herunter.

»Adiós, Señor«, sagte der Bürgermeister hinter ihnen. *»Señora.«*

Sie standen auf der Plaza, wo die Menge sich versammelt hatte und die Leute auf das Blut zeigten.

»Wirst du noch einmal hingehen müssen?« fragte Susan.

»Nein, wir haben es wieder und wieder durchgesprochen. Es war ein Unfall. Ich habe die Kontrolle über den Wagen verloren. Ich habe sogar vor ihnen geweint. Gott weiß, wie sehr ich meine Erleichterung abreagieren mußte. Mir war wirklich zum Weinen zumute. Es war furchtbar, ihn töten zu müssen. Ich habe immer gewünscht, nie in meinem Leben einen Menschen töten zu müssen.«

»Du wirst nicht vor Gericht müssen?«

»Sie sprachen darüber, ließen es aber fallen. Ich sprach rascher. Sie glauben mir. Es war ein Unfall. Es ist alles vorbei.«

»Wohin werden wir fahren? Mexico City? Uruapan?«

»Der Wagen ist in der Werkstatt. Heute nachmittag um vier

Uhr soll er fertig sein. Dann machen wir uns so rasch wie möglich aus dem Staube.«

»Werden wir verfolgt werden? Arbeitete Simms allein?«

»Ich weiß nicht. Aber ich glaube, wir werden einen kleinen Vorsprung haben.«

Als sie sich dem Hotel näherten, kamen die Filmleute heraus. Mr. Melton eilte ihnen entgegen, ein betrübtes Gesicht ziehend. »Ha, ich habe gehört, was geschehen ist. Wie schrecklich. Alles wieder in Ordnung? Wollen Sie sich ein wenig ablenken? Wir machen am Ende der Straße ein paar Probeaufnahmen. Wenn Sie zusehen wollen, sind Sie willkommen. Kommen Sie, es wird Ihnen guttun.«

Sie standen auf der mit Kopfsteinen gepflasterten Straße, während die Filmkamera aufgestellt wurde. Susan blickte die Straße hinunter, die in die Ferne führte, auf die Landstraße nach Acapulco und an das Meer, vorbei an Pyramiden und Ruinen und kleinen Städtchen mit gelben, blauen und purpurnen Lehmziegelwänden, vorbei an flammenden Bougainvilleas, und sie dachte: wir werden immer unterwegs sein, nie allein, immer in der Menge reisen, uns auf Märkten und in Hotelhallen drängen, Polizisten bestechen, daß sie unseren Schlaf bewachen, die Türen doppelt verschließen, aber nie wieder allein, immer in der Menge reisen, immer in Angst, der nächste, der an uns vorbeigeht, könnte ein anderer Simms sein. Wir werden nie wissen, ob wir die Spürhunde überlistet und abgeschüttelt haben. Und vor uns, in der Zukunft, werden sie ständig darauf warten, daß man uns zurückbringt, warten, uns mit ihren Bomben zu verbrennen und mit Krankheit zu verwesen, warten, damit ihre Polizei uns kopfstehen, umdrehen und durch den Reifen springen lassen kann! Und so werden wir weiter durch den Wald hetzen, niemals anhalten, nie wieder ruhig schlafen in unserem Leben.

Eine Menschenmenge sammelte sich, um den Aufnahmen zuzusehen. Und Susan beobachtete die Menge und die Straßen.

»Jemand Verdächtigen gesehen?«

»Nein. Wie spät ist es?«

»Drei Uhr. Der Wagen müßte beinahe fertig sein.«

Die Probeaufnahmen waren um Viertel vor vier beendet. In reger Unterhaltung gingen sie alle zum Hotel zurück. William blieb bei der Garage stehen und ging hinein. »Der Wagen wird erst um sechs Uhr fertig sein«, sagte er, als er mit besorgtem Gesicht herauskam.

»Bestimmt nicht später?«

»Er wird fertig sein, mach dir keine Sorgen.«

In der Hotelhalle sahen sie sich nach anderen allein reisenden Männern um, nach Männern, die an Simms erinnerten, Männern mit frischem Haarschnitt und zu viel Zigarettenrauch und Duft nach Eau de Cologne um sich; aber die Halle war leer.

Als sie die Treppe hinaufstiegen, sagte Mr. Melton: »Das war ein langer, anstrengender Tag. Hätte jemand Lust, ihn ein wenig zu begießen? Sie vielleicht? Martini? Bier?«

»Ein Gläschen vielleicht.«

Sie drängten sich alle in Mr. Meltons Zimmer, und das Gelage begann.

»Achte auf die Zeit«, sagte William.

Zeit, dachte Susan. Wenn sie nur Zeit hätten. Sie wünschte nichts sehnlicher, als einen ganzen, schönen Oktobertag lang reglos auf der Plaza sitzen zu können, sorglos und ohne an etwas zu denken, lächelnd die warme Sonne auf Gesicht und Gliedern zu spüren. Nur schlafen unter der mexikanischen Sonne, warm und geborgen schlafen, tief und glücklich, viele, viele Tage lang . . .

Mr. Melton öffnete den Champagner.

»Auf eine wunderschöne Dame, wie geschaffen für den Film«, sagte er, Susan zutrinkend. »Wenn Sie wollen, würde ich sogar Probeaufnahmen von Ihnen machen.«

Sie lachte.

»Ich meine es ernst«, behauptete Melton. »Sie gefallen mir sehr. Ich könnte einen Filmstar aus Ihnen machen.«

»Und mich nach Hollywood bringen?« rief Susan aufgeregt.

»Wie der Blitz verschwinden wir hier aus Mexiko, darauf können Sie sich verlassen!«

Susan sah William an, der eine Augenbraue hob und zustimmend nickte. Sie würden ihre Umgebung, die Kleider, den Aufenthaltsort und vielleicht sogar den Namen wechseln; und sie würden zusammen mit acht anderen Leuten reisen, ein guter Schutz gegen jede Einmischung der Zukunft.

»Das klingt wunderbar«, sagte Susan.

Sie spürte bereits die Wirkung des Champagners. Der Nachmittag rauschte vorbei, die Gesellschaft wirbelte um sie herum.

Sie fühlte sich gut und geborgen und zum ersten Mal in ihrem Leben wirklich glücklich.

»Für welch einen Filmstoff wäre meine Frau denn geeignet?« fragte William, sein Glas nachfüllend.

Melton trank Susan zu. Die Gesellschaft hörte auf zu lachen und lauschte.

»Hm, am liebsten würde ich eine spannende Geschichte mit ihr drehen«, meine Melton. »Die Geschichte eines Ehepaares, wie Sie es sind.«

»Weiter.«

»Einen Film vielleicht, der vom Krieg handelt«, sagte der Regisseur, sein Glas prüfend gegen die Sonne haltend.

Susan und William warteten.

»Die Geschichte eines Mannes und einer Frau zum Beispiel, die im Jahre 2155 in einem kleinen Haus in einer kleinen Straße leben«, sagte Melton. »Das ist natürlich erst einmal aus dem Stegreif. Sie verstehen schon. Und dieser Mann und seine Frau werden von einem schrecklichen Krieg bedroht, von Super-Wasserstoffbomben, Zensur, Tod im selben Jahr; aber – und hier liegt die Pointe – sie entfliehen in die Vergangenheit, verfolgt von einem Mann, den sie für grundschlecht halten, der ihnen aber nur ihre Pflichten klarmachen will.«

William fiel das Glas aus der Hand.

Mr. Melton fuhr fort: »Und dieses Ehepaar begibt sich in den Schutz einer Gruppe von Filmleuten, denen sie vertrauen zu können glauben. Sicherheit in der Menge, nennen sie das.«

Susan spürte, wie sie in einen Stuhl fiel. Alle Augen waren auf den Regisseur gerichtet. Er nahm einen kleinen Schluck Wein. »Ah, dieser Wein ist gut. Also, dieser Mann und diese Frau scheinen nicht zu begreifen, wie wichtig sie für die Zukunft sind. Besonders der Mann, der den Schlüssel zu einer neuen Metalllegierung für die Bombe besitzt. Daher sparen die Spürhunde, wie wir sie einmal nennen wollen, weder Mühe noch Ausgaben, um den Mann und die Frau zu finden, sie zu fangen und nach Hause zu transportieren, nachdem sie die beiden ganz allein in ein Hotelzimmer gelockt haben, wo niemand zusehen kann. Kriegslist. Die Spürhunde arbeiten entweder allein oder in Gruppen zu acht. Mit dem einen oder dem anderen Trick schaffen sie's immer. Würde das nicht einen wunderbaren Film abgeben, Susan? Meinen Sie nicht auch, Bill?« Er leerte sein Glas.

Susan blickte unbeweglich vor sich hin.

»Noch einen Schluck?« fragte Mr. Melton.

William riß seine Pistole heraus und feuerte dreimal. Ein Mann stürzte, die anderen sprangen vorwärts. Susan schrie. Eine Hand verschloß ihr den Mund. Die Pistole fiel auf den Fußboden, und William, der wild um sich schlug, wurde festgehalten.

»Bitte«, sagte Mr. Melton, der immer noch am selben Fleck stand, Blut an den Händen, »wir wollen die Sache nicht noch schlimmer machen.«

Jemand hämmerte gegen die Tür zum Hotelflur.

»Öffnen Sie!«

»Der Hoteldirektor«, sagte Mr. Melton trocken. Er warf den Kopf herum. »Beeilung, wir müssen fort!«

»Lassen Sie mich hinein! Ich rufe die Polizei!«

Susan und William sahen sich rasch an und blickten dann zur Tür hinüber.

»Der Hoteldirektor will herein«, sagte Mr. Melton. »Schnell!«

Eine Kamera wurde aufgestellt. Ein blauer Lichtstrahl schoß heraus, weitete sich aus und erfüllte in Sekundenschnelle den ganzen Raum. Einer nach dem andern verschwanden die Teilnehmer der kleinen Gesellschaft.

»Schneller!«

In dem winzigen Augenblick, bevor sie verschwand, sah Susan draußen vor dem Fenster das grüne Land, die purpurnen und blauen und gelben und karminroten Wände, die Kopfsteine, die wie ein Fluß die Straße hinunter auf sie zurauschten, einen Mann, der auf einem Esel in die warmen Hügel hinausritt, einen Orangensaft trinkenden Jungen (sie fühlte die kühle, süße Flüssigkeit durch ihre Kehle rinnen), einen Mann, der mit einer Gitarre im kühlen Schatten eines Baumes auf der Plaza stand (sie fühlte ihre Hand über die Saiten gleiten), und weit weg meinte sie das Meer zu sehen, das blaue, zärtliche Meer, spürte die Wogen über sich rollen und sie mit sich nehmen ...

Und dann war sie verschwunden. Ihr Mann war verschwunden.

Die Tür schlug weit auf. Der Hoteldirektor und sein Personal stürmten herein.

Das Zimmer war leer.

»Aber eben sind sie noch dagewesen! Ich hab sie hineingehen

sehen, und jetzt – verschwunden!« schrie der Hoteldirektor. »Vor den Fenstern sind Eisengitter. Dort können sie nicht hinausgelangt sein!«

Am späten Nachmittag wurde der Dorfgeistliche gerufen; man öffnete das Zimmer zum zweiten Mal, und er räucherte es aus, besprengte es mit Weihwasser und sprach seinen Segen.

»Was sollen wir damit machen?« fragte die Scheuerfrau.

Sie zeigte in den Wandschrank, in dem sich 67 Flaschen mit Chartreuse, Cognac, Crème de Cacao, Absinth, Vermouth und Tequila befanden, 106 Schachteln türkische Zigaretten und 198 gelbe Kistchen feinster Havannazigarren zu fünfzig Cent das Stück ...

(Deutsch von Peter Naujack)

Patricia Highsmith
Barbaren

Sonntag – das war für Stanley Hubbell der Tag zum Malen. Es war der einzige Tag, der ihm dazu blieb, denn in der Woche arbeitete er in einem Verlag für Fachzeitschriften, und samstags half er seinem Vater in dessen Eisenwarenhandlung in Brooklyn. Sehr ernst nahm er seine Malerei nicht; es war im Grunde mehr eine Beschäftigungstherapie, die ihm der Arzt wegen seiner Nerven angeraten hatte. Nach sechs Monaten hatte er immerhin schon einige Fortschritte gemacht.

An einem Sonntag Anfang Juni war er dabei, ein Selbstporträt – weißes Hemd, grüner Hintergrund – zu vollenden. Es war größer als das erste Selbstporträt und viel besser gelungen; auch die linke Augenbraue, hochgezogen und etwas betrübt, hatte er gut herausgebracht. Die Augen waren nun fertig: hellbraun, leicht bekümmert, eindringlich und hoffnungsvoll. Was erhofften sie wohl? Er wußte es nicht. Er wußte nur: die Augen da vor ihm auf der Leinwand waren wirklich so sehr seine eigenen Augen, daß er jedesmal freudig lächelte, wenn er sie ansah. Jetzt blieb noch die Aufhellung an der Seite der langen, leicht gebogenen Nase und dann die Schattierung des Hintergrundes.

Er hatte etwa zwanzig Minuten gearbeitet – gerade lange genug, um die Pinsel anzufeuchten und die Farben auf der Palette zu mischen –, als er die Männer kommen hörte, die seitlich am Haus entlang über den schmalen Fußweg stampften. Er zögerte einen Augenblick. Seine Gedanken waren noch bei der Aufhellung der Nasenseite, während er schon halb hinhorchte, wie viele es nun wohl heute waren.

Mach es lieber gleich, sagte er sich und beugte sich über die Leinwand; die linke Hand hielt den Rahmen, die rechte lehnte sich auf den linken Unterarm. Die Spitze des Pinsels berührte den Nasenrücken.

»Los, Franky, auf ihn!«

»Los, Mensch, mach zu!«

»Hau doch ab, Mann, was stellst du dir vor? Soll ich vielleicht die . . .«

»Ah-haaa!«

»Hier rüber, Franky!«

Plop!

Die ersten fünfzehn Minuten brauchten sie immer zum Anwärmen mit hartem Ball und Sporthandschuhen.

Stanley hielt den Pinsel an und machte eine Pause. Er hoffte, der Lärm werde nachlassen, und wußte doch, daß die Hoffnung vergeblich war. Das Gebrüll ging weiter, zwanzig Fuß unter seinem Fenster. Sie schrien sich aufmunternde Worte zu, grölten und feuerten einander an.

»Nimm doch den blöden Busch da weg! Reiß ihn aus!« schrie eine Stimme. Stanley fuhr zusammen, als hätten ihm die Worte gegolten.

Vor zwei Wochen hatte er mit den Männern einen Wortwechsel wegen der Büsche gehabt. Einer von ihnen war darübergefallen, als er nach dem Ball langte, und als Stanley das sah, hatte er hinuntergerufen: »Lassen Sie doch die Hecke in Ruhe!« Es war ihm einfach so entfahren, und er bedauerte, sich nicht viel stärker ausgedrückt zu haben. Alle hatten nach oben geblickt und gerufen: »Was fällt denn dem ein da oben? Gehört der Platz vielleicht Ihnen? Sie sind wohl hier der Gärtner, was?«

Stanley schob sich so nahe ans Fenster, daß er den unteren Teil der Steinmauer sehen konnte, die den Platz auf der entfernteren Seite abgrenzte. Vor der Mauer standen fünf kleine Büsche, ein wenig fröstelnd und verloren, aber immerhin: sie standen noch dort im Boden – jedenfalls in diesem Augenblick noch. Stanley hatte sie dort eingepflanzt. Er hatte sie in einer steinigen Ecke des Hofplatzes und unten am Ende des Durchgangs bei den Mülleimern gefunden, wo sie sich mühsam am Leben hielten, und hatte sie umgepflanzt. Keiner war mehr als zwei Fuß hoch, aber es waren unzweifelhaft Heckenpflanzen. Aus zwei Gründen hatte er sie umgesetzt; um die häßliche Mauer zu verdecken und um den Pflanzen ein wenig Sonnenschein zu verschaffen; eine winzige Geste zur Verschönerung einer Stelle, die im Grunde nicht zu verschönern war, aber er hatte es doch getan, und es hatte ihn befriedigt. Die Männer unten schienen zu wissen, daß er sie gepflanzt hatte, vielleicht weil er hinuntergerufen hatte, sie sollten vorsichtig sein, und auch weil der Hausverwalter, der nie aufzutreiben war und sich höchstens mal um die Mülleimer kümmerte, nicht auf die Idee gekommen wäre, Heckenpflanzen vor eine Steinmauer zu setzen.

Vom Fenster aus konnte Stanley die Männer gut sehen. Es waren heute fünf, die sich beim Spielen auf dem schmalen Rechteck verteilten und einander den Ball zuwarfen, ohne System und Spielregeln, und das hieß, daß von den fünfen vier die ganze Zeit nach dem Ball schrien.

»Hierher, Joey, hierher!«

Plop!

Sie waren alle etwa dreißig, zwei hatten schon den Anflug eines Bauches. Einer der Dicken hatte rote Haare, und das war auch der mit der lautesten und unangenehmsten Stimme. Am meisten schrie aber der Dunkle in den Blue jeans, der hörte überhaupt kaum auf zu johlen, auch wenn er den Ball auffing und weiterwarf. Von seinen Kumpanen schien schon keiner mehr hinzuhören, wenn er irgendwas rief. Der Rothaarige hieß Franky, und der Dunkle hieß Bob, das hatte Stanley gehört. Zwei von den anderen hatten genagelte Schuhe, sie tobten herum und johlten, während sie dem Ball nachjagten, sie warfen die Knie hoch und ruderten mit den Armen.

»Soll ich mal 'n Fenster einschlagen?« schrie Franky den anderen zu. Er schleuderte den Ball einem der Männer mit den Nagelschuhen zu, der ihn abfing und dabei aufheulte, als sei er zu Tode getroffen.

Warum schaute er sich das bloß an, fragte sich Stanley. Er warf einen Blick auf seine Uhr: es war erst zwanzig nach zwei. Bis fünf spielten die sicher noch. Stanley merkte, wie er innerlich anfing zu zittern, und besah sich seine Hände. Sie waren ruhig. Er trat wieder an die Staffelei. Das Bild war jetzt nichts als Farbe und Leinwand. Die Stimmen hörte man so laut, als wären sie hier im Zimmer. Er ging an das eine Fenster und machte es zu. Das andere mußte offenbleiben, es war zu heiß.

Jetzt wurde irgendwo über ihm ein Fenster geöffnet, und wie auf ein Schlachtsignal spannte sich Stanleys Rücken: der Mann da oben war auf seiner Seite. Er trat ein wenig vom Fenster zurück und blickte hinunter auf den Hof.

»Hallo, Sie da unten!« kam die Stimme von oben. »Wissen Sie nicht, daß Sie hier nicht Ball spielen dürfen? Hier wollen Leute schlafen!«

»Na, denn schlafen Sie doch!« schrie der Mann in den Blue jeans und spuckte auf den Boden zwischen seinen gespreizten Knien.

Der Rotkopf schrie irgend etwas Ordinäres und rief dann: »Los, Joey, nu mal richtig!«

»Ich hol die Polizei, wenn Sie nicht bald verschwinden!« rief die Stimme von oben. Es war der Nachtwächter, Mr. Collins, aber seine Drohung war ganz wirkungslos, und das wußten sie alle. Stanley hatte sich schon vor vier Wochen einmal mit einem Polizisten unterhalten und ihm von den sonntäglichen Ballspielern berichtet; der Polizist hatte gelächelt – es war ein nachsichtiges Lächeln, voller Verständnis für die Spieler – und nur gemurmelt, wenn Leute sonntags Ball spielen wollten, so sei da nichts zu machen. Wieso eigentlich nicht? dachte Stanley. Wozu war denn unten seitlich am Haus eine Tafel angebracht, auf der die Polizeibehörde Ballspielen untersagte? Wie stand es mit dem Recht friedliebender Bürger, die ihren Sonntagnachmittag gern in Ruhe zu Hause verbrachten? Gab es nicht eine Antilärm-Kampagne in New York? Aber alle diese Fragen hatte er dem Polizisten gar nicht erst gestellt, denn er war sich klar darüber, daß der Polizist zu der gleichen Gattung gehörte wie die Ballspieler, nur daß er eben Uniform trug.

Sie schrien immer noch, die fünf unten und Mr. Collins oben. Stanley stützte die Handballen auf den Mauersims vor seinem Fenster und lehnte sich hinaus, um mit seiner sichtbaren Gegenwart Mr. Collins zu unterstützen.

»Wir tun nischt Verbotenes! Schern Sie sich doch weg!«

»Ich hol die Polizei!« rief Mr. Collins erbost. »Schließlich wohnen hier Leute, die zu arbeiten haben!«

»Marsch, ins Bett, Opa!«

Jetzt nahm der Rothaarige etwas vom Boden auf, das aussah wie ein Stein oder ein Stück Schlacke, und zielte damit auf Mr. Collins, der mitten im Satz abbrach. »Halt die Schnauze, oder wir schlagen dir die Fenster ein!« schrie der Rote und fing gerade noch den Ball auf, der in seine Richtung geflogen kam.

Noch ein Fenster wurde aufgerissen. Stanley fiel es plötzlich ein, hinunterzurufen: »Gibt's denn nirgendwo sonst 'n Platz zum Ballspielen? Jeden Sonntag, das ist ja zum Verrücktwerden!«

»Ach was, der Teufel soll die holen«, sagte einer der Männer.

Der Ball schlug dumpf auf, schoß in die Höhe und blieb einen Augenblick in der Luft hängen, knapp vier Fuß vor Stanleys Nase, bevor er wieder nach unten fiel. Sie spielten Baseball mit Schläger und weichem Ball.

Die blonde Frau, die links im Stockwerk über Stanley wohnte, hatte eine teilnehmende Unterhaltung mit Mr. Collins angefangen. »Nicht zu fassen, daß erwachsene Männer –«

»Schlimmer als Kinder!« war Mr. Collins lautstarke Entgegnung. »Banditen sind das! 'n Schutzmann sollte man holen!«

»Und eine Sprache haben die am Leibe! Ich hab's meinem Mann schon gesagt, aber der arbeitet sonntags und hört es nicht –«

»So – der ihr Mann ist also nicht zu Hause –?« rief der Rothaarige laut, und die andern lachten lärmend.

Stanley blickte hinab auf den gebeugten sommersprossigen Rücken des rothaarigen Mannes, der sein Hemd ausgezogen und die Hände auf die Knie gestützt hatte. Widerlich sah er aus – der weiße Rücken voll brauner Sommersprossen, die fetten Muskeln glänzend vor Schweiß. Ich wollte, ich hätte einen Revolver, dachte Stanley auch heute wieder. Ich würde auf sie anlegen – nicht gerade totschießen oder schwer verwunden, aber einen Schrecken würde ich ihnen einjagen, der sie von hier vertreibt.

Ein Aufschrei aus fünf Kehlen ließ ihn zusammenfahren. Er konnte nicht mehr nachdenken, er flog an allen Gliedern.

Er trat ins Badezimmer und fuhr sich am Waschtisch mit einem nassen Tuch übers Gesicht. Dann kam er zurück und schloß auch das andere Fenster. Aber geschlossene Fenster machten bei dem Lärm wenig aus. Wieder beugte er sich über die Staffelei und berührte mit der Pinselspitze den hellen Fleck am Nasenrücken. Die Pinselhaare waren steif und hart geworden. Er tauchte sie in das Näpfchen mit dem Terpentin.

»Franky!«

»Los, Mensch, lauf doch!«

Stanley legte den Pinsel nieder. Er hatte an der Nase einen großen weißen Fleck hinterlassen. Mit zitternden Fingern versuchte er, das Weiße mit einem Tuch zu entfernen.

Unten verstärkte sich jetzt das Geschrei: es klang, als lägen sich alle fünf in den Haaren. Stanley blickte hinaus. Franky und der andere Dicke rangelten vor den Büschen um den Ball. Mit einem wilden, fast kreischenden Auflachen stürzte der Rothaarige in die Büsche und heulte auf, als die Zweige ihn streiften.

Stanley riß das Fenster auf. »Wollen Sie sich bitte mit der Hecke in acht nehmen!« rief er hinunter.

»Ach was, halt's Maul!« schrie der Rothaarige zurück und

erhob sich von einem Knie; gleichzeitig riß er einen Busch aus dem Erdreich und schleuderte ihn in Stanleys Richtung. Die andern lachten laut auf.

»Sie dürfen die Büsche nicht kaputtmachen, die sind Allgemeingut!« rief Stanley, und sein Mund verzog sich zu einem kleinen bitteren Lächeln, als habe er sie damit überrundet. Sein Herz jagte.

»Wieso dürfen wir nicht?« Der Mann mit den Blue jeans stieß mit dem Fuß in einen zweiten Busch.

»Lassen Sie das!« schrie Stanley laut.

»Ach, halt doch die Schnauze!«

»Ich hab Durst!« rief jetzt einer. »Wer holt was zu trinken?« Der Rothaarige holte mit dem Fuß aus und schleuderte einen weiteren Busch hoch in die Luft.

»Setzen Sie die Büsche wieder hin – sofort!« schrie Stanley mit geballten Fäusten.

»Hol doch deine Scheißbüsche selber.«

Stanley lief durchs Zimmer, riß die Tür auf und rannte die Treppe hinunter nach draußen, wo er sich plötzlich im hellen Sonnenlicht mitten auf dem Hof fand. »Stellen Sie die Büsche wieder hin!« verlangte er. »Sämtliche Büsche – stellen Sie sie sofort wieder an ihren Platz!«

»Mensch – kuck mal den da!«

»Hör bloß auf, Mann. Los, Joey, wir machen weiter.«

Der Ball traf Stanley an der Schulter, aber er merkte es kaum, er wußte gar nicht, ob man ihn gemeint hatte. Körperlich war er keinem der Männer gewachsen und ganz sicher nicht allen fünf, aber auch das war ihm kaum bewußt. Er war so von Sinnen vor Zorn, daß er es mit jedem einzelnen oder mit allen zusammen aufgenommen hätte, nur standen sie so weit auseinander, daß er nicht wußte, bei wem er anfangen sollte.

»Wie ist das – stellt jetzt einer von Ihnen die Büsche wieder auf?«

»Nee!«

»Weg da, Mac! Mach Platz, sonst kriegst du ihn an den Schädel!«

Der Mann in den Blue jeans streckte den Arm aus, stieß Stanley beiseite und langte nach dem Ball. Stanleys Halswirbel knackte, es gelang ihm gerade noch, sein Gleichgewicht zu halten und nicht platt aufs Gesicht zu fallen. Keiner kümmerte sich um ihn; die fünf waren eine verstreute mobile Armee, vertraut mit ihrem Einsatzgebiet. Stanley ging eilig auf den Seitenweg zu; er merkte nichts von dem Ball, der von seinem Kopf abprallte, und von dem darauf folgenden lauten Gelächter.

Dann stand er im kühlen halbdunklen Treppenhaus, und sein Blick fiel auf den flachen Stein, der manchmal dazu benutzt wurde, die Eingangstür offenzuhalten. Er nahm ihn an sich und stieg die Treppe hinauf. Aus dem Fenster wollte er ihn werfen, mitten unter die Ballspieler. Barbaren, alle miteinander!

Er legte die Hände, die den Stein festhielten, auf die Fensterbank. Der Mann in den Blue jeans ging an der Mauer entlang und trat nach den wenigen Büschen, die dort noch standen. Offenbar wurde gerade eine Pause im Spiel gemacht.

»So – hier ist das Zeug! Kommt her und holt euch was.« Einer der Dicken erschien, die Arme voller Flaschen.

Sie langten jeder nach einer Flasche, legten die Köpfe zurück und tranken. Man hörte das befriedigte Grunzen und Schmatzen. Stanley lehnte sich weiter hinaus.

Genau unter seinem Fenster saß der Rothaarige auf einem Brett, das als Sitzbank über zwei Steine gelegt war. Den konnte er nicht verfehlen, dachte Stanley, und fast im gleichen Moment hielt er den Stein ein wenig weiter hinaus und ließ ihn fallen. Beim Zurücklehnen hörte er den häßlichen dumpfen Aufprall und dann einen überraschten Fluch.

»Wer war das?«

»Mensch – Franky! Hast du dir – zeig mal her, Franky!«

Stanley hörte ein Ächzen.

»Ein Arzt! Los, helft mir doch mal!«

»Das war der Kerl da oben!« Deutlich drangen die Worte herauf. Stanley fuhr zusammen, als etwas durch das andere Fenster flog, von der Jalousie abprallte und zu Boden fiel. Es war ein hühnereigroßer Stein.

Er hörte die Männer auf den Weg zukommen. Sicher stiegen sie jetzt die Treppe herauf. Er ballte die Fäuste und horchte auf die Schritte im Treppenhaus. Nichts kam. Plötzlich war es still geworden.

»Na Gott sei Dank«, kam die müde Stimme der blonden Frau von draußen.

Das Telefon, dachte er. Das war als nächstes zu erwarten. Polizei.

Stanley setzte sich auf einen Stuhl und blieb minutenlang reglos sitzen. Der Stein hatte wohl ungefähr acht oder zehn Pfund gewogen. Allermindestens konnte der Mann eine Gehirnerschütterung davontragen. Aber Stanley malte sich aus, daß die Schädeldecke zerschlagen und das Gehirn eingedrückt war. Vielleicht war er nach dem Aufprall überhaupt nur noch wenige Augenblicke am Leben geblieben.

Stanley stand auf und trat an die Staffelei. Ohne Zögern machte er die Farbmischung für die ganze Nase zurecht, übermalte die mißlungene helle Stelle und machte sich dann an den Hintergrund, den er in dunklerem Grün ausführte. Als er ihn fertig hatte, war die Nase so weit getrocknet, daß er die Aufhellung einfügen konnte. Das geschah mit schnellen sicheren Strichen. Nirgends war ein Laut zu hören bis auf seinen beschleunigten Atem. Er malte, als habe er nur noch fünf Minuten Zeit, als blieben ihm nur noch fünf Minuten, bevor sie kamen und ihn abholten.

Um sechs war noch kein Mensch gekommen. Das Telefon hatte nicht geläutet, und das Bild war fertig. Es war gut gelungen, besser, als er erwartet hatte, und Stanley war erschöpft. Ihm fiel ein, daß er keinen Kaffee im Hause hatte und auch keine Milch.

Wieder kroch die Furcht in ihm hoch. Ob sie unten schon auf ihn warteten? Oder waren sie noch im Krankenhaus, wo ihr Freund gewiß im Sterben lag? Vielleicht war er schon tot ... Man bringt einen Mann nicht deshalb um, weil er sonntags unter dem Fenster Ball spielt – auch wenn einem danach zumute ist.

Er versuchte sich zusammenzureißen, ging ins Badezimmer und stellte sich kurz unter die kalte Dusche, denn er war in Schweiß geraten. Er zog ein frisches blaues Hemd an und fuhr sich mit dem Kamm durch die Haare; dann steckte er Brieftasche und Schlüssel in die Tasche und ging auf die Straße. Nirgends sah er eine Spur von den Ballspielern oder von sonst jemandem, der sich für ihn interessierte. Im Feinkostgeschäft um die Ecke besorgte er Milch und Kaffee. Auf dem Rückweg begegnete ihm die blonde, etwa vierzigjährige Frau, die über ihm wohnte.

»Gräßlich war das wieder heute nachmittag«, sagte sie. »Ich hab gesehen, wie Sie unten mit ihnen sprachen. Prima – für heute haben Sie sie verjagt.« Sie schüttelte resigniert den Kopf. »Aber nächsten Sonntag kommen sie bestimmt wieder.«

»Spielen sie samstags nie?« fragte Stanley. Es war ihm völlig egal, ob die Männer samstags spielten oder nicht, er fragte nur aus nervöser Unsicherheit.

»Nein«, erwiderte sie zweifelnd. »Doch – einmal haben sie auch am Samstag gespielt, aber meistens kommen sie sonntags. Ich muß meinen Mann mal dazu kriegen, daß er sonntags zu Hause bleibt, damit er sich das mal anhört. Für Sie muß es noch schlimmer sein, weil Sie weiter unten wohnen.« Wieder schüttelte sie den Kopf. Sie sah mager und erschöpft aus, unter den Augen verlief ein Netzwerk feiner Fältchen. »Na, ich bin Ihnen jedenfalls sehr dankbar, daß Sie sie heute früher verscheucht haben.«

»Danke schön«, sagte Stanley. Er sagte es fast unbewußt, eigentlich nur als Dank dafür, daß sie nichts gesagt und offenbar nichts gesehen hatte von seiner Tat.

Sie stiegen zusammen die Treppe hinauf.

»Der Mann ist auch nie da, wenn man ihn braucht«, sagte sie mit erhobener Stimme, als sie an der Wohnung des Hausverwalters im zweiten Stock vorüberkamen. »Und dafür kriegt er zu Weihnachten auch noch Trinkgelder!«

»Ja, es ist nicht schön«, meinte Stanley mit etwas mühsamem Lächeln und schloß seine Wohnungstür auf. »Hoffentlich wird's nächste Woche etwas erträglicher.«

»Das mögen Sie wohl sagen«, gab die Frau zurück. »Na, ich hoffe, es regnet tüchtig.« Sie ging weiter nach oben.

Stanley frühstückte meistens in einem kleinen Café, das zwischen seiner Wohnung und der Untergrundbahnstation lag. Am Montag morgen sah er einen der Ballspieler – es war der Mann, der meistens Blue jeans trug – in dem Café. Er hatte Kaffee und Brötchen vor sich, als Stanley eintrat, und der Blick, mit dem er Stanley musterte und minutenlang festhielt, war so böse, daß auch andere Gäste aufmerksam wurden und die beiden beobachteten. Stotternd gab Stanley seine Frühstücksbestellung auf. Der Rothaarige war also doch noch nicht tot; vermutlich schwebte er zwischen Leben und Tod. Wenn Franky tot wäre oder wenn ihm überhaupt nichts fehlte, dann hätte ihn der Dunkelhaarige anders angesehen. Stanley trank seinen Kaffee aus und ging auf dem Weg zur Kasse an dem Mann vorüber. Er hatte erwartet, daß der andere ihm ein Bein stellen oder zumindest irgend etwas nachrufen würde, aber es geschah nichts.

Als Stanley abends kurz nach sechs Uhr nach Hause kam, sah er zwei der Ballspieler – den Dunklen vom gleichen Morgen und einen der Dicken, der in normaler Kleidung wie ein Ringer aussah – auf der anderen Straßenseite stehen. Sie starrten ihn an, als er ins Haus ging. Oben in seiner Wohnung überlegte Stanley, was es zu bedeuten haben könne, daß sie sich dort aufgestellt hatten. War ihr Kumpan gerade gestorben, oder war er dem Tode nahe? Kamen sie vielleicht gerade von seiner Beerdigung? Beide hatten dunkle Anzüge an – vielleicht ihre besten. Stanley horchte auf Schritte im Treppenhaus, aber es war nichts zu hören bis auf die alte Frau, die mit ihrem Hund im obersten Stockwerk wohnte. Jeden Abend um diese Zeit führte sie den Hund auf die Straße.

Plötzlich sah Stanley, daß seine Fensterscheiben zerbrochen waren, und jetzt sah er auch drei oder vier Steine, die zusammen mit den Glasscherben auf dem Teppich lagen. Auch auf seinem Bett lag ein Stein. Das am Sonntag zerschlagene Fenster hatte jetzt fast gar kein Glas mehr, und als er die Jalousie hochzog, sah er, daß von den oberen Hälften, die durch Holzfüllungen unterteilt waren, nur zwei oder drei Rechtecke heil geblieben waren.

Ruhig und systematisch machte er sich daran, die Steine und die größeren Glasscherben einzusammeln und in eine Papiertüte zu stecken; dann holte er Besen und Schaufel und fegte alles auf. Er überlegte, wann er die Zeit finden werde, das Glas neu einzusetzen – den Hausverwalter darum zu bitten, war ganz aussichtslos –, und kam zu dem Schluß, daß er wohl bis zum nächsten Wochenende warten müsse, außer wenn er die Scheiben morgen in der Mittagspause beim Glaser bestellen konnte. Er holte den Zollstock und maß die größeren Füllungen aus; sie waren etwas unterschiedlich groß, denn das Haus war alt. Dann maß er auch die kleinen Rechtecke aus und notierte alles auf einem Zettel, den er in die Brieftasche steckte. Kitt mußte er auch noch besorgen.

Am Schloß der Wohnungstür knackte es, und Stanley versteifte sich. »Wer ist da?« rief er laut.

Keine Antwort.

Zuerst wollte er einfach die Tür aufreißen, dann merkte er,

daß ihm dazu der Mut fehlte. Ein paar Augenblicke horchte er, aber es geschah nichts weiter, und er beschloß, nicht mehr daran zu denken. Vielleicht hatte er sich alles nur eingebildet.

Als er am nächsten Abend nach Hause kam, konnte er die Tür nicht öffnen. Der Schlüssel ließ sich zwar ins Schloß stecken, aber nicht einen Millimeter herumdrehen. Ob die da etwas hineingetan hatten, um den Schlüssel zu hemmen? War das vielleicht das Geräusch gewesen, das er gestern abend gehört hatte? Aber das Schloß, das fiel ihm jetzt ein, hatte ihm schon vor etwa sechs Monaten einmal Schwierigkeiten gemacht, tagelang war es schwer zu öffnen gewesen, und dann ging es auf einmal wieder. Oder verwechselte er das mit der Ladentür seines Vaters? Er wußte es nicht mehr.

Er lehnte sich gegen das Treppengeländer und starrte auf den Schlüssel im Schloß. Was sollte er tun?

Die blonde Frau kam die Treppe herauf. Stanley lächelte und sagte: »Guten Abend.«

»Oh, guten Tag. Was ist los – haben Sie Ihren Schlüssel vergessen?«

»Nein, es ist bloß – das Schloß will nicht recht.«

»Ach. Ja, irgendwas ist hier immer kaputt, nicht wahr«, sagte sie und ging weiter. »Komisches Haus.«

»Ja«, stimmte er zu und lächelte, aber er blickte ihr unruhig nach. Sonst blieb sie immer stehen und schwatzte ein paar Worte. Hatte sie irgendwas davon gehört, daß er den Stein hinuntergeworfen hatte? Von den zerbrochenen Fensterscheiben hatte sie auch nichts erwähnt, dabei war sie tagsüber zu Hause und mußte den Lärm gehört haben.

Stanley wandte sich um und nahm erneut das Schloß in Angriff. Er packte den Schlüssel und bot seine ganze Kraft auf, und auf einmal ließ er sich drehen; die Tür ging auf.

Es war nach Mitternacht, als er die Fensterscheiben eingesetzt hatte. Und die ganze Zeit war ihm klar, daß er sie vielleicht morgen abend wieder zerbrochen vorfinden würde.

Am nächsten Abend standen dieselben beiden Männer, der Dicke und der Dunkelhaarige, der heute Blue jeans und ein Hemd trug, auf der gegenüberliegenden Straßenseite, als Stanley nach Hause kam, und zu seinem Schrecken kamen sie über die Straße auf ihn zu. Der Dicke packte ihn am Jackett und hielt ihn fest.

»Hören Sie mal zu, Sie«, sagte er ihm ins Gesicht hinein, »was Sie am Sonntag gemacht haben, dafür können Sie in'n Knast kommen, das ist Ihnen doch klar, was?«

»Ich weiß gar nicht, wovon Sie reden«, erwiderte Stanley schnell.

»Ach nee, das wissen Sie nicht?«

»Nein!« rief Stanley entrüstet.

Der Mann gab ihm einen Stoß und ließ ihn los. Stanley strich sein Jackett glatt und ging ins Haus. Wieder machte das Schloß Schwierigkeiten, doch als Stanley sich mit dem Mut der Verzweiflung daran machte, gab es langsam nach; und als er den Schlüssel herauszog, hing ein dünner Gummifaden daran: sie hatten das Schloß mit Kaugummi verstopft. Angewidert wischte Stanley den Schlüssel am Fußboden ab. Erst als er die Wohnungstür geschlossen hatte, setzte das Schütteln ein, und noch während des Zitterns dachte er: Ich hab gewonnen. Sie waren also gar nicht hinter ihm her. Zerschlagene Fensterscheiben und Kaugummi, na ja. Die Polizei hatten sie nicht geholt. Er hatte natürlich gelogen, als er behauptete, nicht zu wissen, wovon sie redeten, aber er hatte die richtige Antwort gegeben. Einen Polizisten hätte er selbstverständlich nicht angelogen, aber die Polizei hatten sie ja bisher nicht geholt.

Langsam hob sich Stanleys Laune. Außerdem waren seine Fenster heute heil geblieben, das sah er. Vermutlich machte der Rothaarige eine längere Krise durch. Die Männer sahen so merkwürdig gedämpft aus. Oder führten sie vielleicht Schlimmeres im Schilde? Wenn er bloß wüßte, ob der Rothaarige im Krankenhaus war oder munter herumlief. Es war natürlich auch möglich, daß er gestorben war. Vielleicht waren die beiden Männer nicht ganz sicher, daß er, Stanley, es war, der den Stein geworfen hatte – es hätte zum Beispiel auch Mr. Collins sein können, der über ihm wohnte –, und die polizeiliche Untersuchung stand noch bevor.

Donnerstag abend traf Stanley beim Nachhausekommen Mr. Collins auf der Treppe. Mr. Collins war auf dem Weg zur Arbeit. Sein »Guten Abend« klang kühl. Vielleicht hatte er von der Sache mit dem Stein gehört und betrachtete Stanley jetzt als Mörder? Oder zumindest als Psychopathen, der ohne weiteres jemandem einen zehn Pfund schweren Stein an den Kopf warf?

Samstag arbeitete Stanley den ganzen Tag im Eisenwarengeschäft seines Vaters, ging dann in ein Kino und kam erst gegen elf nach Hause. Zwei der kleinen rechteckigen Scheiben im oberen Teil des einen Fensters waren zerbrochen. Das war nicht weiter schlimm – er würde sie reparieren, wenn es kühler wurde. Er hätte es gar nicht gemerkt, wenn er nicht extra die Fenster inspiziert hätte.

Sonntag morgen schlief er lange; er war am Abend zuvor sehr müde gewesen. Es war schon fast ein Uhr, als er die Staffelei aufstellte. Er hatte vor, den Zwischenraum zweier Häuser zu malen, in dem ein Baum stand, den er von seinem Fenster aus gerade noch sehen konnte. Vielleicht war heute ein guter Tag zum Malen; die Ballspieler kamen heute sicher nicht. Und wenn sie kamen, wenn sie sich nicht einen anderen Platz zum Spielen aussuchten, dann würden sie sich vermutlich doch etwas gemäßigt aufführen.

Er war mit dem Entwurf in Kohle noch nicht ganz fertig, als er sie kommen hörte. Im ersten Augenblick dachte er, er habe sich geirrt, es könne nur eine akustische Täuschung gewesen sein. Aber nein – lauter und deutlicher wurden die Stimmen auf dem schmalen Weg; es war das charakteristische angeberische Prahlen im Tonfall, das durch die halblauten Worte klang – ein Stimmengemurmel, das ihm vertraut war wie eine Einzelstimme. Er trat etwas vom Fenster zurück und wartete.

»Na, denn mal zu. Los, Mensch!«

»Hu-huuu!« Trotz lag in dem lauten Ruf – eine Herausforderung an jeden, der ihnen das Recht zum Spielen streitig machen wollte.

Stanley trat näher ans Fenster und suchte mit weitgeöffneten Augen nach dem rothaarigen Mann. Tatsächlich, da unten war er! Er trug einen Pflasterverband am Kopf, aber er schien genauso brutal-energiegeladen wie immer. Stanley sah, wie er seinen Sporthandschuh einem der Kumpane zuwarf, der sich gerade bückte, so daß der Handschuh ihn im Gesäß traf, worauf brüllendes Gelächter folgte.

Jetzt kam die Stimme von oben. »Mein Himmel, seid ihr eigentlich Erwachsene oder Kinder? Könnt ihr hier nicht mal verschwinden? Uns langt's jetzt bald!« Das war die blonde Frau, und Stanley wußte, daß Mr. Collins bald folgen würde.

»Ach halt doch die Schnauze!«

»Warum kommst du nicht runter und spielst mit, Puppe?«

Trotzige Sicherheit sprach heute aus ihren Stimmen. Sie waren lauter, siegesbewußter als früher. Sie hatten ja schon gesiegt – sie waren wieder da.

Stanley setzte sich auf sein Bett: verwirrt, ratlos und plötzlich sehr müde. Er war froh, daß der Rothaarige nicht tot war, ehrlich froh. Und trotzdem: zugleich mit der Erleichterung stieg ein Protest in ihm auf, eine bittere Empörung, die fast nach unvergossenen Tränen schmeckte.

»Los jetzt, Joey, looos, Mensch!«

Plop!

»Paß auf, Franky – Obacht! Ah-haaaa!«

Stanley legte die Hände über die Ohren, hob die Füße auf sein Bett und schloß die Augen. Er lag krumm mit angezogenen Knien und versuchte, ruhig und gelassen nachzudenken. Kampf war zwecklos. Auflehnung war sinnlos, und Tränen ebenfalls.

Dann fiel ihm etwas ein, und er setzte sich auf. Hätte er doch die Büsche wieder eingepflanzt! Nun war es zu spät, sie lagen seit einer Woche offen auf dem Boden des Hofes. Ach, warum hatte er daran nicht gedacht! Diese eine Geste der Opposition, diese kleine Handvoll Schönheit vor so viel roher Gefühllosigkeit – es wäre besser gewesen als nichts.

(Deutsch von Anne Uhde)

Harold Brodkey

Der Streit

Im Herbst 1948 kam ich von St. Louis nach Harvard. Ich hatte ein Stipendium, eine verwitwete Mutter und den Ruf, ein guter, fleißiger Bursche zu sein. Was mein Stipendium an Kosten nicht deckte, verdiente ich dazu, indem ich an den Mittwochabenden und Samstagen arbeitete, und ich vermied es eisern, das kleine, aber ausreichende Einkommen meiner Mutter in Anspruch zu nehmen.

Während des Sommers zwischen meinem ersten und zweiten Collegejahr starb meine Großmutter und hinterließ mir fünftausend Dollar. Ich gab meine Nebenbeschäftigung auf, kaufte mir einen grauen Flanellanzug und ein Paar weiße Wildlederschuhe und trat der Redaktionsleitung unserer literarischen Collegezeitschrift bei. An der ersten Redaktionssitzung, an der ich teilnahm, lernte ich Duncan Leggert kennen. Er war nun schon seit einem ganzen Jahr Redakteur, und an diesem gewissen Abend war er wütend wegen der Geschichte eines unglücklichen, sensiblen Jungen, die alle andern drucken wollten. »Warum soll denn so ein Junge nicht auch mal unglücklich sein?« brüllte Duncan. »Er ist ganz einfach langweilig.« Die Geschichte wurde akzeptiert, und Duncan verließ ostentativ die Sitzung.

Zwei Abende später, als ich in der frühen Dämmerung die Massachusetts-Avenue hinunterspazierte, sah ich Duncan vor dem Schaufenster eines Plattengeschäftes stehen und interessiert die darin ausgestellten Opernalben betrachten. Er pfiff gerade ›Piangi, piangi‹ aus ›La Traviata‹ und sah wie gewöhnlich blaß, schön und unnahbar aus. Ich blieb neben ihm stehen, bis er aufschaute, und sagte dann, er habe mit der Geschichte recht gehabt.

»Natürlich hatte ich recht«, sagte er und sah mich mit seinem nachsichtigen, erwartungsvollen Blick von oben herab an. »Diese Leute verwechseln nämlich ordinär sein mit Talent haben.«

Wir gingen in ein Gasthaus und setzten uns in eine Nische, die von einem jener beleuchteten kleinen Jukebox-Automaten erhellt war, in die man eine Münze wirft, auf einen Knopf drückt, und die Wurlitzer-Orgel spielt dann die gewünschte

Melodie. Zuerst war ich wie gelähmt vor Schüchternheit, doch ich fragte Duncan, was er zu werden gedenke, wenn er mit dem College fertig sei (wobei ich ›erwachsen‹ im letzten Moment noch durch ›mit dem College fertig‹ ersetzte), und er antwortete: »Nichts.«

Ich sah ihn verständnislos an. Darauf nahm er seine Zigarette, starrte auf das glühende Ende und sagte dann ruhig und mit einem gut Teil Traurigkeit in der Stimme: »Ich bin reich.« Dann hob er den Kopf, sah mir halb lächelnd in die Augen und fügte hinzu: »Stinkreich.« Ich war ganz hingerissen. »Wie reich denn«, wollte ich wissen. »Ach, zirka zwei Milliönchen, wenn der Markt stabil bleibt«, sagte er so obenhin. Der Gedanke, mit einem derartig reichen Menschen zu sprechen, entzückte mich so, daß ich in ein idiotisches Gelächter ausbrach. Er fragte mich, warum ich denn so lache, aber ich verriet es ihm nicht.

Zuerst unterhielten wir uns nur tastend, wie Männer – oder eher wie Buben, die Männer imitieren – das zu tun pflegen; dann aber saßen wir, getrieben vom Impuls einer tiefen, unerklärlichen Sympathie, bis zwei Uhr morgens zusammen und redeten. Duncan behauptete, daß die College-Literatur-Zeitschrift ein Blatt reinen Selbstmitleids sei und daß die Beiträge darin, wenn nicht amateurhaft, purer Mist wären. Er sei der festen Überzeugung, daß das Unglücklichsein meistens nur Pose sei. »Auf diese Art drückt man sich davor, anregend zu sein.«

Duncan hatte immer einen leichten Ton von Resignation in der Stimme, selbst bei seinen arrogantesten Äußerungen. »Die Menschen bekommen nur, was ihnen gebührt«, philosophierte er. »Warum sollte ich an Tragödien glauben? Ich habe noch keine gesehen. Geschichten sollten ein Happy-End haben, die Menschen sollten interessanter sein, und jedermann sollte einen besseren Geschmack entwickeln.«

»Von Wichtigkeit ist in erster Linie, Qualität zu haben«, sagte er, während er sich in seiner Ecke der Nische räkelte und Gesichter in den Zucker malte, den er auf den Tisch gestreut hatte. »Kein Hahn kräht danach, ob deine Mutter dich geliebt hat oder nicht, wenn du langweilig bist. Und die meisten Menschen sind langweilig«, fügte er melancholisch hinzu.

»Wir leben in einer Demokratie«, bemerkte er später. »Man verlangt von mir, daß ich jeden als meinesgleichen betrachte. Aber ich denke gar nicht dran, tu was dagegen! Langweilige

Menschen bringen mich zur Verzweiflung. Ich finde, Whitman ist ein lausiger Dichter, und Willa Cather ist schwachsinnig, und der gute Huckleberry Twain ekelt mich an. Und dann noch eins: wenn ich *etwas* nicht ausstehen kann, dann ist es ein Übermaß an sinnloser Güte.« Ich unterdrückte mein Lächeln.

Es schien mir, als spräche er alles aus, was ich immer gedacht und doch niemals in Worte hatte fassen können.

Nach dieser ersten Nacht waren wir Freunde. Ich glaube, jede Freundschaft beruht darauf, daß man sich gegenseitig nötig hat. Ich hatte genug von dem, was ich gewesen war, und was meine Fähigkeit, mich zu ändern, betraf, war ich von einem grenzenlosen Optimismus. Nach dieser ersten Nacht mit Duncan hatte ich den festen Vorsatz, mein Leben in Einklang mit der Doktrin zu bringen, die er entwickelt hatte. Was ich wirklich wollte, waren seine Maryland-Manieren von der Ostküste, seine Aufrichtigkeit und seinen blinden Glauben, daß alles, was er dachte, richtig sei. Und ich wollte aussehen wie er. Er war sehr groß, hatte ein bleiches, glattes, längliches, arrogantes Gesicht und einen schlaksigen Gang. Oft saß er stundenlang im Kreise von Menschen, ohne ein Wort zu sagen; ja manchmal sogar, ohne daß ein Ausdruck seine schönen Züge kreuzte. Dann wieder konnte er plötzlich anfangen zu reden, besonders wenn eine Diskussion im Gange war, und zwar redete er dann überhitzt, gestikulierend und gelegentlich sogar unzusammenhängend. Und später war er dann untröstlich, weil er glaubte, er habe einen Hanswurst aus sich gemacht. Ich aber fand ihn gerade dann bezaubernd. Was mich befremdete, war die merkwürdige Manier, die er hatte, angesichts einer Farbe oder der Willkommensgeste einer schönen Frau, oder beim Anblick eines schönen Automobils, oder der Art, wie das Haar eines Mädchens wehte, urplötzlich zu verstummen. Dann stand er ganz gebannt und aufgeregt da, wie von einem überraschten Entzücken gepackt. Wenn er diese geheimen Anfälle hatte, war ich beunruhigt – und zwar meinetwegen, weil ich nicht imstande war, die Gefühle eines Freundes zu teilen. Aber als ich Duncan dann länger kannte, bewegte mich die Schönheit, die ihn so zu faszinieren schien, genau wie ihn. Duncan machte mich auch stets auf Wolkenformen aufmerksam.

Was immer er sagte, gab mir Aufschluß über mich selbst, oder zumindest ein Verteidigungsmittel in die Hand, und sein Sarkasmus traf mich wie ein plötzlicher Durchbruch von Sonnenlicht, der mir, dem in einem nebulosen Optimismus seines Zuhause Versunkenen, Bewußtseinsschärfe und klare Erkenntnis schenkte. Ich entledigte mich meiner Traditionen, so schnell ich nur konnte, was aber eine große Anstrengung erforderte. Als erstes mußte ich ihre Wurzeln auffinden und sie dann ausreißen. Und Duncans Pessimismus – jeder Pessimismus überhaupt – war unendlich heilsam für mich. Ich tat alles, um so wie Duncan zu sprechen – mit häufigen, reizvollen Pausen und mit kleinen, verächtlichen Arabesken.

Und doch – wenn Duncan das Gefühl hatte, der Moment sei gekommen, wo Güte am Platz wäre, konnte man alles von ihm haben: seine ganze Seele und sein Bankkonto, sein Auto, seine Garderobe und seine Zeit. Ich war immer ein wenig besorgt gewesen, die Menschen könnten ihn vielleicht ausnutzen. Aber obwohl er doch ein so schrecklich schlechtes Gedächtnis für Telephonnummern und Namen hatte, vergaß er nie, wieviel er ausgegeben hatte, und wo und mit wem.

Die Mädchen verliebten sich oft in ihn. Sie schienen diese Mischung von Melancholie und Arroganz unwiderstehlich zu finden. Anfangs war Duncan immer sehr ritterlich zu ihnen, gab ihnen Feuer und führte sie aus, wenn sie ihn darum baten. Aber früher oder später fühlte er sich dann doch plötzlich in die Enge getrieben; er hörte auf, ihnen Feuer zu geben, und hörte auf, sich am Telephon zu melden.

Der Kreis von Menschen, mit denen wir in jenem Jahr zusammenkamen, wurde ständig kleiner, je nachdem sie unserer Überzeugung nach unweigerlich dazu verurteilt waren, dem Mittelmaß anheimzufallen, oder unsere Auffassung nicht teilten. Dann wurden sie von unserer Bekanntenliste gestrichen. Wir glaubten beide fest daran, wir könnten uns, wenn wir uns nur zusammennähmen und richtig handelten, davor bewahren, so zu werden wie unsere Eltern. »Da geben sie einem Ratschläge«, erklärte er, »und kommen gar nicht auf die Idee, mal darüber nachzudenken, ob uns das gefällt, was aus ihnen geworden ist.« Wir waren der Meinung, wenn man genügend weit und lange genug reiste, müßte man irgendwo ankommen, wo jedermann die selben Dinge schätzte wie man selber und die selbe Art zu reden hatte; wo jeder des andern Wert kannte und man sie nicht verantworten und aufregen mußte, um ihn unter Beweis zu stellen. An jenem Ort, nach dem wir auf der Suche waren, brauchte man sich niemals aufzuspielen oder sich nur aus Mitleid mit einem häßlichen Mädchen zu unterhalten, noch seine Eltern zu bedauern. Eines Januarabends, als wir die Charles-Street hinuntergingen – es war kalt und neblig –, schworen wir uns gegenseitig, nie die Wahrheit voreinander zu verheimlichen, unsere Fehler immer zuzugeben, unsere guten Eigenschaften anzuerkennen, Männer von Rang, von wirklichem Rang zu werden und im kommenden Sommer das College zu verlassen und auf ein Jahr nach Europa zu gehen, ganz gleich, was unsere Eltern dazu sagen oder dagegen tun würden. Wir planten, unsere Fahrräder mitzunehmen, sparsam und gesund zu leben und unser Kulturgefühl und unsere Bildung zu vertiefen.

Meine Mutter opponierte heftig dagegen, als ich ihr eröffnete, daß Duncan und ich vorhätten, nach Europa zu fahren. Sie behauptete, ich verpraßte mein Erbteil und käme aus purem Trotz noch unter die Räder, und daß das alles nur auf Duncans schlechtes Beispiel zurückzuführen sei. Duncan sagte, daß sie natürlich recht habe. Ich trank mir einen Rausch an und erklärte ihm, daß meine Mutter sich von mir aus zum Teufel scheren könne, und er betrachtete mich, wie ich mich erinnere, mit vor Bewunderung glänzenden Augen. Wie könnte meine Mutter denn auch mit Duncan konkurrieren? In jenem Jahr hatte ich nur den einen Wunsch: so zu sein wie er.

Wir schifften uns im Juni in Halifax auf der ›Aquitania‹ nach Southampton ein. Kaum waren die grünen Hügel um Halifax am Horizont verschwunden und das Schiff hatte das offene Meer erreicht, sagte Duncan zu mir: »Ich glaube, du solltest deiner Mutter einen netten Brief schreiben. Du warst am Telephon recht ungezogen zu ihr. Das ist überhaupt einer deiner Fehler«, fügte er hinzu und zog eine Grimasse, um mir zu verstehen zu geben, daß er nicht gern so mit mir rede, es aber auf Grund unseres Schwurs tun müsse. »Du hast so wenig Taktgefühl. Andererseits bist du viel dynamischer als ich. Ich wünschte, ich wäre mehr wie du.«

»Das bist du eben nicht«, erwiderte ich, um jeden Preis der Wahrheit die Ehre gebend. »Aber kränk dich nicht deswegen«, fuhr ich schnell fort, »weil ich dich nämlich sehr gern so habe, wie du bist . . .«

Wir waren dem College und jeder Aufsicht entronnen. Wir

formten uns gegenseitig und bewahrten uns davor, mittelmäßig zu werden. Duncan legte kurz seine Hand auf meine Schulter und lächelte, und schon hetzten wir uns gegenseitig um das Schiffsdeck herum, um vor dem Essen noch unser Körpertraining zu absolvieren. Der Mann von Rang mußte auch körperlich attraktiv sein.

In England blieben wir gerade lange genug, um den Tower in London, die Nationalgalerie und das Restaurant Scott zu besuchen, doch nur, um dann festzustellen, daß das Essen dort ungenießbar sei. Danach nahmen wir in Newhaven den Kanaldampfer. An die Reling gelehnt, sahen wir die Küste von Frankreich grün und vielversprechend aus den Wogen auftauchen.

Als wir in Dieppe an Land gingen, schwang mein Entzücken sich – ja man kann ruhig sagen, daß mein Entzücken sich wie ein Schwarm auffliegender Vögel emporschwang. Alles, was ich sah oder hörte – die ganze pastellfarbene Stadt, die Gebäude so heiter und ruhig wie das grüne Wasser des Hafens –, löste ein neues Geflatter der weißen Entzückensflügel aus. An einer Landungsstelle drängte sich eine Gruppe von Fischerbooten mit einem Gewirr von Masten und mit grün und schwarz und violett gestrichenen Rümpfen, die sich wie Melonenscheiben wölbten. Am Wasser entlang zog sich eine Reihe von Häusern, die ab und zu durch eine Lücke und Schutthaufen oder durch Mauerreste unterbrochen wurde. Doch die Farbe der Häuser selbst war entweder hellgrün oder mauve oder hellgelb wie blasses Sonnenlicht; oder von einem verblichenen Rosa oder einem zarten Blaugrau. Und dazu, oben auf einem Hügel, die uralte Ruine eines Schlosses.

Duncans Blick überflog die Szenerie liebevoll. »Jede Stadt sollte so ein Schloß haben«, sagte er.

Unser Hotelzimmer war alt, hatte einen schrägen Fußboden und ein einziges riesiges Messingbett. Auf dem Holzboden lagen weder Teppiche, noch waren Vorhänge an den hohen französischen Fenstern, die wegen ihrer schiefen Rahmen nicht ganz zugingen. Unten vor unserm Fenster trafen drei Straßen aufeinander und bildeten eine dreieckige Insel, die mit Platanen und in Mustern angeordneten gelben Blumenbeeten bepflanzt war. Arbeiter in grauer Kleidung und dicken Stiefeln saßen auf Steinbänken und tranken Wein. Die Fassaden der Häuser an der Straße waren zum Teil mit schweren Fensterumrahmungen und gelegentlich mit langen, dünnen Karyatiden geschmückt, die zugleich frivol und gesittet wirkten. In der Ferne ragte ein schlanker Kirchturm empor, und Glockengeläute flutete auf uns herab. Wir wuschen uns Gesicht und Hände, putzten uns die Zähne und zogen uns um; dabei sangen wir die ganze Zeit. Und dann – da wir ja in Frankreich waren – gingen wir auf die Suche nach Frauen.

Zunächst spazierten wir die Uferstraße entlang und betrachteten die Vielfalt von Grand-, Univers- und Windsorhotels. Sie waren zerstört, und Arbeiter hasteten ein und aus und schleppten Steine aus dem zertrümmerten Innern. Andere Arbeiter paßten plumpe Betonsäulen in die Balustrade längs der Straße. Diese Balustrade trennte die Straße vom steinigen Strand. Waren sie mit einem Teil fertig, erschien eine andere Equipe von Arbeitern mit großen Preßluftbohrern, bohrte Löcher in die Säulen, splitterte die Ecken ab und zerschrammte die Kannelierungen. Duncan und ich sahen fasziniert zu, bis uns klar wurde, daß sie der Balustrade auf diese Weise ein altes Aussehen verliehen. Nach ein paar Jahren hatten dann die Menschen vergessen, daß die Balustrade nach dem Krieg repariert worden war; sie kannten sie dann nur noch altaussehend und unzerstörbar und als Wahrzeichen einer vergangenen Zeit.

Duncan und ich nahmen unsern Weg über den oberen Strand, der größtenteils felsig war, hinunter zu dem schmalen Sandstreifen, der den Ozean säumte. Der Strand war fast menschenleer, bis auf wenige Gruppen von Leuten, die auf Decken saßen oder herumlagen. Diese Leute schienen merkwürdig kompakt und wohlgenährt zu sein. Das einzige Geräusch kam von den Preßluftbohrern, die emsig damit beschäftigt waren, vergangene Zeiten wiederherzustellen.

Der Kanal sah grau aus, und kein Schiff war zu sehen. Er wirkte eher wie ein Himmelsstreifen auf einer verblichenen Tapisserie. Duncan schlug vor, daß wir uns, sobald wir unsern Koffer nach Paris aufgegeben hätten, sofort mit unsern Rädern auf den Weg nach Mont-Saint-Michel machen sollten. »Das ist nur eine ganz kleine Insel«, sagte er. »Es ist lange daran gearbeitet worden, und sie müßte eigentlich schon wieder ziemlich intakt sein.«

Auf unserm Rückweg zum Hotel kamen wir an vielen Frauen vorbei. Wir sahen nur ein hübsches Mädchen, doch das rannte mit rudernden Armen, und ihr dünnes buntes Kleid flatterte um ihre muskulöse Gestalt. Nur ein Pistolenschuß hätte sie zum Stehen bringen können.

In einem Anfall von Selbstbehauptung äußerte ich, daß ich kein besonderes Interesse an Mont-Saint-Michel hätte und daß es obendrein vom Wege abläge. Ich wollte Duncan nicht merken lassen, daß ich nur sein Trabant war. Zu meiner Überraschung stimmte er mir zu, und am nächsten Morgen machten wir uns mit unseren Rädern auf den Weg nach Paris. Jeder von uns hatte zwei Reisesäcke und einen Schlafsack bei sich. Wir radelten durch Arques-la-Bataille und Neufchâtel, durch Forges-les-Eaux und Gournay-en-Bray. Das Land war grün, und wir fuhren an den blaßblauen Schiefertürmen alter, verwitterter Kirchen vorüber. Duncan erzählte irrsinnig komische und peinliche Geschichten von sich als Kind. Eine erzählte er mir, während wir in einem kleinen Teich, nicht weit von der Chaussee, herumschwammen. Ich lachte so laut, daß ein Bauer mit durchfurchtem Gesicht und staubigen Händen angelaufen kam, um zu sehen, wer wir wären.

In Pontoise saßen wir auf einer Terrasse oberhalb der Oise und beobachteten die Raketen des Bastilletages am Nachthimmel von Paris. Am Tage, als wir nach Paris hineinfuhren, mußten wir stundenlang durch endlose Vorstädte radeln, bis wir endlich gegen Mittag zur Place de la Concorde mit ihren spielenden Springbrunnen und den blühenden Gärten der Tuilerien kamen. Und eines Morgens wachten wir in einem Kornfeld, umgeben von den fahlen Halmen grannigen Weizens auf und erblickten hinten am Horizont, verschwommen und blaß, die Türme von Chartres. Und in Beaugency faulenzten wir einen vollen Tag auf einer Sandbank in der Loire, mit einer Familie von sieben Mädchen. Alle waren blond, alle waren entzückend, und alle waren in Duncan verliebt. (»Sie werden uns doch bestimmt schreiben, nicht wahr?«)

Ich weiß nicht mehr, wann wir beide zu dem Schluß kamen, daß der andere dieses Paradies nicht wert sei. Mir ist nur noch im Gedächtnis, daß es immer schwieriger wurde, uns darüber zu einigen, in welchem Hotel man absteigen, in welchem Restaurant man essen und welche Straße man nehmen sollte.

Die Gelegenheiten häuften sich, wo einer von uns, sich aufseufzend abwendend, in die Landschaft starrte und bemerkte: »Na schön, wie du willst ...« Mit den Floskeln krampfhafter Höflichkeit als Hintergrund erinnere ich mich noch an den Sonnenuntergang in Blois, der sich blutrot über den Himmel ergoß, und an die alten Alleen in Chambord. In demselben Zusammenhang erinnere ich mich an zwei Schwalben, die, jubilierend mit ihren gebogenen, spitzen Flügeln schlagend, dicht über der Loire dahinhuschten. Ich erinnere mich an Duncans Stimme in Chenonceaux – der Himmel war voller aufgetürmter weißer Wolken –, als er sagte: »Es ist mir wirklich ganz egal ... ich finde nur, wir sollten ...«, und seine Stimme bebte vor Ressentiment.

Wir hatten beschlossen, uns den Westen von Frankreich anzusehen – es war hauptsächlich meine Idee gewesen –, weil weniger Amerikaner dort zu treffen waren. In Wirklichkeit aber hatte ich einen anderen Grund. Soviel ich wußte, gab es im Westen keine so schwierigen Plätze wie Chartres. In Chartres hatte ich nämlich auf alles ganz falsch reagiert. Wer konnte denn auch wissen, daß es beim Besuch der Kathedrale Sitte war, in eine Konditorei zu gehen, eine Tüte Schokoladenéclairs und Kirschtörtchen zu kaufen, sich damit auf den Rasen vor den Eingang zu setzen und zu den Türmen hinaufzustarren, während man sich in ein Schokoladenkoma aß? Duncan ärgerte sich, als ich sagte, die Kathedrale sei schön. Seiner Meinung nach empfand man derartige Dinge so intensiv, daß man keine Worte dafür fand, und man hatte auch gar nicht das Bedürfnis zu haben, welche zu finden.

Duncan liebte Pernod, mir wurde schlecht davon. Duncan haßte es, mit Leuten zu sprechen, ich hingegen unterhielt mich mit jedermann. Mein französisches Vokabularium war besser als Duncans. Hingegen war seine Aussprache besser als meine. Ich wurde höllisch geschickt darin, Duncan vor dem Frühstück nicht zu irritieren, bemerkte aber nicht, daß er irgendeine meiner Bemühungen anerkannte oder sie durch Rücksichtnahmen ähnlicher Art erwiderte. Zum fünfzigsten Mal fand ich ihn unfair. Es kam der Moment, wo ich den Klang seiner Stimme nicht mehr aushalten konnte und auch seine Ideen nicht. Nachdem ich fünfunddreißig Tage ununterbrochen Tag und Nacht mit ihm gereist war, hatte ich das Gefühl, an Duncans Gegenwart ersticken zu müssen.

Wir radelten durch die flache Landschaft der Vendée, mit ihren leuchtend gelben Sumpfgräsern, den Weizenfeldern und grünen Wiesen, ihren weißen Bauernhäusern, ihren winzigkleinen Zugbrücken über Kanäle und Bäche – zwei Collegestudenten, braungebrannt und gesund, in Ruderleibchen und Shorts, und so wütend aufeinander, daß wir in fünf Meter Abstand voneinander auf unsern Rädern dahinfuhren. Wenn eins der wenigen Autos an uns vorbeifuhr, war ich gespannt, ob Duncan es wohl zur rechten Zeit bemerkte, aber er bemerkte es immer.

Die Luft hatte etwas Feuchtes und Stickiges. Die Dörfer lagen weit auseinander. Immer, wenn wir uns einem näherten, sahen die Häuser unfreundlich aus, und die Fensterläden waren geschlossen. Die Franzosen hatten sich in ihren hohen, kühlen Räumen verbarrikadiert, zerschnitten mit kleinen, mit Perlmuttergriffen verzierten Messern saftige Birnen, während wir auf unsern Rädern durch die heißen, staubigen Straßen fuhren, nur um dann auf der andern Seite der grauen Kirche und des weißgetünchten Cafés wieder in das flache, offene Land hinauszukommen.

Die Hitze war unerträglich. Bei Luçon bogen wir von der Hauptstraße ab und fuhren wieder meerwärts zu einem Ort, der auf der Karte großartig mit La Tranche angegeben war, dann aber nur aus drei, vier Häusern an der Chaussee bestand. Kurz hinter La Tranche stieg der Weg zu einem Hügelrücken an, und von dort aus sahen wir, daß das flache Grasland sich zu diesem Hügelrücken emporwölbte, auf dem wir standen, und dann zur Bucht von Biscaya abfiel, wo es weder Strand noch Felsmauern gab. Grün und leuchtend wogte das Gras der Wiesen in der salzigen Meeresbrise und verschmolz mit dem Wasser. Man konnte sehen, wie das Gras, dem Blick entzogen, unter Wasser wahrscheinlich bis zum Rande der Ebbe reichte. Kühe patschten durch ihre Weide, und Wasserbläschen hingen wie Perlketten um ihre Hufe. Französische Buben und Mädchen, deren Fahrräder im Grase lagen, schwammen in der überschwemmten Wiese. Ein paar Meter vom Ufer entfernt, wiegten sich Fischerboote mit blau und gelb gestrichenen Rümpfen an ihren Ankerplätzen hin und her.

Ich hielt an und rief Duncan, der noch ein paar Meter weiter fuhr und dann anhielt. Mein Rad neben mir herschiebend, ging ich zu ihm hinüber. »Ist das nicht wirklich zauberhaft – – –« begann ich.

Duncan wandte sich zu mir um und sagte mit wutbebender Stimme: »*Mußt* du denn immer was sagen? Hast du das Gefühl, du müssest wie in der Kirche deinen Obolus in die Sammelbüchse werfen?«

Für den Rest des Tages radelten wir schweigend weiter. Bei Sonnenuntergang hielten wir in La Rochelle, wo die alten Hugenottenbefestigungen noch den winzigen Hafen umgeben, und fanden in einem komischen alten Hotel in der Nähe des Bahnhofs auch ein Zimmer. Dieses Zimmer hatte zwei riesige Messingbetten mit ungeheuer wülstigen Matratzen, die knarrten, wenn immer wir uns bewegten. Die Rückseite des Hauses enthielt einen Stall. Pferdegeruch drang in unser Zimmer; aber draußen vor unserm Fenster war ein riesiges Rosenspalier. Die Rosen blühten. Die ganze Nacht trieben wir auf Ebbe und Flut dieser sich so seltsam ergänzenden Gerüche; und so ungefähr jede Stunde hörten wir einen Zug ankommen oder abfahren.

Am nächsten Tag radelten wir weiter nach Bordeaux. Am frühen Nachmittag begannen wir dahinzurasen, ohne unser Tempo zu verlangsamen noch eine Ruhepause einschalten zu wollen. Wir erreichten Bordeaux um sieben Uhr abends, gingen sogleich in ein Café, bestellten eine Flasche Wein und fingen an, miteinander zu streiten. Verschiedene Male kam der Kellner, ein dicker Baske mit schwarzen Brauen, auf Zehenspitzen angerannt, preßte einen rosigen runden Finger an die Lippen, und wir nickten und sagten: »Verzeihung, Verzeihung« und dämpften unsere Stimmen.

Anscheinend konnte Duncan meine Art zu pfeifen nicht ausstehen, wenn ich mich rasierte, noch meine Art, mit Kellnern umzugehen, noch die Tatsache, daß ich lächelte, selbst wenn ich mich schlecht fühlte. »Hat Hinterwäldlertum auch einen Einfluß aufs Gemüt?« fragte er.

Darauf schrie ich Duncan mit höchster Lautstärke an, daß er kindisch, ein eingebildetes Schwein und ein Snob sei.

»Du hast keine Kinderstube«, sagte er, »du schreist in einem Lokal. Ich habe dich immer für einen intelligenten Plebejer gehalten, aber ich hatte keine Ahnung, wie vulgär du bist.«

»Sehr gut«, sagte ich und stand auf. »Das genügt mir. Ich habe die Nase voll! Jetzt wird gekämpft.«

Feierlich marschierten wir aus dem Café. Der Kellner lief uns nach und hielt uns aufgeregt die Rechnung unter die Nase. Wir kontrollierten sie und zahlten, und wie gewöhnlich wurden wir geneppt. Bis zu diesem Augenblick war mir nie bewußt geworden, wie sehr ich an Duncan hing und wieviel ich von ihm gelernt hatte. Außerdem kam mir in den Sinn, daß Duncan ja fünfzehn Pfund schwerer war als ich.

Unsere Räder schiebend, gingen wir dahin. »Alle meine Freunde waren letzten Endes nichts wert«, sagte Duncan an einer Stelle bitter. Und später sagte er dann noch leise vor sich hin: »Einmal wollte ich sein wie du – – –« Ich dachte, er lüge, nur damit ich mir noch elender vorkäme. Wir gelangten schließlich an eine ausgestorbene Straße, die von Lagerhäusern gesäumt war. Duncan lehnte sein Rad an eine Mauer. Ich warf meins aufs Pflaster. Wir standen uns gegenüber und gingen aufeinander los. »Ich bin so wütend, daß ich versuchen werde, dich ins Gesicht zu schlagen«, sagte Duncan.

Wir tauschten fünf oder sechs Schläge aus, und dann trafen sich unsere Blicke. Rot vor Scham zogen wir uns zurück, und unsere Hände sanken herunter. Duncan setzte sich auf die Bordschwelle, zog seine Zigaretten heraus und bot mir eine an.

»Du hast mich beleidigt«, sagte ich.

»Mit Absicht.«

»Meinst du, was du gesagt hast?«

»Natürlich«, sagte er. »Du vielleicht nicht?«

»Natürlich.«

Wir kamen überein, daß wir uns trennen müßten.

»Wo werden wir uns in Biarritz treffen?« fragte Duncan, da wir ja unsere Sachen in dem einen Koffer dorthin geschickt hatten.

»Auf dem Bahnhof«, schlug ich vor.

»Um welche Zeit?«

Ich nahm meine Karte heraus und versuchte auszurechnen, wie lange wir wohl bis Biarritz brauchen könnten. »Zum Teufel das Ganze«, sagte ich schließlich. »Das ist zu schwer auszurechnen. Wir fahren zusammen hin.«

»Ach!« Duncan war enttäuscht. »Na meinetwegen, wenn du meinst . . .«

Wir erhoben uns von der Bordschwelle und holten unsere Räder.

»Dein Rucksack ist lose«, machte Duncan mich höflich aufmerksam.

»Danke«, erwiderte ich.

Wir waren viel zu deprimiert, um im Michelin unsern Weg zu finden, und Bordeaux war, wie Paris, mit endlosen Vorstädten behaftet. Um ein Uhr morgens irrten wir noch immer hoffnungslos umher und waren unter dem Druck unserer seelischen Belastung völlig erledigt. Nachdem wir jede Hoffnung aufgegeben hatten, ein freies Feld zu finden, in dem wir hätten nächtigen können, ließen wir uns neben einer blühenden Hecke, unter einem kleinen Apfelbaum auf dem Friedhof einer Kirche nieder. Wir entfalteten unsere Schlafsäcke und legten uns hin. Kurz darauf fühlten wir ein Kribbeln. Ich nehme an, wir hatten uns in einen Ameisenhügel gelegt. Wie auch immer, im Bruchteil einer Sekunde wimmelten unsere Schlafsäcke von allen möglichen Insekten. Wir besprachen, ob wir aufstehen und weiterfahren sollten, aber der Gedanke, wieder unsere Räder zu besteigen, war einfach zuviel für uns beide. Eingelullt vom Duft der Blumen, der Stille des Friedhofs und dem Gesumm der Insekten, blieben wir stumpf liegen und kratzten uns nur hin und wieder. Draußen auf der Straße rumpelte gelegentlich ein Laster vorbei, aber meistens waren es Dieselmotoren, und das Gerumpel von Diesellastern ist ein gemütliches Geräusch.

Schließlich fing Duncan an zu reden. »Jetzt, da wir uns trennen«, sagte er, »kann ich dir ja verraten, daß mein ganzes Gerede damals in der Sitzung unserer Literatur-Zeitschrift überhaupt nicht ernst gemeint war.« Er hätte sich nur geniert, daß er in den Sitzungen immer so passiv gewesen sei, und hätte sich einfach eine Beweisführung ausgedacht und ein paar kleine Witzeleien und hätte sich vorgenommen, sie anzubringen, ganz gleich, was zur Diskussion stände. Es habe ihm zwar sehr gefallen, daß ich ihm zugestimmt hätte, aber es sei doch etwas quälend für ihn gewesen, versuchen zu müssen, meiner Bewunderung für ihn zu entsprechen. »Ich finde es schwierig, zu denken«, gestand er mir. Außerdem habe er immer gedacht, ein Snobismus sei auf psychische Ursachen zurückzuführen und daß er ihn gelegentlich schon abgelegt hätte. Dann habe es ihn aufgeregt, daß ich diesen Snobismus immer so ernst genommen und eine Doktrin daraus gemacht hätte. »Viel von dem, was ich sage«, erklärte er mir, »äußere ich nur, um etwas zu sagen. Schließlich kann man ja nicht die ganze Zeit schweigen.« Es störe ihn auch, sagte er, daß ich ihn nicht durchschaut hätte. Das habe ihn davon überzeugt, daß ich ein Schafskopf sei. Er habe sich gleichzeitig schuldig und überlegen gefühlt. Er bedaure nun, daß er mich beschwindelt hätte, aber eigentlich habe er hauptsächlich nach Europa kommen wollen, um der Schule zu entgehen, die ihn langweile. Es täte ihm leid, daß wir soweit gekommen seien, uns so zu hassen, er nähme aber an, es sei unvermeidlich gewesen, weil er eben ein so wertloser Mensch sei.

Ein Laster mit unablässig knatterndem Auspuff rumpelte über die Kopfsteine. Durch das Gespinst der Zweige über mir konnte ich die Sterne sehen.

»Ich verzeihe dir«, sagte ich. Er dankte mir und fügte hinzu, daß es ihm leid täte, wenn er mich gekränkt habe, und er sei überzeugt, meine Gewohnheit, angesichts einer Landschaft oder Naturschönheit mein Entzücken zu äußern, fände bestimmt bei den meisten Menschen, mit denen ich später einmal im Leben zu tun hätte, den größten Anklang.

Ich nannte ihn im stillen einen Schuft.

Wir endeten damit, daß wir uns gegenseitig gestanden, beide hoffnungslos unaufrichtig, einer echten Beziehung nicht fähig und als Menschen schlecht zu sein. Nachdem wir lange geschwiegen hatten, sagte ich endlich, wir sollten doch versuchen, miteinander auszukommen, aber ich konnte ihn nicht überzeugen. Er hörte nicht auf, abwechselnd sich zu beschimpfen und mich zu beleidigen. Und doch war es erstaunlich, wieviel Zuneigung in der Luft lag, wie betrübt wir beide waren und wie hoffnungslos alles schien.

Am nächsten Morgen, bei Tageslicht, fanden wir den Weg aus der Stadt, beide deprimiert und schweigsam. Ich machte die Erfahrung, daß es eine Verlegenheit gibt, die keine Grenzen kennt. Jede Stunde legte neue und bis dahin unentdeckte Gebiete bloß. In einem kleinen Café unter Bäumen an einer Wegkreuzung tranken wir zwei Flaschen Wein, und unsere Zurückhaltung löste sich wenigstens so weit, daß wir miteinander sprachen – wenn auch nur mit Schwierigkeiten und sehr vielen verlegenen Lächeln und ohne uns je wirklich anzusehen.

Wir kletterten wieder auf unsere Räder, radelten los und schwankten in unserer Trunkenheit immer hin und her. Die

Chaussee wimmelte von Lastwagen mit jungen Bordelesern, die über das Wochenende ans Meer fuhren. Sie hatten frische, offene Gesichter mit scharfen Nasen und leuchtende Augen. Sie beugten sich von der Rückseite ihrer Laster herunter, packten uns bei unsern Hemden und zogen uns auf diese Weise bergauf. Als die merkten, daß ich kitzlig war, brüllten sie vor Lachen. Und als Duncan alle Verse von ›Le Poisson dans l'Eau‹ sang, die er von einer alten Trenet-Platte gelernt hatte, applaudierten die jungen Franzosen, die unter dem heißen südlichen Augusthimmel in ihre Lastwagen gepfercht dahinfuhren und schrien: *»C'est joli, ça!«*

An einem langen Hügel riß mein Hemd. Wir waren von Laster zu Laster zurückgefallen, und das war der letzte Wagen in der Prozession. Mein Hemd war mir fast vom Rücken gerissen worden. Der Laster brummte den Hügel hinauf und verschwand über den Gipfel, und Duncan und ich standen allein in einem Birkenwäldchen. Ich blickte zu Duncan hinüber und war unglücklich, daß ich mit ihm da war. Das Birkenwäldchen war bezaubernd. Durch die hellen, zarten Blätter fielen die Sonnenstrahlen in alle Richtungen. Als ich von der einen zur anderen Chausseeseite hinübertorkelte, schien mir, als lehnten sich die Bäume zu mir herüber, streiften mein Gesicht mit den Spitzen ihrer Zweige und schnellten dann zurück. Oder, wenn es bergab ging, meinte ich, die Bäume lehnten sich zurück, wie auf einer Kinderzeichnung, die Schnelligkeit ausdrücken sollte. In einer Kurve schienen die Bäume sich loszulösen und zum Himmel hinaufzusausen. Plötzlich befanden wir uns inmitten eines Schwarms gelber Schmetterlinge. Sie erfüllten die Luft. Ihre Flügel schlugen und zitterten. Sie waren überall. Sie schlugen gegen unsere Stirnen und Augenlider, verfingen sich in unsern Kleidern und starben an den Reifen unserer Räder. Voller Entsetzen hielt Duncan sein Rad an. Dann begann er sich langsam einen Weg durch die gelbe Wolke zu bahnen. »Versuch sie nicht zu berühren«, sagte er. »Ihre Flügel hören auf zu arbeiten, wenn du sie berührst. Sie sterben.« Ich war so betrunken, daß ich nicht einmal imstande war, mein Tempo zu verlangsamen. Blindlings raste ich durch den Schmetterlingsschwarm, blinzelte mit den Augen und fluchte, wenn einer sich auf meinem Reifen niederließ und zermalmt wurde. Ganz zum Schluß prallte ein Schmetterling gegen mein Auge, und in plötzlichem Mitleid hielt ich das Auge offen. Zwischen ihm und dem Himmel lag ein gelber, von zarten Adern durchzogener Schleier. Der Schleier flatterte, löste sich los, ich schloß die Augen und fuhr blind in einen Baum.

Schweigend half mir Duncan auf. Wir fuhren jetzt Seite an Seite nebeneinander her; zwar noch betrunken, aber nicht mehr so betrunken wie vorher. Gelegentlich verfingen sich unsere Räder ineinander. Duncans Hand war verletzt, denn er hatte sie bei einem unserer Zusammenstöße an meiner Lenkstange aufgeschunden. Mein zerfetztes Hemd schlug flatternd im Wind.

Um vier Uhr erreichten wir Arcachon. Es war ein kleiner Badeort mit verschiedenen öffentlichen Stränden und Meilen von winzig kleinen Villen. Wir rochen das Meer, die strenge Salzluft der Bucht, die Glyzinien, die Nadelwälder auf den umliegenden Hügeln. Wir fuhren durch den Ort und kamen zu einer großen roten Backsteinvilla am Meer, quadratisch und im viktorianischen Stil, mit einem großen verglasten Wintergarten auf der Südseite. In ihrem Garten stand eine Fülle von Gardenienbüschen und kleinen Zitronenbäumen. Wir hoben unsere Räder über eine niedrige Mauer, bahnten uns unsern Weg unter einigen Bäumen hindurch, kletterten über eine andere Mauer und gelangten an einen weißen Strand.

Hier sanken wir beide in den Sand, und Duncan murmelte neben mir: »Ein Badeort ist ein Badeort ist ein Badeort.« Der Strand dehnte sich vor uns aus, bis zu einer Sandbank, wo eine Picknickparty stattfand, und entzog sich nach Süden hin in der Ferne unsern Blicken. Hinter uns am Strand lagen einige Leute ausgestreckt unter einem rosa und gelben Strandschirm. »Willst du zur Sandbank hinausschwimmen und sehen, ob wir uns am Picknick beteiligen können?« fragte ich Duncan. Er sah mich angstvoll an und begann zu zittern. Ich wendete mich ab.

Die Wellen der Bucht waren blau und glitzerten. Kleine Segelboote mit buntgefärbten Segeln schossen auf dem weiten Wasser umher. Es war Ebbe, und auf dem Sand lagen, so schien es, Hunderte von kleinen Fahrzeugen, solche mit Masten und solche ohne, solche in der Größe kleiner Ruderboote und einige größere, mit dem abgerundeten, fast üppig gewölbten Rumpf von Booten für seichte Gewässer.

Duncan war so verlegen, daß er anfing, eine Sandburg zu bauen. Ich langte in meine Fahrradtasche hinten am Rad, nahm einen Schreibblock heraus und begann einen Brief an meine Mutter.

»Liebe Mutter,
wir sind soeben in Arcachon angekommen, einer kleinen französischen Stadt, die ein Badeort und sehr interessant ist. Duncan und ich verbringen eine herrliche Zeit zusammen und lernen auch eine Menge, wie ich es Dir vorausgesagt hatte und weswegen ich nach Europa wollte. Du siehst also, wie recht ich mit dieser Reise hatte, und – – –

Ich warf den Block hin, kroch zu Duncan hinüber und machte mich daran, ihm beim Bau seiner Burg zu helfen. Er ließ sich noch immer nicht herbei, mir in die Augen zu schauen. Ich stieg auf mein Rad, fuhr in den Ort und brachte Schinkenbrote, zwei Flaschen Mineralwasser und zwei Flaschen *vin ordinaire.* Wir mußten ja den Abend irgendwie hinter uns bringen.

Die Gesellschaft auf der Sandbank packte alles wieder in die Körbe und verschwand. Der rosa und gelbe Schirm wurde zusammengefaltet und weggetragen. Wir waren allein am Strand. Duncan höhlte eine Stelle im Sand für seine Schultern aus und häufte den Sand zu einer Stütze für seinen Kopf auf, damit er die Boote auf dem Wasser beobachten konnte. Wir tranken ständig und hörten nur dann und wann auf, um ins Wasser zu rennen und ein paar Stöße durch den Seetang zu schwimmen, der bei Ebbe dicht unter der Wasseroberfläche wogte. Wir kamen überein, daß das – eben die Ebbe – der Grund dafür sein mußte, daß der Strand so menschenleer war.

»Mein Gott!« stieß Duncan plötzlich hervor. »Das ist einfach höllisch!« In unserer Verzweiflung arbeiteten wir weiter an der Sandburg. Es wurden immer mehr Türme, Burggräben und Brücken. Kirchtürme wuchsen empor, babylonische Stufentürme, ägyptische Pyramiden, christliche Glockentürme und mohammedanische Minarette. Aus unserer Burg wurde eine Stadt. Die Stadt begann sich immer mehr über den Strand auszubreiten und wurde immer grandioser und immer phantastischer.

In der Abendkühle kam ein kleiner blonder Junge aus der roten Backsteinvilla und begann allein im Garten zu spielen. Er hatte eine blaue Matrosenbluse mit kurzen Hosen an und ein Paar winziger Sandalen.

Duncan bewunderte die Burg. Wir waren schon wieder ziemlich betrunken. »Es ist wirklich eine schöne Burg«, sagte er melancholisch. »Wenn ich eine Kamera hätte, würde ich jetzt eine Aufnahme davon machen. Sie wäre wert, erhalten zu bleiben, findest du nicht auch?«

Ich war auch der Meinung, daß es eine herrliche Burg sei, wußte aber, zum Teufel, absolut nicht, was man damit machen sollte. »Wir könnten Steine danach werfen«, schlug ich vor.

Der kleine Knabe wanderte an der Mauer entlang und schaute neugierig durch das Gitter zu uns herüber. Einen Arm hatte er um einen der Eisenstäbe geschlungen, der andere lag oben über dem Geländer. Dort hing er und malte gelegentlich mit der Spitze seiner Sandale Linien in den Sand, den der Wind in den Garten geweht hatte. Er sah die Burg. Seine Augen weiteten sich. Er und Duncan starrten einander an. Dann drehte der kleine Knabe sich um und setzte sich hinter die Mauer. Man konnte nur ein Stück seines Beines sehen.

»Er langweilt sich«, sagte Duncan verzweifelt. »Er ist unglücklich. Das kann ich nicht ertragen.«

Ich erinnere mich, daß wir auf Zehenspitzen zur Mauer hinübergingen – irgendwie mußten wir den kleinen Jungen mit den Schmetterlingen verwechselt haben – und unsere Köpfe hinüberstreckten.

»Hei«, sagte Duncan.

»*Bonjour*«, antwortete das Kind.

»Ich habe keine Ahnung mehr von Französisch«, sagte Duncan zu mir. Er lehnte sich vorsichtig über die Mauer. *»Voulez-vous* – – – Wie ist das Wort für spielen?« rief er, sich mir zuwendend. Ich wußte es nicht. Um mich aufrechtzuhalten, lehnte ich mich an die Mauer.

Der kleine Junge sah uns an. Er war höflich, unerschrocken und zugleich verblüfft. Schließlich langte Duncan über die Mauer hinunter und hob das Kind herüber. Das Gesicht des Kleinen wurde blaß. *»Les brigands?«* fragte er mit piepsiger Stimme. Duncan hörte nicht; er trug den Jungen kurzerhand zur Burg-Stadt hinüber und setzte ihn davor nieder. »Deins«, sagte er großartig. »Alles deins.« Der Kleine sah Duncan an und lächelte unsicher. »Na, geh doch«, forderte Duncan ihn auf. »Spiel damit. Mach's kaputt, wenn du willst. Ich habe nichts dagegen.«

Das Kind hatte den Kopf zur Seite geneigt und stand

regungslos da. Die kleinen Hände verkrampften sich ineinander. Duncan fiel auf die Knie und sagte mit einem vor innerer Bewegung roten Gesicht: »Du hast doch nicht etwa Angst vor mir, Kleiner? Das kann doch nicht sein. Ich bin ja ein Feigling. Ich kann dir doch keine Angst einjagen, nicht wahr?«

»Comment, Monsieur?« fragte der kleine Junge. Er war den Tränen nahe.

Duncan ergriff die Hand des Kindes und berührte damit einen der Stufentürme. Ein paar Sandkörner rieselten herunter. Duncan deutete auf den Kleinen und dann auf die Burg. Er hielt den Jungen noch bei der Hand und führte ihn so um die ganze Burg herum. Der Kleine begann zu lächeln und schaute zu Duncan auf.

»*Oui*«, brach es aus Duncan heraus, »für dich. *Votre*«, rief er triumphierend. »*Pour vous, s'il vous plaît*, oder wie immer das heißt.«

»*Pour moi, Monsieur?*«

»*Oui*«, nickte Duncan. »*Oui!*«

»*Tout ce château? Vraiment?*« Das Kind klatschte in die Hände.

Nicht lange darauf, gerade als wir einen neuen dreispurigen Supertunnel gebaut hatten und gerade als Duncan mich fragte: »Jetzt ist er doch glücklich, nicht wahr? Ich habe ihn doch nicht gekränkt?« hörten wir eine Frauenstimme. Der Kleine rief antwortend zurück, und eine Frau kam angelaufen – eine hochgewachsene, blonde Frau mit großen, aufmerksamen, freundlichen blauen Augen. Hastig beugte sie sich zu dem Jungen hinunter und riß ihn hoch. Und als er sicher in ihren Armen war, wandte sie sich zu uns um und sah uns mißtrauisch an. Wir waren betrunken und unrasiert, hatten blutunterlaufene Augen und schmutzige Kleider an. Duncan brachte eine Art Verbeugung zustande und erklärte, daß wir Amerikaner seien. Sie stieß einen freudigen Laut aus, und ein Lächeln erhellte ihr Gesicht. Dann trat sie vor und schüttelte Duncans Hand. *»Enchanteé, Monsieur«*, sagte sie spontan, und dann noch einmal, als sie meine Hand schüttelte: *»Enchanteé.«* Sie verweilte noch einen Augenblick, ihr Kind auf dem Arm, und sprach langsam und freundlich in einem sehr sorgfältigen Französisch mit uns. Sie wollte wissen, woher in Amerika wir gekommen seien, und nickte zu unsern Antworten. Sie fragte, ob wir lange in Frankreich zu bleiben gedächten, und als wir darauf sagten: »Ein Jahr«, nickte sie wieder zustimmend mit dem Kopfe und meinte, wir seien *très sages*. Ihre Stimme klang gleichzeitig ernst und weich, und zunächst starrten Duncan und ich ihr ins Gesicht; dann riß Duncan sich zusammen, warf mir einen zurechtweisenden Blick zu, und dann blickten wir beide verlegen zu Boden. Wenn wir Wasser brauchten, sagte sie, könnten wir an die Hintertür kommen und uns welches holen. Sie müsse jetzt das Abendessen für die Großeltern des Kleinen kochen. Ihr Mann sei in Bordeaux beschäftigt und arbeite länger. Sie schüttelte uns nochmals die Hände und ging dann mit dem Kind auf dem Arm in den Garten zurück. Der hellblaue Rock, den sie trug, wehte hin und her und schlug gegen die Eisenstäbe des Tors, als sie es hinter sich schloß.

Unser Wein war ausgetrunken. Der Sonnenuntergang begann, und seine rosige Pracht färbte Duncans knochige Kniescheiben rosig. Er setzte sich wieder in den Sand und redete, während er seine Beine mit Sand bedeckte. »Weißt du, was ihre Gestalten so schön macht? Arbeit. – Sie gebrauchen noch nicht diese lausigen, arbeitssparenden Instrumente. Sie beugen sich hinunter, sie gehen und benutzen ihre Fahrräder. Hast du bemerkt, wie schmal ihre Taille war? Es ist ein Unsinn zu behaupten, die amerikanischen Frauen seien genauso reizvoll.«

»Da bist du aber im Unrecht«, entgegnete ich. »Frankreich ist ja sehr schön, aber –« Die Luft rings um mich war duftgeschwängert, und der Sonnenuntergang ließ seine bunten Bänder über den ganzen Himmel flattern. »Vergiß doch eins nicht: wir sehen es zum erstenmal. Ich bin überzeugt, Amerika –«

Duncan wurde ganz wütend. Er warf mir vor, eigensinnig und feige zu sein. Und nur, weil ich nicht hierherpaßte. »Du hast ja mit der Frau nicht mal ein Wort gesprochen.«

»Das stimmt«, gab ich lässig zu. »Aber nur, weil ich so beeindruckt war, daß ich nicht reden konnte.« Ich stützte mich auf meinen Ellbogen und sah ihn an. Ich lächelte – noch etwas unsicher, gebe ich zu, wie man es einem älteren Bruder oder einem Menschen gegenüber tut, der einem sehr teuer ist und an dessen Zustimmung einem viel liegt. Duncan sah mich von der Seite an. Und dann, wenige Sekunden nachdem ich das gesagt hatte, lachten wir beide laut auf, als sei ich sehr witzig gewesen.

Blaue, durchsichtige Schatten zogen sich über dem Strand zusammen. Da lagen wir beide nun, mit all unsern Ängsten und Fehlern und mit unsern Hoffnungen, denen wir nicht recht trauten, und unsern Mißerfolgen. Aus einer der Villen am Strand drangen die Töne eines Grammophons zu uns herüber, welches ›La Vie en rose‹ spielte. Duncan summte den Schlager leise mit. Die Freundlichkeit Frankreichs breitete sich um uns aus wie die heraufziehende Nacht. Ich lauschte Duncan und dem Grammophon in der Ferne und dem traumhaften Rauschen der Wellen, und ich wußte, daß ich meine Jugend überleben und daß mir vergeben würde.

(Deutsch von Elizabeth Gilbert)

John Irving
Rettungsversuch für Piggy Sneed

Dies ist ein Erinnerungsbericht, bedenken Sie aber bitte, daß für jeden phantasiebegabten Schriftsteller alle Erinnerungen falsch sind. Das Gedächtnis eines Romanschriftstellers ist ein äußerst unvollkommener Detaillieferant; wir können uns immer ein Detail ausdenken, das besser ist als jenes, an das wir uns erinnern. Das korrekte Detail entspricht selten genau dem, was geschehen ist; das wahrheitsgetreueste Detail ist jenes, das hätte geschehen *können* oder *sollen*. Die Hälfte meines Lebens ist Revisionsarbeit; über die Hälfte dieser Arbeit besteht aus kleinen Veränderungen. Als Schriftsteller lebt man in anstrengender Bigamie zwischen sorgfältiger Beobachtung und ebenso sorgfältigem Ausmalen jener wahren Begebenheiten, die man nicht miterleben konnte. Der Rest besteht in der notwendigen, rigorosen Plackerei mit der Sprache; für mich bedeutet das, die Sätze immer wieder umzuschreiben, bis sie so spontan klingen wie gute Konversation.

Dessen eingedenk, glaube ich, daß ich wegen der guten Manieren meiner Großmutter Schriftsteller geworden bin, genauer gesagt, wegen eines geistig zurückgebliebenen Müllmanns, zu dem meine Großmutter immer höflich und nett war.

Meine Großmutter ist die älteste lebende Literaturstudentin, die in Wellesley mit Englisch im Hauptfach abgeschlossen hat. Sie lebt jetzt in einem Altenheim, und ihre Erinnerung verblaßt; sie erinnert sich nicht mehr an den Müllmann, der mir half, Schriftsteller zu werden, doch ihre guten Manieren und ihre Freundlichkeit hat sie bewahrt. Wenn sich andere Alte aus Versehen in ihr Zimmer verirren – auf der Suche nach ihren eigenen Zimmern oder vielleicht nach ihrem früheren Zuhause –, sagt meine Großmutter stets: »Haben Sie sich verlaufen, mein Lieber? Kann ich Ihnen behilflich sein, dahin zu finden, wo Sie *eigentlich* hingehören?«

Fast bis zu meinem 7. Lebensjahr wohnte ich zusammen mit meiner Großmutter in ihrem Haus; deswegen nannte sie mich immer »ihren Jungen«. In Wirklichkeit hatte sie nie einen eigenen Jungen; sie hat drei Töchter. Jedesmal, wenn ich jetzt von ihr Abschied nehmen muß, wissen wir beide, daß es vielleicht kein Wiedersehen mehr gibt, und sie sagt immer: »Komm bald wieder, Lieber. Du bist doch *mein Junge*« – sie besteht darauf, und das völlig zu Recht, daß sie mehr für mich ist als eine Großmutter.

Obwohl sie englische Literatur studiert hat, macht ihr die Lektüre meines Werks wenig Spaß; genauer gesagt, sie hat meinen ersten Roman gelesen und es dabei (ein Leben lang) bewenden lassen. Sprache und Thema mißfielen ihr, sagte sie mir; aus dem, was sie über die anderen gelesen hat, erfuhr sie, daß mit dem Fortschreiten meines Werks meine Sprache und meine Themen restlos auf den Hund kommen. Sie ist sehr stolz auf mich, behauptet sie; ich habe nie groß nachgehakt, weswegen sie stolz auf mich ist – vielleicht, weil ich überhaupt erwachsen geworden bin oder einfach nur, weil ich »ihr Junge« bin – doch eins hat sie bestimmt nie getan: mir das Gefühl gegeben, uninteressant oder ungeliebt zu sein.

Aufgewachsen bin ich auf der Front Street in Exeter, New Hampshire. Als ich ein Junge war, säumten Ulmen die Front Street; es war nicht das Ulmensterben, das die meisten Opfer forderte. Die beiden Hurrikans, die in den 50er Jahren dicht nacheinander zuschlugen, fegten die Ulmen weg, was die Straße seltsam modernisierte. Zuerst kam Carol und lockerte ihre Wurzeln; dann kam Edna und schmiß sie um. Meine Großmutter neckte mich immer mit der Bemerkung, sie hoffe, dies würde meinen Respekt vor Frauen fördern.

Als ich ein Junge war, war die Front Street eine dunkle, kühle Straße – sogar im Sommer –, und kein Garten war eingezäunt; jedermanns Hund lief frei herum und kriegte Ärger. Ein Mann namens Poggio lieferte meiner Großmutter die Lebensmittel. Ein Mann namens Strout lieferte das Eis für die Eiskiste (meine Großmutter sperrte sich bis zuallerletzt gegen Kühlschränke). Mr. Strout war bei den Hunden der Nachbarschaft unbeliebt – vielleicht weil er ihnen mit der Eiszange hinterherjagte. Wir Kinder von der Front Street belästigten Mr. Poggio nie, weil er uns in seinem Laden herumlungern ließ – und weil er mit Waffeln und anderen Leckereien großzügig war. Auch Mr. Strout belästigten wir nicht (wegen seiner Eiszange, die wir uns leicht gegen uns gerichtet vorstellen konnten). Aber der Müllmann hatte nichts für uns – keine Waffeln, keine Waffen –, und deshalb sparten wir unseren Spott, unsere Sticheleien und Gemeinheiten für ihn auf.

Er hieß Piggy Sneed. Er roch schlimmer als alle Menschen, die ich je gerochen habe, ausgenommen vielleicht einen toten Mann, der mir mal in Istanbul in die Nase stach. Und man mußte schon tot sein, um für uns Kinder der Front Street schlimmer auszusehen als Piggy Sneed. Es gab so viele Gründe, ihn »Piggy« zu nennen, daß ich mich frage, warum keinem von uns ein originellerer Name einfiel. Zunächst einmal lebte er, wie sein Spitzname schon sagt, in einer Schweinemästerei. Er zog Schweine groß, er schlachtete Schweine; mehr noch, er lebte mit Schweinen – es war bloß eine Schweinemästerei, ein Farmhaus gab es nicht, nur einen Stall. Es gab nur ein einziges Ofenrohr, das in eine der Boxen mündete. Diese Box wurde zu Piggys Behaglichkeit mit einem Holzofen geheizt – und im Winter, so stellten wir Kinder uns vor, drängten sich seine Schweine wärmesuchend um ihn. Er roch jedenfalls so.

Wegen seiner ungewöhnlichen Zurückgebliebenheit und der Nähe seiner vierbeinigen Freunde hatte er außerdem gewisse schweinsartige Ausdrucksformen und Gesten angenommen. Wenn er sich den Abfalltonnen näherte, war sein Gesicht immer so weit vorn, daß es aussah, als wühle er hungrig in der Erde herum; er blinkte mit den kleinen roten Augen; seine Nase zuckte so lebhaft wie eine Schnauze; im Genick saßen dicke rosa Wülste – und die blassen Borsten, die kreuz und quer auf seinem Kinn sprossen, waren nie und nimmer ein Bart. Er war klein, untersetzt und stark – er hievte sich die Abfalltonnen auf den Rücken und schleuderte ihren Inhalt auf die hölzerne, lattenflankierte Ladepritsche. Auf dem Laster warteten immer ein paar Schweine gierig auf die Abfälle. Vielleicht nahm er an verschiedenen Tagen verschiedene Schweine mit; vielleicht war es was Besonderes für sie – sie mußten nicht zu Hause auf das Essen warten, bis er mit dem Abfall angefahren kam. Er nahm nur Küchenabfälle mit – keinen Papier-, Plastik- oder Metallmüll –, und alles bekamen seine Schweine. Mehr tat er nicht; seine Tätigkeit war sehr exklusiv. Er wurde dafür bezahlt, die Abfälle abzuholen, die er an seine Schweine verfütterte. Wenn er Hunger bekam, stellten wir uns vor, aß er ein Schwein. »Ein ganzes Schwein auf einen Sitz«, hieß es bei uns auf der Front Street. Aber das *Schweineligste* an ihm war, daß er nicht sprechen konnte. Seine Zurückgebliebenheit hatte ihm entweder die menschliche Sprache genommen oder ihn von Anfang an der Möglichkeit beraubt, sie überhaupt zu lernen. Piggy Sneed sprach nicht. Er grunzte. Er quiekste. Er *oinkte* – das war seine Sprache; er lernte sie von seinen Freunden, so wie wir unsere lernen.

Wir Kinder von der Front Street pirschten uns immer an, wenn er die Abfälle auf seine Schweine niederregnen ließ. Wir lauerten ihm hinter Hecken auf, unter Verandas, hinter geparkten Autos, in Garagen und Kellerlöchern. Wir sprangen auf ihn los (wir kamen ihm nie zu nahe) und quieksten: »Piggy! Piggy! Piggy! Piggy! OINK! QUIIIEK!« Und wie ein Schwein – panisch, blindlings schlingernd, bodenlos erschrocken (er erschrak jedesmal wieder, als ob er kein Gedächtnis hätte) –, so quiekte Piggy Sneed zurück, als hätten wir ihn mit dem Schlachtmesser abgestochen.

Ich kann seine Laute nicht nachahmen; sie waren gräßlich, wir Front-Street-Kinder kreischten, rannten weg und versteckten uns. Wenn unser Entsetzen abgeklungen war, konnten wir es gar nicht erwarten, daß er wiederkam. Er kam zweimal die Woche. Was für ein Luxus! Und meine Großmutter bezahlte ihn etwa jede Woche. Sie ging nach hinten hinaus, wo sein Laster stand – wo wir ihn oft gerade erst erschreckt und schnaubend zurückgelassen hatten –, und dann sagte sie: »Guten Tag, Mr. Sneed!«

Piggy Sneed wurde sofort kindisch – täuschte Geschäftigkeit vor, gebärdete sich übertrieben schüchtern und unerträglich tolpatschig. Einmal versteckte er das Gesicht in den Händen, doch an seinen Händen klebte Kaffeesatz; einmal, als er versuchte, sein Gesicht von Großmutter abzuwenden, stolperte er so plötzlich, daß er ihr vor die Füße fiel.

»Schön, Sie zu sehen, Mr. Sneed«, sagte Großmutter immer, ohne im mindesten vor seinem Gestank zurückzuweichen. »Ich hoffe, die Kinder sind nicht frech zu Ihnen«, sagte sie. »Sie müssen sich von ihnen keine Frechheiten gefallen lassen«, setzte sie noch hinzu. Und dann bezahlte sie ihn und spähte durch die Holzlatten der Ladepritsche, wo seine Schweine ungestüm über die neuen Abfälle herfielen – und manchmal auch übereinander –, und sagte dann: »Das sind aber schöne Schweine! Gehören die *Ihnen?* Sind das dieselben Schweine wie letzte Woche?« – Doch trotz ihrer Begeisterung für seine Schweine konnte sie Piggy Sneed nie eine Antwort entlocken. Er stolperte und strauchelte und wand sich um sie herum, konnte kaum seine Freude darüber verhehlen, daß meine Großmutter eindeutig eine gute Meinung von seinen Schweinen hatte, daß sie sogar (aufrichtig!) eine gute Meinung von ihm zu haben schien. Er grunzte ihr leise zu.

Wenn sie ins Haus zurückgegangen war, erschreckten wir Front-Street-Kinder ihn wieder, schossen auf beiden Seiten seines Lasters hervor und ließen Piggy samt der Schweine vor Angst quieken und schutzwütig schnauben.

»Piggy! Piggy! Piggy! Piggy! OINK! QUIIIEK!«

Er lebte außerhalb unseres Städtchens, in Stratham, an einer Straße, die zum Meer führte, das etwa acht Meilen entfernt war. Ich zog mit meinem Vater und meiner Mutter aus dem Haus meiner Großmutter (noch bevor ich sieben Jahre alt war, wie schon gesagt). Weil mein Vater Lehrer war, bezogen wir eine Dienstwohnung – Exeter war damals eine reine Jungenschule –, und deshalb wurde unser Abfall (zusammen mit unserem nichtorganischen Müll) von der Schule abgeholt.

Ich würde jetzt gerne behaupten, daß ich älter wurde und mit Bedauern die Grausamkeit von Kindern einsah und daß ich einer städtischen Organisation beitrat, die sich um solche Leute wie Piggy Sneed kümmerte. Doch das kann ich nicht. Der Kleinstadtkodex ist schlicht, aber umfassend: Sind viele Formen des Verrücktseins erlaubt, werden viele Formen der Grausamkeit ignoriert. Piggy Sneed wurde geduldet; er blieb weiterhin er selbst und lebte wie ein Schwein. Er wurde so geduldet, wie man ein harmloses Tier duldet; von den Kindern wurde er sogar dazu ermuntert, ein Schwein zu sein.

Mit dem Älterwerden begriffen wir Front-Street-Kinder natürlich, daß er geistig zurückgeblieben war – und allmählich erfuhren wir, daß er ein bißchen trank. Der Laster mit der Pritsche, der nach Schwein, Abfällen oder Schlimmerem als Abfällen stank, kurvte während all der Jahre, in denen ich groß wurde, durch die Stadt. Er durfte es, Platz zum Versauen bekam er – unterwegs nach Stratham. Also, das war eine Stadt, Stratham! Gibt es im Kleinstadtleben etwas Provinzielleres als die Neigung, über noch kleinere Städtchen die Nase zu rümpfen? Stratham war nicht Exeter (nicht daß Exeter etwa viel hergemacht hätte).

In seinem Roman *Der Fünfte im Spiel* schreibt Robertson Davies über die Städter von Deptford: »Wir waren ernsthafte Menschen, die in unserem Gemeinwesen nichts vermißten, und wir fühlten uns größeren Ortschaften gegenüber keinesfalls minderwertig. Auf Bowles Corners jedoch, das vier Meilen entfernt lag und eine Bevölkerung von einhundertfünfzig Personen zählte, blickten wir mit mitleidigem Lächeln herunter. In Bowles Corners zu leben, bedeutete für uns, rettungslos verbauert zu sein.«

Für uns Front-Street-Kinder war Stratham dieses Bowles Corners – es war »rettungslos verbauert«. Als ich mit 15 in die Academy eintrat – auf der es auswärtige Schüler gab, von New York, sogar aus Kalifornien –, fühlte ich mich über Stratham so erhaben, daß es mich nachträglich überrascht, daß ich damals der Freiwilligen Feuerwehr des Städtchens beitrat. Ich weiß nicht mehr, wie das kam. Ich glaube mich zu erinnern, daß Exeter keine Freiwillige Feuerwehr hatte; Exeter hatte wohl diese andere Art von Feuerwehr. Es gab mehrere Einwohner Exeters, die Strathams »Freiwilliger« beitraten – in irgendeiner Freiwilligenorganisation mußte man schließlich sein. Vielleicht ging unsere Verachtung für die Strathamer so weit, daß wir glaubten, man könnte sich nicht einmal darauf verlassen, daß sie ihre eigenen Feuer anständig löschten.

Natürlich war auch ein gutes Stück Nervenkitzel mit dabei, zu wissen, daß man jederzeit und ohne Vorwarnung aus dem eintönigen Drill der Academy herausgerissen und irgendwohin abbeordert werden konnte, wo man gebraucht wurde – so ähnlich wie diese Art Einbrecheralarm, der im Herzen losgeht, wenn mitten in der Nacht das Telefon schrillt, oder der Piepser eines Arztes mitten in die friedliche Geborgenheit seiner schalldichten Squash-Halle hinein. Es erfüllte uns Kinder der Front Street mit einem Gefühl von Wichtigkeit; und als wir nur ein klein wenig älter waren, wurde uns eine Anerkennung zuteil, wie sie einem in jungen Jahren nur durch Katastrophen zufällt.

All die Jahre als Feuerwehrmann habe ich niemals irgendwen gerettet – ich habe nicht mal irgend jemandes Haustier gerettet. Ich habe nie Rauch eingeatmet, ich habe nie Verbrennungen erlitten, ich habe keine Menschenseele neben das Sprungtuch fallen sehen. Das höchste der Gefühle sind Waldbrände, und ich habe nur einen mitgemacht, und den auch nur am Rande. Das einzige Mal, daß ich »im Einsatz« verletzt wurde, geschah, als ein anderer Freiwilliger seine Pumpe ins Depot warf, in dem ich gerade meine Baseballmütze suchte. Die Pumpe traf mich voll ins Gesicht, und ich hatte danach drei Minuten lang Nasenbluten. In Hampton Beach gab es manchmal Brände von einem gewissen Ausmaß (eines Nachts versuchte ein stellungsloser Saxophonist, der angeblich einen rosa Smoking trug, das Kasino niederzubrennen), doch zu Großbränden wurden wir immer als letzte Maßnahme gerufen. Die lokalen Brände in Stratham waren entweder harmlose Versehen oder aussichtslose Sachen. Eines Nachts setzte Mr. Skully, der Gas- und Stromableser, seinen Kombi dadurch in Brand, daß er Wodka in den Vergaser kippte, weil, wie er sagte, der Wagen nicht anspringen wollte. Ein andermal stand

Grants Molkerei in Flammen, doch als wir eintrafen, war das Vieh mitsamt dem Heu bereits gerettet. Uns blieb nichts weiter zu tun, als zuzuschauen, wie der Kuhstall bis auf die Grundmauern niederbrannte, und die verkohlten Reste dann mit dem Schlauch abzuspritzen, um zu verhindern, daß das Bauernhaus daneben Feuer fing.

Doch die Stiefel, der schwere Schutzhelm mit der eigenen Nummer, der glänzende schwarze Mantel – die eigene Axt! –, das waren Freuden, denn sie repräsentierten so etwas wie Erwachsenenverantwortung in einer Welt, in der man uns immer noch für zu jung hielt, um Alkohol zu trinken. Und eines Nachts, ich war 16, brauste ich auf dem Feuerwehrauto über die Küstenstraße zu einem Brand in einem am Strand gelegenen Sommerhaus (der sich als Resultat einer von Kindern mittels Grillflüssigkeit herbeigeführten Rasenmäherdetonation entpuppte), und da blockierte unsere dringliche Mission – zickzackfahrend in seinem stinkigen Pritschenwagen und so ohne Rücksicht auf bürgerliche (oder sonst irgendeine) Verantwortung wie nur je ein Schwein – ein betrunkener Piggy Sneed, der mit den Abfällen für seine gefräßigen Freunde nach Hause unterwegs war.

Wir ließen die Lichthupe blinken, wir ließen die Sirenen heulen – ich frage mich jetzt, wovon er sich verfolgt glaubte. Gott, das rotäugige kreischende Monstrum in Piggy Sneeds Nacken, das große Roboterschwein des Universums und des Weltraums! Der arme Piggy Sneed, fast schon zu Hause und unmenschlich betrunken und stinkend, kurvte von der Straße runter, um uns Platz zu machen, und als wir ihn überholten – wir Front-Street-Kinder –, hörte ich uns rufen: »Piggy! Piggy! Piggy! Piggy! OINK! QUIIIEK!!« Meine Stimme hörte ich wohl auch dabei.

Wir klammerten uns am Feuerwehrauto fest und hatten die Köpfe nach hinten geworfen, so daß die Bäume über der schmalen Straße die Sterne mit schwarzer, fließender Spitze zu verschleiern schienen, und der Schweinemief wich dem beißenden Benzinfeuergestank des sabotierten Rasenmähers, und der wich schließlich dem reinen Salzwind vom Meer.

Als wir in der Dunkelheit zurückfuhren und am Schweinestall vorbeikamen, fiel uns der überraschend warme Schein der Kerosinlampe in Piggy Sneeds Box auf. Er war heil nach Hause gekommen. War er noch wach und las? fragten wir uns. Und noch einmal hörte ich unser Grunzen, unser Quieken, unser Oinken – unsere absolut tierische Art, mit ihm zu sprechen.

In der Nacht, als sein Schweinestall abbrannte, fielen wir aus allen Wolken.

Für Strathams Freiwillige Feuerwehrmänner war Piggy Sneeds Behausung immer eine unumgängliche, stinkende Ruine an der Straße zwischen Exeter und dem Strand gewesen, ein übelriechendes Wahrzeichen an warmen Sommerabenden. Fuhr man daran vorbei, erzeugte dies immer das obligatorische Gestöhn. Im Winter quoll der Rauch des Holzofens gleichmäßig aus dem Ofenrohr über Piggys Box, und in den Pferchen draußen stapften seine Schweine gewohnheitsmäßig in einer schmutzigen Schneesuhle und atmeten kleine Dampfwölkchen aus, so als wären sie lebende Öfen. Ein Sirenenstoß ließ sie auseinanderstieben. Wenn wir nachts vom Löschen irgendwelcher Feuer nach Hause fuhren, konnten wir der Versuchung nicht widerstehen, die Sirene losjaulen zu lassen, wenn wir an Piggy Sneeds Behausung vorbeikamen. Die Vorstellung von dem Schaden, den dies Geräusch anrichtete, war allzu verlockend: Panik unter den Schweinen, Piggy selbst in Panik, alle drängen sich schnaubend und quieksend aneinander, suchen den Schutz der Herde.

In der Nacht, als Piggy Sneeds Behausung abbrannte, malten wir Front-Street-Kinder uns ein ulkiges, wenn auch leicht verrücktes Spektakel aus. Wir fuhren mit voller Beleuchtung und Blaulicht und aufgedrehter Sirene die Küstenstraße auswärts – machten alle Schweine verrückt –, wir waren in Hochstimmung und erzählten uns jede Menge Schweinewitze: darüber, wie unserer Meinung nach das Feuer ausgebrochen war, daß sie ein Saufgelage veranstaltet hätten, Piggy und seine Schweine, und Piggy briet eines am Spieß und tanzte mit einer anderen Sau, und ein Schwein stieß rückwärts gegen den Holzofen, verbrannte sich den Schwanz und warf die Bar um, und die Sau, mit der Piggy in den meisten Nächten tanzte, hatte schlechte Laune, weil Piggy nicht mit ihr tanzte... Aber dann kamen wir dort an, und wir sahen, daß dieser Brand keine Party war; es war nicht einmal das Schwanzstück einer wüsten Party. Es war das größte Feuer, das wir Front-Street-Kinder und sogar die Veteranen von Strathams Freiwilliger Feuerwehr je gesehen hatten.

Die Blechdächer der flachen Schuppen, die an den Schweinestall angrenzten, schienen geborsten oder geschmolzen zu sein. Es gab nichts in dem Stall, das nicht brennen konnte – das Holz für den Holzofen, das Heu, die 18 Schweine und Piggy Sneed. Das viele Kerosin. In den meisten Koben des Schweinestalls lag der Mist mehrere Fuß hoch. Wie mir einer der Veteranen von Strathams Freiwilliger Feuerwehr erklärte: »Wenn du ihn heiß genug machst, dann brennt sogar Mist.«

Er war heiß genug. Wir mußten die Löschzüge weiter die Straße hinunter parken; wir befürchteten, der neue Lack oder die neuen Reifen würden Blasen werfen. »Sinnlose Wasservergeudung«, meinte der Hauptmann zu uns. Wir spritzten die Bäume auf der anderen Straßenseite; wir spritzten den Wald jenseits des Schweinestalls. Es war eine windstille, bitterkalte Nacht, der Schnee so trokken und fein wie Talkumpuder. Die Bäume bogen sich vor Eiszapfen und knackten, sobald wir sie abspritzten. Der Hauptmann beschloß, das Feuer ausbrennen zu lassen; die Sauerei würde sich so in Grenzen halten. Es wäre vielleicht dramatischer, wenn wir behaupten könnten, wir hätten Quieken gehört, zu behaupten, wir hätten die Eingeweide der Schweine anschwellen und explodieren hören und davor das Hämmern ihrer Hufe gegen die Stalltüren. Doch als wir eintrafen, waren diese Geräusche vorbei; sie waren Geschichte; wir konnten sie uns bloß vorstellen.

Das ist eine Lektion für einen Schriftsteller: zu lernen, daß die Geräusche, die wir uns vorstellen, die deutlichsten, lautesten überhaupt sein können. Bis wir eintrafen, waren sogar die Reifen von Piggys Laster geplatzt, war der Benzintank explodiert, die Windschutzscheibe eingestürzt. Weil wir diese Ereignisse nicht miterlebt hatten, konnten wir über die Reihenfolge, in der sie sich ereignet hatten, nur Vermutungen anstellen.

Wenn man zu nah am Schweinestall stand, kräuselte einem die Hitze die Wimpern, und die Flüssigkeit unter den Lidern brannte sengend heiß. Stand man zu weit weg, schnitt einem der Frost der Winternachtluft, die von den Flammen angesogen wurde, in die Knochen. Die Küstenstraße vereiste durch den Sprühwasserregen unserer Schläuche, und gegen Mitternacht schlitterte ein Mann mit dem Texaco-Abzeichen auf Mütze und Parka von der Straße und brauchte Hilfe.

Er war betrunken und in Begleitung einer Frau, die viel zu jung für ihn schien – oder vielleicht war es seine Tochter. »Piggy!« grölte der Texaco-Typ. »Piggy!« rief er in das Lodern. »Wenn du da drin bist, Piggy – du *Doofnuß* –, wird es verdammt Zeit, daß du rauskommst!«

Das einzige andere Geräusch bis etwa zwei Uhr früh war das gelegentliche Ächzen des sich krümmenden Blechdachs – wie es sich vom Stall loswand. Gegen zwei Uhr fiel das Dach ein; es hörte sich an wie ein Rascheln. Um drei stand keine Mauer mehr. Der geschmolzene Schnee bildete rund um das Feuer herum eine Art See, der immer weiter anstieg, bis er endlich die verkohlten Überreste bedeckte; das Feuer wurde von unten gelöscht.

Und was rochen wir? Den Geruch eines in der Hitze röstenden Bauernhofs im Hochsommer, den konträren scharfen Geruch von Asche im Schnee, backendem Mist – den Hauch von Schweinebraten. Weil es windstill war und wir nicht versuchten, das Feuer zu löschen, erlitten wir keine Rauchvergiftung. Die Männer (das heißt, die Veteranen) ließen uns Jungens vor Morgengrauen eine Stunde lang auf die Sache aufpassen. Das tun Männer immer, wenn sie mit Jungens die Arbeit teilen: Sie machen das, wozu sie Lust haben, die Jungens sollen sich um das kümmern, wozu sie keine Lust haben. Die Männer gingen Kaffee trinken, sagten sie, doch beim Zurückkommen rochen sie nach Bier. Inzwischen war das Feuer soweit heruntergebrannt, daß man ans Löschen gehen konnte. Die Männer leiteten diesen Prozeß ein; als es ihnen langweilig wurde, gaben sie die Arbeit an uns Jungens weiter. Beim ersten Morgengrauen verschwanden die Männer wieder – zum Frühstück, sagten sie. In der Dämmerung konnte ich ein paar meiner Kameraden erkennen, die Front-Street-Kinder.

Als die Männer weg waren, fing eines von den Front-Street-Kindern damit an – ganz leise zuerst. Vielleicht war ich es. »Piggy«, rief einer von uns. Ein Grund, warum ich heute Schriftsteller bin, ist der, daß ich unser Bedürfnis von damals immer noch nachfühlen kann; ich habe mich nie dafür interessiert, was Nichtschreibende guten und schlechten Geschmack nennen.

»Piggy! Piggy! Piggy! Piggy! OINK! QUIIIEK!« riefen wir. Da begriff ich, daß Komik nur eine andere Form der Beileidsbezeugung ist. Und dann begann ich damit; mit meiner ersten Geschichte.

»Tja«, sagte ich – weil jeder von Strathams Freiwilliger Feuerwehr jeden Satz mit dem Wort »Tja« begann.

»Tja«, sagte ich. »Piggy Sneed ist nicht da drin. Er spinnt«, fügte ich hinzu, »aber so dämlich ist keiner.«

»Sein Laster ist da«, sagte eines der phantasielosesten Front-Street-Kinder.

»Er hatte die Schweine ganz einfach satt«, sagte ich. »Er hat die Stadt verlassen, ich weiß es. Er hatte das alles satt. Wahrscheinlich hat er es schon wochenlang geplant.«

Wunderbarerweise hörten sie mir zu. Zugegeben, es war eine lange Nacht gewesen. Jedem, der nur irgend etwas zu sagen gehabt hätte, hätten Strathams Freiwillige Feuerwehrmänner bereitwillig zugehört. Doch ich fühlte den Schauer einer nahenden Rettungsaktion – meiner ersten.

»Ich wette, da ist auch kein Schwein drin«, sagte ich. »Ich wette, er hat die Hälfte von ihnen aufgegessen – in wenigen Tagen. Vollgestopft hat er sich! Und den Rest hat er dann verkauft. Genau zu diesem Zweck hat er sich etwas Geld auf die hohe Kante gelegt.«

»Zu welchem Zweck?« fragte mich so ein Skeptiker. »Wenn Piggy nicht da drin ist, wo ist er dann?«

»Wenn er die ganze Nacht draußen war«, sagte ein anderer, »dann ist er erfroren.«

»Er ist in Florida«, sagte ich. »Im Ruhestand.« Ich sagte das ganz ruhig. Ich sagte das, als sei es eine Tatsache. »Seht euch doch mal um!« schrie ich sie an. »Wofür hat er sein Geld ausgegeben? Er hat sich einen Batzen gespart. Er hat seine eigene Bude angesteckt«, sagte ich, »bloß um uns das Leben sauer zu machen. Denkt nur mal dran, wie sauer wir *ihm* das Leben gemacht haben«, sagte ich, und ich sah, wie sich jeder Gedanken darüber machte; das zumindest stimmte. Ein Körnchen Wahrheit hat noch keiner Geschichte geschadet. »Tja«, schloß ich. »Er hat's uns heimgezahlt – das steht fest. Er hat uns die ganze Nacht herumstehen lassen.«

Dies stimmte uns Front-Street-Kinder nachdenklich, und in diesem nachdenklichen Moment begann ich meine erste Revision anzubringen; ich versuchte die Geschichte besser und glaubhafter zu machen. Das Wesentliche war natürlich, Piggy Sneed zu retten, aber was machte ein Mann, der nicht reden konnte, in Florida? Ich stellte mir vor, daß sie dort strengere Vorschriften hatten als wir in New Hampshire, besonders in bezug auf Schweine.

»Wißt ihr«, sagte ich, »ich wette, er konnte die ganze Zeit über reden. Er ist wahrscheinlich Europäer«, entschied ich. »Na, was ist denn das für ein Name, *Sneed*? Und das erste Mal aufgetaucht ist er hier während des Krieges, stimmt's? Ganz egal was seine Muttersprache ist, ich wette jedenfalls, daß er sie ziemlich gut kann. Er hat unsere bloß nie gelernt. Schweine waren wohl irgendwie problemloser. Vielleicht freundlicher«, setzte ich hinzu und dachte dabei an uns alle. »Und jetzt hat er genug gespart, um nach Hause zu fahren. Da ist er nämlich!« sagte ich. »Nicht in Florida – er ist nach *Europa* zurückgekehrt!«

»Ran an den Speck, Piggy«, jubelte jemand. »Aufgepaßt, Europa«, sagte irgendein besonders Witziger. Neidisch stellten wir uns vor, wie Piggy Sneed »rausgekommen« war – wie er der quälenden Kleinstadt-Einsamkeit (und den Kleinstadt-Phantasien) entkommen war, die uns allen drohten. Doch als die Männer zurückkamen, wurde ich konfrontiert mit der zweifelhaften Wertschätzung, welche die allgemeine Öffentlichkeit für Prosa zeigt.

»Irving denkt, Piggy Sneed ist in Europa«, sagte einer der Front-Street-Jungens zum Feuerwehrhauptmann.

»Das erste Mal ist er hier während des Krieges aufgetaucht, stimmt's, Sir?« fragte ich den Hauptmann, der mich anstarrte, als sei ich die erste Leiche, die aus diesem Feuer geborgen werden müßte.

»Piggy Sneed wurde hier geboren, Irving«, sagte der Hauptmann zu mir. »Seine Mutter war eine Schwachsinnige, sie wurde von einem Auto überfahren, das falschherum um den Musikpavillon kurvte. Piggy wurde in der Water Street geboren«, erzählte uns der Hauptmann weiter. Die Water Street, das wußte ich sehr wohl, mündete in die Front Street – gar nicht weit von zu Hause.

Also, dachte ich, war Piggy doch in Florida. In Geschichten muß man das Beste, was geschehen *kann*, geschehen lassen (oder das Schlimmste, wenn man das möchte), aber es muß dennoch wahr sein.

Als sich die Asche so weit abgekühlt hatte, daß man darauf gehen konnte, begannen die Männer nach ihm zu suchen; auf Entdeckung gehen war eine Sache für die Männer, weil sie interessanter war als Warten, das war Jungensarbeit.

Nach einer Weile rief mich der Hauptmann zu sich. »Irving«, sagte er. »Du denkst doch, daß Piggy Sneed in Europa ist, na dann wird es dir ja wohl auch nichts ausmachen, diese Bescherung hier wegzuschaffen.«

Es war keine große Anstrengung, diese eingeschnurrte Schlacke eines Menschen zu entfernen; ich tränkte eine Plane mit Wasser und zerrte den ungewöhnlich leichten Körper zuerst mit dem langen, dann mit dem kurzen Haken auf die Plane. Wir fanden auch alle 18 Schweine. Doch selbst heute noch kann ich ihn mir lebhafter in Florida vorstellen als in Gestalt dieses unglaublich kleinen Stücks Knochenkohle, das ich aus der Asche fischte.

Natürlich erzählte ich meiner Großmutter die reine Wahrheit, die öden Tatsachen eben. »Piggy Sneed ist letzte Nacht in diesem Feuer gestorben, Oma«, erzählte ich ihr.

»Armer Mr. Sneed«, sagte sie. Mit großer Verwunderung und Mitgefühl fügte sie hinzu: »Was für schreckliche Umstände ihn dazu gezwungen haben müssen, ein so wüstes Leben zu führen!«

Später wurde mir klar, daß beides die Aufgabe des Schriftstellers ist: sich die mögliche Rettung von Piggy Sneed auszudenken *und* das Feuer zu legen, das ihm zum Verhängnis werden wird. Erst viel später – noch bevor meine Großmutter in das Altenheim kam, als sie sich noch daran erinnerte, wer Piggy Sneed war – fragte mich Großmutter: »Warum, um Himmels willen, bist du Schriftsteller geworden?«

Ich war, wie gesagt, »ihr Junge«, und sie machte sich ehrlich Sorgen um mich. Vielleicht hatte sie ihr Studium der englischen Literatur davon überzeugt, daß der Beruf des Schriftstellers etwas Gesetzloses und Destruktives war. Und deshalb erzählte ich ihr alles über die Brandnacht, wie ich mir vorstellte, daß ich, hätte ich nur gut genug erfunden – hätte ich mir nur etwas genügend Wahrheitsgetreues ausgedacht –, daß ich (in gewisser Weise) Piggy Sneed hätte retten können. Zumindest für ein anderes Feuer – ein von mir entfachtes.

Nun, meine Großmutter ist ein Yankee – und Wellesleys älteste lebende Hauptfachstudentin der englischen Literatur. Ausgefallene Antworten, zumal ästhetischer Natur, sind nichts für sie. Ihr verstorbener Gatte – mein Großvater – war in der Schuhbranche tätig; er produzierte etwas, das die Leute wirklich brauchten: praktischen Schutz für ihre Füße. Trotzdem betonte ich vor Großmutter, daß mir ihre Freundlichkeit Piggy Sneed gegenüber nicht entgangen sei – und daß diese, zusammen mit der Hilflosigkeit von Piggy Sneed und der Brandnacht, die mich mit der möglichen Kraft meiner eigenen Phantasie bekannt gemacht hatte ... und so weiter. Meine Großmutter schnitt mir das Wort ab.

Mehr mitleidig als verärgert tätschelte sie mir die Hand, schüttelte den Kopf. »Lieber Johnny«, sagte sie. »Du hättest dir gewiß eine Menge Kopfschmerzen ersparen können, wenn du Mr. Sneed zu Lebzeiten nur mit etwas menschlichem Anstand behandelt hättest.«

Mangels dessen begreife ich, daß es Aufgabe des Schriftstellers ist, Piggy Sneed anzuzünden – *und* zu versuchen, ihn zu retten –, wieder und wieder, auf immer.

(Deutsch von Michael Walter)

Zu den Autoren

IRVING, Washington (1783–1859), geboren und gestorben in New York als lesehungriger Sohn eines schottischen Immigranten und Kaufmanns mit großer Bibliothek. Ab 1799 absolvierte er die juristische Ausbildung; statt zu praktizieren, wurde er stiller Teilhaber in der Familienfirma und widmete sich der Literatur. 1809 erschien die erfolgreiche *History of New York by Diedrich Knickerbocker,* eine Burleske über alte holländische Siedler. 1815 brach er zu einer Europa-Reise auf; drei Jahre später ging die Firma Konkurs, und er mußte vom Schreiben leben; so vom wieder sehr erfolgreichen *Sketch Book of Geoffrey Crayon* (1819, darin *Rip van Winkle); Bracebridge Hall* (1822 in Paris) und *Tales of a Traveller* (1824). Zwei Jahre später folgte er einer Einladung des amerikanischen Gesandten in Madrid, bei einer Arbeit über Kolumbus zu assistieren. Es folgte eine Reihe historisch-biographischer Arbeiten, vornehmlich über Kolumbus, aber auch das bekannte ›Spanish Sketch-Book‹ *The Alhambra* (1832). 1842 wurde er designierter amerikanischer Gesandter in Madrid; 1846 kehrte er endgültig nach Amerika zurück. Neben weiteren biographischen und essayistischen Arbeiten entstand das Werk seines Lebens: das fünfbändige *Life of George Washington* (1855–59). Hartnäckiger Junggeselle, verbrachte er die letzten Lebensjahre in einem alten holländischen Haus; er gilt als »Vater der amerikanischen Literatur« und Wegbereiter der ›short story‹.
Rip van Winkle aus dem Band *Meistererzählungen.* Deutsch und mit einem Nachwort von Gunther Martin, Illustrationen von Henry Ritter und Wilhelm Camphausen (detebe 22593).

HAWTHORNE, Nathaniel (1804–1864), geboren in Salem (Massachusetts) als Sohn eines puritanischen Kapitäns und Nachkomme eines Richters bei den Salemer Hexenprozessen 1692. Nach der Schule führte Hawthorne ein zurückgezogenes Literatur-Leben zu Hause; vierundzwanzigjährig ließ er seinen Romanerstling *Fanshawe* im Selbstverlag erscheinen, aber erst neun Jahre später publizierte er unter eigenem Namen die dann gleich sehr erfolgreichen, von Edgar Allan Poe rezensierten *Twice-Told Tales* (1837), 1841 trat er – als Skeptiker kurzfristig – der sozialistischen Kommune von Brook Farm bei; ein Jahr später heiratete er. Zwischen 1839 und 1849 hatte er einen Posten bei den Zollbehörden Neu-Englands inne und lernte während dieser Zeit Emerson, Henry D. Thoreau, vor allem aber Herman Melville kennen, der ihm seinen *Moby Dick* widmete. 1850 erschien sein berühmtestes Opus: *The Scarlet Letter,* ein Roman auch zur Problematik puritanischen Erbes. Es folgten u. a. *The House of the Seven Gables* (1851); *The Blithdale Romance* (1852) und die Kinderbücher *A Wonder Book* (1852) und *Tanglewood Tales* (1853). Im selben Jahr gab ihm der Schulfreund und Präsidentschaftskandidat Franklin Pierce den einträglichen Posten eines amerikanischen Konsuls in Liverpool, und die nächsten sechs Jahre verbrachte er vorwiegend in England und Italien. Bei seinem Tode hinterließ er eine Reihe von Romanfragmenten; als letztes vollendetes Werk war 1860 *The Marble Faun* (engl. Titel: *Transformation)* erschienen. »Dieser blauäugige Liebling Nathaniel trug Schlimmes in seiner Seele«, schrieb D. H. Lawrence. »Er gab sich alle Mühe, es durch die Blume zu sagen.« *Wakefield* wurde von W. E. Richartz für diesen Band übersetzt.

Poe, Edgar Allan (1809–1849), geboren in Boston als Sohn eines Schauspieler-Paars, früh verwaist, dann Adoptivkind eines wohltätigen und -meinenden Kaufmanns-Ehepaars namens Allan in Richmond (Virginia). Der gute Schüler und Student Edgar Allan mußte wegen Spielschulden die Universität verlassen. Um 1829 veröffentlichte er ein Gedichtbändchen *Tamerlane,* geriet mit der Armee in Konflikt und fand immer weniger Verständnis bei seinem Adoptivvater, der ihm alle Unterstützung entzog und ihn auch enterbte. 1833 gewann er mit der Geschichte *MS Found in a Bottle* einen Preis und in der Folge einen Herausgeberposten des ›Southern Literary Messenger‹. Hier veröffentlichte er Erzählungen und erste geschliffene Rezensionen. 1836 heiratete er seine dreizehnjährige Nichte Virgina Clemm; zwei Jahre später erschien sein erster und einziger Roman: *The Narrative of Arthur Gordon Pym of Nantucket;* es folgten die *Tales of the Grotesque and Arabesque* (1839) – und die ›Erfindung‹ der Detektivgeschichte. In den Jahren darauf arbeitete und schrieb er für verschiedene Zeitschriften, um schließlich nach New York zu ziehen, wo er sich einen Namen als ›Zeitschriften-Steller‹ machte. Um 1845 war er auf der Höhe seines Ruhmes; es erschienen das – auch lyrik-theoretisch – aufregende Gedicht *The Raven* und eine weitere Sammlung *Tales.* Nach dem Tod seiner Frau geriet er in immer größere Schwierigkeiten. Sein letztes und ihm selbst wichtigstes Werk, das metaphysische Poem *Heureka,* fand beim Publikum kaum noch Beachtung. Bei einem Aufenthalt in Baltimore starb er – wahrscheinlich im Delirium.

»Fürst des Grauens« nannte ihn Baudelaire.

Der Mann der Menge aus dem Band *Meistererzählungen.* Aus dem Amerikanischen von Gisela Etzel. Auswahl und Vorwort von Mary Hottinger (detebe 21721).

Abdruck des theoretischen Kernstücks der Rezension von Hawthornes *Zweimal erzählte Geschichten* mit freundlicher Genehmigung des Walter-Verlags, Olten und Freiburg i. Br.

Melville, Herman (1819–1891), geboren in New York als Sohn eines Kaufmanns schottischer Abstammung, der 1832 starb – bankrott; Melville mußte mit diversen Berufen Geld verdienen. 1839 ging er als Schiffsjunge nach Liverpool; zwei Jahre später fuhr er auf einem Walfänger von Fairhaves in den Pazifik; hier machte er die Erfahrungen für den berühmten *Moby-Dick*-Roman (1851). Bei den Marquesas-Inseln verließ er das Schiff und fiel in die Hände sogenannter Kannibalen, mit denen er einige friedliche Wochen verlebte; darüber schrieb er sein erstes und gleich erfolgreiches Buch *Typee: a Peep at Polynesian Life*

(1846). Auf einem australischen Walfänger gelangte er nach Tahiti; über die Gesellschafts-Inseln (darüber sein zweites Buch *Omoo,* 1847) und Honolulu kam er schließlich zurück nach Amerika, heiratete und ließ sich auf einer Farm in Massachusetts nieder, zwei Fuß-Stunden von Hawthornes Wohnung entfernt. Ihm widmete er den nun entstehenden *Moby Dick,* der als einer der größten Romane nicht nur der amerikanischen Literatur gilt. Währnd der folgenden 35 Lebensjahre arbeitete er bei der New Yorker Zollbehörde und schrieb den wenig beachteten, doch kunstvollen Roman *Pierre: or the Ambiguities* (1852), dann auch Erzählungen: *The Piazza Tages* (1856) und die Zivilisations-Satire *The Confidence-Man* (1857). Daneben schrieb er Gedanken-Lyrisches über den Bürgerkrieg und – als nicht unchristlicher Autor – nach einer Israelreise auch darüber. 1888, im Ruhestand, entstand noch *Billy Budd;* die Erzählung erschien jedoch erst 1929. Benjamin Britten vertonte sie 1950 als Oper. »Melville mußte kämpfen, gegen die Welt, die da ist, und gegen sich selbst. Nur sein paradiesisches Ideal wollte er nie ganz ans Messer liefern. Irgendwie, irgendwo, irgendwann würde die Liebe erfüllt und das Leben gesegnet sein. Daran glaubte er fest.« D. H. Lawrence.

Elisabeth Schnacks *Bartleby*-Übersetzung aus dem Band *Ganz gemeine Geschichten von Herman Melville bis W. Somerset Maugham.* Ausgewählt von Mary Hottinger (detebe 21532).

Twain, Mark (1835–1910), eigentlich Samuel Langhorne Clemens, geboren beim Erscheinen des Halley'schen Kometen in Florida (Missouri) als Sohn eines Rechtsanwalts, war dann Druckerei-Lehrling und Reise-Journalist; von 1857 bis zum Ausbruch des Bürgerkriegs Lotse auf dem Mississippi (daher sein Pseudonym: *Mark twain* bedeutet in der Lotsensprache: zwei Faden tief); dann zwei Wochen Soldat und schließlich wieder Journalist und Herausgeber. 1865 erschien seine erfolgreich erheiternde Geschichte *The Celebrated Jumping Frog of Calaveras County.* Als Reise-Schriftsteller für die Sacramento-Union macht er erst eine Hawaii-, dann eine Mittelmeer- und Israelreise – das gab *The Innocents Abroad* (1869). Wieder in Amerika, heiratete er eine Tochter reicher Eltern aus New York und ließ sich – bis 1891 – in einem luxuriösen Haus in Hartford nieder. In dieser seiner glücklichsten Zeit entstanden *The Adventures of Tom Sawyer* (1876); *Life on the Mississippi* (1883); *The Adventures of Huckleberry Finn* (1884) und *A Connecticut Yankee in King Arthur's Court* (1889). Fünf Jahre später ging der Verlag, in den er sein gesamtes Geld investiert hatte, bankrott; mit dem Ertrag einer Europa-Vortrags-Tournee mußte er die Gläubiger auszahlen. Bald darauf starben seine Frau und zwei seiner drei Töchter. Als Bestes aus dieser Zeit gelten *Pudd'nhead Wilson* (1894) und *Personal Recollections of Joan of Arc* (1896). Gegen Ende seines Lebens wurde er mit Ehrungen überschüttet; er starb, wie von ihm gefürchtet, bei der Wiederkunft des Halley'schen Kometen. – Seine *Autobiographie* erschien posthum 1924.

Ernest Hemingway meinte: »Die gesamte amerikanische Literatur stammt von *Huckleberry Finn* ab. Es ist das Beste, was wir haben.«

Journalismus in Tennessee aus dem Band *Meistererzählungen*. Mit einem Vorwort von N. O. Scarpi, Auswahl und Bearbeitung von Marie-Louise Bischof und Ruth Binde (detebe 21888).

Harte, Bret (1836–1902), geboren in Albany als Sohn eines Lehrers. War mit 16 sein eigener Ernährer und unersättlicher Leser besonders von Dickens. Er arbeitete als Lehrer, Apotheker, Setzer und sechs Jahre bei den Goldgräbern, wovon er später in *The Luck of Roaring Camp* (1868) erzählte. Ein Jahr zuvor waren der Gedichtband *The Lost Galleon* sowie Parodien auf zeitgenössische Schriftsteller: *Condensed Novels* (1867) erschienen; bald darauf wurde er Herausgeber des ›Overland Monthly‹. Zehn Jahre später ging er als amerikanischer Konsul nach Krefeld, dann nach Glasgow; er starb in London. Von seinen Erzählungen bieten eine kleine Auswahl *Mrs. Skagg's Husbands* (1873) und *Tales of the Argonauts* (1875); mit *Gabriel Conroy* (1876) entstand ein Roman und mit *Ah Sin* (1877) ein Stück, an dem Mark Twain mitgeschrieben hat.
Das Gück von Roaring Camp wurde von Mari von Bebenburg für diesen Band übersetzt.

Henry, O. (1862–1910), eigentlich William Sydney Porter, geboren in North Carolina als Sohn eines Arztes, für den er nach der Schule fünf Jahre arbeitete, um sodann Farmarbeiter, Angestellter und Kassierer zu werden, welch letztere Beschäftigung ihm eine Vorladung wegen angeblicher Unterschlagung einbrachte. Er floh nach Südamerika, mußte aber 1897 wieder – wegen seiner kranken Frau – nach Texas zurück, wo er zu fünf Jahren Gefängnis verurteilt wurde. Angeblich nahm er den Namen eines Gefängniswärters zum späteren Pseudonym. 1901 wieder auf freiem Fuß, zog er nach New York, trank durchschnittlich einen Viertelliter Whisky täglich und schrieb, um sich am Leben zu erhalten, an die 600 Kurzgeschichten. Er starb in einem Krankenhaus an Auszehrung. Von seinen Geschichten-Sammlungen seien genannt: *Cabbages and Kings* (1905); *The Four Million* (1906), die bekannteste; *Hearts of the West* (1907); *The Trimmed Lamp* (1907); *The Gentle Grafter* (1908); *Options* 1909); *Roads of Destiny* (1909), *Strictly Business* (1910) und *Rolling Stones* (1913). 1918 stiftete die American Society of Arts and Sciences den ›O. Henry Memorial Award‹ für die jährlich beste Kurzgeschichte.
Der Polizist und der Choral aus dem Band *Meistererzählungen*. Aus dem Amerikanischen von Christine Hoeppner, Wolfgang Kreiter, Rudolf Löwe und Charlotte Schulze. Mit einem Nachwort von Heinrich Böll (detebe 21992).

Bierce, Ambrose (1842–1914?), geboren in Ohio als Sohn eines Farmers mit Büchern, deren Lektüre ihm die Schulbildung ersetzte. Später ging er unter die Bürgerkriegs-Soldaten – erst als Trommler, dann als Lieutenant –, noch später arbeitete er in der Münzanstalt von San Franzisko, und schließlich wurde er Journalist. 1871 erschien seine erste Geschichte *The Haunted Valley*. Im selben Jahr heiratete er am Heiligabend und schiffte sich mit Frau nach England ein, wo er für ›Fun‹ schrieb und humoristische Sketches und Erzählungen publizierte: *The Fiend's Delight* (1872) und *Cobwebs from an Empty Skull* (1874). Wieder in San Franzisko, wurde er Mitarbeiter des ›Sunday Examiner‹ und Literaturpapst, Dandy, Zyniker und Edgar Allan Poes einziger eigentlicher Thronfolger; so auch mit *Tales of Soldiers and Civilians* (1891) und *Can Such Things Be?* (1893), Geschichten über Übernatürliches. 1906 erschien *The Cynic's Word Book* (in zweiter Auflage 1911 unter dem Titel *The Devil's Dictionary);* inzwischen waren ihm seine beiden Söhne gestorben, und die Frau hatte sich scheiden lassen. 1913 ging er nach Mexiko, um Zeuge der Revolution unter Pancho Villa zu werden. Er verschwand auf Nimmerwiedersehen. »Bitter Bierce« nannten ihn seine Zeitgenossen.

Ein Ereignis an der Owl-Creek-Brücke aus dem Band *Meistererzählungen*. Auswahl und Vorwort von Mary Hottinger. Aus dem Amerikanischen von Joachim Uhlmann. Mit Zeichnungen von Tomi Ungerer (detebe 22524).

Crane, Stephen (1871–1900), geboren in New Jersey als vierzehntes Kind eines Methodistenpfarrers, wurde nach flüchtigem Studium, einer Familienneigung gemäß, Journalist. Zwanzigjährig, zwar nicht belesen, aber im Schreiben versiert, ging er nach New York und verfaßte seinen Romanerstling *Maggie: A Girl of the Streets,* erschienen im Selbstverlag 1892. Als Reporter und Journalist schrieb er Kleinigkeiten, zunächst; dann aber den sehr erfolgreichen und künstlerisch anerkannten Roman um einen Soldaten des Bürgerkriegs: *The Red Badge of Courage* (1895); im selben Jahr erschien ein Gedichtband *The Black Riders and Other Lines.* Aber vorwiegend schrieb er Kurzgeschichten: *The Open Boat,* über einen selbsterlebten Schiffbruch; *The Bride Comes to Yellow Sky* und *The Blue Hotel.* Beruflich spezialisierte er sich später als Kriegsberichterstatter: erst des Griechisch-Türkischen, dann des Spanisch-Amerikanischen Krieges von 1989; darüber *Wounds in the Rain* (1900). 1897 war er nach England übergesiedelt und inzwischen Freund von Joseph Conrad. Er starb in Deutschland, an Tuberkulose, erst neunundzwanzigjährig.

Das blaue Hotel aus dem Band *Meistererzählungen.* Herausgegeben, aus dem Amerikanischen und mit einem Nachwort von Walter E. Richartz (detebe 22591).

London, Jack (1876–1916), geboren als unehelicher Sohn eines Wander-Astrologen; die Mutter heiratete später den glücklosen Kaufmann John London. London jun. hatte viele Jobs, aber stets las er: erst Abenteuer-Geschichten, dann Spencer, Darwin, Nietzsche und Marx. Nach kurzem Schulbesuch hielt es ihn nicht mehr; er wurde Seemann, Tramper und – nach einem Jahr an der University of California – Goldsucher. Schon 1900 war er mit einem Band Geschichten *The Son of the Wolf* bekannt geworden; jetzt machte er die Erfahrungen für *The Call of the Wild* (Roman 1903), der fast anderthalb Millionen Auflage erreichte. 1904 wurde er Berichterstatter des Russisch-Japanischen Krieges; 1907 brach er mit seiner Frau zu einer Weltreise auf; 1912 segelte er um Kap Horn. Zu dieser Zeit galt er als bestbezahlter und -bekannter amerikanischer Autor. Er ruinierte sich mit Extravaganzen und Alkohol und beging schließlich Selbstmord.

Aus dem rund fünfzig Bände umfassenden Lebenswerk ragen hervor: *A Daughter of the Snows* (1902); *The Sea-Wolf* (1904); *White Fang* (1906); zu den sozialproblematischen Werken zählen *The People of Abyss* (1903) und *The Iron Heel* (1907); autobiographischen Charakter haben *Martin Eden* (1903) und *John Barleycorn* (1913). »Man muß Jack London kennen! Er hat eine unerhörte, vorurteilslose Art, die Dinge zu sehen und unerbittlich anzupacken«, schrieb Erich Maria Remarque.

Der Mexikaner aus dem Band *Meistererzählungen*. Aus dem Amerikanischen von Erwin Magnus. Mit einem Vorwort von Herbert Eisenreich (detebe 22647).

Anderson, Sherwood (1876–1941, geboren in Ohio, als Sohn eines geschichtenerzählenden, trunksüchtigen Vaters. Mit vierzehn mußte er sich sein Geld verdienen: als Stalljunge, Zeitungsbote, Farm- und Fabrikarbeiter. Während des Spanisch-Amerikanischen Krieges kämpfte er in Kuba; ging dann zur Fortbildung auf die Wittenberg-Academy in Springfield und landete schließlich in einer Farbenfabrik, wo er bis zum Direktor aufstieg. Bis ihm das Bürgerleben nicht mehr paßte: mitten im Diktat eines Briefes verließ er das Büro und kam nie wieder. Er ging nach Chicago und fing richtig an zu schreiben. Mit den Geschichten von *Winesburg, Ohio* (1919) hatte er den ersten großen Erfolg – ähnliche Sammelbände folgten: *The Triumph of the Egg* (1921) und *Horses and Men* (1923). Wie die Erzählungen so sind auch die Romane sexual- und sozialkritisch engagiert: *Poor White* (1920), *Many Marriages* (1923) und *Dark Laughter* (1925). »Sherwood Anderson ist der Vater aller meiner Arbeiten«, schrieb William Faulkner, »der Werke von Hemingway, von Fitzgerald, von uns allen.«

Eine Sherwood Anderson-Werkausgabe erschien 1963 im Walter-Verlag, Olten und Freiburg i. Br. *Das Eis* ist dem Band *Winesburg, Ohio, und andere Erzählungen* entnommen. Abdruck mit freundlicher Genehmigung der Agentur Dr. Ruth Liepman, Zürich.

Lardner, Ring (1885–1933), geboren in Michigan, mußte wegen Familienverarmung die Ausbildung zum Ingenieur abbrechen und wurde Journalist in Chicago; von 1913 bis 1916 schrieb er für die ›Tribune‹ eine tagespolitische Kolumne; begonnen hatte er 1910 als Sportberichterstatter: Begeisterter Baseballer, der er war, hatten die ersten Slang-Geschichten, gesammelt in *You Know Me, Al* (1916) einen Sportsmann zum Helden und großen Erfolg. Später in New York schrieb er vor allem Satirisches über die Aufstiegs-Kletterübungen von Leuten aus der Provinz; so in *Gullible's Travels* (1917) und *The Big Tow* (1921). Für den Broadway verfaßte er unspielbare Nonsense-Stücke, und auf Anregung von Scott Fitzgerald sammelte er seine Prosastücke in Bänden wie *How to*

Write Stories (1924); *The Love Nest and Other Stories* (1926); *Round Up* (1929). Autobiographisch ist *The Story of a Wonder Man* (1927). Als Trinker und hart am Selbstmord schrieb er zum Schluß, um die fünfköpfige Familie zu ernähren; die letzten sieben Jahre verbrachte er als Tb-Kranker praktisch im Spital. »Seine besten Geschichten sind weit heftigere Anklagen gegen das Amerika der zwanziger Jahre als irgend etwas von Sinclair Lewis, Faulkner oder Erskine Caldwell«, schrieb John Mc Cormick.

Champion aus dem Band *Das Liebesnest und andere Geschichten.* Herausgegeben und mit einem Nachwort von Fritz Güttinger. Aus dem Amerikanischen von Fritz Güttinger, Elisabeth Schnack und Ingeborg Hucke (detebe 22469). *Wie man Geschichten schreibt,* geschrieben 1924, aus *The Ring Lardner Reader,* New York: Charles Scribner's Sons 1965, wurde aus dem Amerikanischen von Walter E. Richartz und Peter Naujack erstmals für diese Anthologie übersetzt.

Chandler, Raymond (1888–1959), geboren in Chicago als Nachkomme einer Quäker-Familie und Sohn eines früh geschiedenen Tiefbau-Ingenieurs. Er wurde in England erzogen, lebte eine Zeitlang in Frankreich und Deutschland, war Journalist und diente wie William Faulkner während des Ersten Weltkriegs bei der kanadischen Luftwaffe. Nach der Rückkehr in die USA 1919 ging er in die Wirtschaft, zunächst als Bankangestellter, schließlich als Direktor mehrerer kleiner Ölgesellschaften. Während der Wirtschaftskrise verlor er seine Stellung und begann zu schreiben; erste Geschichten erschienen im Kriminal-Magazin ›Black Mask‹; es folgten die Romane *The Big Sleep* (1939); *Farewell, My Lovely* (1940); *The High Window* (1942). Im Jahr darauf ging Chandler nach Hollywood, um für die Paramount und unter anderem mit Billy Wilder zu arbeiten; im selben Jahr erschien *The Lady in the Lake.* Ab 1950 erschienen Sammelbände mit Kurzgeschichten wie *The Simple Art of Murder* (1950), das Alfred Andersch »eines der besten Bücher über das Schreiben« genannt hat, und *Trouble is My Business* (1951). Chandler starb in La Jolla, Kalifornien. Er war ein humanistisch gebildeter Mann und Katzenliebhaber; »persönlich bin ich empfindlich und sogar schüchtern.«

»Chandlers Romane können fast ›sensible Romane‹ genannt werden. Ihr Thema ist die Einsamkeit in der Großstadt und der bohrende innere Schmerz eines empfindsamen Mannes, der sich mit einer rücksichtslos korrupten Gesellschaft herumschlägt.« Ross Macdonald.

Ich werde warten aus dem Band *Meistererzählungen.* Aus dem Amerikanischen von Hans Wollschläger (detebe 21619).

Parker, Dorothy (1893–1967), geboren in New Jersey als Tochter des Börsenspekulanten Henry Rothschild und einer Ex-Lehrerin schottischer Abstammung, sehr katholisch erzogen, wurde erst Journalistin exklusiver Zeitschriften wie ›Vanity Fair‹, ›Esquire‹, ›Vogue‹ und dem ›New Yorker‹, für den sie Bücher rezensierte. Später schrieb sie auch Dialoge für Hollywood und wurde dann freie, vor allem ironische, aber auch lyrische Schriftstellerin. Mit der Erzählung *Big Blonde* gewann sie 1929 den O. Henry Award. An Gedichtbänden erschienen: *Enough Rope* (1927); *Sunset Gun* (1928); *Death and Taxes* (1931) und *Not so Deep as a Well* (1936). Sammelbände mit Kurzgeschichten sind *Laments for the Living* (1930) und *Here Lies* (1939). Sie war zweimal verheiratet, zuletzt mit dem Filmschauspieler Alan Campbell. »Sie kann es ebensowenig vermeiden, witzig zu sein, wie ein Pfirsichbaum es vermeiden kann, Pfirsiche zu tragen.« W. Somerset Maugham.

Rampenlicht bei Tage ist eine der *Kurzgeschichten von Dorothy Parker* (Humanitas-Verlag, Zürich 1947). Abdruck mit freundlicher Genehmigung der Literary Agency Mohrbooks, Zürich.

Hammett, Dashiell (1894–1961), geboren in Maryland, lief vierzehnjährig aus der Schule davon und trieb sich in allerlei Berufen herum; acht Jahre lang arbeitete er als Detektiv beim berühmten Büro Pinkerton. Im Ersten Weltkrieg wurde er – wie auch im Zweiten – freiwillig Soldat; im Feldlager erkrankte er an Tb. Er verließ Frau und Kind und begann zu schreiben: *The Red Harvest* (1929) zunächst, dann *The Glass Key* (1931), *The Thin Man* (1932) und den wohl berühmtesten Roman, *The Maltese Falcon* (1932). Seine langjährige Freundin Lillian Hellman beschrieb ihn als »Exdetektiv mit schlimmen Narben und höflichen Umgangsformen«, der viel Geld für Frauen ausgab und in Hollywood und New York zeitweise als Sensation galt. Er trank unmäßig, wenn er nicht schrieb, war mit Faulkner befreundet und Krypto-Marxist; während der Kommunisten-Verfolgung unter McCarthy ging er für fünf Jahre ins Gefängnis, wo er Toiletten putzen mußte. Er starb an Lungenkrebs. Mit seinen Romanen hat er, Lehrer Raymond Chandlers, die sogenannte ›hard-boiled‹-Schule des Kriminalromans begründet. »Er war als Stilist durchaus knapp, schroff, spröde und hartgesotten; aber er brachte immer wieder fertig, was überhaupt nur die besten Schriftsteller schaffen. Er schrieb Szenen, bei denen man das Gefühl hatte, sie seien noch nie beschrieben worden.« Raymond Chandler.

Wie Couffignal ausgeräumt wurde aus dem Band *Fliegenpapier* und andere Detektivstories. Aus dem Amerikanischen von Helmut Degner, Elizabeth Gilbert, Helmut Kossodo, Peter Naujack und Harry Rowohlt. Mit einem Vorwort von Lillian Hellman (detebe 20911).

Porter, Katherine Anne (* 1894), geboren in Texas, als Nachfahrin des Pioniers Daniel Boone, katholisch erzogen; schrieb nach eigener Darstellung, sobald sie schreiben konnte, veröffentlichte jedoch erst spät. Die Geschichten-Sammlung *Flowering Judas* (1930) brachte ihr ein Gugggenheim-Stipendium ein, womit sie einen Studienaufenthalt in Europa, vornehmlich Deutschland, finanzierte. 1937 erhielt sie den Book-of-the-Month Club Special Award, und ein Jahr darauf ein zweites Guggenheim-Stipendium zur Behebung schlimmer finanzieller Sorgen. 1939 erschien ihr oft so genanntes Meisterwerk *Pale Horse, Pale*

Rider, Titelgeschichte eines Sammelbandes; 1944 folgte erfolgloser *The Leaning Tower.* Ihr einziger Roman, den sie seit 1940 schrieb und stückweise veröffentlichte, wurde 1962 ein Bestseller; er trug den Sebastian-Brant-Titel ›Das Narrenschiff‹. Eine Essay-Sammlung kam 1952 heraus.
»Sooft sich einer jener berufsmäßigen Bewunderer der guten alten Zeit darüber beklagt, daß es in unserer ungebildeten modernen Welt an guter Prosa fehlt, denke ich immer an diejenige von Katherine Anne Porter.« John Chamberlain.
Blühender Judasbaum aus dem gleichnamigen Erzählband. Deutsch von Joachim Uhlmann. Zeichnungen von Peter Wezel.

FITZGERALD, Francis Scott (1896–1940), geboren in Minnesota in eine nicht eben sehr vermögende Familie, wurde Soldat im Ersten Weltkrieg und arbeitete dann, schon schreibend, zwei Jahre in einer Werbeagentur. Eine frühe Romanze mit reicher Leute Tochter ließ ihn mit einem lebenslänglich zwiespältigen Verhältnis zu Ruhm und Reichtum zurück. 1920 heiratete er die verwöhnte, gleichfalls schreibende Zelda Zayre; schön und exzentrisch galten die beiden in New York und Hollywood als Traumpaar. Spätere Trunksucht und Geisteskrankheit standen noch weit bevor. Gleich der erste Roman jedenfalls, *This Side of Paradise* (1920) brachte den ersehnten Erfolg, ebenso der zweite, *The Beautiful and Damned* (1922). Aber erst drei Jahre später, bei schon wieder zuwenig Geld und Selbstbewußtsein, schrieb er *The Great Gatsby* (1925), den T. S. Eliot »den ersten Schritt nach vorn in der amerikanischen Erzählkunst seit Henry James«, genannt hat. Zehn Jahre später war die große Zeit für Fitzgerald vorüber. Auf *Tender is the Night* (1934) wurden nur noch wenige aufmerksam. 1937 siedelte er nach Hollywood über und versuchte sich als glückloser Drehbuchautor, u. a. für ›Gone With the Wind‹. Drei Jahre später starb er. Der letzte Roman *The Last Tycoon* blieb Fragment. Unter seinen Erzählbänden sind *Flappers and Philosphers* (1920); *Tales of the Jazz-Age* (1922); *All the Sad Young Men* (1926) und *Taps and Reveille* (1935). Mit seinen Freunden Ring Lardner und Nathanael West war Fitzgerald ein Dichter der ›verlorenen Generation‹; der Bekannteste unter den Erzählern des Jazz-Zeitalters.
Ein Diamant – so groß wie das Ritz aus dem gleichnamigen Erzählband. Aus dem Amerikanischen von Walter Schürenberg, Walter E. Richartz, Elga Abramowitz und Günter Eichel (detebe 20745).

FAULKNER, William (1897–1962), eigentlich Falkner, wurde in New Albany als ältester von vier Brüdern und Sohn eines durchschnittlich erfolgreichen Kaufmanns geboren. Er blieb ohne Schulabschluß, aber »wahl- und planloser« Leser. 1918 meldete er sich zur kanadischen Luftwaffe; studierte nach Kriegsende ein Jahr in Oxford, wo erste Gedichte und Prosa erschienen; ging dann ein Jahr lang müßig, bevor er sich 1921 für drei Jahre als Postmeister an der Oxforder Universität verdingte. 1924 erschien der erste Gedichtband *The Marble Faun;* dann ging er nach New Orleans. Er befreundete sich – nicht für immer – mit Sherwood Anderson, schrieb zahlreiche Sketches und Stories und nach einer Europareise den Romanerstling *Soldier's Pay* (1926); dann *Mosquitoes* (1927). Zwei Jahre später heiratete er und ließ sich wieder in Oxford nieder – zunächst als Heizer am Universitätskraftwerk. Im selben Jahr begann er die Reihen großer Familiengeschichten wie in *Sound and Fury* (1929) und Roman-Zyklen: mit *Sartoris* (1929) den Zyklus um Yoknapatawpha; mit *The Hamlet* (1940) die Snopes-Trilogie und mit *Go Down, Moses* (1942) wieder eine Familienchronik. Den ersten großen Erfolg hatte er mit der Schauergeschichte *Sanctuary* (1931); im folgenden Jahr begann die haltbare Zusammenarbeit mit Hollywood und Howard Hawks. Zwischen 1932 und 1939 erschien unter anderem *Absalom, Absalom!* (1936) und *The Unvanquished* (1938). Als 1939 der Doppelroman *White Palms and Old Men* herauskam, begann die Reihe der offiziellen Ehrungen: er erhielt den O. Henry-, 1950 den Nobel- und 1955 den Pulitzer-Preis, um nur die Preise zu nennen.

In diesen Jahren schrieb er mit ungewöhnlich gleichmäßiger Produktivität außer den Familienromanen noch *Intruder in the Dust* (1948), *Requiem for a Nun* (1951) und – Arbeit von neun Jahren – *A Fable* (1955. Sein letzter war ein Schelmen-Roman: *The Reivers* (1962). Er starb nach einem Sturz vom Pferd. Einen »selbstbewußten Rivalen Gottes, dem nichts verborgen blieb«, hat ihn Siegfried Lenz einmal genannt.

Eine Rose für Emily aus dem Band *Meistererzählungen.* Aus dem Amerikanischen übersetzt, ausgewählt und mit einem Nachwort von Elisabeth Schnack (detebe 22592). Abdruck mit freundlicher Genehmigung des Fretz und Wasmuth Verlags, Zürich.

HEMINGWAY, Ernest (1899–1961), geboren in einer Vorstadt von Chicago, als Sohn eines sportbegeisterten Arztes. Nach der Schule wurde er statt Arzt Journalist; im Ersten Weltkrieg kam er als Ambulanzfahrer an die italienische Front (er schrieb davon später in *A Farewell to Arms,* 1929) und wurde schwer verwundet. Nach Kriegsende ging er als Korrespondent des ›Toronto Star‹ nach Paris und geriet in die literarischen Emigranten-Zirkel um Getrude Stein und Ezra Pound. Nach ersten Geschichten und Gedichten erschien 1926 ein erfolgreicher ›Lost-Generation‹-Roman *The Sun Also Rises,* gleichzeitig die Burleske über Sherwood Anderson, *The Torrents of Spring.* Im Jahr darauf ging er zurück in die USA, erst nach Florida, dann Kuba. Es entstanden *Death in the Afternoon* (1932) und *The Green Hills of Africa* (1935); Reportagen und ›Versuche über die Grausamkeit‹. Im Spanischen Bürgerkrieg war er Berichterstatter und machte die Erfahrungen für *For Whom the Bell Tolls* (1940) und das Stück *The Fifth Column* (1938); im Zweiten Weltkrieg kämpfte er erst als Soldat, dann als Korrespondent. In den Nachkriegsjahren erschrieb er sich vor allem mit *The Old Man and the Sea* (1952) den Pulitzer- und den Nobelpreis, 1954.

Die Killer aus dem Erzählband *Nach dem Sturm.* Aus dem Amerikanischen von Annemarie Horschitz-Horst. Mit einem Vorwort von Fritz Güttinger und Zeichnungen von Pablo Picasso.

CALDWELL, Erskine (* 1903), geboren in White Oak (Georgia) als Sohn eines presbyterianischen Geistlichen, der mit einem der ersten Autos im Süden von Gemeinde zu Gemeinde reiste. Nach geringfügigem Schul- und Universitätsbesuch schlug sich Erskine unter vielem anderen als Baumwollpflücker, Koch, Kellner, Lastwagenfahrer, Reporter durchs weitere Leben. Fünf Jahre verbrachte er in Maine; hier schrieb er die ersten Geschichten: *The Bastard* (1929) und *Poor Fool* (1930). 1931 erschien der erste Sammelband: *American Earth*. 1933 brachte ihm die Erzählung *Country Full of Swedes* den mit 1000 Dollar dotierten ›Yale Review‹-Preis ein. In derselben Zeit schrieb er den höchst erfolgreichen Roman *God's Little Acre* (1933 wegen Obszönität vor Gericht) und *Tobacco Road*, der dramatisiert eine der längsten Aufführungsdauern (7 Jahre) der amerikanischen Theatergeschichte erlebte. Für seine zweite Frau, eine Fotografin, schrieb er Bildtexte; *North of the Danube* (1939) entstand nach ausgedehnten Europa-Reisen. Während des Zweiten Weltkriegs war er als Korrespondent und sie als Fotografin für ›Life‹ in Rußland. 1942 heiratete er seine dritte Frau und wurde Herausgeber des ›American Folk-Ways‹. Im Jahre 1949 schätzte sein Verleger die Zahl der verkauften Bücher auf zwanzig Millionen.

Bei Sonnenaufgang aus dem Geschichtenband *Mann und Frau*.

MCCULLERS, Carson (1917–1967), geboren in Columbus (Georgia) als Nachkommin einer Hugenottenfamilie und Tochter eines Uhr- und Schmuckmachers. Nach dem Schulabschluß 1933 wurde sie erst Reporterin, dann mit dem gesammelten Geld der Familie Klavierschülerin am New Yorker Juillard Konservatorium. Sie verlor alles, wurde Sekretärin, Kellnerin, Klavierspielerin und heiratete zwei Jahre später den Soldaten Reeves McCullers (Scheidung 1940, Wiederheirat 1945). Der erste Roman *The Heart Is a Lonely Hunter* (1940, 1966 verfilmt) machte sie schlagartig bekannt. Sie freundete sich mit W. Hugh Auden an und lernte die ›Literatsia‹ kennen. Es entstand *Reflections in a Golden Eye* (1941, verfilmt 1967 von John Huston) und es gab Preise: den Guggenheim-Foundation-Award und den Literaturpreis der American Academy of Arts & Letters. Ihre Prosa erreichte einen Höhepunkt in *The Ballad of the Sad Café* (1943, 1963 in der Dramatisierung von Edward Albee aufgeführt). Nachdem sie 1947 schwere Schlaganfälle erlitten hatte, siedelte sie 1953 endgültig ins Haus der Mutter über; Reeves beging Selbstmord. 1964 stürzte sie und brach sich die Hüfte; die letzten drei Lebensjahre blieb sie an den Rollstuhl gefesselt. Inzwischen waren noch *The Member of the Wedding* (1946), und der große, auch ausländische Erfolg *Clock Without Hands* (1961) erschienen.

»Carson McCullers' Leben und Werk ... enthüllt die Tragödie und die Größe, Künstler zu sein in diesem trostlosen verzweifelten Land der Freien und Tüchtigen«, schrieb Henry Miller.

Wer hat den Wind gesehen? aus dem Band *Meistererzählungen*. Ausgewählt von Anton Friedrich. Aus dem Amerikanischen von Elisabeth Schnack (detebe 21928).

Bradbury, Ray (* 1920), geboren in Illinois. Fing sehr früh an zu schreiben, nach eigener Darstellung von Poe, Wilkie Collins und der Comic-Strip-Literatur beeinflußt. Er gilt als Meister der Science-Fiction und schrieb auch Drehbücher. 1947 erschien sein erstes Buch *Dark Carnival;* es folgten *The Martian Chronicles* (1950); *The Illustrated Man* (1951, sein bekanntestes Werk, verfilmt mit Rod Steiger); *The Golden Apples of the Sun* (1953); *Fahrenheit 451* (1955, verfilmt von François Truffaut); *Dandelion Wine* (1957); *A Medicine for Melancholy* (1959); *Something Wicked This Way Comes* (1962); *The Machineries of Joy* (1964); *The Halloween Tree* (1972); *A Memory of Murder* (1984); *Death Is A Lonely Business* (1985); *The Toynbee Convector* (1988); *A Graveyard for Lunatics* (1990). Die meisten Bücher wurden auch ins Deutsche übersetzt.

Der Fuchs und die Hasen aus dem Zyklus *Der illustrierte Mann.* Aus dem Amerikanischen von Peter Naujack (detebe 20365).

Highsmith, Patricia (* 1921), geboren in Fort Worth/Texas (USA), kam siebenjährig nach New York und fing mit sechzehn Jahren an zu schreiben. Studierte an der Columbia Universität Literatur und Zoologie. Ihr erstes Geld verdiente Highsmith als Comic-Texterin. Die erste veröffentlichte Erzählung, *The Heroine* dt. *Die Heldin* (in *Der Schneckenforscher),* erhielt 1946 den O'Henry Prize für die beste Kurzgeschichte. 1950 erschien ihr erster Roman *Strangers on a Train* dt. *Zwei Fremde im Zug* (1974). Alfred Hitchcock erwarb die Filmrechte und beauftragte Raymond Chandler mit dem Drehbuch. Der Film wurde ein großer Erfolg und machte Patricia Highsmith innerhalb weniger Wochen weltbekannt. Es folgten *The Price of Salt* (1952) dt. *Carol* (1990), *The Blunderer* (1954) dt. *Der Stümper* (1962) und *The Talented Mr. Ripley* (1955) dt. *Der talentierte Mr. Ripley* (1971), der ihr 1956 den Special Award der Mystery Writers of America und 1957 den Grand Prix de Littérature Policière sowie den Edgar Allan Poe Scroll der Mystery Writers of America einbrachte. Später kamen noch der Crime Writers' Association of Great Britain Silver Dagger Award – 1964 für *The Two Faces of January* (1964) dt. *Die zwei Gesichter des Januars* (1974) – und der Grand Prix de l'Humour Noir hinzu. 1990 wurde Patricia Highsmith vom französischen Kultusministerium zum Officier dans l'Ordre des Arts et des Lettres ernannt.

Seit 1950 sind von Patricia Highsmith über 20 Romane sowie sieben Erzählbände erschienen, darunter die weiteren berühmten Ripley Romane – *Ripley Under Ground* (1970) deutsch unter demselben Titel (1972), *Ripley's Game* (1974) dt. *Ripley's Game* oder *Ein amerikanischer Freund* (1977), *The Boy Who Followed Ripley* (1980) dt. *Der Junge, der Ripley folgte* (1980), *Ripley Under Water* (1991) deutsch unter demselben Titel (1991) –; außerdem *Deep Water* (1957) dt. *Tiefe Wasser* (1976), *The Cry of the Owl* (1962) dt. *Der Schrei der Eule* (1976), *Eleven Short Stories* (1970) dt. *Der Schneckenforscher* (1978), *Edith's Diary* (1977) dt. *Ediths Tagebuch* (1978), *The Black House* (1981) dt. *Keiner von uns* (1982), *People Who knock on the Door* (1983) dt. *Leute, die an die Tür klopfen* (1983), *Found in the Street* (1986) dt. *Elsie's Lebenslust* (1986) und *Small g. A Summer*

Idyll (1995) dt. *›Small g‹ – eine Sommeridylle* (1995). Viele ihrer Erzählungen und Romane wurden auf europäischen Bühnen aufgeführt und/oder verfilmt. 1963 übersiedelte Patricia Highsmith nach Europa, sie lebte in Italien, England, Frankreich, und wohnt seit 1983 im Tessin. *Barbaren* aus dem Band *Der Schneckenforscher.* Elf Geschichten. Mit einem Vorwort von Graham Greene. Aus dem Amerikanischen von Anne Uhde (detebe 20347).

Brodkey, Harold (* 1930), geboren in Staunton, Illinois, als Aaron Roy Weintraub. Nach dem Tod seiner Mutter 1932 wurde er von einer Cousine seines Vaters adoptiert. Er verbrachte seine Kindheit in St. Louis, begann mit sechzehn Jahren in Harvard Literatur zu studieren und lehrte später Literatur und Creative Writing an der Cornell University und der City University of New York. Frank O'Connor nannte ihn »einen Meister der erzählenden Prosa«.
1958 veröffentlichte Brodkey sein erstes Buch, den Erzählungsband *First Love and Other Sorrows,* erschienen 1968 als deutsche Erstausgabe im Diogenes Verlag unter dem Titel *Erste Liebe und andere Sorgen.* Erzählungen. Aus dem Amerikanischen von Elizabeth Gilbert (neu aufgelegt 1980, detebe 20774) – daraus *Der Streit.* Der Erzählungsband wurde mehrfach preisgekrönt. Erst dreißig Jahre später folgten die *Stories in an Almost Classical Mode,* deutsch in zwei Bänden bei Rowohlt *(Unschuld* und *Engel).* 1991 veröffentlichte er seinen seit Jahrzehnten von Gerüchten und Hoffnungen umwobenen Roman *The Runaway Soul,* 1994 bei Rowohlt erschienen. 1994 folgte ein weiterer Roman – *Profane Friendship.*
Harold Bordkey lebt mit seiner Frau, der Schriftstellerin Ellen Schwamm, in New York.

Irving, John (Winslow) (* 2. 3. 1942), geboren in Exeter, New Hampshire, als ältestes von vier Kindern. John Irvings Vater war Lehrer und Spezialist für russische Geschichte und Literatur. Seine Kindheit verbrachte Irving in Neuengland. 1957 begann er mit dem Ringen; 19jährig wußte Irving, was er werden wollte: Ringer und Romancier. Studium der englischen Literatur an den Universitäten von New Hampshire und Iowa, wo er später Gastdozent des Schriftsteller-Workshops war. Deutschkurs in Harvard. 1963–1967 Aufenthalt in Wien. 1967 Rückkehr in die Vereinigten Staaten, Wohnsitz in Vermont. Arbeit als Lehrer an Schule und Universität bis 1979.
1968 erschien sein erster Roman, doch erst mit *Garp,* seinem vierten Roman, gelang ihm der Durchbruch. *Rettungsversuch für Piggy Sneed* aus dem gleichnamigen Erzählband. Sechs Erzählungen und ein Essay. Aus dem Amerikanischen von Dirk van Gunsteren (detebe 22779).

Die Autoren und ihre Werke im Diogenes Verlag

● Ambrose Bierce

Meistererzählungen. Auswahl und Vorwort von Mary Hottinger. Deutsch von Joachim Uhlmann. Mit Zeichnungen von Tomi Ungerer

● Ray Bradbury

Der illustrierte Mann. Erzählungen. Deutsch von Peter Naujack
Fahrenheit 451. Roman. Deutsch von Fritz Güttinger
Die Mars-Chroniken. Roman in Erzählungen. Deutsch von Thomas Schlück
Die goldenen Äpfel der Sonne. Erzählungen. Deutsch von Margarete Bormann
Medizin für Melancholie. Erzählungen. Deutsch von Margarete Bormann
Das Böse kommt auf leisen Sohlen. Roman. Deutsch von Norbert Wölfl
Löwenzahnwein. Roman. Deutsch von Alexander Schmitz
Das Kind von morgen. Erzählungen. Deutsch von Christa Hotz und Hans-Joachim Hartstein
Die Mechanismen der Freude. Erzählungen. Deutsch von Peter Naujack
Familientreffen. Erzählungen. Deutsch von Jürgen Bauer
Der Tod ist ein einsames Geschäft. Roman. Deutsch von Jürgen Bauer
Der Tod kommt schnell in Mexico. Erzählungen. Deutsch von Walle Bengs
Die Laurel & Hardy-Liebesgeschichte und andere Erzählungen. Deutsch von Otto Bayer und Jürgen Bauer
Friedhof für Verrückte. Roman. Deutsch von Gerald Jung
Halloween. Roman. Deutsch von Dirk van Gunsteren

● Harold Brodkey

Erste Liebe und andere Sorgen. Erzählungen. Deutsch von Elizabeth Gilbert

● Raymond Chandler

Gefahr ist mein Geschäft und andere Detektivstories. Deutsch von Hans Wollschläger
Der große Schlaf. Roman. Deutsch von Gunar Ortlepp
Die kleine Schwester. Roman. Deutsch von Walter E. Richartz
Der lange Abschied. Roman. Deutsch von Hans Wollschläger
Das hohe Fenster. Roman. Deutsch von Urs Widmer
Die simple Kunst des Mordes. Briefe, Essays, Notizen, eine Geschichte und ein Romanfragment. Herausgegeben von Dorothy Gardiner und Kathrine Sorley Walker. Deutsch von Hans Wollschläger
Die Tote im See. Roman. Deutsch von Hellmuth Karasek
Lebwohl, mein Liebling. Roman. Deutsch von Wulf Teichmann
Playback. Roman. Deutsch von Wulf Teichmann
Mord im Regen. Frühe Stories. Deutsch von Hans Wollschläger. Vorwort von Philip Durham
Erpresser schießen nicht und andere Detektivstories. Deutsch von Hans Wollschläger. Mit einem Vorwort des Verfassers
Der König in Gelb und andere Detektivstories. Deutsch von Hans Wollschläger
Englischer Sommer. Drei Geschichten und Parodien, Aufsätze, Skizzen und Notizen aus dem Nachlaß. Mit Zeichnungen von Edward Gorey, einer Erinnerung von John Houseman und einem Vorwort von Patricia Highsmith. Deutsch von Wulf Teichmann, Hans Wollschläger u.a.
Meistererzählungen. Deutsch von Hans Wollschläger

Frank MacShane
Raymond Chandler. Eine Biographie. Deutsch von Christa Hotz, Alfred Probst und Wulf Teichmann. Zweite, ergänzte Auflage 1988

● Stephen Crane

Die rote Tapferkeitsmedaille. Roman. Deutsch von Eduard Klein und Klaus Marschke. Mit einem Nachwort von Stanley J. Kunitz und Howard Haycraft
Meistererzählungen. Herausgegeben, deutsch und mit einem Nachwort von Walter E. Richartz

● William Faulkner

Brandstifter. Erzählungen. Deutsch von Elisabeth Schnack
Eine Rose für Emily. Erzählungen. Deutsch von Elisabeth Schnack
Rotes Laub. Erzählungen. Deutsch von Elisabeth Schnack

Sieg im Gebirge. Erzählungen. Deutsch von Elisabeth Schnack
Schwarze Musik. Erzählungen. Deutsch von Elisabeth Schnack
Die Freistatt. Roman. Deutsch von Hans Wollschläger. Mit einem Vorwort von André Malraux
Die Unbesiegten. Roman. Deutsch von Erich Franzen
Als ich im Sterben lag. Roman. Deutsch von Albert Hess und Peter Schünemann
Schall und Wahn. Roman. Mit einer Genealogie der Familie Compson. Deutsch von Helmut M. Braem und Elisabeth Kaiser
Go down, Moses. Chronik einer Familie. Deutsch von Hermann Stresau und Elisabeth Schnack
Der große Wald. Vier Jagdgeschichten. Deutsch von Elisabeth Schnack
Griff in den Staub. Roman. Deutsch von Harry Kahn
Der Springer greift an. Kriminalgeschichten. Deutsch von Elisabeth Schnack
Soldatenlohn. Roman. Deutsch von Susanna Rademacher
Moskitos. Roman. Deutsch von Richard K. Flesch
Wendemarke. Roman. Deutsch von Georg Goyert
Wilde Palmen und Der Strom. Doppelroman. Deutsch von Helmut M. Braem und Elisabeth Kaiser
Die Spitzbuben. Roman. Deutsch von Elisabeth Schnack
Eine Legende. Roman. Deutsch von Kurt Heinrich Hansen
Requiem für eine Nonne. Roman in Szenen. Deutsch von Robert Schnorr
Das Dorf. Roman. Deutsch von Helmut M. Braem und Elisabeth Kaiser
Die Stadt. Roman. Deutsch von Elisabeth Schnack
Das Haus. Roman. Deutsch von Elisabeth Schnack
New Orleans. Skizzen und Erzählungen. Deutsch von Arno Schmidt. Mit einem Vorwort von Carvel Collins
Frankie und Johnny. Uncollected Stories. Deutsch von Hans-Christian Oeser, Walter E. Richartz, Harry Rowohlt und Hans Wollschläger
Meistererzählungen. Übersetzt, ausgewählt und mit einem Nachwort von Elisabeth Schnack
Briefe. Nach der von Joseph Blotner editierten amerikanischen Erstausgabe von 1977, herausgegeben und übersetzt von Elisabeth Schnack und Fritz Senn

Über William Faulkner. Aufsätze und Rezensionen von Malcolm Cowley bis Siegfried Lenz. Essays und Zeichnungen von sowie ein Interview mit William Faulkner. Chronik und Bibliographie. Herausgegeben von Gerd Haffmans

Stephen B. Oates
William Faulkner
Sein Leben. Sein Werk. Deutsch von Matthias Müller. Mit vielen Fotos, Werkverzeichnis, Chronologie und Register

● F. Scott Fitzgerald

Der große Gatsby. Roman. Deutsch von Walter Schürenberg
Der letzte Taikun. Roman. Deutsch von Walter Schürenberg
Pat Hobby's Hollywood-Stories. Erzählungen. Deutsch und mit Anmerkungen von Harry Rowohlt
Der Rest von Glück. Erzählungen. Deutsch von Walter Schürenberg
Ein Diamant – so groß wie das Ritz. Erzählungen. Deutsch von Walter Schürenberg, Anna von Cramer-Klett, Elga Abramowitz und Walter E. Richartz
Der gefangene Schatten. Erzählungen. Deutsch von Walter Schürenberg, Anna v. Cramer-Klett, Elga Abramowitz und Walter E. Richartz
Die letzte Schöne des Südens. Erzählungen. Deutsch von Walter Schürenberg, Elga Abramowitz und Walter E. Richartz
Wiedersehen mit Babylon. Erzählungen. Deutsch von Walter Schürenberg, Elga Abramowitz und Walter E. Richartz
Zärtlich ist die Nacht. Roman. Deutsch von Walter E. Richartz und Hanna Neves
Das Liebesschiff. Erzählungen. Deutsch von Christa Hotz und Alexander Schmitz
Der ungedeckte Scheck. Erzählungen. Deutsch von Christa Hotz und Alexander Schmitz
Meistererzählungen. Ausgewählt und mit einem Nachwort von Elisabeth Schnack. Deutsch von Walter Schürenberg, Anna von Cramer-Klett und Elga Abramowitz

● Dashiell Hammett

Fliegenpapier und andere Detektivstories. Deutsch von Harry Rowohlt, Helmut Kossodo, Helmut Degner, Peter Naujack und Elizabeth Gilbert. Mit einem Vorwort von Lillian Hellman
Der Malteser Falke. Roman. Deutsch von Peter Naujack
Das große Umlegen und andere Detektivstories. Deutsch von Hellmuth Karasek, Walter E. Richartz und Wulf Teichmann

Rote Ernte. Roman. Deutsch von Gunar Ortlepp
Der Fluch des Hauses Dain. Roman. Deutsch von Wulf Teichmann
Der gläserne Schlüssel. Roman. Deutsch von Hans Wollschläger
Der dünne Mann. Roman. Deutsch von Tom Knoth
Fracht für China und andere Detektivstories. Deutsch von Antje Friedrichs, Elizabeth Gilbert und Walter E. Richartz
Das Haus in der Turk Street und andere Detektivstories. Deutsch von Wulf Teichmann
Das Dingsbums Küken und andere Detektivstories. Deutsch von Wulf Teichmann. Mit einem Nachwort von Steven Marcus
Meistererzählungen. Ausgewählt von William Matheson. Deutsch von Wulf Teichmann, Walter E. Richartz, Hellmuth Karasek und Elizabeth Gilbert

Diane Johnson
Dashiell Hammett. Eine Biographie. Deutsch von Nikolaus Stingl. Mit zahlreichen Abbildungen

● O. Henry

Meistererzählungen. Deutsch von Christine Hoeppner, Wolfgang Kreiter, Rudolf Löwe und Charlotte Schulze. Mit einem Nachwort von Heinrich Böll

● Patricia Highsmith

Der talentierte Mr. Ripley. Roman. Deutsch von Barbara Bortfeldt
Ripley Under Ground. Roman. Deutsch von Anne Uhde
Ripley's Game oder Ein amerikanischer Freund. Roman. Deutsch von Anne Uhde
Der Junge, der Ripley folgte. Roman. Deutsch von Anne Uhde
Ripley Under Water. Roman. Deutsch von Otto Bayer
Venedig kann sehr kalt sein. Roman. Deutsch von Anne Uhde
Das Zittern des Fälschers. Roman. Deutsch von Anne Uhde
Lösegeld für einen Hund. Roman. Deutsch von Anne Uhde
Der Stümper. Roman. Deutsch von Barbara Bortfeldt
Zwei Fremde im Zug. Roman. Deutsch von Anne Uhde
Der Geschichtenerzähler. Roman. Deutsch von Anne Uhde
Der süße Wahn. Roman. Deutsch von Christian Spiel
Die zwei Gesichter des Januars. Roman. Deutsch von Anne Uhde
Kleine Geschichten für Weiberfeinde. Eine weibliche Typenlehre in siebzehn Beispielen. Deutsch von Walter E. Richartz. Mit Zeichnungen von Roland Topor
Kleine Mordgeschichten für Tierfreunde. Deutsch von Anne Uhde
Der Schrei der Eule. Roman. Deutsch von Gisela Stege
Tiefe Wasser. Roman. Deutsch von Eva Gärtner und Anne Uhde
Die gläserne Zelle. Roman. Deutsch von Gisela Stege und Anne Uhde
Ediths Tagebuch. Roman. Deutsch von Anne Uhde
Der Schneckenforscher. Elf Geschichten. Deutsch von Anne Uhde. Mit einem Vorwort von Graham Greene
Leise, leise im Wind. Zwölf Geschichten. Deutsch von Anne Uhde
Ein Spiel für die Lebenden. Roman. Deutsch von Anne Uhde
Keiner von uns. Elf Geschichten. Deutsch von Anne Uhde
Leute, die an die Tür klopfen. Roman. Deutsch von Anne Uhde
Nixen auf dem Golfplatz. Erzählungen. Deutsch von Anne Uhde
Suspense oder Wie man einen Thriller schreibt. Deutsch von Anne Uhde
Elsie's Lebenslust. Roman. Deutsch von Otto Bayer
Geschichten von natürlichen und unnatürlichen Katastrophen. Deutsch von Otto Bayer
Carol. Roman einer ungewöhnlichen Liebe. Deutsch von Kyra Stromberg
›Small g‹ – eine Sommeridylle. Roman. Deutsch von Christiane Buchner
Meistererzählungen. Deutsch von Anne Uhde, Walter E. Richartz und Wulf Teichmann
Über Patricia Highsmith. Zeugnisse von Graham Greene bis Peter Handke Mit Bibliographie, Filmographie und zahlreichen Fotos. Herausgegeben von Franz Cavigelli und Fritz Senn

● John Irving

Das Hotel New Hampshire. Roman. Deutsch von Hans Hermann
Laßt die Bären los! Roman. Deutsch von Michael Walter
Eine Mittelgewichts-Ehe. Roman. Deutsch von Nikolaus Stingl
Gottes Werk und Teufels Beitrag. Roman. Deutsch von Thomas Lindquist
Die wilde Geschichte vom Wassertrinker. Roman. Deutsch von Edith Nerke und Jürgen Bauer

Owen Meany. Roman. Deutsch von Edith Nerke und Jürgen Bauer
Rettungsversuch für Piggy Sneed. Sechs Erzählungen und ein Essay. Deutsch von Dirk van Gunsteren

● Washington Irving

Meistererzählungen. Deutsch und mit einem Nachwort von Gunther Martin. Mit Illustrationen von Henry Ritter und Wilhelm Camphausen

● Ring Lardner

Das Liebesnest und andere Geschichten. Herausgegeben und mit einem Nachwort von Fritz Güttinger. Deutsch von Fritz Güttinger, Elisabeth Schnack und Ingeborg Hucke

● Jack London

Südsee-Abenteuer. Erzählungen. Deutsch von Christine Hoeppener
Der Seewolf. Roman. Deutsch von Christine Hoeppener
John Barleycorn oder Der Alkohol. Roman. Deutsch von Günter Löffler
Der Ruf der Wildnis. Roman. Deutsch von Günter Löffler
Wolfsblut. Roman. Deutsch von Günter Löffler
Meistererzählungen. Deutsch von Erwin Magnus. Vorwort von Herbert Eisenreich

● Carson McCullers

Das Herz ist ein einsamer Jäger. Roman. Deutsch von Susanna Rademacher
Spiegelbild im goldnen Auge. Roman. Deutsch von Richard Moering
Frankie. Roman. Deutsch von Richard Moering
Die Ballade vom traurigen Café. Novelle. Deutsch von Elisabeth Schnack
Wunderkind. Erzählungen. Deutsch von Elisabeth Schnack
Madame Zilensky und der König von Finnland Erzählungen. Deutsch von Elisabeth Schnack
Uhr ohne Zeiger. Roman. Deutsch von Elisabeth Schnack
Meistererzählungen. Ausgewählt von Anton Friedrich. Deutsch von Elisabeth Schnack

● Herman Melville

Moby-Dick. Roman. Deutsch von Thesi Mutzenbecher und Ernst Schnabel. Mit einem Essay von W. Somerset Maugham
Billy Budd. Novelle. Deutsch von Richard Moering. Mit einem Essay von Albert Camus
Meistererzählungen. Deutsch von Günther Steinig. Mit einem Nachwort von Hans-Rüdiger Schwab

● Edgar Allan Poe

Werkausgabe in Einzelbänden, herausgegeben von Theodor Etzel. Deutsch von Gisela Etzel, Wolf Durian u.a.
Der Untergang des Hauses Usher und andere Geschichten von Schönheit, Liebe und Wiederkunft
Die schwarze Katze und andere Verbrechergeschichten
Die Maske des Roten Todes und andere phantastische Fahrten
Der Teufel im Glockenstuhl und andere Scherz- und Spottgeschichten
Die denkwürdigen Erlebnisse des Arthur Gordon Pym. Roman. Mit einem Nachwort von Jörg Drews
Meistererzählungen. Ausgewählt und mit einem Nachwort von Mary Hottinger

● Mark Twain

Tom Sawyers Abenteuer. Roman. Deutsch von Lore Krüger. Mit einem Nachwort von Jack D. Zipes
Huckleberry Finns Abenteuer. Roman. Deutsch von Lore Krüger. Mit einem Essay von T.S. Eliot
Die Million-Pfund-Note. Skizzen und Erzählungen 1. Deutsch von Ana Maria Brock und Otto Wilck
Der Prinz und der Bettelknabe. Eine Erzählung für Menschen jeden Alters. Deutsch von Lore Krüger. Mit Anmerkungen des Autors und einer Schlußbemerkung von K. - J. Popp
Durch Dick und Dünn. Deutsch von Otto Wilck
Leben auf dem Mississippi. Deutsch von Otto Wilck
Die Arglosen im Ausland. Deutsch von Ana Maria Brock
Bummel durch Europa. Deutsch von Ana Maria Brock
Ein Yankee aus Connecticut an König Artus' Hof. Roman. Deutsch von Lore Krüger
Meistererzählungen. Vorwort von N.O. Scarpi. Auswahl und Bearbeitung von Marie-Louise Bischof und Ruth Binde

Lesebücher im Diogenes Verlag

Klassische deutsche Erzähler
in drei Bänden: I. von Christoph Martin Wieland bis Heinrich von Kleist, II. von Joseph von Eichendorff bis Heinrich Heine, III. von Georg Büchner bis Wilhelm Busch. Herausgegeben von Christian Strich und Fritz Eicken

Wer reitet so spät durch Nacht und Wind
Die schönsten deutschen Balladen von Gotthold Ephraim Lessing bis Erich Kästner. Ausgewählt von Christian Strich

Das Günther Anders Lesebuch
Herausgegeben von Bernhard Lassahn. Zweite, durchgesehene und verbesserte Auflage 1989

Das Alfred Andersch Lesebuch
Herausgegeben von Gerd Haffmans. Mit Lebensdaten und einer Bibliographie

Das Čechov Lesebuch
Herausgegeben, kommentiert und mit einem Vorwort von Peter Urban

Das Dürrenmatt Lesebuch
Herausgegeben von Daniel Keel. Mit einem Nachwort von Heinz Ludwig Arnold

Das James Joyce Lesebuch
Erzählungen aus ›Dubliner‹ und Erzählstücke aus den Romanen. Aus dem Englischen von Dieter E. Zimmer, Klaus Reichert und Hans Wollschläger. Mit Aufzeichnungen von George Borach und einer Betrachtung von Fritz Senn

Das Erich Kästner Lesebuch
Herausgegeben von Christian Strich

Das Hugo Loetscher Lesebuch
Herausgegeben von Georg Sütterlin

Niklaus Meienberg
Heimsuchungen
Ein ausschweifendes Lesebuch

Das Ringelnatz Lesebuch
Herausgegeben von Daniel Keel. Mit einem Nachwort von Anton Kuh

Das Simenon Lesebuch
Erzählungen, Reportagen, Erinnerungen. Ein Querschnitt durch das Gesamtwerk. Enthält u.a. ›Briefwechsel mit André Gide‹ und ›Brief an meine Mutter‹. Mit Chronik und Bibliographie. Herausgegeben von Daniel Keel. Zweite, erweiterte und verbesserte Auflage 1988